商管 全華圖書
叢書 BUSINESS MANAGEMENT

第2版

應用統計學

邱垂昌 編著

Applied Statistics

作者序

統計學是一門應用科學，實務界各領域都需要應用到統計知識去解決許多實務問題。尤其在現今大數據時代，許多企業需要利用大數據分析進行決策，而大數據資料分析的工具即是統計學。因此，不管哪個時代或哪個領域，統計學知識都是所有學生必須要學習的一門基本學科知識。

本書乃是屬於應用統計學，亦即教授學習者如何使用統計學解決實務界面臨的問題。本書的特點乃是使用化繁為簡的方式，教授學習者如何利用統計工具解決實務問題；既是屬於應用統計學，故不探討複雜的公式，但卻又以簡單的推論及理論說明方式交代所有的統計公式之原理及其用途，讓學習者能了解為何在面臨某個實務問題時要使用某個統計公式及如何使用此一統計公式。另外，所有統計公式之應用皆以學習者熟悉的國內企業為例，讓學習者得以在熟悉的企業環境中學習統計學之知識。

本書書寫的方式適合數理能力普通的學習者，主要係沒有複雜的公式推導，對統計公式的基礎解說卻很詳盡，並利用學習者熟悉的臺灣（中小）企業做為例子說明公式之應用，能讓學習者既懂統計公式之原理，又能了解如何應用這些統計公式於實務上。書內的例子包含製造業、服務業、休閒觀光及餐飲業、金融業等，故很適合商學及管理學院各學系、休閒觀光或餐飲管理相關學系之學生使用。

本書共分為十五章。第一章為統計學導論，說明統計學之基礎與用途及應用統計學學習的內容。第二三章為敘述統計，探討敘述統計之表格、圖形及數值等方法。第四五六章探討機率相關知識，包含機率之基本常識、隨機變數及機率分配。第七章為抽樣與抽樣分配，探討統計抽樣方法及抽樣分配之基礎與用途。第八九十章探討統計推論，包含統計推論之基礎與應用、單一母體及兩個母體的估計與檢定。第十一章為變異數分析，探討多個母體統計估計與檢定，以及實驗設計。第十二及十三章為迴歸分析，包含實務上最常應用的簡單迴歸與多元迴歸分析。第十四章為無母數方法，探討統計推論的無母數方法。第十五章為資料探勘技術，說明常用的大數據分析資料探勘技術。

本書由具有二十幾年商用統計學教學經驗的教授撰寫。教授除了專精統計學及計量經濟學與統計軟體外，對於管理、會計、經濟、金融都學有專精，並具備實務輔導顧問專業。因此，書籍除了理論基礎堅固外，並具備實務應用價值，學習者可配合理論與實務學習此門知識。

　　本書理論基礎堅強且淺顯易懂，故除了可做為學校教科書外，也是實務自修者極佳的參考書籍。

邱重品　謹識

2022 年 5 月

目錄

範例檔案

統計學導論

敘述統計－表格與圖形法

敘述統計－數值法

4 機率

5 隨機變數與機率分配

6 機率分配之應用

目錄

抽樣、抽樣分配與點估計

信賴區間

假設檢定

10 兩個母體參數之統計推論

11 變異數分析

12 簡單線性迴歸分析

目錄

統計學導論

本章大綱

1.1何謂統計學

1.5敘述統計與
統計推論

1.2統計學在產業
實務之應用

統計學
導論

1.4資料來源

1.3資料

在實務上，不管是哪個專業領域，都有各式各樣不同的原始資料（Data），這些資料對實務決策都很有幫助。然而，這些原始資料大量複雜，如何蒐集整理，進而成為對決策有用的資訊，則是我們必須面對的問題。此問題必須利用科學方法解決，而統計學（Statistics）之功能也因而產生。

統計學課程被許多科系列為必修或選修課程，如在管理學院大部分科系皆列為必修科目，乃在於管理學院學生必須被訓練邏輯批判思維及解決問題能力，而統計學是訓練學生此兩項能力的必要科目，而且在大數據分析時代，統計學在實務界的應用更是不可或缺的學科。

1-1 何謂統計學

統計學乃是一門應用有系統的方法蒐集、彙整、呈現、分析、解釋及推論資料的科學。具體而言，統計學乃是有系統地運用科學方法及工具，進行資料之蒐集，並將資料彙整成有系統的資訊後，加以呈現、分析及解釋，以幫助一般人瞭解資料背後存在的意義，進而善用這些資料協助其進行決策；同時也藉由科學的方法推論資料，進而幫助決策者在面臨未來不確定的情況下進行客觀的決策，以減少決策錯誤或失敗的機率。

* 統計學乃是一門應用有系統的方法蒐集、彙整、呈現、分析、解釋及推論資料的科學。

統計學之應用非常廣泛，任何實務問題，只要有涉及資料，皆會使用到統計方法，例如公司製造部門要預估與管控不良率、飯店想要瞭解住房顧客的滿意度、餐廳想要知道顧客對其餐飲是否滿意、品管人員要管控出貨品質、飲料標籤標示之重量是否不實、去年王品集團的營業額概況⋯等問題，都必須利用統計方法蒐集呈現及分析資料，才能讓資料成為對決策有幫助的資訊。

西提牛排彰化四維店店長一直對其店的業績成長相當重視，而且認為其業績是否成長與來店消費的顧客對其店的服務及餐點滿意度有直接相關，因此對每位來店顧客都會以贈送筆的方式，請顧客幫忙填答滿意度問卷，然後使用這些問卷結果進行檢討，問卷設計及顧客填答結果分析皆需要用到統計方法。在人口統計學之應用，如人口老化分析、生育率、死亡率、人口預測分析、影響人口生育率因素之分析等等。另外，依靠人口統計學如性別、年齡、人口老化等等，利用統計方法分析消費者特性，進而訂立適當的行銷策略。產品經理想了解新產品上市對產品線整體業績獲利是否有正面幫助、產品線製程不良率分析、產品線直接人工工作效率等等生產線或產品線的統計分析應用。

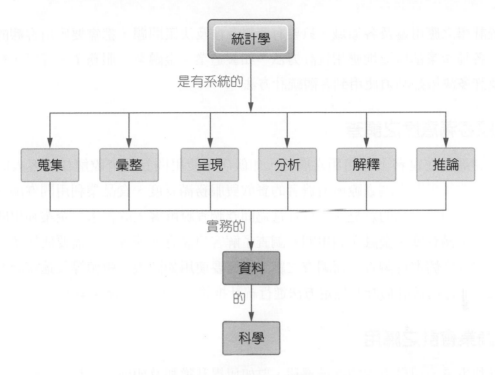

圖 1-1 何謂統計學圖

1-2 統計學在產業實務之應用

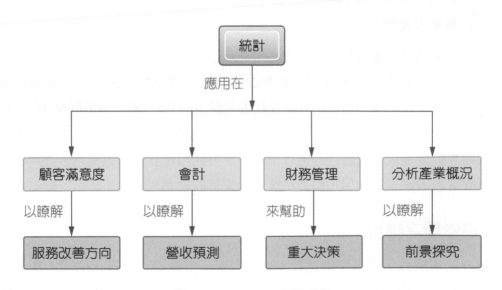

圖 1-2 統計學應用概念圖

統計學之應用遍及各領域，只要有資料及涉及決策問題，都需要應用客觀的統計方法。各種產業都廣泛地應用統計方法，如製造業、金融業、服務業…等等，在營運過程及許多決策都必須使用到客觀統計方法。

一、顧客滿意度之調查

問卷調查在實務上應用相當廣泛，如飯店業使用問卷調查瞭解住房客人的滿意度、餐飲業使用問卷調查瞭解消費者的餐飲與服務滿意度、食品業利用問卷調查瞭解消費者在其相關食品的意見、旅行社透過問卷調查瞭解客人的需求、企業利用問卷調查了解員工滿意度、金融業利用問卷調查了解客戶滿意度等等，都需要使用統計方法編製問卷及客觀進行調查，而調查之結果也需要使用如圖表、數值等敘述統計方法進行呈現，並使用統計估計及檢定方法進行統計推論，以便做最後決策。

二、商業會計之應用

營利事業公司最重視的就是獲利，要如何提升獲利及如何使獲利不斷成長，是所有公司不斷追求的目標。譬如王品集團要追求獲利成長，首先必須知道過去獲利為何，可用簡單統計圖表進行分析；也必須了解其旗下各事業部之獲利，可運用統計圖表分析及解釋；必須分析市場情況，可利用問卷進行調查；並可利用迴歸方法瞭解影響獲利因素及預測未來獲利。

另外，要預測公司未來營收，首先必須先瞭解公司過去營收及營收來源，進而預測未來營收。譬如王品集團之各事業處在 2021 年第一季營收比重如下：精緻餐飲事業群 51.63%、泛中餐事業群 4.25%、快食尚餐飲事業群 14.97%、鍋類事業群 9.30%、休閒餐飲事業群 17.68%、其他 2.17%；此調查呈現方式為數值的敘述統計方法，也可充分應用統計圖表如次數分配表、圓餅圖等進行呈現。並可利用統計方法蒐集過去幾年營收數據及調查影響營收因素，再利用迴歸方法進行未來營收之預測。

三、財務管理之應用

企業要追求成長，必須不斷進行大型投資案，這些投資案投入的成本都非常高，甚至對企業存亡有極大影響，因此任何企業都非常謹慎評估投資案是否可行。譬如王品集團最大目標之一是擴大餐飲市場佔有率，故除了開發新事業外，也積極研擬進入大陸市場；在開發新事業如石二鍋前，王品集團必須瞭解石二鍋之市場接受度，也必須對此投資案之報酬與風險進行預測，此時必須善加運用統計方法中的市場調查、平

均數及標準差等；而進入大陸市場前也必須瞭解大陸顧客對其產品的接受度，以及投資風險與報酬，此時仍須應用到問卷調查、平均數及標準差等統計方法及概念。

四、分析產業概況

產業之前景與此產業個別公司之未來前景息息相關，若產業前景佳，需求市場大，則此產業的公司未來獲利空間自然大，因此所有公司高階主管必定對產業分析研究透徹。譬如高科技產業未來前景與高科技相關企業的未來獲利息息相關，產業未來前景分析必須透過統計方法進行；又如觀光與休閒產業前景與飯店、旅行社及餐飲店等的未來獲利息息相關，因此不論飯店、旅行社及餐飲店，都會對觀光與休閒產業未來前景進行探究；許多研究機構也會利用適當統計調查方法調查觀光與休閒產業概況，例如陸客或東南亞旅客每年來臺旅遊人數、陸客或東南亞旅客每年來臺消費金額、平均每人來臺消費金額、影響陸客或東南亞旅客來臺因素等等。

資料

圖 1-3　資料分析概念圖

資料是統計學分析的標的，不同類型的資料所使用的統計方法也會有所不同，因此在學習統計學之前，必須先對資料相關名詞及資料型態有基本瞭解。

一、資料相關名詞

資料（Data）乃是根據使用者的需求，經過蒐集後的數值或非數值型態之事實，這些事實經過彙整後可用以分析及解釋。而資料集（Data Set）乃是針對某一特定調查或研究用途而蒐集的所有資料構成之集合。例如一位投資人對買觀光產業股票有興趣，他想要瞭解觀光產業各上市櫃公司 2020 年的基本資料如股價、每股盈餘（Earnings Per Share, EPS）（盈餘/加權流通在外股數）、本益比（股價/EPS）、毛利率（營業毛利/營業收入）、現金股利等，以便進行投資標的選擇，經過從年報蒐集資料後，獲得如表 1-1 的資料集。

* 資料乃是根據使用者的需求，經過蒐集後的數值或非數值型態之事實，這些事實經過彙整後可用以分析及解釋。

* 資料集乃是針對某一特定調查或研究用途而蒐集的所有資料構成之集合。

表 1-1　觀光產業類股 2020 年基本資料

公司	EPS	2020/3/30 收盤股價	本益比	毛利率	每股現金股利
晶華	10.58	111.5	10.54	26.68%	3.92
六福	−3.13	10.50	−	20.22%	0
國賓	0.97	26.4	27.22	44.61%	0.5
華園	−0.05	11.05	−	79.23%	0
遠雄來	−0.15	33.85	−	28.10%	0
夏都	0.36	22.00	61.11	28.51%	0.2

* 註：本益比之股價為 2020/3/30 收盤價，EPS 為 2019 年全年每股盈餘；若有虧損（EPS 為負），本益比是無意義的，故不列出。EPS、每股股價、每股現金股利之單位皆為元。

與蒐集資料相關的統計學名詞包含元素（Element）、變數（Variable）、觀察值（Observation）、母體（Population）、樣本（Sample）。

元素乃是資料蒐集的基本實體或對象。例如表 1-1 的元素是所有的公司包含晶華、六福……等等，即是資料蒐集的基本實體或對象。又如一項調查想要瞭解某大學管理學院系四年級學生對畢業後到王品集團的意願，則調查的基本實體或對象為此管理學院系四年級的學生，即稱為元素。

* 元素是資料蒐集的基本實體或對象。

變數乃是對受調查元素有興趣的屬性或特性。如表 1-1 中調查觀光產業類股各公司主要目的係想要選擇投資標的，希望能選擇到在最低風險下能獲得最高報酬的股票；從風險與報酬考量，投資人對這些投資潛在公司有興趣的屬性或特性包括公司的 EPS、本益比、毛利率及現金股利，這些有興趣想要知道的屬性或特性都稱為變數。又如一項調查想要瞭解哪一種茶飲料較受歡迎，調查員在 7-11 飲料區觀察連續來拿茶飲料的 50 名顧客（即元素），顧客拿的各種茶飲料即為變數，此變數並非數值，而是不同種類的茶飲料。因此，變數可能是數值型態或非數值型態。

* 變數是對調查的元素有興趣之屬性或特性。

觀察值乃是針對變數實際觀察或得到的數值或非數值型態的測量值（Measurement）。如晶華 EPS 為 10.38、本益比為 10.54、毛利率為 26.68%、現金股利為 3.92，這些數值皆稱為觀察值。又如上述茶飲料例子，若 50 名顧客中有拿到每朝健

康綠茶、油切分解茶、日式綠茶、京都風茶花、極上紅茶，這些也都稱為觀察值，只是這些觀察值為非數值型態。

* 觀察值是變數實際觀察或得到的數值或非數值型態的測量值。

　　母體乃是一項調查或研究中所有元素所構成的資料集，也是調查或研究有興趣的對象。例如麥當勞想要瞭解顧客對餐點的滿意度，此項調查的母體是有到麥當勞消費餐點的所有顧客；又如摩斯漢堡想要瞭解顧客對其新推出的米漢堡之滿意度，此項調查的母體應是有購買米漢堡的所有顧客，而非來店消費的所有顧客，因為來店消費的顧客不見得會購買米漢堡。由此可知，母體必須界定清楚，母體必須是調查或研究中的元素，非調查或研究內的元素不應該錯誤列入母體。

* 母體是一項調查或研究中所有元素所構成的資料集。

　　樣本乃是由母體中抽出的一組子元素，亦即母體資料集中的一組次資料集。如果母體是一個大圓，樣本則是在此大圓底下的一個小圓。例如上述麥當勞想要瞭解顧客對餐點的滿意度，此項調查的樣本是從母體中抽出的，亦即有到麥當勞消費餐點的所有顧客中抽出一群顧客作為樣本。又如摩斯漢堡的例子，其母體為有購買米漢堡的所有顧客，而樣本則是從這些有購買米漢堡的所有顧客中抽出的一群顧客。樣本之所以需要，乃是因為在很多情況下母體的資料是不可取得的，或者雖可取得但取得成本過高或所花人力物力過多，而不符合成本效益。如上述麥當勞及摩斯漢堡的例子，來店消費的消費者資料是無法全部取得，因此需要樣本。

* 樣本乃是由母體中抽出的一組子元素，亦即母體資料集中的一組次資料集。

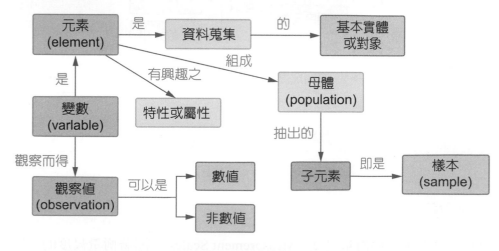

圖 1-4　資料相關名詞之關聯概念圖

選出某所大學的學生，一組六個人，依據性別、年級、所屬系別、平均總成績及已修學分數，記錄每一個學生的觀察值，於表 1-2。試找出母體、樣本、元素、變數、觀察值及資料集。

表 1-2　某所大學學生資料

學生	性別	年級	所屬系別	平均總成績	已修學分數
1	男性	一年級	餐飲管理系	69.8	18
2	男性	三年級	資訊管理系	74.5	58
3	女性	四年級	護理系	75.9	60
4	男性	二年級	會計系	86.7	30
5	女性	一年級	數位科技設計系	90.1	16
6	男性	二年級	企業管理系	77.4	38

1. 本例中的元素是在校園內的大學生。

2. 每位學生被測量五個變數：性別、年級、所屬系別、平均總成績及已修學分數。

3. 以平均總成績之資料集爲例，此資料集之集合爲 {69.8、74.5、75.9、86.7、90.1、77.4}。

4. 如果研究者對這所大學所有學生的平均總成績感到興趣，而這所大學所有學生的平均總成績都已納入資料集中，則這個變數的整個母體已經產生。

5. 如果研究者抽取這六個學生的平均總成績代表這個母體，則此資料集爲一組樣本。

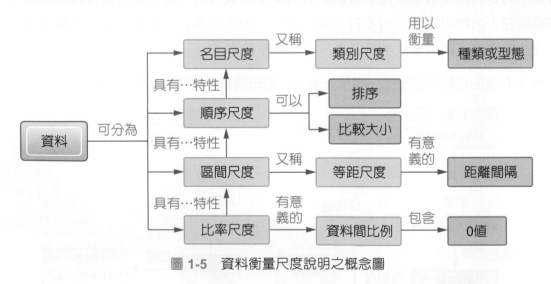

圖 1-5　資料衡量尺度說明之概念圖

二、衡量尺度

資料有分爲四種不同衡量尺度（Measurement Scales）。隨著衡量尺度的不同，彙整資料的方法及利用資料進行決策應用的統計方法會有所差異，因此必須先學會如何區別四種衡量尺度的資料，才能在後續統計方法應用上正確。

1. 名目尺度

名目尺度（Nominal Scale）又稱為類別尺度（Categorical Scale），是用來衡量資料的種類或型態。屬於名目尺度的資料，可能是資料名稱如性別、系別、顏色、產業…等等，或數值如 1、2、3 等等，但無論是名稱或數值，屬於名目尺度的資料僅能用來做區別或分類。以性別為例，性別分為男性與女性，此為屬於非數值型態的資料名稱；若將其轉為數值型態，可以 0 代表男性，1 代表女性，此時性別分為 0 與 1，但此數值只能用來區別不同的性別或將性別分為男性與女性等兩個種類，不能用來做排序或比較大小，也不能用來做加減乘除的運算。

* 名目尺度是用來衡量資料的種類或型態，資料只能用來區別或分類。

2. 順序尺度

順序尺度（Ordinal Scale），除了具有名目尺度的特性外，資料也可以用來排序及比較大小。屬於順序尺度的資料，可能是資料的名稱如不滿意、無意見、滿意等，或數值如 1、2、3 等等，這些資料除了可像名目尺度一樣做資料區別或分類外，也可用來排序高低或比較大小，例如從顧客滿意度排名而言，「滿意」比「無意見」好，「無意見」比「不滿意」好，其順序高低依序為滿意、無意見、不滿意；若將滿意設為 3、無意見設為 2、不滿意設為 1，則滿意度高低順序為 3、2、1。然而，不管是數值或非數值，順序尺度只能做排序或比較大小，不能做加減乘除的運算，亦即屬於順序尺度的 1、2、3 是不能用來運算的。

* 順序尺度除了具有名目尺度的特性外，資料也可以用來排序及比較大小。

3. 區間尺度

區間尺度（Interval Scale）又稱等距尺度，除了具有順序尺度的特性外，資料與資料的間隔距離是有意義的。屬於區間尺度的資料必須為數值，譬如智力、成績、溫度等等，以學生的統計學成績為例，考 90 分的學生成績比考 45 分的好，故可比較大小，而且 90 分比 45 分高 45 分（＝90-45），此表示高分學生表現比低分學生成績高 45 分，此分數距離是有意義的；然而，我們不能說考 90 分的學生統計學程度比考 45 分的學生程度高兩倍，因為統計學能力或程度是不能用倍數衡量的。因此，區間尺度的資料是可用來做加減運算的，但卻不能用來做乘除運算，亦即倍數在區間尺度是沒有意義的。

* 區間尺度除了具有順序尺度的特性外，資料與資料的間隔距離是有意義的。

4. 比率尺度

比率尺度（Ratio Scale）除了具有區間尺度的特性外，資料與資料的比例是有意義的，而且資料必須包含零值，數值 "0" 表示無或沒有。諸如價格、重量、高度…等等都是屬於比率尺度的資料。例如智慧型手機爲他人贈送的禮物，不需花費，故成本爲 0；再比較 128GB 的 iphone 13 在臺灣銷售價格約新臺幣$25,900，而在日本銷售價格新臺幣$25,312，我們可以說臺灣價格大約爲日本的 1.02 倍（$25,900/$25,312 = 1.02）。以餐點價格爲例，王品集團的西堤牛排一份套餐約$600，而品田牧場一份套餐約$300，我們可以說西堤套餐是品田套餐價格的 2 倍（$600/$300 = 2）。

* 比率尺度除了具有區間尺度的特性外，資料與資料的比例是有意義的，而且資料必須包含零值。

三、資料型態

瞭解資料型態之分法在統計上非常重要，因爲不同資料型態，所使用的統計方法會不同；在實務上也確實存在不同的資料型態，當面對實務問題時，首先必須知道資料是屬於哪一種型態，才能進一步選擇適當的統計方法進行彙整、分析、解釋及推論。資料型態可依蒐集方式、是否可量化、是否可無限細分、時間等方式進行區分。

1. 初級資料與次級資料

依照資料蒐集方式，可將資料型態分爲初級資料（Primary Data）與次級資料（Secondary Data）。

初級資料是原始資料沒有經過前人任何蒐集及整理，必須由蒐集者自行去蒐集才能獲得的資料，較常使用的方式是問卷，透過問卷調查方式可取得初級資料，例如要瞭解麥當勞速食店顧客滿意度，必須利用問卷方式蒐集。而次級資料是原始資料已經過前人蒐集及整理完成，此時蒐集者只要拿到這些資料，就可進行分析，例如一位研究員想要瞭解鴻海集團的員工資料，以進行鴻海集團的研究，而鴻海集團人事部門早已有建立完整的員工資料庫，研究員只要向人事部門索取即可得完整的員工資料，不需要進行調查。

* 初級資料是由蒐集者自行去蒐集才能獲得的資料。

* 次級資料是原始資料已經過蒐集及整理完成，蒐集者只要拿到這些資料，就可進行分析。

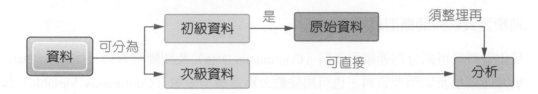

圖 1-6 蒐集方式之資料型態說明之概念圖

2. 質性資料與量化資料

依照資料是否可以量化運算與否，可將資料型態分為質性（或稱定性）資料（Qualitative Data）與量化（或稱定量）資料（Quantitative Data）。根據質性及量化資料的分類，變數又可分為質性變數（Qualitative Variable）與量化變數（Quantitative Variable）。

質性資料包含名目或順序尺度的資料，資料可以是數值的，也可以是非數值的，如性別、產業、顏色、菜色、滿意度排名、喜好度排名等等。質性資料是不能夠量化的，亦即無法進行加減乘除等四則運算，數值只能用來做排序及比較大小。質性變數乃是指此變數的資料是質性資料。統計分析方法會隨著變數是質性變數或量化變數而有不同，包含敘述統計的方法或統計推論的方法都會有一些不同。

量化資料包含區間或比率尺度的資料，資料一定是數值的，如統計成績、餐點價格、身高、體重、晶華的股價、EPS 等等。量化資料的數值不但可以用來做分類與排序，也可以進行加減或乘除等四則運算的。量化變數乃是指此變數的資料是量化資料。量化變數相對於質性變數在統計分析方法上應用較廣泛，大部分統計分析方法是針對量化變數設計開發，主要是因為實務上絕大部分資料都可進行量化。

* 質性資料包含名目或順序尺度的資料，資料可以是數值的，也可以是非數值的。
* 量化資料包含區間或比率尺度的資料，資料一定是數值的。

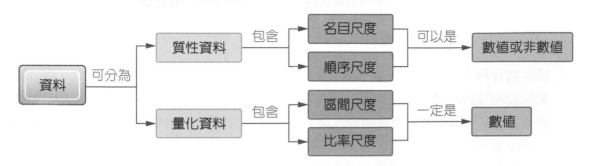

圖 1-7 依可量化否之資料型態說明之概念圖

3. 連續型資料與間斷型資料

量化資料又可區分為連續型資料（Continuous Data）及間斷型資料（Discrete Data）。根據連續型及間斷型資料，也可將變數分為連續型變數（Continuous Variable）及間斷型變數（Discrete Variable）。

連續型資料是指資料與資料之間可再無限細分，亦即資料是連續的及不可數的（Uncountable）。連續型資料若以圖形表示，畫出的圖形會是一條數線，例如兩家 85 度 C 店的距離、飛機行駛的時間、飲料的重量⋯等等。連續型變數則是指變數的資料是屬於連續型資料，例如 EPS、股價、本益比、毛利率⋯等等都可為連續型變數。

間斷型資料是指資料與資料之間無法再細分，如 1 與 2 之間無法再細分，亦即資料是間斷的及可數的（Countable）。間斷型資料若以圖形表示，畫出的圖形會是多個點，這些點之間是有間隔的，例如西堤牛排賣出的套餐數量、85 度 C 賣出的飲料杯數、台積電的員工人數⋯等等。間斷型變數則是指變數的資料是屬於間斷型資料，例如遠雄海洋世界在 2020 年元旦連續四天假期總顧客數、連續假期上高速公路的總車輛數、2000 年至 2019 年每年來臺觀光的人數等等都可為間斷型變數。

* 連續型資料是指資料與資料之間可再無限細分，亦即資料是連續的及不可數的。

* 間斷型資料是指資料與資料之間無法再細分，亦即資料是間斷的及可數的。

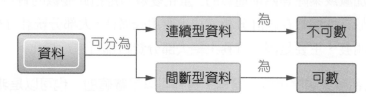

圖 1-8 依是否可無限細分之資料型態說明之概念圖

4. 橫斷面資料與時間序列資料

橫斷面資料（Cross-sectional Data）是指同一個時間點蒐集到的資料，如表 1-1 觀光產業類股的 EPS、本益比、毛利率等等，都是同一年度（2020 年）的資料，即是橫斷面資料；又如同一時間所做的問卷調查所蒐集到的資料也是同一時間點的資料，仍屬於橫斷面資料。

時間序列資料（Time Series Data）是指不同時期的資料，如政府調查過去十二個月每月的平均物價，就有過去十二個月的十二筆物價資料，此資料即為時間序列資料。時間序列資料由於是過去一段時期的資料，此資料可以用來判斷資料的趨勢，因此常用來以過去的趨勢來預測未來；如投資人想要瞭解晶華飯店過去五十天的股價，以進行

趨勢預測的技術分析，此時就有過去五十天交易日共五十筆股價資料，此資料即為時間序列資料，利用此時間序列資料可以預測晶華飯店未來的股價走勢。

在許多統計分析上，區分資料為橫斷面資料或時間序列資料是很重要的，因為此兩種不同的資料適用的統計分析方法有相當大的差異。

* 橫斷面資料是指同一個時間點蒐集到的資料。

* 時間序列資料是指不同時期的資料。

圖 1-9　依資料蒐集時間之資料型態說明之概念圖

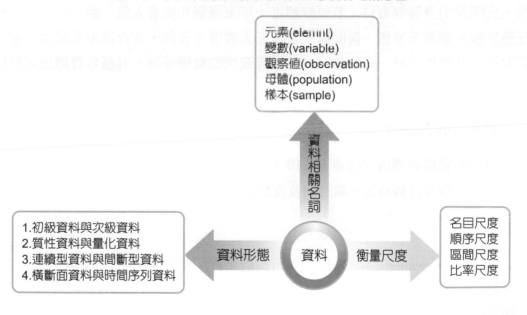

圖 1-10　資料概念圖

1-4　資料來源

資料既是統計分析的基礎，資料如何取得即是必須瞭解的議題。在統計方法應用上，資料的來源可為既存或次級的資料，或使用統計研究方法（如觀察法、調查法、實驗法）取得新的資料。

一、既存或次級資料

既存的資料亦即是次級資料，是指原始的資料已經存在，蒐集者可以立刻拿來應用。在實務上，有很多情況特定應用的資料是已經存在的，例如每個公司都會建立員工資料庫，若某位研究員想要進行公司個案研究，要取得員工基本資料，並不需要再利用統計方法蒐集，因為公司已有既存的員工資料；又如研究人員想要瞭解 Subway 顧客對其餐點的滿意度，由於 Subway 平時已經有調查過顧客滿意度，並建立滿意度資料，研究人員只需取得這些資料即可進行統計分析，不需再利用問卷調查去取得新的資料。

既存的資料取得的管道非常多，必須看調查研究的需求，以瞭解在哪個管道取得此資料。譬如若要進行臺灣經濟相關的研究，可從經濟部相關管道取得；若要進行臺灣股市或公司相關的研究，可利用臺灣經濟新報社所建立的資料庫、產業年鑑、公司年報、公開說明書等等取得；若要瞭解近十年來臺觀光旅客人數、觀光目的、各縣市旅行業家數、旅館業家數、房間數、及員工人數等等資料，皆可從中華民國交通部觀光局取得；其他如網路、報章雜誌、各政府或民間機構等等，有很多管道皆可取得既存的資料。

二、統計研究方法取得

若想要的資料並無既存管道可取得，則必須應用統計研究方法取得新的資料。統計研究方法一般包含觀察法、調查法及實驗法。

1. 觀察法

觀察法（Observational Method）乃是針對研究者有興趣的議題找尋受觀察對象（可能是個人、公司或其他對象或情境），接著觀察並記錄受觀察對象的行為、情境或事件，觀察過程可使用照相機、錄影機或高科技儀器輔助觀察。使用觀察法時，在進行觀察時是完全不對受觀察對象進行任何干預或操弄的，例如研究者想要瞭解個案公司工廠現場作業情況，觀察者在工廠內進行觀察，而現場作業仍正常進行，觀察者並無對現場作業做任何操弄情事。

觀察法的優點是可以深入的瞭解受觀察對象，也可進行較長期的調查研究，而且觀察行為大部分都是在正常情況下發生，故蒐集到的資料也比較不會有偏誤，亦即外部效度較高。例如研究者想要觀察顧客在原燒用餐的過程，以瞭解原燒標榜的用餐氣氛佳是否能受到肯定，故研究者在旁觀察在原燒用餐的各桌顧客臉上的表情及聊天、用餐的動作及情況，由此觀察到顧客在用餐時是否愉悅，進而瞭解氣氛是否良好。

觀察法的缺點是不可以對受觀察對象進行干預或操弄，許多干擾因素無法控制，導致內部效度較差；其次，資料想要量化也比較困難，例如觀察用餐氣氛是否佳不容易量化；另外，受觀察對象之隱私比較難受到保護，也產生研究倫理的問題；最後，受觀察的樣本數量一般也比較少，導致最後結果外部效度比調查法低。

* 觀察法乃是不對受觀察對象進行任何干預或操弄，進行觀察與紀錄受觀察對象的行為、情境或事件。

* 效度指的是調查工具是否可以調查到研究者想要調查的問題；內部效度是指調查結果在調查過程受到其他干擾因素影響程度的高低；外部效度是指調查結果是否能類推到一般化的程度高低。

2. 調查法

調查法（Investigating Method）乃是直接訪談受訪者或利用問卷調查方式，詢問受調查者對某特定現象或事件的意見、感受或看法。例如消費者滿意度之調查常常使用問卷方式進行，如陶板屋直營店想要瞭解顧客對他們餐飲的滿意度，針對去店裡消費的顧客用完餐後，以送原子筆做禮品請他們填寫滿意度問卷；麥當勞則是請店員在某時間下去發放問卷，請顧客幫忙填寫。這些都是屬於問卷調查取得資料的方式，是屬於調查法的一種。調查法是實務上很常用來取得資料的方法，但問卷設計及訪談過程都有很嚴謹的規範，必須符合教育心理學的信效度要求，才能讓調查工具符合規範，也才能降低調查結果的偏誤。另外，一般調查對象都是母體中的一群小樣本，樣本的代表性也影響了最後調查結果是否可靠。

調查法的優點是可快速回收問卷進行分析；其次，只要利用問卷或訪談方式即可取得資料，調查成本也較低；另外，比起觀察法，若使用問卷調查方式，也比較能夠進行量化分析；問卷調查方式一般都使用匿名方式，故受訪者的隱私也比較能被保護；最後，調查法因為樣本比較多，也比較能夠類推到一般情況，故外部效度也較觀察法及實驗法高。

調查法的缺點是無法對受調查對象進行干預或操弄，使得一些干擾因素無法被控制，故內部效度較差；其次，調查結果的可靠性會受到填答者填答的結果影響很大，若填答者亂填答，會使結果失真；最後，調查法無法深入探討受調查對象的深度問題，無法像觀察法一樣深入長期觀察現場情況，也無法像實驗法一樣操弄受實驗對象去深入瞭解各種情況之結果。

* 調查法乃是直接訪談受訪者或利用問卷調查方式，詢問受調查者對某特定現象或事件的意見、感受或看法。

3. 實驗法

實驗法（Experimental Method）乃是先定義一個我們有興趣想要研究的變數，再利用一個可控制的環境下，去控制可能干擾有興趣的變數之其他變數，以從蒐集到的資料中瞭解有興趣的變數是如何受到影響的。例如在醫學領域的新藥物開發都是先使用白老鼠實驗，在實驗室內控制白老鼠、實驗室環境及其他干擾因素後，以收集到的資料去瞭解新藥物是否有用；又如行銷領域想要瞭解某一新的廣告推出後是否有效果，乃找尋參與者參與實驗室實驗，在實驗過程控制可能的干擾變數如參與者的性別等基本特質及現場環境，可利用眼球儀觀察參與者是否專心看廣告或利用腦波儀器觀察參與者看廣告是否有受到刺激，以收集到的資料去瞭解新廣告的效果；要瞭解某一教學法是否對學生有幫助，也可利用教學實驗收集到的資料去分析。

實驗法的優點是可以操弄想要的有興趣的變數，並控制外來變數的干擾，故內部效度較佳；實驗法的成本也較低，並能重複不斷實驗，以獲得最後更精確的結果。

實驗法的缺點是樣本過小，而且是在實驗室做實驗，並非一般化環境，故類推到一般環境的問題就比較大，亦即外部效度會較低；其次，實驗法是在某一控制環境下實施的，但在實務上許多環境可能與這控制環境不同，此時參與者在實驗法中的反應結果可能會與實際環境反應不同；有些實驗需要大型儀器輔助，此時成本可能更高；實驗法常會牽涉到人類倫理問題。

* 實驗法是先定義一個我們有興趣的變數，再去控制可能干擾有興趣變數的其他變數，以從蒐集到的資料中瞭解有興趣的變數是如何受到影響的。

* 信度指的是調查對象在回答調查問題時，是否真實回答自己內心真正的想法或看法。當調查對象愈真實回答調查問題，則信度愈高；反之，若調查對象亂回答調查問題，則信度愈低。

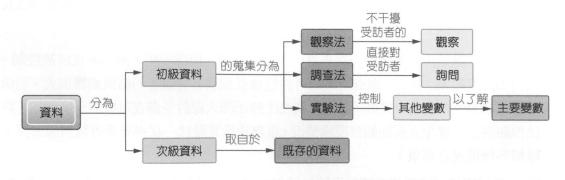

圖 1-11　資料來源說明之概念圖

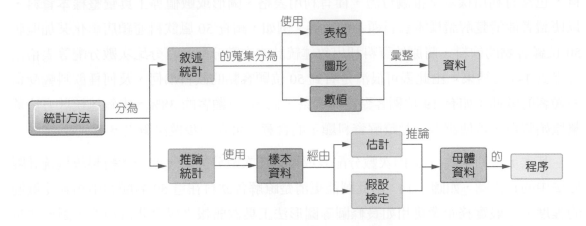

圖 1-12　統計方法說明之概念圖

統計學在實務上應用最廣泛的分析方法包含敘述統計及統計推論。在一般實務上，此兩種方法應該搭配使用，基本資料分析可使用敘述統計方法，統計推論則使用在決策上；然而，決策之結果要呈現給一般人知道，運用統計推論方式呈現，可能較難讓一般人瞭解，此時必須利用敘述統計輔助說明，以便使一般人能更瞭解統計推論之結果。

一、敘述統計

敘述統計（Descriptive Statistics）乃是利用表格、圖形或數值方法彙整資料的統計方法。在實務上，無論是報紙、雜誌、網路、公司內部報告或其他出版品，常看到使用表格或圖形的統計資料，這些資料都是經過敘述統計方法彙整後的結果；主要係因原始資料複雜及零散，無法用來分析，使用表格、圖形或數值等敘述統計，可彙整原始資料以使讀者能清楚知道資料所要呈現的意義，也可用來作為分析工具，以便做決策參考。

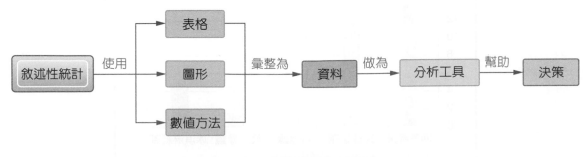

圖 1-13　敘述性統計概念圖

　　敘述統計工具是使用蒐集到的樣本資料進行分析，並沒有應用到整個母體全部資料，也沒有利用樣本來推論母體，僅有利用表格、圖形或數值等工具彙整樣本資料，以使讀者能清楚解讀樣本資料顯示的意義。例如，調查 50 嵐飲料連鎖店彰化某加盟店 50 位顧客點的飲料，將原始資料利用敘述統計的次數分配及百分比次數分配等表格法得出表 1-3 之結果，由此表可很清楚看到 50 位顧客點的飲料為何，及何種飲料較受這些顧客的歡迎；如有 19 位顧客點四季春茶，佔 50 位顧客的 38%。由敘述統計方法彙整原始資料，可使讀者清楚瞭解資料顯示的含意，可進一步做決策之參考。

　　其次，可利用表 1-3 的次數分配表或百分比次數分配表，進一步繪製敘述統計圖形法中的長條圖，如圖 1-14；由此圖能更清楚瞭解各飲料在這 50 名顧客中相對受歡迎的程度。一般實務企業應用如長條圖等圖形法工具做簡報之場合非常頻繁，圖形法也更易為讀者瞭解。

* 敘述統計乃是利用表格、圖形或數值方法彙整資料的統計方法。

表 1-3　50 嵐飲料種類次數分配與百分比次數分配

飲料	次數	百分比次數
四季春茶	19	38%
珍珠奶茶	13	26%
八冰綠	7	14%
紅茶拿鐵	6	12%
冰淇淋紅茶	5	10%
總合	50	100%

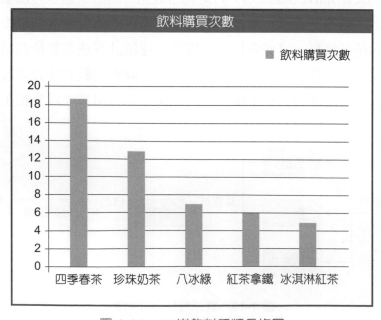

圖 1-14　50 嵐飲料種類長條圖

例題 1-1

下列調查結果何者屬於敘述統計：

(a) 新冠狀病毒導致全世界經濟衰退！經濟部預估今年臺灣經濟成長將難達到 2%。

(b) 自從新冠狀病毒在全世界大爆發之後，臺灣旅遊業調查 200 名國人，高達九成害怕出門旅遊。

(c) 大陸的中國社會科學院今 天發布報告，預計 2020 中國大陸經濟成長恐僅 2%左右。

(d) 北市信義計畫區「富創 D3」個案開價創新高，但市場不見得買單，預期明年中均價至少跌 5%至 10%。

(b)，利用抽取 200 位樣本資料估計之結果，並未進一步推論全部國人旅客。

例題 1-2

抽查心田奶粉在全省四家商店的售價為 200，195，195，210（元）。下列敘述何者屬於敘述統計學？

(a) 這四家商店所售心田奶粉的平均售價為 200 元

(b) 全省所有商店所售心田奶粉的平均售價為 200 元

(c) 全省有一半商店所售心田奶粉的售價低於 200 元

(d) 全省有一半商店所售心田明新甲牌奶粉的售價是 195 元

(a)，四家樣本售價求平均數結果，並未進一步估計全省商店售價。

二、統計推論

統計推論（Statistical Inference）或稱為推論統計（Inferential Statistics）乃是指由樣本資料推論母體資料的程序。在很多情況，母體是不可得的，或者因取得成本過高或需花費很多人力物力而不值得去取得，此時會利用蒐集母體中的一組樣本來進行推論母體。然而，統計推論並非指能利用所有樣本資料去推論母體的每個資料值，而是利用樣本資料計算出一些特徵值（Characteristics）去推論母體的特徵值。所謂特徵值是指某些實務上較有興趣想知道的數值，例如平均數、標準差…等等；這些特徵值若利用樣本計算的，統稱為樣本統計量（Sample Statistics）；若是指母體的特徵值，統稱為母體參數（Population Parameter）。

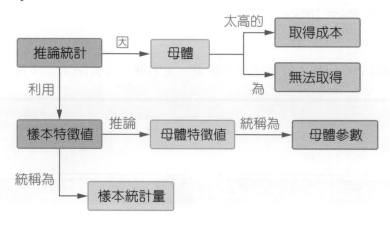

圖 1-15　推論統計概念圖

因此，統計推論真正的做法乃是利用樣本統計量去推論母體參數，而推論指的是兩件工作：一個是估計（Estimate），一個是假設檢定（Hypothesis Test）。其中估計乃是指利用樣本算出來的某個特徵值（如樣本平均數）去估計母體的某個特徵值（如母體平均數）。譬如一份調查想要瞭解 85 度 C 在彰化地區加盟店平均每月咖啡料需求多少數量，此時母體是過去及未來所有月份的平均數，是無法得知的，故利用以過去一年每月的需求量共十二個月求平均數，以得出每月平均需求量，過去一年的每月需求量如表 1-4 所示；將此表十二個月的需求量加總後再除以 12，可得出過去一年每月平均需求量為 19.75 公噸，此數值即為樣本平均數。我們可以使用此樣本平均數估計母體平均數，亦即以 19.75 公噸的樣本每月平均需求量，可估計母體的每月平均需求量（母體平均數）是 19.75 公噸。

假設檢定指的是母體面臨某個問題，統計學家先將這問題進行統計假設，再利用樣本去檢定此假設是否成立。例如，85 度 C 為了做到零庫存的管理，必須不要讓咖啡料有存貨，但也不能在加盟店有需求時沒有咖啡料可提供，而根據生產部經理的經驗，認為未來每月咖啡平均需求數量應該不超過 22 公噸，此為對母體問題設成的統計假設，再利用樣本的平均需求量 19.75 公噸去檢定生產部經理的認知（即統計假設）是否被支持（亦即是否真的未來每月咖啡平均需求數量不會超過 22 公噸）。

統計推論方法又分為有母數的（Parametric）及無母數的（Non-parametric）方法。使用有母數的方法前提必須假設母體資料為常態分配，或樣本的抽樣分配近似常態分配，如圖 1-16 即為一個常態分配的圖形，乃是一個左右對稱的圖形；其次，使用有母數方法的資料必須為量化資料。而使用無母數的方法則不需要對母體資料做任何假設，且資料可以是量化或質性資料。然而，在實務上，有母數方法使用的頻率會較高，因為大部分實務資料皆可符合有母數的假設，而且大部分為量化資料，此時使用有母數方法所得出結果的準確度會較佳（亦即誤差較小）；但若常態分配的假設無法符合時，就應該使用無母數方法，因為此時使用有母數方法的結果會造成更大誤差。

＊　統計推論乃是指由樣本資料推論（包含估計及假設檢定）母體資料的程序。

表 1-4　85 度 C 彰化地區加盟店過去一年每月咖啡料需求量（公噸）

月份	一	二	三	四	五	六	七	八	九	十	十一	十二
需求量	21	23	20	19	20	18	19	17	17	20	21	22

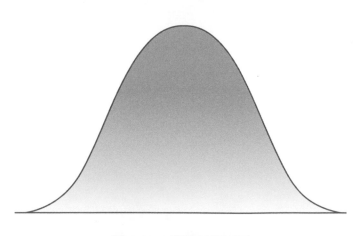

圖 1-16　常態分配圖形

例題 1-3

下列調查結果何者屬於推論統計？

(a) 經濟部統計處參考過去五年歷史資料結果後預估，在大陸十一長假及歐美年節需求慢慢發酵下，全年接單可超過 4500 億美元，再創歷史新高。

(b) 臺灣的離婚率有逐漸走高的趨勢，2019 年統計，平均每 10 分鐘就有一對夫妻離婚。

(c) 臺灣人口共 23,578,705 人（2020 年 7 月底官方統計），人口總減少率為 2.17‰。

(d) 國慶煙火在台中港區順利施放，根據台中港警局統計，活動區範圍內的觀眾約 35 萬人，加上周邊制高點觀眾 60 多萬人，觀眾總人數近 100 萬人次。

 解

(a)，四家樣本售價求平均數結果，並未進一步估計全省商店售價。

敘述統計─
表格與圖形法

本章大綱

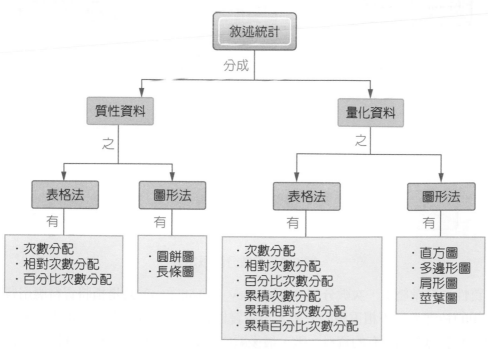

如第 1 章第 5 節所提到，敘述統計乃是利用表格、圖形及數值方法彙總資料的統計方法。接下來，我們將分兩章探討敘述統計如何使用，本章先探討表格及圖形等兩種敘述統計方法。表格與圖形方法可說是實務上非常普遍使用的兩種敘述統計方法，在實務報章雜誌上常看到的統計圖表，皆是屬於敘述統計方法。

根據資料型態為質性資料及量化資料之差異，敘述統計方法之使用會有所不同。以下分別針對單一變數質性資料及量化資料進行敘述統計方法介紹，其次進一步介紹兩個變數同時呈現的表格與圖形之敘述統計方法。

2-1 質性資料之表格與圖形法

質性資料（Qualitative Data）又稱為類別資料（Categorical Data），資料數值是用來做分類或排序及比較大小。質性資料的資料彙總表格方法有次數分配、相對次數分配、百分比次數分配…等等；圖形方法有圓餅圖、長條圖…等等。以下介紹比較常用的幾種圖表法。

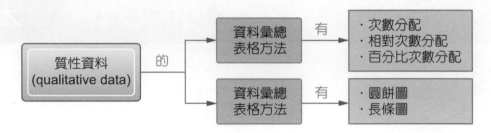

圖 2-1　質性資料概念圖

一、表格法

1. 次數分配

圖 2-2　次數分配概念圖

在質性資料彙總上，次數分配（Frequency Distribution）乃是指將資料應用質性變數分類的特性進行不相重疊的分組，再將質性資料依照屬於哪一分類特性，分入各組中，並計算各組擁有的資料次數，最後編成次數分配表，以顯示資料分配情形。

北部某旅行社委託顧問公司研究，國人在疫情後開放國內旅遊時，對哪些國內旅遊景點最有興趣，以作爲旅行社調整國內套裝行程策略之參考。顧問公司乃於臺北車站隨機抽取 50 位民眾，詢問待疫情緩和後，對哪些景點最感興趣，調查結果的資料如表 2-1 所示。

表 2-1　50 位民眾國旅意向樣本資料

七星潭	礁溪	墾丁	清境農場	池上
太魯閣	池上	七星潭	龜山島	池上
墾丁	太魯閣	礁溪	小琉球	太魯閣
池上	墾丁	墾丁	礁溪	池上
小琉球	七星潭	太魯閣	礁溪	池上
七星潭	溪頭	清境農場	太魯閣	龜山島
太魯閣	太魯閣	池上	墾丁	七星潭
小琉球	礁溪	池上	太魯閣	七星潭
池上	池上	墾丁	礁溪	池上
溪頭	墾丁	太魯閣	池上	礁溪

上述資料屬於質性資料，可利用次數分配表整理這些資料。首先，計算對各國內景點的有興趣人數，對七星潭感興趣的人數爲 6 人，對礁溪感興趣的人數爲 7 人，對墾丁感興趣的人數爲 7 人，對清境農場感興趣的人數爲 2 人，對池上感興趣的人數爲 12 人，對太魯閣感興趣的人數爲 9 人，對龜山島感興趣的人數爲 2 人，對小琉球感興趣的人數爲 3 人，對溪頭感興趣的人數爲 2 人。接下來彙整這些次數資料，編製如表 2-2 的次數分配表。

表 2-2　50 位民眾對不同國旅景點意向的次數分配表

國旅景點	次數
池上	12
太魯閣	9
礁溪	7
墾丁	7
七星潭	6
小琉球	3
清境農場	2
龜山島	2
溪頭	2
總和	50

比較表 2-1 及表 2-2 即可了解，統計次數分配表的優點在於可將原始凌亂的質性資料整理彙總成一個可以清楚看出國旅景點相對受歡迎的程度。由表 2-2 即可立刻看出池上是最受歡迎的國旅景點，其次為太魯閣，依序類推；而國旅景點中，這 9 項國旅景點較常被提及，其他地區的國旅景點較無人問津。此資料可以做為旅行社調整國內旅遊線的策略參考。

* 質性資料的次數分配乃是指將資料應用質性變數分類的特性進行不相重疊的分組，再將質性資料依照屬於哪一分類特性，分入各組中，並用表格彙總各不同類型的質性資料。

2. 相對次數分配

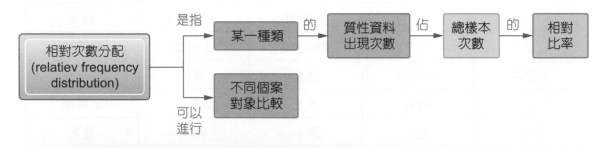

圖 2-3 相對次數分配概念圖

次數分配是用來呈現不同類型質性資料原始次數的表格呈現方法。然而，在實務上，更多決策人員更想知道各類質性資料相對於全部資料的比重為何，相對次數分配即可呈現此種資料結果。

所謂相對次數分配（Relative Frequency Distribution），乃是指某一種類的質性資料出現次數佔總樣本次數的相對比率，如果一個質性資料有 n 個樣本數，則每個組別的相對次數計算公式如下：

$$每一組別質性資料的相對次數 = \frac{該組資料次數}{n} \qquad (2\text{-}1)$$

以上述國旅景點種類為例，可根據表 2-2 之次數分配表，利用（2-1）公式將各種類國旅景點之次數轉換為相對次數，如池上之相對次數為 0.24（= 12/50），太魯閣之相對次數為 0.18（= 9/50），依此類推。相對次數分配如表 2-3。

表 2-3　50 位民眾國旅意向的相對次數分配表

國旅景點	相對次數
池上	0.24
太魯閣	0.18
礁溪	0.14
墾丁	0.14
七星潭	0.12
小琉球	0.06
清境農場	0.04
龜山島	0.04
溪頭	0.04
總和	1.00

若再向高雄車站隨機抽取調查 60 位民眾，結果發現偏好池上做為國旅首選的民眾有 12 人，與表 2-2 之人數一樣，若以次數分配表會誤以為兩次調查的民眾國旅意向一樣。但若以相對次數計算，於高雄車站調查的民眾中偏好池上的相對次數僅有 0.2（＝ 12/60），於臺北車站問卷調查池上相對次數 0.24 小，顯示於臺北車站問卷調查中以池上做為國旅首選的相對較高。因此，相對次數分配之優點是可以進行不同個案對象比較。

*　相對次數分配乃是指某一種類的質性資料出現次數佔總樣本次數的相對比率。

3.　百分比次數分配

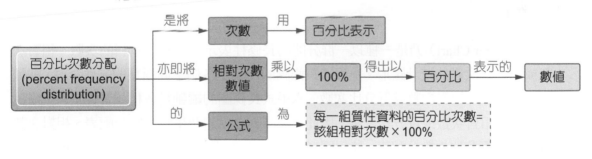

圖 2-4　百分比次數分配概念圖

百分比次數分配（Percent Frequency Distribution）是將次數用百分比表示，亦即將相對次數值乘以 100%，得出以百分比表示的數值。公式如下：

每一組別質性資料的百分比次數＝該組相對次數 × 100%　　　　　　　　　（2-2）

百分比次數分配的優點與相對次數分配一樣，可進行不同個案對象比較。若以民眾國民旅遊意向為例，計算方式係將表 2-3 各類國旅景點的相對次數都乘以 100%，如池上之相對次數為 0.24，百分比次數為 24%（= 0.24*100%），依此類推，可得出如表 2-4 的百分比次數分配表。

表 2-4　50 位民眾國旅意向的百分比次數分配表

國旅景點	百分比次數（%）
池上	24
太魯閣	18
礁溪	14
墾丁	14
七星潭	12
小琉球	6
清境農場	4
龜山島	4
溪頭	4
總和	100

* 　百分比次數分配是將次數用百分比表示，亦即將相對次數值乘以 100%，得出以百分比表示的數值。

二、圖形法

1. 長條圖

長條圖（Bar Chart）乃是一種以一群分開的長條柱表示各類質性資料的次數、相對次數或百分比次數的統計圖形。垂直式長條圖的橫軸是各個不同種類的質性資料，縱軸可以是次數、相對次數或百分比次數。水平式長條圖的縱軸是各種類質性資料，橫軸是次數、相對次數或百分比次數。因此，長條圖之用途乃是將次數分配表、相對次數分配表或百分比次數分配表，使用圖形方式來呈現；圖形呈現方式將使資料更易於讓使用者讀懂。

若以上一節民眾國旅意向為例，表 2-2 的次數分配表可以使用圖 2-5 及圖 2-6 的垂直式及水平式長條圖表示。由兩張圖可清楚看出各種類的國旅景點次數分布情況，長條柱愈高表示民眾對該國旅景點意向次數愈多，反之則愈少，圖形呈現方式的優點在於能讓讀者了解各類質性資料的實際發生次數及其分布情況，以及可進行各類質性資料數值高低比較。

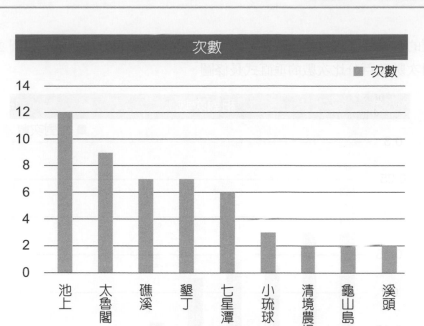

圖 2-5　民眾國旅意向的垂直式長條圖

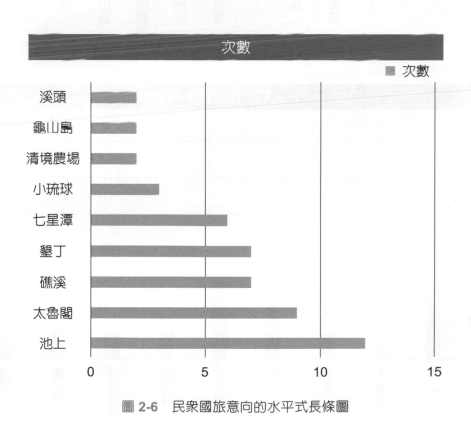

圖 2-6　民眾國旅意向的水平式長條圖

長條圖的縱軸除了可以是次數外，也可是相對次數或百分比次數，如圖 2-7 及 2-8 各為相對次數及百分比次數的垂直式長條圖。

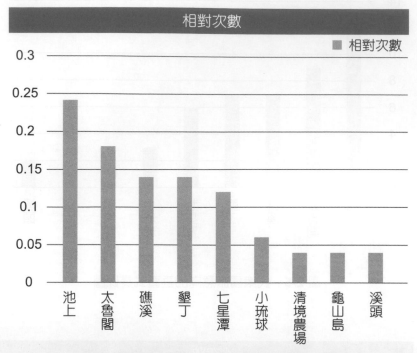

圖 2-7　民眾國旅意向相對次數的垂直式長條圖

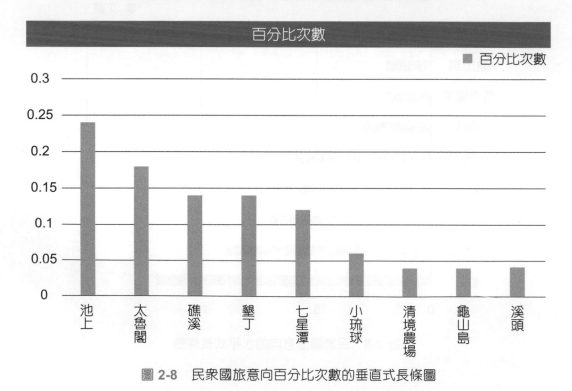

圖 2-8　民眾國旅意向百分比次數的垂直式長條圖

* 長條圖（Bar Chart）乃是一種以一群分開的長條柱表示各類質性資料的次數、相對次數或百分比次數的圖形。

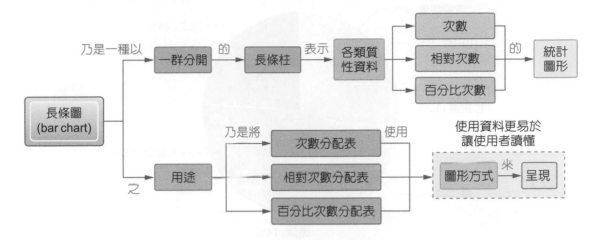

圖 2-9　長條圖資料表示概念圖

2. 圓餅圖

圓餅圖（Pie Chart）乃是以一塊大餅切塊的方式表示各種不同類型質性資料的相對次數或百分比次數之統計圖形。以圓餅的圓心為基準進行切塊，每一切塊代表各種類資料佔的相對次數或百分比次數。以民眾國旅意向為例，選擇池上的民眾人數佔總調查人數的 24%，其佔整塊餅（圓形有 360 度）的比例為 86.4 度（24% × 360 度），可用圓尺尺規畫出精確的度數，亦即 2-10 圖的池上的部分。圓餅圖可以是平面或立體圖形。圖 2-10 及圖 2-11 分別為平面式與立體式圓餅圖。

百分比次數

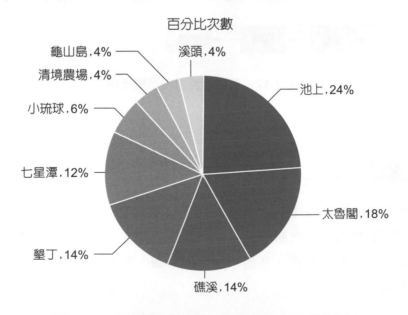

圖 2-10　民眾國旅意向百分比次數的平面式圓餅圖

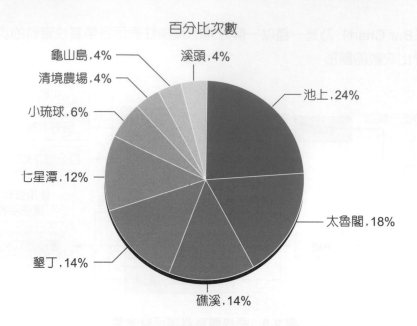

圖 2-11　民眾國旅意向百分比次數的立體式圓餅圖

* 圓餅圖（Pie Chart）乃是以一塊大餅切塊的方式表示各種不同類型質性資料的相對次數或百分比次數之圖形。

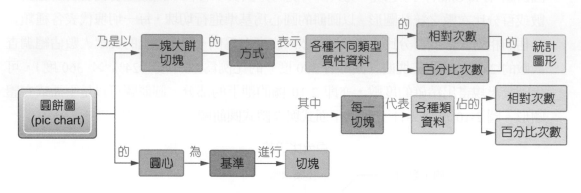

圖 2-12　圓餅圖資料表示概念圖

2-2　量化資料之表格與圖形法

　　量化資料（Quantitative Data）的資料數值可用來進行加減甚至乘除的運算。量性資料的資料彙總表格方法有次數分配、相對次數分配、百分比次數分配、累積次數分配…等等；圖形方法有直方圖、多邊形圖、肩形圖、莖葉圖…等等。以下介紹比較常用的幾種圖表法。

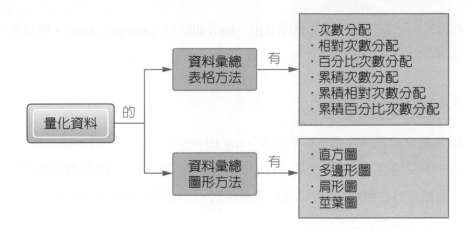

圖 2-13　量化資料概念圖

一、表格法

1. 次數分配

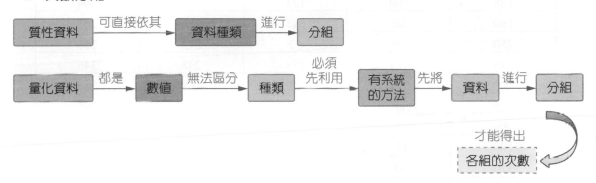

圖 2-14　次數分配概念圖

如同 2-1 節之定義，次數分配是將資料進行分組後呈現各組資料的次數。但質性資料可直接依其資料種類進行分組，而量化資料都是數值，無法區分種類，故必須先利用有系統的方法先將資料進行分組後，才能進一步得出各組的次數。一般而言，量化資料的次數分配可依下述步驟得出：

(1) 決定組數

　　組數（Number of Classes）的決定通常與資料數量有關，資料愈多通常組數就愈多，反之則愈少，一般多在 5～20 組。組數的決定並沒有完全受認可的公式，通常使用經驗判斷，可以資料數量多寡及分組目的做參考來決定組數。如果資料數量多或希望較多組數來觀察資料的變化，則可分較多組數；反之，則可分較少組數。

在統計方法應用上，史特基開發出一個分組法則（Sturge's Rule），可以做爲分組的參考，此公式爲：

$$K = 1 + 1.322 \times \log N \qquad (2\text{-}3)$$

其中 K 爲組數，N 爲資料的個數，$\log 10 = 1$。

昌輝顧問接受 85 度 C 委託進行臺中市 69 家門市過去一個月的業績調查，並被要求彙總資料以幫助 85 度 C 進行業績檢討。昌輝顧問調查結果，69 家門市過去一個月的營業額如表 2-5。

表 2-5　85 度 C 台中市 69 家門市過去一個月營業額（千元）

125	425	360	147	99
86	165	255	155	321
75	150	136	182	354
138	500	123	89	264
160	60	345	286	201
250	89	62	213	258
245	165	275	245	346
380	230	349	169	187
115	85	250	135	465
45	175	146	200	400
186	175	170	168	310
110	85	155	356	200
234	300	430	475	190
250	355	450	110	

若依據史特基法則，組數計算如下：

$$K = 1 + 1.322 \times \log(69) = 3.431$$

將 K 值取整數後可分爲 3 或 4 組。但分爲 3 或 4 組明顯偏少，很難看出資料的變化。因此，依照經驗判斷及分組係要讓 85 度 C 管理者更詳細地了解業績分布情況，昌輝顧問決定將組數分爲 8 組。

(2) 決定組寬

組寬（Class Width）乃是指每一組內的寬度。當決定完組數後，必須決定每一組的寬度，而且一般而言各組的寬度要一樣。組寬的寬度受到組數的影響，當組數愈多，每組的寬度愈小；反之，則愈大。組寬的公式如下：

$$組寬 = \frac{資料中的最大值 - 資料中的最小值}{組數} \qquad (2\text{-}4)$$

許多研究人員會依照方便及目的決定組數與組寬如何搭配，以得出最適合其分析目的之最佳資料彙總次數分配。例如上述 85 度 C 資料集的最大值為 500，最小值為 45，組數決定分 8 組，則依照（2-4）公式可得出組寬為（500−45）/8 = 56.875，必須無條件進位得出組寬 57，為方便計算可將組寬定為 60。因此，一般可遵循兩個原則來決定組寬：1.次數分配表一定要包含所有資料，故而若利用公式算出來的組寬非整數，必須無條件進位，因為沒有進位會讓最大或最小值無法包含進次數分配表內；2.為方便建構次數分配表，組寬通常會取較容易分辨的個位數如 0 或 5。

(3) 決定組界

決定組數後，必須再決定每組的組界（Class Limit），亦即每一組的範圍，以確定資料歸屬於哪一組。每組的組界可分為下組界（Lower Class Limit）與上組界（Upper Class Limit）。下組界表示一組的最小可能值，而上組界則表示一組的最大可能值。當上下組界決定後，就可將原始量化資料各自歸入各組了。一般而言，研究人員會先從最低組下組界開始決定，規則為必須包含原始資料的最小值；而最後最高組的上組界也必須涵蓋原始資料的最大值，才表示分組結果正確。

以上述 85 度 C 為例，資料最小值為 45，昌輝顧問決定將最低組的下組界定為 40，而組寬為 60，故最低組為 40-99；依此做法類推定出 8 組，結果如表 2-6 所示。

表 2-6 85 度 C 台中市 69 家門市過去一個月營業額的次數分配表

營業額（千元）	次數
40-99	10
100-159	13
160-219	16
220-279	11
280-339	4
340-399	8
400-459	4
460-519	3
總和次數	69

在實務應用上，有些會把表 2-6 的最低組的組界寫為「99 以下」，而把最高組的組界寫為「460 以上」，此表示方式亦是可行的，並不會影響結果。

(4) 決定組中點

在編製量化資料的次數分配表時，並不需要決定組中點；然而，在一些實務應用上如繪製折線圖（Polygon Chart）或計算群組資料的平均數，都會應用到組中點。組中點（Class Midpoint）乃是指各組的中心點，亦即上組界與下組界的平均值，以上述表 2-6 的 85 度 C 為例，各組組中點分別為 69.5（＝（40＋99）/2）、129.5、189.5、249.5、309.5、369.5、429.5、489.5。

(5) 決定組限

組限（Class Boundary）乃是將相鄰兩組的上下組界連接起來，亦即較低組的上組限會等於較高組的下組限。以上述 85 度 C 為例，改為用組限作為各組的區隔邊界，可得出如表 2-7 的次數分配表。

表 2-7　85 度 C 台中市 69 家門市過去一個月營業額的次數分配表

營業額（千元）	次數
40-100	10
100-160	13
160-220	16
220-280	11
280-340	4
340-400	8
400-460	4
460-520	3
總和次數	69

一般而言，利用組限作為各組的區隔邊界，原始資料若等於組限的數值，歸入的組別是以下組限為基準。例如上例，表 2-5 有一個原始資料數值為 160，剛好等於第二組的上組限及第三組的下組限，此時會將 160 歸入第三組。在實務應用上，使用組界或組限作為各組區隔標準皆可行，只要不要使讀者誤解即可，但在某些應用上如在繪製量化資料的圖形，組限就常被用到。

* 量化資料的次數分配必須先將資料進行有系統的分組，再進一步得出各組的次數，最後編成次數分配表。

2. 相對次數分配

圖 2-15　相對次數分配概念圖

量化資料的相對次數分配觀念及作法與質性資料類似，將量化資料各組的次數除以總和次數即可得出各組的相對次數。公式如下：

$$每一組別量化資料的相對次數 = \frac{該組資料次數}{n} \qquad (2\text{-}5)$$

以上述 85 度 C 為例，依照（2-5）公式可算出第一組（40-99）的相對次數為 $0.14(= \frac{10}{69})$，依此類推可得出如表 2-8 的 85 度 C 台中市 69 家門市過去一個月營業額的相對次數分配表。對於 85 度 C 而言，使用相對次數分配表可以進一步比較不同地區的營業額分布差異情況，進而做為各地區營業額檢討之依據。

表 2-8　85 度 C 台中市 69 家門市過去一個月營業額的相對次數分配表

營業額（千元）	相對次數
40-99	0.14
100-159	0.19
160-219	0.23
220-279	0.16
280-339	0.06
340-399	0.12
400-459	0.06
460-519	0.04
總和次數	1.00

* 量化資料的相對次數分配係將量化資料各組的次數除以總和次數即可得出各組的相對次數。

3. 百分比次數分配

圖 2-16　百分比次數分配概念圖

量化資料百分比次數分配的觀念與做法仍與質性資料類似，也是將各組相對次數乘以100%，即可得出量化資料的百分比次數分配。公式如下：

每一組別量化資料的百分比次數＝該組相對次數 ×100%　　　　　　　　　（2-6）

再以85度C為例，表2-8的相對次數分配表可改為表2-9的百分比次數分配表。

表 2-9　85度C台中市69家門市過去一個月營業額的百分比次數分配表

營業額（千元）	百分比次數（%）
40-99	14
100-159	19
160-219	23
220-279	16
280-339	6
340-399	12
400-459	6
460-519	4
總和次數	100%

* 量化資料百分比次數分配係將各組相對次數乘以100%，即可得出量化資料的百分比次數分配。

4. 累積次數分配

圖 2-17　累積次數分配概念圖

累積次數分配（Cumulative Frequency Distribution）係將次數分配表中的各組別次數依據由小到大進行累加次數，故在量化資料組別的表示方式會是小於或等於組別的上組界。以85度C為例，將表2-6的次數分配表改為使用累積次數分配表呈現，結果如表2-10。其中小於或等於99之累積次數為10，小於或等於159之累積次數為23（10＋13），依此類推計算。

表 2-10　85 度 C 台中市 69 家門市過去一個月營業額的累積次數分配表

營業額（千元）	累積次數
小於或等於 99	10
小於或等於 159	23
小於或等於 219	39
小於或等於 279	50
小於或等於 339	54
小於或等於 399	62
小於或等於 459	66
小於或等於 519	69

* 累積次數分配係將次數分配表中的各組別次數依據由小到大進行累加次數。

5. 累積相對次數分配

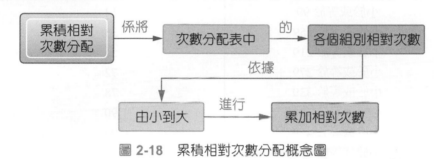

圖 2-18　累積相對次數分配概念圖

累積相對次數分配（Cumulative Relative Frequency Distribution）係將相對次數分配表中的各個組別相對次數分配依據由小到大進行累加相對次數。再以 85 度 C 為例，利用表 2-8 的相對次數分配表改為下表 2-11 的累積相對次數分配表。

表 2-11　85 度 C 台中市 69 家門市過去一個月營業額的累積相對次數分配表

營業額（千元）	相對次數
小於或等於 99	0.14
小於或等於 159	0.33
小於或等於 219	0.56
小於或等於 279	0.72
小於或等於 339	0.78
小於或等於 399	0.90
小於或等於 459	0.96
小於或等於 519	1.00

* 累積相對次數分配係將相對次數分配表中的各個組別相對次數依據由小到大進行累加相對次數。

6. 累積百分比次數分配

圖 2-19　累積百分百次數分配概念圖

累積百分比次數分配（Cumulative Percent Frequency Distribution）係將百分比次數分配表中的各個組別相對次數依據由小到大進行累加百分比次數。再以 85 度 C 爲例，利用表 2-9 的百分比次數分配表改爲 2-12 的累積百分比次數分配表。

表 2-12　85 度 C 台中市 69 家門市過去一個月營業額的累積百分比次數分配表

營業額（千元）	百分比次數（%）
小於或等於 99	14
小於或等於 159	33
小於或等於 219	56
小於或等於 279	72
小於或等於 339	78
小於或等於 399	90
小於或等於 459	96
小於或等於 519	100

* 累積百分比次數分配係將百分比次數分配表中的各個組別相對次數依據由小到大進行累加百分比次數。

二、圖形法

1. 直方圖

直方圖（Histogram Chart）乃是用來呈現量化資料次數分配、相對次數分配或百分比次數分配的統計圖形，其橫軸爲要探討的變數之組別，縱軸可爲次數、相對次數或百分比次數。直方圖的外表看起來像長條圖，都是由長條柱構成，但是直方圖的長條柱是相連的，而且每一長條柱的寬度代表組寬，高度代表次數、相對次數或百分比次數。由於直方圖是相連接的，故區隔各組邊界的方法是組限而非組界，亦即使用的次數分配表是如同表 2-7 的表。

若以 85 度 C 的次數分配表為基礎繪製直方圖，使用表 2-7 的次數分配表繪製直方圖，結果如圖 2-20。由此圖可清楚看出第一組（40-100）的次數為 10，第二組（100-160）的次數為 13，依此類推可繪製所有組別的長條柱，最後完成直方圖。直方圖的橫軸分組方式是利用組限而非組界，因為長條柱必須連接起來，但是在實務上製作的次數分配表可能是利用組界（如表 2-6），此時為配合實際分組方式，直方圖的橫軸分組標示方式可改為與表 2-6 一致的方式，亦即可標示為 40-99、100-159、160-219、220-279、280-339、340-399、400-459、460-519。

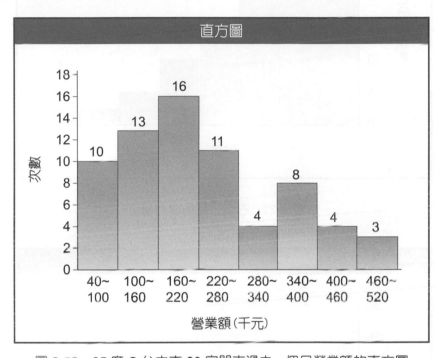

圖 2-20　85 度 C 台中市 69 家門市過去一個月營業額的直方圖

直方圖是統計圖形在用途上最重要的圖形，此圖形可以讓我們了解資料分布的形狀。資料可能大部分集中在左邊，此時直方圖會是右偏（Skew to the Right），例如世界財富分布，橫軸為財富，縱軸為人數百分比，非常有錢的人極少，而窮人則很多，如圖 2-21。若資料大部份集中在右邊，則直方圖會是左偏（Skew to the Left），例如年輕人對於車子的喜好評價，橫軸為車子價格，縱軸為人數百分比，對愈貴的車子喜好人數愈多，對愈便宜的車子喜好人數愈少，如圖 2-22。若資料大部分集中在中間，而左右兩邊資料多寡差不多，則此直方圖會約略是對稱的（Symmetric），許多實務上的資料都是屬於這類型的直方圖，例如大學學測成績，如圖 2-23。若把直方圖的各組組寬縮到很小，會讓直方圖變成類似一條曲線，此曲線若是左右對稱，則其形狀會類似大鐘，稱為鐘型分配，常態分配是鐘型分配的一種，此分配在統計推論的應用上非常重要，後續章節將有更詳細介紹。

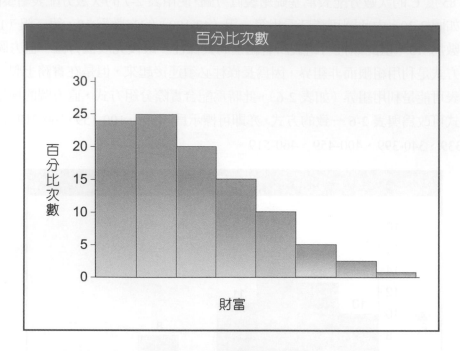

圖 2-21　右偏分配的直方圖

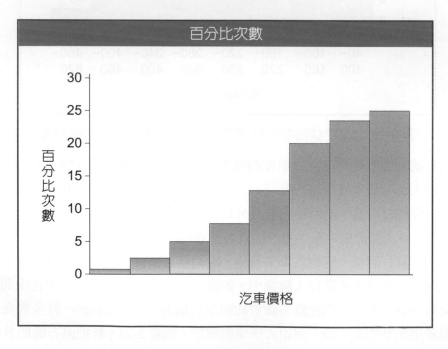

圖 2-22　左偏分配的直方圖

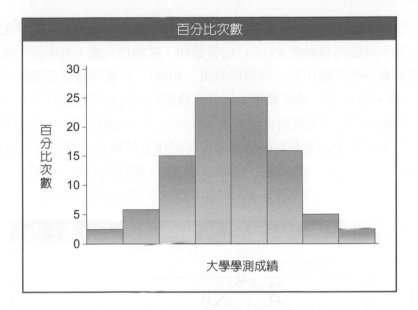

圖 2-23　鐘形分配的直方圖

*　直方圖是用來呈現量化資料次數分配、相對次數分配或百分比次數分配的統計圖形，
其橫軸為要探討的變數之組別，縱軸可為次數、相對次數或百分比次數。

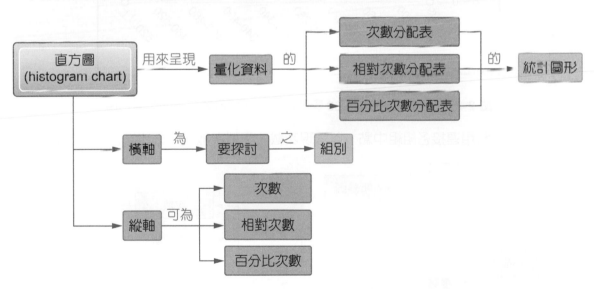

圖 2-24　直方圖資料表示概念圖

2. 多邊形圖

多邊形圖（Polygon Chart）或稱折線圖，乃是利用連接各組組中點，以呈現次數、相
對次數或百分比次數的統計圖形。其橫軸為變數的分組數值，縱軸為次數、相對次數
或百分比次數。多邊形圖可與直方圖搭配使用，以了解資料分布的情況。

若以 85 度 C 的次數分配表為基礎繪製多邊形圖，使用表 2-6 的次數分配表繪製，結果如圖 2-25。此圖的橫軸為 85 度 C 的營業額，縱軸為次數。其中每一個菱形的點對應橫軸代表著各組的組中點，例如最低組（40-99）的菱形點營業額數值為其組中點 69.5（=（40 + 99）/2），依此類推；另外，最低組與最高組都要往外延伸到與橫軸有交點，其中最低組往下延伸到更低一組（0-39）（營業額最低為 0）的中點為 19.5，即為最低組左邊橫軸上的菱形點數值，而最高組往上延伸到更高一組（520-579）的組中點為 549.5（=（520 + 579）/2），此組次數為 0，即為最高組右邊橫軸上的菱形點；而縱軸則對應著次數。然後將各菱形點連接起來，即成為多邊形圖。

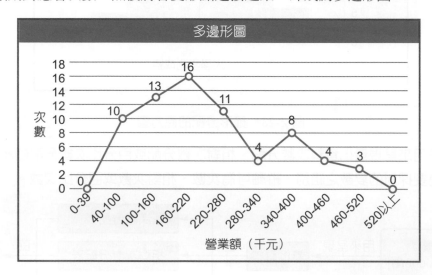

圖 2-25 85 度 C 台中市 69 家門市過去一個月營業額的多邊形圖

* 多邊形圖是利用連接各組組中點，以呈現次數、相對次數或百分比次數的統計圖形。

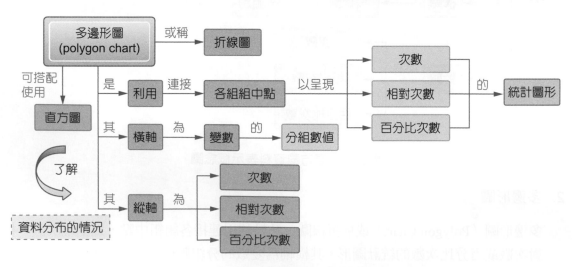

圖 2-26 多邊形圖資料表示概念圖

3. 肩形圖

肩形圖（Ogive Chart）是用以呈現累積次數、累積相對次數或累積百分比次數的統計圖形。其橫軸為變數的分組數值，縱軸為累積次數、累積相對次數或累積百分比次數，如表 2-10 的累積次數分配表。肩形圖的菱形點為各組的上組界與上組限的中點而非組中點，例如小於或等於 99 此組的菱形點為 99.5（=（上組界值 99 + 上組限值 100）/2）；而最低組要往下延伸多加上一個在橫軸上的菱形點，此點為最低組下組界與下組限的中點，例如最低組下組界為 40，下組限為 39，兩個中點 39.5 即為此在橫軸上的菱形點，如圖 2-27 所示。

肩形圖可以看出分組由小到大的變數數值的累積次數，各個菱形點都有連接線，當此連接線斜率愈陡，代表該組的次數愈多；反之，若斜率愈平，代表該組的次數愈少。

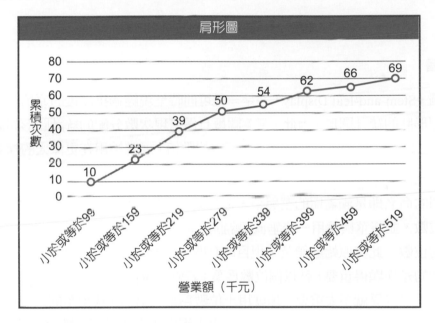

圖 **2-27**　85 度 C 台中市 69 家門市過去一個月營業額的肩形圖

* 肩形圖（Ogive Chart）是用以呈現累積次數、累積相對次數或累積百分比次數的統計圖形。

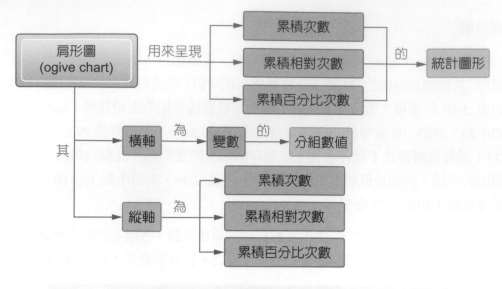

圖 2-28　肩形圖資料表示概念圖

4. 莖葉圖

莖葉圖（Stem-and-leaf Display）乃是一種可同時呈現經過排序後的原始資料數值及資料分配形狀的統計圖形。因此，莖葉圖擁有僅呈現次數分配的統計圖形如直方圖之優點外，也可從其圖形中看到所有原始資料的數值，通常被用在更深入的探究資料之調查研究上。

莖葉圖的命名即是涵蓋樹的莖與葉，通常葉為較小的位數（如個位數），而莖則為較大的位數，並將莖與葉用一條垂直線隔開。繪製莖葉圖可分為幾個步驟：第一、先找出葉的位數，此與原始數值及呈現目的有關，若原始數值都不大（如為三位數），則個位數的差異顯得重要，就以個位數為葉；若原始數值較大（如四或五位數或更大），則個位數之差異就不太重要，那就用十位數為葉。第二、找出莖的最小與最大數值，並將莖的數值在最小與最大數值範圍內由小到大依序往下寫出數值。第三、將原始資料又左上開始往右邊依序將數值填入葉內。第四、將葉子的數值重新由小到大排列。如此即完成莖葉圖了。

昌輝顧問受墾丁福華飯店委託進行市場調查，以瞭解顧客需求方向，做為決策參考依據。表 2-13 為墾丁福華飯店過去一個月每天訂房數，昌輝顧問決定使用莖葉圖呈現數據，以與福華主管共同深入探究及檢討過去業績，進而思考未來行銷方向。

表 **2-13**　墾丁福華飯店過去一個月每天的訂房數

285	188	276	189	172	295	305	246	215	205
195	224	291	305	275	203	185	196	256	300
308	265	215	196	200	256	303	309	303	224

利用上述繪製莖葉圖的步驟，昌輝顧問應用表 2-13 的資料進行莖葉圖的繪製。首先，由於資料數值不大，所以以個位數作為葉，而莖則為十位數及百位數；其次，找出莖的最小數值為 17（亦即所有數值最小值的十位數與百位數字），最大數值為 30（亦即所有數值最大值的十位數與百位數字）。接下來則先繪製莖葉圖的莖與垂直線部分，在 17 與 30 範圍內寫出所有中間的數值，如下：

```
17
18
19
20
21
22
23
24
25
26
27
28
29
30
```

圖 **2-29**　莖葉圖繪製步驟一

第三步驟則將所有表 2-13 由左上方第一個數字開始依序往右邊，將每個數值的個位數填入上圖的葉內（即垂直線右邊），如下圖：

```
17 | 2
18 | 8 9 5
19 | 5 6 6
20 | 5 3 0
21 | 5 5
22 | 4 4
23 |
24 | 6
25 | 6 6
26 | 5
27 | 6 5
28 | 5
29 | 5 1
30 | 5 5 0 8 3 9 3
```

圖 **2-30**　莖葉圖繪製步驟二

第四步驟乃是將上圖的葉子上的數字由小到大作排序，即完成莖葉圖，如圖 2-31

```
17 | 2
18 | 8 9 5
19 | 0 6 6
20 | 0 3 5
21 | 5 5
22 | 4 4
23 |
24 | 6
25 | 6 6
26 | 5
27 | 5 6
28 | 5
29 | 1 5
30 | 0 3 3 5 5 8 9
```

圖 2-31　墾丁福華飯店過去一個月每天的訂房數莖葉圖

若將上述莖葉圖中葉的部分加上橫長條柱，就有直方圖的功能，可了解資料分布情況，如圖 2-32。

```
17 | 2
18 | 5 8 9
19 | 5 6 6
20 | 0 3 5
21 | 5 5
22 | 4 4
23 |
24 | 6
25 | 6 6
26 | 5
27 | 5 6
28 | 5
29 | 1 5
30 | 0 3 3 5 5 8 9
```

圖 2-32　墾丁福華飯店過去一個月每天的訂房數莖葉圖

上述例子的數值差異較大，可以 10 為分莖的標準（亦即莖的分法為 170～179 為同一組、180～189 為同一組），若全部資料數值差異沒很大，可以使用 5 為分莖的標準（亦即莖的分法改為 170～174 為同一組、175～179 為同一組），如此更能顯現資料的分布情況。

若原始資料數值過大，且決策者對個位數字並不在意，則可以十位數字做為葉，百位數以上作為莖，畫莖葉圖，但葉的單位要標示出來，以使讀者了解。如昌輝顧問另接受大正茶廠委託調查過去六個月每週的外銷茶葉禮盒情況，調查結果如表 2-14。

表 2-14　大正茶廠過去六個月每周銷售外銷茶葉禮盒個數

2456	1967	2547	1765	2105	2085
2088	2102	2563	1555	1934	1999
1957	1932	2131	1654	1829	1846
2165	1877	1823	1744	2231	2032

由於對於每周外銷上千個茶葉禮盒的大正茶廠行銷主管而言，差幾個對決策並無重大影響，故個位數可忽視。因此，以十位數作為葉子，百位數及千位數作為莖，依照上述同樣步驟可繪製出如表圖 2-33 之莖葉圖。

在圖 2-33 中，記得不要忘記標示「葉的單位=10」，讓讀者知道以十位數作為葉子，以免誤導讀者。

<pre>
                     葉單位=10

                 15 │ 5
                 16 │ 5
                 17 │ 4 6
                 18 │ 2 2 4 7
                 19 │ 3 3 5 6 9
                 20 │ 3 8 8
                 21 │ 0 0 3 6
                 22 │ 3
                 23 │
                 24 │ 5
                 25 │ 4 6
</pre>

圖 2-33　大正茶廠過去六個月每週外銷茶葉禮盒銷售量之莖葉圖

* 莖葉圖是一種可同時呈現經過排序後的原始資料數值及資料分配形狀的統計圖形。

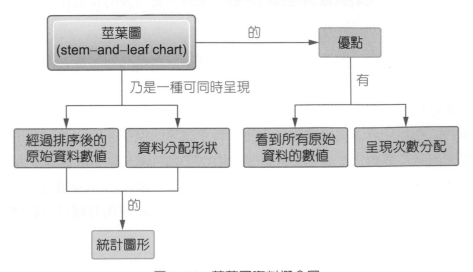

圖 2-34　莖葉圖資料概念圖

2-3 兩變數之表格與圖形法

　　同時呈現兩個變數的表格法為交叉表格或稱列聯表,而圖形法為散佈圖。兩變數要在同一表格或圖形同時呈現,主要目的自然是要了解兩個變數是否存在有關係,進而做為決策者決策之依據。交叉表格的變數可以是質性或量化變數,但散佈圖的變數則都必須是量化變數。以下針對兩種方法分別介紹。

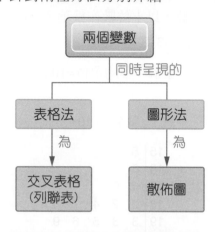

圖 2-35　兩變數之表格與圖形法

一、交叉表格

　　交叉表格(Cross Tabulation)也稱為列聯表,乃是利用行與列個別表示分組後的兩個變數資料之統計表格。在交叉表格內的變數可以是質性也可是量化的變數,但一般較少同時是兩個質性變數,大部分是一個質性及一個量化變數或兩個都是量化變數。從交叉表格除了可看到每個變數的次數分配外,更重要的是能從表格中初步了解兩個變數之關係為何。

　　任何行業都非常重視顧客滿意度,因為顧客是公司獲利的來源,顧客滿意度高會帶來顧客再回流消費,也能幫忙做口碑行銷。而顧客忠誠度代表著顧客願意重複購買產品,也樂意推薦給其他人來購買產品,並對其他競爭產品的促銷能無動於衷。我們以對一家醫院利用問卷調查顧客滿意度及顧客忠誠度的例子,說明如何利用交叉表格同時呈現兩個量化變數。此例子係針對某家私立醫院的病人共 100 位進行調查,部分資料如表 2-15,問卷內顧客滿意度有 7 道題目,顧客忠誠度有 8 道題目,每道題目回答從非常不同意到非常同意之分數依序為 1 到 5 分,然後將所有題目分數加總得出總分,總分愈高表示愈滿意或忠誠度愈高。

表 2-15　顧客滿意度與顧客忠誠度之 100 份問卷統計分數

填答者	顧客滿意度總分	顧客忠誠度總分
1	21	31
2	16	23
3	21	29
4	21	28
5	28	32
6	28	32
7	22	27
8	19	28
9	19	24
10	27	29
⋮	⋮	⋮

在編製交叉表格時，必須將兩個變數都先進行次數分配之分組。依據經驗，我們把組別定為 5 組，依照表 2-15 原始 100 筆資料中發現（請參考附錄二），顧客滿意度最大值為 35，最小值為 7，故組寬定為 6（＝(35-7) / 5 取進位整數），最後把組別分為 7-12、13-18、19-24、25-30、31-36；顧客忠誠度最大值為 40，最小值為 12，故組寬為 6（＝(40-12) / 5 取進位整數），最後把組別分為 12-17、18-23、24-29、30-35、36-41。在將兩變數各自分組完後，即可編製交叉表格，如表 2-16 所示。其中中間五個欄位是聯合個數，亦即同時符合兩變數某組別的個數，例如同時符合填答顧客滿意度總分在 7-12 分的組別與填答顧客忠誠度總分在 24-29 組別的人數有 1 個，依此類推。而最右邊及最底部欄位的數值各為顧客滿意度及顧客忠誠度的次數分配表。

表 2-16　顧客滿意度與顧客忠誠度之交叉表格

	顧客忠誠度					
顧客滿意度	12-17	18-23	24-29	30-35	36-41	邊際總和
7-12	0	0	1	1	0	2
13-18	1	4	0	3	0	8
19-24	0	3	32	15	1	51
25-30	0	0	4	27	0	31
31-36	0	0	0	0	8	8
邊際總和	1	7	37	46	9	100

由表 2-16 之結果我們可發現，除了填答顧客滿意度分數最低分（7-12）這一組的人同時回答顧客忠誠度分數是在中間分數（24-29 及 30-35）外，其他組別只要回答顧客滿意度分數低（高）的人，在回答顧客忠誠度的分數也大致會低（高）。在回答顧客滿意度分數次低分的一組(13-18)的人，在回答顧客忠誠度分數也大都在次低分(18-23)

這組；在回答顧客滿意度分數最中間分數的一組（19-24）的人，他們回答顧客忠誠度分數在最中間分數組（24-29）的人數也最多，且也大都集中在中間分數（18-23、24-29、30-35）這幾組之中；在回答顧客滿意度分數次高分這一組（25-30）的人，他們回答顧客忠誠度分數在次高分組（30-35）的人數也最多，而且也大都集中在中上分數（24-29、30-35）這幾組之中；最後，在回答顧客滿意度分數最高分的一組（31-36）的人，他們在回答顧客忠誠度的分數全集中在最高分組（36-41）。

從上述趨勢關係，我們可以大致發現當填答者填答顧客滿意度分數較低（較高）時，他們填答顧客忠誠度的分數大致也會較低（較高），顯示顧客滿意度與顧客忠誠度大致呈現正向關係。因此，交叉表格的主要用途乃是在檢視及呈現兩個變數的關係，在實務上很常被應用來解釋爲何兩個變數有關聯性，尤其在對不懂統計學專業的人解說兩變數關係時，此表格更加有用。上述交叉表格是呈現兩個量化變數的關係，交叉表格也可以包含其中一個是質性變數（如餐點品質、餐點喜好排名）及一個是量化變數（如餐點價格），或兩個皆是質性變數（如餐點品質及消費者喜好排名）。

* 交叉表格也稱為列聯表，乃是利用行與列個別表示分組後的兩個變數資料之統計表格，主要用途乃是在檢視及呈現兩個變數的關係。

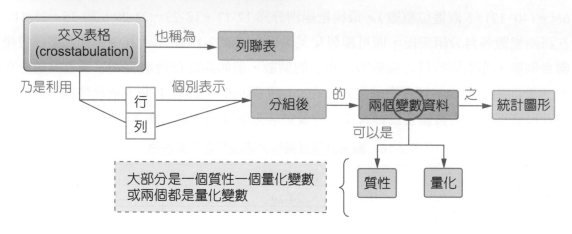

圖 2-36　交叉表格概念圖

二、散佈圖及趨勢線

交叉表格可以協助使用者了解兩變數的關係。然而，表格數值在觀看時仍較難理解，圖形就比較能很快看出兩個變數的關係爲何。散佈圖（Scatter Diagram）乃是用以呈現兩個變數之間關係的統計圖形方法。以上述顧客滿意度與顧客忠誠度之關係爲例，利用表 2-15 的兩個變數原始資料，醫院管理者若想要了解顧客滿意度與顧客忠誠度兩個變數是否有關係，可利用散佈圖進行初步瞭解。

　　散佈圖資料係利用變數的原始資料數值進行繪製，縱橫軸分別代表兩個變數的數值座標軸，如圖 2-37，橫軸表示顧客滿意度，縱軸表示顧客忠誠度。圖形內每個菱形點的資料數值代表同一位填答者的顧客滿意度與顧客忠誠度分數，如最左邊的菱形點座標為 (7, 24)，乃是其中一位填答者填答的顧客滿意度及顧客忠誠度分數，依此方式標示一百位填答者的菱形座標，即可繪出散佈圖。

　　從圖 2-37 的各個菱形點可初步判斷兩個變數的關係為何。由這一百個菱形點之分佈情況，可初步看出當顧客滿意度分數愈低（亦即愈靠橫軸的左邊），顧客忠誠度分數普遍也愈低（亦即愈靠縱軸的下面）；反之，當顧客滿意度分數愈高，顧客忠誠度分數普遍也愈高。由此可初步判定，顧客滿意度與顧客忠誠度可能存在正向相關。再利用所有菱形點之分佈使用統計軟體形成一個平均而言與這些菱形點最接近的趨勢線（Trendline），可更精確了解兩個變數是否有存在相關，抑或存在正相關或負相關，如圖 2-37 的直線。此直線是由左下往右上方延伸，表示此直線的斜率是正的，代表顧客滿意度與顧客忠誠度存在正向關係。然而，真正的菱形點並非都在此直線上，故兩個變數並無存在正比關係，亦即並非兩個變數是等比例上升。

　　必須注意的是由上述散佈圖及趨勢線，我們僅能判斷兩個變數的初步關係，要真正看出兩個變數的真正關係是有關抑或無關，必須利用正式統計檢定方法才能判斷。正式統計檢定方法將於後面章節介紹。然而，散佈圖及趨勢線與交叉表格有著同樣功能，都可以讓不懂統計學的人很輕易瞭解兩個變數存在著何種關係。散佈圖與交叉表格的資料呈現方式差異之處，在於散佈圖是利用原始資料，而交叉表格係利用分組後的次數分配表呈現，故散佈圖更能詳細看出兩變數原始資料數值的關係。然而，散佈圖的限制在於呈現的兩個變數必須皆為量化變數，無法呈現質性變數；而交叉表格則可以。

*　散佈圖乃是用以呈現兩個變數之間關係的統計圖形方法；趨勢線乃是在散佈圖內最接近兩個變數原始數值的一條直線，用以顯示兩個變數的關係。

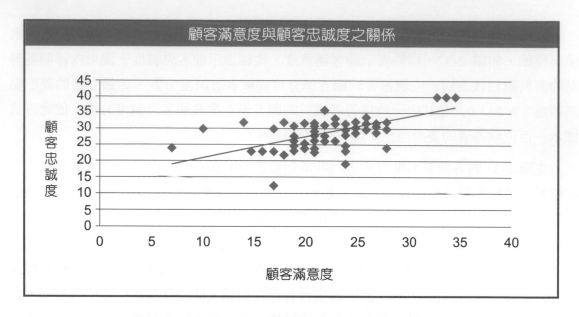

圖 2-37　顧客滿意度與顧客忠誠度之散佈圖與趨勢線

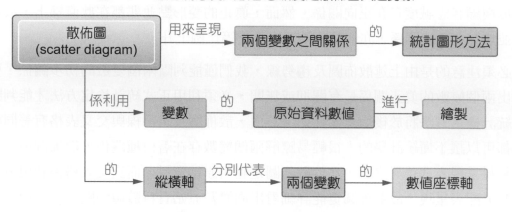

圖 2-38　散佈圖資料概念圖

2-4　Excel 範例

1.　質性資料圖表繪製 Excel 操作範例

步驟一

在 Excel 輸入"表 2-1"的資料

步驟二

在範例圖綠色框線處輸入各個國旅景點

步驟三

在各個國旅景點旁輸入＝COUNTIF（範圍，條件準則），以計算各個國旅景點的次數

例如你所輸入的表 2-1 的資料在你 Excel 的工作表範圍為 A1-E10

要算池上的次數則輸入＝COUNTIF（A1：E10，"池上"）

就能依序計算出各個國旅景點的次數以建立次數分配表

步驟四

選取你所建立的次數分配表

按插入-圖表-直條圖

步驟五

選取你所建立的次數分配表

按插入-圖表-圓形圖

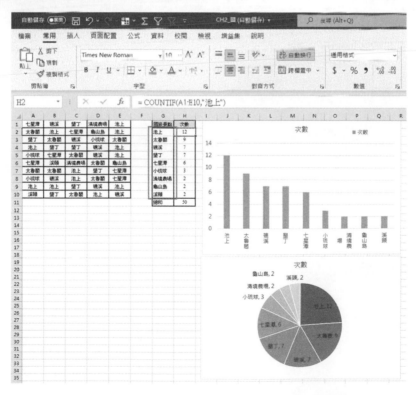

2. 散佈圖繪製 Excel 操作範例

步驟一

在 Excel 輸入"表 2-15"的全部 100 筆資料（資料在書籍附加光碟中）

步驟二

用滑鼠把兩個變數（顧客滿意度、顧客忠誠度）的 100 數值資料框選起來，再點選「插入」，再點選「圖表」，在所有圖表中選擇「XY 散佈圖」，按「確定」。

步驟三

出現散佈圖後，標題可改為「顧客滿意度與顧客忠誠度之關係」，再點選右上方的「+」符號，再點選「座標軸標題」，此時左方及下方出現座標軸標題。將左方出現的座標軸標題改為「顧客滿意度」，下方出現的座標軸標題改為「顧客忠誠度」。最後，再點選右上方「+」符號，再點選「趨勢線」，可出現一條趨勢線。即完成散佈圖與趨勢線。

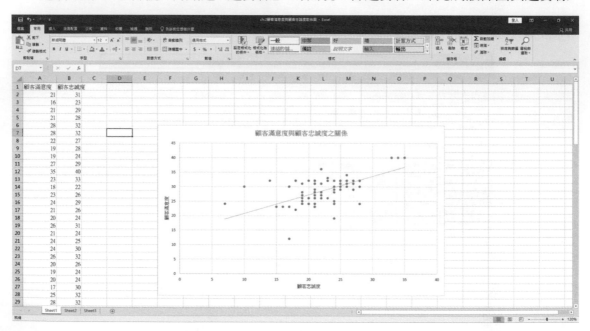

本章習題

一、觀光局統計近 10 年來臺及出國人數統計如表 1，請以長條圖及圓餅圖表示。

表 1　近 10 年來臺及出國人數統計

年度	來臺（千人）	出國（千人）
99 年	5,567	9,415
100 年	6,087	9,584
101 年	7,311	10,240
102 年	8,016	11,053
103 年	9,910	11,844
104 年	10,439	13,182
105 年	10,690	14,588
106 年	10,739	15,654
107 年	11,066	16,644
108 年	11,864	17,101

二、下列何者不是長條圖的特性：

(a) 各長條依其縱軸長度而區別，與其橫軸寬度無關。

(b) 長條圖乃是分析質性資料的敘述統計方法。

(c) 長條圖可出現次數高低順序排列，使其易於分析，亦可依照變數特性排列。

(d) 各長條間必須連接在一起，以求連續存在。

三、我國 2020 年 9 月底人口中不同年齡層的分佈如表 2，請以適當的圖形來表示比例分配？

表 2　2020 年 9 月底不同年齡層人口分佈情況

年齡層	人口數（千）
0～14	2,972
15～64	16,857
65 以上	3,738

資料來源：維基百科

四、知名吃到飽餐廳饗食天堂目前的據點有臺北、桃園、新竹、臺中、臺南、高雄，從電腦資料庫中隨機抽取 30 位用餐的客人，並記錄其用餐據點，結果如下表：

表3　饗食天堂 30 位客人用餐據點

臺北	臺北	臺北	新竹	桃園	臺北
臺南	臺中	高雄	高雄	臺北	桃園
新竹	臺南	桃園	臺北	高雄	臺中
臺中	桃園	臺北	新竹	臺北	高雄
臺中	新竹	桃園	臺北	臺南	高雄

請完成以下各問項：

1. 繪製圓餅圖來描述資料。

2. 繪製長條圖來描述資料。

3. 在高雄用餐的客人的比率為何？

4. 若要看這六個據點的銷售情況，六個據點的用餐客人，從圖形中是否有所不同？

五、2020 年 1 月到 7 月中華民國對外全球貿易額為 3,457 億美元，其中對外貿易前六大國家分別為中國大陸、美國、日本、韓國、新加坡、馬來西亞。貿易總額如下表：

表4　2020 年 1-7 月中華民國對外貿易總額

國家	貿易總額（百萬元）
中國大陸（含香港）	1,145.4
美國	458.5
日本	394.9
韓國	188.1
新加坡	156.6
馬來西亞	107.7
其他國家	1,005.8
總和	3,457

資料來源：中華民國財政部貿易統計資料。

請建構圓餅圖與長條圖來描述資料，亦比較兩種表達方式之不同？

六、五十嵐飲料店年度評鑑顯示，飲料銷額前五名的產品分別為：四季春茶、珍珠奶茶、八冰綠、紅茶拿鐵和冰淇淋紅茶。以下是包含 50 個飲料購買量的樣本。

表 5　五十嵐 50 位顧客飲料購買情況

四季春茶	珍珠奶茶	冰淇淋紅茶	珍珠奶茶	四季春茶
八冰綠	冰淇淋紅茶	四季春茶	冰淇淋紅茶	珍珠奶茶
四季春茶	珍珠奶茶	八冰綠	四季春茶	八冰綠
冰淇淋紅茶	四季春茶	四季春茶	珍珠奶茶	四季春茶
珍珠奶茶	紅茶拿鐵	珍珠奶茶	紅茶拿鐵	八冰綠
四季春茶	紅茶拿鐵	紅茶拿鐵	四季春茶	紅茶拿鐵
紅茶拿鐵	珍珠奶茶	四季春茶	四季春茶	四季春茶
珍珠奶茶	四季春茶	冰淇淋紅茶	珍珠奶茶	四季春茶
珍珠奶茶	八冰綠	四季春茶	八冰綠	八冰綠
四季春茶	四季春茶	珍珠奶茶	四季春茶	珍珠奶茶

試做長條圖與圓餅圖。

七、立本是家小型的會計師事務所，以下是 20 位客戶完成年度稽核所花的天數。

表 6　立本會計師事務所 20 位客戶稽核時間

12	14	19	18
15	18	15	17
27	23	22	20
28	33	22	21
14	18	13	16

試就以上資料做直方圖及肩形圖。

八、臺中地區 200 家餐廳的品質評等及餐點價格如下：

表 7　臺中地區 200 家餐廳品質評等與餐點價格

品質評等	餐點價格					總合
	$100-199	$200-299	$300-399	$400-499	$500-599	
好	14	69	8	9	0	100
非常好	12	39	9	6	14	80
卓越的	2	4	3	3	8	20
總合	28	112	20	18	22	200

試分析以上表格。

九、正新輪胎股份有限公司自 2019 年初至 2020 年中每一季的推銷費用和營業收入如
表 8 所示，試做散佈圖與趨勢線探討兩者之間的關係。

表 8　正新輪胎股份有限公司自 2019 年初至 2020 年中季推銷費用與營業收入

日期	推銷費用（萬元）	營業收入（萬元）
2019/03	19	268
2019/06	20	285
2019/09	22	276
2019/12	21	266
2020/03	16	196
2020/06	17	220

資料來源：台灣經濟新報

CHAPTER

敘述統計—
數值法

本章大綱

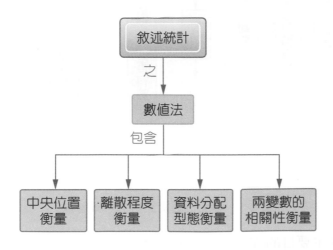

敘述統計

之

數值法

包含

中央位置
衡量

離散程度
衡量

資料分配
型態衡量

兩變數的
相關性衡量

第 2 章主要介紹表格及圖形的敘述統計方法,而另一種實務上常用的敘述統計方法爲數值法。在實務上,比較想要知道的統計數值包含衡量一群資料中心位置的中央位置衡量(Central Location Measurement)、衡量一群資料分散程度的離散程度衡量(Dispersion Measurement)、資料分配型態的衡量等,此爲第 3 章主要探討的內容。上述這些衡量主要係針對單一變數去計算敘述統計數值;若同時要呈現兩個變數的敘述統計數值,大部分實務主要目的仍是想了解兩個變數是否存在有關聯性,數值法探討兩個變數之相關性是利用相關性衡量(Correlation Measurement)。

3-1 中央位置衡量

質性資料(Qualitative Data)又稱爲類別資料(Categorical Data),資料數值是用來做分類或排序及比較大小。質性資料的資料彙總表格方法有次數分配、相對次數分配、百分比次數分配…等等;圖形方法有圓餅圖、長條圖…等等。以下介紹比較常用的幾種圖表法。

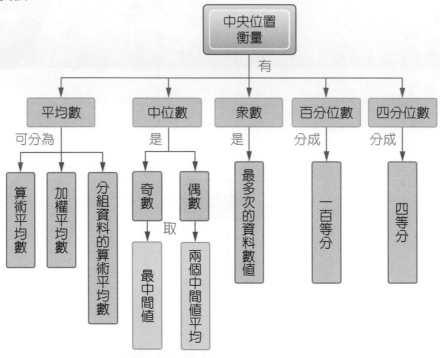

圖 3-1 中央位置衡量方法之概念圖

中央位置衡量主要目的在了解一群資料集的中心位置數值或某個位置的數值爲何。實務上,較常探討的中央位置衡量方法包含平均數、中位數、眾數、百分位數、四分位數等。以下介紹及比較這些方法。

* 中央位置衡量主要目的在了解一群資料集的中心位置數值或某個位置的數值為何。

一、平均數

（一）算術平均數

平均數（Mean or Average Value）是最重要也是最常用的中央位置衡量。一般比較常用的平均數是算術平均數（Arithmetic Mean），乃是將所有觀察值加總後，再除以觀察值個數。一般情況，統計資料都是樣本資料，樣本平均數都用 $\bar{x}$ 表示；若是母體平均數則是用希臘字母 μ 表示。樣本算術平均數之公式如下：

$$\bar{x} = \frac{x_2 + x_2 + ... + x_n}{n} = \frac{\sum_{i=1}^{n} x_i}{n}, i = 1, 2, ..., n \tag{3-1}$$

其中 $\bar{x}$ 為樣本平均數，x_i 為第 i 個觀察值，n 為樣本數。

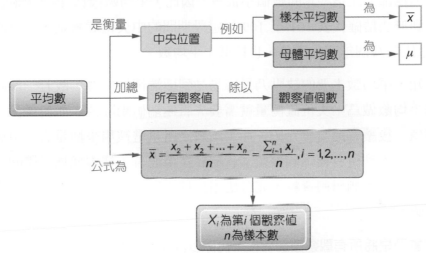

圖 **3-2**　算術平均數觀念之概念圖

以下資料為從 101 到 110 年這十年內來臺旅遊人數資料。

表 **3-1**　101-110 年來臺旅遊人數

年度	人數（千人）
101 年	7,311
102 年	8,016
103 年	9,910
104 年	10,439
105 年	10,690
106 年	10,739
107 年	11,066
108 年	11,864
109 年	1,377
110 年	140

因此，過去這十年內（101 至 110 年）來臺旅遊人數的算術平均數為

$$\bar{x} = \frac{7311 + \cdots + 1377 + 140}{10} = 8,155.2$$

亦即統計從 101 至 110 年為止，平均每年來臺旅遊人數約 8,155.2 千人。

平均數雖然是最常用的中央位置衡量方法，但平均數很容易受到極端值（或稱為離群值）（Outliers）的影響，亦即在觀察值中若有特別大或特別小的值，會讓平均數被高估或低估。例如，上述來臺旅遊人數在 110 年因為 COVID-19 疫情僅有 140 千人，明顯比其他年度少很多，導致平均數被拉低了。這個平均數很明顯不能代表 101 至 109 年的數值，因為都遠比這些年的數值小很多。因此，平均數因為 140 這個極端小的數值而被低估到無法精確代表 101 至 109 年這段期間的中央位置衡量，甚至連 109 年的 1,377 千人也比前八個年度少很多，也拉低了平均數。

由此可知，平均數主要的缺點乃是容易受到極端值的影響，故若一群觀察值有極端值，使用平均數做為中央位置衡量就需要先將極端值剔除掉。如何偵測一群資料是否存在極端值，後續章節將會介紹。而平均數之所以常被用來衡量資料中央位置，乃是平均數充分使用到所有樣本觀察值；就統計技術而言，樣本僅為母體的一小部分，若要用樣本資料來推測母體資料，充分應用到樣本所有觀察值，比起只應用樣本少數資料會更精確。

* 算術平均數乃是將所有觀察值加總後，再除以觀察值個數。

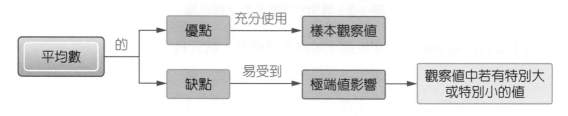

圖 3-3 算術平均數優缺點之概念圖

（二）加權平均數

除了算術平均數之外，許多應用場合會將樣本觀察值賦予不同的權重，以求取平均數，此即為加權平均數（Weighted Mean）。譬如學生期末成績、股市大盤加權指數、公司進貨成本等。加權平均數之公式如下：

$$\bar{x} = \frac{w_1 x_1 + w_2 x_2 + ... + w_n x_n}{w_1 + w_2 + ... + w_n} = \frac{\sum_{i=1}^{n} w_i x_i}{\sum_{i=1}^{n} w_i}, i = 1, 2, ..., n \qquad （3\text{-}2）$$

其中 $\bar{x}$ 為樣本平均數，x_i 為第 i 個觀察值，w_i 為第 i 個觀察值的權重，n 為樣本數。

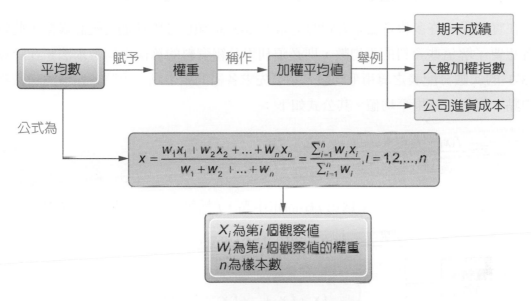

圖 3-4　加權平均數觀念之概念圖

表 3-2 為臺中原燒崇德店過去一個月對牛肉的採購數量及每次採購的單位成本。

表 3-2　臺中原燒崇德店牛肉採購成本

採購日期	單位成本（百元/每公斤）	採購數量（公斤）
3/5	2.00	200
3/12	2.35	160
3/19	2.15	180
3/26	1.95	210

由表 3-2 可知臺中原燒崇德店過去一個月總共採購四次牛肉，每次的單位成本及採購數量都不同。原燒崇德店若要對成本做管控，首先必須了解過去原料採購的平均成本為何，假設原燒成本管控小組每個月定期檢討，該小組首先必須了解三月份採購牛肉的平均成本是多少。表 3-2 即為加權平均數的例子，要算出單位成本，權重即為

每次採購數量。每次採購數量爲 $w_1 = 200$，$w_2 = 160$，$w_3 = 180$，$w_4 = 210$；每次單位成本爲 $x_1 = 2$，$x_2 = 2.35$，$x_3 = 2.15$，$x_4 = 1.95$。因此，三月份牛肉採購的加權平均成本爲每公斤 2.1 百元：

$$\bar{x} = \frac{\sum_{i=1}^{4} w_i x_i}{\sum_{i=1}^{4} w_i} = \frac{200 \times 2 + 160 \times 2.35 + 180 \times 2.15 + 210 \times 1.95}{200 + 160 + 180 + 210} = 2.1$$

* 加權平均數乃是將觀察值乘以各自的權重，再予以加總後，再除以權重加總得出。

（三）分組資料的算術平均數

在實務界，許多報章雜誌看到的是如表 3-3 這類已經整理過的統計表格，此時若讀者想要了解這些資料的平均數，則必須利用分組資料的算術平均數求法。在計算如表 3-3 的次數分配表之算術平均數，必須先求各組的組中點，再將各組發生次數乘以組中點，再求出算術平均值。其公式如下：

$$\bar{x} = \frac{f_1 x_1 + f_2 x_2 + ... + f_n x_n}{f_1 + f_2 + ... + f_n} = \frac{\sum_{i=1}^{n} f_i x_i}{\sum_{i=1}^{n} f_i} \tag{3-3}$$

其中 $\bar{x}$ 爲樣本平均數，x_i 爲第 i 組的組中點，f_i 爲第 i 組的次數，n 爲組數。

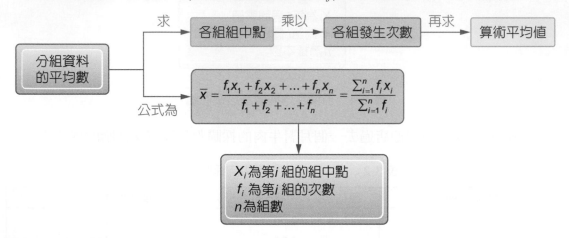

圖 3-5　分組資料之平均數觀念之概念圖

以第 2 章的 85 度 C 台中營業額爲例，若在報章雜誌所獲得的資料是如表 3-3 的次數分配表。此表表示 85 度 C 台中市 69 家門市過去一個月的營業額次數分配情況。若要獲得此 69 家門市過去一個月的平均營業額，可以利用分組資料的算術平均數計算公式，計算過程如下：

$$\overline{x} = \frac{\sum_{i=1}^{n} f_i x_i}{\sum_{i=1}^{n} f_i} = \frac{10 \times 69.5 + 13 \times 129.5 + \cdots + 3 \times 489.5}{10 + 13 + \cdots + 3} = \frac{15,535.5}{50} = 225.152$$

因此，85 度 C 臺中市 69 家門市過去一個月的平均營業額為$225,152。

表 3-3　85 度 C 臺中市 69 家門市過去一個月營業額的次數分配表

營業額（千元）	組中點	次數
40-99	69.5	10
100-159	129.5	13
160-219	189.5	16
220-279	249.5	11
280-339	309.5	4
340-399	369.5	8
400-459	429.5	4
460-519	489.5	3
總和次數		69

*　分組資料之算術平均數，必須先求各組的組中點，再將各組發生次數乘以組中點，再
予以加總後，除以次數總和得出。

二、中位數

　　中央位置衡量的另一個較常用的統計方法是中位數（Median）。所謂中位數，乃是
指一群由小到大排列後的資料數據中最中間的數值，亦即資料中比中位數小的數值佔
50%，比中位數大的數值也佔 50%。

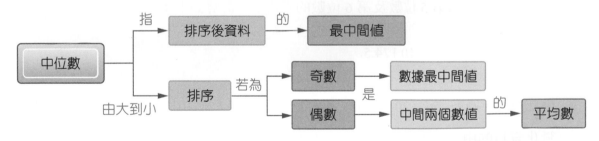

圖 3-6　中位數觀念之概念圖

　　根據中位數的定義，可利用以下公式求取中位數：

中位數求法

　　首先，將資料由小到大進行排列；其次，依照以下兩種不同情況求出中位數：

1.　若資料數據的個數為奇數時，中位數為此資料數據的最中間值

2. 若資料數據的個數為偶數時,中位數為此資料數據之中間兩個數值的平均數

若以先前表 3-1 來臺旅遊人數為例,表 3-4 為將原始資料排序後之來臺旅遊人數資料。

表 3-4 101-110 年來臺旅遊人數

年度	由小到大排序後人數(千人)
110 年(2021)	140
109 年(2020)	1,377
101 年(2012)	7,311
102 年(2013)	8,016
103 年(2014)	9,910
104 年(2015)	10,439
105 年(2016)	10,690
106 年(2017)	10,739
107 年(2018)	11,066
108 年(2019)	11,864

由於資料總共有 10 筆,個數為偶數,故中位數為最中間的兩個數值的平均數。最中間的兩個數值之算法為:

$$\frac{n}{2} = \frac{10}{2} = 5 \text{(第 5 位數)及} \frac{n}{2} + 1 = \frac{10}{2} + 1 = 6 \text{(第 6 位數)}$$

因此,中位數為第 5 位數及第 6 位數的平均數,計算如下:

$$Me = \frac{9,910 + 10,439}{2} = 10,174.5$$

由此可知,過去十年(2012-2021)期間,來臺旅遊人數的中位數為 10,174.5 千人。

量化資料的中央位置衡量方法最常用到的是平均數與中位數。如前述平均數的缺點是很容易受到極端值的影響而高估或低估中央位置,但中位數因為僅採用中間的一個或兩個數值,故完全不會受到極端值的影響。因此,若一群數值存在有極端值,中位數會是一個較好的衡量中央位置的方法。

* 中位數乃是指一群由小到大排列後的資料數據中最中間的數值,亦即資料中比中位數小的數值佔 50%,比中位數大的數值也佔 50%

三、眾數

另一個中央位置衡量方法是眾數（Mode）。眾數乃是指一群資料集之中出現次數最多次的資料數值。

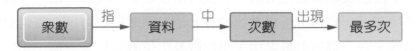

圖 3-7　眾數觀念之概念圖

若以第二章顧問接受某旅行社委託調查民眾於疫情期間對國內旅遊意向的情況之例子而言，如表 3-5 為 50 位民眾於疫情期間對國內旅遊意向資料。由此表可知，出現次數最多次的是池上，出現 12 次，池上即為眾數。

表 3-5　50 位民眾國內旅遊意向之樣本資料

七星潭	礁溪	墾丁	清境農場	池上
太魯閣	池上	七星潭	龜山島	池上
墾丁	太魯閣	礁溪	小琉球	太魯閣
池上	墾丁	墾丁	礁溪	池上
小琉球	七星潭	太魯閣	礁溪	池上
七星潭	溪頭	清境農場	太魯閣	龜山島
太魯閣	太魯閣	池上	墾丁	七星潭
小琉球	礁溪	池上	太魯閣	七星潭
池上	池上	墾丁	礁溪	池上
溪頭	墾丁	太魯閣	池上	礁溪

再以表 3-6 的 85 度 C 臺中市 69 家門市過去一個營業額為例，出現次數最多次的是 250，出現三次，因此 250 即為眾數。

表 3-6　85 度 C 臺中市 69 家門市過去一個月營業額（千元）

125	425	360	147	99
86	165	255	155	321
75	150	136	182	354
138	500	123	89	264
160	60	345	286	201
250	89	62	213	258
245	165	275	245	346
380	230	349	169	187
115	85	250	135	465
45	175	146	200	400
186	175	170	168	310

110	85	155	356	200
234	300	430	475	190
250	355	450	110	

　　平均數、中位數及眾數是常用的中央位置衡量之敘述統計方法。一般而言，平均數及中位數係用在量化資料分析之敘述統計方法，而眾數則可用在質性資料或量化資料分析上。另外，在一群資料集之中，平均數及中位數皆只有一個，但眾數可能是一個或多個。當眾數只有一個，此資料稱為單峰（Unimodal）；若眾數有兩個，此資料稱為雙峰（Bimodal）；若眾數有多個，此資料稱為多峰（Multimodal）。

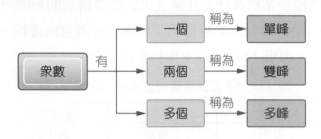

圖 3-8　眾數類別之概念圖

　　在多峰的例子，求取眾數較不具意義，因為對一群資料分析上較無幫助。最後，眾數是指出現次數最多次的資料值，與中位數一樣，是不會受到極端值影響的。

　　實務上，許多統計資料想要了解出現最多次數的資料值，尤其是質性的統計資料，例如上述例子想要了解哪種飲料最受歡迎、哪種類別的酒銷售最好、哪本統計學書最常被使用…等等。

＊　眾數乃是指一群資料集之中出現次數最多次的資料數值

四、百分位數

　　所謂百分位數（Percentile）乃是指將資料集由小到大先做排序後，再將資料集分成一百等份；第 m 個百分位數乃是表示至少有百分之 m 個觀察值小於或等於它，而至少百分之（100-m）個觀察值大於或等於它。

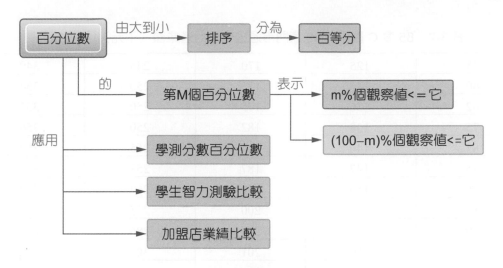

圖 3-9 百分位數觀念之概念圖

要求第 m 個百分位數可依下列步驟：1.先將資料集由小到大進行排序；2.再計算第 m 個百分位數的指標值 $i = (m/100)*n$，其中 n 表示資料個數；3.(a)若求出的指標值 i 不是整數，則取無條件進位的整數得出的觀察值，即為第 m 個百分位數；(b)若求出的指標值 i 是整數，則排序後第 i 個與第 $i+1$ 個觀察值的平均數，即為第 m 個百分位數。

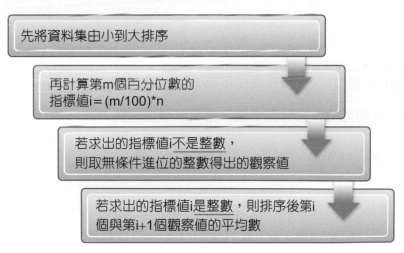

圖 3-10 百分位數求法步驟之概念圖

若再以 85 度 C 臺中市 69 家門市營業額為例，將表 3-6 的 69 筆觀察值排序後，可得出表 3-7 的排序後觀察值。

表 3-7　85 度 C 臺中市 69 家門市過去一個月營業額（千元）（排序後）

45	125	170	245	349
60	135	175	250	354
62	136	175	250	355
75	138	182	250	356
85	146	186	255	360
85	147	187	258	380
86	150	190	264	400
89	155	200	275	425
89	155	200	286	430
99	160	201	300	450
110	165	213	310	465
110	165	230	321	475
115	168	234	345	500
123	169	245	346	

若想要求第 25 個百分位數的觀察值，在將資料由小到大排序後，接下來求出指標值 i。因為資料個數 $n = 69$，因此可得到指標值為

$$i = \left(\frac{25}{100}\right) \times 69 = 17.25$$

由於指標值非整數，故無條件進位取第 18 個觀察值為 138，即為第 25 個百分位數。

若要求第 50 個百分位數的觀察值，先求取指標值為

$$i = \left(\frac{50}{100}\right) \times 69 = 34.5$$

由於指標值非整數，故無條件進位取第 35 個觀察值為 190，即為第 50 個百分位數。因此，第 50 個百分位數即為 190，此也是資料集的中位數。

一般而言，求取百分位數可以了解某數值在資料集中的位置在哪。在實務上，也常看到此一數值，例如學測分數百分位數可了解學生分數的落點在哪，在比較大團體如智力測驗也可利用百分位數知道自己智力比起其他學生為何、7-11 各加盟店之業績比較…等等。

* 百分位數乃是指將資料集由小到大先做排序後，再將資料集分成一百等份；第 m 個百分位數乃是表示至少有百分之 m 個觀察值小於或等於它，而至少百分之（100-m）個觀察值大於或等於它

五、四分位數

　　所謂四分位數（Quartile）乃是指將資料由小到大分成四等份，每一等份佔資料集的 $\frac{1}{4}$ 之資料個數。四分位數包含第一個四分位數（QE_1）、第二個四分位數（QE_2）、第三個四分位數（QE_3）。QE_1 即為第 25 個百分位數，QE_2 即為第 50 個百分位數或中位數，QE_3 即為第 75 個百分位數。

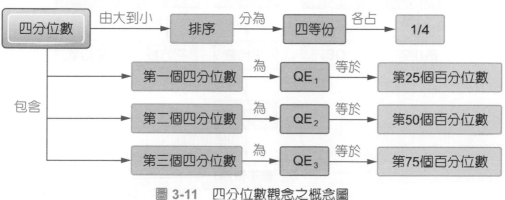

圖 3-11　四分位數觀念之概念圖

　　若再以表 3-7 的 85 度 C 營業額為例，QE_1 即為第 25 個百分位數，亦即上一節求出的 138。QE_2 即為第 50 個百分位數，亦即上一節求出的 190。QE_3 即為第 75 個百分位數，先求出指標值 i：

$$i = \left(\frac{75}{100}\right) \times 69 = 51.75$$

　　由於指標值非整數，故無條件進位取第 52 個觀察值為 300，即為第 75 個百分位數，即為 QE_3。

* 四分位數乃是指將資料由小到大分成四等份，每一等份佔資料集的 $\frac{1}{4}$ 之資料個數

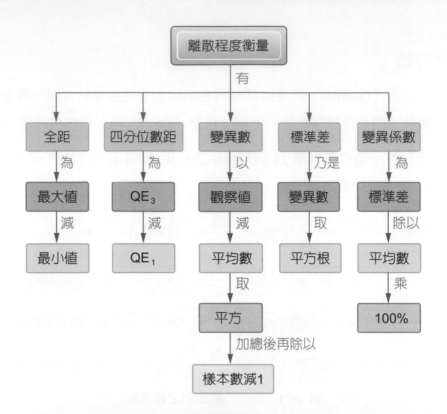

圖 3-12　離散程度衡量方法之概念圖

3-2　離散程度衡量

　　離散程度衡量主要目的在了解一群資料集的資料分散程度。在實務上常會想要了解資料集內的資料是否分散，例如品質管理（良率穩定性）、投資（風險）、供應商管理（交期穩定性）等等。

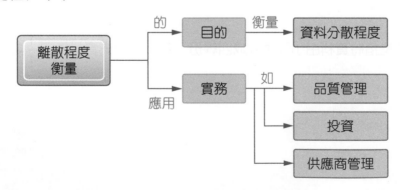

圖 3-13　離散程度衡量觀念之概念圖

　　以供應商管理爲例，如果有兩家供應商可選擇，若以交期爲選擇基準，兩家供應商公司過去一年來的平均交期都一樣，但甲供應商的交期較不穩定（常常比規定時間提早交貨或很晚交貨，亦即交貨時間資料較分散），則會選擇乙供應商。實務上，較常探討的離散程度衡量方法包含全距、四分位數距、變異數、標準差、變異係數等。以下介紹及比較這些方法。

* 離散程度衡量主要目的在了解一群資料集的資料分散程度

一、全距

　　所謂全距（Range）乃是指一群資料集的最大距離，亦即此資料集的最大值減最小值。

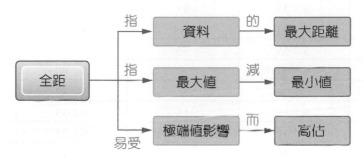

圖 3-14 全距觀念之概念圖

　　瓦城料理是一家品質良好的餐飲公司，料理食材強調新鮮，海鮮食材皆是每天早上固定時間送達各料理分店。對於瓦城而言，食材準時於早上六點送達料理店是非常重要的，因爲常常過早送達會導致員工抱怨須時常提早到店，若過晚送達，將導致處理料理來不及。若目前瓦城要新貨運公司簽約，有兩家曾與瓦城合作過的貨運公司來競標，在其他條件都相似下，瓦城最在意的是食材送達時間的穩定性。若從兩家貨運公司過去運貨時間記錄隨機抽取二十天的送達時間如表 3-8。表中差距時間以分鐘表示，-10 表示早到 10 分鐘（應該 6：00 到卻 5：50 就到了），15 表示晚到 15 分鐘，依此類推。以平均準時送達時間而言，二十天平均送達時間兩家公司皆只晚到 1.75 分鐘。但甲公司最早早到 35 分鐘，最晚晚到 35 分鐘，全距爲 70 分鐘；乙公司最早早到 28 分鐘，最晚晚到 30 分鐘，全距爲 58 分鐘。若由全距判定資料分散程度，則甲公司全距較大表示資料較分散，因此以全距作爲準時的基準，應該選乙公司做爲簽約對象，因爲就全距代表離散程度而言，乙公司較準時。

表 3-8　競價瓦城的兩家貨運公司運貨時間

天數	甲公司	差距時間（分）	乙公司	差距時間（分）
1	5：50	−10	6：00	0
2	6：00	0	5：45	−15
3	6：15	15	5：50	−10
4	6：05	5	5：40	−20
5	5：58	−2	6：02	2
6	5：45	−15	6：12	12
7	5：55	−5	6：00	0
8	6：05	5	6：01	1
9	6：00	0	5：59	−1
10	6：10	10	6：07	7
11	6：35	35	6：20	20
12	5：25	−35	6：30	30
13	5：55	−5	6：15	15
14	6：05	5	5：40	−20
15	6：00	0	5：32	−28
16	6：15	15	5：35	−25
17	6：02	2	6：25	25
18	5：55	−5	6：15	15
19	6：08	8	6：22	22
20	6：12	12	6：05	5
平均早退時間		1.75		1.75

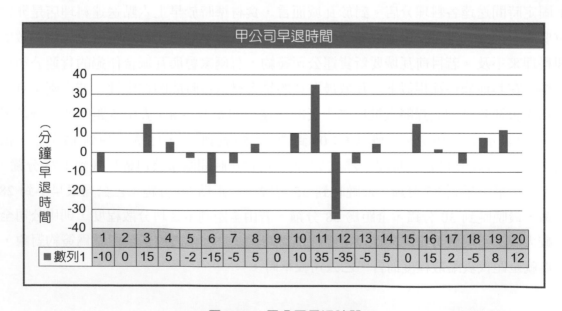

圖 3-15　甲公司早退時間

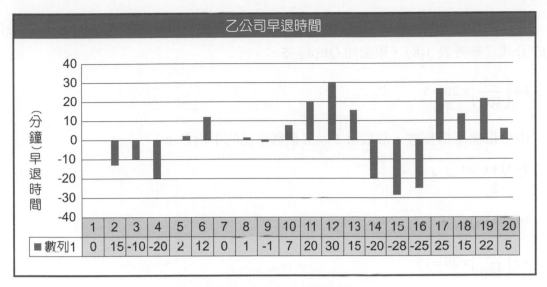

圖 3-16　乙公司早退時間

　　雖然利用全距衡量一群資料集的離散程度，簡單易懂，但實務上卻甚少用此方法衡量資料集的離散程度；因為若資料集中存在有極端值，則全距勢必會受到影響而高估了資料的離散程度。然而，仍有某些領域會強調全距，譬如品質管理領域，常以全距作為資料離散與否的衡量基準，主要係因為在製造過程中之品管乃是要找出是否有異常，若常出現異常（超出正常範圍），則有必要停機檢查製程。

*　所謂全距乃是指一群資料集的最大距離，亦即此資料集的最大值減最小值

二、四分位數距

　　所謂四分位數距（Interquartile Range, IQER）乃是指 QE_3 減 QE_1，表示資料集內的中間 50% 之全距。以 IQER 作為衡量一群資料集的離散程度，主要係為解決全距受到極端值影響而高估資料離散程度的缺點；然而，因為測試中間 50% 的全距，若資料集內的觀察值過於分散，IQER 反而可能造成低估資料離散程度的問題。

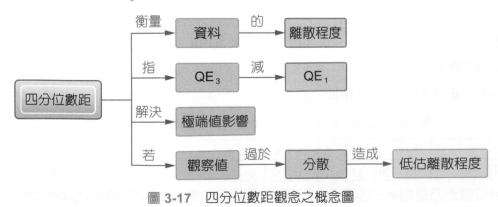

圖 3-17　四分位數距觀念之概念圖

若以表 3-8 為例，兩公司個別按照差距時間由負到正排序後如表 3-9。依照四分位數的公式（參考表 3-8），甲公司 QE_1 為 -5，

$$i = \left(\frac{25}{100}\right) \times 20 = 5$$

由於指標值為整數，故取第 5 及 6 個觀察值的平均數：

$$\frac{(-5) + (-5)}{2} = -5$$

甲公司 QE_3 為 9，

$$i = \left(\frac{75}{100}\right) \times 20 = 15$$

由於指標值為整數，故取第 15 及 16 個觀察值的平均數：$\frac{8+10}{2} = 9$

因此，甲公司的 IQER 為 14 分鐘（$= 9 - (-5)$）。

乙公司 QE_1 為 -12.5，

$$i = \left(\frac{25}{100}\right) \times 20 = 5 \circ$$

由於指標值為整數，故取第 5 及 6 個觀察值的平均數：$\frac{(-15)+(-10)}{2} = -12.5$

乙公司 QE_3 為 15，

$$i = \left(\frac{75}{100}\right) \times 20 = 15 \circ$$

由於指標值為整數，故取第 15 及 16 個觀察值的平均數：$\frac{15+15}{2} = 15$

因此，乙公司的 IQER 為 27.5 分鐘（$= 15 - (-12.5)$）。

比較甲乙兩公司的 IQER，可知道乙公司的 IQER 比甲公司還大（27.5 ＞ 14），顯示乙公司的差距時間資料較分散，甲公司較準時，此時應該以甲公司為簽約對象。此結果剛好與前一單元的全距結論相反，表示全距受到極端值影響造成結論可靠性受到質疑。

表 3-9　瓦城兩家貨運公司運貨到達早退時間（各自排序後）

甲公司	-35	-15	-10	-5	-5	-5	-2	0	0	0	2	5	5	5	8	10	12	15	15	30
乙公司	-28	-25	-20	-20	-15	-10	-1	0	0	1	2	5	7	12	15	15	20	22	25	30

* 四分位數距乃是指第三個四分位數減第一個四分位數，表示資料集內的中間 50% 之全距

三、變異數

所謂變異數（Variance）乃是利用資料集內的所有觀察值與平均數的距離總和，來衡量資料的離散程度。當所有觀察值與平均數的總和距離愈大，表示整體而言，個別觀察值與平均數的距離愈遠，此時資料愈分散。其計算方式乃是將資料集內的每個觀察值與平均數相減取平方後，再加總所有值後，再除與觀察值個數（或觀察值個數減1）。若資料集為母體，則變異數公式如下：

$$\sigma^2 = \frac{\sum_{i=1}^{N}(x_i - \mu)^2}{N} \tag{3-4}$$

其中 σ^2 為母體變異數，x_i 為觀察值，N 為母體個數，μ 為母體平均數。

然而，在大部分實務應用上，都是使用樣本資料推論母體，敘述統計也都是以樣本資料為基礎計算。因此，必須計算的是樣本資料的變異數，此時公式如下：

$$s^2 = \frac{\sum_{i=1}^{n}(x_i - \bar{x})^2}{n-1} \tag{3-5}$$

其中 s^2 為樣本變異數，x_i 為觀察值，n 為樣本數，$\bar{x}$ 為樣本平均數。

詳細觀察樣本變異數的公式，我們可以發現分母為 $n-1$ 而非 n。此原因乃是為符合良好的樣本統計量特性之一的不偏性（Unbiasedness），亦即樣本變異數為母體變異數的不偏估計量（Unbiased Estimator）。良好的樣本統計量特性共有四個，容後續章節再深入介紹。

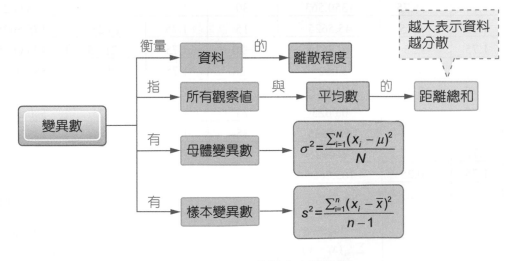

圖 3-18　變異數觀念之概念圖

再以表 3-8 為例子，由於兩家貨運公司的運送時間資料為樣本，故使用（3-5）公式計算，詳細計算過程如表 3-10。甲公司的變異數計算如下：

$$s^2 = \frac{\sum_{i=1}^{n}(x_i - \bar{x})^2}{n-1} = \frac{(-10-1.75)^2 + (0-1.75)^2 + ... + (8-1.75)^2 + (12-1.75)^2}{20-1} = 191.04$$

乙公司的變異數計算如下：

$$s^2 = \frac{\sum_{i=1}^{n}(x_i - \bar{x})^2}{n-1} = \frac{(0-1.75)^2 + (-15-1.75)^2 + ... + (22-1.75)^2 + (5-1.75)^2}{20-1} = 292.41$$

表 3-10　兩家貨運公司運貨時間差距變異數計算

甲公司				乙公司			
x_i	$\bar{x}$	$(x_i - \bar{x})$	$(x_i - \bar{x})^2$	x_1	$\bar{x}$	$(x_i - \bar{x})$	$(x_i - \bar{x})^2$
−10	1.75	−11.75	138.0625	0	1.75	−1.75	3.0625
0	1.75	−1.75	3.0625	−15	1.75	−16.75	280.5625
15	1.75	13.25	175.5625	−10	1.75	−11.75	138.0625
5	1.75	3.25	10.5625	−20	1.75	−21.75	473.0625
−2	1.75	−3.75	14.0625	2	1.75	0.25	0.0625
−15	1.75	−16.75	280.5625	12	1.75	10.25	105.0625
−5	1.75	−6.75	45.5625	0	1.75	−1.75	3.0625
5	1.75	3.25	10.5625	1	1.75	−0.75	0.5625
0	1.75	−1.75	3.0625	−1	1.75	−2.75	7.5625
10	1.75	8.25	68.0625	7	1.75	5.25	27.5625
35	1.75	33.25	1105.563	20	1.75	18.25	333.0625
−35	1.75	−36.75	1350.563	30	1.75	28.25	798.0625
−5	1.75	−6.75	45.5625	15	1.75	13.25	175.5625
5	1.75	3.25	10.5625	−20	1.75	−21.75	473.0625
0	1.75	−1.75	3.0625	−28	1.75	−29.75	885.0625
15	1.75	13.25	175.5625	−25	1.75	−26.75	715.5625
2	1.75	0.25	0.0625	25	1.75	23.25	540.5625
−5	1.75	−6.75	45.5625	15	1.75	13.25	175.5625
8	1.75	6.25	39.0625	22	1.75	20.25	410.0625
12	1.75	10.25	105.0625	5	1.75	3.25	10.5625
		$\sum_{i=1}^{n}(x_i - \bar{x})^2$ $= 3629.75$				$\sum_{i=1}^{n}(x_i - \bar{x})^2$ $= 5555.75$	
		$\dfrac{\sum_{i=1}^{n}(x_i - \bar{x})^2}{n-1}$ $= 191.04$				$\dfrac{\sum_{i=1}^{n}(x_i - \bar{x})^2}{n-1}$ $= 292.41$	

由此可知，乙公司的變異數為 292.41（分鐘）² 比甲公司的變異數 191.04（分鐘）²大（292.41 > 191.04），因此乙公司運送時間的早退比甲公司更嚴重，應該選擇運送時間較準時的甲公司。此結果也與全距的結論相反。

判斷是否為良好的樣本統計量另一個特性為充分性（Completeness），亦即在估計樣本統計量時，有沒有運用到充分的資訊。若以運用資訊的充分性而言，利用變異數衡量資料的離散程度，會比全距或四分位數距佳，因為全距及四分位數距都僅使用樣本內的少數幾個觀察值，而變異數則是使用樣本資料的所有觀察值計算而得。故實務上，衡量資料離散程度大都會使用變異數。

* 母體變異數乃是將資料集內的每個觀察值與平均數相減取平方，再加總所有值後，再除與觀察值個數

* 樣本變異數乃是將資料集內的每個觀察值與平均數相減取平方，再加總所有值後，再除與觀察值個數減 1

四、標準差

標準差（Standard Deviation）乃是變異數開根號。母體與樣本標準差公式各為如下：

$$\sigma = \sqrt{\sigma^2} \tag{3-6}$$

$$s = \sqrt{s^2} \tag{3-7}$$

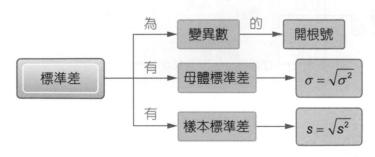

圖 3-19　標準差觀念之概念圖

若再以表 3-8 為例，兩家貨運公司運送早退時間的標準差分別為：

甲公司：$s = \sqrt{s^2} = \sqrt{191.04} = 13.82$

乙公司：$s = \sqrt{s^2} = \sqrt{292.41} = 17.1$

因此，甲公司運送時間的標準差為 13.82 分鐘，而乙公司運送時間的標準差為 17.1 分鐘，顯示甲公司運送時間的標準差比乙公司小（13.82 < 17.1），表示交貨時間較穩定，因此選甲公司較佳。此結果與上述變異數結果一樣。

在實務上，一般會選擇標準差當作資料離散程度的衡量方法，而非使用變異數。主要係因為變異數公式使用個別觀察值與平均數差的平方加總，因此衡量單位為「平方單位」，譬如上述甲公司的變異數 191.04（分鐘）^{2}，與一般敘述統計如平均數的衡量單位不同，但若開根號後變為標準差，則衡量單位為「單位」，譬如甲公司標準差為 13.82 分鐘，則較容易與其他敘述統計配合一起分析資料。另外，變異數及標準差也常被用來衡量個人投資所面臨的投資風險。

* 標準差乃是變異數開根號

五、變異係數

所謂變異係數（Coefficient of Variation, CV）乃是標準差除以平均數再乘以 100%。主要用途在比較兩組有不同平均數及標準差的資料。其公式為：

$$CV = \frac{標準差}{平均數} \times 100\% \tag{3-8}$$

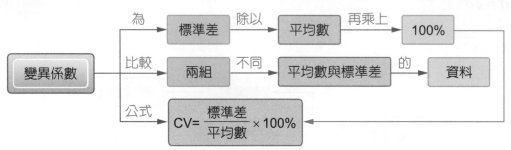

圖 3-20　變異係數觀念之概念圖

若以投資學為例，高風險高報酬是不變的定理。假設有兩家投資標的可供選擇，一家為台積電，一家為原相。其中台積電過去一年的平均報酬率為 6%，標準差（用以衡量投資風險）為 4%，而原相過去一年的平均報酬為 12%，標準差為 10%。理性投資人若為風險中立者，則會同時評估報酬及風險，此時變異係數會是個不錯的工具。以此例子，

台積電的變異係數為：

$$CV=\frac{4\%}{6\%}\times100\%=66.67\%$$

原相的變異係數為：

$$CV=\frac{10\%}{12\%}\times100\%=88.33\%$$

因為台積電的變異係數比原相小，表示在將平均數位移到相同之下，投資台積電報酬率的標準差會比投資原相報酬率的標準差小，亦即在相同報酬率下，投資台積電的風險比原相低。因此，風險中立的理性投資人會選擇投資台積電。

* 變異係數乃是標準差除以平均數再乘以 100%

3-3 資料分配型態的衡量

了解資料的分配型態在統計應用上非常重要，因為不同的分配型態往往決定統計推論適用何種方法。一般而言，可以使用第 2 章的直方圖初步看出資料的分配型態，若使用數值法的敘述統計，則必須使用偏度（Skewness）及峰度（Kurtosis）。

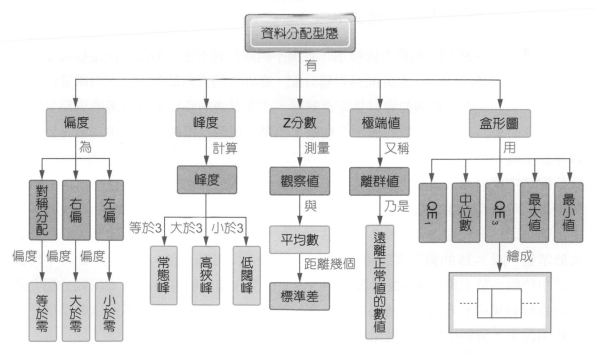

圖 3-21 資料分配型態衡量之概念圖

一、偏度

所謂偏度乃是指量化資料經由次數分配畫出的直方圖，顯示資料分配的型態是對稱或左右偏的程度，可使用數值加以表示。偏度的公式如下：

$$\text{Skewness} = \frac{1}{(n-1)} \sum_{i=1}^{n} \left(\frac{x_i - \bar{x}}{s} \right)^3 \tag{3-9}$$

其中 Skewness 為資料集的偏度，x_i 為觀察值，n 為樣本數，$\bar{x}$ 為樣本平均數，s 為樣本標準差。

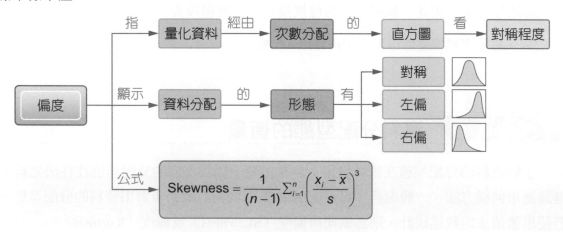

圖 3-22　偏度觀念之概念圖

如圖 3-23～26 顯示的直方圖所示，各種不同圖形的型態（形狀）決定於偏度的大小。圖 3-23 的偏度為 0，此分配為對稱分配，亦即中間資料最多，往左右兩邊的資料愈來愈少，而且左右兩邊的資料量完全對稱，亦即左邊的資料量與右邊的資料量完全相同；此時資料最中間位置的值為平均數，也是中位數及眾數，亦即平均數等於中位數等於眾數；實務上最常用的常態分配即是屬於此對稱分配。圖 3-24 的偏度值為 0.54，此分配為中度右偏（或稱正偏）分配，表示比較多數的資料集中在左邊，右邊的資料較少；此時資料的平均數因為右邊較少數較大的值而被拉高了，故會大於中位數，而眾數則是因為分配左邊資料較多而較靠左，故會小於中位數，因此平均數大於中位數大於眾數。圖 3-25 的偏度值為 −0.54，屬於中度左偏（或稱負偏）的分配，此時平均數小於中位數小於眾數。圖 3-26 則為高度左偏的分配，偏度值為 −1.35，表示此分配大部分的資料皆集中於右邊，左邊僅有少數資料，此時平均數會比中位數及眾數小很多，在此情況下，資料中間位置使用中位數衡量會比較恰當。

　　比起峰度，偏度對於統計推論之應用影響更大，大部分實務應用上，都假設資料為對稱分配或接近對稱分配，若資料為高度左偏或右偏分配，或者資料存在極端值，都可能讓一些統計推論方法無法有效應用。因此，在進行統計推論方法應用時，了解資料的偏度或分配型態是必要的。

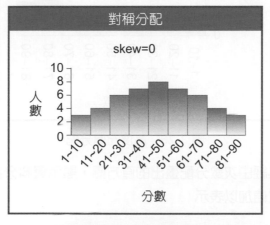

圖 3-23　對稱分配

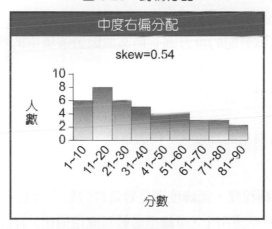

圖 3-24　中度右偏分配

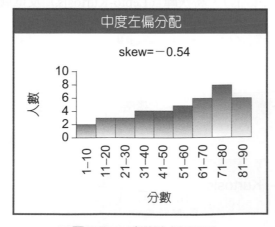

圖 3-25　中度左偏分配

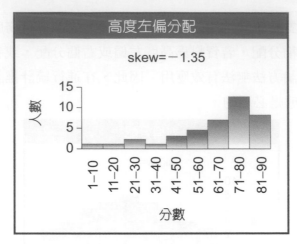

圖 3-26　高度左偏分配

* 偏度乃是指量化資料經由次數分配畫出的直方圖，顯示資料分配的型態是對稱或左右偏的程度，可使用數值加以表示

二、峰度

所謂峰度乃是指次數分配的直方圖有向某個數值區集中的程度。峰度的公式如下：

$$\text{Kurtosis} = \frac{1}{(n-1)} \sum_{i=1}^{n} \left(\frac{x_i - \bar{x}}{s} \right)^4 \tag{3-10}$$

其中 Kurtosis 為資料集的峰度，x_i 為觀察值，n 為樣本數，$\bar{x}$ 為樣本平均數，s 為樣本標準差。

偏度是看資料的對稱程度，而峰度則是看資料的集中程度。在一群資料集之中，峰度可能不只一個，但在實務應用上，單峰型態較具應用價值。若以單峰的分配型態而言，可分為常態峰（Meso-Kurtosis）、高狹峰（Lepto-Kurtosis）及低闊峰（Platy-Kurtosis）。

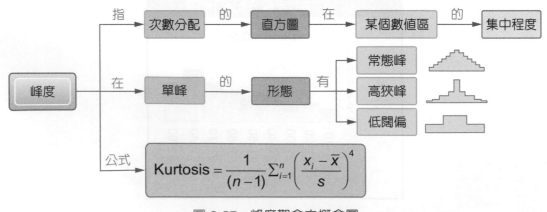

圖 3-27　峰度觀念之概念圖

　　其中常態峰利用（3-10）公式計算的峰度為 3，如圖 3-28；高狹峰的峰度大於 3，如圖 3-29；低闊峰的峰度小於 3，如圖 3-30。實務上常用的常態分配峰度即為常態峰。

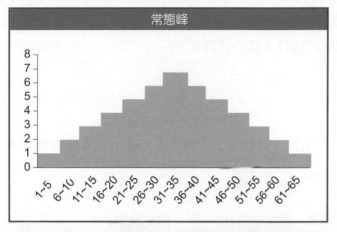

圖 3-28　常態峰

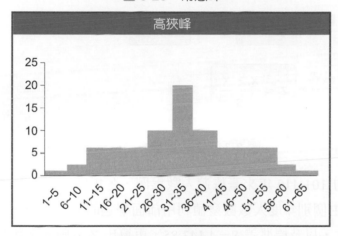

圖 3-29　高狹峰

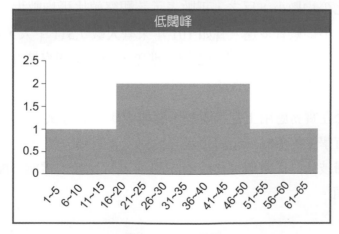

圖 3-30　低闊峰

* 　峰度乃是指次數分配的直方圖有向某個數值區集中的程度

三、Z 分數

　　所謂 Z 分數（Z Score）又稱爲標準化值（Standardized Value），乃是測量個別觀察值與平均數的距離有幾個標準差。Z 分數主要在顯示某觀察值在一群資料集的相對位置（相對於平均數的位置）。其公式爲：

$$z_i = \frac{x_i - \overline{x}}{s} \tag{3-11}$$

　　其中 z_i 爲觀察值 x_i 的 z 分數，$\overline{x}$ 爲樣本平均數，s 爲樣本標準差。

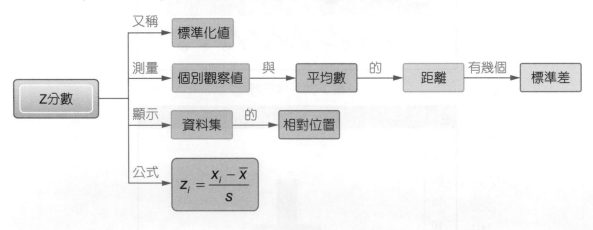

圖 3-31　Z 分數觀念之概念圖

　　若以表 3-1 的 101-110 年來臺旅遊人數爲例，各年度來臺人數的 Z 分數計算如表 3-11 所示。首先由個別年度人數觀察值利用前面學過的公式算出所有年度的算術平均數 $\overline{x}$ = 8,155.2 千人，以及標準差 S = 4,143.85，再算出 Z 分數。某觀察值的 Z 分數爲負數表示該觀察值比平均數小；反之，正數表示該觀察值比平均數大。Z 分數值的大小表示某觀察值距離平均數有多遠。譬如 101 年來臺人數 7,311 千人，Z 分數爲 −0.20，表示比平均來臺人數 8,155.2 千人少 0.2 個標準差，表示此觀察值在資料集內的相對位置爲位在平均數左邊的 0.2 個標準差。

　　Z 分數之概念在實務應用上甚爲廣泛，譬如大學學測考試，可利用 Z 分數了解學生分數相對於所有學生的落點（相對位置）爲何；在對稱分配下，可利用 Z 分數偵測極端值；統計迴歸技術的係數值可化成 Z 分數後進行比較；常態分配轉換成標準常態分配即是利用 Z 值。

表 3-11　101-110 年各年度來臺旅遊人數的 Z 分數

年度	人數（千人）	$x_i - \bar{x}$	$z = \dfrac{x_i - \bar{x}}{s}$
101 年	7,311	-844.2	-0.20
102 年	8,016	-139.2	-0.03
103 年	9,910	1,754.8	0.42
104 年	10,439	2,283.8	0.55
105 年	10,690	2,534.8	0.61
106 年	10,739	2,583.8	0.62
107 年	11,066	2,910.8	0.70
108 年	11,864	3,708.8	0.90
109 年	1,377	-6,778.2	-1.64
110 年	140	-8,015.2	-1.93
	$\bar{x} = 8,155.2$	$S = 4,143.85$	

* Z 分數又稱為標準化值，乃是測量個別觀察值與平均數的距離有幾個標準差。

四、偵測極端值

所謂極端值（Outliers）又稱為離群值，乃是一群資料集內與一般數值距離較遠的極大或極小值。一群資料集若有極端值存在，有許多敘述統計（如平均數、標準差）或統計推論（如教材第十二及十三章介紹的迴歸係數估計）方法就會受到影響而產生偏誤。因此，偵測極端值是進行統計分析前必要的工作。

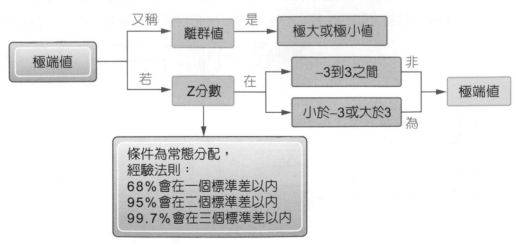

圖 3-32　極端值觀念之概念圖

偵測極端值的方法有很多種，隨著統計分析工作不同，使用的方法會隨著統計軟體工具而有差異。不過很多觀念是使用 Z 分數的概念，故本節幫學生了解如何利用 Z 分數偵測極端值。使用 Z 分數偵測極端值有一個必要的條件，亦即資料集必須是對稱的分配（也可稱為鐘型分配，常態分配即是一種鐘型分配）。

在介紹如何利用 Z 分數偵測極端值前，我們先了解所謂的經驗法則（Empirical Rule），乃是指具有鐘型分配的資料集，有下列三項特徵：

1. 大約有 68% 的觀察值與平均數的距離會在一個標準差以內；

2. 大約有 95% 的觀察值與平均數的距離會在二個標準差以內；

3. 大約有 99.7% 的觀察值與平均數的距離會在三個標準差以內。

因此，根據經驗法則，若資料集為鐘型分配，一般正常資料應該都位在距離平均數的三個標準差以內，故若落在距離平均數三個標準差以外的資料值應該就是極端值。若使用 Z 分數而言，正常值的 Z 分數勢必是藉於 –3 與 3 之間，若某觀察值算出來的 Z 分數是小於 –3 或大於 3，即被判定為極端值。上述表 3-11 來臺旅遊人數的 Z 分數皆是介於 –3 與 3 之間，故此資料集並無極端值。

* 極端值又稱為離群值，乃是一群資料集內與一般數值距離較遠的極大或極小值

五、盒形圖

盒形圖（Box Plot）乃是利用最小值、第一個四分位數（QE_1）、中位數、第三個四分位數（QE_3）、最大值等五個數值畫出來的圖。盒形圖除了可以了解資料集內觀察值分佈的區域，並可做不同資料集之間的比較之外，也可以用來判斷資料集是否有存在極端值。

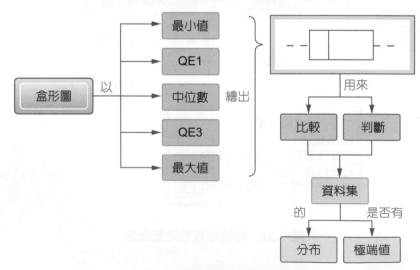

圖 3-33　盒型圖觀念之概念圖

以下介紹繪製盒形圖的步驟：

1. 畫出盒子：盒子長得像正方形，盒子裡面有三個數值，一個是盒子左邊緣的 QE_1，一個是盒子右邊緣的 QE_3，盒子裡面畫一條垂直線是中位數。

2. 設定上下界限：設定上下界限之目的在看是否有極端值存在，亦即超過上下限的觀察值即是極端值。使用四分位數距（IQER）設定上下界限，下界限乃是距離盒子左邊緣 1.5 個四分位數距，上界限乃是距離盒子右邊緣 1.5 個四分位數距。

3. 畫出盒子的鬍鬚（Whiskers）：盒子的鬍鬚是從盒子左緣及右緣各自生出去的虛線；盒子的左緣生出的鬍鬚延伸到下界限以內的最小觀察值，盒子的右緣生出的鬍鬚延伸到上界限以內的最大觀察值。

4. 找出極端值：依照上述三個步驟畫完後，找尋是否有超過上下界限的觀察值；若有，利用星號*點出這些觀察值，即代表極端值；若無，表示此資料集並無極端值。

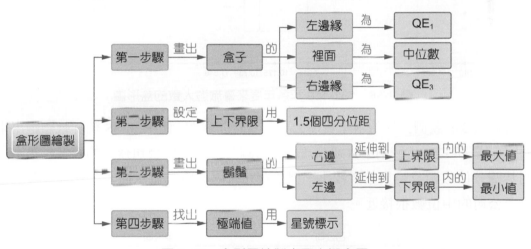

圖 3-34　盒型圖繪製步驟之概念圖

我們再以上述來臺旅遊人數為例，可利用上述步驟畫出盒形圖，如圖 3-35：

1. 畫出盒子：第一個四分位數為 7,311（$i = (25/100) * 10 = 2.5$，第 3 位數即為第一個四分位數），中位數為 10,175（$i = (50/100) * 10 = 5$，第 5 及 6 位數的平均數（9,910 + 10,439）/2 即為中位數），第三個四分位數為 10,739（$i = (75/100) * 10 = 7.5$，第 8 位數即為第三個四分位數）。

2. 設定上下界限：下界限為 2,169（7,311−1.5*(10,739−7,311)），上界限為 15,881（10,739 + 1.5（10,739−7,311））。

3. 畫出盒子的鬍鬚：由盒子的左右緣各自畫出虛線，左邊無長出鬍鬚（因為下界限內的最小觀察值為第一個四分位數 7,311），右邊鬍鬚虛線延伸到 11,864（上界限內的最大觀察值）。

4. 找出極端值：極端值係存在於超出盒子的上下界限（亦即第 2 點設定的上下界限）
的數值。因為資料集內有觀察值超出上下界限以外，故來臺旅遊人數有極端值，即
109 年的 1,377 及 110 年的 140z 分數的結果與盒形圖的結果可能會不同是正常的。

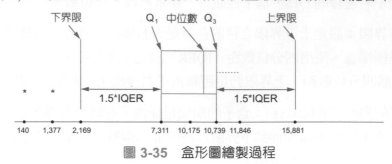

圖 3-35 盒形圖繪製過程

根據上述步驟完成的來臺人數盒形圖如圖 3-36：

圖 3-36 101-110 年各年度來臺旅遊人數的盒形圖

若以表 3-8 競價瓦城的兩家貨運公司運貨時間為例，使用 SPSS 統計軟體跑出來的
盒形圖如圖 3-37。比較兩家貨運公司的盒形圖可得知，甲公司盒子的資料較集中，可
推測其四分位數距及變異數皆較小，但是存在有兩個極端值，而乙公司則無極端值。
而兩家公司的中位數很接近。

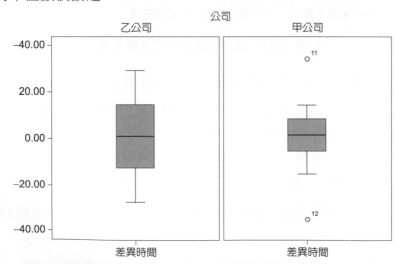

圖 3-37 兩家貨運公司運貨時間的盒形圖比較

* 盒形圖乃是利用最小值、第一個四分位數、中位數、第三個四分位數、最大值等五個
數值畫出來的圖

3-4 兩變數的相關性衡量

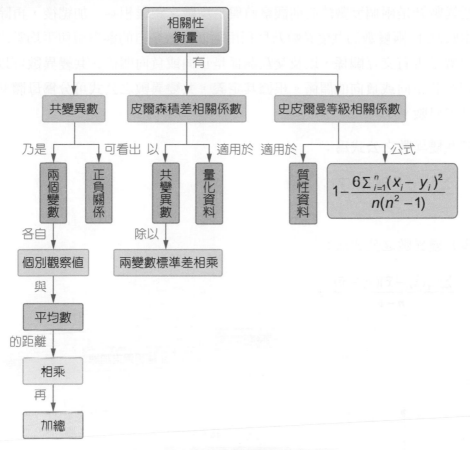

圖 3-38 相關性衡量方法之概念圖

　　單一變數的敘述統計主要係想要了解變數觀察值的分佈型態及整理後對決策有幫助的數值。兩個變數的敘述統計主要則在探討兩個變數是否存在相關性。一般情況，探討兩個變數相關性的數值法敘述統計端視資料為量化或質性資料而定。如果兩個變數的資料皆為量化資料，則可用皮爾森積差相關係數（Pearson Product-Moment Correlation Coefficient）；若兩個變數的資料其中有一個是質性資料，則可使用史皮爾曼等級相關係數（Spearman Rank Correlation Coefficient）。

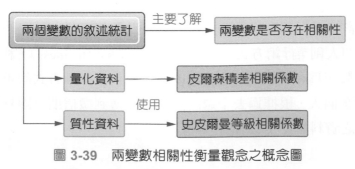

圖 3-39 兩變數相關性衡量觀念之概念圖

一、共變異數

共變異數乃是兩個變數的個別觀察值與平均數之距離相乘之加總後，再除以樣本數或樣本數減 1。兩變數的共變異數乃是利用兩個變數各自的觀察值與平均數之距離了解兩個變數是否有交互關係，以及交互關係是正向或負向關係。共變異數可以了解兩個變數存在著正向或負向的關係。根據其定義，共變異數之公式可分為母體共變異數及樣本共變異數。

母體共變異數之公式為：

$$\sigma_{xy} = \frac{\sum_{i=1}^{N}(x_i - \overline{x})(y_i - \overline{y})}{N} \tag{3-12}$$

樣本共變異數之公式為：

$$S_{xy} = \frac{\sum_{i=1}^{n}(x_i - \overline{x})(y_i - \overline{y})}{n-1} \tag{3-13}$$

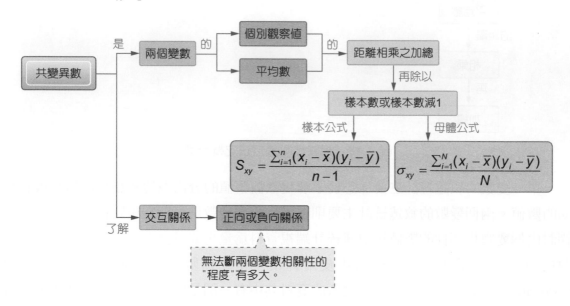

圖 3-40　共變異數觀念之概念圖

網路時代，許多公司都利用網路行銷方式幫助銷售商品，更有個人利用網路進行創業。大陸地區個人創業行銷方式之一為微商（WeChat Business），利用微信刊登廣告進行行銷產品。微商為許多個人創造創業夢想，也代表行銷方式的重大變革。假設有一個利用微商創業個人，根據過去十週的記錄，上傳到微信朋友圈打廣告的次數與其當週產品銷售量之資料如表 3-12 所示。

表 3-12　微商創業者過去十週的朋友圈廣告次數及產品銷售量

過去各週次	朋友圈廣告次數(x_i)	產品銷售量(y_i)
1	22	80
2	14	72
3	8	30
4	7	21
5	12	45
6	21	78
7	15	60
8	14	44
9	11	30
10	6	20

　　調查表 3-12 之主要目的是要了解此微商創業者在微信朋友圈打廣告是否有效果，故必須利用過去資料運用統計工具進行兩變數（朋友圈打廣告與產品銷售量）的關係探討。共變數分析之目的在了解兩變數關係的方向（正向或負向關係）。由於資料係屬樣本（係過去所有資料中抽取十週作為樣本），故依據（3-13）之樣本變異數公式計算。計算過程如表 3-13 所示。

表 3-13　微商創業者在朋友圈打廣告次數與產品銷售量之共變異數計算

x_i	y_i	$x_i - \bar{x}$	$y_i - \bar{y}$	$(x_i - \bar{x})(y_i - \bar{y})$
22	80	9	32	288
14	72	1	24	24
8	30	−5	−18	90
7	21	−6	−27	162
12	45	−1	−3	3
21	78	8	30	240
15	60	2	12	24
14	44	1	−4	−4
11	30	−2	−18	36
6	20	−7	−28	196
$\bar{x} = 13$	$\bar{y} = 48$			$\sum_{i=1}^{10}(x_i - \bar{x})(y_i - \bar{y}) = 1059$

　　故可得出朋友圈打廣告次數與產品銷售量兩變數的共變異數如下：

$$S_{xy} = \frac{\sum_{i=1}^{10}(x_i - \bar{x})(y_i - \bar{y})}{10-1} = \frac{1059}{9} = 117.67$$

　　由此可知，微商朋友圈打廣告次數與產品銷售量兩變數的共變異數係數值爲 117.67 大於 0，此表示兩個變數具有正向關係。爲何共變異數係數爲正時，表示兩變數關係爲正向？此必須利用散佈圖及趨勢線解釋，如圖 3-41 所示，由此圖可判別斜率爲正的（左下到右上），表示兩個變數是正相關。

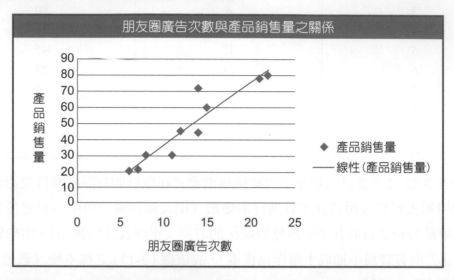

圖 3-41　朋友圈廣告次數與產品銷售量之關係

　　我們將圖 3-41 利用四個象限來說明共變異數爲正時代表兩變數爲正向關係，四個象限的縱軸代表朋友圈廣告次數的平均數（$\bar{x} = 13$），橫軸代表產品銷售量（$\bar{y} = 48$）。由圖 3-41 的趨勢線我們可以了解朋友圈廣告次數與產品銷售量兩個變數的關係斜率爲由左下到右上的正斜率，顯示兩變數爲正相關。此時將圖分解爲圖 3-42 之四個象限，由此圖看出大部份觀察值（菱形點）位於第一及三象限，表示若觀察值大部分位於一及三象限時，趨勢線的斜率會是正的，兩變數爲正相關。此時兩個變數的共變異數爲何會爲正數？

　　在第一象限的觀察值如（14,72）表示朋友圈廣告次數 14 次時當週的產品銷售量爲 72 個，此點的 $x_i - \bar{x} = 14 - 13 = 1 > 0$，$y_i - \bar{y} = 72 - 48 = 24 > 0$，故 $(x_i - \bar{x})(y_i - \bar{y}) = 1 \times 24 > 0$；依此類推，其他在第一象限的觀察值如（15, 60）、（21, 78）及（22, 80）的 $(x_i - \bar{x})(y_i - \bar{y})$ 也都會大於 0；則將所有 $(x_i - \bar{x})(y_i - \bar{y})$ 數值加總後的 $\sum(x_i - \bar{x})(y_i - \bar{y})$ 也會是大於 0。由於共變異數公式的分母爲 $n-1$ 必大於 0，因此，共變異數 S_{xy} 在第一象限必會大於 0。

　　在第三象限的觀察值如（8, 30）表示朋友圈廣告次數 8 次時當週的產品銷售量爲 30 個，此點的 $x_i - \bar{x} = 8 - 13 = -5 < 0$，$y_i - \bar{y} = 30 - 48 = -18 < 0$，故 $(x_i - \bar{x})(y_i - \bar{y})$

$=(-5)\times(-18)>0$；依此類推，其他在第三象限的觀察值如（6, 20）、（7, 21）及（11, 30）及（12, 45）的 $(x_i-\overline{x})(y_i-\overline{y})$ 也都會大於 0；則將所有 $(x_i-\overline{x})(y_i-\overline{y})$ 數值加總後的 $\sum(x_i-\overline{x})(y_i-\overline{y})$ 也會是大於 0。由於共變異數公式的分母為 $n-1$ 必大於 0，因此，共變異數 S_{xy} 在第三象限也必會大於 0。

　　由上述一及三象限的分析可知，當兩變數的觀察值落點在一及三象限的共變異數值必為正，此時兩變數關係的趨勢線斜率也必為正，表示兩變數為正向關係。因此，共變異數值為正時，兩變數會存在正向關係。

　　反之，假若在第二象限有觀察值如（10, 52）表示朋友圈廣告次數 10 次時當週的產品銷售量為 52 個，此點的 $x_i-\overline{x}=10-13=-3<0$，$y_i-\overline{y}=52-48=4>0$，故 $(x_i-\overline{x})(y_i-\overline{y})=(-3)\times4<0$；因此，在第二象限的觀察值都會讓 $(x_i-\overline{x})(y_i-\overline{y})$ 小於 0，則將所有 $(x_i-\overline{x})(y_i-\overline{y})$ 數值加總後的 $\sum(x_i-\overline{x})(y_i-\overline{y})$ 也會是小於 0。由於共變異數公式的分母為 $n-1$ 必大於 0，因此，共變異數 S_{xy} 在第二象限必會小於 0。

　　在第四象限的觀察值如（14, 44）表示朋友圈廣告次數 14 次時當週的產品銷售量為 44 個，此點的 $x_i-\overline{x}=14-13=1>0$，$y_i-\overline{y}=44-48=-4<0$，故 $(x_i-\overline{x})(y_i-\overline{y})=1\times(-4)<0$；依此類推，其他在第四象限的觀察值的 $(x_i-\overline{x})(y_i-\overline{y})$ 也都會小於 0；則將所有 $(x_i-\overline{x})(y_i-\overline{y})$ 數值加總後的 $\sum(x_i-\overline{x})(y_i-\overline{y})$ 也會是小於 0。由於共變異數公式的分母為 $n-1$ 必大於 0，因此，共變異數 S_{xy} 在第四象限也必會小於 0。

　　由上述二及四象限的分析可知，當兩變數的觀察值落點在二及四象限的共變異數值必為負，此時兩變數關係的趨勢線斜率會為由左上到右下的負值，表示兩變數為負向關係。因此，共變異數值為負時，兩變數會存在負向關係。

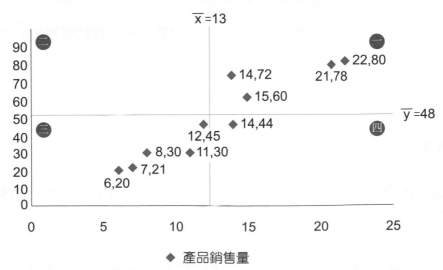

圖 3-42　利用四象限說明共變異數為正時表示兩變數為正相關

　　雖然我們可以由共變異數值直接看出兩個變數為正或負向關係，但是共變異數值到底多大才代表兩個變數是真正存在相關或並無關係存在？我們是無法看出來的。例如上述例子的共變異數值為 117.67，就表示兩個變數是正相關嗎？相關性有多大？我們無法看出；又或共變異數值為 0.5，就代表兩個變數無關嗎？亦無法確定。因此，實務上要了解兩個變數之相關性，我們並不會直接用共變異數來判斷，因為共變異數並無法判斷兩個變數相關性的「程度」有多大。另外，共變異數的另一個缺點為會受到觀察資料的衡量單位之影響，例如若原來的衡量單位為公斤，此時算出來的共變異數值較小；但若衡量單位改為公克（1 公斤 ＝ 1,000 公克），則算出來的共變異數值會變很大，可是兩個變數的真正相關性並不會因為此共變異數算出來值的差異而不同。

　　由此可知，共變異數只能看出兩個變數可能存在正向或負向關係，但無法看出兩個變數關係的「程度」，亦即無法看出兩變數是否真正存在相關。因此，實務上不會使用共變異數瞭解兩個變數的相關性，而是利用接下來的相關係數了解兩個變數是否有相關及相關的程度。但共變異數是相關係數計算的基礎。

二、皮爾森積差相關係數

　　皮爾森相關係數乃是指求取兩個量化變數之間相關的係數值，定義為兩個變數的共變異數除以兩個變數的標準差相乘。根據母體與樣本資料，此相關係數之公式為：

　　母體資料的皮爾森相關係數之公式為：

$$\rho_{xy} = \frac{\sigma_{xy}}{\sigma_x \sigma_y} \tag{3-14}$$

　　其中 σ_{xy} 為變數 x 與 y 的母體共變異數，σ_x 為變數 x 的母體標準差，σ_y 為變數 y 的母體標準差。

　　樣本資料的皮爾森相關係數之公式為：

$$r_{xy} = \frac{S_{xy}}{S_x S_y} \tag{3-15}$$

　　其中 S_{xy} 為變數 x 與 y 的樣本共變異數，S_x 為變數 x 的樣本標準差，S_y 為變數 y 的樣本標準差。

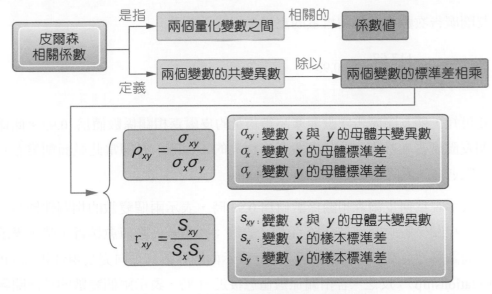

圖 3-43 皮爾森相關係數觀念之概念圖

　　樣本資料的皮爾森相關係數是比較常用來檢視兩個量化變數是否有相關的統計方法。若以微商朋友圈廣告次數與產品銷售量的樣本資料爲例，使用（3-15）的皮爾森相關係數求出朋友圈廣告次數與產品銷售量的關係如下：

由表 3-14 可知，朋友圈廣告次數的標準差爲：

$$S_x = \sqrt{\frac{\sum_{i=1}^{10}(x_i - \bar{x})^2}{10-1}} = \sqrt{\frac{266}{9}} = 5.44$$

產品銷售量的標準差爲：

$$S_y = \sqrt{\frac{\sum_{i=1}^{10}(y_i - \bar{y})^2}{10-1}} = \sqrt{\frac{4830}{9}} = 23.17$$

表 3-14 微商創業者在朋友圈打廣告次數與產品銷售量之變異數計算

x_i	y_i	$x_i - \bar{x}$	$(x_i - \bar{x})^2$	$y_i - \bar{y}$	$(y_i - \bar{y})^2$
22	80	9	81	32	1024
14	72	1	1	24	576
8	30	−5	25	−18	324
7	21	−6	36	−27	729
12	45	−1	1	−3	9
21	78	8	64	30	900
15	60	2	4	12	144
14	44	1	1	−4	16
11	30	−2	4	−18	324
6	20	−7	49	−28	784
$\bar{x} = 13$	$\bar{y} = 48$		$\sum_{i=1}^{10}(x_i - \bar{x})^2 = 266$		$\sum_{i=1}^{10}(y_i - \bar{y})^2 = 4830$

朋友圈廣告次數與產品銷售量的皮爾森相關係數為：

$$r_{xy} = \frac{s_{xy}}{s_x s_y} = \frac{117.67}{5.44 \times 23.17} = 0.93$$

由此可知，朋友圈廣告次數與產品銷售量的皮爾森相關係數值為 0.93。此係數值表示兩朋友圈廣告次數與產品銷售量具有極高的正相關，亦即當此微商創業者的朋友圈廣告次數愈多，其產品銷售量愈多。

接下來解說為何皮爾森相關係數值為 0.93 時，表示兩個變數的相關性極高。此乃因為皮爾森相關係數的數值是介於 –1 與 1 之間；當相關係數值愈接近 1 時，表示兩個變數是正向關聯性愈高，當係數值為 1 時，表示兩個變數有正向完全線性相關（Perfect Linear Relationship）；反之，若相關係數值愈接近 –1 時，表示兩個變數的負向關聯性愈高，當係數值為 –1 時，表示兩個變數有負向完全線性相關；若相關係數值愈接近 0 時，表示兩個變數並無關聯性。至於兩個變數是否真正有關，必須經過統計檢定才能知道，此方法將於後面章節進一步介紹。

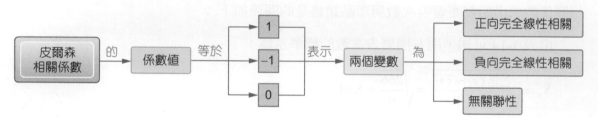

圖 3-44　皮爾森相關係數範圍之概念圖

臺灣新住民有逐年提高的趨勢，根據內政部移民署 110 年 7 月的統計數字（內政部移民署，2021），至 110 年 6 月底止，臺灣的新住民配偶人數已有 56 萬 8 千多人，顯示臺灣多元文化正在興起。但新住民因為文化、語言、教育等等弱勢，在就業及經濟生活方面皆碰到許多困難，內政部移民署及勞動部因此乃以實質政策鼓勵新住民取得專業證照。我們再以取得證照數量與其月所得的關聯性為例，表 3-15 為隨機抽取 10 位新住民，調查其取得證照數量（x_i）及月所得（y_i）（以千元計）的觀察值。

表 **3-15**　新住民取得證照數量與其月所得（以千元計）的相關係數計算

x_i	y_i	$x_i - \bar{x}$	$(x_i - \bar{x})^2$	$y_i - \bar{y}$	$(y_i - \bar{y})^2$	$(x_i - \bar{x})(y_i - \bar{y})$
2	25	-2.5	6.25	-6.2	38.44	15.5
4	28	-0.5	0.25	-3.2	10.24	1.6
5	30	0.5	0.25	-1.2	1.44	-0.6
6	35	1.5	2.25	3.8	14.44	5.7
7	41	2.5	6.25	9.8	96.04	24.5
1	23	-3.5	12.25	-8.2	67.24	28.7
3	25	-1.5	2.25	-6.2	38.44	9.3
4	28	-0.5	0.25	-3.2	10.24	1.6
7	45	2.5	6.25	13.8	190.44	34.5
6	32	1.5	2.25	0.8	0.64	1.2
$\bar{x} = 4.5$	$\bar{y} = 31.2$		38.5		467.6	122

由表 3-15 可算出 10 位新住民的取得證照數量及月所得的平均數、標準差及共變數，如下：

$$\bar{x} = \frac{2 + 4 + ... + 6}{10} = 4.5$$

$$\bar{y} = \frac{25 + 28 + ... + 32}{10} = 31.2$$

$$s_x = \sqrt{\frac{6.25 + 0.25 + ... + 2.25}{10 - 1}} = \sqrt{\frac{38.5}{9}} = 2.07$$

$$s_y = \sqrt{\frac{38.44 + 10.24 + ... + 0.64}{10 - 1}} = \sqrt{\frac{467.6}{9}} = 7.21$$

$$s_{xy} = \frac{15.5 + 1.6 + ... + 1.2}{10 - 1} = \frac{122}{9} = 13.56$$

新住民取得證照數量與其月所得的皮爾森相關係數為：

$$r_{xy} = \frac{s_{xy}}{s_x s_y} = \frac{13.56}{2.07 \times 7.21} = 0.91$$

新住民取得證照數量與其月所得的皮爾森相關係數高達 0.91，此顯示新住民取得證照的數量與其月所得有正向關聯性。

因此，皮爾森相關係數解決共變異數的缺失，實務上較常被用。共變異數之最大值到無限大，並無法看出其數值多少表示兩個變數有關；共變異數也會受到衡量單位不同而導致相關性誤判的後果。而皮爾森相關係數由於是將共變異數利用兩個變數各自的標準差平減，使得其數值能收斂到介於-1 與 1 之間，且也能消除兩變數衡量單位不同的影響，故而能較常被用。在使用皮爾森相關係數時，必須注意只能用在兩個變數都是量化資料上；另外，利用皮爾森相關係數判定兩個變數是否真正有相關，必須

利用檢定結果才能決定，不能只看係數值，否則容易誤判；因爲利用皮爾森相關係數值決定兩個變數是否有關，會受到兩個資料的樣本量的影響，當樣本量很大時，雖然皮爾森相關係數值不大，兩個變數也可能會有相關。

* 皮爾森相關係數乃是指求取兩個量化變數之間相關的係數值，定義為兩個變數的共變異數除以兩個變數的標準差相乘

三、史皮爾曼等級相關係數

史皮爾曼等級相關係數是指求取兩個量化或質性變數之間相關性的係數值。只要兩個變數至少其中一個爲質性變數時，皮爾森相關係數就不能使用，要改用史皮爾曼等級相關係數。其公式如下：

$$r_s = 1 - \frac{6\sum_{i=1}^{n}(x_i - y_i)^2}{n(n^2 - 1)}$$ （3-16）

上述公式中，x_i 及 y_i 皆爲排序後的順序尺度值。此順序尺度值可以是由小到大排序或由大到小排序，若有兩個或多個資料相同，則取名次之平均值作爲順序尺度值。譬如表 3-16 有兩個廣告次數資料皆爲 14，排名爲 4 及 5，則取名次平均值爲（4+5）/2=4.5；若順序尺度排名有相同者也是取排名之平均值作爲順序尺度值，譬如有兩筆熱銷資料的排名皆爲第 4 名，則取名次 4 及 5 名的平均值爲 4.5。另外，兩個變數的排序一定要一致，若一個變數是由小到大的值排名（最小值排名 1，依序排名），則另一個變數也是要由小到大的值排名；若一個變數是由大到小的值排名（最大值排名 1，依序排名），則另一個變數也是要由大到小的值排名。如此做法，才不會讓相關係數的正負符號（亦即正常爲正值符號表示正相關、負值符號表示負相關）產生矛盾（亦即變成正值符號表示負相關、負值符號表示正相關）。

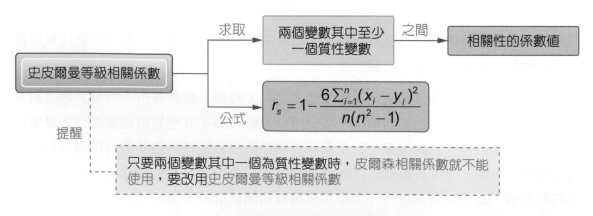

圖 3-45 史皮爾曼等級相關係數觀念之概念圖

再以微商創業者為例，若該微商想要了解其販賣之十種商品熱銷排名與其在微信廣告次數之關聯性，藉以了解是否廣告曝光率愈高，商品會更熱銷。以過去八週的統計資料，該十種商品在微信的廣告次數及其熱銷排名資料如表 3-16。

表 3-16　微商創業者十種商品的朋友圈廣告次數及熱銷排名

十種商品	朋友圈廣告次數	廣告次數排序(x_i)	熱銷排名(y_i)	x_i-y_i	$(x_i-y_i)^2$
1	20	2	1	1	1
2	14	4.5	4	0.5	0.25
3	8	8	9	−1	1
4	7	9	8	1	1
5	12	6	6	0	0
6	21	1	2	−1	1
7	15	3	3	0	0
8	14	4.5	5	−0.5	0.25
9	10	7	7	0	0
10	6	10	10	0	0
					$\sum(x_i-y_i)^2 = 4.5$

在表 3-16 中，雖然朋友圈廣告次數為量化資料，但商品熱銷排名為質性資料（順序尺度），故使用史皮爾曼相關係數探討兩變數之間的相關性。在計算史皮爾曼相關係數時，記得若其中　個變數為量化變數，要先化為排名（順序尺度）後，再帶入公式計算。計算過程如下（參考表 3-16）：

$$r_s = 1 - \frac{6 \times 4.5}{10(10^2 - 1)} = 0.97$$

因此，朋友圈廣告次數與商品熱銷排名的史皮爾曼相關係數值為 0.97。顯示兩個變數有高度正向相關。史皮爾曼的相關係數值也是介於−1 與 1 之間，其相關性之特性與皮爾森相關係數雷同。

我們再以新住民在臺人數的排名（第 1 名表示在臺人數最多，依此類推）及取得證照數量的關聯性為例，表 3-17 為隨機抽取 10 位新住民，調查其所屬國籍在臺人數排名及取得證照數量的觀察值。新住民所屬國及來臺人數排名轉換為依照由小到大的排名排序即為人數排名順序（x_i），取得證照數量轉換為依照由小到大數量排序即為取得證照數量排序（y_i）。相同人數排名者或取得證照數量相同者之排序則取平均數，如表 3-17 所示。

表 3-17　新住民所屬國籍在臺人數排名與其取得證照數量的相關係數計算

人數排名	取得證照數量	人數排名排序(x_i)	取得證照數量排序(y_i)	x_i-y_i	$(x_i-y_i)^2$
5	2	1	2	-1	1
4	4	2.5	4.5	2	4
3	5	4.5	6	-1.5	2.25
1	6	9.5	7.5	-2	4
2	7	7	9.5	-2.5	6.25
4	1	2.5	1	1.5	2.25
3	3	4.5	3	1.5	2.25
2	4	7	4.5	2.5	6.25
1	7	9.5	9.5	0	0
2	6	7	7.5	-0.5	0.25
					28.5

新住民所屬國籍在臺人數排名與其取得證照數量的史皮爾曼相關係數為：

$$r_s = 1 - \frac{6 \times 28.5}{10(10^2-1)} = 0.83$$

新住民所屬國籍在臺人數排名與其取得證照數量的史皮爾曼相關係數高達 0.83，此顯示新住民所屬國籍在臺人數排名與其取得證照數量具有正向關聯性。

* 史皮爾曼等級相關係數是指求取兩個變數其中至少一個為質性變數之間相關性的係數值

3-5 Excel 範例

1. 計算算術平均數 Excel 操作範例

步驟一

開啟 EXCE 計算算術平均數

步驟二

將表 3-1　101-110 年來臺旅遊人數的資料輸入工作表

步驟三

在空白地方輸入「= AVERAGE（B2：B11）」後按 Enter

即可計算出 101-110 年來臺旅遊人數的算術平均數（=8,155.2）

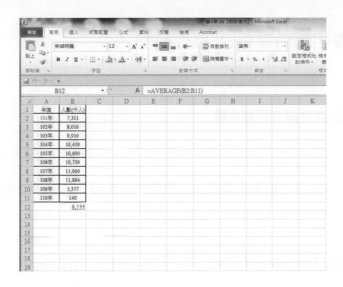

2. 計算中位數 Excel 操作範例

步驟一

開啟 EXCE 計算中位數

步驟二

將表 3-1　101-110 年來臺旅遊人數的資料輸入工作表

步驟三

在空白地方輸入「= MEDIAN（B2：B11）」後按 Enter

即可計算出 101-110 年來臺旅遊人數的中位數 (=10,175)

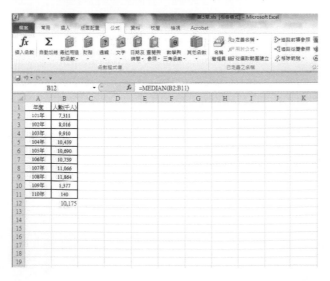

3. 計算皮爾森相關係數 Excel 操作範例

步驟一

開啓 EXCEL 計算皮爾森相關係數

步驟二

將表 3-12　微商創業者過去十週的朋友圈廣告次數及產品銷售量的資料輸入工作表

步驟三

在空白地方輸入「= CORREL（B2：B11,C2：C11）」後按 Enter

即可計算出微商創業者過去十週的朋友圈廣告次數及產品銷售量的皮爾森相關係數值（=0.9342897）

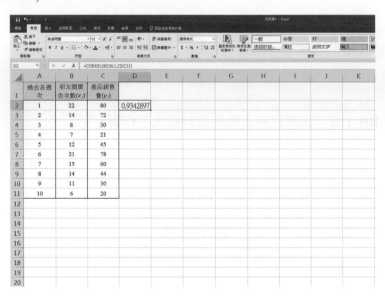

本章習題

一、以下資料為十年內來臺旅遊人數資料，試求其平均數？

表 1　十年內來臺旅遊人數資料

年度	人數（千人）
99 年（2010）	5,567
100 年（2011）	6,087
101 年（2012）	7,311
102 年（2013）	8,016
103 年（2014）	9,910
104 年（2015）	10,439
105 年（2016）	10,690
106 年（2017）	10,739
107 年（2018）	11,066
108 年（2019）	11,864

二、以下資料為過去十年經濟成長率，試求其中位數？

　　6.19　4.70　5.44　5.98　0.73　−1.81　10.76　4.19　1.48　2.09

三、西堤全臺分店資料如下，試求其眾數？

表 2　西堤全臺分店資料

地區	分店數
基隆	1
臺北	8
新北	7
桃園	6
新竹	1
苗栗	1
臺中	4
彰化	2
南投	1
雲林	1
嘉義	1
臺南	4
高雄	5
屏東	1

地區	分店數
臺東	1
花蓮	1
宜蘭	1

四、以下為某會計系學生統計小考成績資料：

52　70　81　63　69　48

試求其全距？

五、以下為某餐廳顧客滿意度評分（0～5分）資料：

3.1　2.6　4.4　2.8　3.4　3.8　4.0　4.1　2.2　3.3

試求其變異數與標準差？

六、為了研究來臺旅遊天數的資訊，抽樣對 100 位旅客進行訪問，訪問結果來臺旅遊天數平均值及標準差為 6.5 天及 1.4 天，試以經驗法則來估算樣本資料分配的比例。

七、某大學企業管理系正辦理招生甄試之第二階段面試，共 30 位學生參加，此部份成績占甄選總成績之 40%，經面試委員評審成績，再將面試成績經加權計算，30 個學生的面試得分如下所示。試用經驗法則計算結果與實際各組資料分配的比率結果進行比較，說明兩者結果有無差異，並說明資料分配型態可能為何種分配。

表 3　某大學企業管理系面試成績

面試成績				
19.6	33.5	30.1	29.4	14.7
26.5	25.6	17.8	24.9	31.4
36.4	34.5	34.4	28.3	28.4
31.7	37.0	27.6	26.4	37.1
30.5	26.6	24.8	21.2	35.5
24.6	21.5	31.9	17.8	18.6

八、某班統計學考試成績的平均值及標準差為 78 分及 4 分，假設分數資料具有鐘形分配型態，甲的分數為 90 分，試以 Z 分數來說明甲的成績在班上的位置。

九、假設已知服務生乙的顧客滿意度評分為 7.4 分，在整體成績分配中為第 79 百分位數，則此 7.4 分和其他服務生成績的關係為何？

十、以下資料為某大學資訊管理學系每年錄取人數，試求其第一個四分位數、中位數與第三個四分位數？計算 Z 分數，並繪出盒形圖，資料是否有極端值存在？

35　30　34　29　38　31　32　31　34　30

十一、以下資料為近十年來國內出生率統計資料：

表 4 近十年來國內出生率統計資料

年度	出生率
2010	7.21
2011	8.48
2012	9.86
2013	8.53
2014	8.99
2015	9.10
2016	8.86
2017	8.23
2018	7.70
2019	7.53

　　試求近十年來出生率之中位數、平均數、變異數及標準差。

十二、以下為 108 年度替代役男各梯次訓練人數資料表：

表 5 108 年度替代役男各梯次訓練人數資料表

梯次	103-2	104	105	105-2	106	107	108	109	109-2	110	111	112	112-2	113	114	115
訓練人數	98	1,097	1,076	90	1,049	1,184	945	1,358	153	2,601	2,874	2,901	193	2,870	2,418	2,045

　　試求其平均數、變異數及標準差。

十三、以下為 2020 年第 2 季各公司智慧型手機出貨量資料：

表 6 2020 年第 2 季各公司智慧型手機出貨量資料

排名	品牌	出貨量（單位：百萬臺）
1	Huawei	54.8
2	Samsung	54.2
3	Apple	37.5
4	Xiaomi	26.5
5	Oppo	24.5
6	vivo	22.5
7	Lenovo	7.5

　　試求上述公司出貨之中位數、平均數、變異數及標準差

十四、以下為 108 年外籍勞工人數統計資料：

表 7　108 年外籍勞工人數統計資料

月別	人數
1 月	704,439
2 月	704,223
3 月	704,800
4 月	706,060
5 月	705,595
6 月	707,954
7 月	709,643
8 月	711,001
9 月	714,291
10 月	716,125
11 月	718,186
12 月	718,058

試求上表勞工人數之全距、中位數、平均數、變異數及標準差。

十五、以下是某餐廳十種菜色價位與周銷售數量的資料，請計算皮爾森相關係數，並說明菜色價位與周銷售數量之相關性為何？

表 8　某餐廳菜色價位與銷售量

菜色	價位	周銷售量
1	250	80
2	150	180
3	120	200
4	200	115
5	100	195
6	300	85
7	250	90
8	150	145
9	100	225
10	250	95

十六、以下是智慧型手機在市場上的風評排名與某家賣各種智慧型手機商店的周銷售量，請計算相關係數，並說明智慧型手機市場上的風評排名與其在此商店周銷售量是否存在相關？

表 9　智慧型手機風評排名與銷售量

智慧型手機種類	風評排名	周銷售量
1	1	50
2	2	52
3	3	46
4	4	46
5	5	40
6	6	38
7	7	30
8	8	35
9	9	28
10	10	20

NOTE

04 >>>

機率

本章大綱

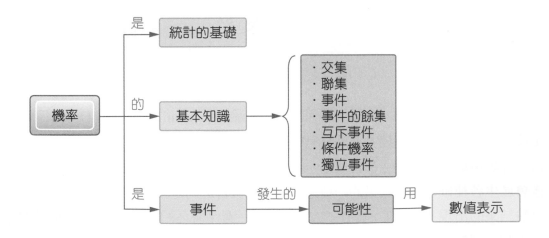

　　所謂機率（Probability）乃是指事件在未來發生的可能性使用數值來衡量。未來事件的發生與否或發生的各種情況是不確定的，利用數值來衡量事件未來不確定下可能的各種結果即是機率。機率可以說是統計的基礎，統計推論工具的應用大都是為了要求出某個事件在未來可能或不可能發生的機率，或事件發生的各種不同結果的機率。因此，在進行後續統計推論相關章節介紹前，必須對機率先有基本的了解。

　　本章主要在介紹機率。4-1 介紹隨機實驗、計算實驗結果及進行機率指派，4-2 介紹機率的基本知識，包含交集、聯集、事件、事件的餘集、互斥事件、條件機率、獨立事件等等，4-3 介紹貝氏定理。

4-1　隨機實驗、計算實驗結果及機率指派方法

一、隨機實驗

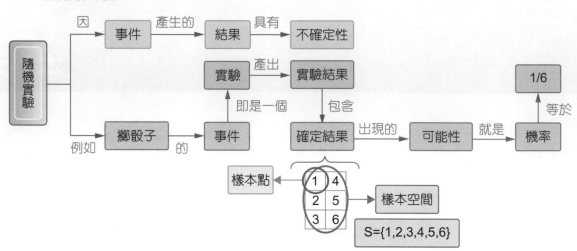

圖 4-1　隨機實驗概念圖

　　有關機率的基本知識，先要了解何謂隨機實驗（Random Experiment）。因為隨機實驗是使機率觀念有用的基礎，亦即只有進行隨機實驗時，才需要用到機率。我們可以將任何一件事情或事件的發生都當成是一個實驗。因此，實驗可定義為一件事情或事件發生後會產生各種確定實驗結果的一種過程。而隨機實驗乃是指一件事情或事件發生後各種實驗結果的出現（或發生）具有不確定性，此一過程稱之。例如，過年常玩的擲骰子、玩撲克牌、到旅行社詢問去日本玩的行程、長榮航空明年會不會賺錢等等，都是一個事件，故都是一個實驗。如擲骰子即為一個隨機實驗，會發生的確定結果為 1,2,3,4,5,6 等點數（稱為實驗結果）；每個點數都是一個確定的實驗結果，只是我們不確定會出現哪

個實驗結果（即哪個點數），將所有不確定結果各自用數值來表示即是機率，譬如出現點數 1 的機率是 $\frac{1}{6}$。如表 4-1 爲幾個實驗及其出現之實驗結果的例子。

表 4-1　實驗與實驗結果

實驗	實驗結果
擲骰子	1,2,3,4,5,6
長榮航空明年會不會賺錢	會，不會
保險業務員電話推銷保險產品	會買，不會買
檢驗一個零件	良品，不良品
顧客逛服飾店	會買，不會買

在實驗中，出現的每個實驗結果都稱爲一個樣本點（Sample Point），所有實驗結果（即所有樣本點）組成的集合稱爲樣本空間（Sample Space）。例如擲骰子實驗，1,2,3,4,5,6 各個點數都是一個樣本點，而這六個點數是所有樣本點，即組合成一個樣本空間，表示爲

$$S - \{1,2,3,4,5,6\}$$

* 所謂實驗乃是指一件事情或事件發生後會產生各種確定結果的一種過程。

* 所謂隨機實驗乃是指一件事情或事件發生後各種實驗結果的出現（或發生）具有不確定性，此一過程稱之。

二、計算實驗結果

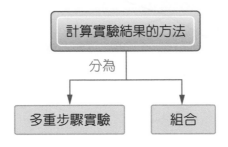

圖 4-2　計算實驗結果的方法

要將機率指派給實驗結果之前，必須先知道有多少種實驗結果及有哪些實驗結果。計算實驗結果之目的在於計算出一個實驗有多少種實驗結果。不同的實驗方法會有不同的計算實驗結果的方法。本文提到兩個常用的計算實驗結果的方法，包括多重步驟實驗、組合。此兩種計算方法都是後面機率分配會用到的方法。

1. 多重步驟實驗

所謂多重步驟實驗乃是指一個實驗有很多個步驟，這些步驟可能是重覆的步驟，也可能是不重覆的步驟。例如擲一個骰子 2 次，是重覆的多重步驟實驗；又如應徵日月光集團員工，應徵步驟為筆試及面試，乃是兩個非重覆步驟的多重步驟實驗。

多重步驟實驗總共有多少種實驗結果的計算方式為將每個步驟有多少種實驗結果相乘。假設有一個實驗有 a 個步驟，第一個步驟有 $n1$ 種實驗結果，第二個步驟有 $n2$ 種實驗結果，依此類推，此實驗之實驗結果乃是將所有步驟實驗結果個數相乘，總共有 $(n1)(n2)\cdots(na)$ 種實驗結果。例如上述擲一個骰子 2 次，第一次丟擲有 6 種實驗結果，第二次丟擲有 6 種實驗結果，因此總共有 6*6 = 36 種實驗結果。

樹狀圖（Tree Diagram）乃是一種幫助架構決策流程的圖形，可以幫我們清楚了解多重步驟的所有實驗結果。如上述日月光應徵員工的實驗，使用樹狀圖可以清楚知道所有的實驗結果，如圖 4-3。依照多重步驟實驗之計算實驗結果方法，此例子有兩個步驟，第一個步驟筆試有 2 種實驗結果，第二個步驟面試有 2 種實驗結果，因此總共有 2*2 = 4 種實驗結果。由樹狀圖可清楚知道 4 種實驗結果分別為（通過, 通過）、（通過, 不通過）、（不通過, 通過）、（不通過, 不通過）。樹狀圖之做法乃是將每個步驟的實驗結果利用線條詳細區分呈現，各步驟之間再依由左至右前後順序相聯結，最後各聯結線依序得到最右邊的各種不同實驗結果。

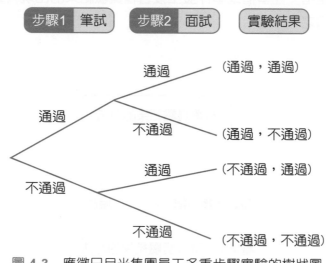

圖 4-3　應徵日月光集團員工多重步驟實驗的樹狀圖

* 所謂多重步驟實驗乃是指一個實驗有很多個步驟，這些步驟可能是重覆的步驟，也可能是不重覆的步驟。

* 樹狀圖乃是一種幫助架構決策流程的圖形，可以幫我們清楚了解多重步驟的所有實驗結果。

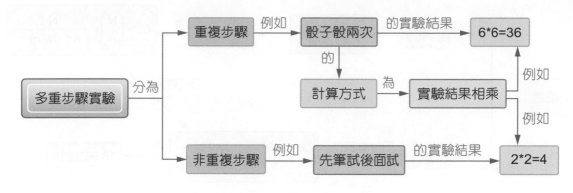

圖 4-4 多重步驟實驗概念圖

2. 組合

組合是另一種計算實驗結果有多少種的方法。組合之應用場合為從 N 個個體抽取 n 個個體的實驗方法，了解有多少種抽法。例如從 10 顆不同顏色的球抽取 3 顆球，了解有多少種情況。

從 N 個個體抽取 n 個個體的組合數量，利用公式（4-1）即可求出。

$$C_n^N = \binom{N}{n} = \frac{N!}{n!(N-n)!} \qquad (4\text{-}1)$$

其中 $N!$（讀做 N 階層）$= (N)(N\text{-}1)(N\text{-}2)\cdots\cdots(1)$，例如 $4! = (4)(3)(2)(1) = 24$。

組合應用最熟悉的例子應該是彩券中獎機率的計算了。以台灣彩券大樂透為例，乃是從 01～49 個號碼中抽取 6 個號碼，若 6 個號碼全中，表示得到頭獎，只是頭獎的機率是多少？我們可用公式（4-1）來求出，求法如下：

$$C_6^{49} = \binom{49}{6} = \frac{49!}{6!(49-6)!} = \frac{(49)(48)(47)(46)(45)(44)}{(6)(5)(4)(3)(2)(1)} = 13{,}983{,}816$$

因此，49 個號碼抽取 6 個號碼的組合共有 13,983,816 種情況。表示要 6 個號碼全中的機率是 1/13,983,816。而買大樂透一組號碼需要\$50，表示要花費\$699,190,800 包牌才能必中頭獎。

* 組合之應用場合為從 N 個個體抽取 n 個個體的實驗方法，了解有多少種抽法。

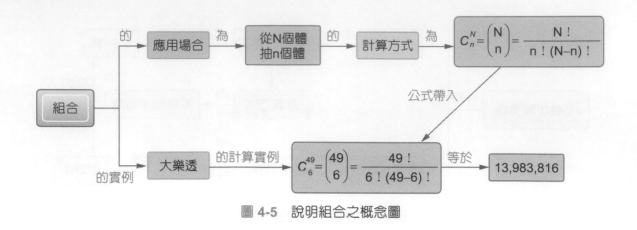

圖 4-5　說明組合之概念圖

三、機率指派方法

如前述，任何實務問題在統計上都是屬於一個隨機實驗，而隨機實驗進行主要目的是在了解有哪些確切的實驗結果，以及這些實驗結果可能發生的機率，亦即將機率指派給這些實驗結果。

比較常用的機率指派方法包含古典法、相對次數法及主觀法。以下介紹各種方法應用的場合及如何應用。

在機率指派前，必須注意之機率的基本要求條件，包含機率值必須介於 0 與 1 之間、所有實驗結果（亦即樣本空間）發生的機率總和等於 1。

* 機率的基本要求條件為：(1)機率值必須介於 0 與 1 之間；(2)所有實驗結果（亦即樣本空間）發生的機率總和等於 1。

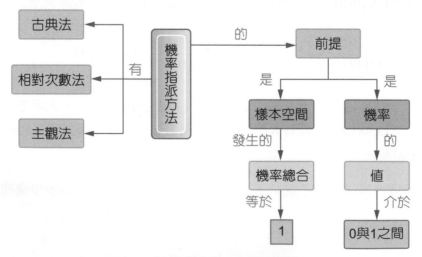

圖 4-6　說明機率指派方法之概念圖

1. 古典法

古典法（Classical Method）應用的場合在於一個隨機實驗各實驗結果出現的機會皆相同，此時即可使用古典法做為機率指派方法。既然各實驗結果出現的機會都相同，則每一個實驗結果出現的機率就是所有實驗結果發生的個數分之一，亦即當某個實驗有 n 種實驗結果，則每個實驗結果出現的機率都是 $\dfrac{1}{n}$。

許多隨機實驗指派機率都是利用古典法，譬如丟硬幣、擲骰子、抽撲克牌、抽號碼球等等。例如 85 度 C 目前的加盟店有 1,068 家（此為樣本空間），總公司預計要抽查各加盟店進行了解營業情況，以便進行擴增店面之檢討依據，每一家加盟店即代表一個實驗結果（亦即樣本點）；由於每一家加盟店被抽中的機率皆相同，因此使用古典法指派機率，每一家加盟店被抽中的機率即為 $\dfrac{1}{1,068} \approx 0.001$

* 古典法應用的場合在於一個隨機實驗各實驗結果出現的機會皆相同，此時每一個實驗結果出現的機率就是所有實驗結果發生的個數分之一。

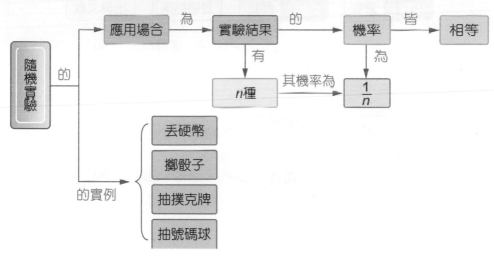

圖 4-7　古典法概念圖

2. 相對次數法

相對次數法（Relative Frequency Method）應用的場合在於一個重複很多次的實驗，若要估計各實驗結果發生次數的比例，此時可使用相對次數法做為機率指派方法。譬如某個實驗重複做了 N 次，而當某個實驗結果出現 n 次，則此實驗結果出現的機率為 $\dfrac{n}{N}$。

實務上，也有很多隨機實驗指派機率是使用相對次數法，譬如擲骰子 100 次，若出現點數 1 的次數為 18 次，則表示在丟擲 100 次骰子中，出現點數 1 的機率為 $\frac{18}{100} = 0.18$。

若再以前述應徵日月光集團員工的多重步驟為例，日月光徵才條件分為筆試及面試，筆試結束後立即進行面試，最後錄取條件為筆試及面試皆通過。假設最近一次徵才有 300 人應徵，其中有 50 人筆試與面試皆通過，有 120 人筆試通過但面試不通過，有 60 人筆試不通過而面試通過，有 70 人筆試與面試皆不通過，如圖 4-8 所示。因此，此次徵才錄取率為 $\frac{50}{300} \approx 0.167$，此為相對次數法的應用，亦即筆試與面試皆通過（代表錄取）的實驗結果出現的次數為 50 次，所有實驗結果的總和次數為 300 次，故筆試與面試皆通過的實驗結果相對次數為 $\frac{50}{300}$。由此次徵才事件錄取率的資料，我們大致可以用來預測未來日月光在徵才事件時的錄取率。因此，相對次數法普遍應用在利用過去類似事件發生的機率來預測未來相似事件發生的機率。

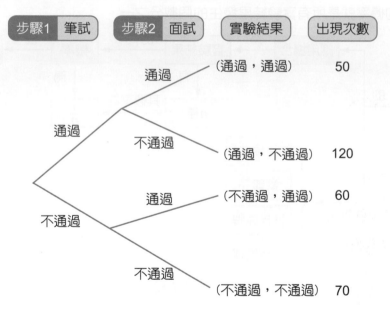

圖 4-8　應徵日月光集團各種實驗結果出現的次數

* 相對次數法應用的場合在於一個重複很多次的實驗，要估計各實驗結果發生次數的比例，為此實驗結果發生的次數佔所有實驗結果發生次數總和的比例。

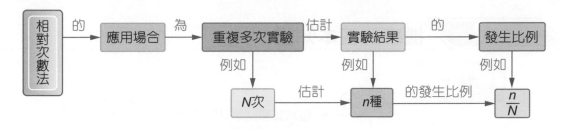

圖 4-9　相對次數法概念圖

3. 主觀法

主觀法（Subjective Method）應用的場合爲實驗結果出現的可能性明顯不相同，而且也無法進行重複多次的實驗或缺乏過去類似事件的資料時，此時無法使用古典法及相對次數法，通常我們只能在搜索所有可用的資訊之後，憑個人的經驗或直覺，以判斷某實驗結果或事件發生的機率，稱爲主觀法。

主觀法乃是利用個人主觀判斷機率的發生，個人估計某實驗結果或事件發生的機率代表著他或她對此實驗結果或事件發生的信心程度。既然主觀法是憑個人經驗或直覺判斷某實驗結果或事件發生的機率，所以不同的人對於相同實驗結果或事件的機率估計可能會有不同。

許多實務現象是無法使用古典法或相對次數法估計機率的，此時必須使用主觀法。譬如 Subway 要在台中逢甲夜市旁邊開一家新的加盟店，加盟店老闆與老闆娘各自估計此加盟店一年內可以賺錢的機率。假設 E 代表會賺錢，L 代表會賠錢；在蒐集可用的資訊後，老闆估計會賺錢的機率爲 $p(E) = 0.6$，故會賠錢的機率爲 $p(L) = 0.4$；而老闆娘估計會賺錢的機率爲 $p(E) = 0.7$，會賠錢的機率爲 $p(L) = 0.3$。因此，老闆娘對此加盟店一年內會賺錢的機率預估比老闆樂觀。

* 主觀法應用的場合為無法使用古典法及相對次數法，通常我們只能在搜索所有可用的資訊之後，憑個人的經驗或直覺，以判斷某實驗結果或事件發生的機率。

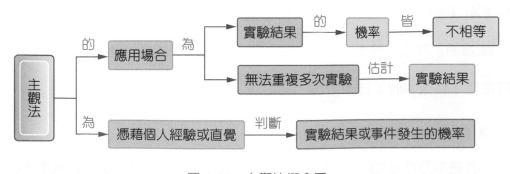

圖 4-10　主觀法概念圖

4-2 機率的基本知識

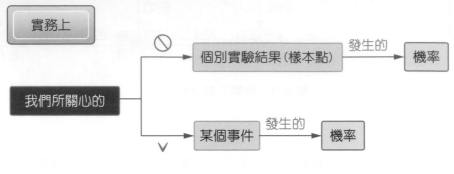

圖 4-11　機率應用之概念圖

一、事件與事件機率

所謂事件（Event）乃是某些特定樣本點所成的集合。實務上，我們所關心的並不是個別實驗結果（樣本點）發生的機率，而是某個事件發生的機率；譬如加盟店一年內會賺錢的事件、應徵日月光集團錄取的事件、加盟店如期開張的事件、投資案的事件等等。

事件機率乃是指某個事件發生的機率，亦即此事件內各樣本點出現機率的加總。譬如擲骰子，若出現點數{1,2,3}代表莊家贏的事件，則此事件的樣本點為 1,2,3，出現點數 1,2 及 3 的機率皆為 $\frac{1}{6}$，故莊家贏的事件機率為 $\frac{1}{6}+\frac{1}{6}+\frac{1}{6}=0.5$。

再以上述日月光集團徵才為例，有一個人去應徵此次日月光徵才，若要了解此人不被錄取的事件發生的機率（即事件機率），則要先了解此事件為何？由於在筆試與面試階段只要有一個不通過就不被錄取，因此此人不被錄取的事件乃是由（通過,不通過）、（不通過,通過）、（不通過,不通過）等特定樣本點所成的集合。而此事件機率乃是這些樣本點發生機率的加總，其中樣本點（通過,不通過）發生的機率為 $\frac{120}{300}$，樣本點（不通過,通過）發生的機率為 $\frac{60}{300}$，樣本點（不通過,不通過）發生的機率為 $\frac{70}{300}$，故這些特定樣本點機率的加總為 $\frac{120}{300}+\frac{60}{300}+\frac{70}{300}=0.833$。

* 所謂事件乃是某些特定樣本點所成的集合。

* 所謂事件機率乃是指某個事件發生的機率，亦即此事件內各樣本點出現機率的加總。

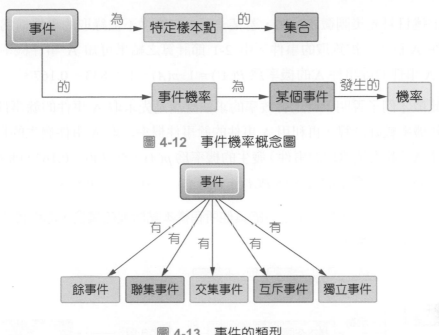

圖 4-12　事件機率概念圖

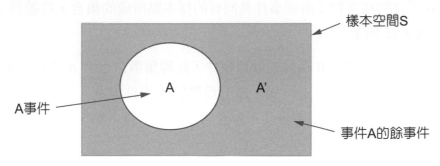

圖 4-13　事件的類型

二、餘事件

所謂餘事件（Complement Event）乃是指某事件發生以外的其他所有樣本點所成的集合，亦即樣本空間減去某事件發生的樣本點。譬如某一 A 事件的餘事件，記做 A'，乃是在整個樣本空間 S 中不包含 A 事件的其他樣本點的集合。如圖 4-14 的范式圖（Venn Diagram）所示。

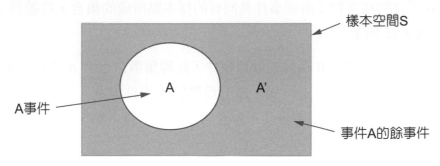

圖 4-14　事件與餘事件

餘事件的機率乃是指餘事件發生的機率。由於整個樣本空間僅包含 A 事件及 A 事件的餘事件，故樣本空間的機率為 A 事件機率與 A 事件的餘事件機率相加總。由於樣本空間的機率為 $p(s) = 1$，因此 A 事件機率 $p(A)$ 及 A 事件的餘事件機率 $p(A')$ 的關係為

$$P(A) = 1 - p(A') \tag{4-2}$$

再以上述日月光集團徵才為例，若某一個人去應徵不被錄取的事件稱為 A 事件，則其餘事件 A'為此人被錄取的事件。由 2-1 節計算之結果可知 A 事件機率為 $p(A) = 0.833$，則 A 事件的餘事件 A'的機率為 $P(A') = 1-p(A) = 1-0.833 = 0.167$。

若以此徵才例子說明，真正有效率的求法應該是先求取 A 事件的餘事件發生的機率，因為此機率較好計算，再利用 A 事件的餘事件機率求取 A 事件發生的機率。A 事件的餘事件 A'（此人被錄取的事件）發生的機率為 $p(A) = 50/300 = 0.167$，則 A 事件（此人不被錄取的事件）發生的機率為 $P(A) = 1-p(A') = 1-0.167 = 0.833$。

* 所謂餘事件乃是指某事件發生以外的其他所有樣本點所成的集合，亦即樣本空間減去某事件發生的樣本點。

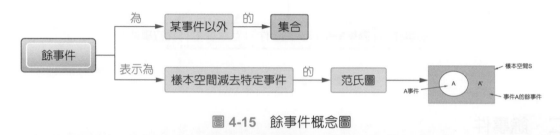

圖 4-15　餘事件概念圖

三、聯集事件、交集事件與互斥事件

所謂聯集事件（Union Event）乃是指兩個（或多個）事件發生的所有部分，亦即兩個（或多個）事件合起來的所有樣本點。例如，A 與 B 兩事件的聯集事件乃是包含所有 A 或 B 事件的樣本點及兩個事件共同有的樣本點所成的集合，符號為 A∪B。使用范式圖如圖 4-16 所示。

圖 4-16 顯示 A 事件與 B 事件的聯集事件，此聯集事件包含 A 事件與 B 事件所有樣本點的總和；其中包含三部分，第一部分為屬於 A 事件本身（不包含 B 事件）的樣本點，第二部分為屬於 B 事件本身（不包含 A 事件）的樣本點，第三部分為包含屬於 A 及 B 事件的共同樣本點。

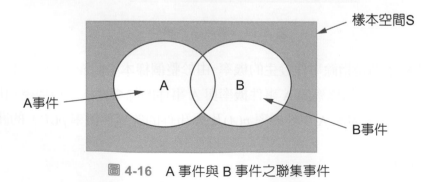

圖 4-16　A 事件與 B 事件之聯集事件

* 所謂聯集事件乃是指兩個（或多個）事件發生的所有部分，亦即兩個（或多個）事件合起來的所有樣本點。

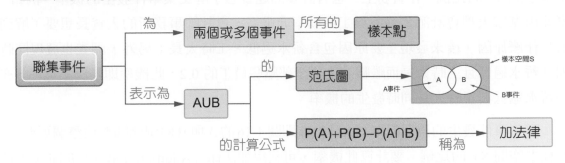

圖 4-17 聯集事件概念圖

　　所謂交集事件（Intersection Event）乃是指兩個（或多個）事件發生的共同部分，亦即兩個（或多個）事件共同有的部分的樣本點。例如，A 事件與 B 事件的交集事件乃是只包含 A 與 B 事件共同有的樣本點所成的集合，符號為 $A \cap B$ 如圖 4-18 的范式圖所示。

　　圖 4-18 顯示 A 事件與 B 事件的交集事件，此交集事件只包含屬於 A 事件與 B 事件的共同樣本點，亦即圖 4-18 斜線部分。

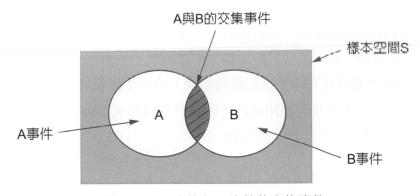

圖 4-18 A 事件與 B 事件的交集事件

* 所謂交集事件乃是指兩個（或多個）事件發生的共同部分，亦即兩個（或多個）事件共同有的部分的樣本點。

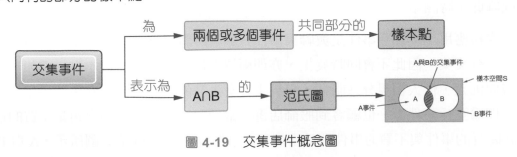

圖 4-19 交集事件概念圖

交集事件發生的機率記作 $P(A \cap B)$，亦即在圖 4-18 的斜線部分佔整個矩形（亦即樣本空間 S）的比例。在實務上，也有許多問題會想了解交集事件發生的機率。例如，臺北市某家大型會計師事務所員工流動率非常高，會計師事務所的人資長想要了解到底是什麼原因，後來發現主要原因包含薪水過低、工時太長；另外，調查也發現同時因為薪水過低且工時太長而離職的人佔全部離職員工的 0.2，此機率即是交集機率，亦即薪水過低與工時太長同時發生的機率。

聯集事件發生的機率記作 $P(A \cup B)$ 亦即圖 4-16 的 A 與 B 兩個橢圓形佔整個矩形（亦即樣本空間 S）的比例。要計算此機率，可利用加法律（Addition Law），亦即 A 事件或 B 事件發生的機率，乃是 A 事件發生的機率加上 B 事件發生的機率減除兩個事件同時發生的機率。如（4-3）式所示。（4-3）式聯集事件公式之所以減除 $P(A \cap B)$，乃是因為兩個事件同時發生的部份重疊了一次（即圖 4-16 的 A 與 B 橢圓形中間同時有的部分重疊一次），所以減除中間交集的機率。

$$P(A \cup B) = P(A) + P(B) - P(A \cap B) \tag{4-3}$$

若再以臺北市某家大型會計師事務所員工流動率調查為例。由於該事務所員工流動率非常高，會計師事務所的人資長想要了解到底是什麼原因，後來經過問卷調查結果發現主要原因包含薪水過低、工時太長。其中因為薪水過低而離職的員工佔全部離職員工的比率為 $P(A) = 0.6$，因為工時太長而離職的員工佔全部離職員中的比率為 $P(B) = 0.5$，同時因為薪水過低及工時太長而離職的員工佔全部離職員工的比率為 $P(A \cap B) = 0.2$。會計師事務所的人資長最想知道的是因為薪水過低或工時太長而離職的員工佔全部離職員工的比率是多少？亦即 $P(A \cup B) = ?$

$$P(A \cup B) = P(A) + P(B) - P(A \cap B) = 0.6 + 0.5 - 0.2 = 0.9$$

結果顯示離職員工有九成是因為薪水過低或工時太長所造成的。此調查結果對於會計師事務所有很好的策略意涵，亦即若要降低員工流動率過高的問題，必須從提高薪水或降低工時開始。

在實務應用上，互斥事件是與聯集事件有關。所謂互斥事件乃是指兩個事件互相排斥而沒有交集，因此不會同時發生，亦即兩個事件沒有共同的樣本點。譬如，情人分開視同仇人，仇人相見分外眼紅，有男生（女生）的場合出現，女生（男生）就不出現，即為互斥事件；一位顧客到服飾店逛，當她買了服裝，就不會再是不買的情況了，此時買的事件與不買的事件即為兩個互斥事件。如圖 4-20 范式圖所示，A 與 B 兩

個事件沒有交集（沒有共同的樣本點），表示 A 與 B 為互斥事件。而由於互斥事件是 A 事件發生，B 事件就不會發生，亦即 B 事件會不會發生是依賴 A 事件是否發生，所以互斥事件是一種相依事件（Dependent Event），亦即 B 事件的發生與否依賴著 A 事件是否發生。

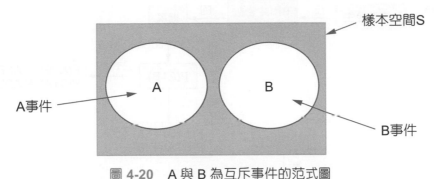

圖 4-20　A 與 B 為互斥事件的范式圖

互斥事件既然為兩個事件沒有共同的樣本點，則 A 與 B 兩個事件若為互斥事件，兩個事件就沒有交集，則兩事件交集的機率即為零，亦即 $P(A \cap B) = 0$。因此，假設 A 與 B 兩個事件為互斥事件，則 A 事件與 B 事件的聯集事件公式變為（4-4）公式所示。

$$P(A \cup B) = P(A) + P(B) \tag{4-4}$$

* 所謂互斥事件乃是指兩個事件互相排斥而沒有交集，因此不會同時發生，亦即兩個事件沒有共同的樣本點。

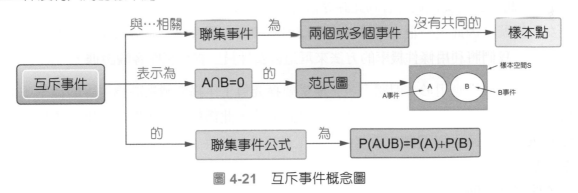

圖 4-21　互斥事件概念圖

四、條件機率與獨立事件

在實務上，某一事件的發生與否常會受到其他事件的發生與否所影響，此時，此一事件發生的機率會受到其他事件的影響。因此，在計算此事件發生的機率時，必須先知道其他事件如何影響此事件。在不考慮其他事件影響前，假設 A 事件發生的機率為 $P(A)$；如果取得其他事件的資訊，發現 B 事件會影響 A 事件，則我們必須利用此事

件資訊重新計算 A 事件發生的機率，此機率即稱為 A 事件的條件機率，記作 $P(A|B)$，表示「已知 B 事件發生的條件下，A 事件發生的機率」。

* 所謂條件機率乃是指已知 B 事件發生的條件下，A 事件發生的機率，記作 $P(A|B)$。

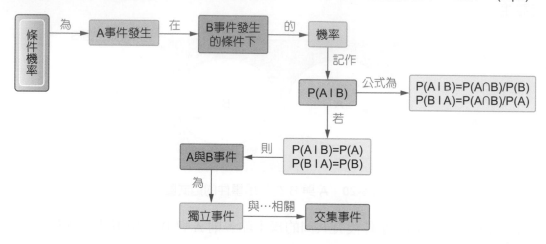

圖 4-22　條件機率概念圖

　　我們舉一例來說明條件機率的應用。隨著臺灣第一位女總統誕生，教育部也有許多女官員，諸般現象都代表女權主義逐漸受到重視；然而，在實務企業中，重男輕女的現象仍比比皆是。假設國內某大上市公司有員工 15,000 人，其中女性有 7,000 人，男性有 8,000 人，去年年終考績評等為甲等共有 800 人，其中女性有 200 人，男性有 600 人。此大公司女性員工看到此評等情況，心中憤憤不平，覺得在考績評等上有重男輕女的嫌疑。因此，一群女性員工打算提出證據向上層反應。證據首重客觀的統計數字支持，我們將利用條件機率的方法來幫這群女性員工提出相關客觀證據。

　　在條件機率應用於本問題上，主要是要探究員工年終考績被評為甲等的機率，但是此針對本例，需要有額外的資訊才能得到解答，此額外的資訊即是性別（男性或女性）。確切而言，主要是要比較"如果員工是男性的條件下，年終考績被評為甲等的機率"及"如果員工是女性的條件下，年終考績被評為甲等的機率"；如果前項機率比後項機率高，則女性員工就可以得到統計數據的支持，確實有重男輕女的嫌疑。

　　假設 M 為男性員工的事件，F 為女性員工的事件，A 為考績被評為甲等的事件。表 4-2 為國內某大上市公司去年員工人數及考績評等狀況。

表 4-2　國內某大上市公司去年員工人數及考績評等狀況

	男性（M）	女性（F）	總人數
考績甲等（A）	600	200	800
考績其他等級（A'）	7,400	6,800	14,200
總人數	8,000	7,000	15,000

因此，此問題我們首先必須計算"如果員工是男性（M）的條件下，年終考績被評為甲等（A）的機率"，亦即條件機率 $P(A|M)$，以及"如果員工是女性（F）的條件下，年終考績被評為甲等（A）的機率"，亦即條件機率 $P(A|F)$。

根據表 4-2 我們可以知曉如果員工是男性（M）的條件下，考績為甲等（A）的機率為

$$P(A|M) = \frac{600}{8,000} = \frac{\frac{600}{15,000}}{\frac{8,000}{15,000}} = 0.075$$

因此，在此大上市公司內，如果是身為男性的員工，去年考績被評為甲等的機率為 0.075。

再次根據表 4-2 我們可以知曉如果員工是女性（F）的條件下，考績為甲等（A）的機率為

$$P(A|F) = \frac{200}{7,000} = \frac{\frac{200}{15,000}}{\frac{7,000}{15,000}} \approx 0.029$$

因此，在此大上市公司內，如果是身為女性的員工，去年考績被評為甲等的機率約為 0.029。由此可知，在此大上市公司內，就去年年終考績評等評為甲等的機率上，在身為男性員工的條件下，有 0.075 的機率被評為甲等，但在身為女性員工的條件下，僅有 0.029 的機率被評為甲等。故在統計客觀數據上，女性員工認為在年終考績評等有被歧視的嫌疑是有客觀證據支持的。

上述兩個式子的算法，我們刻意要再都除以員工總人數的原因是要導出條件機率的基本公式。從 $P(A|M)$ 的計算式子中，我們可以知道第二個等號後面的分母為 $\frac{8,000}{15,000} \approx 0.533$，此為男性員工人數佔總員工人數的比率，亦即 $P(M)$，我們把此機率

稱為邊際機率（Marginal Probability），如表 4-3 所示；分子為 $\dfrac{600}{15,000}=0.04$，此為既是

男性員工且考績甲等的機率，亦即考績甲等（A）與男性員工（M）的交集機率，即 $P(A \cap M)$，我們把此機率稱為聯合機率（Joint Probability），如表 4-3 所示。由此可知，條件機率 $P(A|M)$ 的公式為

$$P(A|M)=\frac{P(A \cap M)}{P(M)}=\frac{\dfrac{600}{15,000}}{\dfrac{8,000}{15,000}}=\frac{0.040}{0.533}\approx 0.075$$

依同樣方式，可求出條件機率 $P(A|F)$ 為

$$P(A|F)=\frac{P(A \cap F)}{P(F)}=\frac{\dfrac{200}{15,000}}{\dfrac{7,000}{15,000}}=\frac{0.013}{0.466}\approx 0.028$$

表 **4-3**　國內某大上市公司去年員工人數及考績評等之機率狀況

聯合機率	男性（M）	女性（F）	邊際機率
考績甲等（A）	0.040	0.013	0.053
考績其他等級（A'）	0.493	0.453	0.946
邊際機率	0.533	0.466	1.000

從以上例子，我們可以導出一般條件機率的公式為

$$P(A|B)=\frac{P(A \cap B)}{P(B)} \tag{4-5}$$

或

$$P(B|A)=\frac{P(A \cap B)}{P(A)} \tag{4-6}$$

將公式（4-5）及（4-6）進行代數演算，可得出乘法律（Multiplication law）的公式如下所示

$$P(A \cap B) = P(B)P(A|B) \tag{4-7}$$

$$P(A \cap B) = P(A)P(B|A) \tag{4-8}$$

在實務應用上，獨立事件（Independent Event）與交集事件有關。所謂獨立事件乃是指兩個事件發生與否彼此獨立無關，亦即 A 事件是否發生與 B 事件的發生與否無任何關係。因此，A 事件發生的機率就不會受到 B 事件的影響，B 事件發生的機率也不會受到 A 事件的影響。在此情況下，在 B 事件發生的條件下，A 事件的條件機率會等於其本身發生的機率；而在 A 事件發生的條件下，B 事件的條件機率也會等於其本身發生的機率。因此，假設 A 事件與 B 事件為獨立事件，則各自條件機率的公式變為

$$P(A|B) = P(A) \tag{4-9}$$

$$P(B|A) - P(B) \tag{4-10}$$

若以上述國內某大上市公司年終考績評等來看，$P(A) = \dfrac{800}{15,000} \approx 0.053$，$P(A|M) \approx 0.075$。因為 $P(A|M) \neq P(A)$，所以年終績效考核為甲等（A）的事件與員工是男性（M）的事件兩個事件並不是獨立事件，而是相依事件（Dependent Event）。

再由公式（4-7）及（4-9）或（4-8）及（4-10）可進一步得出以下獨立事件的基本機率公式為

$$P(A \cap B) = P(A)P(B) \tag{4-11}$$

在顧客市場上，許多人逛街都只是為了樂趣，並不會真正想要購買東西。假設有一家服飾店老闆想要了解進來顧客會購買的機率，以供行銷策略參考。根據一段時間的顧客調查結果，進來服飾店的顧客會購買的機率為 0.3，請問接下來兩位進來的顧客都會購買的機率為何？

此問題為獨立事件與交集機率的應用，問題乃是詢問接下來一位顧客（A）進來會購買且再接下來下一位顧客（B）進來會購買的機率，亦即 $P(A \cap B)$。然而，我們擁有的資訊僅有每一個顧客會購買的機率，此時若不懂得獨立事件的觀念，此問題無法得出解答。假設兩位顧客並不認識也沒有交談，因此這兩位顧客各自是否會購買，彼此是不會互相影響的，因此兩位顧客各自是否會購買是屬於獨立事件，則在此獨立事件下的交集機率即可用公式（4-11）求解，如下：

$$P(A \cap B) = P(A)P(B) = 0.3 \times 0.3 = 0.09$$

因此，接下來兩位進來的顧客都會購買的機率為 0.09。

4-3 貝氏定理

在上節條件機率中，我們提到實務上，很多事件的機率發生是依賴其他資訊或事件是否發生而決定，本節我們進一步說明此應用。一般情況，某事件發生時，我們沒有任何資訊參考，會在對母體特性進行了解後，對此事件做初步的機率指派，此機率稱為事前機率（Prior Probability）。然後，我們會進一步經由樣本實驗、市場調查、或產品測試等等方法蒐集到額外的資訊，在此新資訊下，我們會對原先的事前機率進行修正，藉以得出新的機率，此機率稱為事後機率（Posterior Probability）。通常此事前及事後機率都是以條件機率表示，亦即在求已知某一個事件發生的條件下，去求另一個事件發生的機率，要藉由事前的條件機率去求出事後的條件機率，使用的方法為貝氏定理（Baye's Theorem）。貝氏定理通常是公司用來做生產管理決策用的。貝氏定理之用途如圖 4-23 所示。

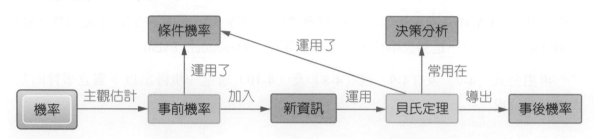

圖 4-23　貝氏定理用途說明之概念圖

* 所謂貝氏定理乃是指在決策過程，利用事前機率及新資訊，以求出事後機率的一項決策分析工具。

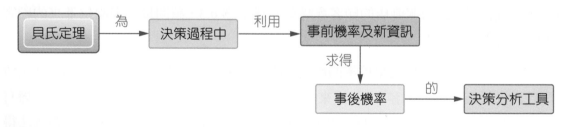

圖 4-24　貝氏定理概念圖

餐飲業之經營口碑決定於服務與餐飲品質，若有餐點不新鮮而造成顧客抱怨甚至吃壞肚子或中毒，將會嚴重影響廠商聲響。假設最近一次某家連鎖餐廳因為牛肉不新鮮而導致顧客吃壞肚子，進而使得顧客向此餐廳集體索賠並被媒體報出。連鎖餐廳老闆後來要求調查是何原因導致顧客吃壞肚子，以追究責任歸屬；調查發現是因為牛肉不新鮮所造成。此家餐廳牛肉都是跟 S_1 與 S_2 兩家供應商訂貨，老闆要求餐廳經理釐清

責任歸屬，並向供應商索賠。餐廳牛肉有 40%是由供應商 S_1 所供應，有 60%是由供應商 S_2 所供應。經由過去品管查驗資料顯示，S_1 供應商被查到牛肉不新鮮而退貨的比率爲 0.02，S_2 供應商被查到牛肉不新鮮而退貨的比率爲 0.01，此資料顯示了兩家供應商牛肉新鮮品質的差異，如表 4-4 所示。

表 4-4　兩家供應商牛肉新鮮品質資料

	牛肉新鮮通過比例	牛肉不新鮮退貨比率
供應商 S_1	0.98	0.02
供應商 S_2	0.99	0.01

在此例子中，我們想要了解的是不新鮮的牛肉比較有可能是由哪家供應商所提供的，此爲條件機率問題。假設 B 表示提供不新鮮牛肉的事件，G 表示提供新鮮牛肉的事件。此時我們要求的是在提供不新鮮牛肉事件（B）的條件下，此牛肉是來自於 S_1 供應商或 S_2 供應商的機率各爲多少？亦即在求兩個事後的條件機率：$P(S_1|B)$ 及 $P(S_2|B)$。由圖 4-25 的樹狀圖，我們可以清楚了解事前機率、新資訊及聯合機率的情況，再藉以求出事後的條件機率。

圖 4-25 顯示的事前機率乃是指原先還沒有供應商提供的牛肉是否新鮮的資訊時，僅知道牛肉的提供來源來自於 S_1 與 S_2 兩家供應商各自的比例，亦即 $P(S_1) = 0.4$ 及 $P(S_2) = 0.6$。之後新資訊進來了，亦即根據歷史資料顯示 S_1 供應商提供的牛肉條件下，不新鮮的比率爲 0.02，亦即 $P(B|S_1) = 0.02$，則 S_1 供應商提供的牛肉條件下，爲新鮮的比率爲 0.98，亦即 $P(G|S_1) = 0.98$；而 S_2 供應商提供的牛肉條件下，不新鮮的比率爲 0.01，亦即 $P(B|S_2) = 0.01$，則 S_2 供應商提供的牛肉條件下，爲新鮮的比率爲 0.99，亦即 $P(G|S_2) = 0.99$。因此，由（4-7）的乘法律公式我們可以求出以下聯合機率的結果：

$$P(S_1 \cap B) = P(S_1)P(B|S_1) = 0.4 \times 0.02 = 0.008$$

$$P(S_1 \cap G) = P(S_1)P(G|S_1) = 0.4 \times 0.98 = 0.392$$

$$P(S_2 \cap B) = P(S_2)P(B|S_2) = 0.6 \times 0.01 = 0.006$$

$$P(S_2 \cap G) = P(S_2)P(G|S_2) = 0.6 \times 0.99 = 0.594$$

$P(S_1 \cap B)$ 表示由 S_1 供應商提供牛肉且爲不新鮮的機率，$P(S_1 \cap G)$ 表示由 S_1 供應商提供牛肉且爲新鮮的機率。$P(S_2 \cap B)$ 表示由 S_2 供應商提供牛肉且爲不新鮮的機率，$P(S_2 \cap G)$ 表示由 S_2 供應商提供牛肉且爲新鮮的機率。

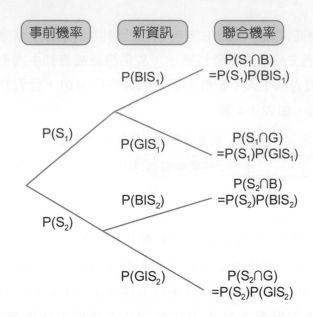

圖 4-25　事前機率與新資訊導出聯合機率的樹狀圖

接下來我們還要再求邊際機率，亦即牛肉不新鮮的機率 P（B），才能求取事後機率。因為牛肉僅有來自於 S_1 及 S_2 兩家供應商，所以不新鮮的牛肉一定是這兩家供應商其中一家提供的；其中 S_1 供應商提供牛肉且是不新鮮的機率即為 $P(S_1 \cap B)$，S_2 供應商提供牛肉且是不新鮮的機率即為 $P(S_2 \cap B)$因此，得出牛肉不新鮮的機率 P（B）如下式子：

$$P(\text{B}) = P(S_1 \cap \text{B}) + P(S_2 \cap \text{B}) = 0.008 + 0.006 = 0.014$$

求出聯合機率及邊際機率後，我們就可以很容易再利用條件機率公式求取事後機率了。不新鮮的牛肉來自於 S_1 供應商的事後條件機率 $P(S_1 \mid \text{B})$結果如下：

$$P(S_1 \big| \text{B}) = \frac{P(S_1 \cap \text{B})}{P(\text{B})} = \frac{0.008}{0.014} \approx 0.5714$$

不新鮮的牛肉來自於 S_2 供應商的事後條件機率 $P(S_2 \mid \text{B})$結果如下：

$$P(S_2 \big| \text{B}) = \frac{P(S_2 \cap \text{B})}{P(\text{B})} = \frac{0.006}{0.014} \approx 0.4286$$

由此結果可知，連鎖餐廳因為不新鮮牛肉導致顧客吃壞肚子，致使餐廳聲譽損失的責任較大的機率（0.5714）是來自於 S_1 供應商，S_2 供應商也有部分的機率（0.4286）需負責。

接下來，我們進一步整合上面過程，導出兩個事件的貝氏定理的公式：

$$P(S_1|B) = \frac{P(S_1 \cap B)}{P(B)} = \frac{P(S_1 \cap B)}{P(S_1 \cap B) + P(S_2 \cap B)} = \frac{P(S_1)P(B|S_1)}{P(S_1)P(B|S_1) + P(S_2)P(B|S_2)} \quad (4\text{-}12)$$

$$P(S_2|B) = \frac{P(S_2 \cap B)}{P(B)} = \frac{P(S_2 \cap B)}{P(S_1 \cap B) + P(S_2 \cap B)} = \frac{P(S_2)P(B|S_2)}{P(S_1)P(B|S_1) + P(S_2)P(B|S_2)} \quad (4\text{-}13)$$

有時我們要探討事後機率時，要求取的事件機率不只兩個事件，而是多個事件，此時可使用一般化的貝氏定理。假設有 n 個互斥的事件分別爲 $S_1, S_2, \cdots S_n$ 時，且其聯集爲整個樣本空間（亦即除了這 n 事件外，不會再有其他事件發生），則貝氏定理的公式爲

$$P(S_i|B) = \frac{P(S_i)P(B|S_i)}{P(S_1)P(B|S_1) + P(S_2)P(B|S_2) + ... + P(S_n)P(B|S_n)} \quad (4\text{-}14)$$

其中 $i = 1, 2 \cdots n$；$P(S_i | B)$表示 S_i 的事件之事後機率。

習慣上，我們會使用表格方法來有系統的呈現事後機率的算法，以使求解過程更清楚明瞭。如表 4-5 所示。依序由（1）到（5）的步驟就可以輕易求出事後機率了。

表 4-5　連鎖餐廳事件的事後機率求解步驟

(1) 事件 S_i	(2) 事前機率 $P(S_i)$	(3) 條件機率 $P(B|S_i)$	(4) 聯合機率 $P(S_i \cap B)$	(5) 事後機率 $P(S_i|B)$
S_1	0.4	0.02	0.008	0.008/0.014 = 0.5714
S_2	0.6	0.01	0.006	0.006/0.014 = 0.4286
			$P(B) = 0.014$	1.0000

4-4   Excel 範例

範例 1

步驟一

在 EXCEL 輸入表 4-2 的資料

	A	B 男性(M)	C 女性(F)	D 總人數	E	F
1		男性(M)	女性(F)	總人數		
2	考績甲等(A)	600	200	800		
3	考績其他等級(A')	7,400	6,800	14,200		
4	總人數	8,000	7,000	15,000		
5						
6						
7						
8						
9						
10						

步驟二

在 A7 輸入條件機率

→計算條件機率

當為男生而考績被評為甲等的機率

$$P(A|M) = \frac{P(A \cap M)}{P(M)} = \frac{\frac{600}{15,000}}{\frac{8,000}{15,000}}$$

步驟三

在 B7 輸入公式 ＝B2/B4 複製公式至 C7

	A	B 男性(M)	C 女性(F)	D 總人數	E
1		男性(M)	女性(F)	總人數	
2	考績甲等(A)	600	200	800	
3	考績其他等級(A')	7,400	6,800	14,200	
4	總人數	8,000	7,000	15,000	
5					
6					
7	條件機率	0.075	0.0286		
8					

即可算出

$P(A|M) = 0.075$

$P(A|F) = 0.028$

範例 2

步驟一

在 EXCEL 輸入表 4-4 的資料

	A	B	C	D
1		牛肉新鮮通過比例	牛肉不新鮮退貨比率	
2	供應商S_1	0.98	0.02	
3	供應商S_2	0.99	0.01	
4				
5				
6				
7				

步驟二

將計算事後機率的資料以表格匯總

1		牛肉新鮮通過比例	牛肉不新鮮退貨比率		
2	供應商S_1	0.98	0.02		
3	供應商S_2	0.99	0.01		
4					
5					
6					
7	1	2	3	4	5
8	事件SI	事前機率P(SI)	條件機率P(B | SI)	聯合機率P(SI∩B)	事後機率P(SI | B)
9	S1				
10	S2				
11					
12					
13					

步驟三

將已有資料填入

	A	B	C	D	E	F	G	H
1		牛肉新鮮通過比例	牛肉不新鮮退貨比率					
2	供應商S_1	0.98	0.02					
3	供應商S_2	0.99	0.01					
4								
5								
6								
7	1	2	3	4	5			
8	事件SI	事前機率P(SI)	條件機率P(B | SI)	聯合機率P(SI∩B)	事後機率P(SI | B)			
9	S1	0.4	0.02					
10	S2	0.6	0.01					
11								
12								
13								

步驟四

在 D9 輸入公式 $=$ B9*C9

複製並在 D10 貼上公式

並在 D11 輸入公式 $=$ "P（B）$=$"&D9 + D10

	A	B	C	D	E
1		牛肉新鮮通過比例	牛肉不新鮮退貨比率		
2	供應商S₁	0.98	0.02		
3	供應商S₂	0.99	0.01		
4					
5					
6					
7	1	2	3	4	5
8	事件SI	事前機率P(SI)	條件機率P(B∣SI)	聯合機率P(SI∩B)	事後機率P(SI∣B)
9	S1	0.4	0.02	0.008	
10	S2	0.6	0.01	0.006	
11				P(B)=0.014	
12					
13					
14					
15					

步驟五

在 E9 輸入公式 $=$ D9/（\$D\$9 + \$D\$10）

複製並在 E10 貼上公式

本章習題

一、若在一個班級裡隨機抽選一位學生的結果不是男生，即爲女生，請問

　　1. 此實驗的樣本點有哪些？

　　2. 其樣本空間爲何？

二、承上題，請問連續抽選兩位學生，其樣本空間爲何？

三、威力彩有兩區號碼，一區爲 1~38 號，一區爲 1~8 號，兩區抽取的號碼是獨立事件，請問得到頭獎的機率爲何？

四、全拓企業是一家追求幸福企業的典範企業。某次調查中，對工作環境感到滿意的員工佔所有員工的比例爲 0.95，而對工作環境感到滿意的員工之中有 0.92 對薪水也感到滿意，對薪水感到滿意的員工佔所有員工的比例爲 0.88，請問：

　　1. 對工作環境感到滿意且對薪水感到滿意的比例爲多少？

　　2. 對工作環境感到滿意或對薪水感到滿意的比例爲多少？

五、某旅客要到泰國旅行，從臺灣搭飛機到泰國曼谷機場誤點的機率爲 0.95，而從曼谷機場搭旅行社接駁小巴士到飯店誤點的機率爲 0.95，請問此旅客從臺灣出發到達飯店會晚到的機率爲多少？

六、在彰化某一私立大學會計資訊系班級有 80 位學生，依性別及是否選修統計學區分之情況如下：

	選修統計學	未選修統計學	邊際總和
男學生	12	4	16
女學生	48	16	64
邊際總和	60	20	80

　　今從該班抽取一位學生，請回答以下問題：

　　1. 是男學生且有選修統計學的機率爲何？

　　2. 是女生且有選修統計學的機率爲何？

　　3. 若該位學生確定爲男學生的條件下，有選修統計學的機率爲何？

　　4. 若該位學生確定爲女學生的條件下，有選修統計學的機率爲何？

七、中華職棒某一知名選手，在其穩定狀況下，投出好球的機率為 0.9；在其為不穩定狀況下，投出好球的機率為 0.2。依照過去大數據分析，若該球員穩定狀況的機率為 0.8，試問某次其投出好球下，該球員為穩定狀況的機率為何？

八、已知台積電生產甲、乙兩種不同規格的晶圓體，且甲、乙兩種晶圓體分別佔總產品數的 60% 及 40%，且生產甲規格晶圓體的不良率為 0.02，生產乙規格晶圓體的不良率為 0.05。試問：

1. 台積電生產出不良品的機率為何？

2. 在台積電生產出的不良品中，甲晶圓體的比例為何？

05 >>>

隨機變數
與機率分配

本章大綱

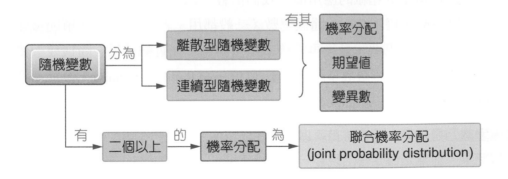

5-1 隨機變數

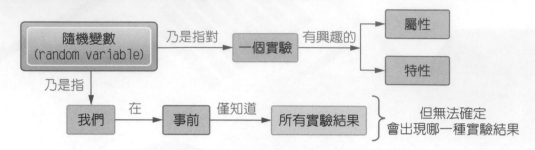

圖 5-1　隨機變數概念圖

在統計的應用上，大部分情況都是想利用統計方法去預測未來的事情，但未來的事情是不確定的，所以我們才需要有機率的概念。譬如，從過去的公司財務報表數字去預測未來公司的獲利情況、餐飲業從之前的業績去預測未來的業績..等等。對於未來未發生的事件，各種事件的發生結果大都是隨機決定的，亦即各種實驗結果發生的機會都是相同的，因此隨機的觀念甚為重要。

先前第 1 章我們有定義過變數乃是對受調查元素有興趣的屬性或特性；我們也定義了隨機實驗乃是一件事情或事件發生後各種實驗結果的出現（或發生）具有不確定性。因此，我們可以定義隨機變數（Random Variable）乃是指對一個實驗有興趣的屬性或特性，此變數稱之，而此變數是隨機的乃是指我們在事前僅知道所有實驗結果，但無法確定會出現哪一種實驗結果。

一般在進行機率的指派的應用前，我們都會有以下步驟：首先，先了解實務的問題是屬於什麼實驗，接下來定義隨機變數（一般都用 x 表示），然後了解隨機變數之實驗結果可能的數值有哪些，最後再將機率指派給每一個實驗結果。隨機變數依照實驗結果的數值特性，又分為離散型隨機變數（Discrete Random Variable）及連續型隨機變數（Continuous Random Variable）。

* 隨機變數乃是指對一個實驗有興趣的屬性或特性，但我們在事前僅知道此變數的所有實驗結果，並無法確定會出現哪一種實驗結果。

一、離散型隨機變數

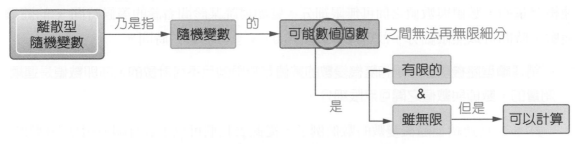

圖 5-2　離散型隨機變數定義之概念圖

所謂離散型隨機變數乃是指隨機變數的可能數值個數是有限的，或雖無限但是可以計數的，如 0,1,2,…，數值之間無法再無限細分。離散型隨機變數的數值個數是有限的，譬如大樂透號碼有 1,2,..,49 個號碼，是有限數值且數值之間無法再細分（例如 1 與 2 之間無法再細分）、新天地餐廳目前員工的人數、順德目前的機台個數。

* 所謂離散型隨機變數乃是指隨機變數的可能數值個數是有限的，或雖無限但是可以計數的，數值之間無法再無限細分。

離散型隨機變數的數值是無限的，但卻是可以計數的，譬如臺灣銀行一天進入辦存放款業務的顧客人數，可能的數值包含 0,1,2,…，數值並無上限，但是數值之間仍無法再細分。表 5-1 可以讓我們了解實驗、離散型隨機變數、隨機變數可能的數值等關係。表 5-1 之練習中，我們要學的是了解什麼是屬於離散型隨機變數的實驗、如何定義此實驗的隨機變數（亦即對此實驗有興趣的隨機變數），以及此隨機變數的可能數值有哪些。

表 5-1　離散型隨機變數數例

實驗	離散型隨機變數(x)	可能的數值
銀行一天的業績	顧客人數	0,1,2,…
旅館一天的業績	房間入住數量	0,1,2,…最大房間量
買大樂透	中獎號碼	1,2,…,49
85 度 C 彰化店業績	營業金額	0,1,2….

二、連續型隨機變數

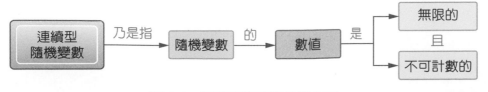

圖 5-3　連續型隨機變數概念圖

　　所謂連續型隨機變數乃是指隨機變數的數值是無限的且不可計數的，亦即數值是連續測量的，數值與數值之間可無限細分。譬如醫院某診間看診的等候時間 x 的隨機變數，時間可以無限細分，故可能的數值為 $0 \leq x \leq$ 該診最長時間。

* 　所謂連續型隨機變數乃是指隨機變數的數值是無限的且不可計數的，亦即數值是連續測量的，數值與數值之間可無限細分。

　　表 5-2 為連續型隨機變數的數個例子，從此表我們可以了解有關連續型隨機變數情況的實驗，以及如何設立連續型隨機變數，並思考此隨機變數的所有可能數值為何。

表 5-2　連續型隨機變數的數例

實驗	連續型隨機變數	可能的數值
早餐店的顧客滿意度	早餐店的等候時間	$x \geq 0$
跑車性能	0-100 公尺的加速度	$0 \leq x \leq 5$
銀行的顧客滿意度	行員辦理業務的時間	$x \geq 0$
85 度 C 新加盟店裝潢	一周完工的百分比	$0 \leq x \leq 100$

5-2　機率分配

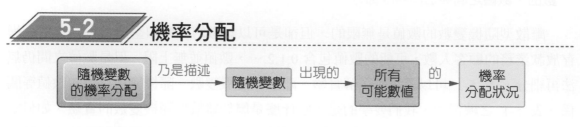

圖 5-4　機率分配概念圖

　　第 2 章我們曾經學過次數分配，乃是利用各調查資料數值進行分組後，得出各組次數形成的表格；機率分配（Probability Distribution）的概念也類似。所謂隨機變數的機率分配，乃是描述隨機變數出現的所有可能數值的機率分配狀況。要形成機率分配之前，必須先求出隨機變數各個數值的機率；要求取機率，必須利用隨機變數的函數。

　　然而，離散型隨機變數與連續型隨機變數在計算機率時，計算方法會有不同，使用函數的方式與函數名稱也因其適用性而有差異。兩者差異容待後續兩單元討論。

* 　所謂隨機變數的機率分配，乃是描述隨機變數出現的所有可能數值的機率分配狀況。

一、離散型機率分配

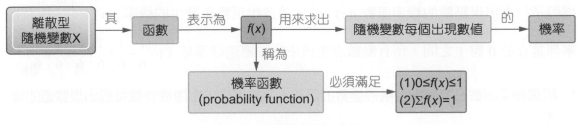

圖 5-5　機率函數概念圖

對於離散型隨機變數 x 而言，其函數表示為 $f(x)$，我們稱為機率函數（Probability Function），乃是用來求出隨機變數每個出現數值的機率。譬如丟擲一個骰子一次是屬於離散型隨機變數，假設此隨機變數 x 表示丟擲骰子一次出現的點數，可能的數值有 1,2,3,4,5,6，其機率函數為 $f(x) = \dfrac{1}{6}$，$x = 1,2,3,4,5,6$。

因此，此離散型機率分配表可用表 5-3 表示。由表 5-3 可知，丟擲骰子一次出現點數的機率，等於上述機率函數。由此可知，對於離散型機率分配而言，離散型隨機變數的所有數值的機率是直接由其機率函數求取出來的。

表 5-3　丟擲骰子一次出現點數的機率分配

隨機變數 x	機率 $f(x)$
1	1/6
2	1/6
3	1/6
4	1/6
5	1/6
6	1/6

由上述例子，我們了解離散型隨機變數的數值發生機率等於其機率函數。因此，一個離散型隨機變數 x 的機率分配可用以下函數表示：

$$f(x) = p(x) \tag{5-1}$$

其中 $f(x)$ 必須滿足兩個條件：

(1)　$0 \leq f(x) \leq 1$

(2)　$\Sigma f(x) = 1$

式子（5-1）表示離散型隨機變數 x 的機率函數 $f(x)$ 等於隨機變數的數值發生的機率 $p(x)$。第一個條件表示所有離散型隨機變數之數值發生的機率都會介於 0 與 1 之間，

第二個條件表示離散型隨機變數之所有數值發生機率加總為 1。以此條件驗證表 5-3，擲骰子一次出現點數的機率函數 $f(x) = \dfrac{1}{6}$，等於出現點數發生的機率 $p(x) = \dfrac{1}{6}$。所有機率都是介於 0 與 1 之間，所有點數發生機率的加總剛好等於 1 $(= \dfrac{1}{6} + \dfrac{1}{6} + \dfrac{1}{6} + \dfrac{1}{6} + \dfrac{1}{6} + \dfrac{1}{6})$。

* 所謂機率函數是指離散型隨機變數的函數，乃是用來求出隨機變數每個出現數值的機率。

我們再以旅館業為例說明離散型機率分配之應用。臺中永豐棧酒店到 2020 年為止共用 334 間客房，假設高層開會要檢討 2020 年住房業績，高層主管原定的目標業績是整年平均住房率要達五成以上。業務主管報告了 2020 年每天的住房率，資料顯示有 28 天住房率小於等於 10%，有 42 天住房率 10～20%，有 32 天住房率 20～30%，有 41 天住房率 30～40%，有 34 天住房率 40～50%，有 48 天住房率 50～60%，有 55 天住房率 60～70%，有 41 天住房率 70～80%，有 25 天住房率 80～90%，有 19 天住房率大於 90%。

由上述資料，我們可以得出表 5-4 有關永豐棧酒店 2020 年每日住房率的機率分配表。各項機率的計算方法係使用我們在第 4 章學過的相對次數法，亦即各隨機變數數值發生的天數除以一年的總天數，譬如隨機變數數值小於 ≤ 10%發生的機率為 28/365 = 0.077，10～20%發生的機率為 42/365 = 0.115，依此類推，可算出表 5-4 所有結果。

從管理意涵說明，高層主管所定的目標為年度平均住房率為五成以上；以機率而言，住房率 50%以上的機率為 0.515，亦即僅有 0.515 的機率住房率是五成以上，初步預估達成目標的機率大約一半。但要明確了解是否年度平均住房率是否達陣，必須再算出平均數才能知曉，此部份容待下節說明。

表 5-4　永豐棧酒店 2020 年每日住房率的機率分配

隨機變數 x	機率 $f(x)$
≤10%	0.077
10～20%	0.115
20～30%	0.088
30～40%	0.112
40～50%	0.093
50～60%	0.132
60～70%	0.151
70～80%	0.112
80～90%	0.068
＞90%	0.052
總和	1.000

機率分配除了可使用函數及表格呈現外，也可使用圖形方法來呈現。圖 5-6 為永豐棧酒店 2020 年每日住房率的機率分配圖。其中橫軸為每日住房率，縱軸為各住房率數值發生的機率，縱軸機率總和為 1，符合離散型隨機變數機率函數的條件。

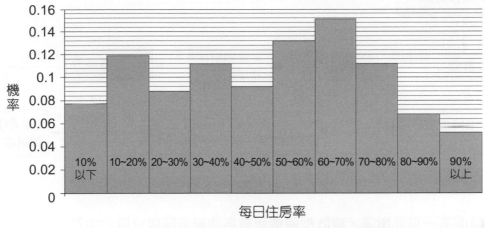

圖 5-6　永豐棧酒店 2020 年每日住房率的機率分配圖

再使用另外一例子說明離散型機率分配，國內疫苗開放施打，彰化診所想了解四月內的疫苗施打情形，有 10 天施打 20-25 位民眾，有 8 天施打 26-30 位民眾，有 5 天施打 31-35 位民眾，有 5 天施打 36-40 位民眾，有 2 天施打 41-45 位民眾，診所希望整月的平均每天施打超過 30 位以上民眾。由上述資料可得出彰化診所四月每日施打人數機率分配表：

表 5-5　彰化診所四月每日施打人數機率分配表

隨機變數 x		機率 $f(x)$
20-25 人		0.333
26-30 人		0.267
31-35 人		0.167
36-40 人		0.167
41-45 人		0.066
	總和	1.000

從管理意涵說明，診所所定的目標為每天平均施打人數為 30 人以上；以機率而言，四月份中每天施打人數 30 人以上的機率為 0.400，亦即僅有 0.400 的機率每天施打人數是 30 人以上，初步預估尚未達成目標。

二、連續型機率分配

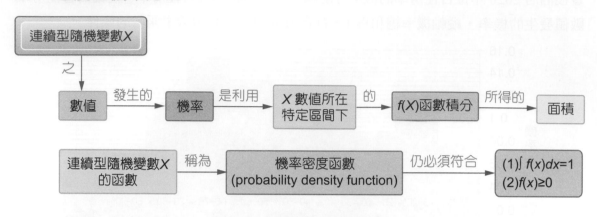

圖 5-7　機率密度函數概念圖

　　如前面第一單元所述，離散型隨機變數與連續型隨機變數的函數名稱與應用皆有不同。離散型隨機變數的函數稱爲機率函數，此函數之解等於隨機變數數值的發生機率，此與連續型隨機變數的函數概念不同。連續型隨機變數 x 的函數稱爲機率密度函數（Probability Density Function），仍以 $f(x)$ 函數符號表示，但此機率密度函數之解並不等於連續型隨機變數數值的發生機率，連續型隨機變數 x 之數值發生的機率是利用 x 數值所在特定區間下的 $f(x)$ 函數積分所得的面積。

* 所謂機率密度函數乃是連續型隨機變數的函數，用以描述一連續型隨機變數 x 的機率分配，可用以求取 x 數值在特定區間下的機率。

　　連續型隨機變數 x 的機率密度函數 $f(x)$ 用以求取 x 數值在某特定區間下的機率，表示如下：

$$P(a \leq x \leq b) = 介於 a 與 b 區間下的機率密度函數 f(x) 的積分面積 \tag{5-2}$$

　　仍必須符合以下條件

1.　x 的所有數值下機率密度函數的積分總面積等於 1，亦即 $\int f(x)dx = 1$。

2.　在 x 的所有數值下，$f(x) \geq 0$。

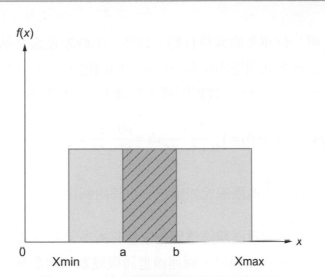

圖 5-8　連續型隨機變數的機率密度函數

　　式子（5-2）表示連續型隨機變數 x 在 a 與 b 的特定區間內發生的機率 $P(a \leq x \leq b)$，係由 a 與 b 區間下利用機率密度函數 $f(x)$ 做積分所得出的面積求取的，亦即圖 5-8 的斜線面積，即 $p(a \leq x \leq b) = \int_a^b f(x)dx$。由此可知，連續型隨機變數的機率是求取某一區間的機率值。為何不求取單一點的機率值，乃是因為單一點的機率值為 0；此係因為連續型隨機變數之數值發生的機率是利用積分求得，而單一點的積分結果為 0[1]。

　　式子（5-2）的第一個條件係要符合機率總和為 1 的條件，亦即隨機變數所有數值下的機率密度函數積分總和為 1；如圖 5-8 的隨機變數 x 的最小值為 Xmin，最大值為 Xmax，在此隨機變數所有數值區間（Xmin 與 Xmax）下對機率密度函數 $f(x)$ 積分的面積為 1。第二個條件為在隨機變數的所有可能數值下機率密度函數值不會是負值；如圖 5-8 中的隨機變數在所有可能數值區間（Xmin 與 Xmax）下，機率密度函數 $f(x) \geq 0$。

　　假設我們要預測高鐵到達的時間，圖 5-8 的連續型隨機變數的函數型態即可應用，假設從歷史資料統計結果，高鐵從臺中站到臺北站的行車時間最短為 55 分鐘，最長為 65 分鐘。而此連續型隨機變數的機率密度函數為：

$$f(x) = \begin{cases} \dfrac{1}{\text{Xmax-\,Xmin}}, \text{Xmin} \leq x \leq \text{Xmax} \\ 0, \text{其他} \end{cases}$$

---

[1] 例如 $\int_1^1 f(x)dx = 0$，亦即對函數 $f(x)$ 做 1 到 1 區間的積分值為 0。

　　若有位生意人與一位重要的客戶有約，最晚一小時要達臺北站，則此位生意人能如期到達的機會有多高？此問題即在求一個區間的問題，一小時內到達的期間為 55～60 分鐘，亦即 $a = 55$，$b = 60$，則此區間發生的機率為以下積分結果：

$$p(a \leq x \leq b) = p(55 \leq x \leq 60) = \int_{55}^{60} \frac{1}{65-55} dx = \frac{60-55}{65-55} = \frac{1}{2}$$

因此，此生意人僅有 $\frac{1}{2}$ 的機率能如期在一小時內到達。

　　離散型與連續型隨機變數兩類隨機變數主要有兩點差異：1.離散型隨機變數的函數稱為機率函數且其函數值即為機率，而連續型隨機變數的函數稱為機率密度函數且其函數值並非機率；2.離散型隨機變數可求單一數值的機率，但連續型隨機變數只能求特定區間數值的機率。

5-3　期望值與變異數

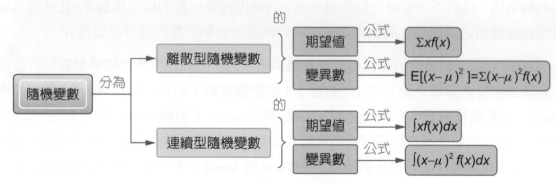

圖 5-9　期望值與變異數概念圖

一、離散型或連續型隨機變數的期望值

　　第 3 章我們已經學過求取資料的平均數，且瞭解平均數是衡量資料的中央位置。本單元在求取含有機率概念之隨機變數的平均數；一般而言，隨機變數的平均數稱為期望值（Expected Value），表示對未來未知隨機變數的期望平均數，仍是用以衡量隨機變數的中央位置。離散型與連續型隨機變數的期望值計算方式也有不同。

1. 離散型隨機變數的期望值

　　假設 x 為離散型隨機變數，其機率函數為 $f(x)$，其期望值記作 $E(x)$，也可記作 μ，數學公式如下所示：

$$\mu = E(x) = \Sigma x f(x) \tag{5-3}$$

式子（5-3）表示離散型隨機變數的期望值 $E(x)$，等於各個隨機變數的數值乘以其機率函數值（亦即其發生的機率）。若以第二節永豐棧酒店住房率為例，由表 5-4 之機率分配表為基礎，利用公式（5-3）求取 2015 年平均的住房率，如表 5-6 所示。由於隨機變數 x 表示住房率為一段區間的資料，故依據第 2 章所學習的技巧，先求取各組組中點做為每組的新隨機變數數值，譬如最小一組隨機變數數值介於 0～10% 之間，組中點為 5%(= (0% + 10%)/2)，依此類推。

利用（5-3）公式，求出所有隨機變數 x 數值的組中點後，再將各數值組中點乘以各自機率函數 $f(x)$，再予以加總後得出 $\Sigma x f(x) = 0.486$。因此，永豐棧酒店 2020 年每日平均住房率為 48.6%。從永豐棧酒店管理意涵論，此結果表示未達高層管理當局設定的達五成以上之績效目標，管理當局應該仔細檢討相關原因以尋求提高業績。

表 5-6　永豐棧酒店 2020 年每日住房率的期望值

隨機變數 x	x 組中點	機率 $f(x)$	$xf(x)$
≤10%	5%	0.077	0.004
10～20%	15%	0.115	0.017
20～30%	25%	0.088	0.022
30～40%	35%	0.112	0.039
40～50%	45%	0.093	0.042
50～60%	55%	0.132	0.073
60～70%	65%	0.151	0.098
70～80%	75%	0.112	0.084
80～90%	85%	0.068	0.058
>90%	95%	0.052	0.049
		總和　1.000	$\Sigma x f(x) = 0.486$

2. 連續型隨機變數的期望值

假設 x 為連續型隨機變數，其機率密度函數為 $f(x)$，其期望值記作 $E(x)$，也記作 μ，數學公式如下所示：

$$\mu = E(x) = \int x f(x) dx \tag{5-4}$$

式子（5-4）表示連續型隨機變數的數值期望值 $E(x)$，係利用隨機變數的個別數值乘以其機率密度函數再積分得出。可利用統計或數學軟體得出結果。

若以上一節的高鐵行車時間為例，求取高鐵從臺中到臺北平均的行車時間為何？亦即求取行車時間的期望值，利用（5-4）公式，計算過程如下：

$$E(x) = \int xf(x)dx = \int_{55}^{65} \frac{x}{65-55}dx = \frac{1}{10}\int_{55}^{65} xdx = \frac{1}{10} \times \frac{x^2}{2}\bigg|_{55}^{65}$$

$$= \frac{1}{10} \times \frac{65^2-55^2}{2} = \frac{1}{10} \times \frac{1200}{2} = 60$$

因此，臺灣高鐵從臺中到臺北的行車時間期望值為 60 分鐘，亦即平均的行車時間為 60 分鐘。

二、離散型或連續型隨機變數的變異數

變異數的用途在衡量資料的分散程度，許多實務上希望了解資料是否分散，尤其在生產及品質管理領域。隨機變數的變異數也是用來表示隨機變數數值資料的分散程度，使用個別資料與平均數的距離來衡量，整體而言，個別資料若距離平均數愈遠，變異數愈大，資料也愈分散。以投資領域而言，變異數可用來衡量投資風險，所謂投資風險代表投資報酬的波動大小，投資報酬波動大時，表示有時可能大賺有時可能大賠，此時投資風險就大；反之，則較小。變異數用來衡量資料是否分散，即可用來衡量投資風險。

1. 離散型隨機變數的變異數

假設離散型隨機變數 x，其平均數為 μ，則依照變異數定義，其公式如下：

$$\sigma^2 = Var(x) = \sum(x-\mu)^2 f(x) \qquad\qquad (5\text{-}5)$$

式子（5-5）表示離散型隨機變數 x 的數值變異數，代表此離散型隨機變數數值資料的分散程度。此公式衡量方式為個別隨機變數數值 x 與平均數 μ 的距離平方再乘以個別數值的機率函數值，再加總後得出結果。而隨機變數數值的標準差為變異數開根號。

我們再以前單元的永豐棧酒店為例，由表 5-6 之資料進一步計算變異數，結果如表 5-7 所示。依據（5-6）公式，先將隨機變數 x 組中點數值減平均數 48.6%，得出 $x-\mu$ 數值，再取平方得出 $(x-\mu)^2$，再乘以機率函數值 $f(x)$，以得出每個隨機變數值對應的結果 $(x-\mu)^2 f(x)$，最後再加總得出變異數 $\sum(x-\mu)^2 f(x) = 0.068$。因此，永豐棧酒店 2020 年每日住房率的變異數為 6.8%。而每日住房率的標準差為變異數開根號，亦即

$$\sqrt{0.068} = 0.261 = 26.1\% \ \text{。}$$

表 5-7　永豐棧酒店 2020 年每日住房率的變異數

x 組中點	x−μ	(x−μ)²	機率 f(x)	(x−μ)²f(x)
5%	5%−48.6% = −43.6%	0.190	0.077	0.015
15%	15%−48.6% = −33.6%	0.113	0.115	0.013
25%	25%−48.6% = −23.6%	0.056	0.088	0.005
35%	35%−48.6% = −13.6%	0.019	0.112	0.002
45%	45%−48.6% = −3.6%	0.001	0.093	0.000
55%	55%−48.6% = 6.4%	0.004	0.132	0.001
65%	65%−48.6% = 16.4%	0.027	0.151	0.004
75%	75%−48.6% = 26.4%	0.070	0.112	0.008
85%	85%−48.6% = 36.4%	0.133	0.068	0.009
95%	95%−48.6% = 46.4%	0.215	0.052	0.011
				$\Sigma(x-\mu)^2 f(x) = 0.068$

2. 連續型隨機變數的變異數

假設連續型隨機變數 x，其平均數為 μ，則依照變異數定義，其公式如下：

$$\sigma^2 = Var(x) = \int (x-\mu)^2 f(x)dx \tag{5-6}$$

公式（5-6）的連續型隨機變數數值的變異數只是將離散型隨機變數數值的變異數公式的加總方式改為用積分方式，兩者變異數觀念是一樣的，都是衡量資料分散程度。標準差也是將變異數開根號得出結果。

若以上一節高鐵的例子求取連續型隨機變數數值的變異數，可利用公式（5-6）。求解過程如下：

$$\sigma^2 = Var(x) = \int (x-\mu)^2 f(x)dx = \int_{55}^{65}(x-60)^2 \frac{1}{65-55}dx = \frac{1}{10}\int_{55}^{65}(x-60)^2 dx$$

$$= \frac{1}{10} \times \frac{(x-60)^3}{3}\bigg|_{55}^{65} = \frac{1}{10}\left[\frac{(65-60)^3}{3} - \frac{(55-60)^3}{3}\right]$$

$$= \frac{1}{10} \times \frac{125+125}{3} = \frac{25}{3}$$

因此，臺灣高鐵從臺中到臺北的行車時間變異數為 $\frac{25}{3}$ 分鐘^2。標準差為 $\sqrt{\frac{25}{3}} \approx 2.89$ 分鐘。

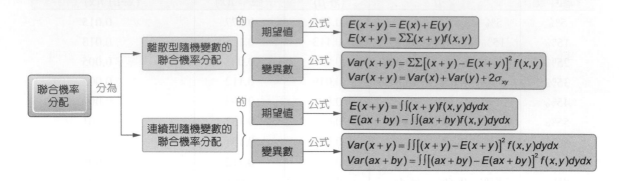

圖 5-10　聯合機率分配概念圖

　　所謂聯合機率分配（Joint Probability Distribution）乃是同時考慮二個以上隨機變數的機率分配，而若只考慮二個隨機變數的機率分配，可稱為二元機率分配（Bivariate Probability Distribution）。在實務應用上，二元甚至聯合機率分配很常被需要；譬如在玩骰子遊戲不只會只有丟擲一個骰子，可能有二個甚至三個或四個骰子同時丟擲，此時就會同時有二個以上的隨機變數。在投資領域也會有同時考慮二個以上的隨機變數，此與投資組合分散風險的策略有關；一般投資人要分散其投資風險，必須有投資組合的觀念，亦即俗語所說的「雞蛋不要放在同一個籃子」，必須至少投資兩個投資標的，才能避免容易踏到地雷而導致血本無歸的後果。

*　所謂聯合機率分配（Joint Probability Distribution）乃是同時考慮二個以上隨機變數的機率分配，而若只考慮二個隨機變數的機率分配，可稱為二元機率分配。

一、離散型隨機變數的聯合機率分配

　　有關離散型的隨機變數的聯合機率分配，我們考慮基本的二元實驗，亦即只有二個離散型隨機變數，假設兩個離散型隨機變數各為 x 與 y，則其機率函數為 $f(x,y)$，此時可得出二元機率分配。而機率函數也必須符合兩個條件：

1.　$1 \geq f(x, y) \geq 0$

2.　$\Sigma\Sigma f(x, y) = 1$

　　以投資應用為例，假設有一位穩健的投資人，希望利用投資組合來降低其投資風險，他選擇了兩種投資標的：股票與債券，並以 50%-50% 方式投資兩種標的。假設投資股票報酬率之隨機變數為 x，投資債券報酬率之隨機變數為 y，則同時投資兩個投資標的的報酬率的二元隨機變數的機率函數可表示為 $f(x,y)$。在投資學領域有一不變的定

理，即「高報酬高風險」，亦即較高報酬的投資標的風險也會較高。一般而言，股票投資報酬較高，其風險也較高；債券投資報酬較低，其風險也較低。以兩種投資標的形成的投資組合，能享有比債券高的適當投資報酬下，讓投資風險適度降低。

隨著總體經濟景氣的差異，股票與債券的報酬會有不同。當景氣好時，投資股票報酬會相對較高，而債券則會較低；反之，若景氣不好，投資股票可能報酬低，而債券則報酬會提高。因此，我們假設總體經濟情況分為衰退、谷底、復甦、繁榮。不同總體經濟景氣發生的機率，以及隨著總體經濟情況不同，股票與債券的報酬如表 5-8 所示。由第 4 章的機率介紹，我們瞭解未來事件的發生是不確定的，我們使用機率來表示未來事件可能發生的機會，表 5-8 表示總體經濟景氣有四種情況，每一種情況是否發生具有不確定性，其發生的機率如第二個欄位二元隨機變數的機率函數 $f(x, y)$ 所示，譬如總體經濟景氣為衰退的發生機率是 0.3，而若景氣衰退，投資股票報酬率為 −10%，投資債券報酬率為 10%，依此類推。

表 5-8　不同總體經濟景氣下，股票與債券的投資報酬率

總體經濟景氣	二元 $f(x,y)$ 機率	股票報酬率 x	債券報酬率 y
衰退	0.3	−10%	10%
谷底	0.1	−30%	40%
復甦	0.4	40%	−5%
繁榮	0.2	20%	−15%

依據表 5-8 的資料，我們想了解投資股票及債券的個別平均報酬率及風險（以標準差衡量）為何？另外，我們想利用兩種投資標的形成投資組合，將資金各 50%投資兩種投資標的，則平均報酬率及風險又為何？

首先，我們算個別平均報酬率及風險。依照期望值的計算公式，股票的平均報酬率為：

$$E(x) = \Sigma x f(x) = (-10\%)(0.3) + (-30\%)(0.1) + (40\%)(0.4) + (20\%)(0.2) = 14\%$$

債券的平均報酬率為：

$$E(y) = \Sigma y f(y) = (10\%)(0.3) + (40\%)(0.1) + (-5\%)(0.4) + (-15\%)(0.2) = 2\%$$

再依照變異數的公式，進一步求出股票的標準差，得出股票投資風險：

$$Var(x) = \Sigma(x-E(x))^2 f(x)$$
$$= (-10\%-14\%)^2(0.3) + (-30\%-14\%)^2(0.1) + (40\%-14\%)^2(0.4) + (20\%-14\%)^2(0.2)$$
$$= 0.0644$$

變異數開根號得出標準差 $\sigma_x = \sqrt{Var(x)} = 0.2538 = 25.38\%$。

債券的投資風險為：

$$Var(y) = \Sigma(y-E(y))^2 f(y)$$
$$= (10\%-2\%)^2(0.3) + (40\%-2\%)^2(0.1) + (-5\%-2\%)^2(0.4) + (-15\%-2\%)^2(0.2)$$
$$= 0.0241$$

變異數開根號得出標準差 $\sigma_y = \sqrt{Var(y)} = 0.1552 = 15.52\%$。

因此，投資股票平均報酬為 14%高於債券平均報酬 2%，而投資股票風險 25.38% 也高於債券風險 15.52%，顯示較高報酬投資標的會有較高風險。

為降低投資風險，我們可利用投資組合方式，此問題之投資組合係屬於二元機率 分配應用的例子，我們將表 5-8 先利用交叉表格方式呈現聯合機率，得出表 5-9。表 5-9 的中間四個欄位表示聯合機率，譬如股票−10%及債券 10%的聯合機率為 0.3，是屬於 景氣衰退的情況，而股票報酬率為−10%及債券報酬率為 40%的聯合機率為 0.0，表示 沒有此種情況發生，依此類推。旁邊的邊際機率係行或列的聯合機率加總結果，譬如 最右邊欄位邊際機率為 0.3，表示股票−10%報酬的機率等於第一列的聯合機率加總（= 0.3 + 0.0 + 0.0 + 0.0），依此類推。

表 5-9　股票與債券報酬率的聯合機率分配表

股票 x	債券 y				
	10%	40%	−5%	−15%	邊際機率
−10%	0.3	0.0	0.0	0.0	0.3
−30%	0.0	0.1	0.0	0.0	0.1
40%	0.0	0.0	0.4	0.0	0.4
20%	0.0	0.0	0.0	0.2	0.2
邊際機率	0.3	0.1	0.4	0.2	1.0

兩個隨機變數線性組合的期望值計算方式有兩種，由以下公式推導而得出：

$$E(x + y) = E(x) + E(y) \tag{5-7}$$

或

$$E(x + y) = \Sigma\Sigma(x + y)f(x, y) \tag{5-8}$$

兩個隨機變數線性組合的變異數，可由以下公式推導得出：

$$Var(x + y) = \Sigma\Sigma[(x + y) - E(x + y)]^2 f(x, y) \tag{5-9}$$

或

$$Var(x + y) = Var(x) + Var(y) + 2\sigma_{xy} \tag{5-10}$$

其中σ_{xy}為隨機變數 x 與 y 的共變異數，其公式為

$$\sigma_{xy} = \Sigma\Sigma[(x - E(x))(y - E(y))]f(x, y) \tag{5-11}$$

若考慮兩個隨機變數各佔有聯合機率部分比率，譬如隨機變數 x 佔比率 a，隨機變數 y 佔比率 b，其中 $a + b = 1$，則可將公式（5-7）及（5-8）改為：

$$E(ax + by) = aE(x) + bE(y) \tag{5-12}$$

$$E(ax + by) = \Sigma\Sigma(ax + by)f(x, y) \tag{5-13}$$

兩個隨機變數線性組合的變異數，可由以下公式推導得出：

$$Var(ax + by) = \Sigma\Sigma[(ax + by) - E(ax + by)]^2 f(x, y) \tag{5-14}$$

或

$$Var(ax + by) = a^2 Var(x) + b^2 Var(y) + 2ab\sigma_{xy} \tag{5-15}$$

由於本題投資組合為股票與債券各投資 50%，因此股票報酬率隨機變數 x 佔 0.5，而債券報酬率隨機變數 y 佔 0.5，因此投資組合報酬隨機變數為 $0.5x + 0.5y$。有兩種方法可計算兩個隨機變數投資組合的期望值 $E(0.5x + 0.5y)$ 與變異數 $Var(0.5x + 0.5y)$，我們先使用表 5-9 及公式（5-13）與（5-14）方法計算，如表 5-10 所示。因此，可得出投資組合平均報酬率 $E(0.5x + 0.5y) = 8\%$，變異數 $Var(0.5x + 0.5y) = 0.0062$，標準差為 $\sigma_{0.5x+0.5y} = \sqrt{Var(0.5x + 0.5y)} = 0.0787 = 7.87\%$。其中第一個欄位表示 $0.5x + 0.5y$，譬如第

一個數值 0%乃是 0.5 乘以表 5-9 的股票 x 之報酬率 0.5*(−10%)加上 0.5 乘以表 5-9 的債券 y 之報酬率 0.5*(10%)，第二個數值 15%乃是 0.5 乘以表 5-9 的股票 x 之報酬率 0.5*(−10%)加上 0.5 乘以表 5-9 的債券 y 之報酬率 0.5*(40%)，依此類推。

表 5-10　股票與債券投資組合的期望值與變異數

$0.5x + 0.5y$	$f(x,y)$	$(0.5x + 0.5y)f(x,y)$	$(0.5x + 0.5y)$ $-E(0.5x + 0.5y)$	$[(0.5x + 0.5y)$ $-E(0.5x + 0.5y)]^2$	$[(0.5x + 0.5y)$ $-E(0.5x + 0.5y)]^2 f(x,y)$
0%	0.3	0	−8%	0.0064	0.00192
15%	0.0	0	7%	0.0049	0
−7.5%	0.0	0	−15.5%	0.0240	0
−12.5%	0.0	0	−20.5%	0.0420	0
−10%	0.0	0	−18%	0.0324	0
5%	0.1	0.5%	−3%	0.0009	0.00009
−17.5%	0.0	0	−25.5%	0.0650	0
−22.5%	0.0	0	−30.5%	0.0930	0
25%	0.0	0	17%	0.0289	0
40%	0.0	0	32%	0.1024	0
17.5%	0.4	7%	9.5%	0.0090	0.0036
12.5%	0.0	0	4.5%	0.0020	0
15%	0.0	0	7%	0.0049	0
30%	0.0	0	22%	0.0484	0
7.5%	0.0	0	−0.5%	0.0000	0
2.5%	0.2	0.5%	−5.5%	0.0030	0.0006
		$E(0.5x + 0.5y) = 8\%$			$Var(0.5x + 0.5y) = 0.0062$

另一種計算兩個隨機變數投資組合的期望值 $E(ax + by)$ 與變異數 $Var(ax + by)$ 的方法，可利用公式（5-11）、（5-12）及（5-15）。首先，計算投資組合的期望值，由於原始股票平均報酬率為 $E(x) = 14\%$，債券平均報酬率為 $E(y) = 2\%$，故投資組合平均報酬率如下：

$$E(0.5x + 0.5y) = 0.5E(x) + 0.5E(y) = 0.5 \times 14\% + 0.5 \times 2\% = 8\%$$

接下來，計算投資組合變異數，先必須計算股票與債券兩個隨機變數的共變異數 σ_{xy}，利用（5-11）公式，計算過程如表 5-11 所示。再利用（5-15）公式，得出投資組合變異數如下：

$$Var(0.5x + 0.5y) = 0.5^2 Var(x) + 0.5^2 Var(y) + 2(0.5)(0.5)\sigma_{xy}$$
$$= 0.25 \times 0.0644 + 0.25 \times 0.0241 + 0.5 \times (-0.0318) = 0.0062$$

投資組合的風險，亦即標準差為 $\sigma_{0.5x+0.5y} = \sqrt{Var(0.5x + 0.5y)} = 0.0787 = 7.87\%$

表 5-11 股票 x 與債券 y 的共變異數

股票 x	債券 y	f(x, y)	x−E(X)	y−E(y)	[x−E(x)][y−E(y)]f(x, y)
−10%	10%	0.3	−24%	8%	−0.00576
−30%	40%	0.1	−44%	38%	−0.01672
40%	−5%	0.4	26%	−7%	−0.00728
20%	−15%	0.2	6%	−17%	−0.00204
					$\sigma_{xy} = -0.0318$

由上述結果得出，投資股票的平均報酬率為 14%，投資債券的平均報酬率為 2%，若將資金投資股票與債券各一半以形成投資組合，其平均報酬率為 8%，顯示投資組合的報酬率介於股票與債券之間。然而，若從投資風險來看，投資股票的標準差為 25.38%，投資債券的標準差為 15.52%，而投資組合的標準差僅為 7.87%，顯示投資組合的風險是最低的。由以上例子，我們瞭解了投資組合對於投資人的重要性，更了解統計方法在投資學之應用。

上述例子，可能衍生我們去想一個問題，亦即為何明明投資組合的平均報酬是藉於股票與債券之間，但投資風險卻是最低的？此解答與投資組合的原理有關，此原理之關鍵與投資組合內的投資標的之間報酬率的相關性有關；當投資組合內的投資標的報酬率之間呈負相關時，投資組合的風險降低效果會更大；反之，若為正相關，則風險降低程度就比較小。因此，我們再來了解股票與債券報酬率的相關係數為何？

回顧第 3 章，我們教到了如何利用相關係數求兩個變數的相關性，當兩個量化變數求相關性時，我們可使用皮爾森相關係數求之。兩個隨機變數的相關性也是同樣方式求之，以上述例子為例，股票隨機變數 x 報酬率與債券隨機變數 y 報酬率的相關係數為：

$$\rho_{xy} = \frac{\sigma_{xy}}{\sigma_x \sigma_y} \tag{5-16}$$

由上述例子我們求出了股票報酬率與債券報酬率的共變異數 $\sigma_{xy} = -0.0318$，股票報酬率的標準差 $\sigma_{xy} = 0.2538$，債券報酬率的標準差 $\sigma_{xy} = 0.1552$。因此，股票報酬率與債券報酬率的相關係數為

$$\rho_{xy} = \frac{\sigma_{xy}}{\sigma_x \sigma_y} = \frac{-0.0318}{0.2538 \times 0.1552} = -0.8073$$

股票報酬率與債券報酬率的相關係數高達−0.8073，顯示兩種投資標的之報酬率具有很高的負相關；由投資組合理論可知，兩者形成投資組合的風險分散效果會很好。

二、連續型隨機變數的聯合機率分配

若 x 與 y 兩個隨機變數皆為連續型隨機變數,則 $f(x, y)$ 為一個聯合機率密度函數,在此兩個隨機變數之特例,亦可稱為二元機率密度函數;再由此聯合機率密度函數可得出聯合機率分配,兩個連續型隨機變數下亦可稱為二元機率分配。此機率密度函數仍須符合兩個條件:

1. $f(x, y) \geq 0$

2. $\iint f(x, y) dy dx = 1$

   連續型聯合機率分配的期望值公式如下所示:

$$E(x+y) = \iint (x+y) f(x, y) dy dx \tag{5-17}$$

$$E(ax+by) = \iint (ax+by) f(x, y) dy dx \tag{5-18}$$

   連續型聯合機率分配的變異數公式如下所示:

$$Var(x+y) = \iint [(x+y) - E(x+y)]^2 f(x, y) dy dx \tag{5-19}$$

$$Var(ax+by) = \iint [(ax+by) - E(ax+by)]^2 f(x, y) dy dx \tag{5-20}$$

5-5 Excel 範例

步驟一

在 Excel 輸入 "表 5-7"

步驟二 求得 $E(x)$

在 F2 輸入 = B2*C2,複製公式至 F5

在 F6 輸入 = SUM(F2:F5)

步驟三 求得 $E(y)$

在 H2 輸入 = B2*D2,複製公式至 H5

在 H6 輸入 = SUM(H2:H5)

步驟四　求得 Var(x)

在 E9 輸入 = B2，複製公式至 E12

在 F9 輸入 = (C2–F6)^2，複製公式至 F12

在 G9 輸入 = E9*F9，複製公式至 G12

在 G13 輸入 = SUM(G9：G12)

步驟五　求得 Var(y)

在 H9 輸入 = B2，複製公式至 H12

在 I9 輸入 = (D2–H6)^2，複製公式至 I12

在 J9 輸入 = H9*I9，複製公式至 J12

在 H13 輸入 = SUM(J9：J12)

步驟六　求得 X,Y 共變異數

在 K9 輸入 = C2–F6，複製公式至 K12

在 L9 輸入 = D2–H6，複製公式至 L12

在 M9 輸入 = H9*K9*L9，複製公式至 M12

在 M13 輸入 = SUM(M9：M12)

步驟七　求得 E(0.5x + 0.5y)

在 L4 輸入 = 0.5*F6 + 0.5*H6

步驟八　求得 Var(0.5x + 0.5y)

在 L5 輸入 = 0.5*0.5*G13 + 0.5*0.5*J13 + 2*0.5*0.5*M13

	A	B	C	D	E	F	G	H	I	J	K	L	M
1	總體經濟景氣	二元(x,y)機率	股票報酬率x	債券報酬率y									
2	衰退	30.0%	-10.0%	10.0%		-3.0%		3.0%					
3	谷底	10.0%	-30.0%	40.0%		-3.0%		4.0%					
4	復甦	40.0%	40.0%	-5.0%		16.0%		-2.0%			E(0.5x+0.5y)	8.0%	
5	繁榮	20.0%	20.0%	-15.0%		4.0%		-3.0%			Var(0.5x+0.5y)	0.62%	
6					E(x)	14.0%	E(y)	2.0%					
7													
8					二元f(x,y)機率	[x-E(x)]^2		二元f(x,y)機率	[y-E(y)]^2		x-E(x)	y-E(y)	[x-E(x)][y-E(y)]f(x,y)
9					30.0%	5.8%	1.7%	30.0%	0.6%	0.2%	-24.0%	8.0%	-0.6%
10					10.0%	19.4%	1.9%	10.0%	14.4%	1.4%	-44.0%	38.0%	-1.7%
11					40.0%	6.8%	2.7%	40.0%	0.5%	0.2%	26.0%	-7.0%	0.7%
12					20.0%	0.4%	0.1%	20.0%	2.9%	0.6%	6.0%	-17.0%	0.2%
13					Var(x)		6.4%	Var(y)		2.4%			-3.2%

本章習題

一、請舉三個離散型實驗及隨機變數的例子。

二、請舉三個連續型實驗及隨機變數的例子。

三、請寫出丟擲硬幣及骰子的機率函數。

四、表1為在不同景氣階段的發生機率，以及兩種投資標的在不同景氣下的投資報酬率：

表1　不同總體經濟景氣下，股票與貨幣型基金的投資報酬率

總體經濟景氣	發生機率	X投資報酬率	Y投資報酬率
衰退	0.2	-2%	-6%
谷底	0.1	-5%	-10%
復甦	0.3	3%	10%
繁榮	0.4	4%	18%

1. 請問 X 與 Y 的平均投資報酬率為何？

2. 請問 X 與 Y 的投資報酬率的標準差？

3. 請比較 X 與 Y 投資標的之投資報酬率與風險。

五、金礦咖啡彰化鹿港門市開幕試營運一個月 30 天期間賣出的咖啡數量，其中有 10 天賣出 401～600 杯，有 8 天賣出 1,001～1,200 杯，有 6 天賣出 601～800 杯，有 3 天賣出 801～1,000 杯，有 3 天賣出 201～400 杯。請製作金礦咖啡彰化鹿港門市開幕試營運期間賣出咖啡數量的機率分配表。此機率分配表對金礦咖啡鹿港門市有何管理意涵？

六、依題五，求取該月賣出咖啡平均杯數（期望值）、變異數及標準差。管理意涵為何？

七、員林大潤發在春節期間舉行折扣活動，顧客凡購買滿 2,000 元可玩射飛鏢遊戲一次。假設飛鏢遊戲標靶有紅、白、黑等三種顏色，射中紅色區域可以折扣 150 元，色射中紅色區域可以折扣 100 元，射中紅色區域可以折扣 50 元。令隨機變數 x 代表顧客折扣金額：

1. x 的期望值為何？

2. x 的標準差為何？

八、假設兩個隨機變數 x 與 y 聯合機率分配如下：

聯合機率 f(x,y)		隨機變數 y				邊際機率
		10	20	30	40	
隨機變數 x	20	0.04	0.05	0.08	0.08	0.25
	40	0.12	0.15	0.24	0.24	0.75
邊際機率		0.16	0.2	0.32	0.32	1

1. 計算 E(X)

2. 計算 E(Y)

3. 計算 E(X+Y)

4. 計算 Var(X+Y)

NOTE

CHAPTER

06 >>>

機率分配之
應用

本章大綱

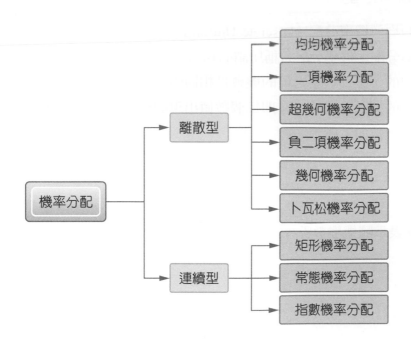

- 均均機率分配
- 二項機率分配
- 超幾何機率分配
- 負二項機率分配
- 幾何機率分配
- 卜瓦松機率分配
- 矩形機率分配
- 常態機率分配
- 指數機率分配

機率分配 — 離散型
機率分配 — 連續型

在第 5 章我們介紹了隨機變數及機率分配的概念；然而在實務上，應用機率分配求取隨機變數數值發生的機率，以及其期望值及變異數時，要利用第 5 章的規則求法，是一件煩雜的操作。事實上，在實務的應用，根據不同的實務問題，會有不同的實驗，所需要的機率分配方法也會不同；亦即，不同的實務問題會有符合其問題的機率分配，此時利用統計學家已經推導出的機率分配，就可以簡單求出所需要的解答，並不須利用第 5 章複雜的方法去運算。本章我們將介紹幾個常用的機率分配，並詳細討論如何應用這些機率分配解決實務問題。

如同隨機變數有分為離散型及連續型，機率分配也有分為離散型及連續型機率分配兩種。離散型機率分配與連續型機率分配在實務運用上，會有許多性質及運算方式之差異。因此，本章機率分配之應用，我們將常用的機率分配分為離散型及連續型兩部份介紹。

6-1 常用的離散型機率分配

一、均勻機率分配

離散型的均勻機率分配（Discrete Uniform Probability Distribution）是最簡單的一種離散型機率分配。機率分配名稱所謂的均勻（Uniform）表示隨機變數各種數值出現的機會是均勻的，亦即大家出現的機會是相同的。因此，離散型的均勻機率函數可為所有可能數值的個數分之一，亦即每個數值出現的機率皆為數值個數分之一，均勻機率分配的機率函數如下所示：

$$f(x) = \frac{1}{n} \qquad\qquad (6\text{-}1)$$

其中，n 表示隨機變數所有可能出現數值的個數。

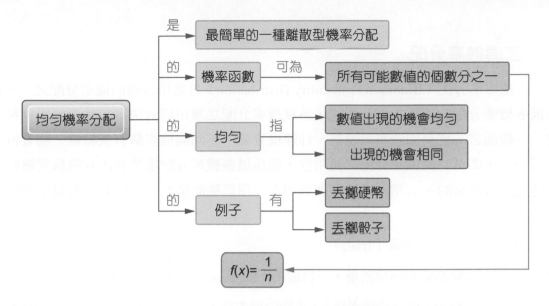

圖 6-1　均勻機率分配觀念之概念圖

　　最常見的離散型均勻機率分配的例子包含丟擲硬幣、丟擲骰子。若以丟擲硬幣為例，假設丟擲一個硬幣一次，機率分配乃是一種均勻機率分配，其機率函數為：

$$f(x) = \frac{1}{2}$$

　　丟擲硬幣可能出現的結果只有正面及反面兩種結果，因此上述機率函數即代表丟擲一次硬幣出現正面或反面的機率皆為 $\frac{1}{2}$，亦即其機率函數。

　　若再以丟擲一個骰子一次，隨機變數為 x，此實驗仍屬於均勻機率分配的應用，其機率函數為：

$$f(x) = \frac{1}{6}$$

　　丟擲一個骰子一次，隨機變數可能出現的結果為 $x = 1, 2, 3, 4, 5, 6$，共有六個數值，因此利用公式（6-1）計算，每一種結果出現的機率為 $\frac{1}{6}$，即為丟擲骰子的機率函數。

* 所謂離散型均勻機率分配乃是指隨機變數各種數值出現的機會是均勻的之一種離散型機率分配。

二、二項機率分配

二項機率分配（Binomial Probability Distribution）是應用最廣的機率分配之一，也是很多機率分配的基礎。如前所述，各種機率分配之應用場合決定於是否適用實務問題，一般而言，實務問題可以說是一種隨機實驗，不同隨機實驗有其特性，隨著特性是否符合，即可判斷機率分配之適用性，因為這些機率分配都是利用其隨機實驗過程及特性所導出來的。二項機率分配即適用在二項實驗的情況，二項實驗有以下四個特性：

1. 重複 n 次相同的試驗（Trials）。

2. 每一次試驗都只有兩種結果，一為成功（Success），一為失敗（Failure）。

3. 每一次試驗中，成功的機率為 p，失敗的機率為 $1-p$；不論試驗多少次，兩個機率都是固定不變的。

4. 每一次試驗之間皆為獨立的；亦即，試驗之間不會互相影響。

若僅做一次試驗，亦即第一個特性的 $n = 1$，而上述四個特性中，符合 2、3 及 4 的特性，我們稱作貝努力過程（Bernoulli Process）。貝努力過程乃是二項實驗的一個特例。

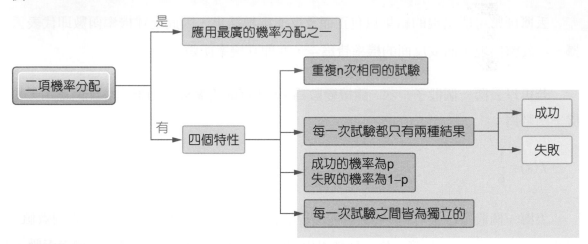

圖 6-2　二項機率分配觀念之概念圖

許多實務問題都是屬於二項實驗的問題，亦即非成功即失敗的問題，尤其在品管領域。譬如，丟擲硬幣十次、檢驗 10 個零件、顧客到服飾店逛、打電話推銷保險等，只要能符合二項實驗的特性，都是屬於二項實驗。我們以丟擲一個硬幣 10 次為例，來看是否符合二項實驗的特性：

1. 重複丟一個硬幣 10 次。

2. 每一次丟擲都有兩種結果，一種爲正面（成功），一種爲反面（失敗）。

3. 每一次丟擲中，出現正面（成功）的機率爲 $\frac{1}{2}$，出現反面（失敗）的機率爲 $\frac{1}{2}$；丟了 10 次，成功與失敗的機率都是固定不變爲 $\frac{1}{2}$。

4. 每一次丟擲都是獨立不會互相影響的。

　　由此可知，重複丟擲一個硬幣 10 次是屬於二項實驗，可以利用二項機率分配來求出二項隨機變數的機率值。因此，我們只要檢視二項實驗的四個特性是否全部符合，就能判定一個實務問題是否是屬於二項實驗，藉以判定二項機率分配之適用性。

（一）二項機率分配的公式推導

　　二項機率分配之應用很廣，其公式也非常有用，故我們接下來利用一個簡單的實務例子來推導二項機率分配的公式。此例子是有關百貨公司專櫃促銷方法的例子，假設台中新光三越 SKII 專櫃不惜成本幫顧客進行一次免費體驗保養方式來促銷其產品，此方式已經進行了一週，專櫃經理發現來免費體驗保養的顧客有 0.4 的機率，在體驗完會購買其產品。假設專櫃小姐都是利用隨機找路過的小姐來進行體驗，請問專櫃小姐找了三位小姐來體驗，其中有　位會購買其產品的機率爲何？

　　首先，我們必須先確定上述實務問題是否屬於二項實驗，我們使用四個條件來驗證：

1. 重複進行了三次的試驗，亦即隨機找三位小姐來免費體驗保養。

2. 每一次試驗的結果只有兩種：顧客體驗後會買（代表成功）與顧客體驗後不會買（代表失敗）。

3. 每一位顧客體驗後會買的機率皆爲 0.4，不會買的機率皆爲 0.6，三位顧客會買與不會買的機率都固定不變。

4. 因爲是隨機找顧客來體驗，每一次試驗之間互相獨立，亦即三位顧客會買與不會買的決策不會互相影響。

　　上述四個條件都符合時，本實務問題即屬於二項實驗。本問題是否屬於二項實驗，最大的關鍵因素在於顧客之間的決策是否獨立，亦即第 4 個條件是否符合，由於專櫃小姐是隨機找人來體驗保養，故能符合顧客之間決策獨立的假設。假若專櫃小姐貪圖

方便就同時找三位一起逛百貨的朋友來體驗，則這三位朋友在購買產品時就可能彼此討論，此時三位顧客就不是獨立的樣本，此時就不符合第 4 個條件，就不算是二項實驗了。

在了解如何判斷此問題是二項實驗後，接下來我們開始推導二項機率函數。分爲幾個步驟，第一個步驟先了解三位顧客會有一位購買產品的實驗結果個數，亦即三次試驗會有一次成功的實驗結果有幾種情況。此方法必須用到第 4 章所學的「組合」觀念，$n = 3$ 次試驗有 $x = 1$ 次成功的實驗結果個數有

$$\binom{n}{x} = \binom{3}{1} = \frac{3!}{1!(3-1)!} = \frac{3 \times 2 \times 1}{2 \times 1} = 3$$

因此，三次試驗會有一次成功的實驗結果共有三種情況。因爲是重複試驗三次，所以是屬於「多重步驟實驗」，可使用樹狀圖了解是哪三種情況，如圖 6-3。

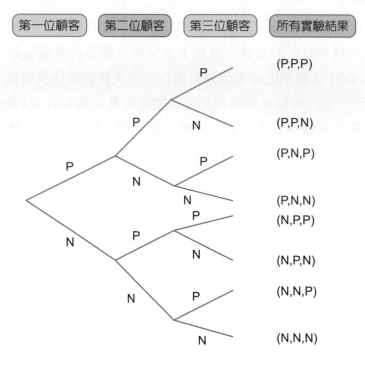

圖 6-3　專櫃促銷問題樹狀圖

本問題是屬於 3 個重複步驟的多重步驟實驗，由圖 6-3 可清楚看到實驗結果共有 $2^3 = 8$ 種情況。隨機變數 x 可定義爲三個體驗的顧客在體驗後會購買的人數。$x = 1$ 代表三個顧客中洽有一個會買的情況，包含 3 種情況：(Y, N, N)、(N, Y, N) 及 (N, N, Y)，其中假設 Y 表示會購買，N 表示不會購買。因此，三種情況表示其中一個顧客買，而兩個顧客不買。在圖 6-3 中可以看出各種隨機變數 x 的數值各有幾個。

　　此問題是三個顧客中恰有一個會買的機率，由上述可知三個顧客有一個買的情況有三種（僅第一個或第二個或第三個買），而且此三種情況不會同時發生，亦即（Y, N, N）、（N, Y, N）與（N, N, Y）三種情況不會同時發生。第 4 章我們學過互斥事件，此情況即是互斥事件，我們將利用互斥事件的觀念解此問題。表 6-1 為三位顧客有一位買的機率運算過程。

表 6-1　三位顧客有一位買的機率運算

第一個顧客	第二個顧客	第三個顧客	實驗結果	發生機率
購買	不買	不買	（Y, N, N）	$p(1-p)(1-p) = (0.4)(0.6)(0.6) = 0.144$
不買	購買	不買	（N, Y, N）	$(1-p)p(1-p) = (0.6)(0.4)(0.6) = 0.144$
不買	不買	購買	（N, N, Y）	$(1-p)(1-p)p = (0.6)(0.6)(0.4) = 0.144$

　　表 6-1 很清楚看出三個顧客中有一個購買而兩個不購買的三種實驗結果，分別是第一個顧客買而其他兩個不買（Y, N, N）、第二個顧客買而其他兩個不買（N, Y, N）及第三個顧客買而其他兩個不買（N, N, Y）。我們先了解每一種實驗結果發生的機率，事實上，此種情況屬於第 3 章所學的獨立事件的交集機率之應用。在表 6-1 的第一種實驗結果（Y, N, N）發生的機率，係表示第一個顧客買且第二個顧客不買且第三個顧客不買的發生機率，亦即求取 $p(Y \cap N \cap N)$，此為一交集機率的運算。此實驗結果三位顧客是隨機找來，故顧客彼此之間獨立（二項實驗的第 4 個條件），因此，是屬於獨立事件的交集機率，而本題顧客會購買（成功）的機率為 $p(Y) = p = 0.4$，不會購買（失敗）的機率為 $p(N) = 1-p = 0.6$，故交集機率為：

$$p(Y \cap N \cap N) = p(P) \times p(Y) \times p(N) = p(1-p)(1-p) = p^1(1-p)^2 = (0.4)(0.6)^2 = 0.144$$

　　同理，第二種實驗結果為第一個顧客不買且第二個顧客買且第三個顧客不買發生的機率，亦即

$$p(N \cap Y \cap N) = p(N) \times p(Y) \times p(N) = (1-p)p(1-p) = p^1(1-p)^2 = (0.4)(0.6)^2 = 0.144$$

　　第三種實驗結果為第一個顧客不買且第二個顧客不買且第三個顧客買發生的機率，亦即

$$p(N \cap N \cap Y) = p(N) \times p(N) \times p(Y) = (1-p)(1-p)p = p^1(1-p)^2 = (0.4)(0.6)^2 = 0.144$$

　　由上述三種實驗結果的機率運算，我們可以了解三種實驗結果的運算結果是一樣的，亦即三次試驗（三個顧客）中會有一次成功（一個顧客購買）的每一個實驗結果發生的機率皆為 $p^1(1-p)^2$。此結果可以推導出 n 次試驗會以 x 次成功的每一個實驗結果發生的機率乃是成功機率(P)的成功次數次方乘以失敗機率($1-P$)的失敗次數次方，亦即：

n 次試驗有 x 次成功的每一個實驗結果發生的機率 $= p^x(1-p)^{n-x}$

　　推導出了所有實驗結果發生的機率後，再來應用第 4 章的互斥事件的聯集機率觀念。如前述，三位顧客會有一位購買的實驗結果有三種，而且不會同時發生，亦即第一種實驗結果發生，其他兩種就不會再發生了，因此是三選一的情況，故為互斥事件的聯集機率之應用，亦即求互斥事件下的 $p((Y, N, N) \cup (N, Y, N) \cup (N, N, Y))$：

$$
\begin{aligned}
p((Y, N, N) \cup (N, Y, N) \cup (N, N, Y)) &= p((Y, N, N)) + p((N, Y, N)) + p((N, N, Y)) \\
&= p(1-p)(1-p) + (1-p)p(1-p) + (1-p)(1-p)p \\
&= 3p(1-p)^2 = 3 \times 0.4 \times 06^2 = \binom{3}{1}(0.4)^1(0.6)^2 = 0.432
\end{aligned}
$$

　　因此，三位接受免費保養體驗後的顧客會有一位購買產品的機率為 0.432。由上述互斥事件的聯集機率運算過程，我們可以知道三位顧客有一位會購買的發生機率是三種不同的實驗結果發生的機率相加，亦即是 3 倍的每一種實驗結果發生的機率。此 3 倍即是之前組合的觀念求出，亦即 $\binom{3}{1} = 3$。因此，我們可以導出 n 次試驗中有 x 次成功的二項機率分配的機率函數為

$$
f(x) = \binom{n}{x} p^x (1-p)^{n-x} \tag{6-2}
$$

　　其中 n 為試驗次數，x 為試驗次數內的成功次數，n-x 為試驗次數內的失敗次數，p 為成功機率，$1-p$ 為失敗機率。

　　因此，若我們想要了解三個體驗後的顧客中有兩個會購買產品的機率，亦即 $x = 2$，可以由公式（6-2）計算得出：

$$
f(x = 2) = \binom{3}{2} 0.4^2 (1 - 0.4)^{3-2} = 3(0.4)^2(0.6) = 0.288
$$

利用同樣的（6-2）公式，我們可以算出所有情況的機率，因此可得出三位顧客有幾位會購買的隨機變數 x 的機率分配表，如表 6-2。

表 6-2　三位顧客有 x 位會購買產品的機率分配表

隨機變數 x	發生的機率 $f(x)$
0	$\binom{3}{0}0.4^0(1-0.4)^{3-0} = 0.216$
1	$\binom{3}{1}0.4^1(1-0.4)^{3-1} = 0.432$
2	$\binom{3}{2}0.4^2(1-0.4)^{3-2} = 0.288$
3	$\binom{3}{3}0.4^3(1-0.4)^{3-3} = 0.064$

由 6-2 的機率分配表，我們可以畫出三位顧客有 x 位會購買產品的機率分配圖，如圖 6-4 所示。

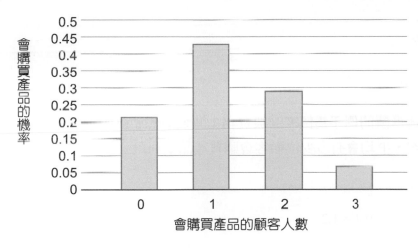

圖 6-4　三位顧客有 x 位會購買產品的機率分配圖

（二）二項分配機率表的應用

由公式 6-2 可知道二項機率分配的機率決定於試驗次數 n、成功次數 x 及成功機率 p，若直接由公式算二項機率，計算可能有點複雜及費時；事實上，大部分機率分配都有機率表，二項機率分配也是，我們可以藉由查表方法快速得出二項機率結果。本書後面附表可以詳細查到常用的二項機率表。我們從中擷取上述專櫃例子的部分表格，如表 6-3 所示。由此表可以查出上述專櫃例子的所有二項機率解。查表 6-3 中的 $n = 3$ 及 $p = 0.4$，就可查到表 6-2 的所有解了。

表 6-3　部分二項機率表（$n = 3$，$p = 0.4$）

n	X	0.1	0.15	0.2	0.25	0.3	0.35	0.4	0.45
						p			
3	0	0.7290	0.6141	0.5120	0.4219	0.3430	0.2746	0.2160	0.1664
	1	0.2430	0.3251	0.3840	0.4219	0.4410	0.4436	0.4320	0.4084
	2	0.0270	0.0574	0.0960	0.1406	0.1890	0.2389	0.2880	0.3341
	3	0.0010	0.0034	0.0080	0.0156	0.0270	0.0429	0.0640	0.0911

（三）二項機率分配的期望值與變異數

在第 5 章我們已經學過離散型機率分配的期望值與變異數之計算方法，使用此計算方法可以導出二項機率分配的期望值與變異數，而由所導出的結果可以使二項隨機變數的期望值與變異數之計算變得簡單許多。假設隨機變數 x 服從二項機率分配，且試驗次數為 n 次、成功機率為 p 及失敗機率為 $1-p$，則由第 5 章之方法可以導出二項隨機變數的期望值與變異數如下：

$$E(x) = np \tag{6-3}$$

$$Var(x) = np(1-p) \tag{6-4}$$

再以上述專櫃的例子為例，一般實務上我們最想了解的是，隨機找來三位免費保養體驗的顧客，平均會有多少位顧客會購買產品？利用公式（6-3）可以輕易算出結果如下：

$$E(x) = np = 3 \times 0.4 = 1.2$$

亦即三位顧客平均會有 1.2 位顧客購買產品。若覺得 1.2 位顧客非整數難理解，我們可以將人數提高到隨機找十位顧客來體驗，則平均有 $10 \times 0.4 = 4$ 位會購買產品。

另外，我們再求此例子的變異數及標準差，利用公式（6-4）求取變異數及開根號求取標準差，結果如下：

$$Var(x) = np(1-p) = 3 \times 0.4 \times (1-0.4) = 0.72$$

$$\sigma_x = \sqrt{Var(x)} = \sqrt{np(1-p)} = \sqrt{3 \times 0.4 \times (1-0.4)} = \sqrt{0.72} \approx 0.85$$

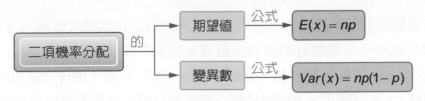

圖 6-5 二項隨機變數期望值與變異數之概念圖

三、超幾何機率分配

超幾何機率分配（Hypergeometric Probability Distribution）與二項機率分配有著很密切的關係。二項機率分配適用於二項實驗，超幾何機率分配則適用於超幾何實驗。我們出一個簡單抽球例子來了解二項實驗與超幾何實驗的關係與差異，兩個實驗都是從 n 顆球中抽出 x 顆球，但二項實驗是球抽出後會再放回去，故不管試驗幾次仍是有 n 顆球可抽，此時二項實驗的第 3 及 4 個條件才能成立。然而，超幾何實驗是球抽出後不會再放回去，故當球被抽出一顆後，後面的試驗就只剩 n-1 顆，此時後面試驗與前面試驗的成功機率就不會一樣，因此二項實驗的第 3 及 4 個條件無法成立。由此可知，超幾何實驗與二項實驗的差異在於抽後不放回與抽後放回，此時超幾何實驗的試驗之間並不獨立，以及成功與失敗的機率會隨著試驗而改變。因此，超幾何實驗的四個特性如下：

1. 重複 n 次相同的試驗（Trials）。

2. 每一次試驗都只有兩種結果，一為成功（Success），一為失敗（Failure）。

3. 試驗成功及失敗的機率會隨試驗而改變。

4. 各次試驗之間並不獨立。

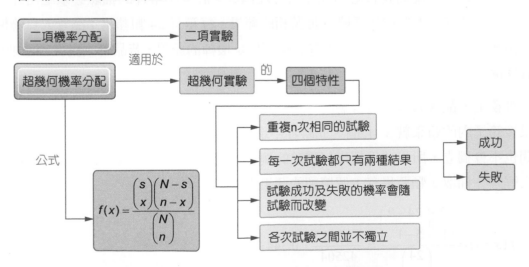

圖 6-6 超幾何機率分配觀念之概念圖

　　一般在超幾何分配的應用上，我們想要了解的仍是在試驗次數為 n 的個數中，x 次成功的機率是多少。此時我們將利用超幾何機率函數（Hypergeometric Probability Function）求解。在超幾何實驗中，母體是有限的個數 N 個，抽樣乃是利用 N 的個數中抽取 n 個樣本（如同做了 n 次相同試驗），而 N 個母體中必須知道成功與失敗的個數，假設母體中成功的個數為 s，失敗的個數為 $N\text{-}s$；則超幾何機率函數 $f(x)$ 之公式為：

$$f(x) = \frac{\binom{s}{x}\binom{N-s}{n-x}}{\binom{N}{n}} \tag{6-5}$$

　　超幾何機率函數（6-5）乃是算出超幾何實驗的成功機率。其中，分母乃是指從 N 個母體中抽取 n 個樣本的可能組合個數，代表從母體抽取 n 個樣本的所有情況有多少種；而分子分為兩部分，其中一部分是要從母體的成功個數 s 中去抽取樣本成功個數 x，此部分代表在樣本試驗中會有 x 次成功的所有情況有多少種，此為我們所要求取的成功機率的基本；然而，樣本中仍有失敗的個數 $n\text{-}x$ 也要抽取，故分子的第二部分為從母體的失敗個數 $N\text{-}s$ 去抽取樣本失敗的個數 $n\text{-}x$，此部分代表在樣本試驗中會有 $n\text{-}x$ 次失敗的所有情況有多少種。分子兩個部份的事件是獨立的（亦即樣本成功與失敗的個數是各自從母體的成功與失敗去抽取的，彼此獨立無關），此時應用第 4 章的獨立事件發生機率的求法，獨立事件發生機率是兩個事件機率相乘。因此，分子是成功事件抽樣的組合個數乘以失敗事件抽樣的組合個數，分母代表所有事件的抽樣組合個數。分子除以分母即是有限個數的超幾何實驗的成功個數發生的機率。

　　超幾何機率分配時常被應用在品質管理領域，許多小零件的抽驗必須應用此機率分配。假設某家大型餐飲店採購一批裝箱的蘋果，每箱有 24 顆蘋果；品管人員隨機抽取一個箱子做檢驗，假設此箱子內有 2 顆蘋果是壞掉的蘋果，若品管人員從裡面抽取 5 個做檢驗，此時能抽到 1 個壞掉蘋果的機率為何？

　　實務上，品管人員在做檢驗時不可能再把檢驗過的蘋果再放回去，因此抽出 1 個蘋果後箱子內的蘋果就少 1 個，此時抽中壞掉蘋果的成功機率會隨試驗而改變，試驗之間也不會獨立，所以此為超幾何實驗的例子。我們就可使用（6-5）公式去算出此問題之解答，抽取 5 顆蘋果有 1 個壞掉的蘋果之機率為：

$$f(x=1) = \frac{\binom{2}{1}\binom{24-2}{5-1}}{\binom{24}{5}} = \frac{2 \times 7315}{42504} \approx 0.344$$

　　因此，在 24 顆蘋果的母體中抽出 5 顆蘋果檢驗，若母體有 2 顆壞掉的蘋果，會抽到 1 顆壞掉的蘋果之機率約為 0.344。每家公司在對進貨品質把關時，會設定一個機率標準來看是否將此批貨退回。

　　然而，在實務應用上，僅從少許數量的母體去做抽樣之情況比較少，大部分情況母體數量都很大。譬如，一家餐飲店採購一批 1000 顆的蘋果，品管人員要對此蘋果進行檢驗，假設此批蘋果有 40 顆是壞掉的蘋果，而品管檢驗標準是只要檢驗出壞掉的蘋果比率超過 5% 即退貨；依照慣例，品管人員抽取母體 2% 亦即 20 顆(1,000 × 2%)蘋果來進行檢驗，則只要此 20 顆蘋果有超過 1 顆壞掉的(20 × 5%)，則會退貨。請問抽取 20 顆蘋果超過 1 顆壞掉的機率是多少？

　　上述問題仍是屬於超幾何實驗的問題，因為蘋果抽出來檢驗後不會再放回。假設超幾何機率函數為 $f(x)$，則式子為：

$$f(x>1) = 1 - f(x \leq 1) = 1 - f(x=0) - f(x=1)$$

$$= 1 - \frac{\binom{40}{0}\binom{960}{20}}{\binom{1000}{20}} - \frac{\binom{40}{1}\binom{960}{19}}{\binom{1000}{20}}$$

　　上述式子可代入超幾何分配公式求出結果，但運算過程較複雜費時。在實務上，當母體個數很大時（一般為 $n/N \leq \frac{1}{20}$），可以利用二項分配公式求出超幾何分配的近似值。因此，上式可由二項分配查表得出近似解。其中成功機率 $p = s/N = \frac{40}{1,000} = 0.04$，樣本數 $n = 20$，則查二項分配表得出以下結果：

$$f(x>1) = 1 - f(x \leq 1) = 1 - f(x=0) - f(x=1) = 1 - 0.442 - 0.3683 = 0.1897$$

　　因此，抽取 20 顆蘋果檢驗，超過 1 顆壞掉的機率約為 0.1897，亦即會發生退貨的機率為 0.1897。

　　在實務應用上，我們還是希望了解在超幾何實驗問題下的期望值與變異數。同樣利用第 5 章的離散型機率分配的期望值與變異數，我們仍可推導出超幾何機率分配的期望值與變異數公式如下所示：

$$E(x) = n\left(\frac{s}{N}\right) \tag{6-6}$$

$$Var(x) = n\left(\frac{s}{N}\right)\left(1 - \frac{s}{N}\right)\left(\frac{N-n}{N-1}\right) \tag{6-7}$$

公式（6-6）為超幾何分配的期望值，亦即期望成功的次數，其中$\left(\frac{s}{N}\right)$乃是母體中成功的個數除以母體總個數（亦即成功的機率），再乘以試驗次數 n 次，即為試驗 n 次中期望成功的次數。此公式與二項機率分配的期望值觀念是一致的。

公式（6-7）為超幾何分配的變異數，衡量試驗成功次數的變異情況，乃是試驗次數 n 乘以成功機率$\left(\frac{s}{N}\right)$再乘以失敗機率$\left(1 - \frac{s}{N}\right)$再乘以$\left(\frac{N-n}{N-1}\right)$。此公式與二項機率分配的變異數觀念只差在調整項$\left(\frac{N-n}{N-1}\right)$，主要是因為抽後放回與不放回之實驗方式差異。

若以上述從 1,000 顆蘋果中抽取 20 顆蘋果進行檢驗的例子為例，抽取 20 顆蘋果中有壞掉的蘋果期望顆數為：

$$E(x) = n\left(\frac{s}{N}\right) = 20 \times \frac{40}{1,000} = 0.8$$

因此，期望值為 0.8，亦即抽取 20 顆中平均壞掉的顆數為 0.8 顆。

抽取 20 顆蘋果中平均壞掉顆數 0.8 顆的變異數為：

$$Var(x) = n\left(\frac{s}{N}\right)\left(1 - \frac{s}{N}\right)\left(\frac{N-n}{N-1}\right) = 20 \times \frac{40}{1,000} \times \left(1 - \frac{40}{1,000}\right) \times \frac{1,000-20}{1,000-1} \approx 0.7534$$

標準差為變異數開根號，如下：$\sigma_x = \sqrt{Var(x)} = 0.8680$

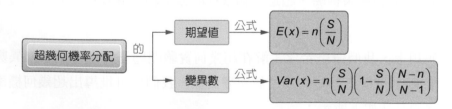

圖 6-7　超幾何機率分配之期望值與變異數之概念圖

四、負二項機率分配

負二項機率分配（Negative Binomial Probability Distribution）與二項分配觀念也是有關的，但並非指與二項機率分配相反。二項實驗的觀念是試驗 n 次中，探討 x 次成功的機率。而負二項實驗（Negative Binomial Experiment）乃是指達到 s 次成功的次數，亦即達到 s 次成功後即停止試驗，探討試驗 x 次發生的機率；在負二項實驗下，服從的分配即為負二項機率分配。在二項實驗裡，試驗次數是固定的（亦即由決策者指定試驗多少次），而要探討的成功次數則是隨機的；但在負二項實驗裡，成功次數是固定的（亦即由決策者指定多少次成功），而試驗次數則是隨機的。

*　負二項實驗乃是指達到 s 次成功的次數，亦即達到 s 次成功後即停止試驗，探討試驗 x 次發生的機率。

因為負二項實驗乃是達到 s 次成功即停止試驗，故第 s 次成功一定是最後一次試驗（假設為第 x 次試驗），則表示先前 $x-1$ 次試驗中已經有 $s-1$ 次成功了，因此負二項機率分配的機率函數為：

$$f(x) = \binom{x-1}{s-1} p^s (1-p)^{x-s}, \, x = s, s+1, s+2 \cdots \tag{6-8}$$

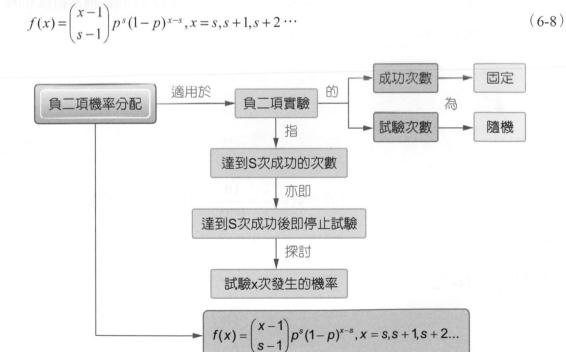

圖 6-8　負二項機率分配觀念之概念圖

　　由於負二項實驗試驗的條件與二項實驗是一樣的，只是負二項實驗求取的是要達到 s 次成功所需試驗 x 次的機率（此時第 x 次試驗是第 s 次成功）。因此，與二項機率分配不同的是，負二項機率分配公式內的組合是 $\binom{x-1}{s-1}$，亦即在已經確定第 x 次試驗為第 s 次成功下，前面 $x-1$ 次試驗有 $s-1$ 次成功的組合有多少種情況（為何要求取這個問題在前述二項機率分配已經介紹過）。

　　負二項機率分配也常被應用到品質管理或製程管理上。例如，軒記公司主要在生產肉乾，其中有包裝產品臺灣肉乾王；假設一個店面上架的客戶加訂 10 包（即成功的次數），因為公司對品質要求嚴格，使得生產機器成功機率僅 0.95，那需要生產 12 包（亦即需要試驗的次數）的機率為何？

　　我們可應用（6-8）式解答上面問題，求解如下：

$$f(x=12) = \binom{x-1}{s-1} p^s (1-p)^{x-s} = \binom{12-1}{10-1} 0.95^{10} 0.05^{12-10} \approx 0.08$$

因此，若要應付客戶加訂 10 包之需求，軒記公司需要生產 12 包的機率約為 0.08。

負二項分配的期望值與變異數公式為：

$$E(x) = \frac{s}{p} \qquad\qquad (6-9)$$

$$Var(x) = \frac{s(1-p)}{p^2} \qquad\qquad (6-10)$$

以上述軒記公司為例，期望生產包數為 $\frac{s}{p} = \frac{10}{0.95} = 10.526$，亦即想要生產 10 包成功時，需要生產的期望包數為 10.526 包。而變異數為 $\frac{s(1-p)}{p^2} = \frac{10(1-0.95)}{0.95^2} = 0.554$ 包 ^{2}，標準差約為 0.744 包。

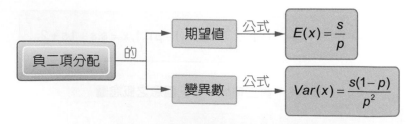

圖 6-9　負二項分配的期望值與變異數之概念圖

五、幾何機率分配

幾何機率分配（Geometric Probability Distribution）是負二項機率分配的特例。負二項實驗是要試驗 s 次成功才停止，s 可以是任何次成功，當 s 為一次成功時，即為幾何實驗。令 x 為要達到一次成功的試驗次數，每一次成功的機率為 p，則 x 的機率分配服從幾何機率分配。在很多實務的情況，僅需要一次成功即可停止試驗。譬如，要試圖通過某項測試（考駕照只要考一次過、通過餐飲丙級檢定、應徵上正式教師），即是需要一次成功即可。

* 幾何實驗乃是指達到 1 次成功的次數，亦即達到 1 次成功後即停止試驗，探討 1 次成功發生的機率。

既然幾何機率分配為試驗一次成功的負二項機率分配的特例，表示幾何實驗為負二項實驗成功次數 $s = 1$ 的情況，則負二項公式中的組合變為 $\binom{x-1}{s-1} = \binom{x-1}{0} = 1$，因此幾何機率分配的機率函數為：

$$f(x) = p(1-p)^{x-1}，x = 1, 2, 3 \cdots \tag{6-11}$$

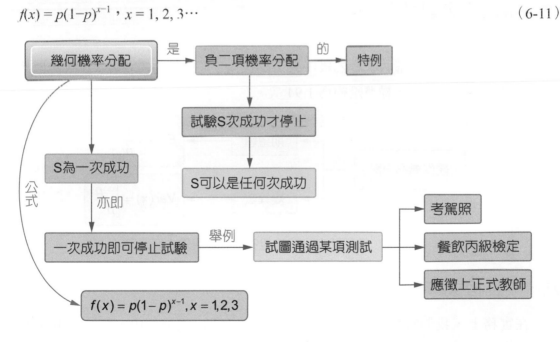

圖 6-10　幾何機率分配觀念之概念圖

以下舉一個餐飲考照相關的題目應用在幾何機率分配上。假設乙級中餐烹調技術士的通過率為 0.4，請問邱先生剛好考到第四次才考上的機率為何？

此時，可以利用（6-11）式來解答上述問題：

$$f(x) = p(1-p)^{x-1} = 0.4 \times (1-0.4)^{4-1} = 0.0864$$

因此，邱先生剛好考到第四次才考上的機率為 0.0864。

幾何機率分配的期望值與變異數公式為：

$$E(x) = \frac{1}{p} \tag{6-12}$$

$$Var(x) = \frac{1-p}{p^2} \tag{6-13}$$

再以上述考證照為例，其期望值與變異數計算結果如下：

$$E(x) = \frac{1}{p} = \frac{1}{0.4} = 2.5$$

$$Var(x) = \frac{1-p}{p^2} = \frac{1-0.4}{0.4^2} = 3.75$$

實務意涵表示，一般人在考乙級中餐烹調技術士時，平均需要考 2.5 次才能考上。而其變異數為 3.75 次 ^{2}，標準差約為 1.94 次。

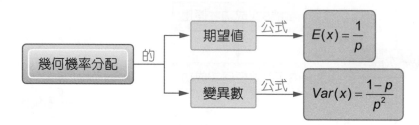

圖 6-11　幾何機率分配的期望值與變異數之概念圖

六、卜瓦松機率分配

在實務上，我們常想要了解在某特定時間或空間（長度）中，某特定事件發生次數之機率，此類實驗即是屬於卜瓦松實驗（Poisson Experiment），其隨機變數服從的分配即為卜瓦松機率分配（Poisson Probability Distribution）。譬如，在上午 9～10 點之間，進來銀行的顧客人數；中午 12～13 點之間，進去台中市新光三越旁停車場停車的車輛數；高速公路每隔 10 公里，有發生路面損壞的個數；中東輸油管每隔 100 公里，有發生油管破裂的個數…等等，都是屬於卜瓦松實驗。

* 卜瓦松實驗乃探討在某特定時間或空間（長度）中，某特定事件發生次數之機率。

卜瓦松實驗須同時具備以下三點特性：

1. 在特定時間或空間中，某事件發生的平均數皆相同且爲已知。

2. 任意兩個等長的時間或空間中，事件發生的機率皆相同，且發生的機率與時間或空間的長短成比例。

3. 各時間或空間中，事件只有發生與不發生兩種情況，且各個不同的時間或空間，事件的發生與不發生彼此獨立，不會互相影響。

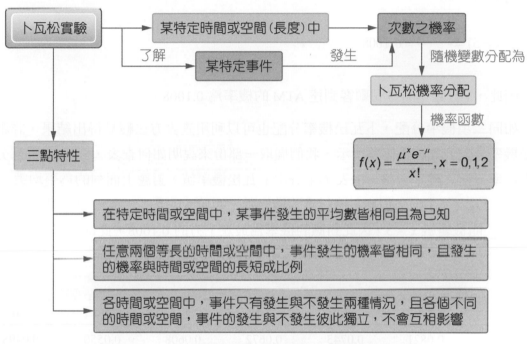

圖 6-12　卜瓦松實驗及卜瓦松機率分配觀念之概念圖

假設隨機變數 x 係某個特定時間或空間中，某特定事件發生的次數，且其平均數已知爲 μ，機率分配服從卜瓦松機率分配，則其機率函數爲：

$$f(x) = \frac{\mu^x e^{-\mu}}{x!}, x = 0,1,2 \cdots \tag{6-14}$$

資訊科技的發達，銀行業的自動櫃員機（ATM）也很普遍，ATM 的業務功能性愈來愈多，也使得 ATM 的使用率愈來愈高，而設立 ATM 也可節省銀行的人力成本，因此銀行普遍考慮多設立 ATM。銀行在考慮設立 ATM 或定期的做 ATM 服務產能調查時，會分析顧客等候時間，以評估增設或減少 ATM 的必要性；評估標準係從顧客滿意度及成本之權衡考量，若 ATM 設立過少，導致顧客等候時間過長，則會使得顧客抱怨

而降低顧客滿意度，可能導致顧客流失；但若設立過多的 ATM，會導致銀行成本過高，也是對銀行不利。因此，如何決定最適的 ATM 數量，也是銀行重要的決策項目之一。假設中國信託銀行在一段時間都對 ATM 服務產能進行調查，過去資料顯示顧客到達 ATM 的時間服從一個卜瓦松機率分配。則令隨機變數 x 為 1 分鐘內顧客到達的人數，而由過去統計資料顯示每 1 分鐘平均有 3 位顧客到達。請問 1 分鐘內有 5 位顧客到達的機率為何？

以上的問題為卜瓦松機率分配的應用，在平均數已知為 $\mu = 3$ 之下，可用公式（6-14）求取結果如下：

$$f(x = 5) = \frac{3^5 e^{-3}}{5!} = 0.1008$$

因此，1 分鐘內有 5 位顧客到達 ATM 的機率為 0.1008。

如同二項機率分配，卜瓦松機率分配也可以利用查表方法輕易得出結果，詳細卜瓦松機率分配表如後面附錄所示，我們擷取一部份來說明如何查表，表 6-4 為部分卜瓦松機率分配之機率表格。由表 6-4 查出卜瓦松機率值，對應上面列的為平均數 μ 的值（2.5, 2.6, …, 3.0），對應左邊行為隨機變數 x 的值（0, 1, 2, 3, 4, 5），本例子為平均數 $\mu = 3$，隨機變數 $x = 5$，因此對應的機率為最左下方的 0.1008，此即為機率解。

表 6-4　部分卜瓦松機率分配機率表

x	μ					
	2.5	2.6	2.7	2.8	2.9	3.0
0	0.0821	0.0743	0.0672	0.0608	0.0550	0.0498
1	0.2052	0.1931	0.1815	0.1703	0.1596	0.1494
2	0.2565	0.5210	0.2450	0.2384	0.2314	0.2240
3	0.2138	0.2176	0.2205	0.2225	0.2237	0.2240
4	0.1336	0.1414	0.1488	0.1557	0.1622	0.1680
5	0.0668	0.0735	0.0804	0.0872	0.0940	0.1008

若要求出此問題所有隨機變數值的機率分配表（Probability Distribution），可利用卜瓦松機率分配的機率表直接查出，如上述表 6-4，最右邊的 $\mu = 3$ 那一行的所有機率值，即為本例子的機率分配表，如表 6-5 所示。由表 6-5 即可知，1 分鐘內有 0 位顧客到達 ATM 的機率為 0.0498，1 分鐘內有 1 位顧客到達 ATM 的機率為 0.1494，1 分鐘內有 2 位顧客到達 ATM 的機率為 0.2240，1 分鐘內有 3 位顧客到達 ATM 的機率為 0.2240，1 分鐘內有 4 位顧客到達 ATM 的機率為 0.1680。

表 6-5　中國信託銀行 ATM 一分鐘內顧客到達人數的機率分配表

x	$f(x)$
0	0.0498
1	0.1494
2	0.2240
3	0.2240
4	0.1680
5	0.1008
6	$\vdots$
7	$\vdots$
$\vdots$	$\vdots$
機率總和	1

　　由上述說明，我們可以知道卜瓦松機率分配的期望值（即平均數）為已知的 μ，而卜瓦松機率分配有一個重要特性，亦即其平均數等於變異數，亦即變異數也為 μ，而其標準差為變異數開根號，亦即為 $\sqrt{\mu}$。因此，再以 ATM 為例，其期望值、變異數及標準差各為：

$$E(x) = \mu = 3$$

$$Var(x) = \mu = 3$$

$$\sigma_x = \sqrt{\mu} = \sqrt{3}$$

　　實務意涵為中國信託 ATM 每 1 分鐘到達的人數平均有 3 人，變異數為 3 人^2，標準差為 $\sqrt{3}$ 人。

6-2　常用的連續型機率分配

一、矩形機率分配

　　連續型的均勻（或稱矩形）機率分配（Continuous Uniform Probability Distribution）是最簡單的一種連續型機率分配。連續型均勻機率分配的隨機變數 x 可以是某區間的任何值，故 x 是連續型隨機變數。所謂的均勻（Uniform）表示任一區間內，隨機變數 x 發生的機率皆相同，此時連續型隨機變數 x 的機率分配服從均勻機率分配。

* 當連續型隨機變數 x 在某一特定區間內發生的機率皆相同時，則連續型隨機變數 x 的機率分配服從均勻機率分配。

圖 6-13　矩形機率分配觀念之概念圖

　　假設連續型隨機變數 x 的可能值之範圍為（a, b）區間，且服從均勻機率分配，則此均勻機率密度函數為：

$$f(x) = \begin{cases} \dfrac{1}{b-a}, & a \leq x \leq b \\ 0, & 其他 \end{cases} \qquad (6\text{-}15)$$

　　連續型均勻機率分配的圖形如圖 6-14 所示，是一個類似矩形的圖形，所以也稱為矩形機率分配，其特性為在 a 與 b 的區間範圍內，隨機變數 x 任何值發生的機率皆相同，發生的機率皆為 $\dfrac{1}{b-a}$；在此區間外的其他區域，隨機變數 x 不會出現，因此機率為 0。

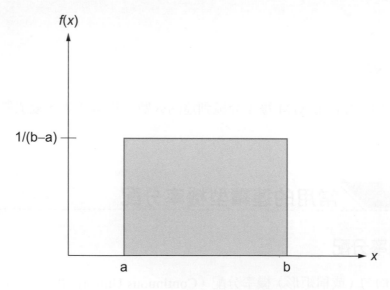

圖 6-14　連續型均勻機率分配

　　連續型均勻機率分配常被用在交通工具的行使時間，譬如火車或高鐵行駛時間、飛機飛行時間。假設有一連續型隨機變數 x，表示從臺中到臺北的高鐵行駛時間，若其行駛時間為介於 55 分鐘至 65 分鐘的任何時間，且在此區間隨機變數 x 發生的機率皆相同。因此，x 的機率分配服從連續型均勻機率分配，其機率密度函數為：

$$f(x) = \begin{cases} \dfrac{1}{10}, & 55 \leq x \leq 65 \\ 0, \text{其他} \end{cases}$$

　　如第 5 章之說明，連續型隨機變數所關心的是某特定區間的隨機變數值所對應的機率（因為某一特定數值的機率值為 0）。若一位公司行銷人員被要求在一小時到臺北高鐵站接一位重要的客戶，目前她坐上的高鐵正準備出發，則這位行銷人員能在被要求的時間內接到客戶的機率為何？（此題目即為第 5 章 5-2 的問題，只要知道連續型均勻機率分配，就不需要用到複雜的積分方法求解了）

　　上述問題乃是求取高鐵在 60 分鐘內到達臺北的機率，而高鐵最快是 55 分鐘到達臺北，故此問題係在求取 $p(55 \leq x \leq 60)$ 的機率值。計算如下：

$$p(55 \leq x \leq 60) = (60 - 55) \times \frac{1}{10} = 0.5$$

因此，行銷人員能趕得上接到客戶的機率為 0.5。

　　上述算法主要可參考圖 6-15 之矩形機率分配，由此圖形我們可以知道，橫軸為隨機變數 x 的數值，以此例子而言，x 的最小值 $a = 55$，最大值 $b = 65$，在此區間內 x 發生的機率皆為 $\dfrac{1}{b-a} = \dfrac{1}{10}$（參考圖 6-15）；而行銷人員被要求 60 分鐘內到達臺北高鐵站的機率即為圖 6-15 的矩形斜線面積。此斜線面積即為長 × 高，其中長為隨機變數 x 的數值區間 55 分鐘至 60 分鐘（亦即長 = 60-55），高為機率密度函數 $f(x) = \dfrac{1}{10}$。

　　均勻機率分配的期望值與變異數之公式各為：

$$E(x) = \frac{a+b}{2} \tag{6-16}$$

$$Var(x) = \frac{(b-a)^2}{12} \tag{6-17}$$

均勻機率分配的期望值（即平均數）的公式，剛好是隨機變數 x 數值區間的中點，因此剛好爲 $\frac{a+b}{2}$（亦即最小值加最大值除以 2）。而變異數的公式之推導則必須利用第 5 章連續型隨機變數之變異數求法，使用積分的方法。

再以上述行銷人員爲例子，高鐵從台中到臺北的行駛時間之期望時間與變異數各爲：（同樣地，此題目即爲第 5 章 5-2 的問題，只要知道連續型均勻機率分配，就不需要用到複雜的積分方法求取平均數與變異數了）

$$E(x) = \frac{a+b}{2} = \frac{55+65}{2} = 60$$

$$Var(x) = \frac{(b-a)^2}{12} = \frac{(65-55)^2}{12} \approx 8.33$$

因此，高鐵行駛的期望值（平均時間）爲 60 分鐘，而變異數約爲 8.33 分鐘^2，標準差約爲 2.89 分鐘。

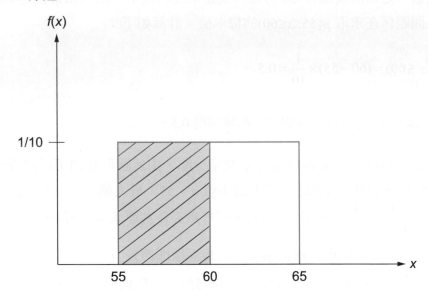

圖 6-15 高鐵從台中到台北行駛時間在 60 分鐘內的機率

二、常態機率分配

常態機率分配（Normal Probability Distribution）又稱為高斯分配（Gauss Distribution），此分配可說是實務上最常用的機率分配。主要原因係很多實務的資料諸如社會科學資料（行銷、大數據、生產量）、自然科學資料（降雨量、醫學）、人類基本資料（身高、體重）等，只要樣本量大，大致都能符合常態機率分配。而在統計推論的方法有兩種方法：有母數法（Parametric Method）及無母數法（Nonparametric Method），決定使用哪一種方法之關鍵也在於母體資料是否符合常態分配，有母數法之使用前提必須母體資料的分配型態為常態分配。後續統計推論章節將再更具體詳細說明之。

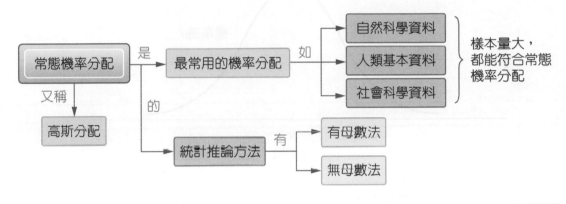

圖 6-16　常態機率分配觀念之概念圖

（一）常態機率分配的函數與常態曲線

常態機率分配是一種連續型的機率分配，假設隨機變數 x 之機率分配為一常態機率分配，則其機率密度函數為：

$$f(x) = \frac{1}{\sqrt{2\pi}\sigma} e^{-\frac{1}{2}\frac{(x-\mu)^2}{\sigma^2}}, -\infty < x < \infty \tag{6-18}$$

其中 μ 為平均數，σ 為標準差，$\pi = 3.14159$，$e = 2.71828$。

由（6-18）的常態機率密度函數可知，此函數之值決定在於常態分配的平均數 μ 及標準差 σ。因此，若要求出隨機變數的常態機率值，只要知道其平均數及標準差即可；而常態分配的形狀也將決定於其平均數及標準差。此一良好特性也讓常態機率分配在實務上常被使用。更多說明請參考下一節。

常態機率分配的形狀是一個左右對稱的鐘形分配，此已在第 3 章說明過。常態機率分配的形狀一般都稱爲常態曲線（Normal Curve），如圖 6-17 所示，乃是一個左右對稱的鐘形曲線（類似一個和尚敲鐘的鐘形曲線），其中係以平均數爲對稱中心，左右兩邊對稱，標準差則影響常態曲線的陡峭與扁平、寬與窄之程度（代表常態資料之分散程度）。

上述常態曲線係利用我們第 3 章所學的直方圖所畫出來的，亦即先將資料由小到大進行分組，然後再繪出直方圖；當分組的組數到達無限大，而每組組距到無限小，可直方圖變成像圖 6-17 一樣的曲線型態。

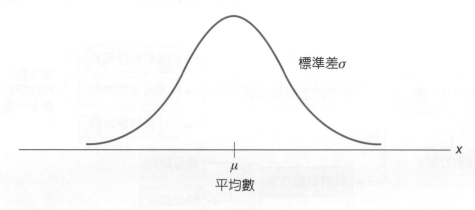

圖 6-17　常態曲線

（二）常態機率分配的特性

常態機率分配之所以重要且實務上很常被用，除了很多實務現象符合常態機率分配外，也是因爲常態機率函數只要得知平均數與標準差後即能求出，更重要的是它具備以下幾項重要特性（由觀察圖 6-17 的常態曲線可大致了解這些特性）：

1. 常態機率分配形狀決定在於其平均數 μ 及標準差 σ。不同的 μ 及 σ，會有不同的常態機率分配。

2. 常態曲線係以平均數 μ 爲對稱中心點，以此中心點左右兩邊呈現對稱。由於常態曲線爲對稱的曲線，故其偏度爲 0，而其峰度爲 3。常態曲線之左右兩邊的尾巴是無限延長的，亦即不會與水平軸相交，亦即對於任意具有常態分配的隨機變數 $x(-\infty < x < \infty)$，其機率密度函數 $f(x)$ 之值絕對不會爲 0。

3. 常態曲線之對稱中心點（表示左右兩邊的資料數量相同）爲平均數 μ，乃是曲線的最高點（表示資料數量最多），因此此點也是中位數及眾數。

4. 常態機率分配的平均數可以是正、負、零等任意數值，不同的平均數會有不同的常態機率分配。平均數影響的是常態曲線之位置，當平均數不同，常態曲線的形狀是一樣的（假設標準差相同），但其位置會不同。如圖 6-18 所示。

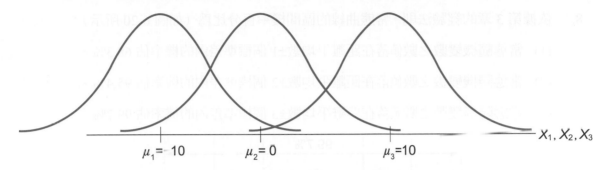

圖 6-18 不同平均數下的常態曲線

5. 標準差 σ 影響的是常態分配的形狀，常態機率分配的標準差必大於或等於 0。標準差代表常態資料的分散程度；當標準差愈大，則常態資料愈分散，此時常態曲線愈寬與扁平；反之，當標準差愈小，則常態資料愈集中，此時常態曲線愈窄與陡峭。如圖 6-19 所示，相同的平均數（中心點位置相同），不同的標準差導致不同的常態曲線形狀。

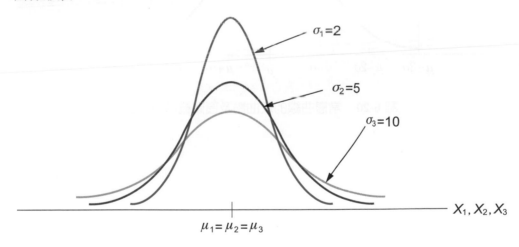

圖 6-19 不同標準差下的常態曲線

6. 常態隨機變數 x 的機率值可由常態曲線下的面積求得（利用積分），常態曲線下的面積為 1（表示所有數值的機率和等於 1）。常態曲線係以平均數為對稱中心，故平均數左邊曲線下的面積為 0.5（表示機率為 0.5），右邊曲線下的面積也為 0.5。此特性使得常態機率值之求得很方便。

7. 常態曲線以平均數 μ 為中心點，兩邊各加減一個標準差（即 $\mu\pm\sigma$），即是常態曲線的兩個反曲點（Inflection Point）。所謂反曲點乃是由中心點開始往外延伸，本來為向下凹的曲線，轉為向上凹的曲線。如圖 6-20 所示。

8. 依據第 3 章的經驗法則，常態曲線的區間機率百分比為（如圖 6-20 所示）：

   (1) 常態隨機變數之數值落在距離平均數±1 個標準差內的機率佔 68.3%。

   (2) 常態隨機變數之數值落在距離平均數±2 個標準差內的機率佔 95.4%。

   (3) 常態隨機變數之數值落在距離平均數±3 個標準差內的機率佔 99.7%。

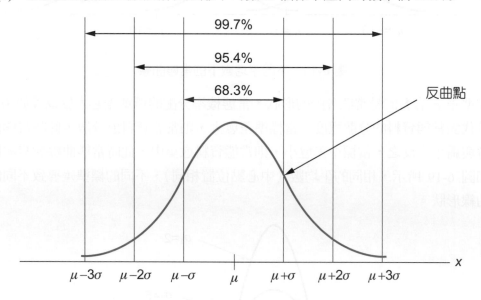

圖 6-20　常態曲線的反曲點及區間機率百分比

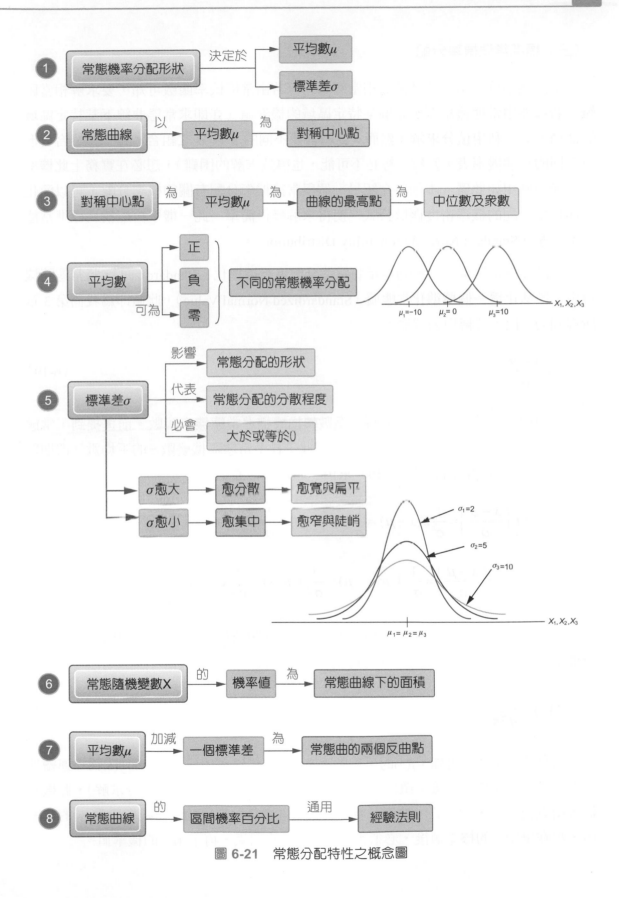

圖 6-21　常態分配特性之概念圖

（三）標準常態機率分配

　　常態機率分配由其特性感覺相當簡單，但若由常態機率函數可知，要求解相當困難。若僅能由常態機率函數求解某特定區域的機率值（亦即求常態曲線下某特定區域的面積，必須利用積分求解；然而，此時需要不同的 μ 及 σ 之組合，每一種組合會形成不同的常態機率表，要建立勢必不可能，也導致求解的困難），想必在實務上此機率分配無法應用如此廣。本節將介紹另一個與常態機率分配有關的機率分配，可以簡化常態機率分配的機率密度函數公式，使得求解變得簡單，此一機率分配稱為標準常態機率分配（Standard Normal Probability Distribution）。

　　所謂標準常態機率分配乃是指將常態分配進行標準化（Standardized），將常態隨機變數 x 標準化為一個標準化常態值（Standardized Normal Value），此值即為我們第 3 章所提到的 z 值。其轉換公式為：

$$z = \frac{x - \mu}{\sigma} \tag{6-19}$$

　　藉由此公式我們可以將常態機率函數轉換成標準常態機率函數。前述提到，常態隨機變數 x 的平均數為 μ，標準差為 σ。因此，標準常態隨機變數 z 的平均數（即期望值）及標準差即可藉由式子（6-19）求出。如以下推導：

$$E(z) = E\left(\frac{x - \mu}{\sigma}\right) = \frac{1}{\sigma} E(x - \mu) = \frac{1}{\sigma}(E(x) - \mu) = \frac{1}{\sigma}(\mu - \mu) = 0$$

$$Var(z) = Var\left(\frac{x - \mu}{\sigma}\right) = \frac{1}{\sigma^2} Var(x - \mu) = \frac{1}{\sigma^2} Var(x) = \frac{1}{\sigma^2}\sigma^2 = 1$$

　　因此，標準常態隨機變數 z 的平均數為 0，變異數及標準差皆為 1。再將式子（6-19）及標準差為 1 帶入公式（6-18），可得出標準常態機率密度函數為：

$$f(z) = \frac{1}{\sqrt{2\pi}} e^{-\frac{z^2}{2}}, -\infty < z < \infty \tag{6-20}$$

　　由公式（6-20）可知，$f(z)$ 的平均數固定為 0，標準差固定為 1。而 $f(z)$ 為一連續型機率函數，故求取 z 的機率值仍是在求一特定區間的機率值（運用積分求解），此機率值可由查表求出，如附錄。然而，我們最終的目標是求取原始常態隨機變數 x 的機率值，故在求出 z 的機率值後，必須再利用 x 與 z 的關係，再求出 x 的機率值。

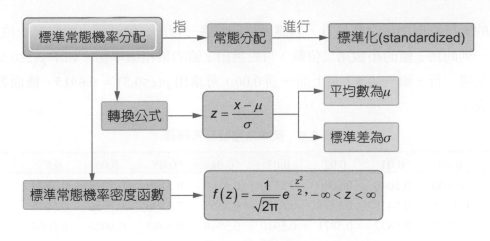

圖 6-22　標準常態機率分配觀念之概念圖

* 所謂標準常態機率分配乃是指將常態分配進行標準化,將常態隨機變數 x 標準化為一個標準化常態值(即 z 值)。

以下我們介紹如何運用 z 的機率表求取 z 值的機率,最後求取 x 值的機率。既然 z 的機率值僅能為一特定區間的機率值,而且單一點 z 值的發生機率為 0(請參考第 5 章之概念),故求取 z 的機率值有以下幾種情況:1. z 值小於或等於某個值發生的機率。2. z 值介於某個數值區間發生的機率。3. z 值等於或大於某個值發生的機率。

1.　z 值小於或等於某個值發生的機率:假設我們有興趣求取 z 值小於或等於 0.5 的機率值,小即 $p(z \leq 0.5) = \int_{-\infty}^{0.5} f(z) dz$,此時可利用 z 值的機率表查出此機率值。不同教科書的機率表不見得相同,所以在查機率表時必須先看機率表上面的機率分配圖。如以下是本書的標準常態分配圖:

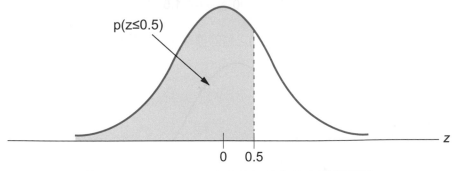

圖 6-23　求 $p(z \leq 0.5)$ 之值的標準常態分配機率圖

後面附錄 A-20 的表格如同圖 6-23 一樣是累積機率,亦即 z 值小於或等於 0.5 的機率是累積到 0.5 的累積機率值,亦即 $p(z \leq 0.5) = \int_{-\infty}^{0.5} f(z) dz$,如圖 6-23 陰影下的面積。

從附錄的表格找機率值之找法為，對應表格最左邊一行的 z 值（到小數點第一位數），最上面一列的為 z 值的小數第二位數，可對應出 z 值的累積機率值。如求 $p(z\leq 0.5)$，即對應最左邊一行 z 值 = 0.5，最上面一列 0.00，可求出 $p(z\leq 0.5) = 0.6915$。後面表格摘錄如下表：

表 6-6　標準常態機率表摘錄

Z	0.00	0.01	0.02	0.03	0.04	0.05	0.06	0.07	⋯
0.0	0.5000	0.5040	0.5080	0.5120	0.5160	0.5199	0.5239	0.5279	
0.1	0.5398	0.5438	0.5478	0.5517	0.5557	0.5596	0.5636	0.5675	
0.2	0.5793	0.5832	0.5871	0.5910	0.5948	0.5987	0.6026	0.6064	
0.3	0.6178	0.6217	0.6255	0.6293	0.6331	0.6368	0.6406	0.6443	
0.4	0.6554	0.6591	0.6628	0.6664	0.6700	0.6736	0.6772	0.6808	
0.5	0.6915	0.6950	0.6985	07019	0.7054	0.7088	0.7123	0.7157	

2. z 值介於某個數值區間發生的機率：假設我們有興趣求取 z 值介於 −0.5 至 1.5 之機率，亦即求取 $p(-0.5 \leq z \leq 1.5) = \int_{-0.5}^{1.5} f(z) dz$ 之機率值。此時我們可以再用後面附錄的標準常態機率表查出結果。此時必須運用如圖 6-24 及 6-25 兩個不同的標準常態機率圖（如附錄 A-20 及 A-19 的兩張圖，各代表不同機率的圖形）。

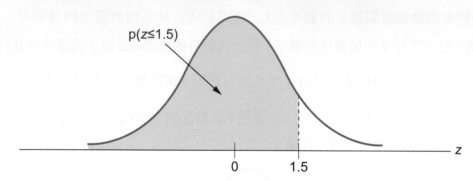

圖 6-24　求 $p(z\leq 1.5)$ 之值的標準常態分配機率圖

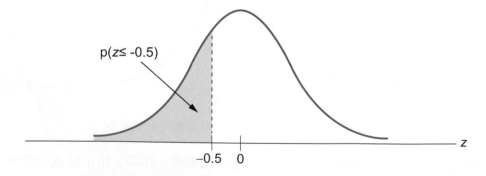

圖 6-25　求 $p(z\leq -0.5)$ 之值的標準常態分配機率圖

利用求解代數轉換及後面附錄表格（A-19 及 A-20），求解結果如下：

$$p(-0.5 \leq z \leq 1.5) = p(z \leq 1.5) - p(z \leq -0.5) = 0.9332 - 0.3085 = 0.6247$$

3. z 值等於或大於某個值發生的機率：假設我們有興趣要求標準常態機率值 $p(z \geq 1.5) = \int_{1.5}^{\infty} f(z)dz$。此時我們仍可用查表方式得出結果。首先運用代數轉換，再運用如圖 6-24 的面積查附錄標準常態機率表求出解。如下述過程，可求結果：

$$p(z \geq 1.5) = 1 - p(z < 1.5) = 1 - 0.9332 = 0.0668$$

4. 用機率值回求 z 值：在實務，很多情況我們是要利用已知的或設定機率值回求原始的 z 值，此時仍然可用後面標準常態機率表求解，但是係利用從機率值回去查對應的 z 值。譬如，我們有興趣 z 值左邊面積為 0.05 的原始 z 值為何？如圖 6-26 的左尾面積。

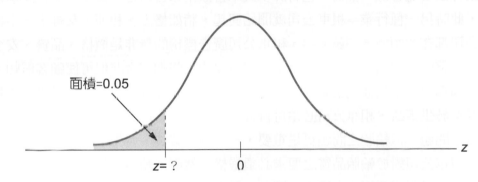

圖 6-26　求左尾面積 0.05 的 z 值之標準常態分配機率圖

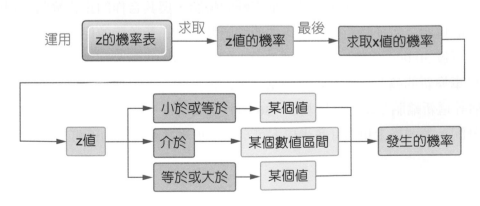

圖 6-27　標準常態分配 z 值對應機率求法之概念圖

由附錄 A-19 的標準常態機率表我們無法查到左尾面積（即機率值）為 0.05 的值，但可查到左尾面積為 0.0505 所對應的 z 值為 -1.64，而左尾面積為 0.0495 所對應的 z 值為 -1.65。此時我們可利用插補法求出左尾面積為 0.05 的機率值，計算過程如下：

$$\frac{(-1.64) - z}{(-1.64) - (-1.65)} = \frac{0.0505 - 0.05}{0.0505 - 0.0495}$$

由上式可求出 $z = -1.645$。因此，標準常態分配 $z = -1.645$ 的左尾面積（機率值）為 0.05，亦即 $p(z \le -1.645) = 0.05$。

之前我們提過常態分配的特性之一為以平均數為中心點呈現左右對稱，而標準常態分配的平均數為 0，若依此特性，就可利用上述 $p(z \le -1.645) = 0.05$ 之解輕易求出 $p(z \ge 1.645)$ 之值，因為 $p(z \ge 1.645) = p(z \le -1.645) = 0.05$。

5. 產業實例：隨著現代休閒生活愈來愈受到民眾的重視，旅遊業無不卯足勁利用各種行銷方法增加客源。然而，也有許多民眾喜歡全家自由行，又不想全程開車徒耗體力，此時另一種行業—租車公司就開始興起，諸如格上、和運、艾維士、中租等租車公司都在此領域強烈競爭中，租車公司廣告標榜的無非是價格、品質、安全、便利、溫馨附加價值等，其中安全是非常重要的，強調安全非但可使顧客信賴，更可避免因為發生事故而產生額外的大額賠償。就責任歸屬而言，一旦是車子本身之問題導致發生事故，租車公司必須付百分之百的賠償責任，車子的問題之一是車子零件發生問題，但輪胎之問題更是重要，一旦輪胎破裂，發生事故之危險性更大。因此，租車公司對於輪胎品質之要求必須嚴格。然而，輪胎之品質提高，價格相對會較高，使得租車公司成本提高。因此，租車公司自然希望高價位的輪胎之汰換率能低一點。

最近，格上租車公司準備汰換一批車輛的輪胎，與其合作的正新輪胎公司研發成功一個新的輪胎，可使輪胎壽命比以往的輪胎較長。正新輪胎並保證此輪胎行駛里數平均至少可達 30,000 公里，如果未能達到此行駛里數，正新公司承諾可以 5 折的價格讓格上租車換新的輪胎，格上租車同意訂購此批輪胎。而根據正新公司當初研發測試結果，估計這新輪胎平均行駛里數 $\mu = 36,000$，標準差 $\sigma = 4,000$，且假設輪胎行駛里數呈常態分配，請問格上租車有多少機率可享受 5 折更換新輪胎的優惠？

假設隨機變數 x 表示輪胎行駛里數，上述享受更換輪胎打 5 折優惠的問題乃是在求 $p(x<30,000)$ 的機率，如同圖 6-28 的左邊面積。因為隨機變數 x 呈常態分配，必須先將 x 轉換成標準常態分配 z 值，再進行運算，過程如下所示：

$$p(x < 30,000) = p(z < \frac{x-\mu}{\sigma}) = p(z < \frac{30,000 - 36,000}{4,000}) = p(z < -1.5) = 0.0668$$

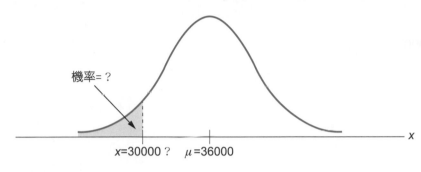

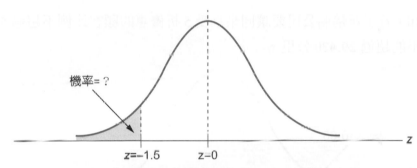

圖 6-28 　求 $p(x < 30,000)$ 的常態分配圖及其對應的標準常態分配圖

因此，在正新輪胎公司對此批輪胎保證至少行駛 30,000 公里下，格上租車有 6.68% 的機率在下一次可享受 5 折更換新輪胎的優惠。

我們再思考一個問題，若以正新輪胎公司角度思考，正新輪胎基於行銷效果（保證行駛里數可增加新輪胎銷售量）與成本（享受更換新輪胎五折優惠增加成本）之權衡，在精算後，發現享受更換新輪胎五折優惠的機率不能超過 5%（亦即回來享受的消費者不能超過所有購買此批輪胎消費者的 5%），則正新輪胎公司應該設定保證里數多少才可以符合此標準？

上述問題係在求取的 $p(x < S) = 0.05$ 的保證里數 S，如圖 6-29 左邊面積為 0.05 下的臨界值 S。同樣地，我們先將隨機變數 x 利用公式轉換成標準常態隨機變數 z 值，再求出結果，計算過程如下：

$$p(x < S) = p(z < \frac{S-\mu}{\sigma}) = (z < \frac{S - 36,000}{4,000}) = 0.05$$

上述式子我們必須利用前一單元所學的技術，先求出 z 值為何，由附錄 A-19 的標準常態機率分配機率表求當左尾面積為 0.05 時的 z 值，結果為

$$p(z < \frac{S-36,000}{4,000}) = p(z < -1.645) = 0.05$$

因此

$$\frac{S-36,000}{4,000} = -1.645$$

可得出

$$S = 29,420$$

由此可知，若正新輪胎公司要讓回來享受 5 折優惠的顧客比例不超過 5%，保證輪胎行駛里數不能超過 29,420 公里。

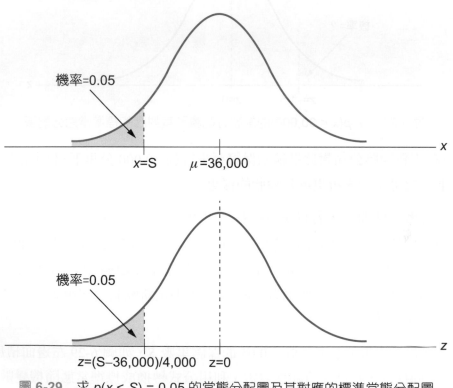

圖 6-29　求 $p(x < S) = 0.05$ 的常態分配圖及其對應的標準常態分配圖

我們再舉一例標準常態分配的應用，109 年在臺北新光三越香奈兒精品專櫃當年度每月平均銷售額為 450,000 元，假設銷售額呈常態分配，且標準差為 50,000 元。依照 109 年的銷售結果，高階主管想要預測 110 年的各月銷售額情況，以便進一步了解在不同月份銷售額高低影響因素，進而規劃預算及行銷策略。為獲得相關預測資料，高階主管首要了解以下問題：

1. 月銷售額在 400,000 到 500,000 元之間的機率為何？（普通的業績）

2. 月銷售額少於 350,000 元的機率為何？（較差的業績）

3. 月銷售額超過 550,000 元的機率為何？（較佳的業績）

假設隨機變數 x 表示月銷售額，上述月銷售額在 400,000 到 500,000 元之間的問題乃是在求 $p(400,000 < x < 500,000)$ 的機率。因為隨機變數 x 呈常態分配，必須先將 x 轉換成標準常態分配 z 值，再進行運算，過程如下：

$$p(400,000 \leq x \leq 500,000) = p\left(\frac{400,000 - \mu}{\sigma} \leq z \leq \frac{500,000 - \mu}{\sigma}\right) =$$

$$p\left(\frac{400,000 - 450,000}{50,000} \leq z \leq \frac{500,000 - 450,000}{50,000}\right) = p(-1 \leq z \leq 1)$$

$$= 0.8413 - 0.1587 = 0.6826$$

顯示月銷售額在 400,000 到 500,000 元之間的機率為 0.6826。

再來月銷售額少於 350,000 元是在求 $p(x < 350,000)$ 的機率，同樣地，我們先將隨機變數 x 利用公式轉換成標準常態隨機變數 z 值，再求出結果，計算過程如下：

$$p(x < 350,000) = p\left(z < \frac{350,000 - 450,000}{50,000}\right) = p(z < -2) = 0.0228$$

顯示月銷售額少於 350,000 元的機率為 0.0228。

接下來月銷售額超過 550,000 元是在求 $p(x > 550,000)$ 的機率，同樣地，我們先將隨機變數 x 利用公式轉換成標準常態隨機變數 z 值，再求出結果，計算過程如下：

$$p(x > 550,000) = p\left(z > \frac{550,000 - 450,000}{50,000}\right) = p(z > 2) = 1 - 0.9773 = 0.0227$$

顯示月銷售額超過 550,000 元的機率為 0.0227。

（四）二項機率分配使用常態機率分配近似

常態機率分配之所以重要，另一項原因乃是有些離散型機率分配可以使用常態機率分配來近似，且效果很好（近似結果誤差很小），尤其在樣本量大時，使用常態機率分配來近似可得出很理想的結果。譬如離散型的二項機率分配即可在某些條件下，可以使用常態機率分配得出很理想的近似結果。

在前面二項分配章節中，我們知道二項實驗關心的是 n 次試驗中發生 x 次成功的機率，但若試驗次數 n 很大時，則二項分配機率就不容易計算，故在試驗次數 n 很大時，我們通常尋求其他方法來近似二項分配的結果。假設成功機率為 p，失敗機率為 $1-p$，當 $np \geq 5$ 且 $n(1-p) \geq 5$ 時，以常態分配近似二項分配可得到非常精確的近似值，故此時實務上會用常態分配求二項分配的近似值。

* 當 $np \geq 5$ 且 $n(1-p) \geq 5$ 時，以常態分配近似二項分配可得到非常精確的近似值。

在使用常態分配求二項分配的近似機率值時，首先要求平均數及標準差，因為常態機率密度函數之求取必須先知道平均數及標準差為何。由二項機率分配的章節，我們可以知道二項機率分配的平均數與標準差各為：

$$\mu = np$$

$$\sigma = \sqrt{np(1-p)}$$

其次，因為二項機率分配為離散型機率分配，而常態機率分配為連續型機率分配，由前面學習中我們學到離散型機率分配可求取在某一特定值的機率，但連續型機率分配在某一特定值的機率為 0。因此，在利用常態分配求取二項分配的近似值時，必須先進行連續性校正（Continuity Correction），把某一特定值校正為某一區間值。一般而言，都把某特定數值往外加減 0.5，此時加減 0.5 稱為連續校正因子（Continuity Correction Factor）。

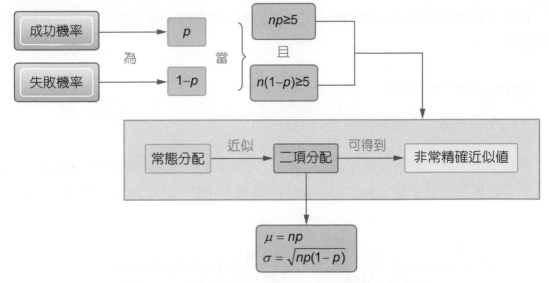

圖 6-30　常態分配近似二項分配求解觀念之概念圖

　　社頭鄉是襪子的故鄉，以往是國際知名的襪子生產基地，生產襪子的廠商林立，甚至有「社頭董事長最多」的傳奇美譽，後來因為韓國與中國的競爭，導致許多襪子生產廠商面臨業績萎縮或倒閉的窘境。後來為刺激織襪產業內銷市場，社頭鄉公所乃在幾年前開始在 12 月第二周舉辦社頭織襪芭樂節活動，讓織襪廠商得以在年底進行大型促銷活動，截至 2020 年底已進行第五屆，逐漸打響名號。此一年底大型促銷活動也是社頭織襪廠商業績衝刺的主要來源，因此無不卯足勁進行低價促銷活動。而來自全臺各地的消費者也趁此機會添購未來一年的織襪產品，掏大錢購買大量織襪相關產品的消費者也不占少數。根據過去幾年的資料調查，發現來參加織襪芭樂節的消費者，消費超過 5,000 元的機率 0.7。假設我們在 2020 年的活動中隨機抽取 100 位顧客，其中有 60 位顧客消費超過 5,000 元的機率為何？此時若以二項機率分配的公式求取此機率，可得出以下式子：

$$p(x=60) = \binom{100}{60} 0.7^{60} \times 0.3^{100-60}$$

　　由上面式子，我們可以知道要算出結果要花很多時間。因此，我們可以檢視是否可用常態分配來近似這題問題的二項分配結果。檢視標準如下：

$np = 100 \times 0.7 = 70 > 5$

且

$p(1-p) = 100 \times 0.3 = 30 > 5$

因此，我們可以使用常態分配求取二項分配的近似值。接下來，我們再算出平均數與標準差：

$$\mu = np = 100 \times 0.7 = 70$$

$$\sigma = \sqrt{np(1-p)} = \sqrt{100 \times 0.7 \times 0.3} \approx 4.583$$

再接下來，我們利用連續校正因子校正二項的問題：二項機率問題求取 $p(x = 60)$ 校正為常態機率問題求取 $p(59.5 < x < 60.5)$。最後，我們可求取以下常態機率值，如圖 6-31 的區間面積：

$$p(59.5 < x < 60.5) = p\left(\frac{59.5 - 70}{4.583} < z < \frac{60.5 - 70}{4.583}\right) = p(-2.29 < z < -2.07)$$

$$= p(z < -2.07) - p(z \le -2.29) = 0.0192 - 0.0110 = 0.0082$$

因此，免費進行體驗的 100 位顧客中有 60 位在體驗完會購買其產品的機率為 0.01。

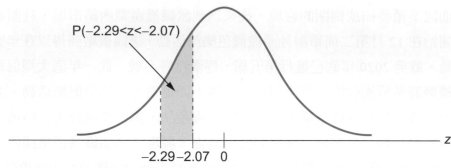

圖 6-31 $p(-2.29 < z < -2.07)$ 區間的機率（面積）之標準常態機率圖

三、指數機率分配

在前面我們提到卜瓦松機率分配，係使用計算在某特定時間或空間（長度）中，某特定事件發生次數之機率。此問題是一體兩面的，某特定時間或空間發生事件的次數，也可使用某事件前後次發生的間隔時間來說明。當我們想要了解某特定事件發生的間隔時間之機率時，此實驗即稱為指數實驗（Exponential Experiment），其服從的分配即稱為指數機率分配（Exponential Probability Distribution）。由於卜瓦松實驗在求取特定時間或空間內某特定事件發生次數的機率，故卜瓦松機率分配為一離散型機率分配；而指數實驗在求取某兩個特定事件發生的間隔時間之機率，故指數機率分配為一連續型機率分配。若以前面舉的卜瓦松機率分配的例子說明兩種機率分配應用的關係，可如表 6-7 所示。

表 6-7　卜瓦松實驗與指數實驗之關係

卜瓦松實驗	指數實驗
1. 在上午 9～10 點之間，進來銀行的顧客人數 2. 中午 12～13 點之間，進去臺中市新光三越旁停車場停車的車輛數 3. 高速公路每隔 10 公里，有發生路面損壞的個數 4. 中東輸油管每隔 100 公里，有發生油管破裂的個數	1. 在上午 9～10 點之間，兩個顧客進來的間隔時間 2. 中午 12～13 點之間，進去臺中市新光三越旁停車場停車的兩台車輛間隔時間 3. 高速公路有發生路面損壞的兩個路段的間隔距離 4. 中東輸油管有發生油管破裂的間隔距離

* 當我們想要了解某特定事件發生的間隔時間之機率時，此實驗即稱為指數實驗，其服從的分配即稱為指數機率分配。

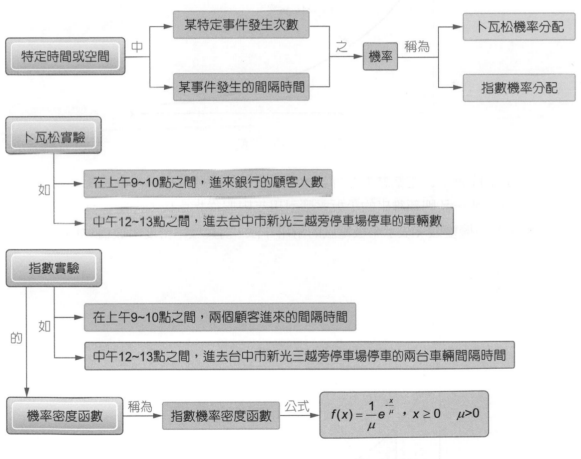

圖 6-32　卜瓦松實驗與指數實驗關係之概念圖

假設指數實驗的隨機變數 x 服從指數機率分配，而其平均數（期望值）表示某兩次事件發生的間隔時間或間隔距離，則其機率密度函數稱為指數機率密度函數，其定義如下（如圖 6-33）：

$$f(x) = \frac{1}{\mu} e^{-\frac{x}{\mu}} \quad , \quad x \geq 0 \ , \ \mu > 0 \tag{6-21}$$

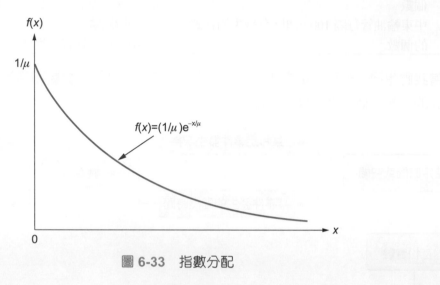

圖 6-33　指數分配

智慧型手機與平板電腦愈來愈普及，但也由於改版時間愈快及愈精密，也導致耐用年限縮短。某一品牌新推出的平板電腦耐用年限服從指數機率分配，且平均耐用年限為 5 年。若隨機變數 x 表示平板電腦的耐用年限，則其機率密度函數為（如圖 6-34）：

$$f(x) = \frac{1}{5} e^{-\frac{x}{5}}$$

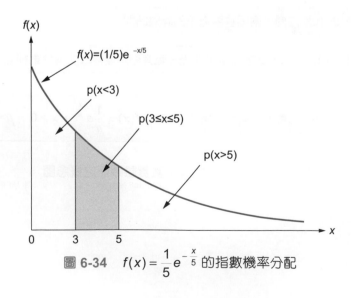

圖 6-34　$f(x) = \frac{1}{5} e^{-\frac{x}{5}}$ 的指數機率分配

假設阿昌最近買一台新版平板電腦，請問阿昌使用此台新平板電腦 3 年內就壞掉機率為何？

上述問題乃是在求圖 6-34 的 $p(x < 3)$ 的面積（機率），但是 $f(x)$ 乃是指數機率密度函數，亦即表示 x 單一數值，必須利用積分方法求一個區間的 x 數值，此題乃是求（0, 3）區間的積分面積（機率）。因此，首先我們必須先將指數機率密度函數 $f(x)$ 轉換成指數累積機率函數（Cumulative Probability Function）$F(x)$，定義如下[1]：

$$F(x) = p(x \le x_0) = p(x < x_0) = 1 - e^{-\frac{x_0}{\mu}} \tag{6-22}$$

因此，在平均耐用年限為 5 年下，求取在 3 年內會壞掉的機率 $p(x < 3)$，可直接代進（6-22）式子得出結果。

$$p(x < 3) = 1 - e^{-\frac{3}{5}} = 1 - e^{-0.6} = 1 - 0.5488 = 0.4512$$

負指數 $e^{-0.6}$ 之值也可利用後面附錄 A-11 表格查得。因此，阿昌新版平板電腦 3 年內就壞掉的機率為 0.4512。

若我們進一步有興趣了解阿昌新版平板電腦 3 到 5 年壞掉的機率為何？亦即求取圖 6-34 的 $p(3 \le x \le 5)$ 的區域面積。計算過程如下：

$$p(3 \le x \le 5) = p(x \le 5) - p(x < 3) = (1 - e^{-\frac{5}{5}}) - (1 - e^{-\frac{3}{5}})$$
$$= e^{-0.6} - e^{-1} - 0.4512 - 0.3679 = 0.0833$$

負指數 $e^{-0.6}$ 及 e^{-1} 之值都可利用後面附錄 A-11 表格查得。因此，阿昌新版平板電腦 3 到 5 年會壞掉的機率為 0.0833。

若我們進一步有興趣了解阿昌新版平板電腦使用超過 5 年才壞掉的機率為何？亦即求取圖 6-34 的 $p(x > 5)$ 的區域面積。計算過程如下：

$$p(x > 5) = 1 - p(x \le 5) = 1 - (1 - e^{-\frac{5}{5}}) = e^{-1} = 0.3679$$

負指數 e^{-1} 之值可利用後面附錄 A-11 表格查得。因此，阿昌新版平板電腦使用超過 5 年才會壞掉的機率為 0.3679。

指數機率分配的平均數為已知，而其標準差等於平均數，變異數等於平均數平方。上例阿昌的新版平板電腦耐用年限為 5 年，則其標準差為 5 年，變異數為 25 年[2]。

---

[1]　指數累積機率函數是指數機率密度函數積分的結果，$\int_0^{x_0} f(x)dx = \int_0^{x_0} \frac{1}{\mu} e^{-\frac{x}{\mu}} dx = -e^{-\frac{x_0}{\mu}} - \left(-e^{-\frac{0}{\mu}}\right) = 1 - e^{-\frac{x_0}{\mu}}$

　　既然卜瓦松實驗與指數實驗都是在解決同一問題，僅是從不同角度探討同一個問題，兩者就有可互相置換的關係。以平均數之角度來說明，卜瓦松機率分配的平均數表示某特定時間或距離，發生某特定事件的平均次數，而指數機率分配的平均數表示某兩次事件發生的平均間隔時間或間隔距離，故指數分配的平均數為卜瓦松分配的平均數之倒數。譬如，在上午 9-10 點（1 小時）之間，進來銀行的顧客平均人數為 20 人（卜瓦松分配的平均數），則兩位顧客進來的前後平均間隔時間為 $\frac{1}{20}$ 小時（指數分配的平均數）。

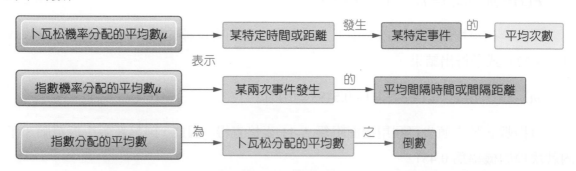

圖 6-35 卜瓦松機率分配與指數機率分配平均數關係之概念圖

　　由前面我們知道，卜瓦松機率分配的機率函數為：

$$f(x) = \frac{\mu^x e^{-\mu}}{x!}$$

　　上述卜瓦松機率分配的隨機變數 x 表示某特定時間或距離，特定事件發生的次數，而其平均數為 μ，表示某特定時間或距離，某特定事件發生的平均次數。若以銀行例子說明，隨機變數 x 表示上午 9-10 點（1 小時）之間，進來銀行的顧客人數，而其平均數表示在上午 9-10 點（1 小時）之間，進來銀行的顧客平均人數，我們假設平均有 20人。則此問題的機率函數為：

$$f(x) = \frac{20^x e^{-20}}{x!}$$

　　上述卜瓦松實驗，我們有興趣了解的是在上午 9-10 點之間，進來銀行的顧客人數發生的機率。但若是我們有興趣了解的是上午 9-10 點之間，兩位顧客進來的前後間隔時間，此時就必須把卜瓦松機率函數轉換成指數機率密度函數，才能求解。

依照上面敘述，指數分配的平均數為卜瓦松分配的平均數之倒數。因為卜瓦松分配的平均數為 20，故指數分配的平均數為 $\frac{1}{20}$。因此，我們可以將此平均數代入指數機率密度函數公式（6-21），得出銀行例子的指數機率密度函數為：

$$f(x) = \frac{1}{\mu} e^{-\frac{x}{\mu}} = \frac{1}{\frac{1}{20}} e^{-\frac{x}{\frac{1}{20}}} = 20e^{-20x}$$

同樣地，若我們要求取前後兩位顧客進來的間隔時間為何，也是要再利用指數累積機率函數求解。

$$F(x) = p(x \le x_0) = p(x < x_0) = 1 - e^{-20x_0}$$

例如，我們有興趣前後兩位顧客進來的間隔時間為 0.05 至 0.1 小時（亦即 3 至 6 分鐘），則可得出以下結果：

$$P(0.05 \le x \le 0.1) = p(x \le 0.1) - p(x < 0.05) = (1 - e^{-20 \times 0.1}) - (1 - e^{-20 \times 0.05})$$
$$= e^{-1} - e^{-2} = 0.3679 - 0.1353 = 0.2326$$

6-3　EXCEL 範例

1. 計算二項機率分配機率值 Excel 操作範例

步驟一

開啟 EXCEL 計算二項機率值

步驟二

以課本前述例子為範例：「根據過去幾年的資料調查，發現來參加織襪芭樂節的消費者，消費超過 5,000 元的機率 0.7。假設我們在 2020 年的活動中隨機抽取 100 位顧客，其中有 60 位顧客消費超過 5,000 元的機率為何？ 」

步驟三

在 EXCEL 中找 公式 -> 函數 -> 統計 -> BINOM.DIST 之功能

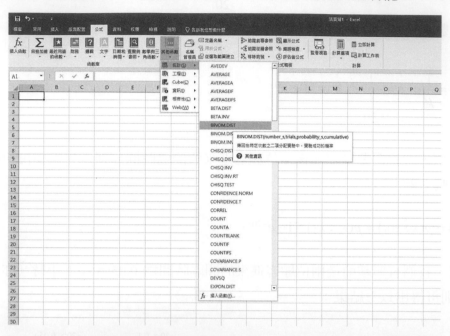

即可出現計算二項機率值的功能表

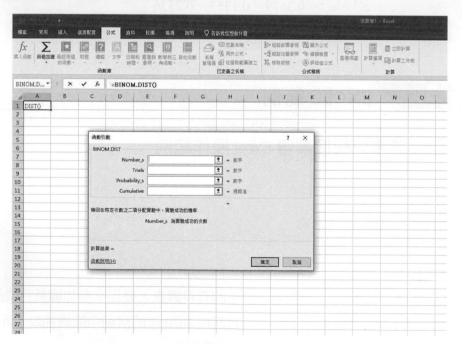

步驟四

Number_s 表示試驗的成功次數，Trials 表示獨立試驗的次數，Probability_s 表示每一次實驗的成功機率。Cumulative 為 TRUE，則 BINOM.DIST 會傳回最多有 number_s 次成功的機率；如果為 FALSE，則會傳回有 number_s 次成功的機率。

依照步驟二的題目，Number_s 填入 60，Trails 填入 100，Probability_s 填入 0.7，Culumative 填入 FALSE，按確定。

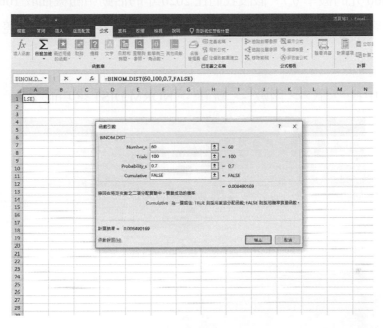

可得出最後答案為 0.00849。

2. 計算常態機率分配機率值 Excel 操作範例

步驟一

開啟 EXCEL 計算常態機率值

步驟二

與上述同樣例子：「根據過去幾年的資料調查，發現來參加織襪芭樂節的消費者，消費超過 5,000 元的機率 0.7。假設我們在 2020 年的活動中隨機抽取 100 位顧客，其中有 60 位顧客消費超過 5,000 元的機率為何？」，平均數為 70，標準差為 4.583。

步驟三

在 EXCEL 中找 公式 -> 函數 -> 統計 -> NORM.DIST 之功能

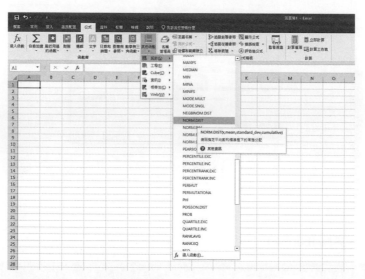

即可出現計算常態機率值的功能表

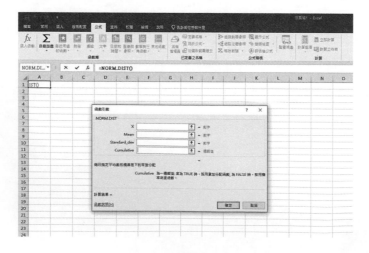

步驟四

X 表示要找出分配的數值，Mean 表示分配的平均數，Standard_dev 表示分配的標準差。Cumulative 為 TRUE，則 NORM.DIST 會傳回最多為分配的數值的機率；如果為 FALSE，則會傳回分配的數值的機率。

依照步驟二的題目，X 填入 60，Mean 填入 70，Standard_dev 填入 4.583，Culumative 填入 FALSE，按確定。

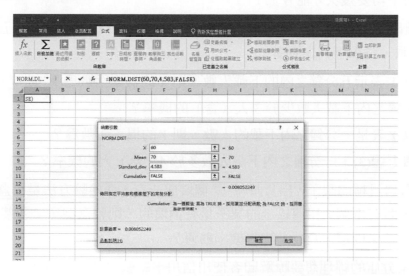

可得出最後答案為 0.008052。

本章習題

一、依據過去幾年的統計，會計師證照考試通過的機率為 0.2，請問

    1. 阿昌第三次才考上的機率為何？

    2. 阿昌一次就能考上的機率為何？

    3. 阿昌平均要幾次才能考上？

二、LINE 推出了一組個人原創貼圖提供使用者付費下載，根據估計平均五分鐘內會有 10 人下載，試求下列之機率。

    1. 若以 X 表示五分鐘之內的下載人數，則 X 的機率函數為？

    2. 五分鐘之內下載人數少於 3 人（含）的機率？

    3. 若以 Y 表是一分鐘之內下載的人數，則 Y 的機率函數為？

    4. 根據上述(3)，一分鐘之內下載人數多於 4（含）人的機率？

三、果農販賣自己種的梨子，出貨時每 12 個裝成一盒，而檢驗方法是每盒中任取 4 個來檢查，若有兩個或兩個以上的梨子是有損壞的，則整盒淘汰。若某一盒有 5 個毀損的梨子，則這一盒被淘汰的機率為何？

四、王品某家分店的經理想要瞭解顧客使用信用卡結帳之情形而做了一項研究，發現客人使用信用卡付費的機率是 60%。現在有三位顧客剛結完帳，設隨機變數 X 為這三位顧客中使用信用卡結帳的人數，求 X 的機率分配表。

五、麥當勞公司以提供速食聞名，其標榜當顧客點餐至拿到餐點的時間為 0 到 3 分鐘的均勻分配，請問

    1. 等待時間小於 2 分鐘的機率為何？

    2. 等待時間超過 3 分鐘的機率為何？

    3. 平均等待時間為多少？

六、現代人生活習慣改變，愈來愈多人開始注重保健與健身，許多健身機構紛紛在各地設立分店，World Gym 在彰化員林設立大型六星級健身房，會員數快速成長，員林、永靖及大村 16-50 歲的民眾已有 6%加入會員。現若從員林、永靖及大村地區隨機抽取 400 名民眾，試求：

    1. 恰有 20 名民眾為會員的機率。

    2. 最多有 30 名（含）民眾為會員的機率。

    3. 平均有多少名民眾是該店會員。

抽樣、抽樣分配與點估計

本章大綱

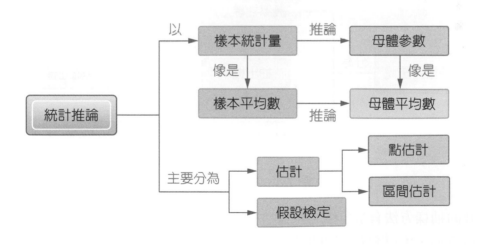

統計推論

以 → 樣本統計量 → 推論 → 母體參數

像是 ↓ 　　　　　　　　　像是 ↓

樣本平均數 → 推論 → 母體平均數

主要分為 → 估計 → 點估計

估計 → 區間估計

假設檢定

統計推論的工作主要有兩項：估計（Estimate）及假設檢定（Hypothesis Testing）。所謂估計，乃是利用抽出的樣本求取樣本統計量後，去估計母體的參數。估計分為點估計及區間估計；點估計（Point Estimate）乃是利用樣本所有數值算出單一個樣本統計量（如樣本平均數）去估計母體的參數（如母體平均數），而區間估計（Interval Estimate）乃是利用樣本所有數值算出單一個的樣本統計量後再加上抽樣誤差（Sampling Error）形成一個區間，去估計母體的參數。

在進行統計估計或假設檢定之統計推論時，我們必須有以下必要的步驟：首先，我們要知道母體為何；其次，要從母體進行抽樣；最後，再利用樣本算出來的樣本統計量估計或檢定母體參數。

統計推論的精確與否決定關鍵在於抽樣方法、樣本量及抽樣分配。本章將介紹抽樣方法、點估計及抽樣分配。

7-1　抽樣方法

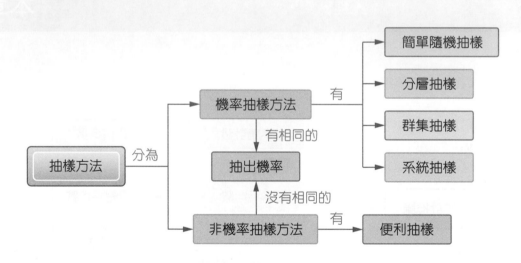

圖 7-1　抽樣方法概念圖

統計的抽樣方法有很多種，各種抽樣方法都有其適用情況，除了追求最終的準確度高的目標外，主要會有不同的抽樣方法使用，乃是在於推論結果的準確度與抽樣過程的成本及時間與人力物力考量等兩者之權衡。一般而言，當然期待推論結果愈準確愈好，但是有時限於成本或時間與人力物力有限，只好在有限的資源下去進行抽樣，以得到可以接受的準確度；另外，不同的抽樣方法也可能優勢在於符合可得到比較好的準確度下，能更節省成本或時間與人力物力。以下我們將介紹比較常被使用的幾個

抽樣方法。抽樣方法又分爲兩大類：機率抽樣方法（Probability Sampling Method）及非機率抽樣方法（Nonprobability Sampling Method）。機率抽樣方法乃是指樣本被抽出具有隨機性，亦即每個樣本都有被抽出的機會且被抽出的機會是相等的。非機率抽樣方法則不見得每個樣本都有被抽出的機會或具有同等被抽出的機會。

機率抽樣方法包含簡單隨機抽樣（Simple Random Sampling）、分層抽樣（Stratified Sampling）、群集抽樣（Cluster Sampling）、系統抽樣（Systematic Sampling）。非機率抽樣方法如便利抽樣（Convenience Sampling）。

一、簡單隨機抽樣

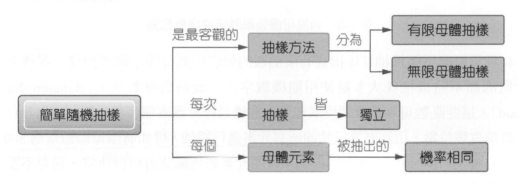

圖 7-2　簡單隨機抽樣概念圖

簡單隨機抽樣是一種最客觀的抽樣方法。所謂簡單隨機抽樣乃是指從母體利用簡單隨機的方式抽樣，母體的每個元素都有被抽出的機會且被抽出的機會完全相等，而且每次抽樣都是獨立的，稱爲簡單隨機抽樣，而被抽出的樣本稱爲簡單隨機樣本（Simple Random Sample）。簡單隨機抽樣又分爲兩種情況：有限母體抽樣及無限母體抽樣。所謂有限母體抽樣乃是指抽樣的母體數量是有限的且已知母體數量是多少，而無限母體抽樣乃是指抽樣的母體數量是無限的或未知的。此兩種情況的簡單隨機抽樣方法會不同。

* 簡單隨機抽樣乃是指從母體利用簡單隨機的方式抽樣，母體的每個元素都有被抽出的機會且被抽出的機會完全相等，而且每次抽樣都是獨立的。

（一）有限母體簡單隨機抽樣

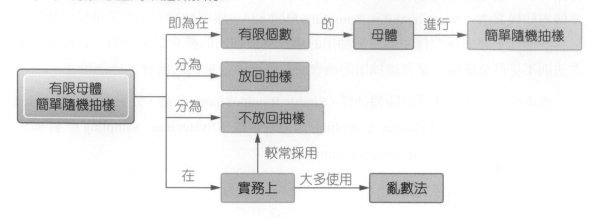

圖 7-3　有限母體簡單隨機抽樣概念圖

有限母體簡單隨機抽樣係指從有限個數的母體中進行簡單隨機抽樣。實務上，有限母體的簡單隨機抽樣大多是使用隨機數字法（或稱為亂數法）（Random Number Method），這些亂數可利用電腦程式產生。抽樣過程分為兩個步驟：第一，先看有限母體的數量有幾位數，再將有限母體的所有元素進行編號，譬如有限母體數量為 800，表示有三位數字，編號可為 000-799 號。母體元素如何編號可自行決定，只要不要遺漏任何元素即可，因為藉由隨機數字表之抽取過程即可將抽取的結果隨機化了。第二，利用如表 7-1 的隨機數字表進行簡單隨機抽樣，此時要針對母體的位數判斷一次取幾位數來判斷是否為樣本，譬如母體編號為 000-799 號，乃是三位數，此時表 7-1 的隨機數字是每次選三位數為一個號碼，再判斷此號碼是否可為樣本。

例如某家大型科技業製造公司有 800 位外籍勞工，我們要從外籍勞工母體的 800 個元素中取 10 個樣本進行調查外籍勞工的人際關係與工作滿意度相關問題，則可利用表 7-1 的隨機數字表抽，因為數字是電腦隨機產生的，所以從任何一個位置開始，以及從左到右或右到左、從上到下或下到上開始皆可，我們一般習慣從左上到右下，每三位數選一個號碼，依序抽取如下號碼：

720　689　389　032　416　378　324　584　423　141　417　061

上述號碼符合 000-799 號要求之間的號碼，即為母體中被編號的元素被抽出當成樣本的號碼，故 10 個被抽出當成樣本的號碼為：

720　689　389　032　416　378　324　584　423　141

表 7-1　隨機數字表（亂數表）

72068	93890	32416	37832	45844	23141	41706	16149	18348	92261
76568	54798	80287	12264	40536	19308	16553	12370	90271	43071
58501	82875	26571	27097	54736	56520	21455	68170	37675	30705
37679	29328	48926	22379	91060	40329	33388	23290	20988	83684
33485	21241	97605	37725	81700	41747	35286	23149	32393	42083
42639	77161	85040	36315	95329	93540	58888	29272	59392	44246
52430	93851	95860	94799	82972	85619	52693	67559	49907	96858
48832	91640	39075	79070	30751	18548	13134	43305	66847	84252

　　有限母體隨機抽樣係使用隨機數字表抽取樣本，而隨機數字表中 0-9 的數字是隨機出現的，亦即每個數字出現的機會都會相同。由此推論，同樣一個號碼有可能會出現兩次以上，譬如上述例子第一個被抽出的號碼 720 有可能之後還會重複出現一次或更多次，此時重複再出現的要不要再當成樣本，實務上並無定論。重複出現的號碼是否再當成樣本之抉擇讓有限母體簡單隨機抽樣又分成兩類：放回抽樣（With Replacement Sampling）與不放回抽樣（Without Replacement Sampling）。所謂放回抽樣乃是指抽出來的號碼會再放回去，此時此號碼就有可能再被抽出，亦即若號碼 720 被抽出兩次，則就算兩個獨立的樣本。所謂不放回抽樣乃是指被抽出來的號碼不會再放回去，此時此被抽出的號碼就不會再被抽出，亦即若號碼 720 被從隨機數字表中抽出兩次，則只能算一個樣本。

　　放回抽樣與不放回抽樣各有其優缺點，哪個較好並無定論。因為若使用放回抽樣，同一個號碼可能被抽出很多次，如果這個號碼接近所有母體的平均數，則用樣本平均數估計母體平均數就可能會較準確；但若此號碼遠離母體平均數，則使用樣本平均數估計母體平均數的誤差就會很大。然而，在實務上，為了避免同一個號碼（母體元素）被使用太多次而此母體元素的值又與母體平均數差距過大，造成使用樣本平均數估計母體平均數誤差過大，還是偏向於使用不放回抽樣的方法，亦即同一個被抽出的號碼只當成一個樣本。

（二）無限母體簡單隨機抽樣

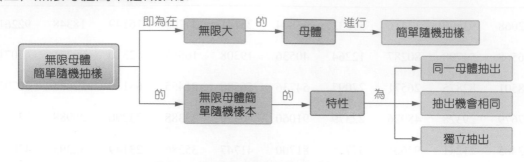

圖 7-4　無限母體簡單隨機抽樣概念圖

　　無限母體簡單隨機抽樣係指從無限大或未知數量的母體中進行簡單隨機抽樣。因為母體數量是無限大或者根本不知道母體數量為何，此時隨機數字表就無法使用了，因為無法將母體進行編號。

　　在實務上，無限母體的簡單隨機抽樣並不容易做，但是卻有很多情況會碰到此種抽樣，譬如速食店的顧客樣本、銀行的顧客樣本、品管管理的樣本…等，這些例子都是屬於母體數量無限大或母體的元素是持續不斷產生的過程，無法判斷其數量為何。因此，我們必須以一個客觀的方法對無限母體進行簡單隨機抽樣，以抽取較具代表性的簡單隨機樣本。

　　雖然無限母體簡單隨機抽樣不容易做，但是無限母體簡單隨機樣本卻有很明確的幾個特性，故在做抽樣時，可以這些特性是否符合作為判斷樣本之適當性。無限母體簡單隨機樣本具有以下三個特性：

1.　每一個樣本都是從同一個母體抽出。

2.　每一個樣本被抽出的機會都是相同的。

3.　每一個樣本都是被獨立抽出的。

　　因此，所有無限母體簡單隨機樣本都可以用是否符合上述三個條件來判斷樣本的適當性。若以統一飲料製程管理為例，飲料的裝填重量是製程管理的重要任務，裝填重量過多或過少都是製程出問題，若有過多的飲料發生重量異常情況，就必須暫停生產進行製程檢查。飲料生產是一個持續不斷的過程，故母體數量是未知或無限的，故必須進行無限母體簡單隨機抽樣。因此，必須利用上述三個特性來判斷如何抽樣較適當。由於每一罐飲料都是獨立製造的且製程是相同的，故每一罐飲料被抽出的機會都會是相同的且會被獨立抽出，符合 2 及 3 的特性，而所有飲料罐若是都在正常製程（相同時間、相同機器、相同人工、機器正常）下被抽出，就符合來自同一個母體（亦即第 1 個特性）之要求。

　　另一種無限母體簡單隨機抽樣的例子是服務業的顧客滿意度調查,譬如 Uber 及 Line Taxi。陶板屋或西堤皆會針對已經消費過的顧客進行滿意度問卷調查,他們的做法都是「所有」的顧客在消費完都發問卷填寫意見,此方式係利用調查母體,就無抽樣問題。但像 Uber 或 Line Taxi 等服務業或銀行業,顧客調查就沒有對所有顧客都進行問卷調查,故是屬於樣本調查,此時就必須利用無限母體簡單隨機抽樣方法進行抽樣。在做抽樣時仍以三個特性是否符合做為抽樣的準則,假若陶板屋或西堤並沒有對所有顧客做調查或者像 Uber 或 Line Taxi 這樣的調查。首先,必須符合樣本都是來自同一個母體,由於顧客都是來消費的顧客,故都是來自於我們要的目標母體[1];其次,來消費的所有顧客必須有被相同抽出的機會,譬如如果店員看到兩桌顧客,一桌是他認識的朋友,一桌是他不認識的,為了方便,店員找他認識的朋友填問卷,如此顧客就沒有被同等抽出的機會;最後,所有顧客被抽出必須是獨立的,亦即顧客在填答問卷時不會互相影響,此錯誤實務上時常發生,譬如麥當勞店員在請顧客填問卷,為了方便,同一桌不管幾個人都全部發問卷填寫,這有很大機率會發生一個問題,亦即同一桌的是朋友,在填問卷時可能會討論,然後依照討論結果來填答問卷,此時這些樣本就不是獨立樣本。為避免此情況發生,最好同一桌或一群來消費的朋友只抽一個樣本填寫問卷。

（三）分層隨機抽樣

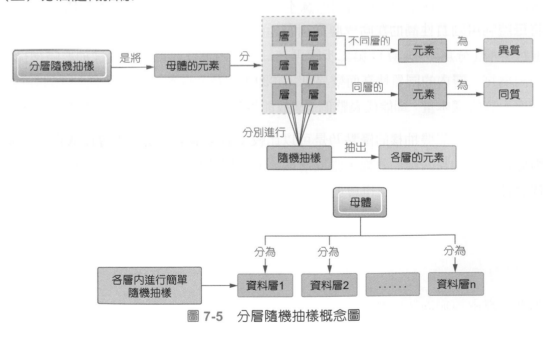

圖 7-5　分層隨機抽樣概念圖

---

[1] 所謂目標母體（Target Population）乃是指根據我們想要調查的目標,能夠達成我們調查目標的受測對象。譬如 Uber 要調查的目標是了解使用 Uber 消費的顧客,此時有使用 Uber 消費的顧客就是目標母體,而沒有使用過 Uber 消費的顧客就不是目標母體。

　　所謂分層隨機抽樣乃是指先將母體的所有元素做分群，每一群稱為一個層（Strata），再針對所有層，在每一層內做簡單隨機抽樣，藉以抽取所要的隨機樣本。分層的原則乃是同一層內元素的同質性要高，而不同層之間元素的同質性要低（即異質性要高）。所謂元素的同質性乃是指以研究調查的目的為準則，在某些特性上具有同質性，譬如公司的部門、地理位置、年齡、性別、產業等等。

　　假設公司內部要進行研究調查，調查各部門對預算公平性的看法，則可想像每個部門對自己的預算一定覺得不夠，對其他部門的預算一定覺得太多，表示各部門在預算公平性看法的同質性會較高，而不同部門之間的同質性會較低，此時部門就可以做為分層的標準。再以地理位置為例，眾所皆知，對臺灣政黨選舉而言，北中南區域之間政黨傾向是完全不一樣的，而北部、中部或南部各自的政黨傾向則較為相似，顯示北中南各自元素的同質性較高，而北中南地理位置之間的元素同質性較低，此時政黨選舉即可用地理位置做為分層標準實施分層隨機抽樣。

*　所謂分層隨機抽樣乃是指先將母體的所有元素做分群，每一群稱為一個層，再針對所有層，在每一層內做簡單隨機抽樣，藉以抽取所要的隨機樣本。

　　在利用分層的標準將母體做適當分層後，接下來再利用簡單隨機抽樣方法，在每一層內進行隨機抽樣，以抽取所要的樣本。譬如，圖 7-5 之分層隨機抽樣，第一步驟先將母體利用同質性高的在同一層而同質性低的在不同層之分層標準，將母體所有元素進行分層（分為 $1 \cdots n$ 層）；第二步驟再在每一層內進行簡單隨機抽樣抽取隨機樣本，此時因為每一層內的同質性高而變異低（亦即大家特性或意見都很類似），所以層內只要抽取少許的樣本量，即能代表整個層，故能得到與簡單隨機抽樣同樣良好的估計值。

　　因此，分層隨機抽樣的優點乃是可以比較少的樣本量（成本也會比較低）卻能得到與簡單隨機抽樣同樣的效果，當同層內的元素同質性愈高，所得到的樣本就能愈具有代表性，統計推論的效果也會愈好。

（四）群集抽樣

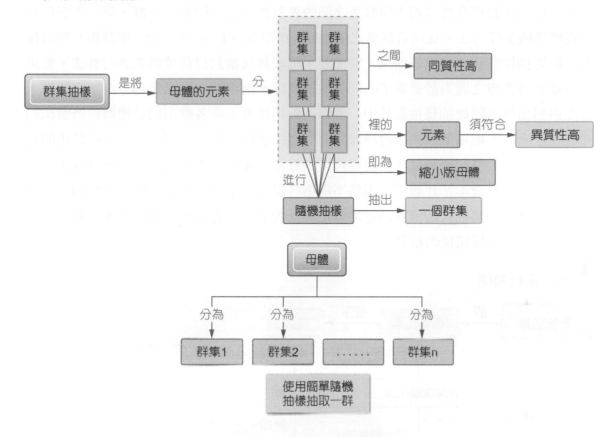

圖 7-6　群集抽樣概念圖

群集抽樣與分層隨機抽樣在概念上很類似，但做法上有差異。所謂群集抽樣乃是將母體的所有元素進行分群，每一群稱為一個群集（Cluster），再在所有群利用簡單隨機抽樣方法抽取其中一個群做為樣本。此時分群集的原則乃是同一群集內元素的同質性要低（異質性要高），而不同群集之間元素的同質性要高。當同一群集內的異質性愈高，而群體之間的同質性愈高，此時每一個群集來代表整個母體的縮小版的代表性也會愈好，進行統計推論的效果也會愈好。

*　所謂群集抽樣乃是將母體的所有元素進行分群，每一群稱為一個群集，再在所有群利用簡單隨機抽樣方法抽取其中一個群做為樣本。

　　如圖 7-6 的群集抽樣，第一步驟乃是將母體的所有元素進行分群（1…n 個群集），以同一群集內的異質性高而不同群集之間的異質性低為原則進行分群，第二步驟再利用簡單隨機抽樣方法，從所有群集之中抽取一個群集（1…n 之中的一個群集）做為樣本。群集抽樣常應用在地區抽樣，譬如要了解臺灣民眾對目前總體經濟的看法，如果整個臺灣各縣市之間對於此看法的同質性很高時，則可利用縣市做為分群集的標準，然後再利用簡單隨機抽樣抽取其中一個縣市做為樣本；當各縣市對於總體經濟看法的同質性愈高時，則每個縣市都會是母體的一個縮小版，則只要調查被抽出的縣市的民眾，就可以代表整個臺灣民眾對總體經濟的看法。此時調查人員可以在整個縣市去調查很多民眾，但成本卻比較低，因為不用跑各縣市，交通成本相對較低，時間也會較節省。因此，群集抽樣的優點乃是可以比較低的成本，獲得比較大的樣本，而且能得到與簡單隨機抽樣同樣的結果。

（五）系統抽樣

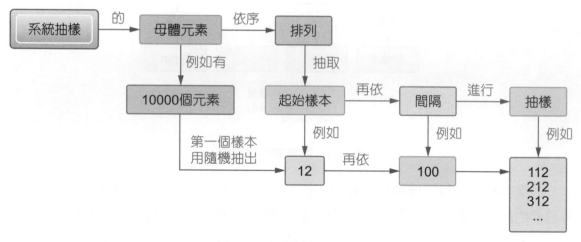

圖 7-7　系統抽樣概念圖

　　所謂系統抽樣乃是指先將母體的所有元素依序排列，再分成幾個間隔，每隔一個間隔抽取一個樣本，此種抽樣方法稱為系統抽樣。譬如假設某家高科技上市公司要了解現場作業員對加班的看法，該公司的現場作業員共有 10,000 人，亦即母體有 10,000 個元素，要從中抽取 100 個做為樣本，此時先將母體依序排列編號（最好是與調查問題的特性無關），再利用母體個數除以樣本個數即 10,000/100 = 100 個分間隔，亦即每隔 100 個抽一個樣本。此時先在第一個間隔區間利用簡單隨機抽樣抽取一個樣本，再每隔 100 個元素抽取一個樣本，以得到 100 個樣本。如第一個區間抽到的是第 30 號，則下一個抽第 130 號，再下一個抽第 230 號依此類推，直到抽出 100 個樣本。

* 所謂系統抽樣乃是指先將母體的所有元素依序排列，再分成幾個間隔，每隔一個間隔抽取一個樣本，此種抽樣方法稱為系統抽樣。

（六）便利抽樣

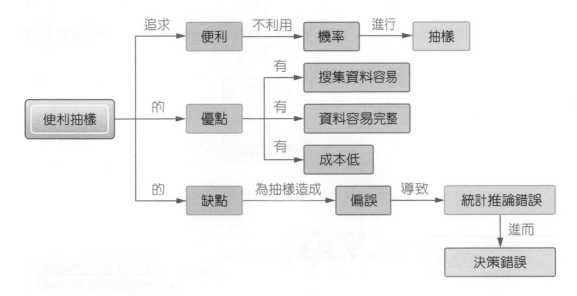

圖 7-8　便利抽樣概念圖

　　所謂便利抽樣乃是指為求抽樣的便利性，不再利用機率的抽樣方法，亦即並不確定母體的元素有被相同抽出的機會，而使用最便利的方式去決定樣本。譬如，許多資訊管理的學術研究或教育的學術研究都是以便利方式進行抽樣的，如要調查青少年網路成癮或要看某個教學法是否有效，教授可能利用自己的學生做為調查對象，此時就是屬於便利抽樣。而像麥當勞或肯德基素食店的消費者滿意度調查，利用在店裡的顧客或店員利用認識的朋友填問卷，也都是屬於便利抽樣。

* 所謂便利抽樣乃是指為求抽樣的便利性，不再利用機率的抽樣方法，亦即並不確定母體的元素有被相同抽出的機會，而使用最便利的方式去決定樣本。

　　便利抽樣的優點在於要找尋樣本相當容易且資料蒐集可能比較容易及完整，花費的成本也可能較低；而其缺點是可能得到的結果會有相當大的誤差，利用不具代表性的樣本而得到不適當的結果，可能導致統計推論決策發生錯誤，如此反而導致比不調查更負面的結果。因此，一般正式的調查研究並不建議使用此種抽樣方法。

7-2 點估計

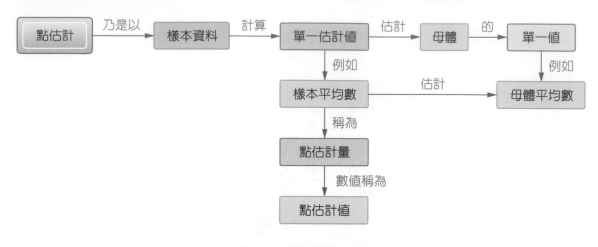

圖 7-9 點估計概念圖

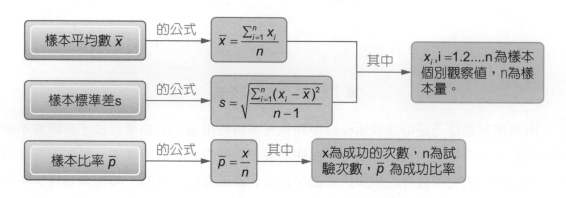

圖 7-10 各樣本統計量公式之概念圖

所謂點估計乃是指利用樣本資料求出單一估計值去估計母體的單一值。前面我們提過所謂統計推論乃是利用樣本統計量去估計及檢定母體參數，在點估計中，這些樣本統計量（如平均數、比率或標準差）稱為點估計量（Point Estimator），如樣本平均數是母體平均數 μ 的點估計量，樣本比率 $\bar{p}$ 是母體比率 p 的點估計量，樣本標準差 s 是母體標準差 σ 的點估計量。而這些利用樣本將這些點估計量算出的數值稱為點估計值（Point Estimate）。

樣本平均數 $\bar{x}$ 的數值公式為：

$$\bar{x} = \frac{\sum_{i=1}^{n} x_i}{n} \tag{7-1}$$

樣本標準差 s 的數值公式為：

$$s = \sqrt{\frac{\sum_{i=1}^{n}(x_i - \overline{x})^2}{n-1}}$$ （7-2）

其中 x_i, $i = 1, 2, \cdots n$ 為樣本個別觀察值，n 為樣本量。

樣本比率 $\overline{p}$ 的數值公式為：

$$\overline{p} = \frac{x}{n}$$ （7-3）

其中 x 為成功的次數，n 為試驗次數，$\overline{p}$ 為成功比率。

因經營 85 度 C 成功而上市的美食-KY，2020 年底在臺灣有 464 家店，在大陸有 570 家店，在美國有 60 家店。當店數愈多時，公司所面臨的是管理困難的問題，而美食-KY 的營收來源乃是各店面的業績，因此總公司在協助店面營銷管理上面進行許多策略，其中一項策略為要求各店店長每年必須回總公司針對營銷管理進行受訓。假設美食-KY 委託昌輝國際管理顧問公司協助進行調查，並將調查結果給總公司做為策略檢討依據。昌輝國際管理顧問公司使用簡單隨機抽樣方法對臺灣 464 家店進行抽樣，抽取 30 個店做為樣本藉以調查 2020 年底所有臺灣 464 家店面的業績及店長受訓概況，以便讓總公司進行策略檢討。抽出的 30 家店面的每月平均銷售金額及 2020 年是否回總公司受營銷管理訓練資料，如表 7-2 所示。試利用這 30 家資料估計臺灣 464 家店面業績及店長受訓概況？

表 7-2　85 度 C 之 30 家店面的月平均銷售額與店長受訓情況

月平均銷售額	有無受訓	月平均銷售額	有無受訓
$x1 = \$1,280,500$	無	$x16 = \$1,625,090$	有
$x2 = \$1,366,360$	有	$x17 = \$1,238,210$	有
$x3 = \$1,166,450$	有	$x18 = \$1,503,000$	有
$x4 = \$1,080,440$	無	$x19 = \$1,326,500$	有
$x5 = \$1,843,580$	有	$x20 = \$1,362,820$	有
$x6 = \$1,123,650$	無	$x21 = \$1,101,250$	無
$x7 = \$1,550,200$	有	$x22 = \$1,430,230$	有
$x8 = \$1,248,780$	無	$x23 = \$1,313,500$	有
$x9 = \$1,112,000$	有	$x24 = \$1,050,450$	無
$x10 = \$980,300$	無	$x25 = \$1,343,250$	有

月平均銷售額	有無受訓	月平均銷售額	有無受訓
$x11 = \$1,335,400$	有	$x26 = \$1,333,400$	無
$x12 = \$1,280,600$	有	$x27 = \$1,352,000$	有
$x13 = \$1,435,980$	有	$x28 = \$1,280,600$	無
$x14 = \$1,269,120$	有	$x29 = \$1,256,800$	有
$x15 = \$1,645,900$	有	$x30 = \$1,320,200$	有

由上述 30 筆樣本資料，我們可以公式（7-1）求出樣本平均業績：

$$\overline{x} = \frac{\sum_{i=1}^{n} x_i}{n} = \frac{\sum_{i=1}^{30} x_i}{30} = \frac{(1,280,500 + ... + 1,320,200)}{30} = 1,318,552$$

因此，30 家店的月平均銷售額為\$1,318,552，此為樣本的敘述統計。而臺灣 464 家店面在 2020 年的月平均銷售額的點估計值即為\$1,318,552。

我們可以公式（7-2）求出樣本標準差：

$$s = \sqrt{\frac{\sum_{i=1}^{n}(x_i - \overline{x})^2}{n-1}}$$
$$= \sqrt{\frac{(1,280,500 - 1,318,552)^2 + ... + (1,320,200 - 1,318,552)^2}{30-1}} \approx 186,916.37$$

因此，30 家店面的月平均銷售額的標準差為\$186,916.37，故臺灣 464 家店面在 2020 年的月平均銷售額標準差的點估計值即為\$186,916.37。

我們可以公式（7-3）求出樣本店長接受營銷管理訓練的比率：

$$\overline{p} = \frac{x}{n} = \frac{21}{30} = 0.7$$

因此，30 家店有 0.7 比率的店長有受過營銷管理訓練，故臺灣 464 家店在 2020 年有到總公司受營銷管理訓練的店長比率的點估計值為 0.7。

7-3　抽樣分配

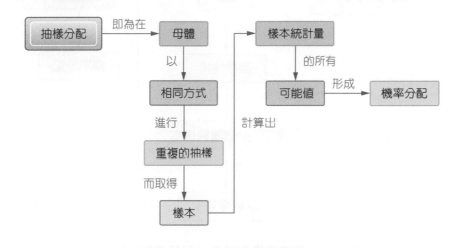

圖 7-11　抽樣分配概念圖

在本章前言說明時，我們提到統計推論有兩種方法，其中有母數方法包含 z、t 或 F 值等。統計推論用對方法與否關係到最後根據統計推論結果所下的決策是否對，因此必須用對統計方法。統計方法是由數學推導出，在推導過程會有一些前提假設，故在使用這些統計方法時，必須符合這些假設才能正確使用這些方法。如同前言所述，有母數方法的前提假設是母體資料必須呈常態分配或樣本統計量的抽樣分配必須近似常態分配。因此，若這些前提假設無法符合時，就必須改用無母數方法之統計推論技術。

所謂樣本統計量的抽樣分配乃是指在母體以相同方式進行多次重複的抽樣，再利用每一次抽樣的樣本算出樣本統計量之值，所有這些算出的樣本統計量的可能值形成的機率分配。若以 7-2 節的點估計量為例，包含樣本平均數、樣本標準差及樣本比率都是隨機變數，而 7-2 節的數值結果乃是利用一次抽樣得出的這些隨機變數的其中一個可能值，若再以相同抽樣方法進行另一次的抽樣，因為抽出的 30 個樣本資料值幾乎不可能會與表 7-2 的樣本資料值完全一樣，故所得出另一組樣本統計量的可能值也不會與 7-2 算出的樣本統計量數值一樣。因此，若以相同抽樣方法重複進行 1,000 次抽樣，就會得出 1,000 組不同的樣本統計量之值，將這些樣本統計量的可能值進行分組製成次數分配表及直方圖，即為樣本統計量的抽樣分配。

* 所謂樣本統計量的抽樣分配乃是指在母體以相同方式進行多次重複的抽樣，再利用每一次抽樣的樣本算出樣本統計量之值，所有這些算出的樣本統計量的可能值形成的機率分配。

一、樣本平均數的抽樣分配

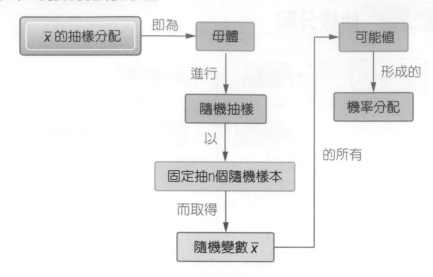

圖 7-12　樣本平均數抽樣分配意義之概念圖

假設樣本平均數為一隨機變數 $\bar{x}$，若從同一母體進行隨機抽樣抽取固定 n 個隨機樣本，則 $\bar{x}$ 的抽樣分配乃是隨機變數 $\bar{x}$ 的所有可能值形成的機率分配。以 7-2 節的 85 度 C 為例，表 7-2 的 30 家店面月平均銷售額之樣本平均數值乃是樣本平均數的隨機變數 $\bar{x}$ 之一次抽樣的結果；若從同一母體再以同樣抽樣方法進行一次抽樣，所得出的 30 家店面樣本會是另一組樣本，可再求出另一個樣本平均數；依此類推，若進行 1,000 次抽樣，可得出 1,000 組不同的樣本資料，藉以得出 1,000 個樣本平均月銷售額。如表 7-3 所示。

* 假設樣本平均數為一隨機變數 $\bar{x}$，若從同一母體進行隨機抽樣抽取固定 n 個隨機樣本，則 $\bar{x}$ 的抽樣分配乃是隨機變數 $\bar{x}$ 的所有可能值形成的機率分配。

表 7-3　從 464 家店面母體抽 30 家店面樣本重複 1,000 次得出的樣本平均數

重複抽樣次數別	1,000 個樣本平均數
1	$\bar{x}_1 = \$1,318,552$
2	$\bar{x}_2 = \$1,332,035$
3	$\bar{x}_3 = \$1,295,613$
.	.
.	.
1,000	$\bar{x}_{1000} = \$1,384,695$

　　由表 7-3 可知道第一次抽 30 家店面樣本算出的 30 家店面月平均銷售額的平均數為$1,318,552，即為 7-2 點估計值的結果。而第二次抽另一組 30 家店面樣本算出的 30 家店面月平均銷售額的平均數為$1,332,035；依此類推，第三次抽樣的平均數為$1,295,613，一直到第 1,000 次抽樣的平均數為$1,384,695。

　　再由表 7-3 的 1,000 個樣本平均數資料，利用第 2 章所學的次數分配法，將店面月平均銷售額的樣本平均數製成如表 7-4 的次數分配表。利用每隔$50,000 分一組的方式，將月平均銷售額的樣本平均數值分為 11 組，此 11 組必須涵蓋所有 1,000 個樣本平均數。再利用 7-4 的次數分配表之相對次數資料畫出如圖 7-13 的相對次數分配直方圖。

表 7-4　從臺灣 464 家 85 度 C 做 1,000 次抽樣之 30 家店面月平均銷售額之樣本平均數的次數分配表

月平均銷售額的樣本平均數	次數	相對次數
1,000,001～1,050,000	4	0.004
1,050,001～1,100,000	13	0.013
1,100,001～1,150,000	38	0.038
1,150,001～1,200,000	93	0.093
1,200,001～1,250,000	121	0.121
1,250,001～1,300,000	150	0.150
1,300,001～1,350,000	214	0.214
1,350,001～1,400,000	154	0.154
1,400,001～1,450,000	115	0.115
1,450,001～1,500,000	83	0.083
1,500,001～1,550,000	15	0.015
	總和 = 1,000	總和 = 1.000

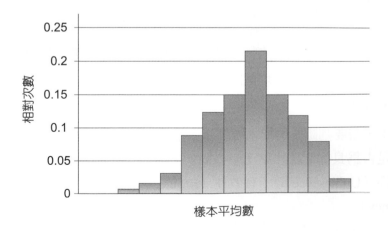

圖 7-13　從 464 家 85 度 C 做 1,000 次抽樣的 30 家店面月平均銷售額之樣本平均數的相對次數分配圖

　　圖 7-13 係利用簡單隨機抽樣進行重複抽樣 1,000 次，所得出的 85 度 C 之 30 家店面月平均銷售額的樣本平均數相對次數分配圖，此即爲 $\bar{x}$ 的抽樣分配。此抽樣分配的形態及特性是我們最需要知道的，因爲它決定了統計推論方法是否使用有母數方法，以及如何使用此方法。

1. $\bar{x}$ 的期望值

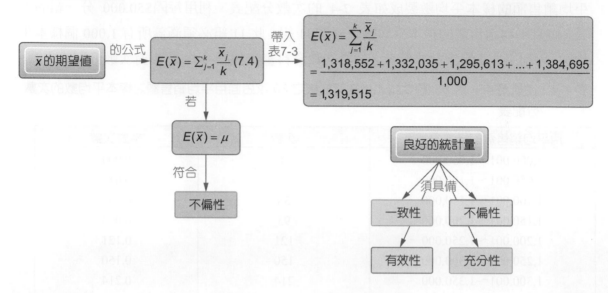

圖 7-14 $\bar{x}$ 的期望值概念圖

樣本平均數隨機變數的期望值（即平均數），乃是指做多次重複抽樣得出的多組樣本平均數所計算出的期望值，其公式如下所示：

$$E(\bar{x}) = \sum_{j=1}^{k} \frac{\bar{x}_j}{k}$$
（7-4）

如 85 度 C 做 1,000 次抽樣的例子，得出 1,000 個樣本平均數的點估計值 $\bar{x}_i$，亦即 $k = 1,000$，將此 1,000 個樣本平均數的點估計值加總後除以 1,000，即可得到樣本平均數隨機變數 $\bar{x}$ 的期望值。

在統計學上，需要判斷使用樣本統計量去推論（估計與假設檢定）母體參數時，此樣本統計量是否爲良好的統計量（A Good Statistic）。良好的樣本統計量須具備四個特性：不偏性（Unbiasedness）、有效性（Efficiency）、一致性（Consistency）及充分性（Sufficiency）。

因此，樣本平均數是否爲母體平均數的良好統計量，即決定在是否具有統計四大特性。當樣本平均數具有以下特性時，樣本平均數 $\bar{x}$ 的點估計量即符合不偏性：

$$E(\bar{x}) = \mu \tag{7-5}$$

其中 $E(\bar{x})$ 爲樣本平均數的期望值，μ 爲母體平均數。

公式（7-5）的意義乃是當做了多次重複抽樣後，所得出的樣本平均數之點估計值的期望值剛好能估計到母體平均數，此時樣本平均數的點估計量即具有不偏性，稱爲不偏估計量（Unbiased Estimator）。以 85 度 C 做 1,000 次抽樣爲例，利用公式（7-4）可求出其樣本平均數的期望值，亦即表 7-3 的 1,000 個樣本平均數的期望值：

$$E(\bar{x}) = \sum_{j=1}^{k} \frac{\bar{x}_j}{k} = \frac{1,318,552 + 1,332,035 + 1,295,613 + ... + 1,384,695}{1,000} = 1,319,515$$

因此，此 1,000 個樣本平均數的期望值爲$1,319,515，若此樣本平均數爲良好的樣本統計量，則此期望值$1,319,515 也會剛好等於母體平均數之值。

2. $\bar{x}$ 的標準差

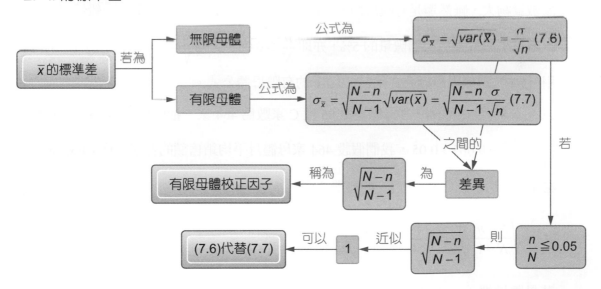

圖 7-15　$\bar{x}$ 的標準差概念圖

樣本平均數 $\bar{x}$ 的標準差依據母體是有限的或無限的個數，分為兩個有些許差異的公式。在無限母體下，$\bar{x}$ 的標準差公式如下：

$$\sigma_{\bar{x}} = \sqrt{var(\bar{x})} = \frac{\sigma}{\sqrt{n}} \tag{7-6}$$

其中 $\sigma_{\bar{x}}$ 為樣本平均數的標準差，$var(\bar{x})$ 為樣本平均數的變異數，σ 為母體標準差，n 為樣本量。

在有限母體下，$\bar{x}$ 的標準差公式如下：

$$\sigma_{\bar{x}} = \sqrt{\frac{N-n}{N-1}}\sqrt{var(\bar{x})} = \sqrt{\frac{N-n}{N-1}}\frac{\sigma}{\sqrt{n}} \tag{7-7}$$

其中 $\sigma_{\bar{x}}$ 為樣本平均數的標準差，$var(\bar{x})$ 為樣本平均數的變異數，σ 為母體標準差，N 為母體數量，n 為樣本量。

比較（7-6）及（7-7）公式，有限母體與無限母體的標準差公式之差異在於 $\sqrt{\frac{N-n}{N-1}}$，此稱為有限母體校正因子（Finite Population Correction Factor）。在實務應用上，當母體數量夠大，雖然還是有限母體，可以使用無限母體的公式來近似。一般情況，當樣本數量小於或等於母體數量的 5%，亦即 $\frac{n}{N} \leq 0.05$，此時 $\sqrt{\frac{N-n}{N-1}}$ 會趨近於 1，則可使用（7-6）的無限母體公式代替（7-7）的有限母體公式。

以上述 85 度 C 為例，其母體臺灣 85 度 C 家數為 464 家，抽取樣本為 30 家。此時，$\frac{n}{N} = \frac{30}{464} = 0.065 > 0.05$，我們假設 464 家母體月平均銷售額的標準差為\$205,500，故必須使用（7-7）公式計算 $\bar{x}$ 的標準差為：

$$\sigma_{\bar{x}} = \sqrt{\frac{N-n}{N-1}}\frac{\sigma}{\sqrt{n}} = \sqrt{\frac{464-30}{464-1}}\frac{205,500}{\sqrt{30}} = 36,325$$

若母體標準差 σ 未知，則可使用樣本標準差 s 來估計，此時 $\bar{x}$ 的標準差為：

$$s_{\bar{x}} = \sqrt{\frac{N-n}{N-1}}\frac{s}{\sqrt{n}} = \sqrt{\frac{464-30}{464-1}}\frac{186,916.37}{\sqrt{30}} = 33,040.08$$

在實務上，我們稱 $\sigma_{\bar{x}}$ 為平均數的標準誤（Standard Error）。

就良好的樣本統計量特性而言，判定是否具有有效性，即是用樣本統計量的標準誤。有效性是程度問題，當平均數的標準誤愈小時，其估計效率愈高，亦即愈能具備有效性。若有兩個樣本統計量同時符合不偏性，則標準誤愈小的就愈具有有效性。

3. 抽樣分配的形態

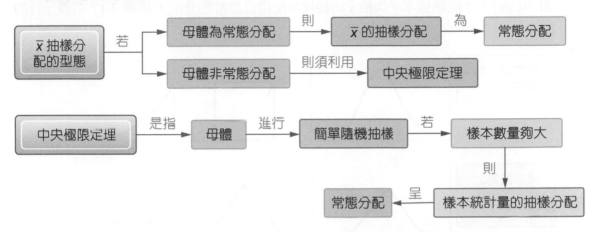

圖 7-16　$\bar{x}$ 抽樣分配的型態及中央極限定理意義之概念圖

抽樣分配的形態對於決定使用有母數或無母數統計方法是一個重要關鍵判斷因素。$\bar{x}$ 抽樣分配的形態，則決定於母體是否為常態分配及 $\bar{x}$ 的平均數與標準誤。

(1) 母體為常態分配

在實務上，很多現象都能符合母體為常態分配的假設。如果母體的資料服從常態分配，則樣本統計量 $\bar{x}$ 的抽樣分配也會服從常態分配。

(2) 母體非常態分配

若母體資料非服從常態分配，則此時必須使用統計學一個重要的定理，即中央極限定理（Central Limit Theorem）來決定 $\bar{x}$ 的抽樣分配。所謂中央極限定理乃是當從母體資料中利用簡單隨機抽樣抽取 n 個簡單隨機樣本，若樣本 n 數量夠大時，則樣本平均數 $\bar{x}$ 的抽樣分配將會近似常態分配。

* 中央極限定理乃是當從母體資料中利用簡單隨機抽樣抽取 n 個簡單隨機樣本，若樣本 n 數量夠大時，則樣本平均數 $\bar{x}$ 的抽樣分配將會近似常態分配。

在圖 7-17，我們說明中央極限定理；當母體為常態分配時，無論樣本量多小（譬如 2 個），樣本平均數 $\bar{x}$ 的抽樣分配都會是常態分配，如 7-17 圖左邊一行的圖；當母體為對稱分配，則只要少許樣本量（譬如 5 個），樣本平均數 $\bar{x}$ 的抽樣分配就會近似常態分配，如圖 7-17 中間一行的圖；當母體為偏態的分配，則就需要較大的樣本量（譬如 30 個），才能讓樣本平均數 $\bar{x}$ 的抽樣分配趨近於常態分配，如圖 7-17 右邊一行的圖。

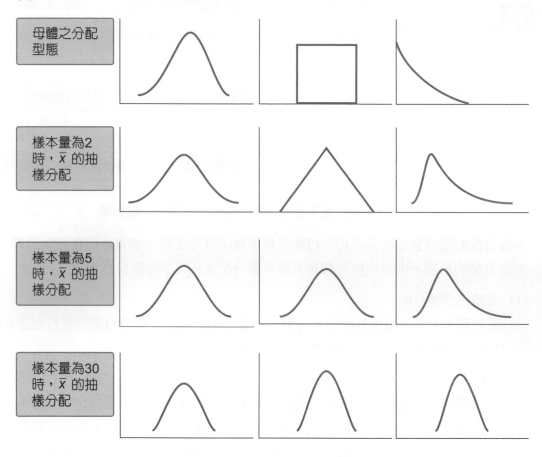

圖 7-17　中央極限定理之應用

由圖 7-17 的模擬結果，我們知道當每次抽取的隨機樣本數量愈多時，樣本平均數 $\bar{x}$ 的抽樣分配愈會趨近於常態分配；而其趨近於常態分配的速度，決定於母體是否為對稱分配，或為偏態分配及偏態的程度，或母體資料是否具有極端值。當母體為對稱分配時，少許樣本量（一般 15 個樣本以上就可以）就能讓樣本平均數 $\bar{x}$ 的抽樣分配近似常態分配；當母體為較大的偏態分配，則需要比較多的樣本量（一般需要到 50 個樣本以上）才能讓樣本平均數 $\bar{x}$ 的抽樣分配近似常態分配，尤其偏態程度愈大，需要的樣本量必須愈多；另外，若母體資料具有一些極端值，則所需的樣本量也要比較多（一般需要到 50 個樣本以上），才能讓樣本平均數 $\bar{x}$ 的抽樣分配近似常態分配。

一般實務應用上，中央極限定理所謂的大樣本乃是指 30 個樣本。若母體為嚴重偏態分配，或有一些極端值，則需要的大樣本量須至少 50 個以上。因此，若以上述 85 度 C 的例子而言，除非臺灣 464 家店的月平均銷售額（母體）具有嚴重的偏態或有一些極端值存在以外，抽取 30 個簡單隨機樣本就能讓樣本平均數 $\bar{x}$ 的抽樣分配近似常態分配。

再以 85 度 C 為例，85 度 C 的高層決策者一定會想了解利用樣本估計出來的月平均銷售額之準確度有多高，假設母體之分配未知，但依照中央極限定理，此例抽取 30 個樣本，樣本平均數 $\bar{x}$ 的抽樣分配近似常態分配，我們就可利用第 6 章所學標準常態分配求機率的方法求此準確度。假設高層決策者想要知道 7-2 節由 30 個樣本求出來的月平均銷售額 x 為\$1,318,552 與真正母體月平均銷售額 μ 之誤差在\$50,000 以內的機率為何？則機率問題表示如下：

$$p(-50,000 \le \bar{x} - \mu \le 50,000) = p(-50,000 \le 1,318,552 - \mu \le 50,000) = ?$$

由於樣本平均數的抽樣分配近似常態分配，上一小節算出的月平均銷售額的母體標準誤為\$36,325，則可利用將常態分配轉換為標準常態分配求解：

$$z = \frac{\bar{x} - \mu}{\sigma_{\bar{x}}}$$

$$
\begin{aligned}
p\left(-50,000 \le \bar{x} - \mu \le 50,000\right) &= p\left(\frac{-50,000}{\sigma_{\bar{x}}} \le z \le \frac{50,000}{\sigma_{\bar{x}}}\right) \\
&= p\left(\frac{-50,000}{36,325} \le z \le \frac{50,000}{36,325}\right) \\
&= p\left(-1.377 \le z \le 1.377\right) = p\left(z \le 1.377\right) - p\left(z < -1.377\right) \\
&= 0.9157 - 0.0843 = 0.8314
\end{aligned}
$$

因此，高層決策者期待估計誤差在\$50,000 以內的機率高達 0.8314。

二、樣本比率的抽樣分配

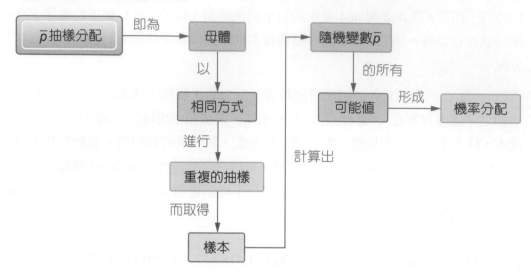

圖 7-18　$\bar{p}$ 的抽樣分配概念圖

假設樣本比率為一隨機變數 $\bar{p}$，若從同一母體進行隨機抽樣抽取固定 n 個隨機樣本，則 $\bar{p}$ 的抽樣分配乃是隨機變數 $\bar{p}$ 的所有可能值形成的機率分配。以 7-2 節的 85 度 C 為例，表 7-2 的 30 家店面樣本的店長接受營銷管理訓練的比率乃是樣本比率的隨機變數 $\bar{p}$ 之一次抽樣的結果；若從同一母體再以同樣抽樣方法進行一次抽樣，所得出的 30 家店面樣本會是另一組樣本，可再求出另一個樣本比率；依此類推，若進行 1,000 次抽樣，可得出 1,000 組不同的樣本資料，藉以得出 1,000 個樣本比率。如表 7-5 所示。

* 假設樣本比率為一隨機變數 $\bar{p}$，若從同一母體進行隨機抽樣抽取固定 n 個隨機樣本，則 $\bar{p}$ 的抽樣分配乃是隨機變數 $\bar{p}$ 的所有可能值形成的機率分配。

表 7-5　從 464 家店面母體抽 30 家店面樣本重複 1,000 次得出的樣本比率

重複抽樣次數別	1,000 個樣本比率
1	$\bar{p}_1 = 0.7$
2	$\bar{p}_2 = 0.66$
3	$\bar{p}_3 = 0.72$
.	.
.	.
1,000	$\bar{p}_{1000} = 0.64$

　　由表 7-5 可知道第一次抽 30 家店面樣本算出的 30 家店面的店長有受訓之比率為 0.7，即為 7-2 節點估計值的結果。而第二次抽另一組 30 家店面樣本算出的 30 家店面的店長有受訓的比率為 0.66；依此類推，第三次抽樣的店長受訓比率為 0.72，一直到第 1,000 次抽樣的店長受訓比率為 0.64。

　　再由表 7-5 的 1,000 個樣本受訓比率資料，同樣利用次數分配法，將樣本內店長有受訓的比率製成如表 7-6 的次數分配表。利用每隔 0.02 分一組的方式，將樣本受訓比率分為 9 組，此 9 組必須涵蓋所有 1,000 個樣本受訓比率。再利用 7-6 的次數分配表之相對次數資料畫出如圖 7-19 的相對次數分配直方圖。

表 7-6　從臺灣 464 家 85 度 C 做 1,000 次抽樣之 30 家店面的店長受訓比率的次數分配表

樣本受訓比率	次數	相對次數
0.61～0.62	21	0.021
0.63～0.64	68	0.068
0.65～0.66	137	0.137
0.67～0.68	171	0.171
0.69～0.70	221	0.221
0.71～0.72	166	0.166
0.73～0.74	131	0.131
0.75～0.76	67	0.067
0.77～0.78	18	0.018
	總和 ＝ 1,000	總和 － 1.000

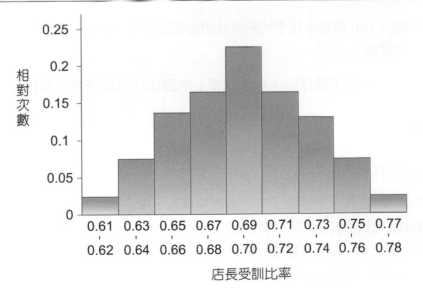

圖 7-19　從 464 家 85 度 C 做 1,000 次抽樣的 30 家店面的店長受訓比率的相對次數分配圖

圖 7-19 係利用簡單隨機抽樣進行重複抽樣 1,000 次，所得出的 85 度 C 之 30 家店面的店長受訓比率相對次數分配圖，此即為 $\bar{p}$ 的抽樣分配。我們必須了解 $\bar{p}$ 的期望值及標準差，以及其抽樣分配型態。

1. $\bar{p}$ 的期望值

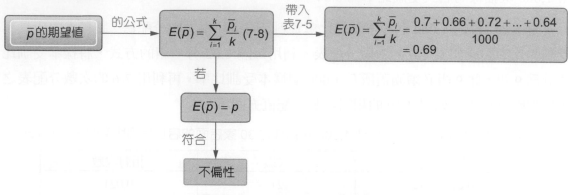

圖 7-20 $\bar{p}$ 的期望值概念圖

樣本比率隨機變數 $\bar{p}$ 的期望值（即平均數），乃是指做多次重複抽樣得出的多組樣本比率所計算出的期望值，其公式如下所示：

$$E(\bar{p}) = \sum_{i=1}^{k} \frac{\bar{p}_i}{k} \tag{7-8}$$

如 85 度 C 做 1,000 次抽樣的例子，得出 1,000 個樣本比率的點估計值 $\bar{p}_i$，亦即 $k = 1,000$，將此 1,000 個樣本比率的點估計值加總後除以 1,000，即可得到樣本比率隨機變數 $\bar{p}$ 的期望值。

當樣本比率具有以下特性時，樣本比率 $\bar{p}$ 的點估計量即符合不偏性：

$$E(\bar{p}) = P \tag{7-9}$$

其中 $E(\bar{p})$ 為樣本比率的期望值，p 為母體比率。

公式（7-9）的意義乃是當做了多次重複抽樣後，所得出的樣本比率之點估計值的期望值剛好能估計到母體比率，此時樣本比率的點估計量即具有不偏性，稱為不偏估計量。以 85 度 C 做 1,000 次抽樣為例，利用公式（7-8）可求出其樣本店長受訓比率的期望值，亦即表 7-5 的 1,000 次樣本比率的期望值：

$$E(\bar{p}) = \sum_{i=1}^{k} \frac{\bar{p}_i}{k} = \frac{0.7 + 0.66 + 0.72 + \ldots + 0.64}{1,000} = 0.69$$

因此，此 1,000 次樣本店長受訓比率的期望值爲 0.69，若此樣本的店長受訓比率爲良好的樣本統計量，則此期望值 0.69 也會剛好等於母體所有店長受訓比率之值。

2. $\overline{p}$ 的標準差

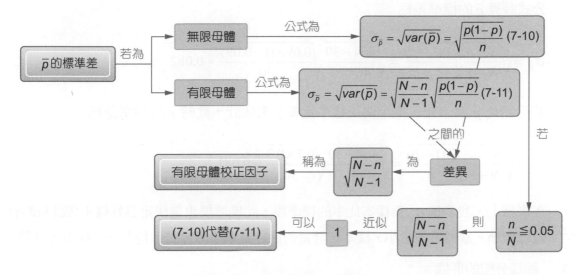

圖 7-21　p 的標準差概念圖

樣本比率 $\overline{p}$ 的標準差依據母體是有限的或無限的個數，分爲兩個有些許差異的公式。在無限母體下，$\overline{p}$ 的標準差公式如下：

$$\sigma_{\overline{p}} = \sqrt{var(\overline{p})} = \sqrt{\frac{p(1-p)}{n}} \tag{7-10}$$

其中 $\sigma_{\overline{p}}$ 爲樣本比率的標準差，$var(\overline{p})$ 爲樣本比率的變異數，p 爲母體比率，n 爲樣本量。

在有限母體下，$\overline{p}$ 的標準差公式如下：

$$\sigma_{\overline{p}} = \sqrt{var(\overline{p})} = \sqrt{\frac{N-n}{N-1}}\sqrt{\frac{p(1-p)}{n}} \tag{7-11}$$

其中 $\sigma_{\overline{p}}$ 爲樣本比率的標準差，$var(\overline{p})$ 爲樣本比率的變異數，p 母體比率，N 爲母體數量，n 爲樣本量。

在實務應用上，當母體數量夠大，雖然還是有限母體，可以使用無限母體的公式來近似。一般情況，當樣本數量小於或等於母體數量的 5%，亦即 $\frac{n}{N} \leq 0.05$，此時 $\sqrt{\frac{N-n}{N-1}}$ 會趨近於 1，則可使用（7-10）的無限母體公式代替（7-11）的有限母體公式。

以上述 85 度 C 為例，其母體臺灣 85 度 C 家數為 464 家，抽取樣本為 30 家。此時，$\dfrac{n}{N} = \dfrac{30}{464} = 0.065 > 0.05$，我們假設 464 家母體受訓比率為 0.69，故必須使用（7-11）公式計算 $\bar{p}$ 的標準差為：

$$\sigma_{\bar{p}} = \sqrt{\frac{N-n}{N-1}}\sqrt{\frac{p(1-p)}{n}} = \sqrt{\frac{464-30}{464-1}}\sqrt{\frac{0.69 \times (1-0.69)}{30}} \approx 0.082$$

若母體比 p 率未知，則可使用樣本比率 $\bar{p}$ 來估計，此時 $\bar{p}$ 的標準差為：

$$s_{\bar{p}} = \sqrt{\frac{N-n}{N-1}}\sqrt{\frac{\bar{p}(1-\bar{p})}{n}} = \sqrt{\frac{464-30}{464-1}}\sqrt{\frac{0.7 \times 0.3}{30}} \approx 0.081$$

在實務上，我們稱 $\sigma_{\bar{p}}$ 為樣本比率的標準誤，此標準誤也是決定良好樣本統計量的有效性標準。當標準誤愈小，樣本統計量的估計效率愈高，表示是愈好的樣本統計量。

3. 抽樣分配的形態

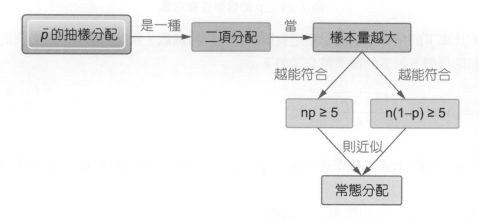

圖 7-22　p 抽樣分配形態之概念圖

第 5 章曾提及二項實驗，乃是指成功或失敗的實驗，以 85 度 C 的店長受訓與否為例，乃是一種二項實驗，有受訓代表成功，沒有受訓代表失敗，$\bar{p}$ 乃是成功機率，因此 $\bar{p}$ 的抽樣分配乃是一種二項機率分配。在第 6 章曾經學過利用常態機率分配近似二項機率分配的條件主要有兩個，亦即 $np \geq 5$ 且 $n(1-p) \geq 5$。當這兩個條件符合時，$\bar{p}$ 的抽樣分配就能夠近似常態分配，此時就能利用常態分配來求機率值。

事實上，用常態分配近似二項分配的條件也是中央極限定理大樣本的運用，當樣本量夠大，上述兩個條件就愈能符合。

以 85 度 C 的店長受訓比率爲例，母體的所有店長受訓比率爲 0.69，則

$np = 30 \times 0.69 = 20.7 > 5$

且

$n(1 - p) = 30 \times 0.31 = 9.3 > 5$

因此，兩個條件都符合，此時可用常態分配來近似二項分配，進行機率的求解。由 7.2 節我們算出樣本店長受訓比率的點估計值爲 $\bar{p} = 0.7$，同樣地，我們假設 85 度 C 高階主管希望用樣本店長受訓比率估計母體所有店長受訓比率的誤差不要超過 0.05，則能夠達到高階主管要求的機率爲何？此問題即在求以下機率：

$p(-0.05 \leq \bar{p} - p \leq 0.05) = p(-0.05 \leq 0.7 - p \leq 0.05) = ?$

上述問題，在小樣本下（亦即若不符合上述兩個條件），必須利用二項機率分配求解。但本題因爲符合條件，故可利用常態分配近似二項分配。由前小節我們知道 $\sigma_{\bar{p}} = 0.082$，故可再利用標準常態分配求解如下：

$$p(-0.05 \leq \bar{p} - p \leq 0.05) = p(\frac{-0.05}{\sigma_p} \leq \frac{\bar{p} - p}{\sigma_{\bar{p}}} \leq \frac{0.05}{\sigma_p}) = p\left(\frac{-0.05}{0.082} \leq z \leq \frac{0.05}{0.082}\right)$$
$$= p(-0.61 \leq z \leq 0.61) = p(z \leq 0.61) - p(z < -0.61)$$
$$= 0.7291 - 0.2709 = 0.4582$$

利用後面附錄 A-19 及 A-20 的標準常態分配 z 值表，我們可得出符合 85 度 C 高階主管要求的誤差不超過 0.05 的機率僅有 0.4582。

上述結果顯示要符合高階主管的要求誤差，似乎機率不高。要如何提高符合高階主管要求的機率呢？執行此統計抽樣調查的負責人可以利用增加抽樣的樣本量。假設增加樣本量到 100 個，因爲樣本量多寡會影響樣本比率 $\bar{p}$ 的標準差，故標準差重新計算如下：

$$\sigma_{\bar{p}} = \sqrt{\frac{N - n}{N - 1}} \sqrt{\frac{p(1 - p)}{n}} = \sqrt{\frac{464 - 100}{464 - 1}} \sqrt{\frac{0.69 \times (1 - 069)}{100}} \approx 0.041$$

重新代入上面標準常態分配求解如下：

$$p\left(-0.05 \le \overline{p} - p \le 0.05\right) = p\left(\frac{-0.05}{\sigma_{\overline{p}}} \le \frac{\overline{p} - p}{\sigma_{\overline{p}}} \le \frac{0.05}{\sigma_{\overline{p}}}\right)$$

$$= p\left(\frac{-0.05}{0.041} \le z \le \frac{0.05}{0.041}\right) = p\left(-1.22 \le z \le 1.22\right)$$

$$= p\left(z \le 1.22\right) - p\left(z < -1.22\right) = 0.8888 - 0.1112 = 0.7776$$

因此，符合高階主管不超過 0.05 誤差的機率提高到了 0.7776。由此可知，增加抽樣的樣本數量，可以降低樣本統計量（如樣本比率或樣本平均數）估計母體參數（如母體比率或母體平均數）的估計誤差，或者提高符合決策者要求誤差標準的機率。

三、樣本變異數的抽樣分配

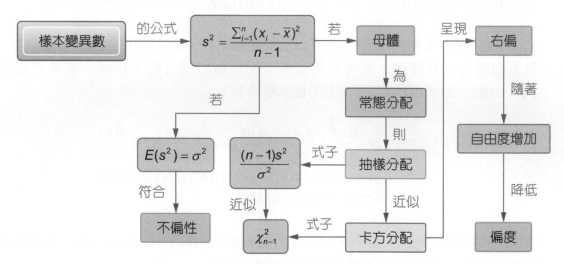

圖 7-23　樣本變異數抽樣分配說明之概念圖

在實務上，比較常被應用的敘述統計值，除了平均數與比率（二項實驗的成功機率）以外，還有變異數（開根號即是標準差）。假設 $x_1, x_2, \cdots, x_n$ 是抽自任一母體的一組簡單隨機樣本，則樣本變異數公式為：

$$s^2 = \frac{\sum_{i=1}^{n}(x_i - \overline{x})^2}{n-1}$$

樣本變異數 s^2 乃是母體變異數 σ^2 的點估計量。同樣地，s^2 為 σ^2 的不偏估計量，亦即

$$E(s^2) = \sigma^2 \tag{7-12}$$

若樣本抽自一個常態分配的母體，則 s^2 的變異數為

$$Var(s^2) = \frac{2\sigma^4}{n-1} \qquad (7\text{-}13)$$

樣本變異數的抽樣分配，是一個無母數的分配型態。假設從一個常態分配的母體中抽取一組樣本量為 n 的簡單隨機樣本，此時

$$\frac{(n-1)s^2}{\sigma^2} \sim \chi^2_{n-1} \qquad (7\text{-}14)$$

亦即 $\frac{(n-1)s^2}{\sigma^2}$ 的抽樣分配會是一個 χ^2_{n-1} 分配，讀做自由度為 $n\text{-}1$ 的卡方分配（Chi-Square Distribution）。卡方分配是一個右偏的分配，但隨著自由度的增加，卡方分配的偏度會慢慢降低，如圖 7-24 所示。卡方分配的期望值等於自由度 $(n-1)$，變異數等於 2 倍的自由度 $2(n-1)$。

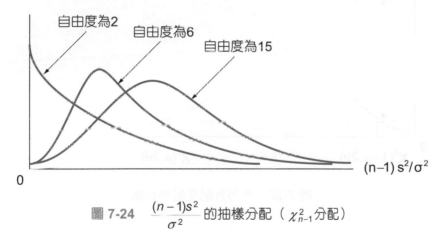

圖 7-24　$\frac{(n-1)s^2}{\sigma^2}$ 的抽樣分配（χ^2_{n-1} 分配）

再以 85 度 C 為例，若高階主管希望利用樣本變異數估計母體變異數，樣本變異數不要與母體變異數的差異超過 35%，亦即樣本變異數與母體變異數的比值不大於 1.35，也不小於 0.65，亦即回答以下機率問題：

$$p\left(\frac{s^2}{\sigma^2} \le 1.35\right) = ? \qquad p\left(\frac{s^2}{\sigma^2} \ge 0.65\right) = ?$$

85 度 C 例子抽取樣本量 n 為 30，此時可利用卡方分配查表方式求取上述機率：

$$p\left(\frac{s^2}{\sigma^2} \le 1.35\right) = p\left(\frac{(n-1)s^2}{\sigma^2} \le (30-1) \times 1.35\right) = p(\chi^2_{(1-a,29)} \le 39.15) = 1 - p(\chi^2_{(a,29)} > 39.15)$$

查卡方分配表，對應右尾的為 $\chi^2_{(a,29)}$，可對應自由度為 29 且卡方值為 39.15 的機率 a，則由圖 7-25 的右尾查出對應的機率 a 約為 0.1（$\chi^2_{(1-a,29)}$ 右邊面積），因此可求出以下結果：

$$p\left(\frac{(n-1)s^2}{\sigma^2} \leq (30-1)\times1.35\right) = p(\chi^2_{(1-a,29)} \leq 39.15) = 1 - p(\chi^2_{(a,29)} > 39.15) = 1 - 0.1 = 0.9$$

再求不小於 0.65 的機率：

$$p\left(\frac{s^2}{\sigma^2} \geq 0.65\right) = p\left(\frac{(n-1)s^2}{\sigma^2} \geq (30-1)\times0.65\right) = p(\chi^2_{1-a,29} \geq 18.85) = 0.92$$

查卡方分配表，$\chi^2_{1-a,29}$ 對應的右尾面積，可對應自由度為 29 且卡方值為 18.85 的機率 $1-a$，則由圖 7-25 的右尾查出對應的機率 $1-a$ 約為 0.92[2]（$\chi^2_{1-a,29}$ 右邊面積）。

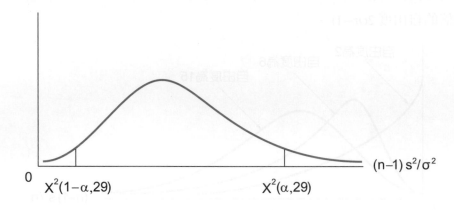

圖 7-25　卡方分配左尾與右尾

---

[2]　查卡方分配右尾面積可查出 $\chi^2_{(0.95,29)} = 17.708$ 及 $\chi^2_{(0.90,29)} = 19.768$，卡方值 18.85 介於兩者之間，利用插補法可得出機率 $1-a$ 約為 .92。

7-4　良好的樣本統計量特性

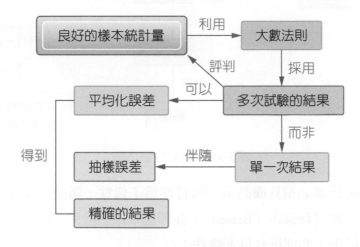

圖 7-26　良好的樣本統計量概念圖

　　統計學定義良好的樣本統計量，乃是利用大數法則（Law of Large Numbers），亦即評估樣本統計量是否良好，係利用多次試驗的結果去判斷，而非以單一次結果去評判樣本統計量之好壞。此觀念很簡單，因為每一次抽樣都會有抽樣誤差發生，所以利用單一次抽樣的結果去說明樣本統計量估計母體參數是否準確，是很危險的。每一次抽樣所得到的樣本統計量可能會高估或低估母體參數，多次試驗結果，可以將低估與高估的平均化掉，以得到比較精確的結果。

　　上一節我們提到，良好的樣本統計量必須具備四大統計特性：不偏性、有效性、一致性與充分性。假設 $\hat{\tau}$ 為樣本統計量，如樣本平均數、樣本比率、樣本標準差；而 τ 為母體參數，如母體平均數、母體比率、母體標準差。

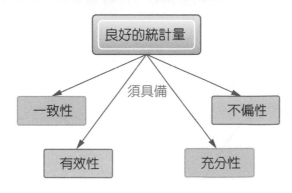

圖 7-27　良好的統計量特性之概念圖

一、不偏性

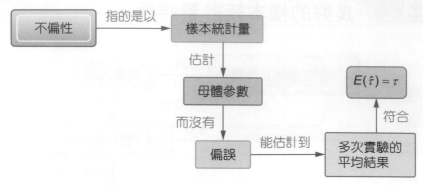

圖 7-28　不偏性概念圖

　　良好的樣本統計量必須具備的第一個特性為不偏性，所謂不偏性乃是利用樣本統計量去估計母體參數沒有偏誤（Biased），亦即能準確估計到。但能準確估計到乃是指多次試驗的平均結果，亦即符合以下條件：

$$E(\hat{\tau}) = \tau \tag{7-15}$$

　　（7-15）乃是指樣本統計量 $\hat{\tau}$ 的期望值 $E(\hat{\tau})$ 等於母體參數 τ，亦即進行重複多次的試驗，將各次求出來的樣本統計量之值予以平均，可精確估計到母體參數。若此條件符合，則樣本統計量會是母體參數的不偏估計量。

　　以下我們利用圖形來說明何謂不偏估計量及偏誤的估計量。圖 7-29 的圖 A 及圖 B 分別為不偏估計量與偏誤估計量的例子。其中圖 A 為不偏估計量，由本章前面我們學過樣本統計量的抽樣分配，圖 A 即為樣本統計量 $\hat{\tau}$ 的抽樣分配，假設此分配為常態分配，則此抽樣分配的最中心點為期望值（即平均數），亦即樣本統計量的期望值 $E(\hat{\tau})$；若樣本統計量 $\hat{\tau}$ 為不偏估計量，則期望值會等於母體參數，亦即 $E(\hat{\tau}) = \tau$。

　　圖 B 為偏誤估計量的例子，同樣地，圖 B 為樣本統計量 $\hat{\tau}$ 的抽樣分配，抽樣分配的最中心點為期望值 $E(\hat{\tau})$，但真正母體參數 τ 並不在此最中心點，而是在左邊，則此時 $E(\hat{\tau}) \neq \tau$，表示樣本統計量 $\hat{\tau}$ 為一個偏誤的估計量，其偏誤程度為 $E(\hat{\tau}) - \tau$。

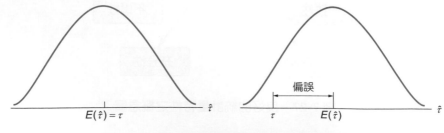

圖 7-29　不偏估計量與偏誤估計量的例子

以樣本平均數、樣本比率及樣本變異數為例，若 $E(\bar{x})=\mu$ 、$E(\bar{p})=p$ 及 $E(s^2)=\sigma^2$，表示這些樣本統計量都是具有不偏的不偏估計量。樣本變異數的公式中分母為 $n-1$ 而非 n，也是為了符合不偏性。

二、有效性

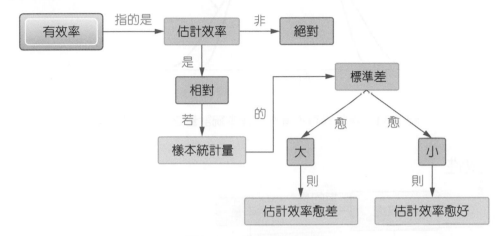

圖 7-30　有效性概念圖

良好樣本統計量的第二個需具備的特性為有效性，亦即具有估計效率。估計效率是相對的而非絕對的，亦即估計效率無法到完美，統計學家也一直在追求樣本統計量的估計效率能愈高愈好。

樣本統計量的估計效率乃是端視多次試驗過程所算出的各次樣本統計量之值的標準差大小而定，當各次試驗所算出的樣本統計量之值的標準差愈大（表示各次估計出來的樣本統計量與母體參數之差異較大），表示估計效率愈差；反之，則愈好。此觀念很簡單，雖然統計學家知道一次試驗所算出的樣本統計量去估計母體參數很難估計到，所以使用多次試驗的平均結果去看樣本統計量是否良好，但如果每次試驗所得出的樣本統計量與母體參數差異都不大，則使用單一試驗的結果自然風險較低。因此，估計效率的好壞也是統計學家重視的。

圖 7-31 為兩個不同的樣本統計量 $\hat{\tau}_1$ 及 $\hat{\tau}_2$ 的抽樣分配，而且兩個樣本統計量都是不偏估計量，因此其最中心點都是母體參數 τ。但其中 $\hat{\tau}_1$ 的常態分配圖形較陡峭較窄，表示其資料較集中，故其標準差較小，估計效率較高，亦即每次估計的樣本統計量之值距離最中心點的母體參數 τ 較近；而 $\hat{\tau}_2$ 的常態分配圖形較扁平較寬，表示其資料較分散，故其標準差較大，估計效率較低，亦即每次估計的樣本統計量之值距離最中心點的母體參數 τ 較遠。此結果表示 $\hat{\tau}_1$ 比 $\hat{\tau}_2$ 的估計效率相對較好，亦即具有較好的相對有效性。

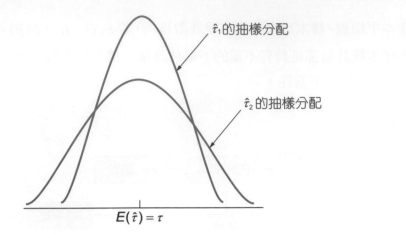

圖 7-31 兩個具有不偏性的樣本統計量之估計相對效率

三、一致性

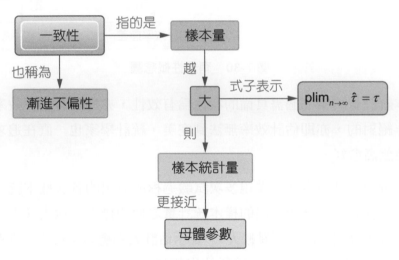

圖 7-32 一致性概念圖

　　良好的樣本統計量必須具備的另一個特性為一致性。一致性的應用有時候比不偏性重要，因為在實務應用上，不偏性比較不容易達到，但一致性則較容易達到。

　　一致性是與樣本量有關的，當抽取的樣本量愈大，樣本統計量之值變得更接近母體參數值時，則樣本統計量是具有一致性的。一致性乃是機率極限的問題，可利用簡單的數學式了解：

$$\text{plim}_{n \to \infty} \hat{\tau} = \tau \tag{7-16}$$

（7-16）表示當樣本趨近於無限大時，樣本統計量能估計到母體參數，表示具有一致性。一致性有時稱為漸進不偏性（Asymptotic Unbiasedness），亦即雖然無法完全符合不偏性，但符合漸進不偏性亦即一致性，統計學家仍可接受。當樣本量大時，一般情況都能讓樣本統計量估計到母體參數，如果樣本量到非常大時，都無法讓樣本統計量估計到母體參數，表示此樣本統計量必須被放棄了。

四、充分性

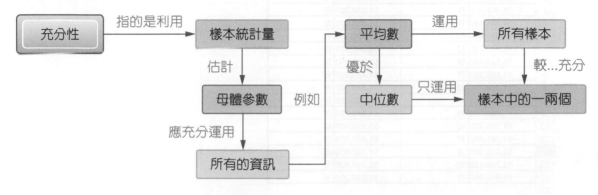

圖 7-33　充分性概念圖

良好的樣本統計量必須具備的最後一個特性為充分性。充分性乃是指利用樣本統計量來估計母體參數，必須充分應用所有的資訊。當使用的資訊愈充分，則樣本統計量會愈良好。例如，平均數會比中位數好的原因乃是因為平均數充分應用了所有的樣本，而中位數則僅應用樣本中的一個或兩個數值而已。此觀念也很簡單，樣本只是母體的一小部分，使用所有樣本來估計母體就不見得能估計很準確了，何況只是使用樣本中的一個或兩個數值。充分性的數學式乃是高級統計學的範圍，在此不再敘述。

7-5 Excel 範例

步驟一

將表 7-2 的資料匯入 EXCEL

	A	B	C	D	E
1	月平均銷售額	有無受訓	月平均銷售額	有無受訓	
2	$1,280,500	無	$1,625,090	有	
3	$1,366,360	有	$1,238,210	有	
4	$1,166,450	有	$1,503,000	有	
5	$1,080,440	無	$1,326,500	有	
6	$1,843,580	有	$1,362,820	有	
7	$1,123,650	無	$1,101,250	無	
8	$1,550,200	有	$1,430,230	有	
9	$1,248,780	無	$1,313,500	有	
10	$1,112,000	有	$1,050,450	無	
11	$980,300	無	$1,343,250	有	
12	$1,335,400	有	$1,333,400	無	
13	$1,280,600	有	$1,352,000	有	
14	$1,435,980	有	$1,280,600	無	
15	$1,269,120	有	$1,256,800	有	
16	$1,645,900	有	$1,320,200	有	
17					

步驟二

利用自動加總公式加總 A2：A16,C2：C16 的資料算出總合，在函數 fx 功能空白輸入 SUM(A2:A16,C2:C16)，其中 SUM 是指加總，A2:A16 是指欄位 A2 到欄位 A16 的數值，C2:C16 是指欄位 C2 到欄位 C16 的數值

剪貼簿		字型		對齊方式		數值	

A18　　fx　=SUM(A2:A16,C2:C16)

	A	B	C	D	E
1	月平均銷售額	有無受訓	月平均銷售額	有無受訓	
2	$1,280,500	無	$1,625,090	有	
3	$1,366,360	有	$1,238,210	有	
4	$1,166,450	有	$1,503,000	有	
5	$1,080,440	無	$1,326,500	有	
6	$1,843,580	有	$1,362,820	有	
7	$1,123,650	無	$1,101,250	無	
8	$1,550,200	有	$1,430,230	有	
9	$1,248,780	無	$1,313,500	有	
10	$1,112,000	有	$1,050,450	無	
11	$980,300	無	$1,343,250	有	
12	$1,335,400	有	$1,333,400	無	
13	$1,280,600	有	$1,352,000	有	
14	$1,435,980	有	$1,280,600	無	
15	$1,269,120	有	$1,256,800	有	
16	$1,645,900	有	$1,320,200	有	
17					
18	$39,556,560				
19					

步驟三

算出樣本平均業績 1,318,552，在函數 fx 空白處輸入=A18/30，其中 A18 是指欄位 A18 的數值

步驟四

利用 Stdev 公式算出標準差，在函數 fx 空白處輸入 STDEV(A2:A16,C2:C16)，其中 STDEV 是指標準差，A2:A16 是指欄位 A2 到欄位 A16 的數值，C2:C16 是指欄位 C2 到欄位 C16 的數值

步驟五

利用 Countif 函數計算店長有接受訓練次數，在函數 fx 空白處輸入 COUNTIF (A2:D16,"有")，其中 COUNTIF 是指計算次數，A2:D16 是指欄位 A2 到欄位 D16 的資料，"有"是指在 A2 到 D16 欄位中為"有"的次數

C18		fx	=COUNTIF(A2:D16,"有")		
	A	B	C	D	E
1	月平均銷售額	有無受訓	月平均銷售額	有無受訓	
2	$1,280,500	無	$1,625,090	有	
3	$1,366,360	有	$1,238,210	有	
4	$1,166,450	有	$1,503,000	有	
5	$1,080,440	無	$1,326,500	有	
6	$1,843,580	有	$1,362,820	有	
7	$1,123,650	無	$1,101,250	無	
8	$1,550,200	有	$1,430,230	有	
9	$1,248,780	無	$1,313,500	有	
10	$1,112,000	有	$1,050,450	無	
11	$980,300	無	$1,343,250	有	
12	$1,335,400	有	$1,333,400	無	
13	$1,280,600	有	$1,352,000	有	
14	$1,435,980	有	$1,280,600	無	
15	$1,269,120	有	$1,256,800	有	
16	$1,645,900	有	$1,320,200	有	
17					
18	$39,556,560		21		
19	$1,318,552				
20	186916.3709				

步驟六

再算出樣本店長接受營銷管理訓練的比率，在函數 fx 空白處輸入=C18/30，其中 C18 是指欄位 C18 的數值

C19		fx	=C18/30		
	A	B	C	D	E
1	月平均銷售額	有無受訓	月平均銷售額	有無受訓	
2	$1,280,500	無	$1,625,090	有	
3	$1,366,360	有	$1,238,210	有	
4	$1,166,450	有	$1,503,000	有	
5	$1,080,440	無	$1,326,500	有	
6	$1,843,580	有	$1,362,820	有	
7	$1,123,650	無	$1,101,250	無	
8	$1,550,200	有	$1,430,230	有	
9	$1,248,780	無	$1,313,500	有	
10	$1,112,000	有	$1,050,450	無	
11	$980,300	無	$1,343,250	有	
12	$1,335,400	有	$1,333,400	無	
13	$1,280,600	有	$1,352,000	有	
14	$1,435,980	有	$1,280,600	無	
15	$1,269,120	有	$1,256,800	有	
16	$1,645,900	有	$1,320,200	有	
17					
18	$39,556,560		21		
19	$1,318,552		0.7		
20	186916.3709				

本章習題

一、何謂分層隨機抽樣？何為群集抽樣？兩者有何不同？

二、良好的樣本統計量需具備哪些特性？每個特性的意義為何？

三、何謂樣本統計量的抽樣分配？請以樣本平均數舉一個例子說明抽樣分配。

四、何謂中央極限定理？有何用途？

五、18 度 C 巧克力工房已經逐漸打出之品牌知名度，除了到假日現場排隊購買巧克力的民眾絡繹不絕外，網路也是非常暢銷，尤其到情人節更是如此。18 度 C 的巧克力禮盒都是標準包裝，每顆巧克力的重量也是要求標準，因此製造出廠的重量檢驗是公司重點之一。假設某一批製造的巧克力要進行檢驗，品管人員由其中隨機抽出 36 個巧克力，並稱其重量（單位為公克），得到下表數據。

7.1	6.9	7	7.3	7.1	7.1
6.8	6.8	7.1	7.5	6.9	7.2
6.9	6.7	7.1	6.9	7.1	7.3
7.2	6.9	7.3	6.5	7.2	7
7.1	7	7.2	6.8	6.9	6.9
7	6.9	7.3	7.1	7	6.7

(1) 上述例子若要讓巧克力重量的樣本平均數的抽樣分配近似常態分配，需要用到何種定理？為甚麼？

(2) 巧克力之樣本平均重量 $\bar{X}$ 之抽樣分配為何？

(3) 若已知此批製造巧克力重量母體的標準差為 0.2 公克，則 36 個抽取的巧克力樣本平均重量與此批製造巧克力的母體平均重量誤差在 0.1 公克的機率為何？

六、以前一題為例，此批製造的巧克力重量的母體標準差為 0.2 公克，亦即母體變異數為 0.04 公克。若老闆要求用抽取的巧克力重量的樣本標準差估計此批製造的巧克力重量母體標準差的差異不要太大。

(1) 樣本標準差高於母體標準差不超過 1.42 倍的機率為何？

(2) 樣本標準差低於母體標準差不超過 0.58 倍的機率為何？

七、陞寶工業是一家塑膠射出的專業塑膠模具製造公司。由於產品客製化及多樣化的訂單，少量多樣已成訂單趨勢，因此追求高毛利是公司的政策。但是高毛利決定在於現場生產成本，生產成本的一大決定因素即在於不良率是否高。公司現場主管一直在追求如何降低不良率。現有剛生產一批共 10,000 個的汽車塑膠配件，品管人員從中抽取 100 個進行檢驗，發現其中有 2 個不良品。

(1) 請問此批抽驗的汽車塑膠配件的不良率為何？

(2) 請問此批抽驗的汽車塑膠配件的不良率的標準差為何？

(3) 假設此批汽車塑膠配件母體的不良率為 0.04，若老闆要求樣本不良率估計母體不良率的誤差不要超過 0.01，則達到老闆要求的機率為何？請問此題要用常態機率分配求解，須符合哪些條件？

八、對於現代臺灣的民眾，已經愈來愈能接受縮短交通時間的重要性，因此對長途旅程乘坐高鐵的意願愈來愈高，假設臺灣的民眾中，願意以高鐵當做長途交通工具的人佔臺灣總民眾人數的 40%。

(1) 若隨機抽選 200 名民眾，其中願意以高鐵當做長途交通工具的比例 $\bar{P}$ 的分配為何？

(2) 樣本比例 $\bar{P}$ 介於[0.3, 0.5]之間的機率為何？

信賴區間

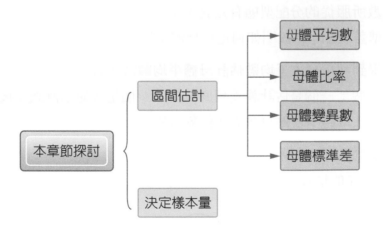

　　由第 7 章之說明，我們大概知道如何利用母體抽取一組具代表性的樣本，再由樣本資料算出的樣本統計量（如樣本平均數 $\bar{x}$、樣本比率 $\bar{p}$、樣本變異數 s^2 及樣本標準差 s）去估計母體參數（如母體平均數 μ、母體比率 p、母體變異數 σ^2 及母體標準差 σ）。但是第 7 章也有提到，用單一的樣本統計量之值（稱為點估計值）去估計母體參數值，由於樣本數量只是母體數量的一小部分，且在抽樣過程有抽樣誤差，故點估計值很難準確估計到母體參數值。統計學家了解這一點後，乃利用將抽樣過程產生的抽樣誤差考慮進估計過程，進而將點估計值去加減邊際誤差（Margin of Error），形成一個區間估計值（Interval Estimate），並稱之為信賴區間（Confidence Interval）。亦即：

　　信賴區間（區間估計值）＝點估計值（如 $\bar{x}, \bar{p}, s^2, s$）± 邊際誤差

8-1 母體平均數的區間估計：母體標準差已知情況

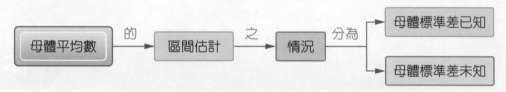

圖 8-1　不同母體平均區間估計方法之概念圖

　　本章分兩節說明母體平均數的區間估計，主要係因為當母體標準差已知及未知下，樣本平均數所服從的分配型態有差異，母體平均數的區間估計公式就有不同。本節針對母體標準差已知下，說明如何進行母體平均數的區間估計。

　　前述我們提到利用樣本平均數估計母體平均數時，會有估計誤差。此時，我們要瞭解的問題有兩個：一個是估計誤差到底多少？一個是考慮估計誤差後，樣本平均數的區間估計值估計母體平均數的準確度有多高？

　　從第 7 章我們學到樣本平均數的抽樣分配及不偏性之觀念，若母體為常態分配，或樣本是大樣本時，$\bar{x}$ 的抽樣分配近似常態分配時，就能畫出如圖 8-2 的的抽樣分配圖形。

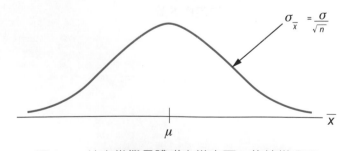

圖 8-2　抽自常態母體或大樣本下 $\bar{x}$ 的抽樣分配

由圖 8-2 我們可以知道，在符合不偏性之良好統計量下，$\bar{x}$ 的抽樣分配之圖形最中心點為母體平均數 μ。而第 7 章我們也學過 $\bar{x}$ 的抽樣分配乃是由做了很多次重複抽樣後所畫出的直方圖，所以圖 8-2 常態曲線下都代表著各次抽樣的樣本平均數。若一個樣本平均數愈接近母體平均數表示此樣本平均數的估計誤差愈小；反之，則愈大。我們現在有興趣的是距離母體平均數多遠的樣本平均數數量有多少？首先，我們回憶第 7 章所學的 $\bar{x}$ 的抽樣分配，它是由很多次抽樣算出的樣本平均數 $\bar{x}$ 資料所組成。其次，回憶第 6 章學到的常態分配經驗法則告訴我們，這是距離常態分配最中心點的母體平均數多少個標準差的問題；譬如某一個隨機變數之值落在距離最中心點的平均數正負（即左右邊）一個標準差以內的機率為 68.3%。若以標準常態分配 z 值的公式說明 $\bar{x}$ 的抽樣分配，求某個樣本平均數之值落在距離最中心點的母體平均數正負 $z_{\frac{a}{2}}$ 個標準差的機率為何，公式如下：

$$z = \frac{\bar{x} - \mu}{\sigma_{\bar{x}}} = \frac{\bar{x} - \mu}{\dfrac{\sigma}{\sqrt{n}}}$$

上式可用代數轉換，得到樣本平均數與母體平均數的距離為：

$$\bar{x} - \mu = \pm z \sigma_x$$

由圖 8-3 之的抽樣分配配合經驗法則之概念，我們可以了解在所有樣本平均數中，有 $(1-a)100\%$ 的樣本平均數資料會落在距離最中心點的母體平均數 $\pm z_{\frac{a}{2}}$ 個標準差以內，亦即：

$$\bar{x} - \mu = \pm z_{\frac{a}{2}} \sigma_{\bar{x}}$$

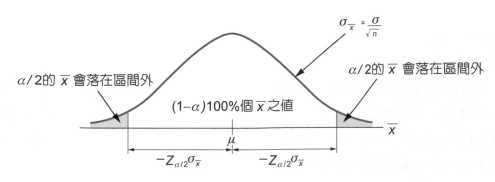

圖 8-3　距離母體平均數 μ 特定範圍內的樣本平均數 x 的數量

由上式，我們可以導出樣本平均數與母體平均數之關係為

$$\bar{x} - \mu = \pm z_{\frac{a}{2}} \sigma_{\bar{x}} \qquad\qquad (8\text{-}1)$$

（8-1）式表示做多次抽樣後算出的所有樣本平均數之值，會有$(1-a)100\%$的樣本平均數$\bar{x}$之值會落在距離最中心點的母體平均數值$\pm z_{\frac{a}{2}}$個標準差以內。譬如，若 $a = 0.05$，表示會有 95%的樣本平均數值會落在距離母體平均數值$\pm z_{0.025} = \pm 1.96$個標準差以內。而 95%乃是指做了 100 次重複抽樣可算出 100 個樣本平均數值，而其中會有 95 個樣本平均數值會落在距離真正母體平均數值 1.96 個標準差以內。

由（8-1）我們可以推導出在母體標準差已知下，母體平均數的$(1-a)100\%$信賴區間（區間估計值）公式如下：

$$\mu = \bar{x} \pm z_{\frac{a}{2}} \sigma_{\bar{x}} = \bar{x} \pm z_{\frac{a}{2}} \frac{\sigma}{\sqrt{n}} \qquad\qquad (8\text{-}2)$$

其中$(1-a)100\%$稱為信賴水準（Confidence Level），$(1-a)$稱為信賴係數（Confidence Coefficient），a 為決策錯誤類型的型 I 錯誤（將於第 9 章詳細介紹），$\sigma_{\bar{x}} = \dfrac{\sigma}{\sqrt{n}}$為平均數$\bar{x}$的標準誤，$z_{\frac{a}{2}} \sigma_{\bar{x}}$稱為邊際誤差，（8-2）式稱為母體平均數的信賴區間。

（8-2）式表示有$(1-a)100\%$的機率，母體平均數值會落在樣本平均數$\bar{x}$點估計值的正負 $z_{\frac{a}{2}}$個標準差以內。同樣地，若假設 $a = 0.05$，則$(1-a)100\% = 95\%$的機率表示重複做 100 次抽樣算出 100 個樣本平均數點估計值，會有 95 個$\bar{x} \pm z_{\frac{a}{2}} \sigma_{\bar{x}}$能估計到真正的母體平均數值；因此，每一次抽樣算出的$\bar{x} \pm z_{\frac{a}{2}} \sigma_{\bar{x}}$能估計到真正母體平均數值的機率為 95%。

我們舉一個例子，再利用圖 8-5 說明即可清楚此意思。假設漢神百貨委託昌輝國際顧問公司進行顧客滿意度調查，希望了解顧客對其百貨公司的態度，做為改善之參考。該問卷有五道題目，採用李克特（Likert）五等量表：非常不滿意、不滿意、普通、滿意、非常滿意，分數依序為 1～5 分，滿分為 25 分。昌輝國際顧問公司利用無限母體隨機抽樣方法發放 100 份問卷，假設由過去做過相同調查發現母體標準差 $\sigma = 5$。若我們要求 95%的信賴區間，可以代入（8-2）得出：

$$\mu = \bar{x} \pm z_{\frac{a}{2}} \frac{\sigma}{\sqrt{n}} = \bar{x} \pm z_{0.025} \frac{5}{\sqrt{100}} = \bar{x} \pm 1.96 \times \frac{5}{10} = \bar{x} \pm 0.98$$

上述式子要先利用查 z 值表才能查出 $z_{0.025}$ 的數值。z 值表是由統計精算出來的，可由標準常態圖形去了解對應某個 z 值的右尾面積，這在第 6 章已經教過了，此例如圖 8-4 所示，$z_{0.025}$ 乃是求右尾面積為 0.025 的 z 值，利用後面附錄 A-20 的 z 值表對應右尾面積為 0.025（亦即對應的左邊面積為 0.975），可查出 $z_{0.025} = 1.96$。

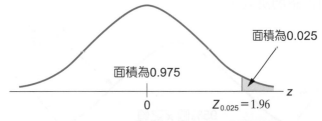

圖 8-4 右尾面積為 0.025 的 z 值機率圖

上述式子表示我們有 95%的信心（或說在 95%的信賴水準下）確認真正的母體平均數之值會落在距離估計的樣本平均數加減 0.98 的信賴區間內。而所謂 95%的信心（或 95%的信賴水準）乃是指進行 100 次隨機抽樣的結果會有 95 次的決策是正確的（亦即母體平均數會落在信賴區間內），只有 5 次的決策是錯的（亦即母體平均數不會落在信賴區間內）。

* 所謂 95%的信心（或 95%的信賴水準）乃是指進行 100 次隨機抽樣的結果會有 95 次的決策是正確的（亦即母體平均數會落在信賴區間內），只有 5 次的決策是錯的（亦即母體平均數不會落在信賴區間內）。

為了說明目的，我們假設現在做了重複簡單隨機抽樣 100 次，並假設第一次估計的樣本平均數為 $\bar{x}_1$，第二次估計的樣本平均數為 $\bar{x}_2$，第三次估計的樣本平均數為 $\bar{x}_3$，一直到最後第 100 次估計的樣本平均數為 $\bar{x}_{100}$ 呈現的圖形如圖 8-5。由圖 8-5 我們可以知道每次估計的樣本平均數的信賴區間，譬如第一次估計的樣本平均數 95%信賴水準下的信賴區間為：

$$\bar{x}_1 \pm 0.98$$

由圖 8-5 可以知道此信賴區間有包含母體平均數 μ，表示此次抽樣算出的樣本平均數，在 95%的信賴水準下，是可以精確估計到母體平均數的，亦即決策會是正確的。但做第二次抽樣結果，估計樣本平均數 95%信賴水準下的信賴區間為：

$$\bar{x}_2 \pm 0.98$$

　　由圖 8-5 可看出，此信賴區間並沒有包含母體平均數 μ，表示此次抽樣算出的樣本平均數，在 95%的信賴水準下，無法有效估計到母體平均數 μ，亦即此次決策會是錯誤的。而再進行第三次抽樣，又可以得到正確決策，第 100 次抽樣結果樣本平均數也能有效估計到母體平均數。因此，我們可以了解統計學家是在大數法則（亦即試驗很多次）下看待一個樣本統計量之好壞與否，所謂 95%的信心（或信賴水準），乃是指以同樣方式進行重複抽樣及估計，所得到的決策正確性之信心。譬如重複抽樣 100 次，有信心 95 次能得到正確的決策。

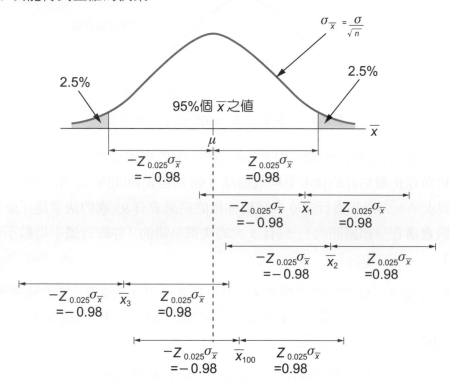

圖 8-5　重複抽樣 100 次，各次樣本平均數的信賴區間

　　雖然統計學家衡量樣本統計量的好壞乃是利用多次試驗的結果，但是在實務應用上，還是會只用單一次結果去做統計推論，因為若是要做很多次試驗去平均結果，想必花費的成本會非常高；當然，若是成本允許，利用多次結果去了解估計結果是否符合良好統計量的特性，會讓結果更能受到信賴。

　　上述漢神百貨滿意的例子，我們假設第一次收回的 100 份問卷估計樣本滿意度的平均分數點估計值為 $\bar{x} = 20$ 分，則在 95%的信賴水準下，母體平均數的信賴區間為：

$$\bar{x} \pm 0.98 = 20 \pm 0.98 = (19.02, 20.98)$$

（19.02,20.98）表示信賴區間介於 19.02 至 20.98 之間。因此，我們可以結論在 95% 的信賴水準下（或我們有 95%的信心），漢神百貨的所有顧客（即母體）對該百貨公司的滿意度平均分數會介於 19.02 至 20.98 分。

在實務應用上，所謂的 95%的信賴水準乃是指決策者對決策正確率的要求，也就是此信賴水準是由決策者設定的。決策者必須衡量決策錯誤對其影響程度來設定此信賴水準，以 95%的信賴水準而言，表示決策者每次下決策必須承擔 5%的錯誤機率；如果決策者覺得決策犯錯的成本不高，決策者可以將信賴水準設得更低，譬如 90%；但若決策犯錯的成本很高，決策者必須將信賴水準設得更高，譬如 99%。一般社會科學或商學管理領域，這三個信賴水準是較常被用的。

假設在 90%的信賴水準下，要估計漢神百貨滿意度母體平均分數的信賴區間，計算如下：

$$\mu = \bar{x} \pm z_{\frac{a}{2}} \frac{\sigma}{\sqrt{n}} = 20 \pm z_{0.05} \frac{5}{\sqrt{100}} = 20 \pm 1.645 \times \frac{5}{10} = 20 \pm 0.8225 = (19.1775, 20.8225)$$

因此，我們可以結論在 90%的信賴水準下（或我們有 90%的信心），漢神百貨的所有顧客（即母體）對該會館的滿意度平均分數會介於 19.1775 至 20.8225 分。

假設在 99%的信賴水準下，要估計漢神百貨滿意度母體平均分數的信賴區間，計算如下：

$$\mu = \bar{x} \pm z_{\frac{a}{2}} \frac{\sigma}{\sqrt{n}} = 20 \pm z_{0.005} \frac{5}{\sqrt{100}} = 20 \pm 2.576 \times \frac{5}{10} = 20 \pm 1.288 = (18.712, 21.288)$$

因此，我們可以結論在 99%的信賴水準下（或我們有 99%的信心），漢神百貨的所有顧客（即母體）對該漢神百貨的滿意度平均分數會介於 18.712 至 21.288 分。

我們比較在 90%、95%及 99%的信賴水準下的信賴區間，可以發現當信賴水準愈高，樣本平均數的信賴區間會愈寬，自然較能估計到母體的平均數，決策正確的機率當然較高。以實務應用而言，決策者為了讓決策正確的機會愈高，當然想設定較高的信賴區間，但可能讓信賴區間過寬，而變得比較沒有意義，因為過寬的信賴區間，可能讓決策無法進行。譬如上例平均滿意度，在 99%的信賴水準下決策正確機率最高，但是信賴區間很寬，可能讓決策者無法判定此平均分數下，顧客到底對漢神百貨公司的滿意度是好還是不好。

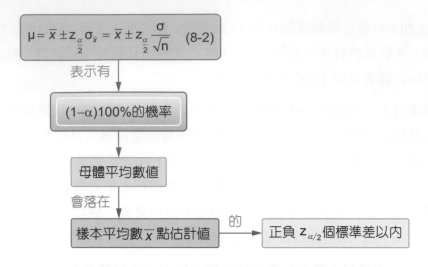

圖 8-6　母體標準差已知之下信賴區間意義解說之概念圖

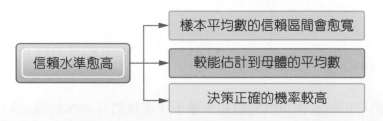

圖 8-7　信賴水準與信賴區間關係之概念圖

8-2　母體平均數的區間估計：母體標準差未知情況

上一節我們做母體平均數的區間估計，是在假設母體標準差已知之下進行。但在實務應用上，假設母體標準差是已知的並不太符合常理，因爲我們並不知道母體資料，如何能知道母體標準差，利用以前的樣本估計去代表母體標準差，事實上仍可能有誤差存在。因此，大部分實務上，我們仍假設母體標準差是未知的，再利用樣本標準差來估計母體標準差。

若利用樣本標準差來估計母體標準差，則樣本平均數的區間估計所服從的分配就不再是標準常態分配，而是一個 t 分配（t Distribution）。假設母體服從常態分配，則標準化的統計量爲：

$$t = \frac{\overline{x} - \mu}{s_{\overline{x}}} = \frac{\overline{x} - \mu}{\dfrac{s}{\sqrt{n}}} \tag{8-3}$$

　　乃是一個具有自由度 n-1 的 t 分配。t 分配有時也被稱為學生分配（Student's Distribution）。

* 若利用樣本標準差 s 估計母體標準差 σ，則樣本平均數的區間估計所服從的分配是一個 t 分配。

　　t 分配是一個家族（Family），此家族是由一群類似的機率分配所組成，每一個 t 分配都有其特定的參數，此參數稱為自由度（Degree of Freedom）。隨著自由度的大小不同，t 分配的形狀就不同；當自由度愈小，t 分配會愈扁平愈寬（表示標準差愈大）；自由度愈大，t 分配會愈陡峭愈窄（表示標準差愈小）。當自由度愈大時，t 分配會漸漸趨近於標準常態分配。在特例情況下，當自由度大到無限大時，t 分配會等於標準常態分配（即 z 分配）。因此，與標準常態分配一樣，t 分配的平均數也為 0，也具有以平均數為最高中心點，左右對稱的特性，如圖 8-8 所示。就原始理論推導，t 分配的建立乃是假設母體為常態分配，但後續許多研究證明，縱使母體不是常態分配，實務應用上也能得到不錯的結果。

* t 分配是一個家族，此家族是由一群類似的機率分配所組成，每一個 t 分配都有其特定的參數，此參數稱為自由度。

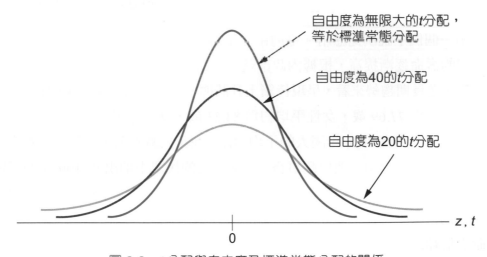

圖 8-8 t 分配與自由度及標準常態分配的關係

圖中標註：
- 自由度為無限大的 t 分配，等於標準常態分配
- 自由度為 40 的 t 分配
- 自由度為 20 的 t 分配

　　自由度的概念乃是指估計某個樣本統計量時，所需要用到的資訊數量。上述 t 分配的自由度為 n-1，乃是因為估計樣本標準差 s 時，所應用的資訊數量為 n-1 個。樣本標準差的公式為：

$$s = \sqrt{\frac{\sum_{i=1}^{n}(x_i - \bar{x})^2}{n-1}}$$

上述分母的 n-1 即爲自由度。在估計上述標準差 s 時，抽取樣本數量爲 n 個，並利用這 n 個樣本資訊去估計樣本標準差 s。然而，由於 $\sum_{i=1}^{n}(x_i - \bar{x}) = 0$ [1]，故只要有 $x_1, x_2, \cdots, x_{n-1}$ 的樣本資料值，我們就可代進 $\sum_{i=1}^{n}(x_i - \bar{x}) = 0$ 求出 x_n 的數值了。因此，在估計樣本標準差 s 時，只要用到 n-1 個樣本資訊量即可，故自由度爲 n-1。

* 自由度乃是指估計某個樣本統計量時，所需要用到的資訊數量。

初步瞭解 t 分配後，我們回到信賴區間的估計。依照 8-1 所探討的信賴區間的原理，若母體標準差未知時，此時利用樣本標準差 s 來估計母體標準差 σ，則在（1-a）100% 的信賴水準下，母體平均數的信賴區間爲：

$$\mu = \bar{x} \pm t_{(\frac{\alpha}{2}, df)} s_{\bar{x}} = \bar{x} \pm t_{(\frac{\alpha}{2}, df)} \frac{s}{\sqrt{n}} \qquad (8\text{-}4)$$

上式 df 乃是自由度的縮寫，$t_{(\frac{\alpha}{2}, df)}$ 表示 t 值，$\frac{a}{2}$ 爲 $t_{(\frac{\alpha}{2}, df)}$ 所對應的右尾面積，只要知道 $\frac{a}{2}$ 及 df，就可利用查表得知 t 值。s 爲樣本標準差，n 爲樣本量。（8-4）式表示在（1-a）100% 的信賴水準下，母體平均數 μ 會落於 $\bar{x} \pm t_{(\frac{\alpha}{2}, df)} \frac{s}{\sqrt{n}}$ 區間。

我們舉一個例子說明此應用。臺灣由於生活水平愈來愈高，醫療制度愈健全，使得臺灣民眾的壽命逐漸提高，根據內政部統計，2019 年國人平均壽命爲 80.86 歲，創下歷史新高，從長期趨勢來看，呈現持續上升狀態，也就是現代人愈來愈長壽。其中，男性平均壽命約爲 77.69 歲，女性平均約爲 84.23 歲，女性比男性多了 6.5 歲。若某國力調查的機構想要調查 2020 年國人的平均壽命，在正式調查前，進行了一項小規模的調查，樣本分別從北中南三地戶政事務所登記死亡的民眾中抽出共 100 位的民眾進行統計，統計結果指出樣本平均壽命 $\bar{x}$=81.65 歲，樣本標準差 s = 3.6 歲。假設決策者希望達到 95%的決策準確度。因此，利用（8-4）公式，在 95%的信賴水準下，母體國人平均壽命之信賴區間爲：

$$\mu = \bar{x} \pm t_{(\frac{\alpha}{2}, df)} \frac{s}{\sqrt{n}} = 81.65 \pm t_{(0.025, 99)} \frac{3.6}{\sqrt{100}} = 81.65 \pm 1.984 \frac{3.6}{10}$$

$$= 81.65 \pm 0.714 = (80.936, 82.364)$$

---

[1] $\sum_{i=1}^{n}(x_i - \bar{x}) = (x_1 - \bar{x}) + (x_2 - \bar{x}) + ... + (x_n - \bar{x}) = (x_1 + x_2 + ... + x_n) - n\bar{x} = n\bar{x} - n\bar{x} = 0$

上式求解中，必須先利用查教材後面附錄 A-22 的 t 分配表查出 t 值，才能求解。查 t 分配表求 t 值與求 z 值表很類似，只是多個自由度。查 $t_{(0.025,99)}$ 乃是查自由度 99 及右尾面積為 0.025 的 t 值，如圖 8-9。由後面對應自由度為 99 及對應右尾面積為 0.025，可查出 $t_{(0.025,99)} = 1.984$。

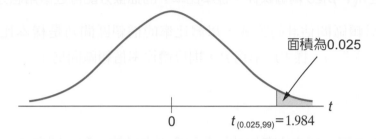

面積為0.025

0　$t_{(0.025,99)} = 1.984$

圖 8-9　自由度為 99 及右尾面積為 0.025 的 t 值機率圖

因此，結論爲在 95%的信賴水準下（決策者有 95%的信心），國人的平均壽命的信賴區間爲 80.936 至 82.364 之間。

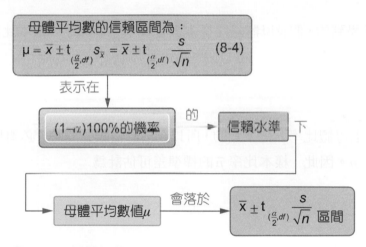

母體平均數的信賴區間為：

$$\mu = \bar{x} \pm t_{(\frac{\alpha}{2},df)} s_{\bar{x}} = \bar{x} \pm t_{(\frac{\alpha}{2},df)} \frac{s}{\sqrt{n}} \quad (8\text{-}4)$$

表示在

$(1-\alpha)100\%$的機率　的　信賴水準　下

母體平均數值μ　會落於　$\bar{x} \pm t_{(\frac{\alpha}{2},df)} \frac{s}{\sqrt{n}}$ 區間

圖 8-10　母體標準差未知下之信賴區間意義解說之概念圖

8-3　母體比率的區間估計：大樣本情況

第 7 章我們介紹過母體比率的問題，其實是二項實驗的成功機率問題，所以母體比率的區間估計使用的機率分配也應該是服從二項分配，至少在小樣本下應該使用二項機率分配來求解。但是實務應用上，要符合大樣本條件是很容易的，亦即只要符合 $np \geq 5$ 且 $n(1-p) \geq 5$ 兩個條件，則二項分配可近似常態分配，樣本比率的抽樣分配也會近似常態分配。此時即可用常態分配來求取母體比率區間估計的解。當然，若無法符合

上述兩個大樣本條件，則還是需要用二項分配來求解母體比率的區間估計。二項分配求解母體比率的區間估計較複雜，實務應用上也較少，我們略過不提，有興趣的可以參考其他中文統計書籍。

* 符合 $np \geq 5$ 且 $n(1-p) \geq 5$ 兩個條件，樣本比率 $\overline{P}$ 的抽樣分配會近似常態分配。

同樣利用信賴區間估計的公式，母體比率的信賴區間乃是樣本比率加減邊際誤差。假設母體比率為 p，樣本比率為 $\overline{P}$，則母體比率信賴區間為：

$$p = \overline{p} \pm 邊際誤差$$

在大樣本條件下，樣本比率的抽樣分配會近似常態分配，則在 $(1-a)100\%$ 的信賴水準下，邊際誤差為 $z_{\frac{a}{2}}\sigma_{\overline{p}}$，因此，在 $(1-a)100\%$ 的信賴水準下，母體比率信賴區間可為：

$$p = \overline{p} \pm z_{\frac{a}{2}}\sigma_{\overline{p}} \tag{8-5}$$

由第 7 章所學到的，假設母體遠比樣本數量多（$\frac{n}{N} \leq 0.05$），樣本比率的標準差為：

$$\sigma_{\overline{p}} = \sqrt{\frac{p(1-p)}{n}}$$

然而，實際上母體比率 p 是未知的，所以在估計信賴區間時，必須利用樣本比率 $\overline{p}$ 來估計母體比率 p。因此，樣本比率 $\overline{p}$ 的標準差可估計為

$$\sigma_{\overline{p}} = \sqrt{\frac{\overline{p}(1-\overline{p})}{n}} \tag{8-6}$$

將（8-6）式子代入（8-5）式子中，可得出在 $(1-a)100\%$ 的信賴水準下，母體比率的信賴區間為：

$$p = \overline{p} \pm z_{\frac{a}{2}}\sqrt{\frac{\overline{p}(1-\overline{p})}{n}} \tag{8-7}$$

其中 $(1-a)$ 為信賴係數，$(1-a)100\%$ 為信賴水準，$z_{\frac{a}{2}}$ 為標準常態分配機率表對應右尾面積為 $\frac{a}{2}$ 的 z 值，n 為樣本量，$\overline{p}$ 為樣本比率。

隨著全球化的發展，現在年輕一輩的人勇於嘗試在國內無法體驗的事，累積不同的生活體驗，創造美好的回憶，擴展自己的視野。要到國外體驗不同文化生活，首先必須具備語言能力，巨匠語言學校提供多元語言學習，有英文、法文、德文、西班牙文、義大利文、俄文、日文等語言學習。巨匠語言學校想了解大多學生會選擇報名什麼語言的課程，故委託昌輝國際顧問公司協助對大專院校學生進行調查，調查目前學生偏好去哪些國家想學習哪些語言，昌輝國際顧問公司乃在臺灣北中南地區大專院校利用無限母體隨機抽樣方法進行調查樣本 1,000 位學生，發現其中有 413 位學生偏好學習英文課程。我們想估計 95%信賴水準下的信賴區間為何？

首先，母體比率的點估計值為樣本比率，亦即：

$$\bar{p} = \frac{413}{1,000} = 0.413$$

表示估計臺灣大專院校學生偏好英文課程比率為 0.413。但此比率是 1,000 個樣本估計的比率，要估計母體比率時會有抽樣誤差存在，故可能很難估計到真正母體的比率，此時使用區間估計較為穩健。因此，我們再估計在 95%的信賴水準下的信賴區間為：

$$p = \bar{p} \pm z_{\frac{a}{2}} \sqrt{\frac{\bar{p}(1-\bar{p})}{n}} - 0.413 \pm z_{0.025} \sqrt{\frac{0.413 \times (1-0.413)}{1,000}}$$
$$= 0.413 \pm 1.96 \times 0.0156 = (0.382, 0.444)$$

上述結果表示在 95%的信賴水準下，臺灣大專院校學生偏好的學習語言為英文課程之比率的信賴區間介於 0.382 至 0.444 之間。實務含意乃是我們有 95%的信心（在 95%的信賴水準下）相信，目前臺灣大專院校學生偏好學習的語言課程為英文課程之比率約在 38.2%至 44.4%之間。

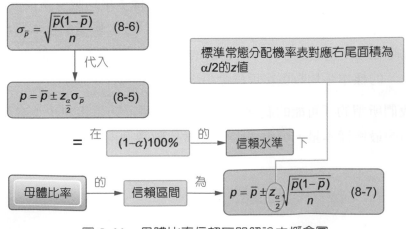

圖 8-11　母體比率信賴區間解說之概念圖

樣本量多寡的決定

在實務應用上，抽樣第一個步驟即在決定要抽多少樣本量，而在實務上，樣本量應該多少才適當，也是常會被問到的問題。一般我的回應是「在可能的範圍內樣本量愈多愈好」。因為就統計推論準確度而言，樣本量愈多愈好，因為樣本量愈多，樣本統計量的標準誤會愈小（因為標準誤公式分母是樣本量開根號），表示資料分散的程度愈小，估計結果的不確定性也愈小。然而，要蒐集過多的樣本，相對地需要的人力、物力及成本都會較高。因此，事實上我們應該是在決定「在可能的範圍內的最適樣本量」。在第 7 章介紹中央極限定理時，我們提到在大樣本下，樣本統計量的抽樣分配才能近似常態分配，此時才能使用有母數如 z 值、t 值之方法。而大樣本基本上是指至少 30 個樣本。然而，實務應用上，可能更在意的不是符合中央極限定理而已，而是需要更大的樣本量來讓估計的邊際誤差控制在一定的範圍以內，因為過大的邊際誤差導致過大的信賴區間，可能讓決策無法執行。本節即在了解如何在決策者要求的邊際誤差範圍內，決定適當的樣本量。

* 最適的樣本量決定在於決策者要求的邊際誤差。

一、估計母體平均數的最適樣本量

假設母體標準差已知下，估計母體平均數在$(1-a)$100%信賴水準下的信賴區間時，邊際誤差為：

$$ME = z_{\frac{a}{2}} \frac{\sigma}{\sqrt{n}} \tag{8-8}$$

上式中 ME 表示邊際誤差。此邊際誤差乃是表示樣本平均數有多接近母體平均數。如圖 8-3 所示，若此邊際誤差愈小（大），表示更多（少）數量的樣本平均數愈接近母體平均數，此時在固定的信賴水準下，估計的準確度就會提高（降低），因為多次試驗下更多（更少）的樣本平均數更接近母體平均數。

此時，我們所謂的「可能的範圍內的最適樣本量」乃是指在決策者設定想要的邊際誤差範圍內的最適樣本量，可由（8-8）式做代數轉換得到最適的樣本量為：

$$\sqrt{n} = \frac{z_{\frac{a}{2}} \sigma}{ME}$$

兩邊取平方，可得到最適樣本量為：

$$n = \frac{\left(z_{\frac{a}{2}}\right)^2 \sigma^2}{ME^2} \tag{8-9}$$

若以 8-1 節漢神百貨為例，假設在 95%的信賴水準下，母體標準差 $\sigma = 5$ 分，決策者要求的邊際誤差必須在 0.5 範圍內，則此時必須抽取的最適樣本量為：

$$n = \frac{\left(z_{\frac{a}{2}}\right)^2 \sigma^2}{ME^2} = \frac{\left(z_{0.025}\right)^2 5^2}{0.5^2} = \frac{1.96^2 \times 5^2}{0.5^2} = 384.16 \approx 385$$

上式結果有小數點，必須無條件進位，因為若捨棄小數點，得到的樣本量會讓邊際誤差在 0.5 範圍內的要求無法符合（亦即邊際誤差會超過 0.5 範圍）。因此，對於漢神百貨決策者的要求，顧客滿意度的分數估計的邊際誤差必須在 0.5 的範圍內，則所需要的最適樣本量是 385 個樣本。

由上面過程，我們學會了如何求出決策者要求的邊際誤差範圍內之最適樣本量。然而，在求解過程碰到一個問題，亦即我們是知道母體標準差的值，如果母體標準差未知，我們就必須估計母體標準差為何？此時，我們必須小心前後邏輯順序的問題，之前我們教過母體標準差未知，可用樣本標準差來估計它，但是現在是在求抽取最適樣本量，表示樣本還沒抽出來，自然無法知道樣本標準差，所以無法用樣本標準差來估計母體標準差。因此，我們必須使用另外方法來推測母體標準差，實務上較常用的方法有幾個：第一，可使用過去相同或類似的調查所得到的樣本標準差來推測母體標準差，如漢神百貨過去如果有做相同的顧客滿意度調查，可使用這些調查的標準差來推估母體標準差，譬如過去調查的樣本標準差大約都在 5 分，則母體標準差可推估為 $\sigma = 5$。第二，若沒有過去相同或類似的調查，則可進行一個較小規模的前測（a Pilot Study）求出樣本標準差來推估母體標準差。第三，如果前兩項都無法做，則只好使用粗略的猜測法，此時必須先推估母體的最大值及最小值做為上下界，再將上下界的差（即全距）除以 4，以得出初略的母體標準差。

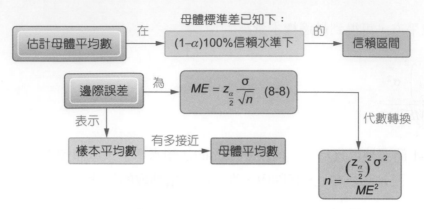

圖 8-12　母體平均數估計最適樣本量決定之概念圖

二、估計母體比率的最適樣本量

　　估計母體比率的最適樣本量做法概念與估計母體平均數的最適樣本量相似。估計母體比率在$(1-a)$100%信賴水準下的信賴區間時，邊際誤差為

$$ME = z_{\frac{a}{2}}\sqrt{\frac{p(1-p)}{n}} \tag{8-10}$$

　　（8-10）式的邊際誤差的比率是母體比率 p，因為樣本比率在抽樣前是未知的。將（8-10）做代數轉換，求出在$(1-a)$100%信賴水準下，決策者要求固定的邊際誤差範圍內的最適樣本量為

$$\sqrt{n} = \frac{z_{a/2}\sqrt{p(1-p)}}{ME}$$

兩邊取平方，得出最適樣本量為

$$n = \frac{\left(z_{\frac{\alpha}{2}}\right)^2 p(1-p)}{ME^2} \tag{8-11}$$

　　與估計母體平均數的最適樣本量邏輯一樣，因為還未抽樣，所以樣本比率還未知，故（8-11）的 p 是母體比率，此母體比率 p 仍必須由推估得出。推估的方式包含：第一，利用之前相同或類似調查的樣本比率做為母體比率的推估值，如 8-3 節巨匠語言學校已經做了一次調查，得出樣本比率為 0.413，則之後類似調查可使用此樣本比率做為母體比率的推估值。第二，可先進行一個小規模的前測，再以此前測求出的樣本比率做為母體比率的推估值。第三，若前兩項都無法做到，則使用最保守的方式去得出最大的樣本量，亦即設定母體比率 $p = 0.5$，此時得出的樣本量會是最大的樣本量。

再以 8-3 節的巨匠語言學校為例，若巨匠語言學校過了三個月後再委請昌輝顧問公司幫忙再重新進行一次調查，想再了解大專院校學生對語言補習偏好是否有變化。但此次決策者要求在求 95%信賴水準下的區間估計時，希望達到邊際誤差在 0.02 的範圍以內，則統計人員需要抽多少樣本量？

此時，因為之前有做過相同的調查得出如 8-3 節的樣本比率 $\bar{p} = 0.413$，故以此做為母體平均數的推估值，再將資料代入（8-11）式，得出最適樣本量為

$$n = \frac{\left(z_{\frac{\alpha}{2}}\right)^2 p(1-p)}{ME^2} = \frac{(z_{0.025})^2 \times 0.413 \times (1-0.413)}{0.02^2} = \frac{1.96^2 \times 0.413 \times 0.587}{0.02^2} = 2328.3 \approx 2329$$

同樣地，為符合決策者的要求讓邊際誤差在 0.02 以內，要將小數點無條件進位，則所需的樣本量為 2,329 個。因此，在進行 95%信賴水準下的區間估計時，若巨匠語言學校決策者希望達到邊際誤差在 0.02 的範圍以內，則統計人員需要抽 2,329 個樣本量。

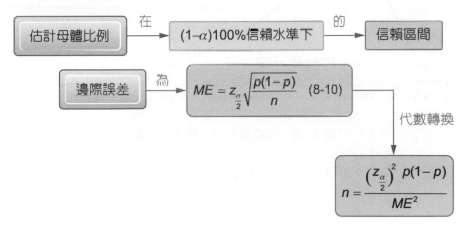

圖 8-13 母體比率估計最適樣本量之概念圖

8-5 母體變異數及標準差的區間估計

在第 7 章我們學到樣本變異數的抽樣分配，是一個無母數的卡方分配型態。假設從一個常態分配的母體中抽取一組樣本量為 n 的簡單隨機樣本，此時：

$$\frac{(n-1)s^2}{\sigma^2} \sim \chi^2_{n-1} \tag{8-12}$$

　　以前幾節學過的信賴區間概念，我們可以知道是在求落在距離分配最中心點的資料值有多少百分比。以此概念用在求母體變異數區間估計的卡方分配，亦是一樣的。如圖 8-14，卡方分配的機率圖（直方圖之概念，資料數值分布在曲線下），由此圖可知道有$(1-a)100\%$的卡方值分布於中間，會落在左右兩邊的臨界值分別為 $\chi^2_{(1-\frac{a}{2},n-1)}$ 與 $\chi^2_{(\frac{a}{2},n-1)}$ 之間，亦即：

$$\chi^2_{(1-\frac{a}{2},n-1)} \leq \chi^2_{n-1} \leq \chi^2_{(\frac{a}{2},n-1)} \tag{8-13}$$

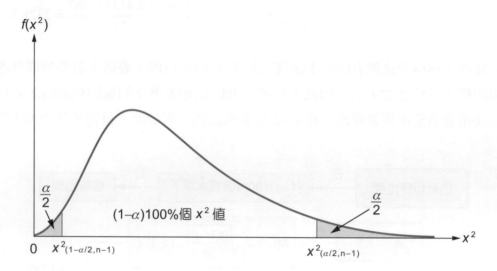

圖 8-14　自由度為 n-1 的卡方分配

將（8-12）式代入（8-13）式，可得出以下式子：

$$\chi^2_{(1-\frac{a}{2},n-1)} \leq \frac{(n-1)s^2}{\sigma^2} \leq \chi^2_{(\frac{a}{2},n-1)}$$

將上式進行倒數轉換，可得出：

$$\frac{1}{\chi^2_{(\frac{a}{2},n-1)}} \leq \frac{\sigma^2}{(n-1)s^2} \leq \frac{1}{\chi^2_{(1-\frac{a}{2},n-1)}}$$

　　再將全部都乘以$(n-1)s^2$，可得出在$(1-a)100\%$的信賴水準下，單一母體變異數的信賴區間為：

$$\frac{(n-1)s^2}{\chi^2_{(\frac{a}{2},n-1)}} \leq \sigma^2 \leq \frac{(n-1)s^2}{\chi^2_{(1-\frac{a}{2},n-1)}} \tag{8-14}$$

可進一步得出在$(1-a)100\%$的信賴水準下，單一母體標準差的信賴區間為：

$$\sqrt{\frac{(n-1)s^2}{\chi^2_{(\frac{a}{2},n-1)}}} \leq \sigma \leq \sqrt{\frac{(n-1)s^2}{\chi^2_{(1-\frac{a}{2},n-1)}}} \tag{8-15}$$

以下舉一個實務例子說明此應用。宜秦食品股份有限公司主要產品為生產的肉乾，除了幫知名品牌代工外，也銷售到各傳統菜市場店面，自己並有包裝品牌直營店及置放在各零售商店或賣場。公司對品管要求極為嚴格，除了生產品質嚴格要求外，在各包裝重量也要求必須符合標籤標示之規格，並隨時管控製程是否正常。假設某一肉乾包裝標籤標示平均重量為 500 公克，宜秦食品要求其標準差不得超過 0.25 公克，亦即要求製程管控必須在肉乾包裝的平均重量在 500 ± 0.25 公克以內，超過此範圍兩次以上，就必須停止生產，檢查製程是否發生問題。假設品管人員每天都固定抽樣檢查，某天品管人員抽取 30 包肉乾進行稱重檢驗，得出樣本變異數為 $s^2 = 0.0676$，若決策者要求 95%的信賴水準去進行決策，可得出母體變異數的信賴區間為：

$$\frac{29 \times 0.0676}{\chi^2_{(0.025,29)}} \leq \sigma^2 \leq \frac{29 \times 0.0676}{\chi^2_{(0.975,29)}}$$

利用查後面附錄 A-23 卡方分配機率表，在自由度為 29 下，對應右尾面積的卡方臨界值，對應右尾全部面積為 0.975（此時左尾面積為 0.025，因為整個曲線下的面積為 1 ）的卡方值為 $\chi^2_{(0.975,29)} = 16.047$ ，對應右尾全部面積為 0.025 的卡方值為 $\chi^2_{(0.025,29)} = 45.722$ ，如圖 8-15，可得出以下結果：

$$\frac{29 \times 0.0676}{45.722} \leq \sigma^2 \leq \frac{29 \times 0.0676}{16.047}$$

因此，可得出在 95%的信賴水準下，宜秦食品某日的製程生產出的所有肉乾包裝重量的變異數為：

$$0.0429 \leq \sigma^2 \leq 0.1222$$

故可得出，在 95%的信賴水準下，宜秦食品某日的製程生產出的所有肉乾包裝重量的標準差為：

$0.2071 \leq \sigma \leq 0.3496$

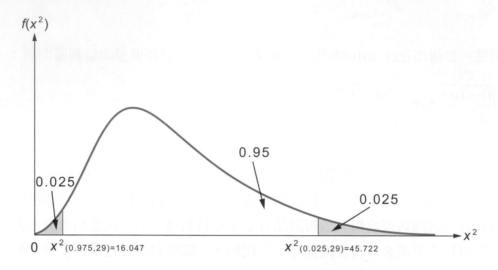

圖 8-15　卡方分配某臨界卡方值下的右尾面積

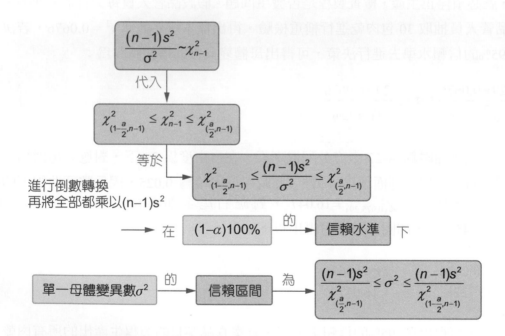

圖 8-16　單一母體變異數信賴區間解說之概念圖

8-6 Excel 範例

步驟一

資料-資料分析-敘述性統計

步驟二

選取輸入範圍

步驟三

勾選摘要統計及平均數信賴度

步驟四

信賴度即為邊際誤差

	欄1	
平均數	49.348
標準誤	2.015169
中間值	49.995
眾數	#N/A
標準差	9.012111
變異數	81.21815
峰度	2.258707
偏態	-0.99608
範圍	38.05
最小值	23.78
最大值	61.83
總和	986.96
個數	20
信賴度(95.0%)	4.217798

本章習題

一、我們想要了解中部某所大學會計系大二學生的統計學成績，乃隨機從兩班抽取 36
位學生進行調查，發現他們學期成績的平均分數為 69 分，標準差為 6 分。請問：

1. 在 95%的信賴水準下，邊際誤差為何？

2. 此所大學會計系大二學生的統計學學期成績平均分數的 95%信賴區間為何？

3. 此所大學會計系大二學生的統計學學期成績平均分數的 98%信賴區間為何？

二、在臺灣愈來愈多民眾偏好進口車，使得國產車的競爭壓力愈來愈大，最近一家汽
車雜誌社進行國人對國產車與進口車的偏好調查，在北中南進行隨機抽樣，總共
抽取 1,000 位 20 歲以上的民眾，詢問他們比較偏好買國產汽車或進口汽車，調查
結果如下：

喜好車種	國產	進口
次數	440	560

1. 請問臺灣 20 歲以上的民眾中，比較偏好買國產汽車比例的 95%信賴區間為何？

2. 請問臺灣 20 歲以上的民眾中，比較偏好買進口汽車比例的 95%信賴區間為何？

3. 請問臺灣 20 歲以上的民眾中，比較偏好買國產汽車比例的 99%信賴區間為何？

三、瓦城集團最近準備進行一次大調查，想了解顧客對其長久以來的固定菜色的滿意
度，因而在全臺灣各店針對來消費的顧客進行隨機抽樣調查，假設其要求樣本平
均數 $\bar{x}$ 估計的邊際誤差不能超過 0.05 並且要有 95%的信賴水準，假設根據過去一
次調查結果，母體的標準差為 0.5，則抽取的樣本數 n 至少要有多大？

四、王品集團旗下的西堤牛排最近準備進行一次調查，想了解其在中部市場之佔有
率，因而針對中部民眾進行隨機抽樣調查，假設其要求樣本比例 $\bar{p}$ 估計的邊際誤
差不能超過 0.04 並且要有 99%的信賴水準，則樣本數 n 至少要有多大？

五、一項調查係針對臺灣中部的大學生每周的生活花費，在調查前先做小規模的試調查，從中部某所大學隨機抽取 10 位學生進行調查，結果如下（千元計）：

3　2.5　3.1　3.2　2.6　4.5　1.8　2.7　4.6　4

請回答以下問題：

1. 此題需要做甚麼的假設？

2. 此所大學每周平均生活花費的點估計值與 90%信賴區間為何？

3. 此所大學每周生活花費的變異數 σ^2 的點估計與 90%信賴區間為何？

六、順德是彰化一家有名的文具製造商，其 SDI 文具品牌行銷全世界，最近新研發手排直液替換式白板筆，品管處主管想了解目前一批生產此項產品之不良率情況，乃請品管人員到製造現場隨機抽取 500 枝白板筆，發現有 5 枝有瑕疵，試請計算

1. 該批生產的白板筆之不良率 p 的點估計。

2. 該批生產的白板筆之不良率 p 的 95%信賴區間。

七、全拓工業是彰化一家生產汽車油封的工廠，工廠自動化程度非常高，其所生產的一款小型油封，標準直徑為 2.5 公分。目前正生產一批此款小型油封，品管人員抽樣 25 個油封作檢驗，得到樣本變異數 s^2 為 0.05 公分 2，試問：

1. 在 95%信賴水準下，母體變異數 σ^2 的信賴區間為何？

2. 在 99%信賴水準下，母體標準差 σ 的信賴區間為何？

八、王品集團旗下的陶板屋牛排之牛肉都是從其中央廚房冷凍庫運下來，為了不讓顧客抱怨，除了牛肉新鮮要求外，也要求每份牛排的重量要一致在平均 10 盎司，目前正對一批預備運出的牛肉進行品檢，乃隨機抽查 20 片牛肉，其重量如下表格所示。

10.5	10	10.1	9.5	9.9
10.2	10.2	9.9	10.5	10
10.3	9.6	9.7	10.3	10.2
9.9	9.8	9.9	10	10.4

1. 請問本題需要做何種假設？

2. 試求此批牛肉母體平均重量 μ 的 95%信賴區間。

3. 試求此批牛肉母體平均重量 μ 的 99%信賴區間。

NOTE

09 >>>

假設檢定

本章大綱

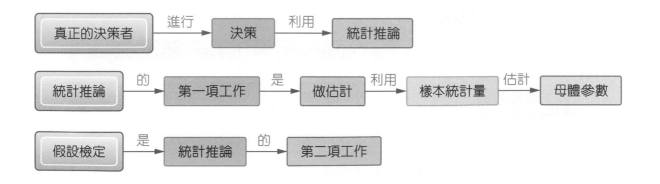

假設檢定是統計推論的第二項工作，而且是實務上對決策最有幫助的統計方法。一般實務上，敘述統計乃是將資料利用統計工具整理後呈現給不懂統計的人看，能讓不懂統計的人了解資料整理過後，如何有邏輯地幫助呈現決策初步的參考。然而，真正決策者在進行決策時，則必須利用統計推論來進行資料的推論後，才能下定決策。而統計推論的第一項工作乃是做估計，利用樣本統計量去估計母體參數，此估計其實對決策的幫助有限，只能了解母體參數大致的情況。真正對決策最有幫助的是假設檢定，所謂假設檢定乃是指將實務上面臨的問題轉換成統計的假設後，再利用樣本資料去檢定此統計假設是否成立，決策者再根據此結論去進行實務決策。本章將對假設檢定做詳細的概念介紹。

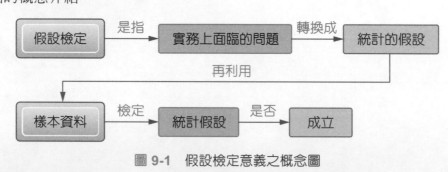

圖 9-1　假設檢定意義之概念圖

* 所謂假設檢定乃是指將實務上面臨的問題轉換成統計的假設後，再利用樣本資料去檢定此統計假設是否成立。

　　假設檢定的情況應用甚廣，包含單一母體參數（平均數、比率或標準差）之假設檢定、兩個母體參數（平均數、比率或標準差）之假設檢定、多個母體參數（平均數或比率）之假設檢定。這些假設檢定概念之說明，我們都將進行介紹。本章首先介紹單一母體參數的假設檢定。

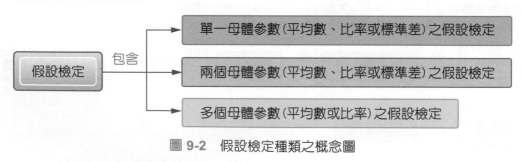

圖 9-2　假設檢定種類之概念圖

　　假設檢定的步驟包含以下：第一，必須先依據實務問題建立統計假設。第二，必須由決策者設定可容忍的顯著水準。第三，利用隨機抽取的樣本建立檢定統計量。第四，利用決策法則（拒絕法則）進行最後決策。以下我們根據這些步驟來說明何謂假設檢定。

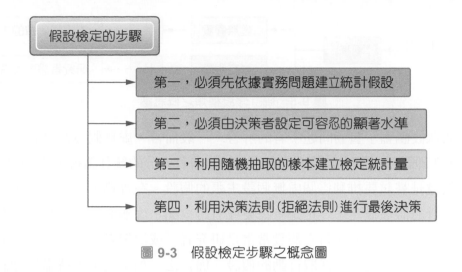

圖 9-3　假設檢定步驟之概念圖

9-1　建立統計假設

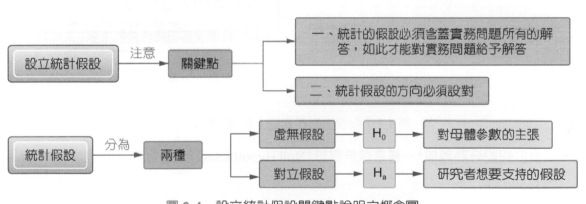

圖 9-4　設立統計假設關鍵點說明之概念圖

　　在實務上，決策者隨時會面臨一些實務問題必須進行決策，而這些決策常是要做與不要做或成功與失敗的問題，譬如一項投資案要做或不要做、輝瑞新冠狀病毒疫苗有效或無效、產品研發成功或失敗、飲料標示重量真或假等等。對統計人員而言，這些實務問題要利用統計推論去解答，第一個步驟必須將這些實務問題轉換成統計上的假設（Statistical Hypothesis），才能以統計的邏輯依照統計推論步驟去解答這些問題。

　　如何設立統計的假設？必須注意的關鍵點有二：一為統計的假設必須涵蓋實務問題所有的解答，如此才能對實務問題給予解答；二為統計假設的方向必須設對，一旦設錯，就會發生結論剛好相反的窘境。統計的假設分為兩種：一種是虛無假設（Null Hypothesis，一般用 H_0 表示），一種為對立假設（Alternative Hypothesis，一般用 H_a 表示）。

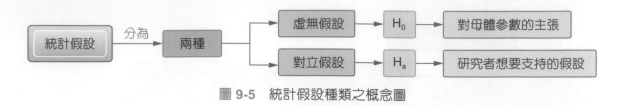

圖 9-5 統計假設種類之概念圖

這兩個假設涵蓋了實務問題所有的解答。一般而言，虛無假設乃是我們對母體參數的主張，亦即認為母體參數符合虛無假設，除非有充分的統計證據去推翻這個主張。而對立假設就是嘗試要推翻這個虛無假設主張的假設。在實務上，研究者不會平白無故去進行統計的假設檢定，一定是有需要或有跡象顯示虛無假設的主張可能有問題，才會進行假設檢定。因此，對立假設常常是研究者（或決策者）想要去支持的假設，而且也是會讓決策者進一步採取行動的假設。簡言之，如果決策支持虛無假設，則不需進一步採取任何補救或修正行動；如果決策支持對立假設，則必須進一步採取補救或修正行動。

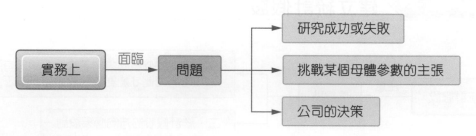

圖 9-6 假設檢定在實務上的種類概念圖

* 統計的假設分為兩種：一種是虛無假設（Null Hypothesis），一種為對立假設（Alternative Hypothesis）。

* 虛無假設乃是我們對母體參數的主張，亦即認為母體參數符合虛無假設，除非有充分的統計證據去推翻這個主張。而對立假設就是嘗試要推翻這個虛無假設主張的假設。

對於實務上常面臨的問題，我們可以把它歸為三大類：一類為研究成功或失敗；一類為挑戰某個母體參數的主張；一類為公司的決策。

一、研究成功或失敗之統計假設

研究成功或失敗的實例如一種藥（如新冠狀病毒疫苗）是否研發成功或失敗、企業一項產品（如峰暉塑膠工業研發生質環保塑膠粒、順德工業研發新一代導線架）研發成功或失敗、一項實驗研究成功或失敗。

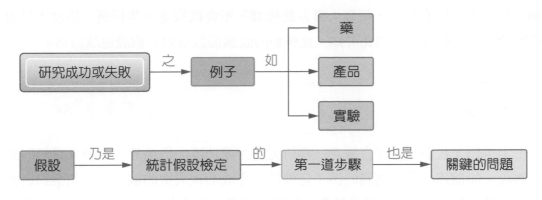

圖 9-7 研究成功或失敗之統計假設

85 度 C 加盟店的店面及設備都是美食-KY 總公司負責規劃與提供，美食-KY 對於店面的規劃及店裡的設備都有一定的要求標準，85 度 C 主要販售的產品包含咖啡、飲料及蛋糕，其中咖啡一直是產品中最暢銷的。美食-KY 知道此點，故對咖啡機供應商的要求就非常嚴格。咖啡機的好壞判定標準除了研磨出的咖啡品質外，研磨的速度也很重要，因為研磨速度愈快，顧客等待的時間也降低，能提高顧客的滿意度。美食-KY 咖啡供應商最近研發出一台新咖啡機，除了在咖啡研磨品質能達到與現有的咖啡機一樣的品質外，最主要是能提升研磨速度。供應商正考慮要向美食-KY 推銷此新咖啡機，希望美食-KY 能全部更換現有的咖啡機。然而，研發人員必須先測試此台新研發的咖啡機是否真的能提升咖啡的研磨速度。因此，乃先製造幾台新咖啡機進行研磨速度測試，以尋求支持新咖啡機的研磨速度確實能比現有的咖啡機更快的統計證據。

上述例子的虛無假設及對立假設如何設，乃是統計假設檢定的第一道步驟，也是很關鍵的問題，如果設錯，最後的決策也一定會發生錯誤。此時，咖啡機供應商研發人員除了必須先生產幾台咖啡機進行研磨速度的測試外，並根據測試所求得樣本去計算平均的研磨速度，再以此平均研磨速度去推論新的咖啡機的研磨速度是否能提升。我們假設現有的咖啡機研磨速度平均為 30 秒，故研發人員主要在尋求新咖啡機的研磨速度平均低於 30 秒的證據，若新的咖啡機平均研磨時間低於 30 秒，表示新咖啡機的研發成功，否則就是失敗了（因為沒有比現有的咖啡機好，無法產品化推出市場）。

首先，我們假設 μ 為所有新咖啡機的平均研磨時間，亦即母體平均數。依照前面所述，對立假設是研究者想要支持的假設，也是會進一步採取行動的假設，所以本例的對立假設應該是 $\mu < 30$，亦即研發人員想要支持的是新咖啡機的平均研磨時間低於 30 秒，此時研發人員才能進一步採取行動，向主管提出新咖啡機研發成功的證據，公司即可將新咖啡機產品化大量生產，並進行行銷及與美食-KY 洽談新咖啡機的訂購等，這些都是進一步採取的行動。若新咖啡機的平均研磨時間沒有比 30 秒低，亦即

$\mu \geq 30$，此時表示研發失敗，研發人員就此放棄，不會採取進一步行動，這也不是研發人員所希望支持的假設。由此可知，此例題的虛無假設及對立假設應該設為：

$$H_0 : \mu \geq 30$$
$$H_a : \mu < 30$$

由上述例子我們學會了在檢定一項研究是否成功或失敗，如何去設立虛無假設與對立假設。如前述，很多實務的例子是屬於研究成功或失敗的個案，例如藥物研發是否成功（譬如新降血壓藥物有沒比現有的降血壓藥物更有效）、實驗教學策略是否成功（新的教學策略是否比現有的教學策略更能提升學生學習成績）、新研發的產品是否比現有產品更能提高公司業績等等，這些都是屬於研究成功或失敗的例子，一般而言，研究者都是想要支持研究成功的，此時把想要支持的研究成功（亦即新研發的東西更好）的結果放在對立假設，也是會讓研究者進一步採取行動的假設。

* 對立假設是研究者想要支持的假設，也是會進一步採取行動的假設。

二、挑戰某個母體參數的主張之統計假設

挑戰某個母體參數的主張之實務例子可能常碰到，譬如廠商飲料標籤的標示平均重量即是一項母體平均數的主張、供應商保證收到訂單後產品出貨的時間不會超過五天也是一項母體平均數的主張、蝦皮商城保證商品能銷售出去的機率至少 80%則是一項母體比率的主張、宜秦食品公司保證其肉乾包裝標示重量誤差不會超過 0.25 公克則是一項母體標準差的主張。

這類例子我們要如何設立虛無假設及對立假設？一般而言，宣稱某個母體參數的主張是我們要去挑戰的，亦即要去否定此項主張的，會放在對立假設。假設蝦皮商城網站保證在其網站銷售的商品至少有 80%的機率能在一個月內銷售出去，有一天消費者向消基會檢舉其銷售的產品掛在蝦皮商城網站已經很久沒賣出去，並檢舉蝦皮商城網站保證的主張不實，消基會的消保官接到檢舉立即派人進行調查蝦皮商城網站商品銷售出去的機率，以了解蝦皮商城向顧客保證的機率是否不實。

消基會調查人員對蝦皮商城的產品銷售紀錄進行調查，並對一年內在此網站銷售的產品紀錄進行隨機抽樣，抽取的樣本用來估計樣本的比率（亦即銷售的產品在一個月內賣出的比率），藉以檢定蝦皮商城保證商品至少有 80%的機率能銷售出去的主張是否不實。假設 p 為在蝦皮商城的產品能一個月內賣出去的比率，亦即母體比率，對於消基會調查人員而言，他們所在意的是蝦皮商城網站的保證主張是否不實，亦即他們

調查的原因係因有人檢舉蝦皮商城網站的主張不實，他們才要去挑戰（或否定）蝦皮商城的保證主張，挑戰蝦皮商城保證主張的放在對立假設，亦即 $p < 0.8$ 放在對立假設。而蝦皮商城網站保證的主張則放在虛無假設，亦即 $p \geq 0.8$ 放在虛無假設。因此，此問題的虛無假設與對立假設為：

$H_0 : p \geq 0.8$

$H_a : p < 0.8$

對於消基會而言，其調查的目的主要是要挑戰蝦皮商城進行保證的主張，蝦皮商城保證商品在其網站銷售一個月內至少有 80%的機率能賣出去，此為對母體參數的主張放在虛無假設。而對立假設則為挑戰此母體參數的主張，亦即銷售一個月能賣出去的機率低於 80%，這是消基會想要支持的假設，而且也是消基會會進一步採取行動的假設，一旦蝦皮商城主張的產品至少 80%的機率一個月內能賣出去被推翻，消基會就會進一步採取開罰與要求進行修正保證機率的行動。反之，若沒有推翻虛無假設，則表示蝦皮商城的保證主張是對的，消基會就會結束調查，不會對蝦皮商城採取任何行動。許多挑戰母體參數的主張的實務應用，都是類似上述的例子，都可以依照同樣的方式進行假設的設立。

三、公司的決策之統計假設

公司需要決策的日常事務及重大事件很多，如一項大投資案要不要做（如建造廠房、汰換機器設備）、日常的品質管理（如進貨要接受還是退回）、日常的製程管理（如製程是否繼續或停機檢查）。

宜秦食品每日都會進行製程管理，對工廠製程生產出的肉乾進行檢驗，除了檢驗肉乾品質外，並對肉乾包裝的重量進行品檢管控，使得肉乾包裝重量能符合其包裝標籤所標示的重量。假設某一款肉乾包裝標籤標示的重量為 800 公克，對於宜秦食品品管人員而言，他們在意的是包裝的實際重量是否不等於其標籤標示的重量。若兩者重量相等，則品管人員不會採取任何新的行動，會讓製程繼續生產；但如果兩者重量不相等，品管人員就必須進一步採取暫停製程，並檢查製程哪個地方發生問題及採取修正的行動，使實際重量回復到等於包裝標籤標示的重量。因此，本例子的虛無假設與對立假設應該設為

$H_0 : \mu = 800$

$H_a : \mu \neq 800$

　　上述例子為等號與不等號的問題。許多公司的決策都是屬於等號與不等號的問題，對於公司品管人員而言，若是肉乾的裝填重量不足包裝標籤標示的重量，則可能會面臨消費者檢舉或消基會定期抽查時查到，而被開罰及要求產品下架的處罰，這對公司會是一項重大損失及商譽的損害，對公司造成很大負面的影響；相反地，若肉乾裝填的平均重量比包裝標籤標示的重量多，會導致宜秦食品的成本提高，對於該公司也是一種損失。因此，對於品管人員而言，在意的是肉乾裝填的重量是否不等於包裝標籤標示的重量。在實務應用上，在設立假設時，等號一定放在虛無假設，對立假設一定不能有等號。

*　設立假設時，等號一定放在虛無假設，對立假設一定不能有等號。

　　在實務應用上，公司的製程管理通常也會重視標準差，如同第 8 章的信賴區間所提到的議題。對於公司品管人員而言，生產的每一個產品很難完全符合完美的要求。譬如宜秦食品對肉乾包裝的重量要求必須符合標籤標示的 800 公克，但是不可能每一包包裝的重量都剛好等於 800 公克，一定會有些許誤差，此誤差是公司所允許的，就整體平均重量而言，這是標準差的應用。假設宜秦食品要求包裝的平均重量要等於 800 公克，但是在製造過程中，要求標準差不得超過 0.05 公克。

　　上述問題如何設立虛無假設與對立假設？同樣地，對於品管人員而言，他們在意的是製程是否發生問題，若製程發生問題就必須進一步採取修正的行動。製程發生問題乃是指要求的標準差超過 0.05 公克，亦即，$\sigma > 0.05$，這應該放在對立假設，因為一旦標準差超過 0.05 公克，表示製程發生問題，品管人員必須要求立即停機檢查製程，並進行修正行動，以使標準差恢復原來標準。而若標準差沒有超過 0.05 公克，亦即$\sigma \leq 0.05$，則表示製程正常，品管人員就不會採取任何新的行動，會讓製程繼續生產。因此，本例的虛無假設與對立假設應設為

$H_0：\sigma \leq 0.05$

$H_a：\sigma > 0.05$

　　由以上章節可知道，虛無假設包含大於或等於、小於或等於、等於三種，對立假設包含小於、大於及不等於三種情況。在應用上，對立假設是決策者想要支持的假設，且會進一步採取行動的假設。就單一母體參數的假設檢定而言，假設 μ_0、p_0、σ_0 都是常數，所有的假設檢定形式如下所示：

$$H_0 : \mu \geq \mu_0 \qquad H_0 : \mu \leq \mu_0 \qquad H_0 : \mu = \mu_0$$

$$H_a : \mu < \mu_0 \qquad H_a : \mu > \mu_0 \qquad H_a : \mu \neq \mu_0$$

或

$$H_0 : p \geq p_0 \qquad H_0 : p \leq p_0 \qquad H_0 : p = p_0$$

$$H_a : p < p_0 \qquad H_a : p > p_0 \qquad H_a : p \neq p_0$$

或

$$H_0 : \sigma \geq \sigma_0 \qquad H_0 : \sigma \leq \sigma_0 \qquad H_0 : \sigma = \sigma_0$$

$$H_a : \sigma < \sigma_0 \qquad H_a : \sigma > \sigma_0 \qquad H_a : \sigma \neq \sigma_0$$

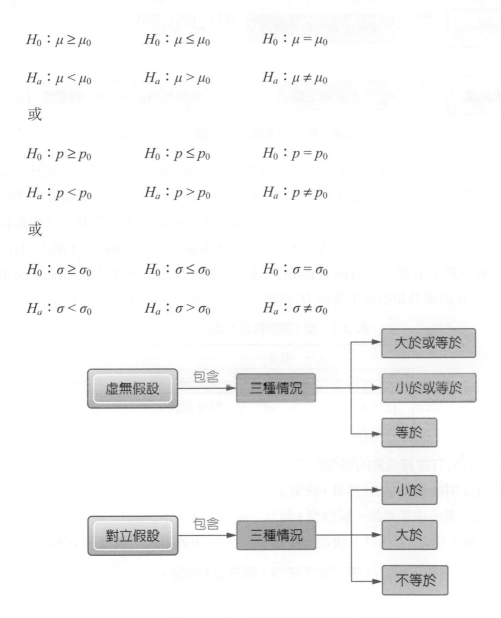

圖 9-8　虛無及對立假設設法之概念圖

9-2 統計決策錯誤類型

在實務上，決策乃是對未來的事件發生與否進行決定，故決策結果不可能百分之百正確，必定會有發生決策錯誤的可能性，譬如一項未來的投資案（譬如鴻海併購夏普、新開 85 度 C 店面）、新產品是否投入市場、輝瑞新冠狀病毒疫苗是否上市…等等實務上的決策，都有可能發生決策錯誤。

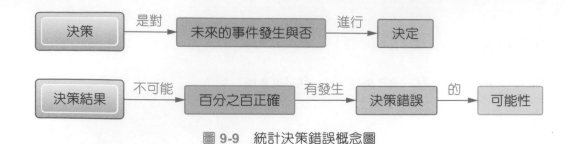

圖 9-9　統計決策錯誤概念圖

　　利用統計工具進行決策，統計學家自然會考慮到決策可能發生錯誤。在統計推論過程，第一步驟係將實務的問題轉換成統計上的假設，統計假設既然包含實務問題的所有解答，則發生決策錯誤也會是在此兩個統計假設上。統計學家把實務上決策錯誤的形態，依照虛無假設與對立假設爲基礎，分爲兩種決策錯誤：一種稱爲型 I 錯誤（Type I Error），一種稱爲型 II 錯誤（Type II Error）。型 I 錯誤乃是指當事實是 H_0 爲眞，決策卻拒絕 H_0；型 II 錯誤乃是指當事實是 H_a 爲眞，決策卻接受 H_0。如表 9-1 所示。

表 9-1　型 I 錯誤與型 II 錯誤

		事實	
		H_0 爲眞	H_a 爲眞
決策	接受 H_0	決策正確	型 II 錯誤
	拒絕 H_0	型 I 錯誤	決策正確

　　表 9-1 代表所有實務決策的發生的情況，將實務問題轉換成統計上的虛無假設 H_0 與對立假設 H_a；則當事實是 H_0 爲眞，決策又接受 H_0，即表示決策正確；但若 H_0 爲眞，決策卻拒絕 H_0，表示決策錯誤，稱爲型 I 錯誤。而當事實是 H_a 爲眞，決策又拒絕 H_0，也表示決策正確；但若 H_a 爲眞，決策卻接受 H_0，表示決策錯誤，稱爲型 II 錯誤。

* 若 H_0 爲真，決策卻拒絕 H_0，表示決策錯誤，稱為型 I 錯誤。

* 若 H_a 爲真，決策卻接受 H_0，表示決策錯誤，稱為型 II 錯誤。

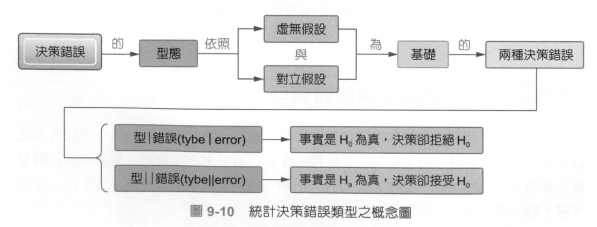

圖 9-10　統計決策錯誤類型之概念圖

　　我們以 9-1 節美食-KY 供應商的新咖啡機爲例，研發小組要測試新研發的咖啡機是否比現有咖啡機的研磨速度更快，因此設立了以下的統計假設：

$H_0 : \mu \geq 30$

$H_a : \mu < 30$

　　μ 爲所有新咖啡機的平均研磨時間。此例子的型 I 錯誤乃是指當眞實是新咖啡機的平均研磨時間至少需要 30 秒，但研發小組統計決策卻認爲新咖啡機的平均研磨時間低於 30 秒；亦即新咖啡機的平均研磨時間並沒有比現有咖啡機少，但決策卻錯誤認爲有比較少。型 II 錯誤則是指當眞實是新咖啡機的平均研磨時間低於 30 秒，但研發小組統計決策卻認爲新咖啡機的平均研磨時間至少 30 秒；亦即新咖啡機的平均研磨時間比現有咖啡機少，但決策卻錯誤認爲沒有比較少。

　　了解型 I 錯誤與型 II 錯誤之定義後，必須再了解其在統計檢定之應用。對於統計檢定的技術，我們在意的是最後對決策的有用性。而對決策之有用性關鍵之一爲最後利用統計檢定得到的決策正確性有多高，一旦正確率很高，表示決策顯現的未來效益更高；至於正確率有多高，決定在於發生決策錯誤的機率有多低，亦即型 I 錯誤及型 II 錯誤的機率有多低。對於決策者而言，自然是希望正確率愈高愈好，亦即發生型 I 錯誤及型 II 錯誤的機率愈低愈好，故在統計檢定過程必須控制這兩項錯誤的發生機率。然而，在實務統計推論之應用上，型 I 錯誤與型 II 錯誤的發生通常是無法同時控制的（當然也有例外，後續 9-7 節將探討），而且型 I 錯誤與型 II 錯誤通常具有反向關係。因此，我們在進行統計檢定時，必須先選擇控制其中一項錯誤，另一項錯誤則無法同時控制。

　　至於實務應用上，我們通常是選擇控制哪一項錯誤？此取決於犯決策錯誤的後果嚴重性，當犯此決策錯誤的後果愈嚴重，例如犯錯成本非常高，則會選擇控制此項錯誤。一般而言，我們會選擇控制型 I 錯誤，因爲通常犯型 I 錯誤的成本會較高。我們以上述新咖啡機爲例說明，犯型 I 錯誤乃是指新咖啡機並沒有比現有咖啡機在研磨速度上更快，卻決策錯誤認爲更快，此時此供應商因爲決策是新咖啡機更好，所以會將新咖啡機產品化推出市場，開始進行行銷，並與美食-KY 洽談將現有咖啡機全面更換新咖啡機，一旦這些行動都做了才發現新咖啡機沒有比現有的咖啡機好，非但新咖啡機會滯銷，讓公司多花了行銷成本外，賣出的咖啡機勢必會被要求索賠，商譽損失，甚至可能失去美食-KY 這個大客戶。因此，犯此型 I 錯誤的成本代價自然非常高。但若犯型 II 錯誤，乃是指新咖啡機確實比現有咖啡機研磨速度更快，但卻決策錯誤認爲沒

有更快，最後放棄此新咖啡機產品化上市的機會，此錯誤導致此供應商失去賺取更多利潤的機會，且研發成本也真正變成沉沒成本無法回收，此型 II 錯誤發生的成本代價比型 I 錯誤的成本低很多。因此，一般實務上會選擇控制型 I 錯誤。

* 在實務統計檢定上，無法同時控制型 I 與型 II 錯誤，通常會選擇控制型 I 錯誤。

在統計檢定上，通常我們選擇控制型 I 錯誤，再將控制型 I 錯誤的概念應用到檢定決策過程中。在統計檢定過程中，當虛無假設中的等式的關係為真時，犯型 I 錯誤的最大機率，我們稱為顯著水準（Level of Significance），一般使用希臘字母 a 來表示。

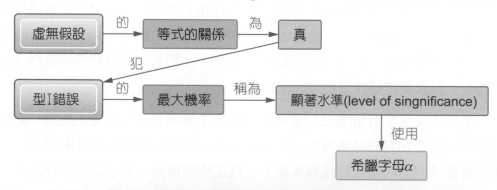

圖 9-11　顯著水準定義之概念圖

再以新咖啡機為例，顯著水準乃是指事實是 $\mu = 30$，但決策結論卻是拒絕 $H_0 : \mu \geq 30$ 而發生決策錯誤的最大機率。顯著水準乃是決策者主觀去設定的，決策者在設定顯著水準時，必須了解在進行此項假設檢定決策時，犯型 I 錯誤的成本有多高。當犯型 I 錯誤的成本愈高時，決策者必須設立較低的顯著水準；反之，當犯型 I 錯誤的成本較低時，決策者可設立較高一點的顯著水準。

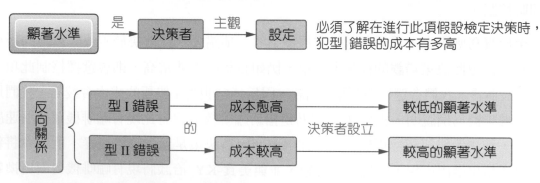

圖 9-12　顯著水準設立標準解說之概念圖

不能一昧地降低顯著水準，乃是因為型 I 錯誤與型 II 錯誤具有反向關係，亦即當顯著水準設得過低，代價是型 II 錯誤發生的機率就會提高，這對整體決策也是不利的。

* 顯著水準係指當虛無假設的等式關係為真時，犯型 I 錯誤的最大機率。

　　一般實務研究上，我們通常將顯著水準設為 $a = 0.05$ 或 $a = 0.01$。但這也不是絕對，如同前述，顯著水準的高低決定於犯型 I 錯誤的成本高低；在社會科學或自然科學，一般都使用上述兩個顯著水準，但在醫療領域，由於犯型 I 錯誤的成本代價更高（譬如藥物若是因為決策錯誤推出市場，可能會導致病患死亡），必須設立更低的顯著水準如 $a = 0.005$ 或 $a = 0.001$。實務上，因為在檢定過程的第二個步驟必須由決策者選定顯著水準，故此檢定通常稱為顯著性檢定（Significance Test）。

　　最後，必須注意的是，既然我們在統計檢定過程只選擇控制型 I 錯誤，此時型 II 錯誤並沒有被控制，故可能在檢定過程發生極高的型 II 錯誤，我們不得不預防。預防的方式，統計學家建議我們不要去碰觸到型 II 錯誤。要如何不碰觸到型 II 錯誤？必須由型 II 錯誤的定義去解決，如表 9-1 所示，型 II 錯誤是在接受 H_0 才會犯的錯誤。因此，避免碰觸到型 II 錯誤，我們就不要去接受 H_0，統計學家建議用「不拒絕 H_0」取代「接受 H_0」。因此，所有的決策只有兩種選擇：不拒絕 H_0 與拒絕 H_0。

　　然而，決策若選擇不拒絕 H_0，可能讓決策者最後無法下決策，此時可能仍會選擇接受 H_0，這樣又會回到可能犯型 II 錯誤。因此，在決策過程仍必須了解型 II 錯誤發生的機率，此部份我們在 9-6 節會詳細再討論。

9-3　單一母體平均數的假設檢定

　　當決策者選擇可容忍的顯著水準後，即完成假設檢定的第二個步驟。接下來第三個步驟即要進行統計抽樣及應用檢定統計量，最後步驟再利用決策法則進行決策。

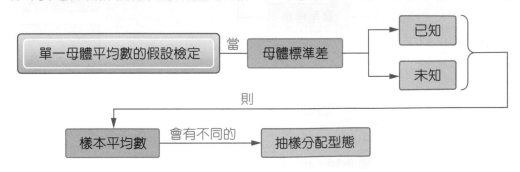

圖 9-13　單一母體平均數假設說明之概念圖

　　本節我們進行單一母體平均數的假設檢定，與第 8 章之概念一樣，在母體標準差已知及未知下，樣本平均數的抽樣分配服從的分配型態不同，因此在進行假設檢定時，必須分此兩種情況探討。

一、母體標準差已知的母體平均數假設檢定

在母體標準差已知下，若已知母體為常態分配或樣本量至少 30 個以上，則樣本平均數的抽樣分配都會近似常態分配，此時使用的檢定統計量會是一個標準常態分配 z 值。

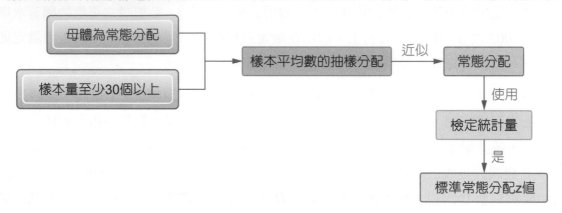

圖 9-14　母體標準差已知的母體平均數假設檢定

在實務應用上，母體標準差已知的假設比較不合理，因為統計推論本係在母體資料未知下才需要，母體資料未知，母體標準差自然未能知道，所以實務上常應用的是母體標準差未知的情況。雖然母體標準差未知，但是仍可藉由過去相同或類似的調查預估母體標準差，此時仍可使用 z 分配來進行統計假設檢定。

在進行統計假設檢定時，依照統計假設的形式，我們可把統計檢定分為單尾檢定（包含左尾檢定與右尾檢定）及雙尾檢定。其假設型式如下：

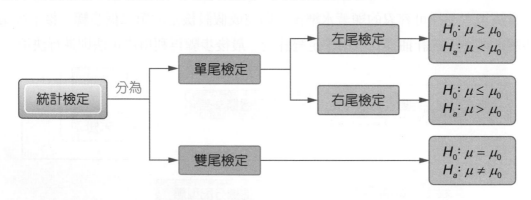

圖 9-15　統計檢定形式說明之概念圖

左尾檢定的統計假設：

$H_0: \mu \geq \mu_0$

$H_a: \mu < \mu_0$

右尾檢定的統計假設：

H_0：$\mu \leq \mu_0$

H_a：$\mu > \mu_0$

雙尾檢定的統計假設：

H_0：$\mu = \mu_0$

H_a：$\mu \neq \mu_0$

以下各舉一例說明。

1. 左尾檢定

步驟一：設立虛無假設與對立假設

我們以前述新咖啡機研發成功與否為例子，研發小組新研發的咖啡機要測試是否比現有咖啡機的研磨速度更快。因此。首先，我們設立了以下的統計假設：

H_0：$\mu \geq 30$

H_u：$\mu < 30$

μ 為所有新咖啡機的平均研磨時間。研發小組先製造 30 台新咖啡機進行研磨速度測試，以尋求支持新咖啡機的研磨速度確實能比現有的咖啡機更快的統計證據。最後決策若是拒絕 H_0，即表示新咖啡機的研磨速度確實比現有咖啡機更快；反之，若是不拒絕 H_0，表示新咖啡機的研磨速度並沒有比現有咖啡機快。30 台新咖啡機研磨速度如表 9-2 所示。

步驟二：設定顯著水準

其次，我們要求決策者必須先設定可容忍的顯著水準。在決策過程，可能會因為統計檢定的錯誤導致錯誤的決策，如前節所述，我們控制成本比較高的型 I 錯誤。而決策者設定顯著水準的高低決定於犯型 I 錯誤的成本高低；當犯型 I 錯誤的成本不會太高，而犯型 II 錯誤的成本可能也不低時，決策者設定的顯著水準就不能太低；反之，則必須設低一點。

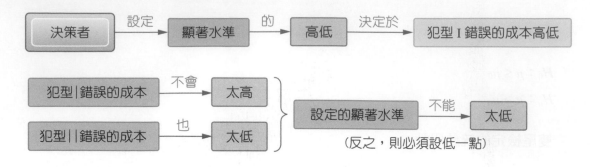

圖 9-16　顯著水準設定考量標準之概念圖

本題決策者決定設定顯著水準 $a = 0.05$，這是一般決策上比較常設定的顯著水準，代表重複進行 100 次相同的假設檢定最高僅允許犯 5 次的型 I 錯誤。

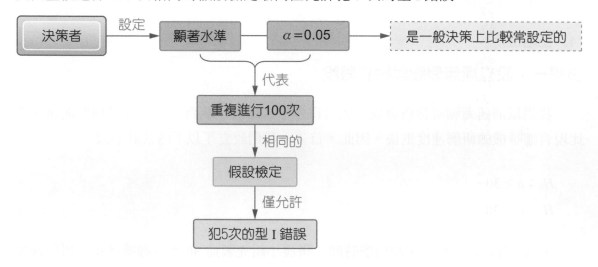

圖 9-17　顯著水準的設定

以實務說明而言，本題新咖啡機是否研發成功的檢定個案，研發主管（決策者）設定顯著水準 $a = 0.05$ 的說法是：「假若新咖啡機的真正研磨速度為平均 30 秒（$\mu = 30$），我會承認新咖啡機的研發失敗（或承認新咖啡機的研磨速度並沒有比現有咖啡機快）。但我願意承擔 5% 的風險犯這個錯誤（或願意承擔 5% 的風險錯誤決策新咖啡機的研磨速度比現有咖啡機快）」。

步驟三：計算檢定統計量

接下來，第三個步驟乃是決定樣本數量與蒐集樣本及計算檢定統計量。假設以往此供應商研發新咖啡機的個案已經很多次，且樣本標準差都大致在 3 秒，故我們可假設母體標準差 $\sigma = 3$ 秒。另外，以往研發資料也顯示新咖啡機的資料分配型態沒有嚴重偏態也無極端值，故我們抽取 30 個樣本的資料，可以利用中央極限定理，使得樣本平

均數 $\bar{x}$ 的抽樣分配近似常態分配，此時檢定統計量乃是標準常態分配 z 值：

$$z = \frac{\bar{x} - \mu_0}{\frac{\sigma}{\sqrt{n}}} \tag{9-1}$$

（9-1）式乃是在母體標準差已知下，單一母體平均數假設檢定的檢定統計量。必須注意的是檢定統計量是在假設虛無假設等式關係為眞時（亦即 $\mu = \mu_0$）去計算的，所以（9-1）式的母體平均數為 μ_0。主要原因乃是顯著水準的定義乃是假設虛無假設的等式關係為眞（亦即 $\mu = \mu_0$），為符合此定義，檢定統計量的計算應該也要符合虛無假設的等式關係為眞的條件。

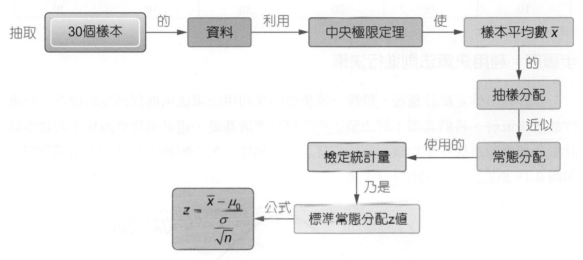

圖 9-18　中央極限定理應用在假設檢定說明之概念圖

由表 9-2 先生產的 30 台新咖啡機樣本資料，我們可求出樣本平均數 $\bar{x} = 28.4$ 秒，而由前述 $\sigma = 3$ 秒。因此，檢定統計量為

$$z = \frac{\bar{x} - \mu_0}{\frac{\sigma}{\sqrt{n}}} = \frac{28.4 - 30}{\frac{3}{\sqrt{30}}} = -2.92$$

一般而言，左尾檢定的檢定統計量算出的值會是負值，因為在一般情況下，樣本平均數會小於 μ_0（此例題為 30）。

表 9-2　美食-KY 供應商新咖啡機的研磨速度

新咖啡機	研磨時間	新咖啡機	研磨時間	新咖啡機	研磨時間
1	28	11	26	21	30
2	27	12	28	22	27
3	28	13	29	23	28
4	26	14	26	24	29
5	29	15	29	25	31
6	30	16	26	26	28
7	32	17	28	27	26
8	29	18	29	28	28
9	28	19	31	29	29
10	28	20	30	30	29

註：研磨時間為秒計。

步驟四：利用決策法則進行決策

在計算出檢定統計量後，最後一個步驟即在利用決策法則進行最後的決策。在進行最後決策前，我們必須了解決策法則的統計理論基礎，這必須從假設檢定的樣本統計量（如此題為樣本平均數）及檢定統計量的抽樣分配搭配檢定統計量之公式說明。如圖 9-19 為假設檢定的樣本平均數 $\bar{x}$ 及檢定統計量 z 值的抽樣分配。

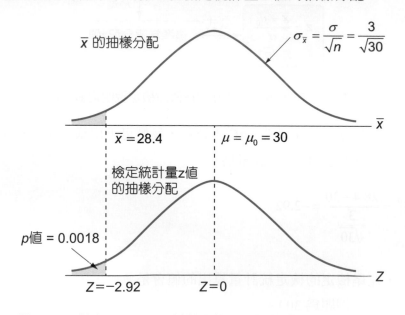

$\bar{x}$ 的抽樣分配

$\sigma_{\bar{x}} = \dfrac{\sigma}{\sqrt{n}} = \dfrac{3}{\sqrt{30}}$

$\bar{x} = 28.4$　　$\mu = \mu_0 = 30$

檢定統計量z值的抽樣分配

p值 = 0.0018

$Z = -2.92$　　$Z = 0$

圖 9-19　樣本平均數 x 及其對應的檢定統計量 z 值的抽樣分配

在圖 9-19 內需要了解的重要概念包含：第一，$\bar{x}$ 的抽樣分配最中心點為平均數，此平均數為虛無假設等式為真下的平均數，在此新咖啡機的例子為 $\mu = \mu_0 = 30$。第二，因為檢定統計量公式為 $z = \dfrac{\bar{x} - \mu_0}{\dfrac{\sigma}{\sqrt{n}}}$，所以 $\mu = \mu_0 = 30$ 對應的 z 值為 $z = 0$。第三，一般情況下，因為 $\bar{x}$ 是用來估計真正的母體平均數 μ，若 $\bar{x}$ 為良好的樣本統計量，則 $\bar{x}$ 與 μ 的值應該非常接近。

此時，在進行假設檢定時，如果目的是要支持對立假設，我們假設真正母體平均數為 $\mu = \mu_a$。在新咖啡機的例子，對立假設是 $H_a : \mu < 30$，亦即 $\mu = \mu_a < 30$ 要成立才能支持 H_a，在 $\bar{x}$ 的抽樣分配圖形內，表示真正的母體平均數 μ_a 必須在 $\mu_0 = 30$ 的左邊。此時，若對應到檢定統計量 z 值的抽樣分配，表示算出的檢定統計量 z 值必須在 $z = 0$ 的左邊。在上述推論過程，我們是在比較支持 H_a 時的真正母體平均數 $\mu = \mu_a$ 與 $\mu_0 = 30$ 兩個值，但是真正母體平均數是未知的，所以兩者無法直接比較；此時，我們需要用到樣本平均數 $\bar{x}$ 估計真正的母體平均數 μ_a，也就是我們最後假設檢定的決策準則是用 $\bar{x}$ 而非 μ_a。雖然我們知道在 $\bar{x}$ 為良好的樣本估計量時，$\bar{x}$ 與 μ_a 的值應該非常接近，但是 $\bar{x}$ 估計 μ_a 還是會有誤差；在這時候，若 $\bar{x}$ 的值愈靠圖形的左邊，則 $\mu = \mu_a < \mu_0 = 30$ 的機會就會愈高，則支持 $H_a : \mu < 30$ 的機會就會愈高；反之，就會愈低。如圖 9-16 的兩個樣本平均數估計值 $\bar{x}_1$ 與 $\bar{x}_2$，以及用兩個值估計真正母體平均數 μ_a 的信賴區間（第 8 章學的概念）；由此圖可知道，由於 $\bar{x}_1$ 很靠左邊（亦即很遠離 $\mu_0 - 30$），所以其信賴區間就不包含 $\mu_0 = 30$，此時我們可以支持 $H_a : \mu < 30$；然而，$\bar{x}_2$ 的值由於不太靠左邊（亦即比較接近 $\mu_0 = 30$），其信賴區間有包含到 $\mu_0 = 30$，表示真正的母體平均數 μ_a 就可能會等於 $\mu_0 = 30$，就不能支持 $H_a : \mu < 30$。

由上述推論可知，要想支持 $H_a : \mu < 30$，我們在意的是在圖 9-19 中，利用樣本求出的樣本統計量 $\bar{x}$ 有多靠左邊（亦即 $\bar{x}$ 有多小），才能支持 $H_a : \mu < 30$（或拒絕 $H_0 : \mu \geq 30$）？對應到 z 值的抽樣分配時，我們在意的是 z 值有多小，才能支持 $H_a : \mu < 30$（或拒絕 $H_0 : \mu \geq 30$）？

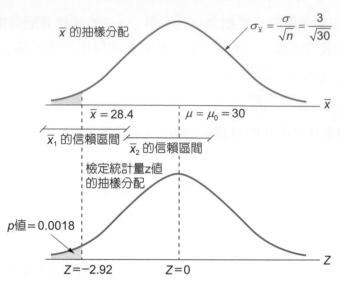

圖 9-20　兩個樣本平均數估計值 x_1 與 x_2 估計真正母體平均數 μ_a 的信賴區間

　　到底 $\bar{x}$ 有多小（或 z 值有多小），才能「放心地」拒絕 H_0？這就是最後的決策法則。一般實務上有兩種方法決定拒絕 H_0：一種為 p 值法（p-Value Approach），一種為臨界值法（Critical Value Approach）。理論上，p 值是由臨界值算出來；但實務上，p 值法因為可直接用來判斷是否拒絕 H_0，不像臨界值法還需要透過查表才能判斷，故實務上反而比較常用。另外，p 值法可用來說明拒絕 H_0 的理論概念。因此，我們先從 p 值法來介紹如何判斷是否拒絕 H_0（或支持 H_a）。

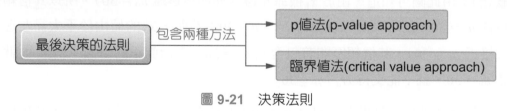

圖 9-21　決策法則

　　何謂 p 值？由圖 9-19 可知道 p 值是由檢定統計量 z 值算出來的機率值，而檢定統計量則是由樣本平均數 $\bar{x}$ 算出來的。我們的問題是要回答 $\bar{x}$ 有多小（或 z 值有多小），才能「放心地」拒絕 H_0？此問題剛好利用 p 值來回答，p 值要多少（由圖 9-19 可看出是「p 值要多小」），才能「放心地」拒絕 H_0？因此，我們對 p 值可下個定義：p 值是由檢定統計量算出的機率，乃是指在虛無假設等式為真下，用樣本資料得出拒絕虛無假設的證據之機率。根據此定義可得出，在左尾檢定下的 p 值公式如下：

$$P \text{ 值} = p\left(z \le \frac{\bar{x} - \mu_0}{\frac{\sigma}{\sqrt{n}}} \right) \tag{9-2}$$

（9-2）式表示 p 值乃是小於或等於檢定統計量 z 值的機率值，如圖 9-20 中的檢定統計量 z 值的抽樣分配圖形的左尾面積所示。p 值代表著 z 值有多靠圖形的左邊（亦即 z 值有多小），也代表著 $\bar{x}$ 有多靠左邊（亦即 $\bar{x}$ 有多小或有多遠離 $\mu_0 = 30$）；當 $\bar{x}$ 愈小（或愈遠離 $\mu_0 = 30$），則檢定統計量 z 值就愈小，此時算出的左尾面積愈小，p 值就愈小。因此，我們可以確定，當 p 值愈小時，就愈可能可以「放心地」拒絕 $H_0: \mu \geq 30$（或支持 $H_a: \mu < 30$）。

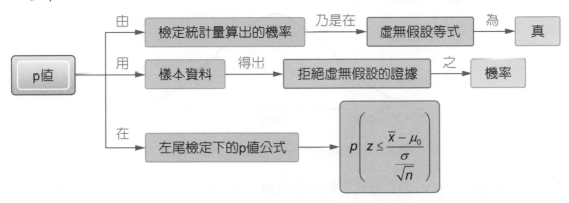

圖 9-22　p 值的含意

* p 值是由檢定統計量算出的機率，乃是指在虛無假設等式為真下，用樣本資料得出拒絕虛無假設的證據之機率。當 p 值愈小，愈可能拒絕 H_0（支持 H_a）。

那到底 p 值要多小，才能「放心地」拒絕 H_0？這與拒絕 H_0 時，可能會犯何種決策錯誤有關。從表 9-1 我們知道，在決策為拒絕 H_0 時，可能會犯的錯誤為型 I 錯誤。而犯型 I 錯誤之大小是由決策者控制的，亦即前述決策者設定的顯著水準，代表決策者允許犯型 I 錯誤的最大機率；當在決策過程中，真正犯的型 I 錯誤的機率不超過決策者設定的標準（亦即顯著水準），則可以「放心地」拒絕 H_0；反之，若超過決策者設定的顯著水準，就不能「放心地」拒絕 H_0，因為真正犯的型 I 錯誤可能會超過決策者設定的標準。此時我們要知道在個案問題中真正犯型 I 錯誤是多少？真正犯型 I 錯誤的機率其實就是 p 值，因為 p 值的定義就是利用樣本資料得出拒絕虛無假設證據的機率，而拒絕虛無假設才會犯型 I 錯誤，我們稱 p 值為可觀察到的顯著水準（Observed Level of Significance）。由此推論，可以知道決策法則的方法之一：p 值法，就是比較 p 值與顯著水準 a，若在決策問題中真正犯型 I 錯誤的機率 p 值等於或低於決策者可忍受的顯著水準 a，則可以「放心地」拒絕 H_0，因為犯的型 I 錯誤還是在決策者可以忍受的範圍以內；反之，若 p 值大於 a，就不能「放心地」拒絕 H_0 了。因此，p 值法的決策法則是：

當 p 值 $\leq a$，則拒絕 H_0；當 p 值 $> a$，則不拒絕 H_0。

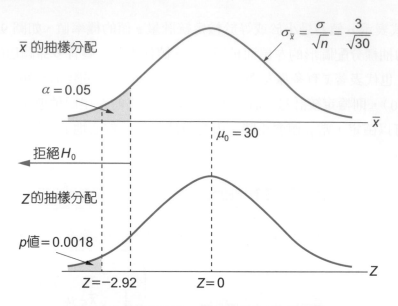

圖 9-23　顯著水準 α 的面積與 p 值的面積

若以前述美食-KY 的供應商新咖啡機為例，要尋找支持新咖啡機的研磨時間是否小於 30 秒的證據，在 30 個新咖啡機的樣本平均數 $\bar{x}$ = 28.4 下，其檢定統計量算出來是 $z = -2.92$，如圖 9-19 所示，此為左尾檢定，p 值依照其定義，為 $z = -2.92$ 的左尾面積，可得到以下機率值：

P 值　$= p(z \le -2.92) = 0.0018$

本例子決策者設定可以忍受的型 I 錯誤為顯著水準 $a = 0.05$，此時因為 p 值 = 0.0018 < $a = 0.05$，故拒絕 H_0，如圖 9-23 及圖 9-25 所示。因此，結論為我們有充分的統計證據支持新咖啡機的研磨時間確實比現有的咖啡機還要短，亦即新咖啡機在研磨速度上是比現有咖啡機還要好的。

除了 p 值法外，還有臨界值法可以做決策法則。但臨界值法與 p 值法是有關的，所謂臨界值乃是可以拒絕虛無假設的臨界值，此臨界值是由顯著水準 a 算出的，因為 a 是在拒絕虛無假設的決策下決策者可容忍犯型 I 錯誤的最大機率。

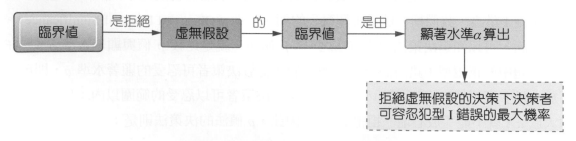

圖 9-24　臨界值法意義之概念圖

因此，在左尾檢定下，臨界值法的決策法則為：

當 $z \leq -z_a$，則拒絕 H_0；當 $z > -z_a$，則不拒絕 H_0

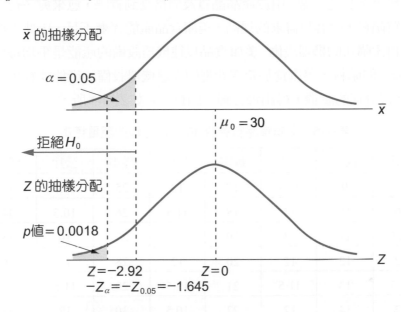

$\bar{x}$ 的抽樣分配

$\alpha = 0.05$

拒絕 H_0

$\mu_0 = 30$

$\bar{x}$

Z 的抽樣分配

p值 $= 0.0018$

$Z = -2.92$　$Z = 0$　Z

$-Z_a = -Z_{0.05} = -1.645$

圖 9-25　左尾檢定之 p 值法與臨界值法之決策法則

以美食-KY 供應商新咖啡機為例，由圖 9-25 我們可看出，利用 $a = 0.05$ 算出的臨界值為 $z_a = z_{0.05} = 1.645$，在左尾檢定下，是指左尾面積為 0.05 的 z 值，因此為 $z_{0.05} = -1.645$，此即為左尾檢定的拒絕虛無假設的臨界值。以左尾檢定而言，只要算出來的檢定統計量在這臨界值左邊，都會拒絕 H_0，因此在臨界值左邊的區域我們稱為拒絕域（Rejecting Area），亦即檢定統計量在這區域內都會拒絕 H_0；反之，則不拒絕 H_0。因此，此新咖啡機的例子，檢定統計量與臨界值比較如下：

$Z = -2.92 < -z_{0.05} = -1.645$

因為檢定統計量小於臨界值（在臨界值左邊，亦即在拒絕域內），因此，拒絕 H_0。結論與 p 值法完全相同，表示我們有充分的統計證據支持新咖啡機在研磨速度上是比現有咖啡機還要好的。

2. 右尾檢定

在了解如何利用 p 值法與臨界值法進行統計假設檢定決策之理論概念後，假設檢定就簡單多了。只是在左尾檢定、右尾檢定及雙尾檢定，檢定決策的法則會有些許差異。以下我們再舉右尾檢定的例子說明，以讓所有統計檢定情況能完整了解。

美旗食品是位於臺中大里的高級餡料的專家，引進德國、日本及臺灣先進的現代化生產設備。目前已榮獲 ISO-22000，HACCP，ISO-9001 國際最高品質暨食品安全認證為高級餡料專業製造工廠。由於產品品質及價格受到青睞，愈來愈多糕餅製造商向美旗食品購買餡料，因客戶需求的提高，美旗食品產能逐漸不足，因此美旗食品準備新蓋廠房及再添購新的機器設備。美旗食品以往機器設備的產能是平均每台每分鐘可以生產 10 公斤的餡料，美旗食品希望新進的先進機器設備的產能能夠更高。美旗食品經過 40 個每分鐘的試機，得出每分鐘的餡料產量如表 9-3 所示。

表 9-3　美旗食品新機器 40 個每分鐘的產量樣本

樣本	公斤	樣本	公斤	樣本	公斤	樣本	公斤	樣本	公斤	樣本	公斤
1	11	9	11.5	17	12	25	11.5	33	11.5
2	10	10	12	18	11.5	26	10.5	34	12
3	10.5	11	13	19	12	27	10	35	11
4	12	12	12	20	12	28	12	36	12
5	11.5	13	11.5	21	12.5	29	11.5	37	12
6	12	14	12	22	10.5	30	12	38	11
7	9.5	15	12.5	23	11.5	31	12.5	39	11.5
8	10	16	11	24	12	32	12	40	11.5

由美旗食品對測試新機器的要求，是希望支持新機器的產能能提高。假設 μ 代表新機器平均每分鐘可生產餡料的產量（以公斤計）。因此，統計假設可設為：

$H_0 : \mu \leq 10$

$H_a : \mu > 10$

其次，我們假設生產部門主管允許顯著水準為 $a = 0.01$，亦即當實際上新機器每分鐘的餡料平均產量等於 10 公斤時（亦即 $\mu = 10$），生產部門主管願意承擔 1%的錯誤決策新機器每分鐘的餡料平均產量會大於 10 公斤。

接下來，計算檢定統計量，由表 9-3 可以算出新機器測試的 40 個樣本的每分鐘餡料平均產量為 $\bar{x} = 11.5125$ 公斤，另假設以往此供應商提供的新機器的產量標準差都接近 0.8 公斤，故我們可合理假設母體標準差為 $\sigma = 0.8$。因此，我們可得出檢定統計量 z 值為：

$$z = \frac{\bar{x} - \mu_0}{\frac{\sigma}{\sqrt{n}}} = \frac{11.5125 - 10}{\frac{0.8}{\sqrt{40}}} = 11.9574$$

在右尾檢定下，決策法則的 p 值法與左尾檢定的概念一樣，顯著水準 a 表示決策者可以忍受犯型 I 錯誤的最大機率，而 p 值則是指在做決策時真正犯的型 I 錯誤。因此，在右尾檢定下，p 值法的決策法則為（如圖 9-26 的 z 值的抽樣分配中右尾 a 與 p 值的面積比較）：

當 p 值 $\leq a$，則拒絕 H_0；當 p 值 $> a$，則不拒絕 H_0。

然而，在右尾檢定下，雖然決策法則的臨界值法與左尾檢定的概念也是一樣，但方向剛好相反，拒絕 H_0 的區域（即為拒絕域）為右尾大於或等於臨界值的 z_a 部分。因此，在右尾檢定下，臨界值法的決策法則為（如圖 9-26 的 z 值的抽樣分配中 z_a 右邊部份）：

當 $z \geq z_a$，則拒絕 H_0；當 $z < z_a$，則不拒絕 H_0

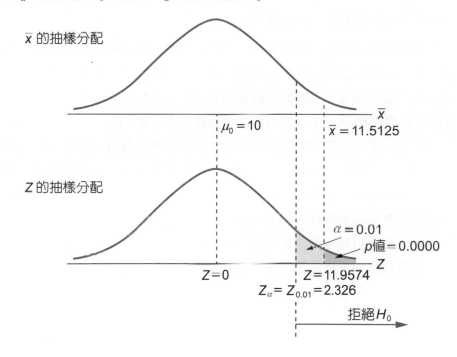

圖 9-26 右尾檢定的 p 值法與臨界值法

在美旗食品的例子中，檢定統計量為 $z = 11.9574$，p 值計算如下：

p 值 $= p(z \geq 11.9574) = 0.0000$

本例為顯著水準為 $a = 0.01$，p 值法的決策法則為：

p 值 $= 0.0000 < a = 0.01$

因此，拒絕 H_0。此結果可結論爲我們有充分的統計證據支持新機器每分鐘的餡料平均產量高於 10 公斤，亦即支持新機器的平均產能高於原有機器的平均產能。

若以臨界值法進行決策法則，則檢定統計量與臨界值比較如下：

$Z = 11.9574 > z_a = z_{0.01} = 2.326$

因此，拒絕 H_0。結果與 p 值法完全一樣。

3. 雙尾檢定

雙尾檢定的決策法則與單尾檢定稍有差異，但理論概念都是一樣的。在品管領域很多會用到雙尾檢定，我們舉一例來說明。

在市面上茶類飲料中，統一茶裏王有一定的市佔率，也是統一企業飲料營收的重要貢獻產品。統一茶裏王茶類飲料的生產製程中，除了重視茶成份品質外，也重視製程過程中的飲料的裝填重量；因爲裝填重量過多，會導致製造的成本浪費，而裝填重量過少，更會導致標籤標示不實而被消基會開罰及要求下架，因而造成更大實質損失及商譽損失。因此，統一企業在製程過程中的品管要求非常嚴格，每日對製程進行統計檢驗兩次，一旦製程發生問題導致裝填重量不符合標準，會立刻停機檢查及進行修正。假設茶裏王茶類瓶裝飲料的重量標示爲 600ml 含量，則品管要求平均每瓶茶裏王瓶裝飲料的裝填重量必須要剛好等於 600ml。如果未達標準，則必須暫停製程進行檢查及修正。因此，此題目爲茶裏王茶類瓶裝飲料的重量是否等於 600ml 的問題，假設 μ 爲茶裏王瓶裝茶飲料裝填真正的平均重量，虛無假設與對立假設爲：

$H_0 : \mu = 600$

$H_a : \mu \neq 600$

假設品管人員某次抽驗的樣本數爲 36 瓶，樣本秤重資料顯示樣本平均重量爲 599.95ml，另從過去抽驗資料估測母體標準差爲 0.5ml。假設品管經理可接受的顯著水準爲 0.01，則此次抽驗結果瓶裝飲料重量是否符合標準？

此例子爲母體標準差已知下的雙尾檢定的例子，檢定統計量爲：

$$z = \frac{\bar{x} - \mu_0}{\frac{\sigma}{\sqrt{n}}} = \frac{599.95 - 600}{\frac{0.5}{\sqrt{36}}} = -0.6$$

在雙尾檢定下，p 值法也是跟單尾檢定方法一樣，比較 p 值與 a 值的大小；但是因為是雙尾，p 值的算法與單尾不同，雙尾的 p 值是左右尾兩邊面積相加或單尾的面積乘以兩倍（因為常態分配左右對稱，兩邊面積會相同）以計算 p 值，如圖 9-27 所示。然後，在利用決策法則，進行決策。決策法則如下：

當 p 值 $\leq a$，則拒絕 H_0；當 p 值 $> a$，則不拒絕 H_0。

然而，在雙尾檢定下，臨界值法則要看檢定統計量 z 值的正負號來判定是利用左尾或右尾來檢定。當 z 值為負時，利用雙尾的左尾來判定決策；反之，當 z 值為正時，則利用雙尾的右尾來判定決策。由於是屬於雙尾檢定，在看單邊尾巴時，面積就會是看一半的面積，故比較標準的 a 值的面積也是要看一半的面積，亦即 $\dfrac{a}{2}$。因此，若是算出來檢定統計量為負值時，拒絕 H_0 的區域（即為拒絕域）為左尾小於或等於臨界值 $-z_{\frac{a}{2}}$ 的部分；若是算出來檢定統計量為正值時，拒絕 H_0 的區域（即為拒絕域）為右尾大於或等於臨界值 $z_{\frac{a}{2}}$ 的部分。因此，在雙尾檢定下，臨界值法的決策法則為（如圖 9-27 所示，因為檢定統計量為負值，要看 z 值的抽樣分配中 $-z_{\frac{a}{2}}$ 左邊部份）：

在 z 值為正值時，當 $z \geq z_{\frac{a}{2}}$，則拒絕 H_0；當 $z < z_{\frac{a}{2}}$，則不拒絕 H_0。

在 z 值為負值時，當 $z \leq -z_{\frac{a}{2}}$，則拒絕 H_0；當 $z > -z_{\frac{a}{2}}$，則不拒絕 H_0。

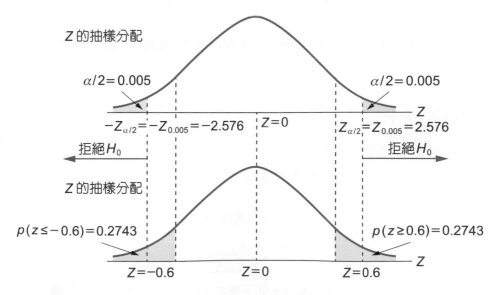

圖 9-27 雙尾檢定的 p 值法與臨界值法

在茶裏王飲料某次檢驗的例子中，檢定統計量 $z = -0.6$，此時求取如圖 9-27 的小於或等於檢定統計量的左尾面積，利用查後面附錄 A-19 的表，結果如下：

$p(z \leq -0.6) = 0.2743$

另外，若轉換爲右尾面積，因爲常態分配是左右對稱的，所以 z 值大於或等於 0.6 的面積也是一樣，如下所示：

$p(z \geq 0.6) = 0.2743$

如同前述，p 值乃是左右尾面積相加或者單邊乘以兩倍，如下：

p 值 $= 2 \times p(z \leq -0.6) = 2 \times 0.2743 = 0.5486$

利用 p 值法的決策法則，本題比較如下：

p 值 $= 0.5486 > a = 0.01$

由於 p 值大於顯著水準 a，故不拒絕 H_0，表示沒有充份的統計證據顯示平均的裝塡重量不等於 600ml。因此，結論爲我們沒有充份的統計證據支持此次抽驗下茶裏王瓶裝飲料的平均裝塡重量不符合製程規定標準。

若以臨界值法進行決策，則檢定統計量 z 值與臨界值進行比較如下：

$z = -0.6 > -z_{\frac{a}{2}} = -z_{0.005} = -2.576$

由於檢定統計量不位在左尾拒絕域內（參看圖 9-27 左尾），故不拒絕 H_0，結果與 p 值法結果一樣結論。

二、母體標準差未知的母體平均數假設檢定

在母體標準差已知下，檢定統計量服從標準常態分配；但在母體標準差未知下，檢定統計量服從的分配不再是標準常態分配，而是服從 t 分配。

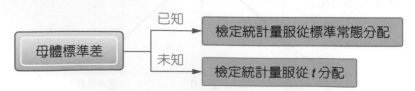

圖 9-28　母體標準差已知及未知下樣本平均數服從的分配之概念圖

　　在實務上，比較合理的情況應該是母體標準差未知，畢竟我們對母體資料並不知道，所以母體標準差也會是未知的，實務上比較常用的是母體標準差未知的情況。t 分配的理論概念，我們已經在第 8 章介紹過了，此節 t 分配的概念也是相同的。

　　本節我們舉一個例子說明母體標準差未知下的母體平均數假設檢定。

　　晶華是國內飯店的龍頭，飯店係屬服務業，經營首重服務品質，晶華酒店在服務品質要求上特別嚴格。晶華服務品管部門定期每月會進行深度調查顧客對飯店服務品質的看法，調查服務的滿意度分數為七點李克特量表，分數從 1 至 7 分依序代表最不滿意到最滿意的程度。晶華高階主管要求所有顧客平均滿意度分數不得低於 6 分，否則必須即時改善。最近一次調查 100 位顧客，得到樣本平均滿意度分數 $\bar{x} = 5.95$ 分，樣本標準差為 $s = 0.5$，若主管要求顯著水準為 $a = 0.05$，則此時滿意度是否符合高階主管的要求？

　　依照高階主管的要求滿意度平均分數不得低於 6 分，否則必須即時改善（亦即小於 6 分就必須進一步採取行動即時改善，放在 H_a），則此題的虛無假設與對立假設為：

$$H_0 : \mu \geq 6$$
$$H_a : \mu < 6$$

　　因此，此例子是屬於左尾檢定。由於母體標準差未知，檢定統計量服從 t 分配，假設樣本標準差為 s，則檢定統計量的公式為：

$$t = \frac{\bar{x} - \mu_0}{\dfrac{s}{\sqrt{n}}} \tag{9-3}$$

故本題的檢定統計量為：

$$t = \frac{\bar{x} - \mu_0}{\dfrac{s}{\sqrt{n}}} = \frac{5.95 - 6}{\dfrac{0.5}{\sqrt{100}}} = -1$$

　　決策法則仍是使用 p 值法或臨界值法，與前一小節一樣做法，兩小節主要的差異是本節母體標準差未知改用樣本標準差估計，此時檢定統計量為 t 值，利用後面附錄 A-22 的 t 值表查機率值，必須先知道自由度為多少。若以 p 值法決策，必須先算出 p

值。如圖 9-29 所示，p 值乃是在自由度為 $n-1 = 99$ 下，檢定統計量為臨界值時的左尾面積[1]：

$$p \text{ 值} = p(t \leq -1) = 0.165 > a = 0.05$$

由於 p 值大於顯著水準，故不拒絕 H_0。因此，結論為沒有充份的統計證據支持本月所有顧客的平均滿意度小於高階主管要求的 6 分。

若用臨界值法檢定，在顯著水準為 0.05 下，檢定統計量與 t 的臨界值（在自由度為 99 及顯著水準為 0.05 下）比較為：

$$t = -1 > -t_{(0.05,99)} = -1.66$$

在左尾檢定下，由於檢定統計量大於臨界值，故不拒絕 H_0。

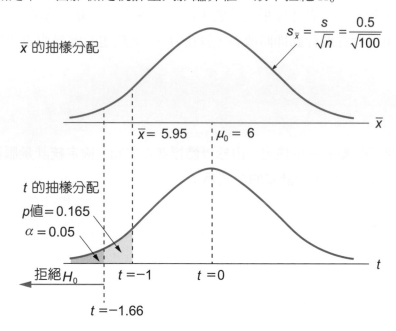

圖 9-29　左尾 t 檢定的 p 值法及臨界值法

---

[1] 附錄 A-22 表格中並無 $t \leq -1$ 精確的面積值(機率值)，此時可使用插補法得到近似的機率值。由於在自由度為 99 下，對應的 $t = -1.29$ 的左尾面積為 0.1，對應的 $t = -0.845$ 的左尾面積為 0.2 (此 t 值後面附錄並沒有，可利用統計軟體執行結果)，故 $t = -1$ 的左尾面積介於此兩者之間，利用插補法計算如下：

$$\frac{0.2 - 0.1}{(-0.845) - (-1.29)} = \frac{p - 0.1}{(-1) - (-1.29)}$$

由上式可求出近似的 $t \leq -1$ 的面積值(機率值) 為 $p = 0.165$。

9-4 單一母體比率的假設檢定：大樣本情況

在了解單一母體平均數後，實務上也很常看到母體比率的假設檢定，本節我們仍利用實務例子來說明如何進行母體比率的假設檢定。首先，我們必須了解母體比率的假設有哪幾類，與 9-3 節一樣，仍是有單尾及雙尾檢定：

$H_0 : p \geq p_0$ $H_0 : p \leq p_0$ $H_0 : p = p_0$

$H_a : p < p_0$ $H_a : p > p_0$ $H_a : p \neq p_0$

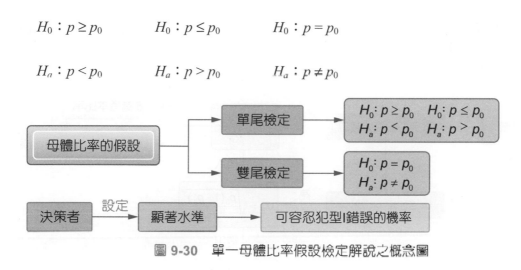

圖 9-30　單一母體比率假設檢定解說之概念圖

其次，由決策者設定顯著水準（可容忍犯型 I 錯誤的機率）。接著，計算檢定統計量。母體比率的假設檢定使用的機率分配應該是服從二項分配，至少在小樣本下應該使用二項機率分配來求解。但是實務應用上，要符合大樣本條件是很容易的，亦即只要符合 $np \geq 5$ 且 $n(1-p) \geq 5$ 兩個條件，則二項分配可近似常態分配，樣本比率 $\bar{p}$ 的抽樣分配也會近似常態分配。此時即可用常態分配來求取母體比率假設檢定的解。當然，若無法符合上述兩個大樣本條件，則還是需要用二項分配來求解母體比率的假設檢定。

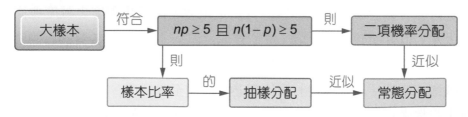

圖 9-31　樣本比率近似常態分配解說之概念圖

如前述，檢定統計量是在虛無假設等式成立下（此時 $p = p_0$）算出的，故母體比率假設檢定的檢定統計量的公式可為：

$$z = \frac{\bar{p} - p_0}{\sigma_{\bar{p}}} \tag{9-4}$$

其中 $\bar{p}$ 爲樣本比率，而分母 $\sigma_{\bar{p}}$ 爲母體比率的標準誤，同樣地在虛無假設等式成立下，$p = p_0$，故母體比率的標準誤爲：

$$\sigma_{\bar{p}} = \sqrt{\frac{p_0(1-p_0)}{n}}$$

將上式代入（9-4）式中，可得出檢定統計量爲：

$$z = \frac{\bar{p} - p_0}{\sqrt{\dfrac{p_0(1-p_0)}{n}}} \tag{9-5}$$

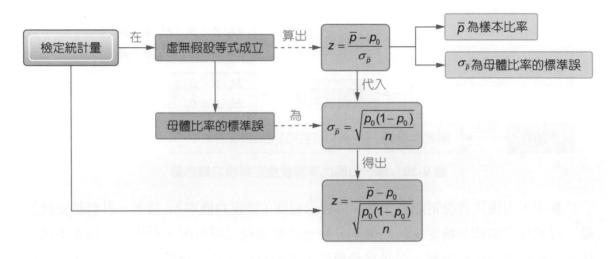

圖 9-32　單一母體比率檢定統計量解說之概念圖

太麻里城堡溫泉會館是休閒度假的好處所，該會館老闆非常注重來會館消費的顧客滿意度，因此要求會館品管部門必須隨時對來會館消費的顧客進行滿意度調查。老闆的認知是舊顧客的忠誠度比新顧客的行銷更重要，因爲舊顧客忠誠度愈高，除了能繼續來消費外，也有助於口碑行銷（幫忙宣傳會館）。因此，對於舊顧客的消費滿意度特別重視，並要求所有舊顧客填寫五點李克特量表（非常不滿意、不滿意、普通、滿意、非常滿意）達到「非常滿意」的比率必須達到至少八成。若 p 爲所有舊顧客中滿意度達到「非常滿意」的比率，故本例的虛無假設與對立假設應設爲：

$H_0 : p \geq 0.8$

$H_a : p < 0.8$

假設現對過去一個月來會館消費的顧客中抽取樣本 100 位的顧客填答滿意度問卷，其中填答「非常滿意」的顧客有 79 位，故樣本比率為 $\bar{p} = \dfrac{79}{100} = 0.79$。假設品管主管設定的顯著水準為 0.05。因此，可先計算檢定統計量為：

$$z = \frac{\bar{p} - p_0}{\sqrt{\dfrac{p_0(1-p_0)}{n}}} = \frac{0.79 - 0.8}{\sqrt{\dfrac{0.8(1-0.8)}{100}}} = -0.25$$

利用 p 值法進行決策，如圖 9-33 所示。本例為左尾檢定，可計算 p 值為：

p 值 $= p(z \le -0.25) = 0.4013 > a = 0.05$

由於 p 值大於顯著水準，故不拒絕 H_0。因此，可結論為在顯著水準為 0.05 下，我們沒有充分的統計證據支持來店消費的舊顧客填答「非常滿意」的比率不足老闆要求的八成。

利用臨界值法進行決策，如圖 9-33 所示。可利用比較檢定統計量與臨界值如下：

$z = -0.25 > -z_{0.05} = -1.645$

在左尾檢定下，由於檢定統計量 z 值大於臨界值，故不拒絕 H_0。因此，結論與前述同。

除了左尾檢定外，在實務上亦可能面臨右尾檢定或雙尾檢定的情況，其檢定過程與前面母體平均數完全一樣，僅是公式不同而已。

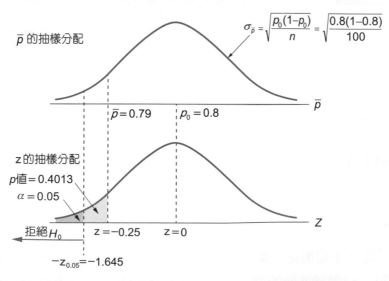

圖 9-33 樣本比率左尾檢定之 p 值法與臨界值法

9-5　單一母體變異數的假設檢定

　　許多實務應用重視的是母體變異數（或標準差），而非平均數或比率，尤其在製造業現場管理（如製程管理或品質管理）方面，而投資風險也是屬於變異數（或標準差）的應用。本節目的在了解如何進行單一母體變異數的假設檢定。

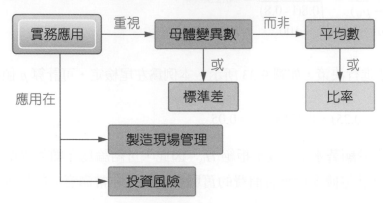

圖 9-34　實務重視母體變異數解說之概念圖

　　在第 8 章信賴區間的介紹中，我們已經知道統計推論單一母體變異數係屬卡方分配的應用。樣本變異數的抽樣分配，是服從一個無母數的卡方分配型態。

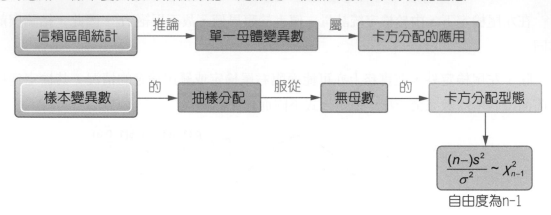

自由度為 n-1

圖 9-35　單一母體變異數檢定卡方分配應用解說之概念圖

　　假設從一個常態分配的母體中抽取一組樣本量為 n 的簡單隨機樣本，此時

$$\frac{(n-1)s^2}{\sigma^2} \sim \chi^2_{n-1} \tag{9-6}$$

　　亦即（9-6）的式子是服從一個自由度為 n-1 的卡方分配（Chi-Square Distribution）。因此，在進行單一母體變異數的假設檢定時，檢定統計量也是運用卡方分配的技術。

在實務應用上，單一母體變異數（或標準差）的推論大部分都是屬於右尾檢定，亦即對立假設會是變異數（或標準差）大於某一個常數值。主要原因乃是在實務上，決策者會是希望變異數（或標準差）管控在某一個範圍以內，若超過此範圍，則必須採取改善或修正的行動，故變異數（或標準差）超過某一個常數值會採取進一步行動，必須放在對立假設。譬如，品質管理或製程管理的基本要求為製程管控生產產品的重量或長度或其他品質要求，必須在某一個標準以內，亦即變異數（或標準差）必須在某一範圍以內；在投資風險的管控，也是管控投資的風險在某一標準以內，亦即變異數（或標準差）在某一個範圍以內。

在實務上，不管品質管理要求多麼嚴格，都不可能達到每個產品都完全精確符合規定的標準，必定會存在一點點誤差。譬如瓶裝飲料包裝標籤標示含量為 600ml，此時不可能生產出來的每一瓶的飲料的含量都剛好是 600ml，一定會有許多飲料會有一點點含量誤差，此為正常情況。因此，品管的要求乃是平均含量必須沒有異於 600ml，更重要的是必須設定及管控某一標準的誤差（用變異數或標準差衡量之）；當生產的飲料在此標準誤差內，就表示製程正常，若超過範圍，表示製程發生問題，必須進行修正行動。

我們舉一個右尾檢定的例子說明單一母體變異數的假設檢定應用。在投資學中的定理為高報酬高風險，亦即報酬較高的投資標的，也會有較高的風險。台塑獲利穩健成長，某投顧公司推薦台塑是一支投資風險低卻享有報酬成長的股票，該投顧指出台塑未來股價波動的變異數不會超過100。因此，虛無假設與對立假設應設為：

$$H_0 : \sigma^2 \le 100$$
$$H_a : \sigma^2 > 100$$

假設顯著水準為 0.05。我們從過去一年台塑的股價資料中隨機抽取 101 筆資料，發現樣本平均股價為 112 元，樣本變異數為 110。檢定統計量為虛無假設等式為真下設立的，故檢定統計量為卡方分配如下：

$$\chi^2 = \frac{(n-1)s^2}{\sigma_0^2} \tag{9-7}$$

將樣本資料代入（9-7）式，可得到本例子的檢定統計量為：

$$\chi^2 = \frac{(n-1)s^2}{\sigma_0^2} = \frac{(101-1) \times 110}{100} = 110$$

可利用 p 值法進行決策，如圖 9-36 所示。上述檢定為右尾檢定，自由度為 100，此時檢定統計量為右尾面積即為 p 值[2]：

$$p \text{ 值} = p(\chi^2 \geq 110) = 0.232 > a = 0.05$$

由於 p 值大於顯著水準 0.05，故不拒絕 H_0。因此，本例結論為沒有充分的統計證據支持過去一年台塑的股價變異數超過 100，若台塑的股價一直很穩定，可以預測未來股價的變異數（亦即股價波動程度，代表著投資台塑的投資風險）也不會超過 100，沒有證據顯示此投顧公司的宣稱是有誤的。

再以臨界值法進行決策，如圖 9-36 所示。在顯著水準為 0.05，而自由度為 $n-1=100$ 下，藉由比較檢定統計量與臨界值可得出結論，比較如下：

$$\chi^2 = 110 < \chi^2_{(0.05,100)} = 124.342$$

在右尾檢定下，由於檢定統計量小於臨界值，故不拒絕 H_0。因此，結論與 p 值法相同。

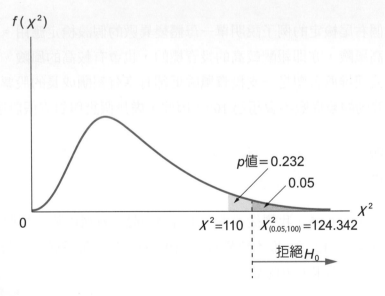

圖 9-36　單一母體變異數右尾檢定的 p 值法與臨界值法

---

[2] 求在自由度為 100 下之卡方分配臨界值為 110 的右尾面積，後面附錄 A-23 的卡方分配表並沒有，但臨界值為 118.498 的右尾面積為 0.1。因此，$P(X^2 \geq 110)$ 的值會大於 0.1，使用統計軟體執行結果，$P(X^2 \geq 110) = 0.232$。

9-6　型 II 錯誤與統計檢定力

　　從第 9 章開始我們就介紹了利用統計方法進行決策，決策正確性不可能到達
100%，決策過程會因爲抽樣的關係而會犯錯。統計學家將可能的決策錯誤分爲型 I 錯
誤（一般以 a 表示）及型 II 錯誤（一般以 β 表示）。如前述，一般實務在進行假設檢定
時，我們僅控制型 I 錯誤的發生機率，並沒有控制型 II 錯誤。因此，在本章上面各節
中，我們最後決策結論都是以「不拒絕 H_0（亦即沒有充分的統計支持 H_a 的結論）」進
行決策，而沒有以「接受 H_0」結論，主要原因是爲了避免犯型 II 錯誤，因爲只有結論
爲「接受 H_0」才會犯型 II 錯誤。

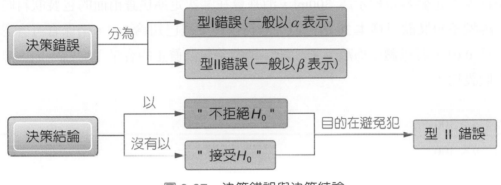

圖 9-37　決策錯誤與決策結論

　　然而，在實務上，「不拒絕 H_0」的結論是沒有意義的，因爲會讓決策者無法下最後
決策。「不拒絕 H_0」表示不接受 H_a，卻也不接受 H_0，但所有決策問題的答案只有 H_0
及 H_a，兩者皆不接受，如何能決策？因此，統計學家雖然建議爲避免犯型 II 錯誤，必
須選擇「不拒絕 H_0」而非「接受 H_0」，但在實務應用上，通常決策不拒絕 H_0 時，都會
去接受 H_0，亦即前面幾節結論提到的沒有充分的統計支持 H_a 爲對的，都還是會去支持
H_0 是正確的。故在實務決策上，假設檢定還是會犯型 II 錯誤。既然有可能犯型 II 錯誤，
就必須去面對它，此時必須先了解在檢定過程中，可能會犯的型 II 錯誤機率爲多少？
本節目的即在幫助讀者了解如何計算檢定過程中可能會犯的型 II 錯誤的機率。

　　既然在檢定過程中，可能會犯的決策錯誤只有型 I 錯誤及型 II 錯誤，而型 I 錯誤
又會在決策過程被有效控制在決策者可接受的標準以內，則假設檢定的正確度就決定
在於型 II 錯誤了。在假設檢定中，當型 I 錯誤被有效控制下，若型 II 錯誤的機率愈低，
表示檢定結果的正確度愈高；反之，若型 II 錯誤的機率愈高，則檢定結果的正確度愈
低。因此，假設檢定的效力決定在於型 II 錯誤的高低，假設檢定的效力可稱爲檢定力
（Power of Testing）。檢定力即爲 $1-\beta$，我們可藉由算出的型 II 錯誤機率曲線畫出假設
檢定的檢定力曲線（Power Curve）。

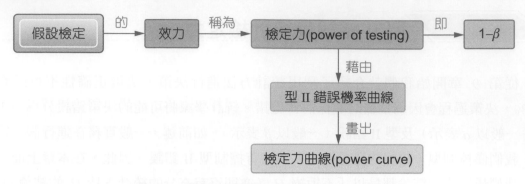

圖 9-38　檢定力與檢定力曲線解說之概念圖

我們舉兩個例子分別說明單尾與雙尾檢定下，如何計算型 II 錯誤發生的機率。假設統一純喫茶包裝容量標示為 300ml，消基會在某次定期檢查市面的包裝飲料時，抽查統一純喫茶包裝飲料樣本 36 罐飲料，若母體標準差已知為 2ml，消保官可容忍的顯著水準為 0.01，若母體平均數 μ 表示統一純喫茶包裝真正的容量平均數，則虛無假設與對立假設為：

$H_0 : \mu \geq 300$

$H_a : \mu < 300$

而檢定統計量為：

$$z = \frac{\overline{x} - \mu_0}{\dfrac{\sigma}{\sqrt{n}}} = \frac{\overline{x} - 300}{\dfrac{2}{\sqrt{36}}}$$

利用臨界值法進行決策，此時臨界值為 $z_{0.01} = 2.326$，屬於左尾檢定，則拒絕法則為：

當 $z \leq -z_{0.01} = -2.326$，則拒絕 H_0

將檢定統計量代入上式，可得出：

$$\frac{\overline{x} - 300}{\dfrac{2}{\sqrt{36}}} \leq -2.326$$

因此，可求出拒絕 H_0 的 $\overline{x}$ 之範圍為：

$\overline{x} \leq 299.225$

　　由此可知，對於消保官而言，若抽出的 36 罐包裝飲料的平均含量小於或等於 299.225ml，決策就會拒絕 H_0，亦即決策統一純喫茶包裝真正的平均容量是小於 300ml，表示標示不實進一步採取行動（開罰及要求下架）。反之，若 36 罐包裝飲料的平均含量大於 299.225ml，決策就會接受 H_0，亦即接受標籤標示的含量是對的決策，如同前述型 II 錯誤的定義，此時可能會犯型 II 錯誤。因此，此例子只有在以下的範圍才會發生型 II 錯誤：

$\bar{x} > 299.225$

　　根據型 II 錯誤的定義：當 H_a 為真，決策卻接受 H_0。我們可以據此定義來計算型 II 錯誤的機率。以本例而言，只要 $\mu < 300$ 下，亦即真正母體平均含量小於 300ml 時，H_a 皆為真；而當 $\bar{x} > 299.225$ 時，決策就會接受 H_0。亦即只要符合這兩個條件，就會犯型 II 錯誤。因此，型 II 錯誤發生機率的計算必須應用這兩個條件。首先，我們必須先假設純喫茶包裝飲料真正母體的平均含量，假設為 $\mu = 299$；其次，若 $\bar{x} > 299.225$ 就會接受 H_0 而犯型 II 錯誤，故型 II 錯誤發生的機率即為在真正母體平均數為 $\mu = 299$（如圖 9-39 的下圖抽樣分配最中心點）時的臨界值 $\bar{x} = 299.225$ 的右尾面積（即 $p(\bar{x} > 299.225)$），若轉換成標準常態分配的 z 值，表示以下臨界值的右尾面積（如圖 9-39）：

$$z = \frac{\bar{x} - \mu}{\frac{\sigma}{\sqrt{n}}} = \frac{299.225 - 299}{\frac{2}{\sqrt{36}}} = 0.675$$

亦即求以下 z 值的機率值：

$P(z > 0.675) = 0.2498$

　　在圖 9-39 中的上圖為假設檢定的圖形，是屬於左尾檢定，臨界值為 $\bar{x} = 299.225$，小於或等於此臨界值就會拒絕 H_0，此臨界值左邊面積為顯著水準 $a = 0.01$。而大於此臨界值就會接受 H_0，就有可能犯型 II 錯誤，因此，對應的圖 9-39 中的下圖為以真正母體平均數 $\mu = 299$ 為中心點的 $\bar{x}$ 抽樣分配，在臨界值 $\bar{x} = 299.225$ 右尾面積即為接受 H_0 而會犯的型 II 錯誤機率（即圖的 $\beta = 0.2498$）。

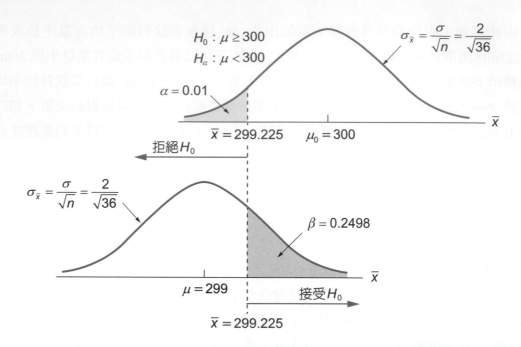

圖 9-39　單尾（左尾）假設檢定圖（上圖）與對應的計算型 II 錯誤機率圖（下圖）

應用上述方法，我們再假設真正母體的平均含量 $\mu = 298.5$，則臨界值 $\bar{x} = 299.225$ 的右尾面積，轉換成 z 值的右尾面積為：

$$p\left(z > \frac{299.225 - 298.5}{\frac{2}{\sqrt{36}}} = 2.175 \right) = 0.0148$$

再應用上述，我們假設真正母體的平均含量為 $\mu = 299.99$，則臨界值 $\bar{x} = 299.225$ 的右尾面積，轉換成 z 值的右尾面積為：

$$p\left(z > \frac{299.225 - 299.99}{\frac{2}{\sqrt{36}}} = -2.295 \right) = 0.9892$$

依照上述做法，我們可知道只要符合真正母體平均數為 $H_a : \mu < 300$ 的條件下，不同的真正母體平均數可計算出不同的型 II 錯誤機率，故型 II 錯誤機率是為無限多個的，決定在於真正母體平均數的值為多少。另外，由上述三個真正母體平均數之值可知道，當真正母體平均數愈接近虛無假設 H_0 等式為真（此題為接近 300ml）時，犯型 II 錯誤的機率就會愈高，因為決策愈可能接受 H_0。而檢定力為 1-型 II 錯誤機率（亦即

$1-\beta$），故當真正母體平均數愈接近 H_0 時，假設檢定的決策檢定力會愈低；反之，若真正母體平均數愈遠離 H_0 時，犯型 II 錯誤的機率就愈低，假設檢定的決策檢定力會愈高。本例子的型 II 錯誤及檢定力的計算，我們簡單整理如表 9-4 所示。

表 9-4　純喫茶包裝飲料含量左尾假設檢定的型 II 錯誤機率及檢定力計算

真正母體 μ 值	$z = \dfrac{299.225 - \mu}{\dfrac{2}{\sqrt{36}}}$	型 II 錯誤機率（β）	檢定力（$1-\beta$）
298	3.675	0.0001	0.9999
298.5	2.175	0.0148	0.9852
299	0.675	0.2498	0.7502
299.225	0.000	0.5000	0.5000
299.7733	−1.645	0.9500	0.0500
299.99	−2.295	0.9892	0.0108

由表 9-4 之結果，若我們再將其他真正母體平均數 μ 值全部代入，可求出所有型 II 錯誤機率 β 值及檢定力 $1-\beta$ 值。以此結果，我們可以畫出如圖 9-41 的假設檢定的型 II 錯誤機率曲線與檢定力曲線。型 II 錯誤之機率表示當對立假設 H_a 為真時，決策卻接受虛無假設 H_0 所犯的錯誤之機率。而假設檢定的檢定力則是指當對立假設 H_a 為真時，決策又能正確地拒絕虛無假設 H_0（或接受對立假設 H_a）的機率。檢定力曲線則是說明不同的真正母體平均數與正確拒絕虛無假設 H_0 的機率之間關係的曲線。假設檢定的檢定力曲線是用來判定此假設檢定的力量有多大，亦即此假設檢定的決策正確性有多高。

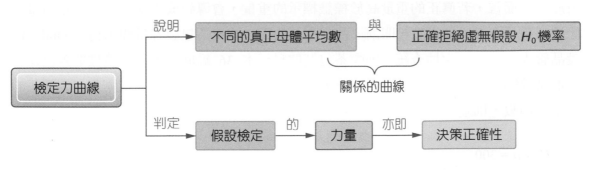

圖 9-40　檢定力曲線定義與用途解說之概念圖

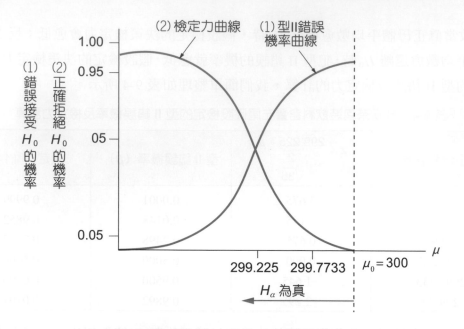

圖 9-41 單尾（左尾）假設檢定的型 II 錯誤機率曲線與檢定力曲線

我們再舉個雙尾檢定的例子說明如何計算型 II 錯誤及檢定力。雙尾檢定之型 II 錯誤機率的計算，只有在假設檢定的抽樣分配檢定變成雙尾，決策時單尾面積為顯著水準除以二之情況有差異而已。上述統一純喫茶的例子，就統一企業而言，檢驗純喫茶的品管部門，必須隨時抽驗，以確保製程沒有發生問題，而在出貨前也必須進行檢驗，以避免產品不符合標籤標示而可能導致消基會定期檢驗時發現問題或消費者檢舉而導致受罰及商譽損失等嚴重後果。因此，對於統一的品管人員，所有產品必須符合標準，對於公司而言，若真正的重量高於標籤標示的重量，會導致成本浪費，若真正重量低於標示重量，又可能導致被開罰。故在上述的統一純喫茶包裝容量標示為 300ml，假設品管人員在某一次抽查統一純喫茶包裝飲料樣本 36 罐飲料，若母體標準差已知為 2ml，品管主管可容忍的顯著水準為 0.01，若母體平均數 μ 表示統一純喫茶包裝真正的容量平均數，則虛無假設與對立假設為：

$H_0 : \mu = 300$

$H_a : \mu \neq 300$

而檢定統計量為：

$$z = \frac{\overline{x} - \mu_0}{\frac{\sigma}{\sqrt{n}}} = \frac{\overline{x} - 300}{\frac{2}{\sqrt{36}}}$$

　　利用臨界值法進行決策，本例屬於雙尾檢定，此時右尾臨界值為 $z_{\frac{a}{2}} = z_{0.005} = 2.576$，左尾臨界值為 $-z_{\frac{a}{2}} = -z_{0.005} = -2.576$，則拒絕法則為：

當 $z \geq z_{0.005} = 2.576$，則拒絕 H_0

或

當 $z \leq -z_{0.005} = -2.576$，則拒絕 H_0

將檢定統計量代入上式，可得出：

$$\frac{\bar{x} - 300}{\frac{2}{\sqrt{36}}} \geq 2.576$$

或

$$\frac{\bar{x} - 300}{\frac{2}{\sqrt{36}}} \leq -2.576$$

因此，可求出拒絕 H_0 的 $\bar{x}$ 之範圍為：

$\bar{x} \geq 300.859$

或

$\bar{x} \leq 299.141$

　　因此，結論會接受 H_0 的 $\bar{x}$ 之範圍為 $\bar{x} < 300.859$ 或 $\bar{x} > 299.141$。若是結論為接受 H_0，而真實情況為 $H_a : \mu \neq 300$ 為正確，則會犯型 II 錯誤。故可依據這些資訊算出型 II 錯誤發生的機率。假設真正的純喫茶母體平均含量為 299ml，小於虛無假設等式成立的 $\mu_0 = 300$，是屬於雙尾的左尾部分，故利用「接受 H_0」的左尾臨界值 $\bar{x} > 299.141$，可求出型 II 錯誤的機率 β 值（如圖 9-42 的下圖之左邊圖）如下：

$$z = \frac{\bar{x} - \mu}{\frac{\sigma}{\sqrt{n}}} = \frac{299.141 - 299}{\frac{2}{\sqrt{36}}} = 0.423$$

亦即求以下 z 值的機率值[3]：

$p(z > 0.423) = 0.3361$

依同樣方式求解，只要純喫茶的真正母體平均含量小於 300 時，都可求出其對應的型 II 錯誤，如表 9-5 所示。另外，在雙尾檢定還有右尾的部分，當真正的母體平均數為 301ml，大於虛無假設等式成立的 $\mu_0 = 300$，則是屬於雙尾的右尾部分，此時必須利用「接受 H_0」的右尾臨界值 $\bar{x} < 300.859$，求出型 II 錯誤的機率 β 值（如圖 9-42 的下圖之右邊圖），我們假設純喫茶真正母體平均含量為 301ml，則 β 值可求解如下：

$$z = \frac{\bar{x} - \mu}{\frac{\sigma}{\sqrt{n}}} = \frac{300.859 - 301}{\frac{2}{\sqrt{36}}} = -0.423$$

亦即求以下 z 值的機率值[4]：

$p(z < -0.423) = 0.3361$

其他真正母體平均數只要大於 $\mu_0 = 300$，都可帶入上述 z 值計算型 II 錯誤發生的機率，如表 9-5 所示。

表 9-5　純喫茶包裝飲料含量雙尾假設檢定的型 II 錯誤機率及檢定力計算

真正母體 μ 值	$z = \dfrac{299.141 - \mu}{\frac{2}{\sqrt{36}}}$ （左尾）	$z = \dfrac{300.859 - \mu}{\frac{2}{\sqrt{36}}}$ （右尾）	型 II 錯誤機率 （β）	檢定力（$1-\beta$）
298	3.423		0.0003	0.9997
299	0.423		0.3361	0.6639
299.99	−2.547		0.9947	0.0053
300.05		2.427	0.9924	0.0076
301		−0.423	0.3361	0.6639
301.5		−1.923	0.0272	0.9728

---

[3] 查後面附錄 A-20 的 z 表，臨界值 $z = 0.42$ 的右尾面積為 0.3372，臨界值 $z = 0.43$ 的右尾面積為 0.3336，使用差補法可得出 $z = 0.423$ 的右尾面積約為 0.3361。

[4] 查後面附錄 A-19 的 z 表，臨界值 $z = -0.42$ 的左尾面積為 0.3372，臨界值 $z = -0.43$ 的左尾面積為 0.3336，使用差補法可得出 $z = -0.423$ 的右尾面積約為 0.3361。

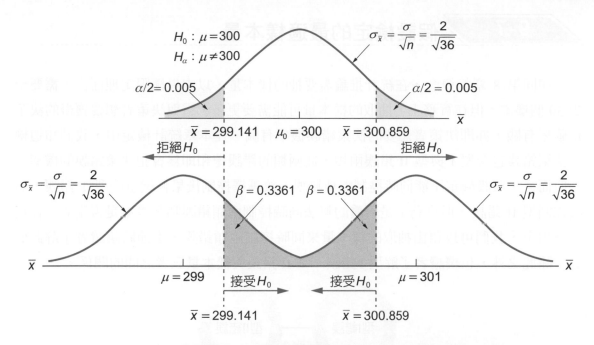

圖 9-42 雙尾假設檢定圖（上圖）與對應的計算型 II 錯誤機率圖（下圖）

　　利用表 9-5 的結果，若在增加更多真正母體 μ 值，我們可以算出更多型 II 錯誤發生的機率，最後可以畫出型 II 錯誤機率曲線，以及利用型 II 錯誤機率算出的檢定力及畫出檢定力曲線，如圖 9-43 所示。圖 9-43 表示雙尾檢定的型 II 錯誤機率曲線及檢定力曲線，當真正母體平均數 μ 愈接近虛無假設等式成立 $H_0: \mu = 300$ 下，犯型 II 錯誤機率就會愈高，此時檢定力愈低；反之，當真正母體平均數 μ 愈遠離虛無假設等式成立 $H_0: \mu = 300$，犯型 II 錯誤機率就會愈低，檢定力將愈高。

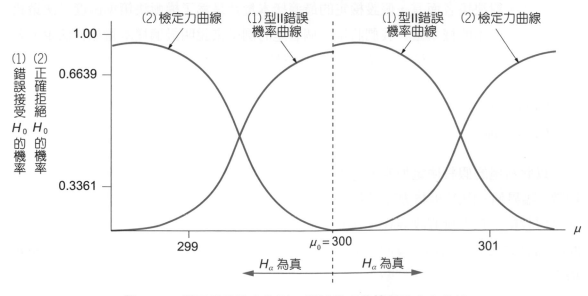

圖 9-43 雙尾假設檢定的型 II 錯誤機率曲線與檢定力曲線

9-7　假設檢定的最適樣本量

如同第 8 章的概念，在統計推論需要抽的樣本量，以中央極限定理而言，需要至少 30 個樣本。但在實務上，抽取的樣本量可能需要更多，這與決策者想要獲得的決策正確率有關，亦即決策者想要的決策錯誤機率有關。在本章統計檢定中，我們知道檢定決策錯誤包含型 I 與型 II 錯誤兩類，此兩類的錯誤總和即為會犯決策錯誤的機率。一般而言，假設檢定不能同時控制兩種錯誤，故選擇控制後果較嚴重的型 I 錯誤，而沒控制型 II 錯誤。但實務上是否真的無法同時控制兩類錯誤嗎？答案是否定的。在實務應用上，我們可以藉由抽取的樣本量來同時控制兩類錯誤，本節將讓讀者了解此概念。除此之外，也讓讀者了解型 I 錯誤、型 II 錯誤與樣本量三者之間的關係。

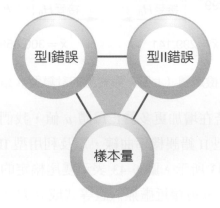

圖 9-44　型 I 錯誤與型 II 錯誤

因此，對決策者而言，假設檢定的最適樣本量乃是為了權衡決策準確度（決策錯誤機率）與成本的樣本量。我們將舉一個右尾的例子來說明最適樣本量如何決定。若以右尾檢定為例，右尾檢定的虛無與對立假設應該設為：

$H_0 : \mu \le \mu_0$

$H_a : \mu > \mu_0$

以此右尾的假設檢定型態，我們可依照 9-6 節的方式求出拒絕與接受 H_0 的樣本平均數 $\bar{x}$ 臨界值。由圖 9-45 加上利用第 8 章學的信賴區間概念，我們可以由圖 9-45 的上圖之假設檢定在虛無假設等式成立（$\mu = \mu_0$）下 $\bar{x}$ 的抽樣分配知道，在型 I 錯誤為 a 下，此時 z_a 為對應右尾面積為 a 的 z 值，可藉此求出 $\bar{x}$ 臨界值。此 $\bar{x}$ 臨界值距離最中心點 μ_0 為：

$$\bar{x} = \mu_0 + z_a \frac{\sigma}{\sqrt{n}} \qquad\qquad (9\text{-}8)$$

而在圖 9-45 的下圖則為在 H_a 為眞時，以眞正的母體平均數 μ 為最中心點（$\mu > \mu0$）下 $\bar{x}$ 的抽樣分配。此時在型 II 錯誤為 β 時，z_β 乃是對應的右尾面積為 β 的 z 值(若是看左尾面積則為 $-z_\beta$)。同樣由信賴區間的觀念，$\bar{x}$ 臨界值距離最中心點 μ 為：

$$\bar{x} = \mu - z_\beta \frac{\sigma}{\sqrt{n}} \qquad\qquad (9\text{-}9)$$

（9-8）及（9-9）兩個式子乃是拒絕與接受 H_0 的樣本平均數 $\bar{x}$ 臨界值，故為同一個值，因此相等。故可得以下式子：

$$\mu_0 + z_a \frac{\sigma}{\sqrt{n}} = \mu - z_\beta \frac{\sigma}{\sqrt{n}}$$

利用代數轉換，可得到：

$$\mu - \mu_0 = (z_a + z_\beta) \frac{\sigma}{\sqrt{n}}$$

最後可得到在右尾檢定的情況，同時控制型 I 錯誤 a 與型 II 錯誤 β 下的最適樣本量為：

$$n = \frac{(z_a + z_\beta)^2 \sigma^2}{(\mu - \mu_0)^2} \qquad\qquad (9\text{-}10)$$

其中 z_a 為對應 μ_0 右尾面積為 a 的 z 值，z_β 乃是對應的右尾面積為 β 的 z 值，μ 為眞正的母體平均數，μ_0 為虛無假設等式成立下的母體平均數，σ 為母體標準差。

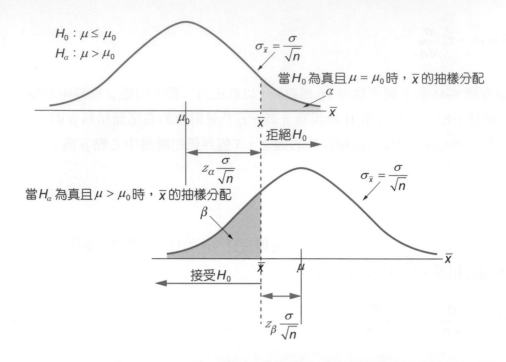

圖 9-45　固定型 I 與型 II 錯誤下決定最適樣本量

上述爲右尾檢定的最適樣本量，利用同樣方法可推導出左尾檢定的最適樣本量爲：

$$n = \frac{(z_a + z_\beta)^2 \sigma^2}{(\mu_0 - \mu)^2} \tag{9-11}$$

在等號右邊的參數值都一樣下，左尾檢定的最適樣本量與右尾檢定的最適樣本量會是一樣的。

由 9-6 節的雙尾檢定、圖 9-42 與圖 9-45 及上述推論方式可了解，雙尾檢定的最適樣本量爲：

$$n = \frac{\left(z_{\frac{a}{2}} + z_\beta\right)^2 \sigma^2}{(\mu_0 - \mu)^2} \tag{9-12}$$

因此，單尾與雙尾檢定的最適樣本量公式，僅差在把 z_a 改成 $z_{\frac{a}{2}}$。

隨時代在變，百貨業愈來愈重視服務品質，假設寶雅總公司每月一次派品管人員到全臺灣各分店進行抽樣調查，並要求分店的服務品質問卷平均滿意度都必須至少 7 分（問卷評分爲十點李克特量表分數 1-10 分），凡是低於 7 分就要求店長必須到總部

再訓練及給予適當處罰，寶雅也特別設立獎勵辦法，只要平均滿意度高於 9 分就能獲得獎勵。因此，若 μ 為眞正的平均滿意度，則某家分店能獲得獎勵是 μ 要大於 9 分，亦即檢定假設為：

$H_0 : \mu \leq 9$

$H_a : \mu > 9$

若某家分店抽樣調查得到的樣本平均數能夠支持 H_a，則此家店就能獲得獎勵。爲了讓決策正確度高，總公司品管主管必須控制決策錯誤發生的機率，故寶雅總公司品管主管要求決策的型 I 錯誤及型 II 錯誤皆必須控制在不超過 0.05，以避免因爲過大的決策錯誤導致該被獎勵的店沒被獎勵到或不應該被獎勵的店被獎勵。假設位於彰化市某一家寶雅分店某次被抽樣調查，若當月此家分店眞正的平均滿意度爲 9.3 分，而母體標準差已知爲 $\sigma = 0.6$，則應該抽取多少樣本量，才能讓型 I 與型 II 錯誤都管控在品管主管要求的標準內？

我們運用（9-10）右尾檢定的最適樣本量公式，將上述資料代入，可得到最適樣本量如下：

$$n = \frac{(z_a + z_\beta)^2 \sigma^2}{(\mu - \mu_0)^2} = \frac{(z_{0.05} + z_{0.05})^2 0.6^2}{(9.3 - 9)^2} = \frac{(1.645 + 1.645)^2 \times 0.36}{(0.3)^2} = 43.3$$

上述樣本量有小數位數，爲了讓型 I 錯誤與型 II 錯誤都管控在不超過 0.05 的範圍內[5]，小數必須無條件進位，故最適樣本量爲 44。因此，若寶雅總公司品管人員此次抽樣要符合品管主管的錯誤率發生都管控在 0.05 的範圍內，必須要求分店至少抽 44 個顧客樣本進行調查才能達到。

從上面的推論，我們可應用在實務上，上述型 I 錯誤 a、型 II 錯誤 β 及樣本量 n 三者，有如下關係：

1. 要同時管控型 I 錯誤 a 及型 II 錯誤 β 是可以的，但必須先預測眞正的母體參數值。

2. 要同時管控型 I 錯誤 a 與型 II 錯誤 β，可以從抽取最適樣本量著手。

---

[5] 因爲型 I 或型 II 錯誤愈小，z 值愈大，則此式子的分子愈大，樣本量就會愈大；反之，型 I 或型 II 錯誤愈大，樣本量就會愈小。因此，要管控型 I 與型 II 錯誤在較小（如此例題控制在都不超過 0.05），樣本量要更大(如此例題的結果樣本量 n 有小數點，必須進位到下一位樣本量，如果捨棄小數點，就會讓型 I 或型 II 錯誤超過標準了)。

3. 在管控型 I 錯誤 a 後，要讓假設檢定的型 II 錯誤 β 降低，進而提高檢定力，可利用增加樣本量達到。

4. 當樣本量固定時，型 I 錯誤 a 與型 II 錯誤 β 是呈反向關係的；亦即要降低型 I 錯誤 a 的代價是型 II 錯誤 β 會提高，要降低型 II 錯誤 β 的代價是會提高型 I 錯誤 a。

由上述可知，我們在進行假設檢定時，不能一昧地降低型 I 錯誤 a 的機率（設定較低的顯著水準），因為可能讓型 II 錯誤 β 發生的機率提高。因此，仍必須考慮型 I 錯誤 a 及型 II 錯誤 β 發生後造成的成本去權衡。若型 I 錯誤 a 成本很高，型 II 錯誤 β 成本低，則可設比較低的型 I 錯誤 a（顯著水準）；反之，若型 I 錯誤 a 成本較低，型 II 錯誤 β 成本稍高，則可設定比較高的型 I 錯誤 a。但若兩者的成本都高，則可利用增加樣本量來讓型 I 與型 II 錯誤較低，當然增加樣本量也會增加成本。因此，必須同時考慮三者所導致的成本來綜合考量。

9-8 Excel 範例

表 9-2 之例子（兩種作法）

第一種作法

步驟一

輸入資料到 EXCEL

步驟二

在 A 欄位外（如本例為 C 欄位）輸入會使用到的基本名稱，如樣本數、樣本平均數…

步驟三

在 D2 欄位輸入《=count(a1:a30)》

步驟四

在 D3 欄位輸入《=average(a1:a30) 》

步驟五

在 D4 欄位輸入預設母體標準差《3》

步驟六

　　在 D5 欄位輸入假設檢定值《30》

步驟七

　　在 D6 欄位輸入《=d4/sqrt(d2)》

步驟八

　　在 D7 欄位輸入《=(d3-d5)/d6》

步驟九

　　在 D8 欄位輸入《=norm.s.dist(d7,true)》

步驟十

　　在 D9 欄位輸入《=1-d8》

步驟十一

　　在 D10 欄位輸入《=2*min(d8,d9)》

	A	B	C	D	E
1	28				
2	27		樣本數	30	
3	28		樣本平均數	28.4	
4	26		母體標準差	3	
5	29		假設值	30	
6	30		標準誤	0.547722558	
7	32		檢定統計量z值	-2.921186973	
8	29		p值(左尾)	0.001743502	
9	28		p值(右尾)	0.998256498	
10	28		p值(雙尾)	0.003487005	
11	26				
12	28				
13	29				
14	26				
15	29				
16	26				
17	28				
18	29				
19	31				
20	30				
21	30				
22	27				
23	28				
24	29				
25	31				
26	28				
27	26				
28	28				
29	29				

第二種作法

步驟一

輸入資料到 EXCEL

步驟二

在數值外任一欄位中，選取其他函數 -> 統計 -> Z TEST

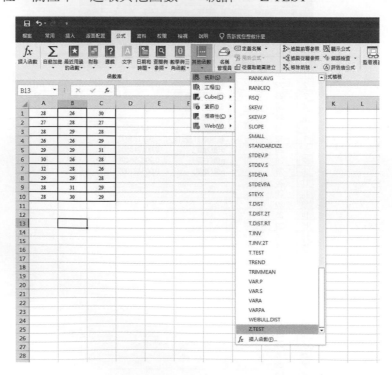

步驟三

出現 Z TEST 對話框，Array 表示要輸入的樣本數值範圍（此題在 A1~C10 欄位有 30 個樣本範圍），輸入 A1:C10；X 表示要檢定的數值，此題為 30（檢定新咖啡機研磨時間是否小於 30 秒），輸入 30；Sigma 表示母體標準差，此題假設為 3 秒，輸入 3。

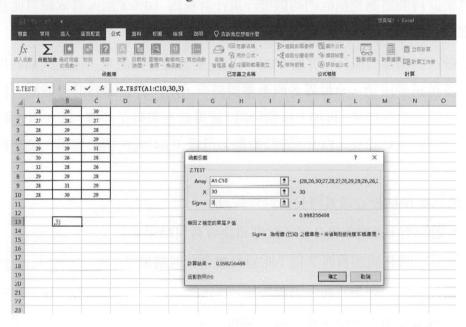

步驟四

得到結果 Z 值為 0.998256，此為右尾面積。則左尾面積為 1-Z=1-0.99256=0.001744

本章習題

一、美粒果飲料製造商宣稱他們的柳橙汁果汁含量為 10%，消保官欲驗證此宣稱是否正確，在此範例中，虛無假設與對立假設將為何？

二、由於新冠狀病毒的流行，導致 2020 年航空業營運受創嚴重，產生大幅虧損。今年由於疫苗研發成功，全世界各國亟需要疫苗，然而疫苗需要低溫控制，利用空運疫苗是最安全的作法，再加上疫情降溫，使得航空業有了契機。法人預估華航 2021 年的獲利將大幅成長，EPS（每股盈餘）可達 0.64 元。假設您是一位想投資華航的投資人。

    1. 請為此預估設立虛無假設及對立假設。

    2. 本題的型 I 錯誤為何？犯了此型錯誤會有何結果？

    3. 本題的型 II 錯誤為何？犯了此型錯誤會有何結果？

三、衛生署建議，成人每日咖啡因攝取量 300mg（毫克）以下為宜。統一咖啡廣場的包裝標籤上宣稱，其咖啡含量為 192mg。衛生署要抽查市面上咖啡有關咖啡含量是否符合包裝標示，請回答下列有關如何檢測統一咖啡廣場此宣稱的問題。

    1. 請設立適當的虛無假設及對立假設。

    2. 本題的型 I 錯誤為何？犯了此型錯誤會有何結果？

    3. 本題的型 II 錯誤為何？犯了此型錯誤會有何結果？

四、在 7-11 銷售的御茶園標示含量為 550ml，已知含量標準差為 3ml，今消基會隨機抽取 30 瓶檢驗，得其樣本含量如下表。假設消基會允許的顯著水準為 0.05。

550	552	551	550	552
548	550	553	550	549
552	546	550	549	548
549	549	550	548	546
548	547	552	551	549

    1. 請設立虛無與對立假設。

    2. 應用臨界值法進行決策。

    3. 應用 p 值法進行決策。

五、在 7-11 銷售的御茶園標示含量為 550ml，今消基會隨機抽取 30 瓶檢驗，得其樣本
　　含量如下表。假設消基會允許的顯著水準為 0.01。

550	552	551	550	552
548	550	553	550	549
552	546	550	549	548
549	549	550	548	546
548	547	552	551	549

1. 請設立虛無與對立假設。

2. 應用臨界值法進行決策。

3. 應用 p 值法進行決策。

六、宜秦食品公司生產肉乾著名，由於客戶需求提高，宜秦食品產能逐漸不足，因此
　　宜秦食品準備再添購新機器設備。宜秦以往機器設備的產能是平均每台每分鐘可
　　以生產 4 公斤的肉乾，宜秦食品希望新進的機器設備的產能能夠更高。宜秦食品
　　經過 40 個每分鐘的試機，得出每分鐘的肉乾產量如表 1 所示。假設生產部門主管
　　允許顯著水準為 $a = 0.01$。

表 1　宜秦食品新機器 40 個每分鐘的產量樣本

樣本	公斤	樣本	公斤	樣本	公斤	樣本	公斤	樣本	公斤
1	4.5	9	4.9	17	5.1	25	4.5	33	4.7
2	5	10	3.8	18	5	26	4.4	34	4.6
3	4.2	11	4.2	19	4.5	27	4.3	35	4.8
4	4.4	12	3.7	20	4.3	28	4.3	36	4.6
5	5.2	13	4.5	21	4.1	29	4.5	37	4.5
6	4	14	4.6	22	3.8	30	4.6	38	4.2
7	5	15	4.6	23	3.9	31	4.2	39	4.5
8	4.8	16	5	24	4.5	32	4.4	40	3.9

1. 請列出本題的統計假設。

2. 請解釋本題的顯著水準的實務意義。

3. 請以 p 值法進行結論。

4. 請以臨界值法進行結論。

七、順德工業是一家從文具轉型到生產導線架的公司，其生產的導線架品質優良，Tersla 電動車的導線架主要供貨來源即為順德。順德在品管要求相當嚴格，公司長年實施全面品質管理，在工廠製造現場持續不斷改善不良率。順德品保處每隔一季總檢討不良率情況，在前一次調查結果顯示產品不良率已降到 2%，目前新一次調查隨機抽取 500 個導線架，並得出樣本平均不良率為 1.8%。假設生產部門主管允許顯著水準為 $a = 0.05$。

1. 請問如何判定此題為大樣本，可使樣本比率的抽樣分配近似常態分配？
2. 請設立本題的虛無與對立假設。
3. 請以 p 值法進行結論。
4. 請以臨界值法進行結論。

八、世豐螺絲是一家專精各種用途螺絲研發製造的上櫃公司，由於產品品質及技術佳，其所生產的螺絲行銷全世界。公司在螺絲規格上皆依照客戶要求客製化製造，因此在規格的品質要求嚴格。現有一客戶下訂單訂購一種先款鑽尾螺絲，要求規格為 3 英吋，且標準差必須控制在不超過 0.1 英吋。世豐在接到訂單後開始生產，第一天完成部分生產量後，品管人員即先檢驗是否符合規格要求。品管人員從完成的產品中隨機抽取 40 個螺絲進行檢驗，如下表所示。假設品管主管可接受的顯著水準為 $a = 0.05$。

3.05	3.05	3.1	3	3.05	2.9	2.95	2.9
3.1	3	3	2.95	3.1	3.1	2.9	2.95
2.9	2.85	3.05	3.05	2.9	3.05	3.15	3.1
3	2.9	2.95	3	2.95	3	3.1	3
3.05	2.95	2.95	2.9	3	3	3	3.05

1. 若品管人員要檢驗標準差是否符合客戶要求標準，請設立虛無與對立假設。
2. 請利用 p 值法進行結論。
3. 請利用臨界值法進行結論。

九、亞都麗緻酒店服務品管部門定期每月會進行深度調查顧客對飯店服務品質的看法，高階主管要求除了服務滿意度分數外，最重要的是減少顧客抱怨的件數，並要求顧客每年平均每周抱怨的件數不得高於 2 件，否則將進行懲處。假設從 2020 年抽取 10 周資料，平均抱怨件數為 1.5 件，假設母體資料為常態分配且標準差為 0.5 件。若主管要求的顯著水準為 $a = 0.05$。

1. 若真正 2020 年平均每周抱怨的件數為 2.2、2.26、2.5 件，請分別求出型 II 錯誤機率及檢定力。
2. 請繪出型 II 錯誤機率曲線及檢定力曲線。

兩個母體參數
之統計推論

本章大綱

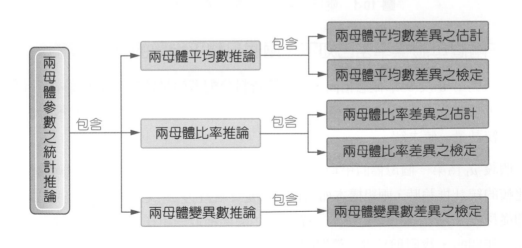

在實務上，常被應用的母體參數包含平均數、比率及變異數（或標準差）。在第 8 及 9 章我們學會了單一母體的參數（平均數、比率及變異數）之統計推論（包含估計及假設檢定）。但在實務應用上，很多情況不是單一母體參數統計推論的應用，而是兩個母體或多個母體參數的統計推論。本章說明兩個母體參數的統計推論。兩母體參數同時進行統計推論，大部分目的是要進行比較，比較兩個母體的參數是否相等或哪個母體參數較大。

10-1　兩個母體平均數的統計推論

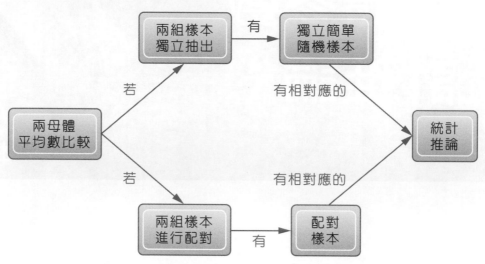

圖 10-1　兩母體平均數檢定情境說明之概念圖

一、在兩個母體標準差已知下，兩個母體平均數的統計推論

此節與第 8 及 9 章概念相同，在母體資料分配型態呈常態分配或樣本統計量抽樣分配趨近於常態分配時，當母體標準差已知下，樣本統計量服從標準常態分配，可利用檢定統計量 z 值求解。

假設 μ_1 為第一個母體的平均數，μ_2 為第二個母體的平均數。在進行兩個母體平均數比較的統計推論時，兩組樣本如何得出決定了統計方法。若兩組樣本是獨立抽出的，亦即從母體 1 隨機抽取一組樣本，從母體 2 隨機抽取一組樣本，這兩組樣本之間是互相獨立無關的，我們稱為獨立簡單隨機樣本（Independent Simple Random Samples）；此時使用的方法即為本節要介紹的統計方法。若兩組樣本是進行配對的（Matched），亦即從母體 1 及母體 2 抽取的樣本刻意進行一對一配對，我們稱為配對樣本（Matched Samples）；此時使用的統計方法又會不同。將於後面一節介紹此方法。

1. 兩母體平均數差 $\mu_1 - \mu_2$ 之信賴區間

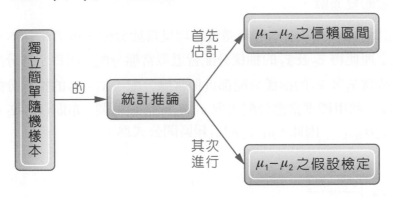

圖 10-2 兩母體平均數差統計推論情況之概念圖

在進行統計推論時，我們首先進行兩個母體平均數差 $\mu_1-\mu_2$ 的信賴區間估計。在實務應用上，我們會想去估計兩個母體平均數差的信賴區間，如估計臺灣兩縣市的平均人口數差異為多少、估計兩家競爭公司的平均營收差異多少、估計兩班的統計學平均成績差異多少、估計兩個作業員平均每日的生產量差異多少…等等。

我們有興趣要去比較臺中烏日酒廠兩條啤酒生產線的平均日產量。假設 μ_1 為臺灣啤酒生產線的母體平均日產量，μ_2 為金牌啤酒生產線的母體平均日產量。我們想要估計兩條生產線平均日產量之差異，亦即 $\mu_1-\mu_2$。若從第 1 個母體臺灣啤酒生產線隨機抽取 n_1 個樣本，算出樣本平均日產量為 $\bar{x}_1$；從第 2 個母體金牌啤酒生產線隨機抽取 n_2 個樣本，算出樣本平均日產量為 $\bar{x}_2$。則兩條生產線的母體平均日產量差 $\mu_1-\mu_2$ 的點估計量為：

$$\bar{x}_1 - \bar{x}_2 \tag{10-1}$$

為了估計信賴區間，必須求 $\bar{x}_1 - \bar{x}_2$ 的標準誤。兩條生產線的母體平均日產量差的標準誤[1]為：

$$\sigma_{\bar{x}_1 - \bar{x}_2} = \sqrt{\frac{\sigma_1^2}{n_1} + \frac{\sigma_2^2}{n_2}} \tag{10-2}$$

---

[1] 原本兩母體平均數差的標準誤應該為：$\sigma_{\bar{x}_1 - \bar{x}_2} = \sqrt{\dfrac{\sigma_1^2}{n_1} + \dfrac{\sigma_2^2}{n_2} - \text{cov}(\bar{x}_1, \bar{x}_2)}$

但因兩組樣本各自獨立隨機抽出的，因此是互相獨立的，故 $\text{cov}(\bar{x}_1, \bar{x}_2) = 0$。因此，得到（10-2）之公式。

其中 σ_1^2 為第 1 個母體臺灣啤酒生產線日產量的變異數，σ_2^2 為第 2 個母體金牌啤酒生產線日產量的變異數。

接下來估計信賴區間。若兩個母體資料均呈常態分配，或者當樣本量夠大時，可利用中央極限定理使得 $\bar{x}_2$ 及 $\bar{x}_2$ 的抽樣分配皆近似常態分配。因為常態分配具有可加性的良好特性，故當 $\bar{x}_1$ 及 $\bar{x}_2$ 的抽樣分配都近似常態分配，$\bar{x}_1 - \bar{x}_2$ 的抽樣分配也會近似常態分配。故此時可利用標準常態分配求取 $\mu_1 - \mu_2$ 的信賴區間，亦即 $(\bar{x}_1 - \bar{x}_2) \pm$ 邊際誤差，而邊際誤差為 $z_{\frac{a}{2}} \sigma_{\bar{x}_1 - \bar{x}_2}$。因此，$\mu_1 - \mu_2$ 的信賴區間公式為：

$$(\bar{x}_1 - \bar{x}_2) \pm z_{\frac{a}{2}} \sqrt{\frac{\sigma_1^2}{n_1} + \frac{\sigma_2^2}{n_2}} \tag{10-3}$$

假設我們從臺灣啤酒生產線抽取樣本 $n_1 = 36$ 天，並算出樣本平均日產量為 $\bar{x}_1 = 4.2$ 萬公升，並假設其母體日產量的變異數為 $\sigma_1^2 = 0.16$；從金牌啤酒生產線抽取樣本 $n_2 = 36$ 天，並算出樣本平均日產量為 $\bar{x}_2 = 3.9$ 萬公升，並假設其母體日產量的變異數為 $\sigma_2^2 = 0.09$。求取 99%信賴水準下，臺灣啤酒與金牌啤酒生產線母體日產量差異的信賴區間為：

$$(\bar{x}_1 - \bar{x}_2) \pm z_{\frac{a}{2}} \sqrt{\frac{\sigma_1^2}{n_1} + \frac{\sigma_2^2}{n_2}} = (4.2 - 3.9) \pm z_{0.005} \sqrt{\frac{0.16}{36} + \frac{0.09}{36}}$$
$$= 0.3 \pm 2.576 \times 0.0833 = (0.085, 0.530)$$

因此，結論為我們有 99%的信心（或在 99%的信賴水準下），認為臺灣啤酒與金牌啤酒生產線的平均日產量之差的信賴區間為 0.085 萬公升至 0.530 萬公升。

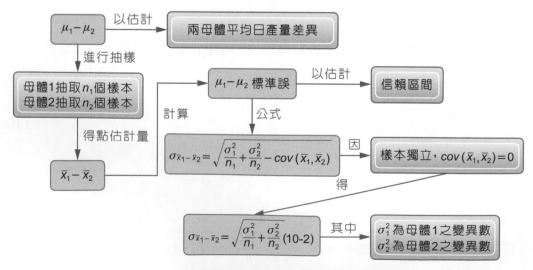

圖 10-3　兩母體平均數差的標準誤解說之概念圖

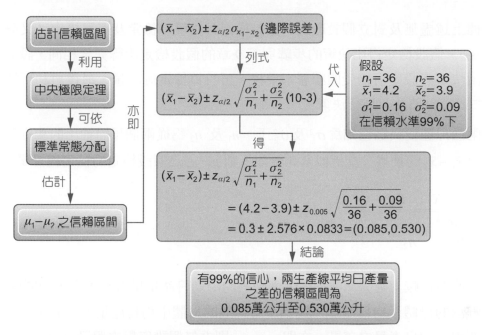

圖 10-4　兩母體平均數差的信賴區間解說之概念圖

2. 兩母體平均數差 $\mu_1 - \mu_2$ 之假設檢定

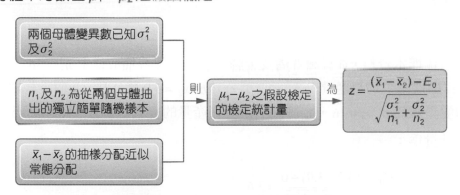

圖 10-5　兩母體平均數差假設檢定前提假設說明之概念圖

在許多實務應用上，我們想要去比較兩個母體平均數是否有差異，如男女性對工作態度是否有差異、兩家寶雅店顧客滿意度是否有差異、兩家飯店服務品質是否有差異、旅行社比較兩個導遊受歡迎程度…等等，都是兩個母體平均數比較假設檢定的實務例子。

假設兩個母體平均數分別為 μ_1 及 μ_2，而兩個母體平均數差為 E_0，則兩個母體平均數差的統計假設有以下的形式：

$H_0 : \mu_1 - \mu_2 = E_0$，$H_0 : \mu_1 - \mu_2 \geq E_0$，$H_0 : \mu_1 - \mu_2 \leq E_0$

$H_a : \mu_1 - \mu_2 \neq E_0$，$H_a : \mu_1 - \mu_2 < E_0$，$H_a : \mu_1 - \mu_2 > E_0$

　　根據上述虛無及對立假設形式，假設檢定分為雙尾檢定及單尾檢定（又分左尾及右尾檢定）。假設檢定得出決策的步驟與第 9 章的假設檢定步驟完全相同，設完統計假設後，由決策者設定可接受的顯著水準後，再設算檢定統計量，最後再利用決策法則（p 值法或臨界值法）進行決策。

　　在兩個母體變異數已知為 σ_1^2 及 σ_2^2 下，n_1 及 n_2 為從兩個母體抽出的獨立簡單隨機樣本，而 $\bar{x}_1 - \bar{x}_2$ 的抽樣分配近似常態分配，則 $\mu_1 - \mu_2$ 之假設檢定的檢定統計量為：

$$z = \frac{(\bar{x}_1 - \bar{x}_2) - E_0}{\sqrt{\dfrac{\sigma_1^2}{n_1} + \dfrac{\sigma_2^2}{n_2}}} \qquad\qquad (10\text{-}4)$$

　　若我們要比較上述臺灣啤酒與金牌啤酒的平均日產量是否有差異，則同樣假設 μ_1 為臺灣啤酒的母體平均日產量，μ_2 為金牌啤酒的母體平均日產量。我們想要估計兩條啤酒生產線平均日產量之差異，亦即 $\mu_1 - \mu_2$。則虛無假設與對立假設可設為：

$H_0 : \mu_1 - \mu_2 = 0$

$H_a : \mu_1 - \mu_2 \neq 0$

　　使用上述樣本資料，從臺灣啤酒及金牌啤酒生產線各抽取樣本 $n_1 = 36$ 天及 $n_2 = 36$ 天，並各算出樣本平均日產量為 $\bar{x}_1 = 4.2$ 萬公升及 $\bar{x}_2 = 3.9$ 萬公升，並假設臺灣啤酒母體日產量的變異數為 $\sigma_1^2 = 0.16$，金牌啤酒母體日產量的變異數為 $\sigma_2^2 = 0.09$。我們可以算出檢定統計量為：

$$z = \frac{(\bar{x}_1 - \bar{x}_2) - E_0}{\sqrt{\dfrac{\sigma_1^2}{n_1} + \dfrac{\sigma_2^2}{n_2}}} = \frac{(4.2 - 3.9) - 0}{\sqrt{\dfrac{0.16}{36} + \dfrac{0.09}{36}}} = 3.6$$

　　此例屬於雙尾檢定。若決策者設定可接受的顯著水準為 $a = 0.1$。我們先利用 p 值法進行決策，檢定統計量為正值，屬於雙尾的右尾部分，如圖 10-6 的下圖右尾面積，求大於等於檢定統計量的右尾面積，如下：

$p(z \geq 3.6) = 0.00016$

雙尾檢定的 p 值為單尾面積的兩倍,亦即

p 值 $= 2 \times 0.00016 = 0.00032$

由於 p 值 $= 0.00032 < a = 0.1$,故拒絕 H_0。因此,結論為我們有充分的統計證據支持臺灣啤酒與金牌啤酒兩條生產線的平均日產量有顯著差異。

若利用臨界值法,雙尾檢定的決策法則為檢定統計量大於等於右尾臨界值($z \geq z_{0.05}$ $= 1.645$)或檢定統計量小於等於左尾臨界值($z \leq -z_{0.05} = -1.645$)時,拒絕 H_0。因此,比較檢定統計量與臨界值如下:

$z = 3.6 > z_{0.05} = 1.645$

結果仍為拒絕 H_0,與 p 值法結論一樣。

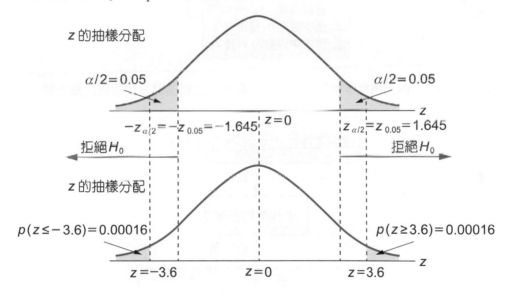

圖 10-6 $\mu_1 - \mu_2$ 雙尾檢定的 p 值法與臨界值法

二、在兩個母體標準差未知下,兩個母體平均數的統計推論

在實務應用上,兩個母體標準差未知是比較符合實務狀況,因為母體資料未知,所以不太可能知道母體標準差。在兩個母體標準差未知下,統計推論應用的分配是 t 分配。

1. 兩母體平均數差 $\mu_1 - \mu_2$ 之信賴區間

(1) 兩個母體標準差不相等

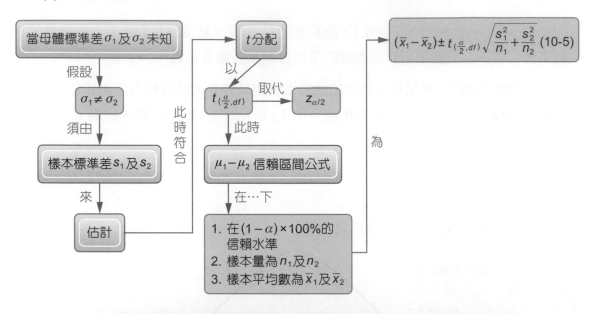

圖 10-7　兩母體標準差不相等下平均數差之信賴區間公式說明之概念圖

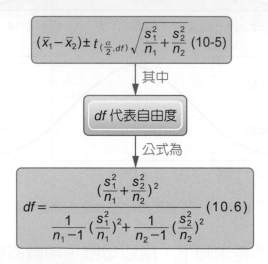

圖 10-8　兩母體平均數差信賴區間的自由度解說之概念圖

在進行兩個母體平均數差的信賴區間估計或假設檢定時，必須先了解兩個母體標準差是否相等，因為兩個母體標準差是否相等，會決定是否將兩個樣本標準差整合（Pool）成單一整合標準差（Pooled Standard Deviation），導致兩者的應用公式會不同。以下我們先說明兩個母體標準差不相等下的信賴區間估計，再說明兩個母體標準差相等下的信賴區間估計。

當兩個母體標準差 σ_1 及 σ_2 未知下，假設兩個母體標準差不相等（$\sigma_1 \neq \sigma_2$），必須利用各自樣本算出的樣本標準差 s_1 及 s_2 來估計，此時服從的分配爲 t 分配，必須利用 $t_{(\frac{a}{2}, df)}$ 來取代 $z_{\frac{a}{2}}$，則在 $(1-a) \times 100\%$ 的信賴水準下，從兩個母體各自抽取獨立隨機樣本量爲 n_1 及 n_2，並求出兩組樣本各自的樣本平均數爲 $\overline{x}_1$ 及 $\overline{x}_2$，則 $\mu_1 - \mu_2$ 之信賴區間公式爲：

$$(\overline{x}_1 - \overline{x}_2) \pm t_{(\frac{a}{2}, df)} \sqrt{\frac{s_1^2}{n_1} + \frac{s_2^2}{n_2}} \tag{10-5}$$

其中 df 代表自由度（Degree of Freedom），其公式爲：

$$df = \frac{\left(\frac{s_1^2}{n_1} + \frac{s_2^2}{n_2}\right)^2}{\frac{1}{n_1 - 1}\left(\frac{s_1^2}{n_1}\right)^2 + \frac{1}{n_2 - 1}\left(\frac{s_2^2}{n_2}\right)^2} \tag{10-6}$$

在實務應用上，比較常面臨到的是兩個母體標準差不相等的情況，故上述公式比較常被應用到。尤其在從兩個母體抽取的樣本量不同時，若無法知道兩個母體標準差是否相同，假設兩個母體標準差不相等之公式可能會比假設兩個母體標準差相同的公式得到的結果較穩健。然而，在統計應用實務，兩個母體標準差是否相等，是可以利用統計檢定方法來測試的，本章後面將進一步說明此方法。

我們舉一個實例來說明兩種情況之應用。由於電子商務的加入，旅遊業競爭愈來愈激烈，服務品質時常是顧客選擇旅行社的重點考量。雄獅及鳳凰旅行社是國內兩大知名旅行社，某次旅遊雜誌針對兩家旅行社的顧客服務滿意度（使用李克特七點量表，從最不滿意到最滿意計分，最低分爲 1 分最高爲 7 分）進行調查，雜誌統計人員各自獨立針對兩家旅行社的顧客進行隨機抽樣，最後從雄獅及鳳凰的顧客中抽取獨立隨機樣本 $n_1 = 36$ 及 $n_2 = 36$，如表 10-1 所示。

表 **10-1** 雄獅與鳳凰兩家旅行社各隨機抽取之樣本滿意度分數

雄獅旅行社樣本滿意度分數(n_1 = 36)											
7	6	6	6	6	6	7	6	6	5	6	6
7	6	6	5	7	6	7	7	7	7	7	6
6	6	6	6	7	7	6	7	6	5	6	6
鳳凰旅行社樣本滿意度分數(n_2 = 36)											
6	6	7	5	6	6	6	7	6	4	6	6
6	6	6	7	6	7	6	6	6	5	6	6
7	5	6	6	6	6	5	6	7	6	6	6

　　由上表算出雄獅及鳳凰旅行社各自的樣本平均滿意度分數各為 $\bar{x}_1 = 6.25$ 及 $\bar{x}_2 = 6$。另外，假設兩個母體標準差是未知且不相等的（$\sigma_1 \neq \sigma_2$），而從樣本資料算出雄獅及鳳凰兩家旅行社的顧客服務滿意度樣本標準差分別為 $s_1 = 0.604$ 及 $s_2 = 0.633$。則在 95%的信賴水準下，兩家旅行社顧客服務滿意度差異的信賴區間為何？

　　由於此問題為兩家母體標準差不相等，故首先必須利用（10-6）的自由度公式求出此信賴區間使用的 t 分配自由度如下：

$$df = \frac{\left(\dfrac{s_1^2}{n_1} + \dfrac{s_2^2}{n_2}\right)^2}{\dfrac{1}{n_1-1}\left(\dfrac{s_1^2}{n_1}\right)^2 + \dfrac{1}{n_2-1}\left(\dfrac{s_2^2}{n_2}\right)^2} = \frac{\left(\dfrac{0.604^2}{36} + \dfrac{0.633^2}{36}\right)^2}{\dfrac{1}{35}\left(\dfrac{0.604^2}{36}\right)^2 + \dfrac{1}{35}\left(\dfrac{0.633^2}{36}\right)^2} = 69.85$$

　　為使結果更保守可靠（更能估計到母體參數），在求出的自由度有小數時，我們會取無條件捨棄小數的自由度，因為自由度愈小，t 值愈大，信賴區間愈寬。因此，本問題取的自由度為 69。接下來再利用（10-5）的信賴區間公式求解如下：

$$(\bar{x}_1 - \bar{x}_2) \pm t_{(\frac{a}{2}, df)}\sqrt{\frac{s_1^2}{n_1} + \frac{s_2^2}{n_2}} = (6.25 - 6) \pm t_{(0.025, 69)}\sqrt{\frac{0.604^2}{36} + \frac{0.633^2}{36}}$$
$$= 0.25 \pm 1.995 \times 0.1458 = (-0.041, 0.541)$$

　　因此，結論為在 95%的信賴水準下，雄獅與鳳凰兩家旅行社顧客服務滿意度的平均分數差異的信賴區間為 −0.041 至 0.541。

(2) 兩個母體標準差相等

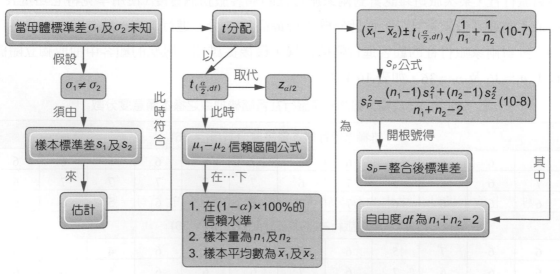

圖 10-9 兩母體標準差相等下平均數差之信賴區間公式說明之概念圖

當兩個母體標準差 σ_1 及 σ_2 未知下，假設兩個母體標準差相等（$\sigma_1 = \sigma_2$），必須利用各自樣本算出的樣本標準差 s_1 及 s_2 來估計，此時服從的分配為 t 分配，必須利用 $t_{(\frac{a}{2},df)}$ 來取代 $z_{\frac{a}{2}}$，則在 $(1-a) \times 100\%$ 的信賴水準下，$\mu_1 - \mu_2$ 之信賴區間公式為：

$$(\overline{x}_1 - \overline{x}_2) \pm t_{(\frac{a}{2},df)} s_p \sqrt{\frac{1}{n_1} + \frac{1}{n_2}} \tag{10-7}$$

其中 s_p 為整合後的標準差，等於 s_p^2 開根號，其公式為：

$$s_p^2 = \frac{(n_1-1)s_1^2 + (n_2-1)s_2^2}{n_1 + n_2 - 2} \tag{10-8}$$

此整合標準差的自由度（Degree of Freedom, df）為 $n_1 + n_2 - 2$。

我們再以上一小節的雄獅與鳳凰旅行社的顧客服務滿意度分數之比較為例，此時假設兩家旅行社顧客服務滿意度分數的母體標準差相等，則在母體標準差未知下，估計樣本平均數差異時，必須將兩個樣本標準差整合起來。根據資料，可以算出整合後的標準差為：

$$s_p = \sqrt{\frac{(n_1-1)s_1^2 + (n_2-1)s_2^2}{n_1 + n_2 - 2}} = \sqrt{\frac{(36-1) \times 0.604^2 + (36-1) \times 0.633^2}{36 + 36 - 2}} = 0.6187$$

再將資料代入（10-7）公式，可得出在兩個母體標準差相等下的信賴區間為：

$$(\overline{x}_1 - \overline{x}_2) \pm t_{(\frac{a}{2},df)} s_p \sqrt{\frac{1}{n_1} + \frac{1}{n_2}} = (6.25 - 6) \pm t_{(0.025,70)} \times 0.6187 \times \sqrt{\frac{1}{36} + \frac{1}{36}}$$

$$= 0.25 \pm 1.994 \times 0.6187 \times \sqrt{\frac{1}{36} + \frac{1}{36}}$$

$$= (-0.041, 0.541)$$

因此，結論為在 95% 的信賴水準下，兩家旅行社顧客服務滿意度的平均分數差異的信賴區間為 -0.041 至 0.541。

雖然上述兩種情況求出的解差異不大，但實務上，可能仍有一些情況差異較大，尤其在進行假設檢定時，可能會使得檢定結果有不同的結果。因此，仍須考慮兩個母體標準差是否相等下，進行不同的公式應用。

2. 兩母體平均數差 $\mu_1 - \mu_2$ 之假設檢定

(1) 兩個母體標準差不相等

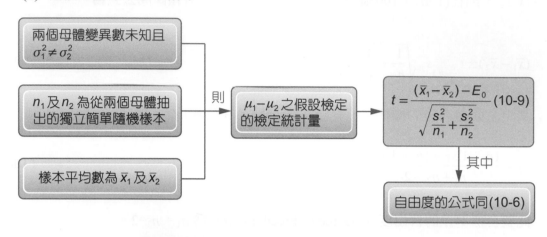

圖 10-10 兩母體標準差未知且不相等下平均數差之檢定統計量說明之概念圖

在求取兩個母體平均數差之信賴區間時，當兩個母體標準差未知時，必須先檢驗兩個母體標準差是否相等，以正確地應用適當的公式。同樣地，在進行兩個母體平均數差之假設檢定時，也適用同樣概念。我們先考慮兩個母體標準差未知且不相等（$\sigma_1 \neq \sigma_2$）的情況，則利用獨立簡單隨機抽樣方法，從兩個母體各自抽取獨立簡單隨機樣本 n_1 及 n_2，並求出兩組樣本各自的樣本平均數為 $\bar{x}_1$ 及 $\bar{x}_2$，則兩個母體平均數之差的假設檢定之檢定統計量為：

$$t = \frac{(\bar{x}_1 - \bar{x}_2) - E_0}{\sqrt{\dfrac{s_1^2}{n_1} + \dfrac{s_2^2}{n_2}}} \tag{10-9}$$

其自由度如（10-6）公式。

我們再以上述雄獅與鳳凰旅行社為例，從雄獅的顧客中抽取獨立隨機樣本 $n_1 = 36$ 及 $n_2 = 36$，並算出雄獅及鳳凰旅行社各自的樣本平均滿意度分數各為 $\bar{x}_1 = 6.25$ 及 $\bar{x}_2 = 6$。另外，假設兩個母體標準差是未知且不相等的（$\sigma_1 \neq \sigma_2$），而從樣本資料算出雄獅及鳳凰兩家旅行社的顧客服務滿意度樣本標準差分別為 $s_1 = 0.604$ 及 $s_1 = 0.633$。則雜誌主管想要了解，在顯著水準為 0.05 下，雄獅旅行社的顧客服務滿意度平均分數是否有比鳳凰旅行社的顧客服務滿意度平均分數高？

從上述問題，假設 μ_1 為雄獅的母體顧客服務滿意度平均分數，μ_2 為鳳凰的母體顧客服務滿意度平均分數，我們可以轉成統計的虛無與對立假設為：

$H_0 : \mu_1 - \mu_2 \leq 0$

$H_a : \mu_1 - \mu_2 > 0$

再由（10-9）的公式求取檢定統計量為：

$$t = \frac{(\bar{x}_1 - \bar{x}_2) - E_0}{\sqrt{\dfrac{s_1^2}{n_1} + \dfrac{s_2^2}{n_2}}} = \frac{(6.25 - 6) - 0}{\sqrt{\dfrac{0.604^2}{36} + \dfrac{0.633^2}{36}}} = 1.714$$

本例子屬於單尾之右尾檢定。若使用 p 值法進行決策，必須先求取自由度，再求出 p 值。利用（10-6）的自由度公式求解如下：

$$df = \frac{\left(\dfrac{s_1^2}{n_1} + \dfrac{s_2^2}{n_2}\right)^2}{\dfrac{1}{n_1 - 1}\left(\dfrac{s_1^2}{n_1}\right)^2 + \dfrac{1}{n_2 - 1}\left(\dfrac{s_2^2}{n_2}\right)^2} = \frac{\left(\dfrac{0.604^2}{36} + \dfrac{0.633^2}{36}\right)^2}{\dfrac{1}{35}\left(\dfrac{0.604^2}{36}\right)^2 + \dfrac{1}{35}\left(\dfrac{0.633^2}{36}\right)^2} = 69.85$$

同樣地，為使檢定較保守，故取捨棄小數的後的自由度為 69。再求右尾的 p 值為在自由度為 69 下之 t 值大於等於 1.714 的右尾面積[2]：

p 值 $= p(t \geq 1.714) = 0.046$

因為 p 值 $= 0.046 < a = 0.05$，故拒絕 H_0。因此，結論為在顯著水準為 0.05 下，我們有充分的統計證據支持雄獅旅行社的顧客服務滿意度平均分數確實比鳳凰旅行社的顧客服務滿意度平均分數高。

再利用臨界值法進行決策，在顯著水準為 0.05 及自由度為 69 下，檢定統計量與臨界值之比較如下：

$t = 1.714 > t_{(0.05,\ 69)} = 1.667$

---

[2] 在自由度為 69 下，$t = 1.667$ 之右尾面積為 0.05，$t = 1.995$ 之右尾面積為 0.025。因此，使用差補法可求出 $t = 1.714$ 之右尾面積為：$\dfrac{0.05 - 0.025}{1.667 - 1.995} = \dfrac{p - 0.025}{1.714 - 1.995}$ 則可得到右尾面積 $p = 0.046$。

因此，檢定統計量大於臨界值，結果仍是拒絕 H_0，得到同樣的結論。決策法則可由圖 10-11 明確了解。

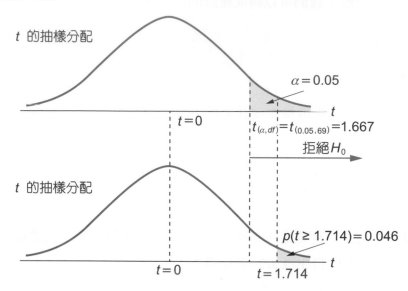

圖 **10-11** 兩母體標準差不相等之右尾 t 檢定的 p 值法及臨界值法

(2) 兩個母體標準差相等

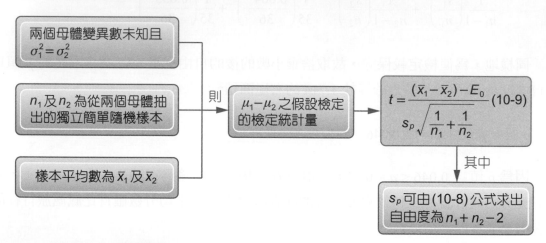

圖 **10-12** 兩母體標準差未知且相等下平均數差之檢定統計量說明之概念圖

我們進一步考慮兩個母體標準差未知且相等（$\sigma_1 = \sigma_2$）的情況，則利用獨立簡單隨機抽樣方法，從兩個母體各自抽取獨立簡單隨機樣本 n_1 及 n_2，並求出兩組樣本各自的樣本平均數為 $\bar{x}_1$ 及 $\bar{x}_2$，則兩個母體平均數之差的假設檢定之檢定統計量為：

$$t = \frac{(\bar{x}_1 - \bar{x}_2) - E_0}{s_p \sqrt{\dfrac{1}{n_1} + \dfrac{1}{n_2}}}$$ （10-10）

s_p 可由（10-8）公式求出，其自由度爲 $n_1 + n_2 - 2$。

我們再以上述雄獅與鳳凰旅行社之比較爲例，但此時假設兩個母體標準差未知且相等（$\sigma_1 = \sigma_2$）。虛無假設及對立假設與上述一樣，樣本資料結果也是一樣。由上節信賴區間之結果可知 $s_p = 0.6187$，此時利用（10-10）公式求取檢定統計量爲：

$$t = \frac{(\overline{x}_1 - \overline{x}_2) - E_0}{s_p \sqrt{\dfrac{1}{n_1} + \dfrac{1}{n_2}}} = \frac{(6.25 - 6) - 0}{0.6187 \times \sqrt{\dfrac{1}{36} + \dfrac{1}{36}}} = 1.714$$

同樣地屬於右尾檢定之決策法則，使用 p 值法，此時自由度爲 $n_1 + n_2 - 2 = 70$，可求出 p 值爲[3]：

$$p \text{ 值} = p(t \geq 1.714) = 0.046$$

因爲 p 值 $= 0.046 < a = 0.05$，故拒絕 H_0。因此，結論爲在顯著水準爲 0.05 下，我們有充分的統計證據支持雄獅旅行社的顧客服務滿意度平均分數確實比鳳凰旅行社的顧客服務滿意度平均分數高。

再利用臨界值法進行決策，在顯著水準爲 0.05 及自由度爲 70 下，檢定統計量與臨界值之比較如下：

$$t = 1.714 > t_{(0.05, 70)} = 1.667$$

因此，檢定統計量大於臨界值，結果仍是拒絕 H_0，得到同樣的結論。決策法則可由圖 10-13 明確了解。

由上述兩母體標準差不相等或相等下，我們運用了不同的 t 檢定的公式，雖然本例之結果相同，但此屬個案。在實務上，仍可能碰到兩種不同公式算出的數值結果有較大差異，導致檢定結果可能也會有差異。因此，在實務應用上，仍必須先檢測兩個母體標準差是否相等，再進一步選擇較適當的公式。

---

[3] 在自由度爲 70 下，$t = 1.667$ 之右尾面積爲 0.05，$t = 1.994$ 之右尾面積爲 0.025。因此，使用插補法可求出 $t = 1.714$ 之右尾面積爲：$\dfrac{0.05 - 0.025}{1.667 - 1.994} = \dfrac{p - 0.025}{1.714 - 1.994}$ 則可得到右尾面積 $p = 0.046$。

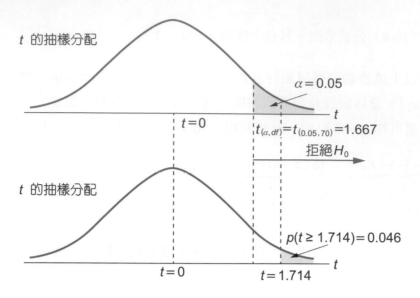

圖 10-13　兩母體標準差相等之右尾 t 檢定的 p 值法及臨界值法

三、配對樣本下，兩個母體平均數的統計推論

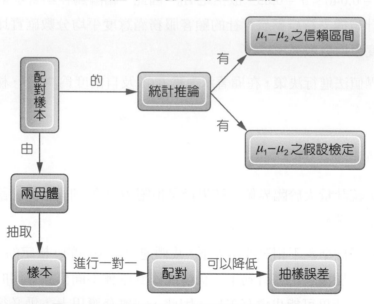

圖 10-14　配對樣本的統計推論情境之概念圖

　　在實務應用上，雖然在兩個母體平均數的統計推論常用到獨立簡單隨機抽樣方法，但若實驗設計必須採用配對樣本設計時，就應該優先採用配對（或成對）樣本設計。主要原因與抽樣誤差有關。在很多實務進行兩個母體平均數的比較，由同一組樣本進行試驗會比兩組獨立樣本進行試驗得到的實驗結果會有較小的抽樣誤差，因為不同組的獨立樣本會因為兩組樣本不同而有較多的干擾實驗結果的存在。例如兩種生產方法的比較、對兩種飲料的喜好比較、對兩種品牌的忠誠度比較、對某個新制度實施前後效果比較、

銀行加入金控業績前後比較、矽品與日月光合併業績前後比較等等，這些實驗性質為兩個母體平均數比較或母體前後期平均數比較，都比較適用配對樣本的應用。

我們假設 μ_1 代表第一個母體的平均數，μ_2 代表第二個母體的平均數，若要比較兩個母體平均數是否有差異，樣本設計可分為兩種：獨立樣本（Independent Samples）設計與配對樣本（Matched Samples）設計。說明如下：

1.　獨立樣本設計：乃是指從第一個母體進行獨立簡單隨機抽樣抽取一組樣本，再從第二個母體進行獨立簡單隨機抽樣抽取一組樣本，兩組樣本是獨立無關的。

2.　配對樣本設計：乃是指兩個母體抽取的簡單隨機樣本是刻意進行一對一配對的，從第一個母體抽取的其中一個樣本必須與第二個母體抽取的樣本進行配對。譬如銀行加入金控前後業績比較，加入前一個月與加入後一個月配對、加入前第二個月與加入後第二個月配對等等。或者由同一組樣本來進行兩種方法（或兩種飲料、兩種品牌）的試驗。

對於兩種方法的比較，若由不同的兩組獨立樣本各自對兩種方法進行試驗，則可能因為兩組樣本各自特性的差異（如能力、經驗、性質…等等），會讓最後實驗結果兩種方法的差異是由於方法本身的差異還是兩組樣本特性差異所造成，並無法判斷，此乃抽樣誤差（兩種為不同樣本造成的誤差）所造成的。而配對樣本則是由同一組樣本進行兩種方法的試驗，此時不同樣本的能力或經驗差異所造成的抽樣誤差就能降低。因此，若抽樣方法適用配對樣本設計，就不應該使用獨立樣本設計。

我們舉一個例子來說明配對樣本設計。元大證券對於客戶都有一個手機 APP 協助下單，為了讓客戶能更清楚如何操作，元大證券將更換操作介面，希望能減少客戶下單的操作時間。假設 μ_1 代表客戶使用舊 APP 下單介面完成下單的平均時間，μ_2 代表客戶使用新 APP 下單介面完成下單的平均時間，則虛無假設與對立假設為：

$H_0 : \mu_1 - \mu_2 \le 0$

$H_a : \mu_1 - \mu_2 > 0$

元大證券乃利用簡單隨機抽樣方法隨機抽取 30 位客戶進行測試。由於不同客戶使用不同的下單介面，會因為客戶的手機性能或操作手機經驗之差異，使得最後新舊下單介面的比較受到干擾，故本測試使用配對樣本方式進行實驗。我們將 30 位客戶進一步都使用新舊兩種 APP 下單介面進行下單系統操作，每一位客戶都會同一手機使用兩種下單 APP 介面，但每位員工先使用舊下單介面或新下單介面，則是由隨機指派方式。因此，30 位客戶中，有些可能先使用舊下單介面，有些可能先使用新下單介面。此目

的乃是避免學習或經驗造成實驗結果有偏誤，譬如如果全都先使用舊下單介面再使用新下單介面，則最後結果若用新 APP 介面的下單時間比舊 APP 介面少，可能是因為個人學習或經驗（因為用了舊下單介面後，就有經驗了）導致的，而非真的新的比舊的好。實驗過後，最後得出如表 10-2 的 30 位客戶使用舊的 APP 及新的 APP 下單介面的下單操作時間。

表 10-2　使用新舊 APP 下單介面的下單操作所需時間（秒）

員工	舊下單介面	新下單介面	新舊差異 m_i（舊-新）
1	9	6	3
2	10	7	3
3	8	10	-2
4	6	4	2
5	8	5	3
6	5	6	-1
7	4	3	1
8	7	4	3
9	3	6	-3
10	9	5	4
11	11	6	5
12	3	7	-4
13	5	3	2
14	6	6	0
15	3	5	-2
16	4	2	2
17	8	4	4
18	10	5	5
19	12	6	6
20	5	6	-1
21	2	4	-2
22	6	3	3
23	7	3	4
24	9	6	3
25	10	7	3
26	15	8	7
27	5	8	-3
28	9	5	4
29	7	7	0
30	4	5	-1

在配對樣本的做法上，因為兩組樣本是一對一互相配對的，故統計公式是利用將兩組樣本相減得出一個差異數，最後再利用此差異數字進行假設檢定。因為最後利用的是一組數字進行檢定，故類似一個母體抽出的一組樣本。因此，配對樣本的檢定程序會回到單一母體的檢定程序。首先，我們必須將虛無與對立假設做修改。我們先將兩個母體平均數之差轉換成一個平均數，令 $\mu_m = \mu_1 - \mu_2$，則虛無與對立假設變為：

$H_0：\mu_m \le 0$

$H_a：\mu_m > 0$

再利用表 10-2 的 30 個樣本資料求出的 m_i 進行上述統計假設之假設檢定。此為單一母體之檢定方法。先求取表 10-2 的樣本資料 m_i 的平均數及標準差為：

$$\bar{m} = \frac{\sum_{i=1}^{30} m_i}{30} = \frac{3 + 3 + \ldots - 1}{30} = 1.6$$

$$s_m = \sqrt{\frac{(3-1.6)^2 + \ldots + (-1-1.6)^2}{30-1}} = 2.9196$$

兩個母體差異假設檢定的配對樣本之檢定統計量也是與第 9 章所學的在母體標準差未知下的單一母體檢定統計量一樣，如下：

$$t = \frac{\bar{m} - \mu_m}{s_m / \sqrt{n}} \tag{10-11}$$

將上述數值代入（10-10）公式，可得到以下檢定統計量數值：

$$t = \frac{\bar{m} - \mu_m}{s_m / \sqrt{30}} = \frac{1.6 - 0}{2.9196 / \sqrt{30}} = 3.00$$

若決策者設定的顯著水準為 0.05。因為是右尾檢定的情況，則使用 p 值法進行決策，在自由度為 $n - 1 = 30 - 1 = 29$ 下，可算出 p 值為圖 10-15 的右尾面積[4]，如下：

p 值 $= p(t \ge 3.00) \approx 0.00$

---

[4] 由於 t 值過大，後面附錄表格篇幅有限，未揭露。可利用統計軟體如 SPSS 求出 $t > 4.42$ 的右尾面積機率值。

因為 p 值$\approx 0 < a = 0.05$，故拒絕 H_0。結論為我們有充份的統計證據支持使用新的 APP 下單介面操作的下單時間，會比使用舊的 APP 下單介面操作的下單時間少。

再利用臨界值法，檢定統計量與臨界值進行比較如下：

$t = 3.00 > t_{(a, n-1)} = t_{(0.05, 29)} = 1.699$

在右尾檢定情況，由於檢定統計量大於臨界值，如圖 10-15，故拒絕 H_0。結果與 p 值法一樣。

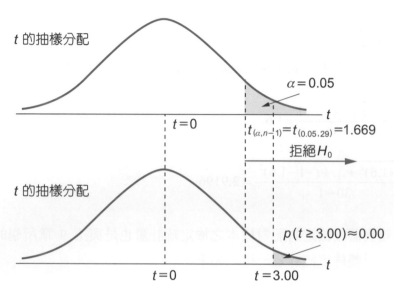

圖 10-15 配對樣本下兩母體平均數差之假設檢定的 p 值法及臨界值法

10-2 兩個母體比率的統計推論

如同第 9 章說的概念，母體比率乃是屬於二項分配的應用，亦即成功與失敗的機率。兩個母體比率的比較乃是兩個母體的成功機率的比較，譬如比較兩位總統候選人的得票率、比較兩家飯店的住房率、比較兩家航空公司誤點的比率⋯等等。同樣地，兩個母體比率的統計推論也包含信賴區間的估計及統計假設的檢定。

假設 p_1 為第一個母體的比率，p_2 為第二個母體的比率。我們必須從兩個母體各自抽出一組樣本，以進行統計推論。兩組樣本必須獨立抽出，亦即從第一個母體獨立抽出 n_1 個簡單隨機樣本，從第二個母體獨立抽出 n_2 個簡單隨機樣本。

一、兩母體比率差 $p_1 - p_2$ 之信賴區間

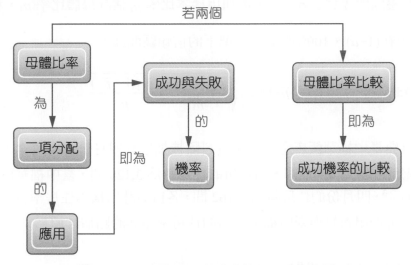

圖 10-16　兩母體比率差意義解說之概念圖

　　我們舉一個例子說明兩個母體比率差的信賴區間估計。假設福華飯店集團高階主管想要了解新竹及臺中兩家福華飯店過去一年的住房率之差異。假設 p_1 為新竹福華飯店過去一年的住房率，p_2 為臺中福華飯店過去一年的住房率。我們從過去一年的資料中隨機抽取某月份的住房率做為獨立簡單隨機樣本，並估計出樣本住房率各為 $\bar{p}_1$ 及 $\bar{p}_2$。則兩家福華飯店這住房率差異的點估計量為：

$$\bar{p}_1 - \bar{p}_2 \tag{10-12}$$

　　由於母體比率係屬於二項分配，在小樣本時，必須利用二項分配的公式估計信賴區間。但實務上，比較常用的是利用常態分配近似二項分配的結果，因為只要符合大樣本條件就能讓常態分配得到二項分配很好的近似結果。在兩個母體比率估計的大樣本條件為樣本數量夠大，且 n_1p_1、$n_1(1-p_1)$、n_2p_2、$n_2(1-p_2)$ 皆大於或等於 5[5]，則樣本比率 $\bar{p}_1 - \bar{p}_2$ 的抽樣分配就能趨近於常態分配。此時 $\bar{p}_1 - \bar{p}_2$ 的標準誤即為：

$$\sigma_{\bar{p}_1 - \bar{p}_2} = \sqrt{\frac{p_1(1-p_1)}{n_1} + \frac{p_2(1-p_2)}{n_2}} \tag{10-13}$$

---

[5]　在 p_1 及 p_2 未知，可利用樣本點估計量 $\bar{p}_1$ 及 $\bar{p}_2$ 代替。

因為 $\bar{p}_1 - \bar{p}_2$ 的抽樣分配趨近於常態分配，故可利用常態分配 z 臨界值求取在 $(1-a)$ 信賴係數下的邊際誤差為 $z_{\frac{a}{2}}\sigma_{\bar{p}_1-\bar{p}_2}$，再利用樣本比率 $\bar{p}_1$ 估計母體比率 p_1，利用 $\bar{p}_2$ 估計 p_2，則可得出在 $(1-a) \times 100\%$ 的信賴水準下的信賴區間為：

$$(\bar{p}_1 - \bar{p}_2) \pm z_{\frac{a}{2}}\sigma_{\bar{p}_1-\bar{p}_2} = (\bar{p}_1 - \bar{p}_2) \pm z_{\frac{a}{2}}\sqrt{\frac{\bar{p}_1(1-\bar{p}_1)}{n_1} + \frac{\bar{p}_2(1-\bar{p}_2)}{n_2}} \qquad （10\text{-}14）$$

若從新竹與臺中福華飯店過去一年資料隨機抽取到四月份做為樣本，其中新竹福華四月份的總房間數為 4,800 間，四月份的住房數為 3,120 間，臺中福華四月份的總房間數為 4,650 間[6]，四月份的住房數為 3,162 間，各自估計出樣本住房率各為 $\bar{p}_1 = 0.65$ 及 $\bar{p}_2 = 0.68$，則可得出新竹與臺中福華飯店的住房率差異的點估計值為：

$$\bar{p}_1 - \bar{p}_2 = 0.65 - 0.68 = -0.03$$

亦即估計出新竹福華飯店的過去住房率比臺中福華飯店的過去住房率低 3%[7]。利用樣本點估計值估計母體參數值，可能無法精確估計到，因為有抽樣誤差的存在。故再使用信賴區間估計，將邊際誤差考慮進去。若高階主管希望估計信心為 99%，則其信賴區間估計如下：

$$(\bar{p}_1 - \bar{p}_2) \pm z_{\frac{\alpha}{2}}\sqrt{\frac{\bar{p}_1(1-\bar{p}_1)}{n_1} + \frac{\bar{p}_2(1-\bar{p}_2)}{n_2}}$$

$$= (0.65 - 0.68) \pm z_{0.005}\sqrt{\frac{0.65(1-0.65)}{4800} + \frac{0.68(1-0.68)}{4650}}$$

$$= -0.03 \pm 2.576 \times 0.0097 = (-0.055, -0.005)$$

因此，可結論為我們有 99% 的信心相信（在 99% 的信賴水準下），新竹福華與臺中福華兩家飯店的住房率差異介於 -0.055 至 -0.005 之間。

---

[6] 新竹福華的房間數為 160 間，四月份共 30 天，故當月份的總房間數為 160*30 = 4,800 間；臺中福華的房間數為 155 間，四月份為 30 天，故當月份的總房間數為 155*30 = 4,650 間。

[7] 此住房率係假設各月沒有淡旺季之分，各月住房率差異不大。但實務上，飯店住房率各月可能因為淡旺季或節日而有不同，此時可能要按照實際情況各自估計各月或各季住房率較能準確。

二、兩母體比率差 $p_1 - p_2$ 之假設檢定

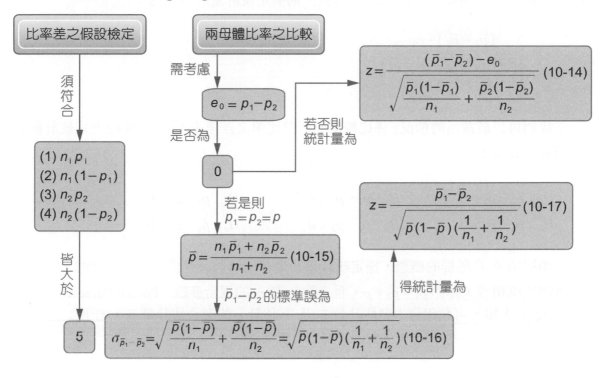

圖 10-17　兩母體比率假設檢定公式說明之概念圖

同樣地，在進行兩個母體比率比較之假設檢定時，仍必須符合大樣本條件，亦即樣本數量夠大，且 n_1p_1、$n_1(1-p_1)$、n_2p_2、$n_2(1-p_2)$ 皆大於或等於 5。兩母體比率差 p_1-p_2 之假設檢定之情況仍分為雙尾及單尾（左尾及右尾）檢定。假設兩個母體比率分別為 p_1 及 p_2，而兩個母體比率差為 e_0，則兩個母體比率差的統計假設有以下的形式：

$$H_0 : p_1 - p_2 = e_0 \qquad H_0 : p_1 - p_2 \geq e_0 \qquad H_0 : p_1 - p_2 \leq e_0$$
$$H_a : p_1 - p_2 \neq e_0 \qquad H_a : p_1 - p_2 < e_0 \qquad H_a : p_1 - p_2 > e_0$$

在進行兩母體比率之比較時，我們必須先確定比較的基礎是兩母體比率差 e_0 是否為 0。當 e_0 為 0 時，表示比較兩個母體比率差是否不為 0；而在當 e_0 不等於 0 時，表示比較兩個母體比率差是否不為某一個非 0 的常數。這兩種情況下的檢定統計量公式會不同。

首先以一般形式為例，係比較兩個母體比率之差是否不為某一個非 0 的常數。此時 $\bar{p}_1 - \bar{p}_2$ 的標準誤即為（10-12）的公式，則檢定統計量的公式為：

$$z = \frac{(\bar{p}_1 - \bar{p}_2) - e_0}{\sqrt{\dfrac{\bar{p}_1(1 - \bar{p}_1)}{n_1} + \dfrac{\bar{p}_2(1 - \bar{p}_2)}{n_2}}} \tag{10-15}$$

我們再以最常用的情況，係比較兩個母體比率之差是否不為 0。此時上述統計假設的形式可改為：

$H_0 : p_1 - p_2 = 0$ $H_0 : p_1 - p_2 \geq 0$ $H_0 : p_1 - p_2 \leq 0$

$H_a : p_1 - p_2 \neq 0$ $H_a : p_1 - p_2 < 0$ $H_a : p_1 - p_2 > 0$

如同第 9 章所提的概念，檢定統計量乃是在虛無假設等式成立下計算的，故此時兩母體比例相等，亦即 $p_1 = p_2 = p$，而 p 為 p_1 及 p_2 的混合參數（Pooled Parameter），因為 p_1 及 p_2 未知，可利用樣本點估計量 $\bar{p}_1$ 及 $\bar{p}_2$ 估計 p 的混合估計量 $\bar{p}$，如下：

$$\bar{p} = \frac{n_1 \bar{p}_1 + n_2 \bar{p}_2}{n_1 + n_2} \tag{10-16}$$

因此，可求出新的 $\bar{p}_1 - \bar{p}_2$ 的標準誤為：

$$\sigma_{\bar{p}_1 - \bar{p}_2} = \sqrt{\frac{p(1-p)}{n_1} + \frac{p(1-p)}{n_2}} = \sqrt{p(1-p)\left(\frac{1}{n_1} + \frac{1}{n_2}\right)} \tag{10-17}$$

再利用 $\bar{p}$ 估計 p，則可得檢定統計量為：

$$z = \frac{\bar{p}_1 - \bar{p}_2}{\sqrt{\bar{p}(1-\bar{p})\left(\dfrac{1}{n_1} + \dfrac{1}{n_2}\right)}} \tag{10-18}$$

我們再以新竹與臺中福華住房率比較為例，假設福華集團高階主管想要了解兩家福華過去一年的住房率是否有差異，p_1 為新竹福華飯店過去一年的住房率，p_2 為臺中福華飯店過去一年的住房率，則虛無與對立假設為：

$H_0 : p_1 - p_2 = 0$

$H_a : p_1 - p_2 \neq 0$

　　如信賴區間估計的資料，從新竹與臺中福華飯店過去一年資料隨機抽取到四月份做為樣本，其中新竹及臺中福華四月份的樣本總房間數各為 4,800 及 4,650 間，估計出新竹福華四月份的樣本住房率為 $\bar{p}_1 = 0.65$，臺中福華四月份的樣本住房率為 $\bar{p}_2 = 0.68$。由於係檢定兩個母體比率是否不為 0 之情況，故必須先求混合估計量 $\bar{p}$，將樣本資料代入（10-16）式，可求得混合估計量為：

$$\bar{p} = \frac{n_1 \bar{p}_1 + n_2 \bar{p}_2}{n_1 + n_2} = \frac{4800 \times 0.65 + 4650 \times 0.68}{4800 + 4650} = 0.6648$$

再將樣本資料與求出的混合估計量代入（10-18）式，可求出檢定統計量為：

$$z = \frac{\bar{p}_1 - \bar{p}_2}{\sqrt{\bar{p}(1-\bar{p})(\frac{1}{n_1} + \frac{1}{n_2})}} = \frac{0.65 - 0.68}{\sqrt{0.6648 \times (1 - 0.6648) \times (\frac{1}{4800} + \frac{1}{4650})}} = -3.089$$

　　假設福華高階主管可以接受的顯著水準為 0.01。則利用 p 值法進行決策，由於檢定統計量為負值，可計算出雙尾檢定的左尾面積為：

$$p(z \leq -3.089) = 0.001$$

　　在雙尾檢定下，p 值為單尾面積的兩倍，亦即 p 值 $= 2*0.001 = 0.002$。因為 p 值 $= 0.002 < a = 0.01$，故拒絕 H_0。因此，結論為在顯著水準為 0.01 下，我們有充分的統計證據支持新竹福華飯店與臺中福華飯店在過去一年的住房率有顯著差異存在。

　　再利用臨界值法進行決策，在雙尾檢定的左尾下，臨界值為 $-z_{\frac{a}{2}}$，檢定統計量與臨界值相比較如下：

$$z = -3.089 < -z_{\frac{\alpha}{2}} = -z_{0.005} = -2.576$$

　　在雙尾檢定的左尾下，係比較圖 10-18 的左尾。因為檢定統計量 z 值小於臨界值，故拒絕 H_0，結果與 p 值法一樣。

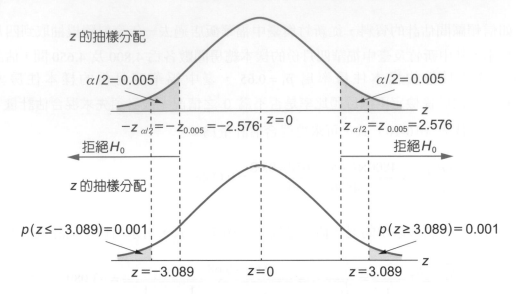

圖 10-18　兩母體比率比較之雙尾檢定的 p 值法與臨界值法

10-3　兩個母體變異數的統計推論

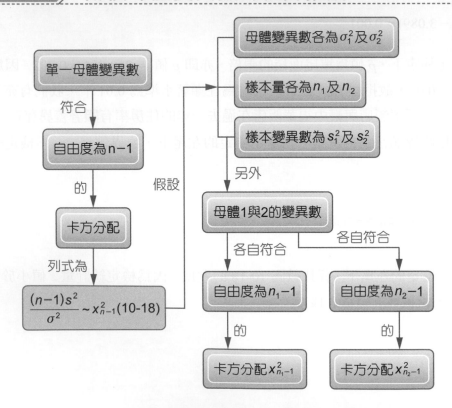

圖 10-19　兩個母體變異數的卡方分配分析之概念圖

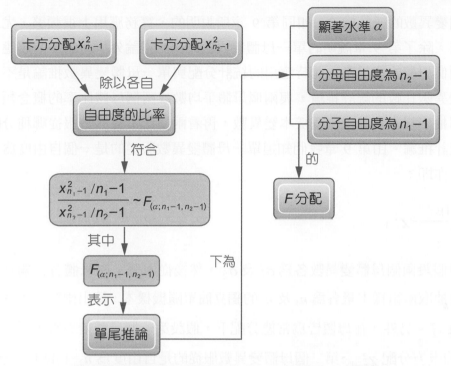

圖 10-20　兩個母體變異數服從 F 分配解說之概念圖

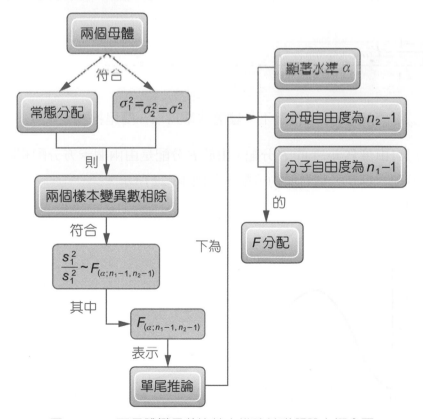

圖 10-21　兩母體變異數比較之推論基礎解說之概念圖

　　有關變異數的統計推論，如同第 9 章所說明的，實務應用上很頻繁，尤其品管及投資領域。除了第 9 章說明的單一母體變異數的統計推論外，有許多實務應用會是想要比較兩個母體的變異數，此時應用的統計分配與單一母體變異數推論是不同的。兩個母體變異數比較的統計推論，與兩個母體平均數或兩個母體比率的概念類似，也是需要利用抽出樣本估計出兩個樣本變異數，再看兩個樣本變異數服從哪種分配，最後再進行統計推論。由第 9 章我們知道單一母體變異數服從的是一個自由度為 n-1 的卡方分配，亦即：

$$\frac{(n-1)s^2}{\sigma^2} \sim \chi^2_{n-1}$$ （10-19）

　　我們假設兩個母體變異數各為 σ_1^2 及 σ_2^2，然後從兩個常態母體各自獨立利用簡單隨機抽樣抽取兩組樣本量各為 n_1 及 n_2 的獨立簡單隨機樣本，算出兩組樣本各自的變異數為 s_1^2 及 s_2^2。另外，在母體皆為常態分配下，假設第一個母體變異數服從的是自由度為 n_1-1 的卡方分配 $\chi^2_{n_1-1}$，第二個母體變異數服從的是自由度為 n_2-1 的卡方分配 $\chi^2_{n_2-1}$，則兩個除以各自自由度後的卡方分配的比率會是服從一個叫 F 的分配，如下所示：

$$\frac{\chi^2_{n_1-1}\big/n_1-1}{\chi^2_{n_2-1}\big/n_2-1} \sim F_{(\alpha;n_1-1,n_2-1)}$$ （10-20）

　　其中 $F_{(\alpha;n_1-1,n_2-1)}$ 表示單尾推論下，顯著水準為 a（雙尾推論改成 $\frac{a}{2}$），分子自由度為 n_1-1，分母自由度為 n_2-1 的 F 分配。由於 F 分配是由兩個卡方分配相除，故其圖形也會像卡方分配一樣是一個右偏的分配，如圖 10-22 所示。

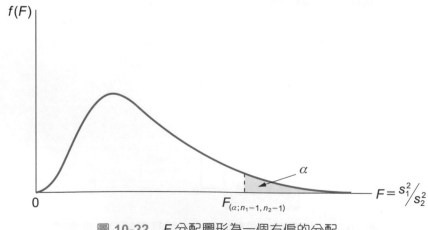

圖 10-22　F 分配圖形為一個右偏的分配

在兩個母體皆為常態分配及 $\sigma_1^2 = \sigma_2^2 = \sigma^2$ 下，兩個樣本變異數相除所服從的分配會是一個叫 F 的分配，亦即[8]：

$$\frac{s_1^2}{s_2^2} \sim F_{(\alpha;n_1-1,n_2-1)} \tag{10-21}$$

其中 $F_{(\alpha;n_1-1,n_2-1)}$ 表示單尾推論下，顯著水準為 a（雙尾推論改成 $\frac{a}{2}$），分子自由度為 n_1-1，分母自由度為 n_2-1 的 F 分配。

同樣地，變異數分析之統計假設亦有分為雙尾與單尾（左尾及右尾）檢定，如下所式：

$$H_0 : \sigma_1^2 = \sigma_2^2 \qquad\qquad H_0 : \sigma_1^2 \geq \sigma_2^2 \qquad\qquad H_0 : \sigma_1^2 \leq \sigma_2^2$$
$$H_a : \sigma_1^2 \neq \sigma_2^2 \qquad\qquad H_a : \sigma_1^2 < \sigma_2^2 \qquad\qquad H_a : \sigma_1^2 > \sigma_2^2$$

在實務應用上，左尾與右尾的檢定拒絕法則可以相通，左尾檢定也稍微複雜，故常使用右尾來取代左尾檢定，做法我們後面再說明。

兩個母體變異數（或標準差）是否相等的雙尾檢定有一個非常重要的應用，就如前面的說明，在進行兩個母體平均數差異的統計推論時，若兩個母體標準差未知下，我們必須先檢定兩個母體標準差是否相等，再決定利用哪一個 t 統計量的公式進行兩個平均數差異的統計推論。

但在實務上，也有很多應用在了解兩個母體變異數（或標準差）是否相等，我們先舉一例子說明雙尾檢定。在服務業，許多服務品質與準時有關，假設華航與長榮兩家航空公司都標榜飛機準時到達目的地。現有一個旅遊雜誌正調查兩家航空公司的服務品質，其中一項即是兩家航空公司飛機準時的情況，並使用到達時間的變異數來衡量兩家航空公司的準時性。假設 σ_1^2 代表華航飛機準時到達時間的變異數，σ_2^2 代表長榮飛機準時到達時間的變異數。負責調查的人員從兩家航空公司過去航班準時到達時間（實際到達時間與預期到達時間之差）的資料中進行隨機抽樣。從華航航班抽取 31 筆資料，算出樣本變異數為 $s_1^2 = 8.5$ 分^2；從長榮航班抽取 41 筆資料，算出樣本變異數為 $s_2^2 = 7.2$ 分^2。在顯著水準為 0.05 下，兩家航空公司準時到達時間的變異數有無差異？

---

[8] 可藉由代數將（10-19）式子進行置換：$\dfrac{\chi_{n_1-1}^2 \big/ n_1-1}{\chi_{n_2-1}^2 \big/ n_2-1} = \dfrac{(n_1-1)s_1^2 \big/ n_1-1}{(n_2-1)s_2^2 \big/ n_2-1} = \dfrac{s_1^2}{s_2^2} \sim F_{(\alpha;n_1-1,n_2-1)}$

本例比較兩家航空公司準時到達時間的變異數是否有差異，係屬於雙尾檢定，虛無與對立假設為：

$$H_0 : \sigma_1^2 = \sigma_2^2$$
$$H_a : \sigma_1^2 \neq \sigma_2^2$$

兩個變異數是否相等的假設檢定，應用的假設檢定統計量為兩個樣本變異數相除，亦即檢定統計量為：

$$F = \frac{s_1^2}{s_2^2} \tag{10-22}$$

我們再利用上述兩家航空公司的樣本資料，求取檢定統計量之值為：

$$F = \frac{s_1^2}{s_2^2} = \frac{8.5}{7.2} = 1.181$$

上述求算檢定統計量之值必須注意一個非常重要的關鍵點，如果要應用雙尾檢定的右尾面積來進行決策，則分子放的樣本變異數一定要大於分母放的樣本變異數，才會變成雙尾的右尾檢定。反之，則屬於雙尾的左尾檢定[9]。

接下來再利用 p 值法進行決策。在顯著水準為 0.05 下，分子的自由度為 $n_1 - 1 = 31 - 1 = 30$，分母的自由度為 $n_2 - 1 = 41 - 1 = 40$，在雙尾下，大於或等於檢定統計量 F 值的右尾面積為：

$$p(F \geq 1.181) = 0.308$$

---

[9] 若為左尾檢定，則將檢定統計量分子的變異數與分母的變異數調換，亦即：
$$F = \frac{s_2^2}{s_1^2} = \frac{7.2}{8.5} = 0.847$$
左尾檢定的臨界值則為右尾臨界值的分子與分母自由度調換後之值的倒數，如圖 10-23 左尾所示，亦即：
$$\frac{1}{F_{(\frac{\alpha}{2}; n_2 - 1, n_1 - 1)}} = \frac{1}{F_{(0.025; 40, 30)}} = 0.498$$ 由於檢定統計量 $F = 0.847$ 位於臨界值 0.498 的右邊，故不拒絕 H_0，結論一樣。

在雙尾檢定下，p 值 $= 2p(F \geq 1.181) = 2 \times 0.308 = 0.616$。由於 p 值 $= 0.616 > a = 0.05$，故不拒絕 H_0。因此，結論爲我們沒有充分的統計證據支持兩家航空公司準時到達時間的變異數有顯著的差異。

再利用臨界值法進行決策，比較檢定統計量與臨界值（查附錄 A-33）如下：

$$F = 1.181 < F_{\left(\frac{\alpha}{2}; n_1-1, n_2-1\right)} = F_{(0.025; 30, 40)} = 1.94$$

在雙尾檢定的右尾比較下，因爲檢定統計量 F 值小於臨界值，因此不在拒絕域內，如圖 10-23 所示，故不拒絕 H_0，結果與 p 值法一樣。

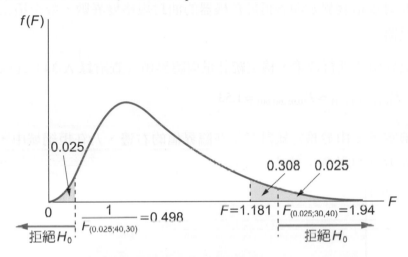

圖 **10-23**　兩母體變異數是否相等的雙尾檢定下之 p 值法與臨界值法

我們再舉一個例子說明單尾檢定。一般品管領域最要求變異數不能過大，假設全拓工業老闆在考慮是否要更換舊的機器設備，老闆考慮的是機器成本及換了新機器是否可使每個油封的規格變異數能降低，因爲油封規格的變異數降低能降低顧客抱怨機率。供應商先給一台新機器讓全拓工業進行試機，以了解新機器能否比舊機器對油封規格的變異數降低。假設 σ_1^2 爲舊機器的油封規格變異數，σ_2^2 爲新機器的油封規格變異數。此問題的虛無及對立假設爲：

$$H_0 : \sigma_1^2 \leq \sigma_2^2$$
$$H_a : \sigma_1^2 > \sigma_2^2$$

假設以新舊機器各生產 61 個油封，再利用樣本數據求出舊機器的油封規格變異數爲 $s_1^2 = 0.24\,\text{mm}$，新機器的油封規格變異數爲 $s_2^2 = 0.15\,\text{mm}$。假設老闆可接受的顯著水準

為 0.05，此例為右尾檢定，分子的變異數必須放大於分母的變異數，則檢定統計量為：

$$F = \frac{s_1^2}{s_2^2} = \frac{0.24}{0.15} = 1.6$$

使用 p 值法進行決策，在分子及分母自由度皆為 60 下，右尾檢定的 p 值即為大於或等於檢定統計量的右尾面積，如下：

p 值 $= p(F \geq 1.6) = 0.036$

由於 p 值 $= 0.036 < \alpha = 0.05$，故拒絕 H_0。因此，結論為我們有充分的統計證據支持新機器的油封規格變異數顯著低於舊機器的油封規格變異數，故全拓工業的老闆可以考慮換新機器。

再利用臨界值法進行決策，檢定統計量與臨界值（查附錄 A-34）比較如下：

$F = 1.6 > F_{(\alpha; n_2-1, n_2-1)} = F_{(0.05; 60, 60)} = 1.53$

在右尾檢定下，由於檢定統計量位在臨界值的右邊，乃在拒絕域中，如圖 10-24 所示，故拒絕 H_0，結論與 p 值法一樣。

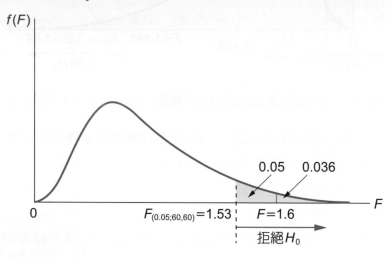

圖 10-24　兩母體變異數差異的右尾檢定之 p 值法與臨界值法

10-4　Excel 範例

表 10-1 的兩母體平均數差 $\mu_1 - \mu_2$ 之假設檢定

1.　兩個母體標準差不相等

步驟一

輸入兩組資料到 EXCEL

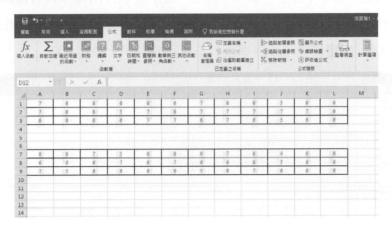

步驟二

在數字以外的任何欄位點一下，再點選其他函數 -> 統計 -> T.TEST

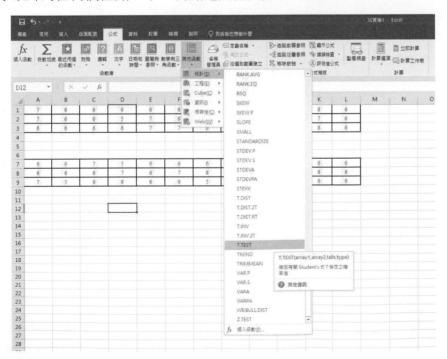

步驟三

出現 T.TEST 執行框框，Array1 表示第一個資料集的範圍（輸入 A1:L3，表示雄獅旅行社樣本滿意度分數 36 筆資料），Array2 表示第二個資料集的範圍（輸入 A7:L9，表示鳳凰旅行社樣本滿意度分數 36 筆資料）。Tails 乃是指定分配的檢定單雙尾數，如果 tails = 1，T.TEST 會使用單尾分配檢定，如果 Tails = 2，T.TEST 會使用雙尾分配檢定（本例為單尾檢定，故輸入 1）。Type 為要執行的 t 檢定種類，如果 type 等於 1，表示要執行配對樣本 t 檢定，如果等於 2，表示要執行兩樣本具有母體變異數相等的獨立樣本 t 檢定，如果等於 3，表示要執行兩樣本具有母體變異數不相等的獨立樣本 t 檢定（本例母體變異數（或標準差）不相等的例子，故選 3）。

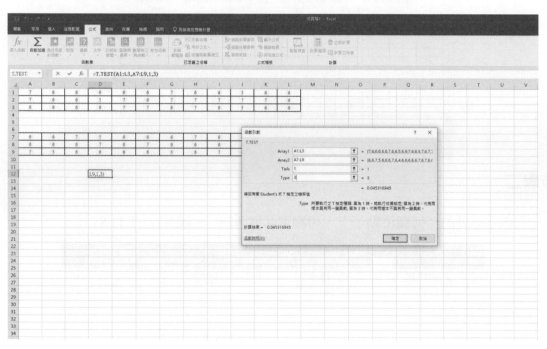

步驟四

得到檢定結果的 p 值為 0.045317。

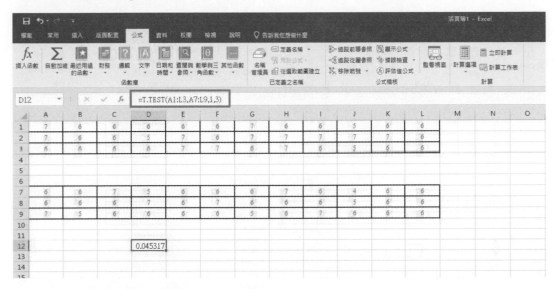

2. 兩個母體標準差相等

步驟一

輸入兩組資料到 EXCEL

步驟二

在數字以外的任何欄位點一下,再點選其他函數 -> 統計 -> T.TEST

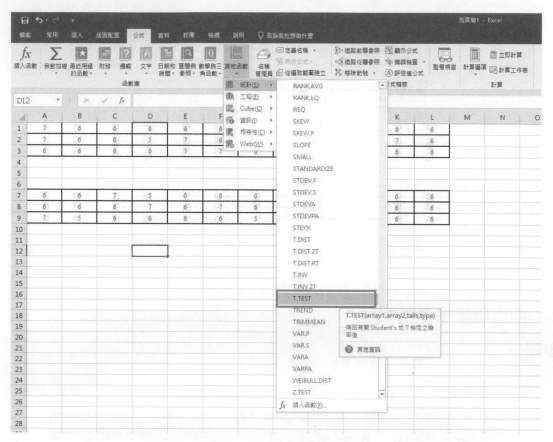

步驟三

出現 T.TEST 執行框框,Array1 表示第一個資料集的範圍(輸入 A1:L3,表示雄獅旅行社樣本滿意度分數 36 筆資料),Array2 表示第二個資料集的範圍(輸入 A7:L9,表示鳳凰旅行社樣本滿意度分數 36 筆資料)。Tails 乃是指定分配的檢定單雙尾數,如果 tails = 1,T.TEST 會使用單尾分配檢定,如果 Tails = 2,T.TEST 會使用雙尾分配檢定(本例為單尾檢定,故輸入 1)。Type 為要執行的 t 檢定種類,如果 type 等於 1,表示要執行配對樣本 t 檢定,如果等於 2,表示要執行兩樣本具有母體變異數相等的獨立樣本 t 檢定,如果等於 3,表示要執行兩樣本具有母體變異數不相等的獨立樣本 t 檢定(本例母體變異數(或標準差)相等的例子,故選 2)。

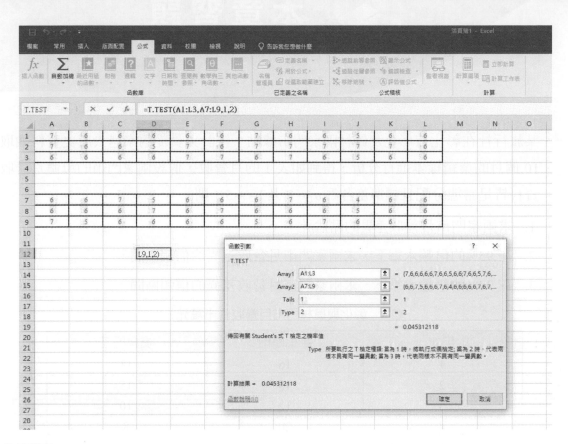

步驟四

得到檢定結果的 p 值為 0.045312。

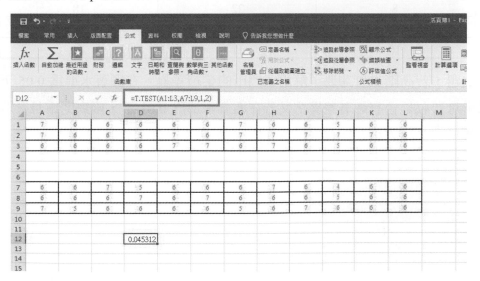

一、某旅行社在彰化有彰化及員林兩家門市據點，統計人員從兩家過去歷史資料抽取 10 個月的業績樣本進行分析，得到如表 1 的月營收，假設兩家門市的母體月營收資料皆呈常態分配且標準差各為 $\sigma_1 = 4$ 及 $\sigma_2 = 5$，則

1. 求兩家門市月營收差異的點估計。

2. 在 95%的信賴水準下，求兩家門市月營收差異的信賴區間。

3. 在 99%的信賴水準下，求兩家門市月營收差異的信賴區間。

表 1　彰化與員林門市月營收（十萬元）

月次	彰化門市	員林門市
1	16	13
2	15	15
3	12	10
4	20	8
5	18	16
6	15	12
7	14	9
8	22	18
9	17	20
10	11	14

二、承上題，若高階主管想要了解兩家門市的業績差異。在顯著水準為 0.05 下，兩家門市月營收是否有顯著差異？又若在顯著水準為 0.01 下，兩家門市月營收是否有顯著差異？請討論在顯著水準為 0.05 及 0.01 下，顯著性檢定結果有何差異？

三、彰化高中畢業校友自行創業，目前擁有臺中火車站附近熱鬧地區兩家 Subway 分店。老闆對於人力資源管理很重視，每週皆進行員工滿意度調查；老闆想了解過去一年來，兩家分店的員工滿意度情況，故從過去一年調查資料各自抽取 31 筆週樣本，得到樣本滿意度分數各為 $\bar{x}_1 = 4.3$ 及 $\bar{x}_2 = 4$，樣本標準差各為 $s_1 = 0.4$ 及 $s_2 = 0.3$。則

1. 此例題需要對母體做何種假設嗎？為何？

2. 求兩家分店的員工滿意度分數差異的點估計。

3. 在 99%的信賴水準下，求兩家分店的員工滿意度分數差異的信賴區間。

四、承上題，假設老闆想要了解兩家分店的員工滿意度是否有差異。請問在顯著水準為 0.05 下，兩家分店的員工滿意度的母體變異數是否相等？第一家分店的員工滿意度分數是否有顯著高於第二家分店？

五、麗寶樂園正在考慮汰換遊戲設備，由於空間有限，乃希望從舊的遊戲設備選一個進行汰換新的遊戲設備。高階主管希望從顧客的使用感受來決定汰換哪個遊戲設備。因此，統計人員進行了一項實驗，隨機抽取 10 位顧客進行每項遊戲使用前與使用後的正面情緒去進行分析。在玩某項遊戲前，由顧客填寫情緒量表（五點李克特量表，分數為 1-5 分，愈高分代表正面情緒愈高），而在玩過遊戲後，再請顧客填寫一次量表。假設對某項遊戲使用前後的情緒分數如表 2 所示，若情緒分數母體資料為常態分配，請問顧客在玩過此項遊戲後，是否能更好的情緒反應？（假設顯著水準為 0.05）

表 2　10 顧客使用某項遊戲設備前後的情緒分數

顧客別	使用遊戲設備前情緒分數	使用遊戲設備後情緒分數
1	3	4
2	2	3
3	3	4
4	3	3
5	4	3
6	2	5
7	3	5
8	3	4
9	2	3
10	3	5

六、近年來，航空業的競爭態勢非常明顯。國內兩大航空公司 A 與 B，無不卯足全力爭取客群。一項調查發現，對於選擇航空公司，一般民眾比較重視票價。而對於商務旅客而言，飛行的準時性則是很重視的關鍵。若從 A 與 B 航空公司各抽取過去 10 次從臺灣至北京的實際飛行時間及預定飛行時間，結果如表 3 所示。假設兩家航空公司的樣本資料係抽自實際飛行時間母體變異數相等的常態母體，則兩家公司實際飛行時間的變異數是否相等？（假設顯著水準為 0.05）

表 3　抽自 A 與 B 航空公司的飛行時間資料（臺灣-北京）

次別	A 公司實際飛行時間	B 公司實際飛行時間	A 與 B 公司預計飛行時間
1	3 小時 15 分	3 小時 24 分	3 小時 20 分
2	3 小時 22 分	3 小時 40 分	3 小時 20 分
3	3 小時 20 分	3 小時 21 分	3 小時 20 分
4	3 小時 18 分	3 小時 28 分	3 小時 20 分
5	3 小時 26 分	3 小時 18 分	3 小時 20 分
6	3 小時 30 分	3 小時 16 分	3 小時 20 分
7	3 小時 22 分	3 小時 48 分	3 小時 20 分
8	3 小時 20 分	3 小時 24 分	3 小時 20 分
9	3 小時 19 分	3 小時 15 分	3 小時 20 分
10	3 小時 23 分	3 小時 26 分	3 小時 20 分

七、假設某個食品製造商有兩個製程可選擇，製造部門經理要求客觀資料評估產品生產規格標準差較小的做為選擇的標準。品管人員測試兩個製程生產各 41 個產品，得到兩個產品的樣本標準差分別為 $s_1 = 0.015$ 及 $s_2 = 0.021$。假設兩個製程生產的產品規格符合常態分配且母體標準差相等，則請問是否第一個製程的標準差會顯著低於第二個製程的標準差（亦即經理是否會選擇第一個製程）？（假設顯著水準為 0.05）

變異數分析

本章大綱

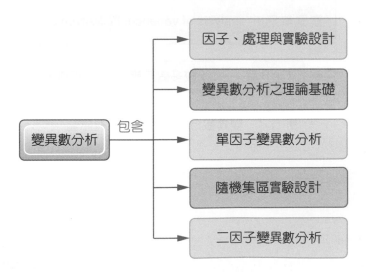

變異數分析 — 包含 →

- 因子、處理與實驗設計
- 變異數分析之理論基礎
- 單因子變異數分析
- 隨機集區實驗設計
- 二因子變異數分析

　　在第 9 章及第 10 章，我們分別介紹了單一母體參數及兩個母體參數的統計推論，但在實務應用上，三個以上的多個母體參數之統計推論也是常會用到的，如銀行要比較多個分行之間的業績或客戶滿意度、85 度 C 要比較在彰化市區各加盟店的業績或顧客滿意度、電子零件製造商要比較三個廠的生產力、比較各縣市人口成長率、比較三位總統候選人的預估得票率等等。上述這些例子都是要比較多個母體的平均數或比率之統計推論。本章之目的即在說明如何進行三個以上的母體平均數之統計推論方法。

　　本章標題為變異數分析（Analysis of Variance, ANOVA），為何目的是在比較多個母體的平均數？主要乃是其方法必須應用到變異數的觀念，故稱為變異數分析。雖然名為變異數分析，但其目的在比較多個母體的平均數，讀者不要誤解了。

　　變異數分析乃是資料分析的方法，而在進行變異數分析之前，必須先取得樣本資料，一般我們會利用設計實驗的方式來取得資料，稱為實驗設計（Experimental Design）。實驗設計的方法有許多種類，使用哪一種類端看實驗目的為何。一般實務上很常運用的一種實驗設計方法稱為完全隨機實驗設計（Completely Randomized Experimental Design），乃是指會利用隨機指派的方式將實驗處理（Experimental Treatments）指派給實驗單元（Experimental Units）。我們先介紹變異數分析及實驗設計需要了解的名詞。

* 變異數分析乃是一種統計資料分析的方法，用以檢定多個母體平均數之間是否有差異。

* 完全隨機實驗設計，乃是指會利用隨機指派的方式將實驗處理指派給實驗單位。

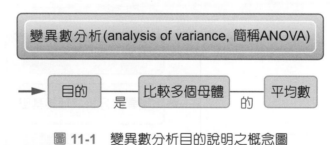

圖 11-1　變異數分析目的說明之概念圖

11-1 因子、處理與實驗設計

在變異數分析或實驗設計中，所謂的因子（Factor）也就是自變數（Independent Variable），亦即我們有興趣想要了解是否影響應變數的變數。而應變數（Dependent Variable）或稱為反應變數（Response Variable）乃是對母體有興趣想要了解的屬性。譬如由於冠狀病毒疫情趨緩，各大遊樂園紛紛推出不同遊玩方案供民眾選擇，我們有興趣了解臺灣中部民眾對於劍湖山、六福村、九族文化村之滿意度（從最低到最高為 1-10 分）是否有差異；此時，民眾對遊樂園的滿意度平均分數即是我們有興趣的反應變數，而不同品牌的遊樂園即是因子。我們的目的係在比較民眾對劍湖山、六福村、九族文化村等三個品牌遊樂園的滿意度平均分數，此三個品牌（劍湖山、六福村、九族文化村）稱為此實驗的三個處理（Treatments）。若從中部民眾隨機抽取 30 人進行試玩遊樂園，則這些試玩遊樂園的顧客稱為實驗單元。再將各個實驗單元（隨機抽取的 30 人）隨機指派到各個處理（亦即每一位顧客隨機被指派玩一種品牌的遊樂園），此實驗設計方法稱為完全隨機實驗設計。

* 因子也就是自變數，亦即我們有興趣想要了解是否影響應變數的變數。

* 應變數或稱為反應變數乃是對母體有興趣想要了解的屬性。

* 處理乃是指一個因子內的所有比較的情況、標的或對象。

* 實驗單元乃是實驗的對象。

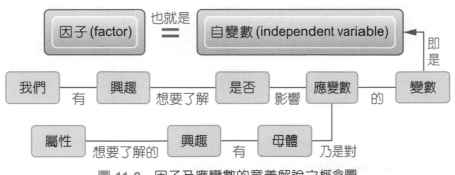

圖 11-2　因子及應變數的意義解說之概念圖

若實驗目的僅有興趣探討一個因子（如品牌），則此實驗設計屬於單因子實驗（Single-Factor Experiment），變異數分析方法利用單因子變異數分析（One-way Analysis Of Variance）。假若除了品牌因子外，也想瞭解性別因子是否影響滿意度，此時有兩個因子（品牌、性別），則此實驗設計屬於因子實驗（Factorial Experiments），變異數分析方法利用二因子變異數分析（Two-way Analysis Of Variance）。依此類推。

在實務上，有一些比較常用的實驗設計方法，如完全隨機實驗設計、隨機集區實驗設計（Randomized Block Experimental Design）、因子實驗。完全隨機實驗設計類似第 10 章的獨立樣本設計觀念，而隨機集區實驗設計類似配對樣本觀念，只是統計資料分析方法有不同而已。完全隨機實驗設計乃是利用隨機方法抽取實驗單元，再將實驗處理隨機指派給實驗單元，此時不同實驗單元會各自使用不同的實驗處理。然而，隨機集區實驗設計則是利用隨機方法抽取實驗單元，但此時考慮實驗單元各自的能力或特性差異，可能會干擾實驗結果（會使得實驗誤差變大），則會讓每個實驗單元使用所有的實驗處理，但各個實驗單元使用實驗處理的順序是隨機指派的，此時不同的實驗單元稱為集區（Block），此實驗設計稱為隨機集區實驗設計。譬如，假設使用五名員工來進行三種不同組裝方法之實驗，想要了解不同組裝方法的產量是否有差異，此時利用隨機集區實驗設計，員工即為實驗單元稱為集區，組裝方法是主要想探討的自變數稱為因子，產量為反應變數，而在實驗過程，每個員工都會使用三種組裝方法。另外，因子實驗乃是探討兩個或三個以上因子的實驗設計。

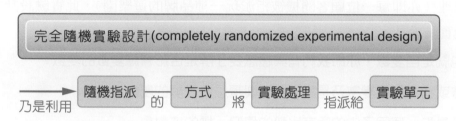

圖 11-3　完全隨機實驗設計意義說明之概念圖

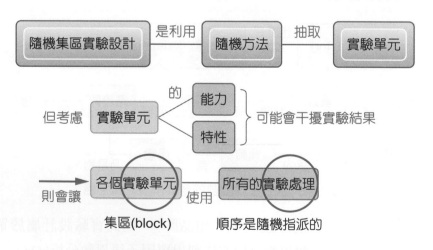

圖 11-4　隨機集區實驗設計意義說明之概念圖

11-2 變異數分析之理論基礎

　　變異數分析之主要目的在檢定三個以上的母體平均數是否有差異。本節主要在探討利用變異數分析進行檢定三個以上母體平均數是否有差異之理論基礎，包含變異數分析之假設、以及為何會使用變異數分析進行母體平均數比較，其觀念為何。

　　統計公式乃是利用數學推導而成，在推導過程會有一些假設，亦即這些假設必須成立才能得出可靠的結果。變異數分析之統計公式也是如此，在變異數分析之前必須探討是否符合一些重要的假設，一旦無法符合這些假設，就不能使用變異數分析，或者必須經過一些調整到較符合假設後，才能進行變異數分析。變異數分析必須同時符合三項重要假設：

1.　由各個母體抽取的樣本彼此之間互相獨立，亦即各組樣本皆是獨立隨機樣本。

2.　各個母體的反應變數都是呈常態分配。

3.　各個母體的反應變數之變異數皆相等。

　　如同圖 11-5 所示，三個母體的平均數 μ_1、μ_2 及 μ_3 可以不相等，但三個母體的變異數 σ^2 則必須相等，而且三個母體都是呈常態分配，或至少近似常態分配。另外，在各個母體抽取的樣本必須是獨立抽出的，而且是利用隨機方式抽取樣本。同時符合這三項假設變異數分析結果才不會有偏誤，一旦有一項不符合就會讓結果產生較大的偏誤，此時就不能使用變異數分析方法，而必須改用無母數分析方法。對應變異數分析方法的無母數分析方法為 Kruskal-Wallis 的統計方法（教材第 14 章介紹）。

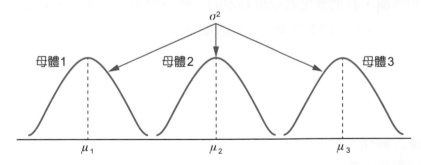

圖 11-5　變異數分析基礎假設：三個常態母體之母體變異數相等

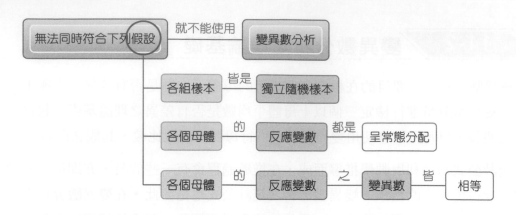

圖 11-6　變異數分析使用前題假設之概念圖

　　以下我們開始介紹使用變異數分析進行三個以上母體平均數比較檢定的理論概念。如同前述，變異數分析之所以這樣命名，乃是因為使用變異數做為基礎。在第 10 章我們介紹過在兩個常態母體的變異數相等下，兩個樣本變異數之比率乃是服從 F 分配，變異數分析也是利用 F 分配為基礎進行檢定的。

　　變異數分析主要在檢定三個以上的母體平均數是否有差異，若以一般式來呈現比較多個母體平均數是否有差異，假設有 k 個母體平均數分別為 μ_1、μ_2、$\cdots$、μ_k，則虛無與對立假設為：

H_0：$\mu_1 = \mu_2 = \cdots = \mu_k$

H_a：並非所有母體平均數皆相等

　　為了說明理論，我們簡化若以最基本的三個母體平均數比較，假設三個母體的平均數分別為 μ_1、μ_2、μ_3，則虛無與對立假設如下：

H_0：$\mu_1 = \mu_2 = \mu_3$

H_a：並非所有母體平均數皆相等

　　接下來進行抽樣，利用隨機方式分別在三個母體獨立抽取三組隨機樣本，再算出三組樣本平均數 $\bar{x}_1$、$\bar{x}_2$、$\bar{x}_3$。我們的目的在檢驗三個母體平均數是否有差異，亦即檢驗上述的虛無及對立假設哪一個被支持。若虛無假設 H_0 為真，表示三個母體的平均數是相等的，則表示三個母體事實上係來自於同一個母體，亦即 $\mu_1 = \mu_2 = \mu_3 = \mu$，如圖 11-7 所示；而從第 7 及 8 章的概念讓我們知道，從同一個母體利用同樣方法重複抽取樣本算出的樣本平均數差異應該不會太大。上述推論表示當虛無假設 H_0 為真時，三組樣本平均數 $\bar{x}_1$、$\bar{x}_2$、$\bar{x}_3$ 之差異會比較小；由此可推論若 $\bar{x}_1$、$\bar{x}_2$、$\bar{x}_3$ 之差異比較小，

則就愈可能支持虛無假設 H_0，表示三個母體平均數愈可能會相等。反之，若對立假設 H_a 為眞時，表示三個母體的平均數並非全相等，最極端時三個母體的平均數全不相等，如圖 11-8 所示，此時三組樣本平均數 $\bar{x}_1$、$\bar{x}_2$、$\bar{x}_3$ 之差異會比較大；由此可推論若 $\bar{x}_1$、$\bar{x}_2$、$\bar{x}_3$ 之差異比較大，則就愈可能支持對立假設 H_a。

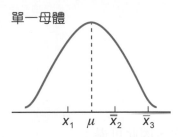

圖 11-7　虛無假設為真：三個樣本平均數來自於同一母體

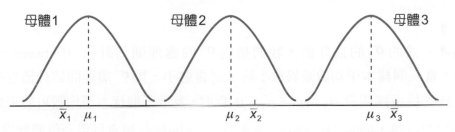

圖 11-8　對立假設為真：三個樣本平均數來自不同的母體

在了解如何由樣本平均數 $\bar{x}_1$、$\bar{x}_2$、$\bar{x}_3$ 之差異大小來判斷支持虛無假設或對立假設後，我們進一步開始推論如何利用變異數分析可用來得到上述問題之答案。如同第 3 章之定義，變異數乃是衡量個別資料值與平均數之距離，當變異數愈大，則個別資料值與平均數之距離愈大；反之，則愈小。若以樣本平均數 $\bar{x}_1$、$\bar{x}_2$、$\bar{x}_3$ 為個別資料值，並假設其平均數為 $\bar{\bar{x}}$，則變異數之公式為：

$$s_{\bar{x}}^2 = \frac{\sum_{i=1}^{3}(\bar{x}_i - \bar{\bar{x}})^2}{3-1}$$

若上式之值愈小，表示 $\bar{x}_1$、$\bar{x}_2$、$\bar{x}_3$ 之值與其平均數為 $\bar{\bar{x}}$ 之距離愈近，則表示 $\bar{x}_1$、$\bar{x}_2$、$\bar{x}_3$ 之差異愈小，愈可能支持虛無假設，亦即三個樣本平均數來自於同一個母體；反之，則愈可能支持對立假設。因此，我們可以由上式變異數來決定支持虛無假設或對立假設。

若虛無假設為眞，表示三個母體平均數 μ_1、μ_2、μ_3 係來自同一個母體，亦即此時為單一母體之情況，此單一母體為平均數 μ，變異數 σ^2 的常態母體。而 $\bar{x}_1$、$\bar{x}_2$、$\bar{x}_3$ 則為從此常態母體抽取三次算出的樣本平均數，從第 7 章學習的觀念可知，這些樣本平

均數的抽樣分配會服從平均數爲 μ，變異數爲 $\sigma_{\bar{x}}^2 = \dfrac{\sigma^2}{n}$ 的常態分配，如圖 11-7 所示。我們可進一步利用 $s_{\bar{x}}^2$ 求取 σ^2 的估計值，如下：

$$\sigma_{\bar{x}}^2 = \frac{\sigma^2}{n}$$

則

$$\sigma^2 = n\sigma_{\bar{x}}^2$$

而 $\sigma_{\bar{x}}^2$ 未知，可由 $s_{\bar{x}}^2$ 估計之，因此可得：

$$\sigma^2 \text{估計值} = ns_{\bar{x}}^2 \tag{11-1}$$

（11-1）式的 σ^2 的估計值，我們稱爲 σ^2 的處理間估計值 (Between-treatments Estimate)。當三個樣本平均數差異愈小時，$s_{\bar{x}}^2$ 會愈小，則 σ^2 處理間估計值也會愈小，此時愈可能支持虛無假設 H_0：$\mu_1 = \mu_2 = \mu_3$ 爲眞，表示三個樣本平均數可能來自於相同母體平均數的母體，如圖 11-7 所示，此時 σ^2 處理間估計值會是單一母體變異數 σ^2 的不偏估計值。反之，當三個樣本平均數差異愈大時，$s_{\bar{x}}^2$ 會愈大，則 σ^2 處理間估計值也會愈大，此時愈可能支持對立假設 H_a：並非所有母體平均數皆相等爲眞，表示三個樣本平均數可能來自於不同母體平均數的母體，如圖 11-8 所示，此時 σ^2 處理間估計值就會高估單一母體變異數 σ^2。而由於 σ^2 處理間估計值爲 F 檢定統計量的分子部分，故當 σ^2 處理間估計值愈高估單一母體變異數 σ^2 時，F 統計量愈大，此時愈可能支持對立假設；反之，愈可能支持虛無假設。

由第 9 章之概念知道，檢定統計量是在虛無假設爲眞下得出的，F 檢定統計量也是如此。因此，上述 F 統計量分子部分的 σ^2 處理間估計值是在虛無假設爲眞下得出的，當然分母部分也是需要虛無假設爲眞下得出。因爲在虛無假設爲眞下，三個母體平均數是來自於同一個母體，表示母體變異數是單一母體變異數 σ^2，F 統計量分母的部分是由各組樣本內的樣本變異數構成一個共同的單一母體變異數 σ^2 估計值。由於是單一母體，所以三組樣本乃是從同一母體抽三次的樣本結果，利用這些樣本變異數可用來估計母體變異數，若這些樣本變異數皆爲不偏估計值，則將其加總平均後也會是母體變異數 σ^2 的不偏估計值。此利用各組樣本變異數加總平均的變異數，稱爲 σ^2 處理內估計值（Within-treatments Estimate），表示是由各個處理內變異數所估計得到的。假設三個處理的變異數爲 s_1^2、s_2^2、s_3^2，則 σ^2 處理內估計值爲：

$$\sigma^2 \text{處理內估計值} = \frac{s_1^2 + s_2^2 + s_3^2}{3}$$

由於利用隨機方式抽樣，樣本得出的變異數 s_1^2、s_2^2、s_3^2 會是母體變異數的不偏估計值。因此，將三個變異數加總後平均所得出的 σ^2 處理內估計值也會是母體變異數 σ^2 的不偏估計值。

在虛無假設為眞時，F 統計量的分子 σ^2 處理間估計值及分母 σ^2 處理內估計值皆為母體變異數 σ^2 的不偏估計值，故兩個數值會很接近，導致 F 統計量會接近 1。反之，在對立假設為眞時，F 統計量的分子 σ^2 處理間估計值會高估母體變異數 σ^2，而分母 σ^2 處理內估計值仍為母體變異數 σ^2 為不偏估計值，此時，分子之值會高於分母之值，導致 F 統計量會遠大於 1。由此可知，可由 F 檢定統計量來檢定三個母體平均數是否有差異。當 F 統計量愈大，愈可能表示三個母體平均數並非全部相等；至於 F 統計量要多大才能拒絕 H_0，則仍必須以第 9 章的檢定觀念及步驟來測試才能決策。

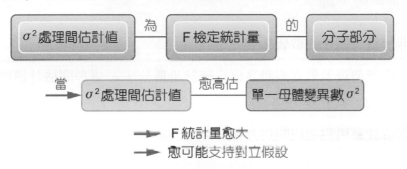

圖 11-9　變異數分析之 F 統計量支持對立假設理論說明之概念圖

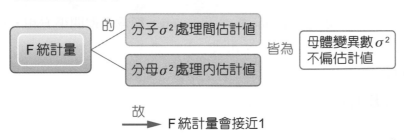

圖 11-10　變異數分析之 F 統計量支持虛無假設理論說明之概念圖

11-3 單因子變異數分析

一、F 檢定統計量

我們已經由 11-2 節了解為何可以由變異數分析來檢定三個以上的母體平均數是否有差異，但是在實務應用上，上述分子 σ^2 處理間估計值及分母 σ^2 處理內估計值的公式並不常被用。本節我們將說明實務上更常用的公式，並舉實例說明如何應用變異數分析。

我們從假設檢定的步驟來進行變異數分析公式說明。變異數分析目的在檢定多個母體平均數是否有差異。假設檢定 k 個母體，k 個母體平均數分別為 μ_1、μ_2、$\cdots$、μ_k，則虛無與對立假設為：

$H_0：\mu_1 = \mu_2 = \cdots = \mu_k$

$H_a：$並非所有母體平均數皆相等

檢定上述虛無假設及對立假設之檢定統計量為分子 σ^2 處理間估計值與分母 σ^2 處理內估計值所構成的 F 統計量。

σ^2 處理間估計值稱為處理間均方和（Mean Square Due To Treatments, MSTR），其公式為：

$$MSTR = \frac{\sum_{i=1}^{k} n_i (\overline{x}_i - \overline{\overline{x}})^2}{k-1} = \frac{SSTR}{k-1} \qquad (11\text{-}2)$$

其中 SSTR（Sum Of Square Due To Treatments）稱為處理間平方和，乃是各個處理的平均數減總平均數後的平方再乘以各處理樣本數再予以加總，亦即 $SSTR = \sum_{i=1}^{k} n_i (\overline{x}_i - \overline{\overline{x}})^2$，$n_i$ 為第 i 個處理的樣本數，$\overline{x}_i$ 為第 i 個處理的平均數，$\overline{\overline{x}}$ 為總平均數。而 k-1 為處理間平方和的自由度，k 為處理的個數。

$$\overline{x}_i = \frac{\sum_{j=1}^{n_i} x_{ij}}{n_i} \qquad (11\text{-}3)$$

其中 x_{ij} 為第 i 個處理的第 j 個樣本觀察值，n_i 為第 i 個處理的樣本數。

$$\overline{\overline{x}} = \frac{\sum_{i=1}^{k} \overline{x}_i}{k} \qquad (11\text{-}4)$$

假若（11-2）式的樣本數都相同為 n，則（11-2）的式子就會等於（11-1）的式子，亦即：

$$MSTR = \frac{\sum_{i=1}^{k} n_i(\overline{x}_i - \overline{\overline{x}})^2}{k-1} = \frac{n\sum_{i=1}^{k} (\overline{x}_i - \overline{\overline{x}})^2}{k-1} = ns_{\overline{x}}^2 \qquad (11\text{-}5)$$

因此，（11-1）為在樣本數相同時的處理間均方和，真正一般通式應該是（11-2）的公式。若樣本數不相同時，就一定要使用（11-2）之公式。

σ^2 處理內估計值稱為誤差均方（Mean Square Due To Error, MSE），其公式為：

$$MSE = \frac{\sum_{i=1}^{k} \sum_{j=1}^{n_i} (x_{ij} - \overline{x}_i)^2}{N-k} = \frac{SSE}{N-k} \qquad (11\text{-}6)$$

其中 SSE（Sum Of Square Due To Error）稱為誤差平方和，$SSE = \sum_{i=1}^{k} \sum_{j=1}^{n_i} (x_{ij} - \overline{x}_i)^2$，$x_{ij}$ 為第 i 個處理第 j 個樣本觀察值，$\overline{x}_i$ 為第 i 個處理的平均數。而 $N-k$ 為誤差平方和的自由度，N 為總樣本數，k 為處理的個數。

處理間平方和與誤差平方和加總會得到此變異來源的總平方和（Total Sum Of Square, SST）[1]，亦即：

$$SST = SSTR + SSE \qquad (11\text{-}7)$$

其中，總平方和乃是所有個別觀察值與總平均數的距離平方後，予以加總，其公式為：

$$SST = \sum_{i=1}^{k} \sum_{j=1}^{n_i} (x_{ij} - \overline{\overline{x}})^2 \qquad (11\text{-}8)$$

因此，檢定統計量為一個 F 統計量，其公式為：

$$F = \frac{MSTR}{MSE} \qquad (11\text{-}9)$$

---

[1] $\sum_{i=1}^{k} \sum_{j=1}^{n_i} (x_{ij} - \overline{\overline{x}})^2 = \sum_{i=1}^{k} n_i(\overline{x}_i - \overline{\overline{x}})^2 + \sum_{i=1}^{k} \sum_{j=1}^{n_i} (x_{ij} - \overline{x}_i)^2$

如同 11-2 節之理論說明，在虛無假設 H_0 為真下，σ^2 處理間估計值及 σ^2 處理內估計值都會是真正母體變異數 σ^2 的不偏估計值，亦即 MSTR 及 MSE 都會是真正母體變異數 σ^2 的不偏估計值，此時 F 值會接近 1。但當對立假設 Ha 為真下，σ^2 處理間估計值 MSTR 就會高估真正母體變異數 σ^2，而 σ^2 處理內估計值 MSE 仍是真正母體變異數 σ^2 的不偏估計值，此時 F 值會較大。因此，我們可以利用 F 值有多大來判定是否拒絕虛無假設 H_0。

最後，進行決策的法則仍是利用 p 值法及臨界值法。由於 F 值之高低係決定於分子處理間均方和是否被高估，故 F 檢定會都是屬於右尾檢定。決策法則為：

當 p 值 $\leq a$，則拒絕 H_0；當 p 值 $> a$，則不拒絕 H_0

當 $F \geq F_a$，則拒絕 H_0；當 $F < F_a$，則不拒絕 H_0

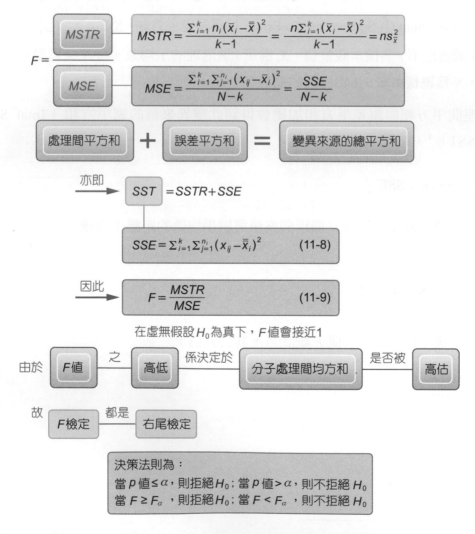

圖 11-11　變異數分析之 F 統計量公式與決策法則說明之概念圖

二、ANOVA 表

在實務應用上，所有統計軟體在進行變異數分析時，都會跑出變異數分析表（ANOVA 表）。如表 11-1 所示。變異數分析表可以很清楚了解 F 檢定統計量如何得出，以及如何藉由 F 檢定統計量及 p 值進行決策。

表 11-1　ANOVA 表

變異來源	平方和	自由度	均方和	F 值	p 值
處理	SSTR	$k\text{-}1$	MSTR	MSTR/MSE	$p\,(F \geq F\,值)$
誤差	SSE	$N\text{-}k$	MSE		
總和	SST	$N\text{-}1$			

三、實例說明

我們以上述臺灣中部民眾對三種品牌遊樂園滿意度調查之實例說明單因子變異數分析之應用。若我們有興趣想要了解臺灣中部民眾對劍湖山、六福村與九族文化村之滿意度（從最低到最高為 1-10 分）是否有差異；此時，目的係在比較民眾對劍湖山、六福村與九族文化村等三個品牌遊樂園的滿意度平均分數。根據變異數分析的前提假設，我們先假設民眾對三種品牌遊樂園的滿意度都是呈常態分配，且三個母體滿意度分數的變異數都相等。我們使用完全隨機實驗設計方法，從臺灣中部民眾隨機抽取 30 人，再將這 30 人隨機指派各自玩其中一種品牌的遊樂園。最後得到如表 11-2 的滿意度分數。假設調查者可以接受的顯著水準 $a = 0.05$。假設 μ_1 為臺灣中部民眾對劍湖山的知覺滿意度母體平均分數，μ_2 為臺灣中部民眾對六福村的知覺滿意度母體平均分數，μ_3 為臺灣中部民眾對九族文化村的知覺滿意度母體平均分數，則虛無與對立假設為：

$H_0 : \mu_1 = \mu_2 = \mu_3$

$H_a :$ 並非所有母體平均數皆相等

表 11-2　三種品牌遊樂園的樣本滿意度分數

劍湖山(x_{1j})	六福村(x_{2j})	九族文化村(x_{3j})
8	7	6
7	6	9
8	4	6
6	6	7
7	4	8
6	7	5
8	3	6
9	6	8
5	7	7
6	5	7
$x_1 = 7$	$x_2 = 5.5$	$x_3 = 6.9$

首先，我們使用平均數（11-3）及變異數公式求劍湖山的樣本平均數 $\bar{x}_1$ 及樣本變異數 s_1^2 為：

$$\bar{x}_1 = \frac{\sum_{j=1}^{n_i} x_{1j}}{n_1} = \frac{\sum_{j=1}^{10} x_{1j}}{10} = \frac{(8+7+...+6)}{10} = 7$$

$$s_1^2 = \frac{\sum_{j=1}^{10}(x_{1j}-\bar{x}_1)^2}{10-1} = \frac{(8-7)^2+(7-7)^2+...+(6-7)^2}{10-1} = 1.556$$

再求六福村的樣本平均數 $\bar{x}_2$ 及樣本變異數 s_2^2 為：

$$\bar{x}_2 = \frac{\sum_{j=1}^{10} x_{2j}}{10} = \frac{(7+6+...+5)}{10} = 5.5$$

$$s_2^2 = \frac{\sum_{j=1}^{10}(x_{2j}-\bar{x}_2)^2}{10-1} = \frac{(7-5.5)^2+(6-5.5)^2+...+(5-5.5)^2}{10-1} = 2.056$$

再求九族文化村的樣本平均數 $\bar{x}_3$ 及樣本變異數 s_3^2 為：

$$\bar{x}_3 = \frac{\sum_{j=1}^{10} x_{3j}}{10} = \frac{(6+9+...+7)}{10} = 6.9$$

$$s_3^2 = \frac{\sum_{j=1}^{10}(x_{3j}-\bar{x}_3)^2}{10-1} = \frac{(6-6.9)^2+(9-6.9)^2+...+(7-6.9)^2}{10-1} = 1.433$$

再利用（11-4）公式求取樣本總平均數為：

$$\bar{\bar{x}} = \frac{\sum_{i=1}^{k} \bar{x}_i}{k} = \frac{7 + 5.5 + 6.9}{3} = 6.467$$

再求取處理平方和 *SSTR* 為：

$$SSTR = \sum_{i=1}^{k} n_i(\bar{x}_i - \bar{\bar{x}})^2 = 10(7 - 6.467)^2 + 10(5.5 - 6.467)^2 + 10(6.9 - 6.467)^2 = 14.067$$

進一步由（11-2）公式求取處理均方和 *MSTR* 為：

$$MSTR = \frac{SSTR}{k-1} = \frac{14.067}{3-1} = 7.034$$

再求取誤差平方和 *SSE* 為[2]：

$$SSE = \sum_{i=1}^{k} \sum_{j=1}^{n_i}(x_{ij} - \bar{x}_i)^2$$
$$= (8-7)^2 + ... + (6-7)^2 + (7-5.5)^2 + ... + (5-5.5)^2 + (6-6.9)^2 + ... + (7-6.9)^2$$
$$= 45.4$$

再利用（11-6）公式求取誤差均方和 *MSE* 為：

$$MSE = \frac{SSE}{N-k} = \frac{45.4}{30-3} = 1.682$$

最後利用（11-9）公式求取 *F* 統計量為：

$$F = \frac{MSTR}{MSE} = \frac{7.034}{1.682} = 4.182$$

我們先利用 p 值法進行決策。變異數分析的 *F* 檢定是屬於右尾檢定，故求大於或等於 *F* 檢定統計量的右尾面積，如圖 11-12 所示，在分子自由度為 $k-1 = 2$ 及分母自由度為 $N-k = 27$ 下，結果 p 值[3]如下：

---

[2] 也可利用另一個公式計算：$SSE = \sum_{i=1}^{k}(n_i-1)s_i^2 = (10-1) \times 1.556 + (10-1) \times 2.056 + (10-1) \times 1.433 = 45.4$

[3] 查後面附錄 *F* 表（附錄 A-32），可查到 $F = 4.24$ 下之右尾面積為 0.025，$F = 3.35$ 下之右尾面積為 0.05，可利用差補法得到 $p(F \geq 4.182)$ 的近似解：$\frac{0.025 - 0.05}{4.24 - 3.35} = \frac{p - 0.05}{4.182 - 3.35}$

可得出 $p = 0.026$。或者使用下面網址可以直接輸入參數求得 p 值結果：
http：//netstat.stat.tku.edu.tw/prob.php

p 值 $= p(F \geq 4.182) = 0.026$

由於 p 值 $= 0.026 < a = 0.05$，故拒絕 H_0。因此，結論爲在顯著水準爲 0.05 下，我們有充分的統計證據支持臺灣中部民眾對三種品牌遊樂園的知覺滿意度平均分數並非完全相同。

再利用臨界值法進行決策，比較檢定統計量與臨界值爲：

$F = 4.182 > F_{(a\,;\,k-1,\,N-k)} = F_{(0.05\,;\,2,\,27)} = 3.35$

由於檢定統計量大於臨界值，故拒絕 H_0，與 p 值法結論一樣。

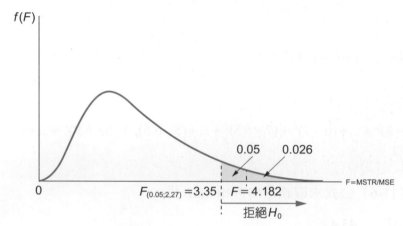

圖 11-12　三個母體平均數比較檢定之 p 值法與臨界值法

我們可利用上述結果製成 ANOVA 表，如表 11-3。有變異數分析功能的統計軟體皆可以跑出此表，由此表可以很清楚看出所有計算出 F 檢定統計量數值的變異來源，也可直接由 p 值決定是否拒絕虛無假設 H_0。

表 11-3　三種品牌遊樂園滿意度比較檢定之 ANOVA 表

變異來源	平方和	自由度	均方和	F 值	p 值
處理	14.067	2	7.034	4.182	0.026
誤差	45.405	27	1.682		
總和	59.472	29			

四、多重比較程序

使用變異數分析檢定多個母體平均數是否有差異，檢定結果只能確定所有母體平均數全部相等或至少有兩個母體平均數不相等，亦即如果檢定結果支持虛無假設，表示所有母體平均數皆相等，檢定就結束了。然而若檢定結果支持對立假設，則變異數分析結果只能知道至少有兩個母體平均數不相等，但究竟是哪兩個母體的平均數不相

等，則無法知道。此時就必須再進一步探討到底是哪些母體平均數不相等，統計方法稱為多重比較程序（Multiple Comparison Procedures），亦即必須進行多次兩兩母體平均數的比較才能得到所有答案。因此，一般實務上，變異數分析分為兩個步驟：第一個步驟為進行事前的變異數分析，亦即所有母體平均數一起比較；第二個步驟為事後的多重比較程序，亦即當事前的變異數分析結果支持對立假設，則進行事後的兩兩母體平均數的比較。

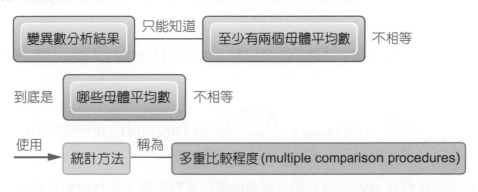

圖 11-13　變異數分析之事後多重比較程序說明之概念圖

　　既然多重比較程序是進行事後的兩兩母體平均數比較，則比較方法即回到第 10 章的兩個母體平均數比較的概念。兩個母體平均數比較的檢定步驟，也是與第 10 章的方法一樣。首先，我們可以建立各個母體平均數的信賴區間，其公式為：

$$\bar{x}_i \pm t_{(\frac{a}{2}, df)} \frac{s}{\sqrt{n_i}} = \bar{x}_i \pm t_{(\frac{a}{2}, N-k)} \frac{\sqrt{MSE}}{\sqrt{n_i}} \tag{11-10}$$

　　（11-10）式子表示第 i 個母體平均數 μ_i 的信賴區間。因為使用的是事後的變異數分析，故各母體平均數的信賴區間必須使用共同的母體變異數估計量，亦即 11-2 節所提到的自由度為 N-k 的誤差均方和（MSE），乃是母體變異數的不偏估計量。MSE 開根號即為母體標準差的不偏估計量。

　　若以三種品牌遊樂園知覺滿意度為例，在 95%的信賴水準下，臺灣中部民眾對劍湖山的知覺滿意度母體平均分數的信賴區間為：

$$\bar{x}_i \pm t_{(\frac{a}{2}, N-k)} \frac{\sqrt{MSE}}{\sqrt{n_i}} = 7 \pm t_{(0.025, 27)} \frac{\sqrt{1.682}}{\sqrt{10}} = 7 \pm 2.052 \times 0.41 = (6.159, 7.841)$$

　　結論可為我們有 95%的信心相信臺灣中部民眾對劍湖山的知覺滿意度平均分數介於 6.159 至 7.841 之間。

在 95%的信賴水準下，臺灣中部民眾對六福村的知覺滿意度母體平均分數的信賴區間為：

$$\overline{x}_i \pm t_{(\frac{a}{2}, N-k)} \frac{\sqrt{MSE}}{\sqrt{n_i}} = 5.5 \pm t_{(0.025, 27)} \frac{\sqrt{1.682}}{\sqrt{10}} = 5.5 \pm 2.052 \times 0.41 = (4.659, 6.341)$$

結論可為我們有 95%的信心相信臺灣中部民眾對六福村的知覺滿意度平均分數介於 4.659 至 6.341 之間。

在 95%的信賴水準下，臺灣中部民眾對九族文化村的知覺滿意度母體平均分數的信賴區間為：

$$\overline{x}_i \pm t_{(\frac{a}{2}, N-k)} \frac{\sqrt{MSE}}{\sqrt{n_i}} = 6.9 \pm t_{(0.025, 27)} \frac{\sqrt{1.682}}{\sqrt{10}} = 6.9 \pm 2.052 \times 0.41 = (6.059, 7.741)$$

結論可為我們有 95%的信心相信臺灣中部民眾對九族文化村的知覺滿意度平均分數介於 6.059 至 7.741 之間。

接下來，再進行正式兩兩母體平均數比較的檢定，須先設立虛無假設與對立假設為：

$H_o：\mu_i = \mu_j$

$H_a：\mu_i \neq \mu_j$

其中 μ_i 為第 i 個母體的母體平均數，μ_j 為第 j 個母體的母體平均數，而 $i \neq j$。

在統計實務上，多重比較程序的統計檢定方法有很多種，主要係各統計學家根據不同假設所推導出來的。我們介紹比較常用的幾種方法，以及其假設為何。首先，介紹比較常用的費雪最小顯著差異法（Fisher Least Significant Difference, LSD）。因為，變異數分析係假設母體變異數未知而使用樣本變異數估計之，其檢定統計量為：

$$t = \frac{\overline{x}_i - \overline{x}_j}{\sqrt{MSE(\frac{1}{n_i} + \frac{1}{n_j})}} \tag{11-11}$$

最後，決策法則仍是使用 p 值法或臨界值法。

我們再以實例說明，由於事前的變異數分析結果顯示臺灣中部民眾對三種品牌遊樂園的知覺滿意度平均分數並非完全相等，故須進一步分析究竟是對哪兩種品牌的知覺滿意度有差異。首先，比較劍湖山與六福村的知覺滿意度差異，虛無與對立假設為：

$H_0 : \mu_1 = \mu_2$

$H_a : \mu_1 \neq \mu_2$

劍湖山的樣本平均數 $\bar{x}_1 = 7$，六福村的樣本平均數 $\bar{x}_2 = 5.5$，樣本量皆是 10，$MSE = 1.682$，則檢定統計量為：

$$t = \frac{\bar{x}_i - \bar{x}_j}{\sqrt{MSE(\frac{1}{n_i} + \frac{1}{n_j})}} = \frac{7 - 5.5}{\sqrt{1.682(\frac{1}{10} + \frac{1}{10})}} = 2.586$$

使用 p 值法進行決策。屬於雙尾檢定，p 值為檢定統計量右尾面積的兩倍，在顯著水準為 $a = 0.05$，自由度為 $N-k = 27$ 下，檢定統計量的右尾面積為：

$p(t \geq 2.586) = 0.008$

則 p 值 $= 2 \times 0.008 = 0.016 < a = 0.05$，如圖 11-14 所示，故拒絕 H_0。因此，結論為在顯著水準為 $a = 0.05$ 下，我們有充分的統計證據支持臺灣中部民眾對劍湖山與六福村的知覺滿意度平均分數有顯著差異。

若使用臨界值法，比較檢定統計量與臨界值如下：

$$t = 2.586 > t_{(\frac{a}{2}, N-k)} = t_{(0.025, 27)} = 2.052$$

因為在右尾檢定下，檢定統計量大於臨界值，如圖 11-14 所示，故拒絕 H_0，結論與 p 值法一樣。

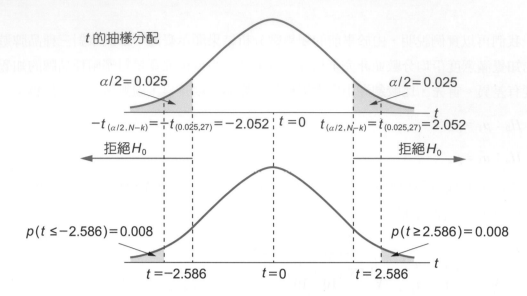

圖 11-14　多重比較程序之雙尾檢定 p 值法及臨界值法

接下來，比較劍湖山與九族文化村的知覺滿意度是否有差異，虛無與對立假設為：

$H_0：\mu_1 = \mu_3$

$H_a：\mu_1 \neq \mu_3$

劍湖山的樣本平均數 $\bar{x}_1 = 7$，九族文化村的樣本平均數 $\bar{x}_2 = 6.9$，樣本量皆是 10，$MSE = 1.682$，則檢定統計量為：

$$t = \frac{\bar{x}_i - \bar{x}_j}{\sqrt{MSE(\frac{1}{n_i} + \frac{1}{n_j})}} = \frac{7 - 6.9}{\sqrt{1.682(\frac{1}{10} + \frac{1}{10})}} = 0.172$$

使用 p 值法進行決策。屬於雙尾檢定，p 值為檢定統計量右尾面積的兩倍，在顯著水準為 $a = 0.05$，自由度為 $N\text{-}k = 27$ 下，檢定統計量的右尾面積為：

$$p(t \geq 0.172) = 0.432$$

則 p 值 $= 2 \times 0.432 > a = 0.05$，故不拒絕 H_0。因此，結論為在顯著水準為 0.05 下，我們沒有充分的統計證據支持臺灣中部民眾對劍湖山與九族文化村的知覺滿意度平均分數有差異。

最後，比較九族文化村與六福村的知覺滿意度是否有差異，虛無與對立假設爲：

$H_0：\mu_2 = \mu_3$

$H_a：\mu_2 \neq \mu_3$

九族文化村的樣本平均數 $\bar{x}_3 = 6.9$，六福村的樣本平均數 $\bar{x}_2 = 5.5$，樣本量皆是 10，$MSE = 1.682$，則檢定統計量爲：

$$t = \frac{\bar{x}_3 - \bar{x}_2}{\sqrt{MSE(\frac{1}{n_1} + \frac{1}{n_2})}} = \frac{6.9 - 5.5}{\sqrt{1.682(\frac{1}{10} + \frac{1}{10})}} = 2.414$$

使用 p 值法進行決策。屬於雙尾檢定，p 值爲檢定統計量右尾面積的兩倍，在顯著水準爲 0.05，自由度爲 $N\text{-}k = 27$ 下，檢定統計量的右尾面積爲：

$p(t \geq 2.414) = 0.0114$

則 p 值 $= 2 \times 0.0114 = 0.023 < a = 0.05$，故拒絕 H_0。因此，結論爲在顯著水準爲 $a = 0.05$ 下，我們有充分的統計證據支持臺灣中部民眾對九族文化村與六福村的知覺滿意度平均分數有顯著差異。

由上述事前事後的變異數分析結果，可以針對我們的問題得到完全的解答，臺灣中部民眾對三種品牌遊樂園的知覺滿意度平均分數是有差異的，且主要是對劍湖山與六福村及對九族文化村與六福村的知覺滿意度有差異。

對於使用費雪 LSD 法進行事後比較，上述檢定方法必須獨立使用三次，可能較不方便。我們可以使用一個更方便的做法，由於上述 t 檢定統計量的分母標準誤是一樣的，故我們可以使用檢定統計量與臨界值比較進行決策法則下，將公式進行代數轉換，得到更簡便的檢定程序[4]。此時，檢定統計量可爲：

$|\bar{x}_i - \bar{x}_j|$

---

[4] 臨界值法爲檢定統計量與臨界值比較，雙尾檢定(將檢定統計量取絕對值後，都變成是雙尾的右尾檢定)拒絕虛無假設的標準爲：$\left| t = \dfrac{\bar{x}_i - \bar{x}_j}{\sqrt{MSE(\frac{1}{n_i} + \frac{1}{n_j})}} \right| \geq t_{(\frac{a}{2}, N-k)}$，則拒絕 H_0。

將上述式子進行代數轉換，可得：$|\bar{x}_i - \bar{x}_j| \geq t_{(\frac{a}{2}, N-k)} \sqrt{MSE(\frac{1}{n_i} + \frac{1}{n_j})}$

在顯著水準為 a 下，決策法則為：

$$\left| \bar{x}_i - \bar{x}_j \right| \geq LSD = t_{(\frac{a}{2}, N-k)} \sqrt{MSE(\frac{1}{n_i} + \frac{1}{n_j})} \quad , 則拒絕 H_0。$$

此時我們只要算出右邊的數值，就可很快一次檢定完所有情況。再以三種品牌遊樂園為例，可以將右邊數值 LSD 先算出來：

$$LSD = t_{(\frac{a}{2}, N-k)} \sqrt{MSE(\frac{1}{n_i} + \frac{1}{n_j})} = t_{(0.025, 27)} \sqrt{1.682(\frac{1}{10} + \frac{1}{10})} = 2.052 \times 0.58 = 1.19$$

利用算出的三種品牌遊樂園知覺滿意度平均分數兩兩差異絕對值的檢定統計量，再與 LSD 進行比較，可直接得出是否拒絕 H_0：

$\left| \bar{x}_1 - \bar{x}_2 \right| = 1.5 > 1.19$，故拒絕 H_0

$\left| \bar{x}_1 - \bar{x}_3 \right| = 0.1 < 1.19$，故不拒絕 H_0

$\left| \bar{x}_2 - \bar{x}_3 \right| = 1.4 > 1.19$，故拒絕 H_0

上述費雪 LSD 的多重比較程序，每一次比較都設定顯著水準為 $a = 0.05$，此顯著水準稱為逐步比較型 I 錯誤率（Comparisonwise Type I Error Rate）。對一個單一次的兩個母體平均數差異比較，此一型 I 錯誤率是一般可以接受的標準。然而，變異數分析乃是進行單一實驗的資料分析方法，亦即其事後的多重比較程序也是屬於單一實驗的資料分析程序。此時，若以此單一實驗而言，多重比較程序必須進行多次的兩兩母體平均數差異比較，那決策者在意的可能不是逐步比較型 I 錯誤率，而是整體實驗的型 I 錯誤率，我們稱為整體實驗型 I 錯誤率（Experimentwise Type I Error Rate，假設簡稱為 a_e），亦即整個實驗至少發生一次型 I 錯誤的機率。

若以上述三種品牌遊樂園知覺滿意度平均分數兩兩差異比較為例，多重比較程序進行了三次的比較，則三次至少發生一次型 I 錯誤的機率為何？每一次設定顯著水準為 $a = 0.05$，則每一次不犯型 I 錯誤的機率為 0.95，總共進行獨立的三次事後兩兩比較，故三次檢定中不犯任何型 I 錯誤的機率為 $0.95 \times 0.95 \times 0.95 = 0.95^3 = 0.857$。因此，三次檢定中至少犯一次型 I 錯誤的機率為 0.143，亦即整體實驗型 I 錯誤率為 $a_e = 0.143$。假若進行五種遊樂園品牌的比較，則多重比較程序就必須進行 10 次，而 10 次檢定中不犯任何型 I 錯誤的機率為 $0.95 \times \cdots \times 0.95 = 0.95^{10} = 0.599$，則整體實驗型 I 錯誤率

高達 $a_e = 0.401$。此整體實驗型 I 錯誤率就很高了，但一般實務上要求型 I 錯誤率不能太高，故費雪 LSD 方法可能會有過高的整體型 I 錯誤率的缺點。爲解決此一缺點，可利用 Bonferroni 調整法（Bonferroni Adjustment Method）。

Bonferroni 調整法乃是針對整體實驗型 I 錯誤率過高進行調整，調整方法乃是直接以整體實驗型 I 錯誤率爲設定標準，進行多重比較程序；亦即在多重比較時，決策者設定的顯著水準係針對整體實驗型 I 錯誤率設定，而非逐步比較型 I 錯誤率。以上述三種品牌遊樂園比較而言，若決策者設定的顯著水準爲 $a = 0.05$，則整體實驗型 I 錯誤率爲 $a_e = 0.05$，因爲總共進行三次兩兩比較，故每次的逐步比較型 I 錯誤率 α 爲 0.05/3 = 0.0167，$\dfrac{\alpha}{2} \approx 0.008$。因此，我們可以使用 LSD 比較程序搭配 Bonferroni 調整法進行多重比較程序。若以上述三種品牌遊樂園比較爲例，則

$$LSD = t_{(\frac{\alpha}{2}, N-k)}\sqrt{MSE\left(\frac{1}{n_i} + \frac{1}{n_j}\right)} = t_{(0.008, 27)}\sqrt{1.682\left(\frac{1}{10} + \frac{1}{10}\right)} = 2.57 \times 0.58 = 1.49$$

利用算出的三種品牌遊樂園知覺滿意度平均分數兩兩差異絕對值的檢定統計量，再與 LSD 進行比較，可直接得出是否拒絕 H_0：

$|\bar{x}_1 - \bar{x}_2| = 1.5 > 1.49$，故拒絕 H_0

$|\bar{x}_1 - \bar{x}_3| = 0.1 < 1.49$，故不拒絕 H_0

$|\bar{x}_2 - \bar{x}_3| = 1.4 < 1.49$，故不拒絕 H_0

由上述結果可發現，經過 Bonferroni 調整後，六福村與九族文化村之知覺滿意度平均分數變爲無差異。由此可知，經過 Bonferroni 調整法後，兩兩比較的型 I 錯誤率降低了，導致兩個平均數差異性比較不容易達到顯著差異，此爲顯著水準（亦即決策者可容忍犯型 I 錯誤的機率）設定比較嚴格所導致。但我們知道，若樣本不變下，型 I 錯誤設定過低，會使型 II 錯誤提高，導致檢定力過低。因此，在實務上，必須依照個別實務應用進行各自判斷，看要使用費雪 LSD 方法或 Bonferroni 調整法。若實務個案犯型 I 錯誤的代價非常高，則可考慮使用 Bonferroni 調整法，若比較考慮檢定力，則可使用費雪 LSD 或其他修正方法如 Tukey 法。

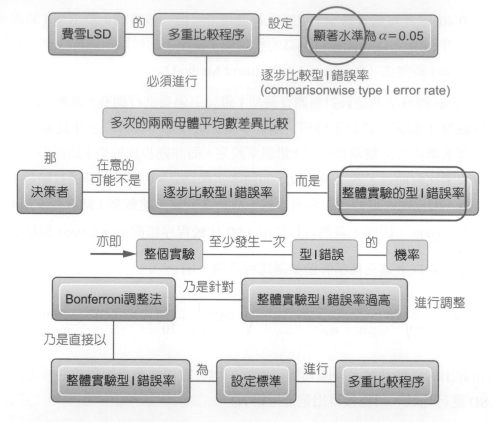

圖 11-15　考量不同顯著水準設定標準之多重比較程序方法說明之概念圖

11-4　隨機集區實驗設計

　　如同前面說明，隨機集區實驗設計乃是考慮參與實驗者本身的能力或特性差異，可能導致實驗干擾，使得變異數分析的誤差均方和 MSE 變大，導致 F 值變小，可能會使得平均數差異性檢定結果會有低估差異現象的問題（亦即實際上有差異卻結論沒有）。因此，隨機集區實驗設計乃把參與實驗者本身的差異考慮到變異數分析，稱為集區。或者將同性質的實驗者歸為一類，稱為一個集區，再在每個集區進行完全隨機抽樣，抽出一個代表樣本，如此也是屬於隨機集區實驗設計。

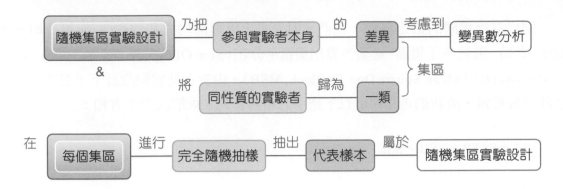

圖 11-16　隨機集區實驗設計方式說明之概念圖

我們舉一個實例說明。假設新東陽目前有三種肉乾包裝方法進行選擇，老闆主要在意的是生產速度，希望選擇最快速的方法。假設第一種包裝方法包裝完成的平均時間是 μ_A（分），第二種包裝方法包裝完成的平均時間是 μ_B，第三種包裝方法包裝完成的平均時間是 μ_C。則虛無與對立假設為：

$H_0：\mu_A = \mu_B = \mu_C$

$H_a：$並非所有母體平均數皆相等

假設統計人員設定的顯著水準為 $a = 0.01$，且利用隨機方式選擇 10 名員工進行測試，每位員工都被指派使用三種方法進行包裝，而使用方法的先後順序是隨機決定的。若把每個參與者當成一個集區（假設各個參與者的能力、經驗..等等性質完全不同），則會有 10 個集區，如表 11-4 所示。

表 11-4　三種包裝方法包裝的時間（以分鐘計）

		處理			
		A 方法(x_{1j})	B 方法(x_{2j})	C 方法(x_{3j})	各集區平均分數
集區	員工 1(x_{i1})	2	2.5	2.4	$\bar{x}_1 = 2.3$
	員工 2(x_{i2})	2.3	2.5	2.8	$\bar{x}_2 = 2.533$
	員工 3(x_{i3})	1.6	2	2.2	$\bar{x}_3 = 1.933$
	員工 4(x_{i4})	1.8	1.9	2.1	$\bar{x}_4 = 1.933$
	員工 5(x_{i5})	2.1	2.3	2.6	$\bar{x}_5 = 2.333$
	員工 6(x_{i6})	2.5	2.8	2.6	$\bar{x}_6 = 2.633$
	員工 7(x_{i7})	1.2	1.6	1.5	$\bar{x}_7 = 1.433$
	員工 8(x_{i8})	1.4	1.8	2.1	$\bar{x}_8 = 1.767$
	員工 9(x_{i9})	1.8	1.8	2	$\bar{x}_9 = 1.867$
	員工 10(x_{i1})	1.7	2.1	2	$\bar{x}_{10} = 1.933$
	各處理平均分數	$\bar{x}_1 = 1.84$	$\bar{x}_2 = 2.13$	$\bar{x}_3 = 2.23$	$\bar{\bar{x}} = 2.067$

同樣進行相同的檢定程序，我們必須先求出處理間均方和 $MSTR$ 與誤差均方和 MSE。此時，因為多了集區，必須多算出集區平分和（Sum Of Square Due To Block, SSB）與集區均方和（Mean Square Due To Block, MSB）。由於在此實驗設計下，誤差平方和之計算較複雜，故我們可以利用以下總平方和的公式來求解誤差平方和：

$$SST = SSTR + SSB + SSE$$

則

$$SSE = SST - SSTR - SSB \qquad (11\text{-}12)$$

其中

$$SST = \sum_{j=1}^{b} \sum_{i=1}^{k} (x_{ij} - \overline{\overline{x}})^2 \qquad (11\text{-}13)$$

其中 x_{ij} 表示第 i 個處理第 j 個集區的觀察值，$\overline{\overline{x}}$ 為總平均數。

其次，求處理間總平方和為：

$$SSTR = b \sum_{i=1}^{k} (\overline{x}_i - \overline{\overline{x}})^2 \qquad (11\text{-}14)$$

其中 $\overline{x}_i$ 表示第 i 個處理的平均數。

最後，求集區總平方和為：

$$SSB = k \sum_{j=1}^{b} (\overline{x}_j - \overline{\overline{x}})^2 \qquad (11\text{-}15)$$

其中 $\overline{x}_j$ 表示第 j 個集區的平均數。

表 11-4 是三種包裝方法的個別包裝時間，其總平均分數為：

$$\overline{\overline{x}} = \frac{\sum_{j=1}^{10} \sum_{i=1}^{3} x_{ij}}{N} = \frac{2 + 2.3 + 1.6 + \ldots + 2.1 + 2 + 2}{30} = 2.067$$

由（11-13）公式可得到總平方和 SST 為：

$$SST = \sum_{j=1}^{10} \sum_{i=1}^{3} (x_{ij} - \overline{\overline{x}})^2 = (2 - 2.067)^2 + (2.3 - 2.067)^2 + \ldots + (2 - 2.067)^2 = 4.867$$

由（11-14）公式可得到處理間平方和 $SSTR$ 為：

$$SSTR = 10 \sum_{i=1}^{3} (\overline{x}_i - \overline{\overline{x}})^2$$
$$= 10((1.84 - 2.067)^2 + (2.13 - 2.067)^2 + (2.23 - 2.067)^2)$$
$$= 0.82$$

由（11-15）公式可得到集區平方和 SSB 為：

$$SSB = 3 \sum_{j=1}^{10} (\overline{x}_j - \overline{\overline{x}})^2 = 3((2.3 - 2.067)^2 + ... + (1.933 - 2.067)^2) = 3.747$$

由（11-12）可求出誤差平方和 SSE 為：

$$SSE = SST - SSTR - SSB = 4.867 - 0.82 - 3.747 = 0.3$$

進一步求處理間均方和 $MSTR$ 為：

$$MSTR = \frac{SSTR}{k-1} = \frac{0.82}{3-1} = 0.41$$

考慮集區的隨機集區實驗設計，由於多了集區，使得誤差平方和的自由度變為 $(k-1)(b-1)$，再求誤差均方和 MSE 為：

$$MSE = \frac{SSE}{(k-1)(b-1)} = \frac{0.3}{(3-1)(10-1)} = 0.017$$

則檢定統計量為：

$$F = \frac{MSTR}{MSE} = \frac{0.41}{0.017} = 24.12$$

利用 p 值法進行決策。在分子自由度為 $k-1 = 2$，分母自由度為 $(k-1)(b-1) = 18$ 下，大於或等於檢定統計量 F 值的右尾面積為：

$$p \text{ 值} = p(F \geq 24.12) = 0.000$$

由於 p 值 $= 0.000 < a = 0.01$，故拒絕 H_0，顯示我們有充分證據支持三種包裝方法的包裝時間確實有顯著差異。我們必須進一步利用多重步驟程序探討哪一種包裝方法的生產速度最快，以做為最後選擇的包裝方法。

使用臨界值法進行決策，比較檢定統計量與臨界值（查附錄 A-30）為：

$$F = 24.12 > F_{(0.01, 2, 18)} = 6.01$$

在右尾檢定下，檢定統計量大於臨界值，故拒絕 H_0。

由上述推論說明，我們可進一步編製隨機集區實驗設計的 ANOVA 表，如表 11-5 所示。

表 11-5　k 個處理 b 個集區的隨機集區設計的 ANOVA 表

變異來源	平方和	自由度	均方和	F 值	p 值
處理	$SSTR = 0.82$	$k-1 = 2$	$MSTR = 0.41$	$MSTR/MSE = 24.12$	$P(F \geq 24.12) = 0.000$
集區	$SSB = 3.747$	$b-1 = 9$	$MSB = 0.416$	$MSB/MSE = 24.47$	$p(F \geq 24.47) = 0.000$
誤差	$SSE = 0.3$	$(k-1)(b-1) = 18$	$MSE = 0.017$		
總和	$SST = 4.867$	$N-1 = 29$			

11-5　二因子變異數分析

在 11-1 節我們提過因子實驗，乃是針對多個因子進行實驗，希望了解不同因子是否影響應變數，而使用的資料分析方法為多因子變異數分析。以最基本的兩個因子的變異數分析，我們稱為二因子變異數分析，亦即在了解兩個因子是否會對應變數有影響。在二因子甚至多因子變異數分析，與單因子變異數分析的差異，除了考量的因子從單一個變成多個外，我們也會想要了解這些因子之間對應變數的影響是否會存在交互作用，亦即他們對應變數的影響是否會互相干擾，這也是多因子變異數分析較複雜的部分。

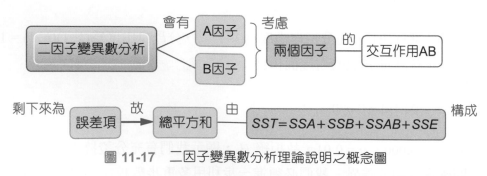

圖 11-17　二因子變異數分析理論說明之概念圖

在二因子變異數分析中，會有兩個因子，我們假設為 A 因子與 B 因子，並會考慮兩個因子的交互作用 AB，最後剩下來為誤差項，故總平方和會由以下構成：

SST = SSA + SSB + SSAB + SSE

其中 SST 為總平方和，SSA 為 A 因子的平方和，SSB 為 B 因子的平方和，$SSAB$ 為 AB 因子交互作用的平方和，SSE 為誤差平方和。

其中，總平方和公式為：

$$SST = \sum_{i=1}^{a} \sum_{j=1}^{b} \sum_{k=1}^{n} (x_{ijk} - \overset{=}{x})^2 \tag{11-16}$$

其中 x_{ijk} 表示 A 因子第 i 個水準與 B 因子第 j 個水準的第 k 個觀察值，$\overset{=}{x}$ 為總平均數，A 因子有 a 個處理水準，B 因子有 b 個處理水準，k 為每個處理組合的觀察值。總平均數公式為：

$$\overset{=}{x} = \frac{\sum_{i=1}^{a} \sum_{j=1}^{b} \sum_{k=1}^{n} x_{ijk}}{abn} \tag{11-17}$$

A 因子平方和的公式為：

$$SSA = bn \sum_{i=1}^{a} (\overline{x}_i - \overset{=}{x})^2 \tag{11-18}$$

其中 $\overline{x}_i$ 為 A 因子第 i 個處理觀察值的樣本平均數。

B 因子平方和的公式為：

$$SSB = an \sum_{j=1}^{b} (\overline{x}_j - \overset{=}{x})^2 \tag{11-19}$$

其中 $\overline{x}_j$ 為 B 因子第 j 個處理觀察值的樣本平均數。

AB 因子交互作用的公式為：

$$SSAB = n \sum_{i=1}^{a} \sum_{j=1}^{b} (\overline{x}_{ij} - \overline{x}_i - \overline{x}_j + \overset{=}{x})^2 \tag{11-20}$$

其中 $\overline{x}_{ij}$ 為 A 因子的第 i 個處理與 B 因子的第 j 個處理之處理組合觀察值的樣本平均數。

因此，誤差平方和的公式可爲：

$$SSE = SST-SSA-SSB-SSAB \qquad (11\text{-}21)$$

二因子變異數分析 ANOVA 表可得出如表 11-6 所示。其中 A 因子的自由度爲 a-1，B 因子的自由度爲 b-1，AB 因子交互作用的自由度爲（a-1）（b-1），誤差項的自由度爲 $ab(n$-1)。

表 11-6 二因子 ANOVA 表

變異來源	平方和	自由度	均方和	F 值	p 值
A 因子	SSA	a-1	$MSA = SSA/(a$-1)	MSA/MSE	$p(F \geqq MSA/MSE)$
B 因子	SSB	b-1	$MSB = SSB/(b$-1)	MSB/MSE	$p(F \geqq MSB/MSE)$
交互作用	$SSAB$	$(a$-1)(b-1)	$MSAB = SSAB/(a$-1)(b-1)	$MSAB/MSE$	$p(F \geqq MSAB/MSE)$
誤差	SSE	$ab(n$-1)	$MSE = SSE/ab(n$-1)		
總和	SST	abn-1			

我們利用上述三種包裝方法的例子來說明。假設我們有興趣包裝方法及性別等兩個因子對包裝速度的影響，亦即想要了解不同包裝方法及不同性別在包裝速度上是否有差異。假設包裝方法爲 A 因子，性別爲 B 因子，10 位員工中有五位是從女性中隨機選出，有五位是從男性員工中隨機選出，各自依照隨機順序使用三種包裝方法進行包裝所花時間結果如表 11-7。其中

$$\bar{x}_{11} = \frac{2+2.3+1.6+1.8+2.1}{5} = 1.96$$

$\bar{x}_{11}$ 乃是指 A 因子（包裝方法）第 1 個處理水準與 B 因子（性別）第 1 個處理水準的處理組合之樣本平均數，其他算法一樣。

另外

$$\bar{x}_{1\cdot} = \frac{2+2.3+1.6+1.8+2.1+2.5+1.2+1.4+1.8+1.7}{10} = 1.84$$

$\bar{x}_{1\cdot}$ 表示 A 因子（包裝方法）的第 1 個處理的樣本平均數，其他算法一樣。

另外

$$\bar{x}_{\cdot 1} = \frac{2+2.3+1.6+1.8+2.1+2.5+2.5+2+1.9+2.3+2.4+2.8+2.2+2.1+2.6}{15} = 2.207$$

$\bar{x}_{\cdot 1}$ 表示 B 因子（性別）的第 1 個處理的樣本平均數。其他算法一樣。

表 11-7　包裝方法與性別等二因子下的包裝時間

		包裝方法			
		第 1 種方法	第 2 種方法	第 3 種方法	
性	男 性	2 2.3 1.6 1.8 2.1	2.5 2.5 2 1.9 2.3	2.4 2.8 2.2 2.1 2.6	$x_{\cdot 1}=2.207$
		$x_{11}=1.96$	$x_{21}=2.24$	$x_{31}=2.42$	
別	女 性	2.5 1.2 1.4 1.8 1.7	2.8 1.6 1.8 1.8 2.1	2.6 1.5 2.1 2 2	$x_{\cdot 2}=1.927$
		$x_{12}=1.72$	$x_{22}=2.02$	$x_{32}=2.04$	
		$x_{1\cdot}=1.84$	$x_{2\cdot}=2.13$	$x_{3\cdot}=2.23$	$\overline{x}=2.067$

我們先求總樣本平均數，A 因子有三個處理水準 $a=3$，B 因子有兩個處理水準 $b=2$，AB 兩個因子的處理組合內的觀察值 $n=5$，代入（11-17）公式為：

$$\overline{x}=\frac{\sum_{i=1}^{3}\sum_{j=1}^{2}\sum_{k=1}^{5}x_{ijk}}{3\times2\times5}=\frac{2+2.3+1.6+...+2.1+2+2}{30}=2.067$$

再求總平方和 SST，代入（11-16）公式為：

$$SST=\sum_{i=1}^{3}\sum_{j=1}^{2}\sum_{k=1}^{5}(x_{ijk}-\overline{x})^2=(2-2.067)^2+...+(2-2.067)^2=4.867$$

再求 A 因子的平方和 SSA，代入（11-18）公式為：

$$SSA=2\times5\sum_{i=1}^{3}(\overline{x}_{i\cdot}-\overline{x})^2$$
$$=10((1.84-2.067)^2+(2.13-2.067)^2+(2.23-2.067)^2)$$
$$=0.82$$

再求 B 因子的平方和 SSB，代入（11-19）公式為：

$$SSB=3\times5\sum_{j=1}^{2}(\overline{x}_{\cdot j}-\overline{x})^2$$
$$=15((2.207-2.067)^2+(1.927-2.067)^2)$$
$$=0.588$$

再求交互作用的平方和 SSAB，代入（11-20）公式為：

$$SSAB = 5\sum_{i=1}^{3} \sum_{j=1}^{2} (\overline{x}_{ij} - \overline{x}_{i\cdot} - \overline{x}_{\cdot j} + \overset{=}{x})^2$$

$$= 5((1.96-1.84-2.207+2.067)^2 + (1.72-1.84-1.927+2.067)^2$$

$$+ (2.24-2.13-2.207+2.067)^2 + (2.02-2.13-1.927+2.067)^2$$

$$+ (2.42-2.23-2.207+2.067)^2 + (2.04-2.23-1.927+2.067)^2)$$

$$= 0.038$$

最後，可求得誤差平方和 SSE，代入（11-21）公式為：

SSE = SST−SSA−SSB−SSAB = 4.867−0.82−0.588−0.038 = 3.421

將上述結果代入表 11-6 的 ANOVA 表，可得到包裝時間的 ANOVA 表，如表 11-8 所示。其中均方和為平方和除以自由度，A 因子（包裝方法）的 F 值為 A 因子的均方和除以誤差均方和，其他依此類推。p 值為大於或等於 F 值的右尾面積。

表 11-8　包裝方法案例之二因子 ANOVA 表

變異來源	平方和	自由度	均方和	F 值	p 值
A 因子	0.82	2	0.41	2.867	0.077
B 因子	0.588	1	0.588	4.112	0.054
交互作用	0.038	2	0.019	0.133	0.876
誤差	3.421	24	0.143		
總和	4.867	29			

由表 11-8 我們可以發現交互作用並未達顯著，顯示 A 與 B 兩個因子（包裝方法與性別）對應變數之影響並無交互效果，故應把這個交互作用刪除，使用沒有交互作用的變異數分析結果。如表 11-9 所示，變為無交互作用的 ANOVA 表。

表 11-9　包裝方法與性別無交互作用的 ANOVA 表

變異來源	平方和	自由度	均方和	F 值	p 值
A 因子	0.82	2	0.41	3.083	0.063
B 因子	0.588	1	0.588	4.421	0.045
誤差	3.459	26	0.133		
總和	4.867	29			

假設顯著水準為 0.05。由表 11-9 可發現，考慮包裝方法及性別等二因子變異數分析，A 因子也就是包裝方法之主效果（Main Effect）p 值未達到顯著水準（p 值 = 0.063 > 0.05），表示我們沒有充分證據支持三種包裝方法的包裝時間有顯著差異。而 B 因子也就是性別之主效果 p 值有達到顯著水準（p 值 < 0.05），表示我們有充分證據支持不同性別的包裝時間有顯著差異。因此，最後結論是性別造成包裝時間的差異，而非包裝方法造成包裝時間的差異。

11-6　Excel 範例

單因子變異數分析
（表 11-3 三種品牌遊樂園滿意度比較檢定之 ANOVA 表）

步驟一

輸入「表 11-2 三種品牌遊樂園的樣本滿意度分數」

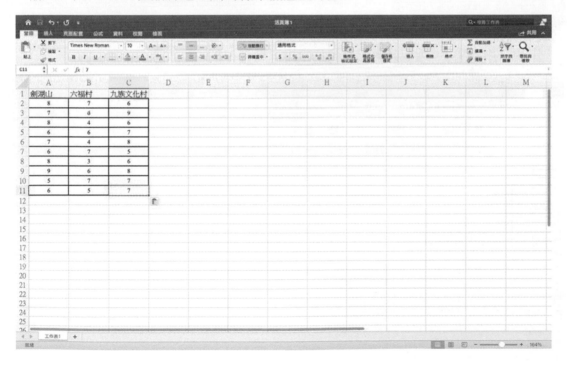

步驟二

要使用 EXCEL 複雜的統計分析，必須先設定 EXCEL 功能。按一下「檔案」（EXCEL 畫面左上方），然後按一下「選項」（新出現畫面的左下方），出現下述畫面，再按一下左下方「增益集」，最後按「執行」

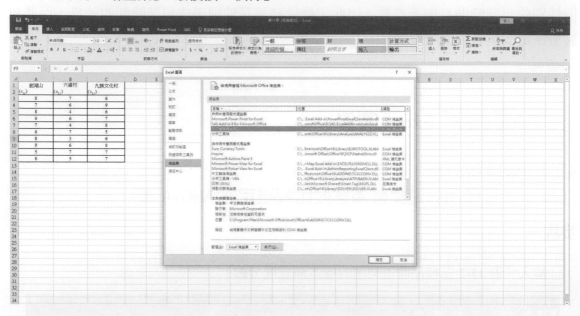

出現「增益集」，選取分析工具箱及分析工具箱-VBA

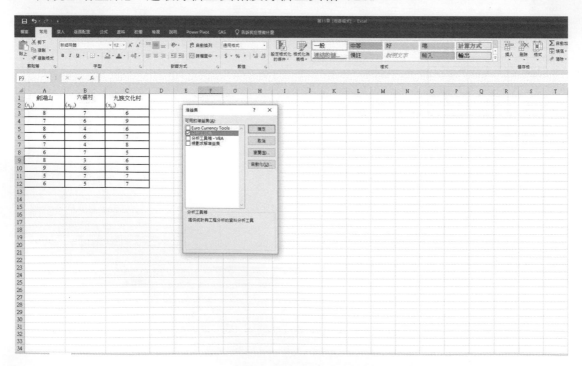

步驟三

按「資料」，按「資料分析」（在畫面右上方），選取「單因子變異數分析」

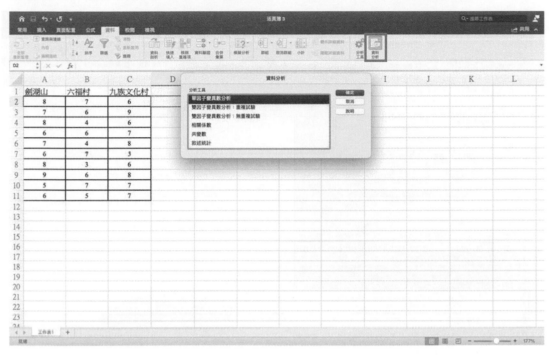

出現「單因子變異數分析」對話框，游標選取 A2:C9（資料數據範圍），輸入範圍框中會出現A3：C11，再選取新工作表，按確定

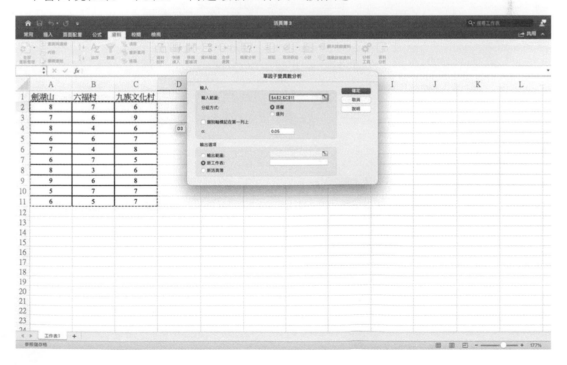

步驟四

產生 ANOVA 表

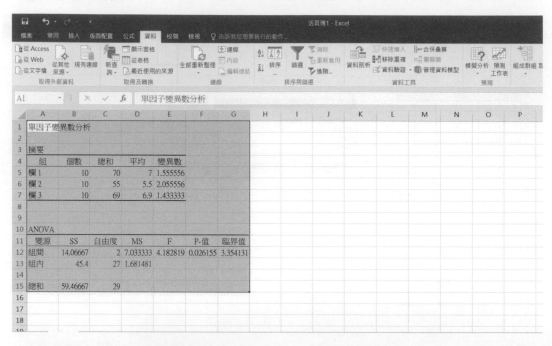

一、假設有一個針對逢甲夜市三家炸雞店口味的滿意度調查（分數從 1～7 分，極度不滿意～極度滿意），隨機抽取到逢甲夜市逛街的 30 位顧客，分別隨機指派吃三家店的炸雞，表 1 為得出的滿意度分數。請問三家炸雞店口味的平均滿意度各為多少？是否有差異？請編製 ANOVA 表。假設顯著水準為 0.05。

表 1　三家炸雞店的樣本滿意度分數

第一家	第二家	第三家
5	3	2
3	3	4
4	4	3
6	5	5
5	4	4
5	4	5
6	3	2
7	3	3
7	4	3
6	5	5

二、承上題，請利用 Fisher LSD 方法進行事後多重程序比較，三家炸雞店口味不均滿意度分數有何差異？假設顯著水準為 0.05。

三、承題一，請利用 Bonferroni 調整法進行事後多重程序比較，三家炸雞店口味平均滿意度分數有何差異？此結果與題二結果有何差異？原因為何？假設顯著水準為 0.05。

四、根據醫學研究顯示騎腳踏車可降低高血壓。國內一個醫學團隊針對臺灣民眾進行試驗，想要了解是否騎腳踏車、跑步及爬山等對幫助降低高血壓是否有顯著差異。乃隨機抽取 10 位民眾進行試驗，考量個人體質不同故把每個人當成一個集區，每一位民眾分別各自於隔月進行一項運動（騎腳踏車、跑步及爬山）30 天（亦即未進行前量血壓，進行一個運動 30 天後再量血壓，再休息一個月後量血壓，再進行另一個運動 30 天後再量血壓，依此類推），而每位民眾先進行哪項運動是隨機決定的。試驗結果如表 2 所示。假設顯著水準為 0.05，請問三種類型的運動對降低高血壓的幫助是否有顯著差異？請編製 ANOVA 表。

表 2 三種運動可降低高血壓值（以收縮壓為衡量標準）

	騎腳踏車	跑步	爬山
1	25	18	6
2	20	20	10
3	32	16	9
4	18	14	7
5	22	16	15
6	15	19	12
7	26	10	10
8	25	22	5
9	24	24	12
10	14	15	15

簡單線性
迴歸分析

本章大綱

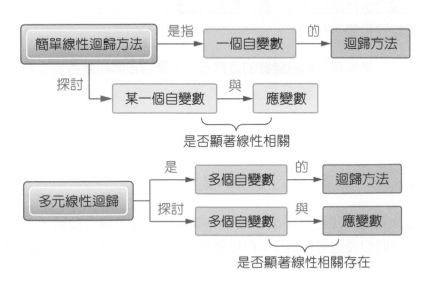

　　在實務上應用最廣的莫過於想要了解影響某些變數的因素有哪些，進而能去預測這些變數，如影響公司績效的因素有哪些、花費廣告支出是否能貢獻營收、影響顧客滿意度的因素有哪些、員工服務態度變好是否能提高顧客滿意度等等。上述這些被影響的變數統稱為應變數（Dependent Variables），是我們在意的變數，如公司績效、營收、顧客滿意度等等；而影響應變數的因素稱為自變數（Independent Variables），是我們想要去尋找會影響應變數的變數，如廣告支出、員工服務態度等等。

　　就統計方法而言，當我們有興趣想要找尋某個變數的影響因素有哪些，我們會利用經驗、客觀蒐集證據的方式，找到一些我們認為可能會影響此應變數的一些自變數（亦即重要的影響因素）。然而，這些自變數並非找到就一定是影響應變數的重要變數，仍必須經過統計檢定的測試過程，才能了解哪些自變數才是真正影響應變數的重要變數。而使用來檢測哪些自變數會影響應變數的統計方法，我們稱為迴歸方法（Regression Method）。

　　迴歸方法分為簡單線性迴歸（Simple Linear Regression）及多元線性迴歸（Multiple Linear Regression）方法。不論哪種迴歸方法，應變數都只有一個。簡單線性迴歸方法乃是指只有一個自變數的迴歸方法，探討某一個自變數是否會與應變數有顯著線性相關存在。所謂線性相關乃是指自變數與應變數的關係是線性的。多元線性迴歸則是指有多個自變數的迴歸方法，探討多個自變數是否會與應變數有顯著線性相關存在。

* 簡單線性迴歸方法乃是指只有一個自變數的迴歸方法，探討某一個自變數是否會與應變數有顯著線性相關存在。

* 多元線性迴歸則是指有多個自變數的迴歸方法，探討多個自變數是否會與應變數有顯著線性相關存在。

12-1　簡單線性迴歸模型

　　如同上述，簡單線性迴歸模型，包含一個應變數及一個自變數，而這兩個變數是線性關係的。我們假設應變數為 y，自變數為 x，則母體的簡單線性迴歸模型為：

$$y = a + \beta x + \varepsilon \tag{12-1}$$

其中 y 爲應變數，x 爲自變數，a 爲常數項，β 爲迴歸係數（Regression Coefficient），ε 爲誤差項（Error Term）。

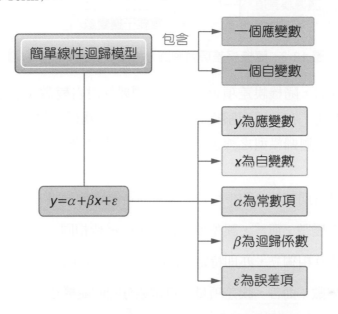

圖 12-1　簡單線性迴歸模型說明之概念圖

（12-1）的迴歸式之意義乃是等號左邊的應變數 y 是由等號右邊的幾項構成的，包含常數項 a、自變數 x、誤差項 ε。一般我們解釋爲會影響應變數 y 的因素乃是等號右邊的所有項目。常數項乃是指沒有其他影響因素下，最基本的 y 值，如 y 爲個人消費，此時常數項表示沒有任何其他影響個人消費的因素下，個人的基本消費（吃東西、穿衣服等等）。而 x 表示我們要探討的影響應變數個人消費 y 的因素，如所得；表示所得高低可能影響個人消費力道，假設所得 x 的係數值 β 不等於 0，則表示所得會影響個人消費。迴歸分析的目的即是要探討自變數 x 是否眞的會與應變數 y 有關，如所得與個人消費是否眞的有關。

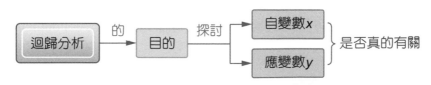

圖 12-2　迴歸分析之目的說明之概念圖

最後，誤差項 ε 乃是指除了自變數 x 以外，其他會影響應變數 y 的所有因素；例如，會影響個人消費的除了所得以外，還會有其他因素，這些因素如果沒有單獨成爲自變數，就都會放在誤差項中。因此，誤差項乃是無法由自變數衡量的其他會影響應變數的所有因素，這些誤差項是隨機發生的，故誤差項是一個隨機變數，稱爲隨機誤差項。

圖 12-3　隨機誤差項對迴歸分析重要性說明之概念圖

由上述說明可知，隨機誤差項會是干擾我們要探討自變數 x 與應變數 y 之關係的重要干擾變數。因此，在利用迴歸模型探討 x 與 y 之關係（包含估計正確的迴歸係數及顯著性檢定）前，迴歸模型之誤差項 ε 必須符合以下幾點假設，才能讓迴歸分析結果正確[1]：

1. 誤差項 ε 為具有期望值（即平均數）為 0 的隨機變數，即 $E(\varepsilon) = 0$。

2. 對於所有的自變數 x 而言，誤差項 ε 的變異數 σ^2 皆相同。

3. 誤差項 ε 彼此互相獨立，亦即特定 x 值的 ε 與其他 x 值的 ε 不相關。

4. 對於所有自變數 x 而言，誤差項是來自常態分配的隨機變數。

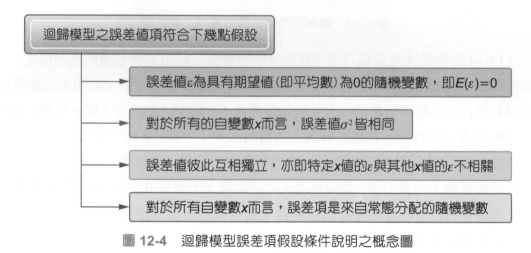

圖 12-4　迴歸模型誤差項假設條件說明之概念圖

將（12-1）式取期望值，可得到（12-2）式，乃是母體迴歸方程式（Population Regression Equation）。

$$E(y) = E(a + \beta x + \varepsilon)$$

---

[1] 迴歸假設對於迴歸分析結果是否正確是關鍵條件，因此，必須全部符合條件才可進行迴歸分析。如果未能符合某些條件，則必須經過調整或改用其他能符合條件的迴歸方法。至於這些假設是否能符合，仍必須經過統計檢定才能得知。此檢定方式是屬於較高階的統計方法，本書不再探討。

由於常數取期望值會等於其本身數值，故上式可提出常項數 a，而係數值 β 及自變數 x 皆爲已知的值，期望值也會等於其本身數值。另外，由於誤差項是一個隨機變數，必須服從期望值爲 0，變異數爲固定值 σ^2 的常態分配。因此，應變數 y 的隨機性乃是來自誤差項。故可得到以下母體迴歸方程式：

$$E(y) = a + \beta x \tag{12-2}$$

（12-2）的母體迴歸方程式表示的是迴歸分析乃是指自變數 x 與應變數 y 的期望值（平均數）之關係，亦即自變數 x 變動 1 個單位，應變數 y 的平均數會變動 β 個單位。由（12-2）的母體迴歸方程式可以畫出如圖 12-6 的母體迴歸線（Population Regression Line）。然而，實際上個別的實際 y 值與實際 x 值的眞正關係，可能並非都能在（12-2）的母體迴歸線上，各別（x,y）數值組合與母體迴歸線的垂直距離即是利用母體迴歸線估計的 x 與 y 關係的誤差，如圖 12-6，亦即（12-1）的誤差項 ε，故由（12-1）與（12-2）之關係，可以導出（12-3）的母體線性迴歸模型：

$$y = E(y) + \varepsilon \tag{12-3}$$

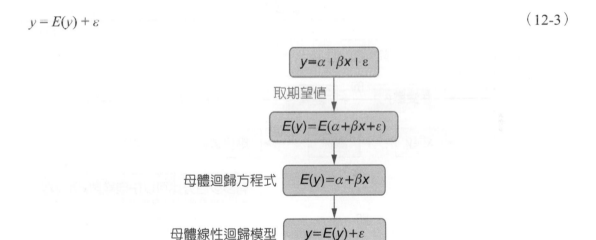

圖 12-5 母體迴歸模型與母體迴歸方程式關係說明之概念圖

由此可知，用迴歸線估計實際 x 與 y 的關係，一般都會存在著誤差，此乃是因爲影響應變數 y 的因素不會只有一個自變數 x，還會有其他因素，故使用 x 來估計 y，無法百分之百估計正確。如圖 12-6 的每一個點代表著 x 與 y 的眞正關係，而用來求取 x 與 y 關係的母體線性迴歸線與這些點還是有差距。在實務應用上，迴歸分析乃是利用變異數分析的做法，將應變數 y 的變異分成等號右邊的項目，故 x 與 y 的關係乃是說明爲應變數 y 的變異中有多少百分比可由自變數 x 所解釋，而誤差項即爲無法由自變數 x 與應變數 y 的線性關係所解釋的部分。如圖 12-6 的垂直距離，乃是指用 x 解釋 y

的誤差部分。對於統計人員而言，自然希望用 x 來解釋或估計 y 的誤差愈小愈好。因此，我們希望的是找到一條迴歸線，能讓誤差項 ε（亦即圖 12-6 的真正點與迴歸線之垂直距離）最小，就是能讓 x 解釋 y 的誤差達到最小的最好迴歸線。

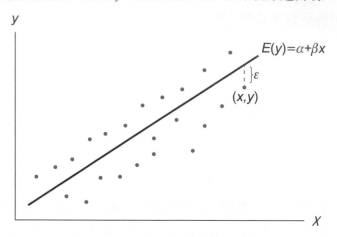

圖 12-6　母體迴歸線與誤差項 ε

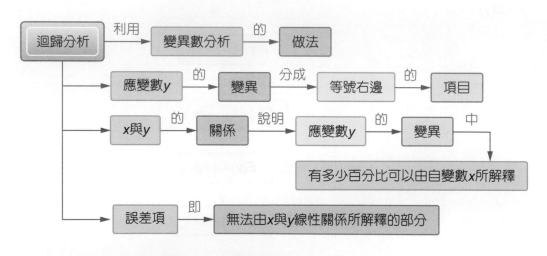

圖 12-7　迴歸分析理論說明之概念圖

　　當我們找到一條最佳迴歸線後，我們就要開始探討 x 與 y 的關係究竟為何？如同前述，母體迴歸線主要是探討自變數 x 與應變數 y 的線性關係，亦即我們是要探討 x 與 y 是否具有線性關係，此乃是簡單線性迴歸分析的目標。此關係可能是正的、負的線性關係，也可能是無線性關係，如圖 12-8 的三個圖形代表 x 與 $E(y)$ 的簡單線性迴歸關係。其中圖 a 為表示 x 與 y 的平均數為正向線性關係，圖 b 表示 x 與 y 的平均數為負向線性關係，圖 c 表示 x 與 y 的平均數無關。

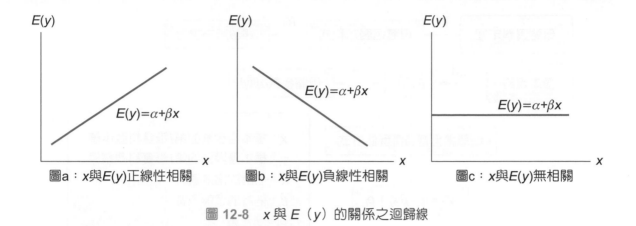

圖a：x與$E(y)$正線性相關　　　圖b：x與$E(y)$負線性相關　　　圖c：x與$E(y)$無相關

圖 12-8　x 與 $E(y)$ 的關係之迴歸線

12-2　估計簡單線性迴歸方程式：最小平方法

由上節的敘述，我們了解母體迴歸方程式目的在探討自變數 x 與應變數 y 的線性關係，我們必須考慮用 x 來估計 y 的誤差，如圖 12-6 的垂直距離代表的是每個 x 與 y 的真正關係及 x 與 y 的迴歸關係之間的誤差。當此誤差距離愈小時，代表迴歸線愈能代表 x 與 y 的實際關係。因此，用來代表「真正」x 與 y 的線性關係的母體迴歸方程式可能有無限多個，我們必須找出一個最佳的母體迴歸方程式來代表「真正」x 與 y 的關係。此最佳母體迴歸方程式會是讓每個 x 與 y 的真正關係及 x 與 y 的迴歸關係之間的誤差最小的那一個方程式。

因此，我們的目標乃是要求取代表真正 x 與 y 的實際關係的母體簡單線性迴歸方程式。但在實務應用上，我們無法得到母體資料，故無法利用母體資料求得母體迴歸方程式，故仍利用抽取樣本資料進行估計。當母體資料未知，則母體迴歸方程式的 a 與 β 也無法求出，故使用樣本資料來估計 a 與 β。假設利用樣本資料估計出的樣本統計量 $\hat{a}$ 與 $\hat{\beta}$ 分別代表母體參數 a 與 β，則（12-4）式稱為簡單線型迴歸模型估計式：

$$y_i = \hat{a} + \hat{\beta}x_i + e_i \tag{12-4}$$

（12-4）式中 x_i 之數值乃是樣本自變數的第 i 筆資料觀察值，y_i 之數值乃是樣本應變數的第 i 筆資料觀察值，皆為已知的數值；$\hat{a}$ 為估計的常數項，$\hat{\beta}$ 為估計的迴歸係數，e_i 稱為殘差項（Residual Term）。（12-4）式乃是表示當我們不知道（12-1）的母體線性迴歸模型時，可利用母體抽出的樣本資料求出（12-4）的估計式來估計（12-1）式。

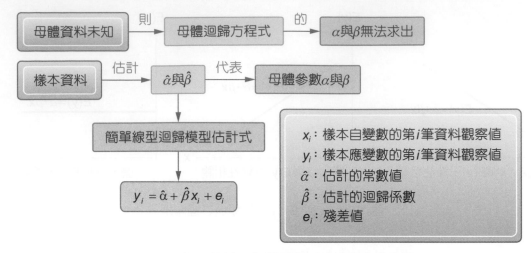

圖 12-9　簡單線性迴歸模型估計式說明之概念圖

而（12-5）式稱爲估計簡單線性迴歸方程式（Estimated Simple Linear Regression Equation）：

$$\hat{y}_i = \hat{a} + \hat{\beta}x_i \qquad\qquad (12\text{-}5)$$

（12-5）式中自變數 x_i 之數值乃是樣本的第 i 筆資料觀察值，爲已知的數值；$\hat{a}$ 爲估計的常數項，$\hat{\beta}$ 爲估計的迴歸係數，$\hat{y}_i$ 爲對應 x_i 資料值所估計出的應變數第 i 筆估計值。因此，（12-5）乃是利用母體抽出的樣本資料所估計出來的簡單線性迴歸方程式，目的在利用自變數 x_i 來估計（或預測）出應變數 $\hat{y}_i$。然而，在估計 $\hat{y}_i$ 之前，我們必須先估計出 $\hat{a}$ 與 $\hat{\beta}$。

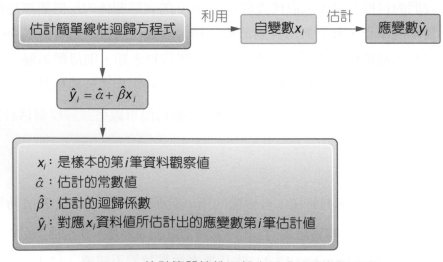

圖 12-10　估計簡單線性迴歸方程式說明之概念圖

　　為了估計 $\hat{a}$ 與 $\hat{\beta}$，統計學家有一個符合一般認知的方法，稱為最小平方法（Least Squares Method）。利用最小平方法求得的樣本估計量 $\hat{a}$ 與 $\hat{\beta}$，能符合不偏性及有效性等統計的良好特性，故為良好的樣本估計量，我們稱此估計量為最佳線性不偏估計量（Best Linear Unbiased Estimators, BLUE），亦即迴歸式是線性的，且樣本估計量具有不偏性及有效性（即樣本迴歸係數估計量的期望值能估計到母體迴歸係數參數，符合不偏性；樣本迴歸係數估計量的變異數最小使得效率最佳，符合有效性）。

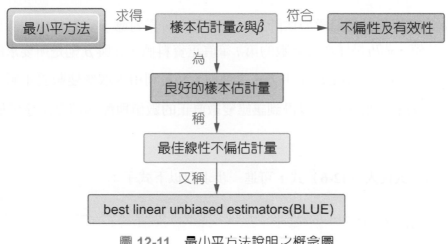

圖 12-11　最小平方法說明之概念圖

　　為何使用最小平方法來估計 $\hat{a}$ 與 $\hat{\beta}$？此理論基礎如同前述，乃是為了讓估計誤差達到最小，亦即讓每個 x 與 y 的真正關係及 x 與 y 的迴歸關係之間的誤差最小。比較（12-4）及（12-5）式就能瞭解，迴歸分析的目的乃是利用自變數 x_i 來估計（或預測）應變數 $\hat{y}_i$，而真正的應變數為 y_i，應變數的真正值 y_i 與估計值 $\hat{y}_i$ 會有差距，此差距即為殘差項 $e_i = y_i - \hat{y}_i$；如果應變數的估計（或預測）值 $\hat{y}_i$ 與真正的應變數 y_i 的差距愈小，表示用自變數 x_i 來估計應變數 y_i 愈好。在統計專業上，我們稱 $\hat{y}_i$ 為配適值（Fitted Value），當應變數的配適值與真正值差距愈小，表示迴歸方程式愈好；而最小平方法即是利用此原理進行估計常數項與迴歸係數的。

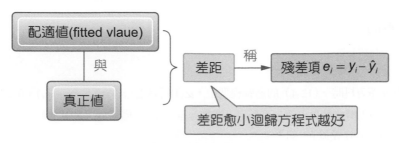

圖 12-12　殘差項概念說明迴歸方程式之概念圖

就代數法則而言，本來應該要最小化應變數之所有真正值 y_i 與配適值 $\hat{y}_i$ 差距之總和，但因為兩者個別數值之差的總和等於殘差項，而根據前述迴歸分析第 1 點基本假設條件，個別殘差項總和等於 0[2]，故乃退而求其次，將個別殘差項平方後再加總，再求取最小值，亦即：

$$\frac{min}{\hat{a},\hat{\beta}}\sum e_i{}^2 = \frac{min}{\hat{a},\hat{\beta}}\sum(y_i - \hat{y}_i)^2 \tag{12-6}$$

其中 e_i 為簡單線性迴歸模型估計式的殘差項，$\hat{y}_i$ 為對應 x_i 資料值所估計出的應變數第 i 筆估計值，y_i 乃是樣本應變數的第 i 筆真正資料值，$\hat{a}$ 與 $\hat{\beta}$ 則是所要求的常數項與迴歸係數。（12-6）式即是最小平方法之準則，乃是利用求取應變數真正值 y_i 與配適值 $\hat{y}_i$ 差距的平方和之最小值，以得到讓應變數真正的數值與配適值差距達到最小的 $\hat{a}$ 與 $\hat{\beta}$。

將（12-5）式代入（12-6）式，可進一步求取以下式子：

$$\frac{min}{\hat{a},\hat{\beta}}\sum(y_i - \hat{a} - \hat{\beta}x_i)^2 \tag{12-7}$$

由（12-7）之線性規劃模式求取極小值[3]，即可得出讓應變數的估計值 $\hat{y}_i$ 去估計應變數真正值 y_i 的估計誤差達到最小的最佳迴歸方程式的常數項 $\hat{a}$ 與迴歸係數 $\hat{\beta}$。由上面作法，可得出估計迴歸方程式的迴歸係數與常數項之公式如下：

$$\hat{\beta} = \frac{\sum(x_i - \bar{x})(y_i - \bar{y})}{\sum(x_i - \bar{x})^2} \tag{12-8}$$

$$\hat{a} = \bar{y} - \hat{\beta}\bar{x} \tag{12-9}$$

其中 x_i 為自變數的第 i 個觀察值，y_i 為應變數的第 i 個觀察值，$\bar{x}$ 為自變數的平均數，$\bar{y}$ 為應變數的平均數。

---

[2] 亦即在樣本數有 n 筆資料時，（12-4）的迴歸模型中，必須符合 $\sum_{i=1}^{n} e_i = \sum_{i=1}^{n}(y_i - \hat{y}_i) = 0$ 之條件。

[3] 求取（12-7）線性規劃模式的最小值，可利用一階微分等於 0，二階微分大於 0 的條件。將（12-7）式對 $\hat{a}$ 與 $\hat{\beta}$ 各自進行一階偏微分等於 0，如下：
$2(y_i - \hat{a} - \hat{\beta}x_i) = 0$
$2x_i(y_i - \hat{a} - \hat{\beta}x_i) = 0$
聯立上面兩個式子，即可求出 $\hat{\beta}$。

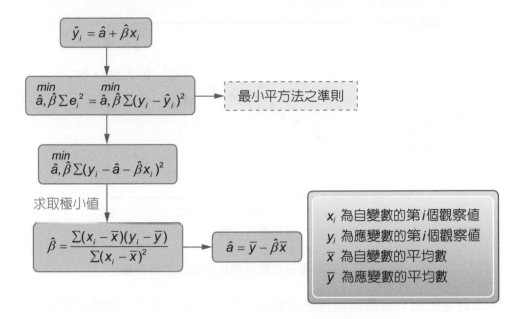

$$\hat{y}_i = \hat{a} + \hat{\beta} x_i$$

$$\underset{\hat{a}, \hat{\beta}}{min} \sum e_i^2 = \underset{\hat{a}, \hat{\beta}}{min} \sum (y_i - \hat{y}_i)^2 \longrightarrow \text{最小平方法之準則}$$

$$\underset{\hat{a}, \hat{\beta}}{min} \sum (y_i - \hat{a} - \hat{\beta} x_i)^2$$

求取極小值

$$\hat{\beta} = \frac{\sum(x_i - \overline{x})(y_i - \overline{y})}{\sum(x_i - \overline{x})^2} \longrightarrow \hat{a} = \overline{y} - \hat{\beta}\overline{x}$$

x_i 為自變數的第 i 個觀察值
y_i 為應變數的第 i 個觀察值
$\overline{x}$ 為自變數的平均數
$\overline{y}$ 為應變數的平均數

圖 12-13　最小平方法公式原理說明之概念圖

　　我們舉一個實例來說明估計簡單線性迴歸方程式之應用。基於行銷成本考量，許多公司會檢討媒體廣告之效果，以決定媒體廣告的頻繁度。維他露食品股份有限公司之主力產品舒跑運動飲料，時常利用電視媒體進行廣告宣傳，所花費的廣告費用也相當龐大。該公司統計人員為進行電視廣告之效果檢討，乃從過去幾年抽取 10 週進行探究，以瞭解每週舒跑運動飲料之電視廣告次數與當週銷售量是否有關係存在，用以決定是否增減廣告次數，以及了解廣告效益及管控廣告支出。表 12-1 為抽取出的 10 週廣告次數與銷售量，圖 12-14 為抽取出的 10 週廣告次數與銷售量關係的散佈圖。

表 12-1　各週廣告次數與銷售量

隨機抽取週數	電視廣告次數（x_i）	銷售量（萬）（y_i）
1	6	12
2	10	22
3	18	30
4	9	18
5	12	20
6	7	15
7	13	21
8	16	23
9	15	20
10	8	16

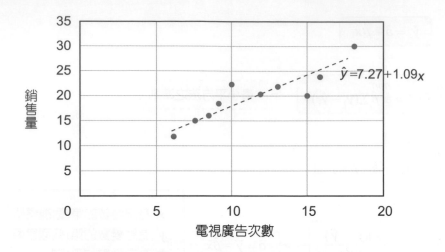

圖 12-14　電視廣告次數與銷售量關係的散佈圖

　　為了求取電視廣告次數與銷售量之關係的估計迴歸方程式，我們利用表 12-1 的廣告次數及銷售量資料代入（12-8）及（12-9）式子。首先，求廣告次數與銷售量之各自平均數為：

$$\bar{y} = \frac{\sum_{i=1}^{10} y_i}{10} = \frac{12 + 22 + ... + 16}{10} = 19.7$$

$$\bar{x} = \frac{\sum_{i=1}^{10} x_i}{10} = \frac{6 + 10 + ... + 8}{10} = 11.4$$

上述結果代入（12-8）式子，求出迴歸係數值：

$$\hat{\beta} = \frac{\sum_{i=1}^{10} (x_i - \bar{x})(y_i - \bar{y})}{\sum_{i=1}^{10} (x_i - \bar{x})^2}$$

$$= \frac{(6-11.4)(12-19.7) + (10-11.4)(22-19.7) + ... + (8-11.4)(16-19.7)}{(6-11.4)^2 + (10-11.4)^2 + ... + (8-11.4)^2}$$

$$= 1.09$$

再將上述結果代入（12-9）式子，求出迴歸常數項：

$$\hat{a} = \bar{y} - \hat{\beta}\bar{x} = 19.7 - 1.09 \times 11.4 = 7.27$$

因此，可以求出舒跑運動飲料電視廣告次數與銷售量關係的估計迴歸方程式為：

$$\hat{y} = 7.27 + 1.09x$$

由上述利用樣本資料估計的迴歸方程式，可以看出迴歸係數是正數（ $\hat{\beta}=1.09$ ），表示舒跑運動飲料的電視廣告次數 x 與其銷售數量 y 呈現正向線性關係，亦即當週電視廣告次數愈高，則當週的銷售量會愈高，顯示電視廣告是有效果的。然而，對於統計證據而言，迴歸係數是否顯著不等於 0，仍須利用第 9 章所學的統計檢定方法進一步檢定才能結論；此方法下一節我們將學到。

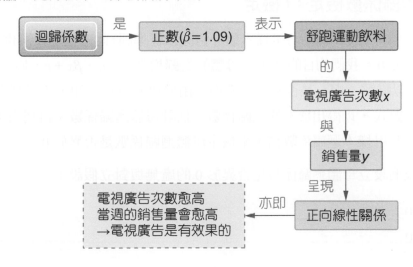

圖 12-15　迴歸係數意義說明之概念圖

若從實務經濟意義解釋，上述估計迴歸式乃是樣本資料得出，從此 10 週資料可解釋為在這 10 週，舒跑運動飲料每增加 1 次的電視廣告次數，每週期望銷售量可提高 10,900 瓶。我們再進一步使用此估計迴歸式估計母體所有各週也是如此。因此，由此過去歷史資料，我們可進一步預測未來的舒跑運動飲料電視廣告次數與其銷售量之間的關係應該也是如此，維他露食品股份有限公司就可以利用此資料來進一步進行成本效益分析，以決定未來每週的廣告次數應該管控到多少次才對公司利潤最有利。

12-3　迴歸顯著性檢定

上一節我們提到，當求出估計迴歸方程式後，在解釋自變數與應變數關係時，必須先確定迴歸係數是否顯著異於 0。如果在統計檢定上，迴歸係數不顯著異於 0，表示自變數與應變數是無關的；反之，若迴歸係數顯著異於 0，才表示自變數與應變數有關。本節目的在探討迴歸係數是否顯著異於 0 的顯著性檢定。

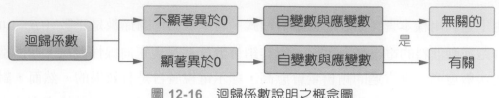

圖 12-16　迴歸係數說明之概念圖

一、個別迴歸係數檢定：t 檢定

第 9 章我們學到了 t 檢定乃是樣本估計值除以標準誤，此一檢定技術也用來檢定迴歸係數是否異於 0。我們的目的在求取母體的迴歸模型 $y = a + \beta x + \varepsilon$，檢定迴歸係數 β 是否異於 0，以瞭解 x 與 y 是否有關。然而，由於母體資料未知，所以利用 12-2 的統計技術估計迴歸式，以得出樣本的迴歸係數來估計母體迴歸係數。再利用第 9 章的假設檢定步驟，利用樣本迴歸係數結果來檢定母體迴歸係數是否異於 0。

首先，我們設立母體迴歸係數是否異於 0 的虛無與對立假設：

$H_0 : \beta = 0$

$H_a : \beta \neq 0$

要檢定上述虛無與對立假設，必須一個檢定統計量，此檢定統計量服從自由度為 n-2 的 t 分配，乃是一個分子為樣本資料得出的迴歸係數估計值及分母為迴歸係數標準誤的 t 統計量[4]：

$$t = \frac{\widehat{\beta}}{s_{\widehat{\beta}}} \qquad (12\text{-}10)$$

求出（12-10）的檢定統計量後，最後再利用 p 值法或臨界值法進行決策

分母為樣本迴歸係數 $\widehat{\beta}$ 的估計標準誤 $s_{\widehat{\beta}}$，此標準誤之公式如同第 9 章平均數標準誤之概念，必須先了解迴歸係數 β 的抽樣分配，才能得出。從第 7 章的概念，我們知道抽樣分配乃是重複進行多次試驗後得出的所有樣本統計量的直方圖形成的分配，迴歸係數 $\widehat{\beta}$ 的抽樣分配也是同樣概念。以上述舒跑運動飲料為例，若進行重複抽樣多次，每次會得出一個迴歸估計係數 $\widehat{\beta}$，將這些估計係數畫成直方圖，可得出迴歸係數 $\widehat{\beta}$ 的抽樣分配。此一抽樣分配有以下特性：

---

[4] 此統計量原本為：$t = \dfrac{\widehat{\beta} - \beta}{s_{\widehat{\beta}}}$

但因檢定統計量為虛無假設等號成立下得出，故 $\beta = 0$，其概念如同第 9 章的單一母體平均數檢定。

1. 期望值為 $E(\hat{\beta}) = \beta$，亦即樣本迴歸係數 $\hat{\beta}$ 為母體迴歸係數 β 的不偏估計量。

2. 標準差為 $\sigma_{\hat{\beta}} = \dfrac{\sigma}{\sqrt{\sum(x_i - \overline{x})^2}}$，$\sigma$ 為誤差項的標準差，由於 σ 具有最佳效率，故迴歸係數標準差 $\sigma_{\hat{\beta}}$ 也具有最佳效率。

3. $\hat{\beta}$ 的抽樣分配服從常態分配。

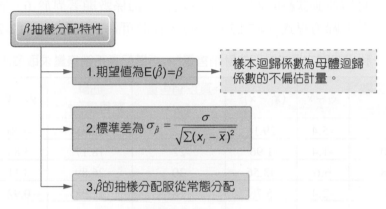

圖 12-17　估計迴歸係數的抽樣分配說明之概念圖

　　由上述抽樣分配特性，我們可以求取檢定統計量。然而，由於母體誤差項的標準差 σ 未知，必須利用樣本殘差項的標準差 s 估計之，樣本殘差項 s 稱為迴歸的標準誤（Standard Error of Regression）。此時，迴歸係數 $\hat{\beta}$ 的標準誤（Standard Error of Regression Coefficient）為：

$$s_{\hat{\beta}} = \frac{s}{\sqrt{\sum(x_i - \overline{x})^2}} \tag{12-11}$$

　　要求出（12-11）式的結果，我們必須先估計 s。s 乃是樣本估計迴歸方程式殘差項的標準差。前述我們提過，殘差項乃是應變數的真正數值與配適值的差距，殘差項的平方乃是此差距的平方。此即第 11 章的誤差平方和的觀念。誤差平方和 SSE（Sum of Square Due To Error）為：

$$SSE = \sum(y_i - \hat{y}_i)^2 = \sum(y_i - \hat{a} - \hat{\beta}x_i)^2 \tag{12-12}$$

　　（12-12）式乃是殘差項的平方和。母體誤差項變異數 σ^2 的估計值即為殘差項的平方和除以其自由度，亦即殘差項均方和 MSE（Mean Square of Error）。由於計算 SSE 時，我們有估計 $\hat{a}$ 與 $\hat{\beta}$，故喪失兩個自由度，所以殘差項平方和 SSE 的自由度為 n-2。因此，σ^2 的估計值 s^2 為：

$$s^2 = MSE = \frac{SSE}{n-2} = \frac{\sum(y_i - \hat{y}_i)^2}{n-2}$$ （12-13）

再由（12-13）開根號，可得出 σ 的估計值 s 為：

$$s = \sqrt{\frac{SSE}{n-2}} = \sqrt{\frac{\sum(y_i - \hat{y}_i)^2}{n-2}}$$ （12-14）

我們以上述舒跑運動飲料的例子，檢定是否迴歸係數顯著異於 0。將表 12-1 的資料及所求出的估計迴歸方程式 $\hat{y} = 7.27 + 1.09x$，我們可進一步得出表 12-2 的結果。

表 **12-2** 利用迴歸方程式求取估計銷售量[5]，再搭配真正銷售量求取殘差平方和

週次	廣告次數 (x_i)	$x_i - \bar{x}$	$(x_i - \bar{x})^2$	真正銷售量 (y_i)	估計銷售量($\hat{y}_i$)	$y_i - \hat{y}_i$	$(y_i - \hat{y}_i)^2$
1	6	-5.4	29.16	12	13.81	-1.81	3.2761
2	10	-1.4	1.96	22	18.17	3.83	14.6689
3	18	6.6	43.56	30	26.89	3.11	9.6721
4	9	-2.4	5.76	18	17.08	0.92	0.8464
5	12	0.6	0.36	20	20.35	-0.35	0.1225
6	7	-4.4	19.36	15	14.9	0.1	0.01
7	13	1.6	2.56	21	21.44	-0.44	0.1936
8	16	4.6	21.16	23	24.71	-1.71	2.9241
9	15	3.6	12.96	20	23.62	-3.62	13.1044
10	8	-3.4	11.56	16	15.99	0.01	0.0001
$\bar{x} = 11.4$		$\sum(x_i - \bar{x})^2 = 148.4$		$SSE = \sum(y_i - \hat{y}_i)^2 = 44.8182$			

由表 12-2 計算之結果，可進一步算出迴歸標準誤 s 為：

$$s = \sqrt{\frac{\sum(y_i - \hat{y}_i)^2}{n-2}} = \sqrt{\frac{44.8182}{10-2}} = 2.3669$$

將表 12-2 及 s 得出之結果代入（12-11），可進一步得出迴歸係數標準誤為：

$$s_{\hat{\beta}} = \frac{s}{\sqrt{\sum(x_i - \bar{x})^2}} = \frac{2.3669}{\sqrt{148.4}} = 0.1943$$

將上述結果代入（12-10），可得出檢定統計量 t 值為：

$$t = \frac{\hat{\beta}}{s_{\hat{\beta}}} = \frac{1.09}{0.1943} = 5.61$$

---

[5] 例如在第 1 周的廣告次數為 6 次下，估計銷售量為 7.27+1.09*6=13.81。

利用 p 值法進行決策法則，在雙尾檢定下，檢定統計量為正數，p 值即為在自由度為 $n\text{-}2 = 8$ 下雙尾的右尾面積[6]乘以 2，如下：

$$p \text{ 值} = 2p(t \geq 5.61) = 2 \times 0.0002 = 0.0004$$

假設顯著水準為 $a = 0.01$，則由於 p 值 $= 0.0004 < a = 0.01$，故拒絕 H_0，表示我們有充分的統計證據支持母體迴歸係數 $\beta \neq 0$，亦即舒跑運動飲料廣告次數與其銷售量有顯著的關聯性；當每週廣告次數愈多，該週的舒跑銷售量就會愈高[7]。此統計結果可做為未來廣告次數增減的客觀依據。

若利用臨界值法進行決策，在自由度為 8 下，可將檢定統計量與臨界值比較，如下：

$$t = 5.61 > t_{(\frac{a}{2}, n-2)} = t_{(0.005, 8)} = 3.355$$

在雙尾的右邊檢定下，由於檢定統計量大於臨界值，故結果仍是拒絕 H_0。

二、整體迴歸係數檢定：F 檢定

如同第 11 章之概念，F 檢定之用途乃是在檢定一群平均數是否相等。在迴歸分析上，F 檢定之用途乃是在檢定一群自變數是否全等於 0，此邏輯與第 11 章之邏輯類似。亦即 F 檢定乃是在檢定以下虛無與對立假設：

$H_0 : \beta_1 = \beta_2 = \cdots = \beta_k = 0$

$H_a :$ 迴歸係數不全為 0

---

[6] 由於 t 值過大，後面附錄表格無法查到，可利用以下網址代入資料求得 http://netstat.stat.tku.edu.tw/prob2.php

[7] 在此我們必須注意一個重要觀念，亦即迴歸分析本身是一種相關分析，亦即執行迴歸分析結果只能得出自變數與應變數是否有關的結果，無法從估計迴歸方程式結果知道自變數與應變數的因果關係。一般迴歸模型的設定，是先從理論來推論哪個變數應該放在應變數，哪個變數應該放在自變數，我們是無法由迴歸方法本身去得出自變數與應變數的因果關係的。例如在本例中，我們想要了解廣告次數與銷售量的關係，我們有興趣以及理論預測的是應變數是銷售量，而自變數是廣告次數；從迴歸執行結果，我們只能說廣告次數與銷售量是有線性相關的，亦即當廣告次數增加的當週，銷售量也有增加。我們不能單獨用迴歸結果去結論廣告次數一定是影響銷售量的原因，亦即我們不能結論廣告次數與銷售量是有因果關係的。

上述乃是一般性的多元線性迴歸的所有自變數之整體檢定，F 檢定之目的即在檢定所有自變數的迴歸係數是否全部都等於 0。而在簡單線性迴歸下，只有單一個自變數，則 $k = 1$，表示只有一個迴歸係數要檢定；此時，F 檢定之功能就與 t 檢定之功能相同。

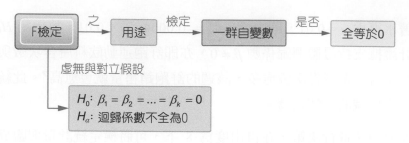

圖 12-18 迴歸分析中 F 檢定之用途說明之概念圖

因此，F 檢定與 t 檢定在迴歸檢定用途之差異，乃是在於 t 檢定之目的在檢定單一個迴歸係數是否等於 0，而 F 檢定之目的在檢定所有迴歸係數是否都等於 0。F 檢定乃是在了解整條迴歸模型是否有用，t 檢定在瞭解某一個自變數是否有用[8]。

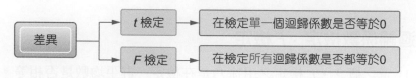

圖 12-19 迴歸分析中 t 檢定與 F 檢定用途差異說明之概念圖

如同第 11 章所提到，F 檢定乃是兩個獨立的母體變異數 σ^2 的估計值相除所構成。在迴歸分析中，分母的 σ^2 估計值為我們之前提過的誤差均方和，亦即 MSE，乃是 σ^2 的不偏估計值；而分子的 σ^2 估計值稱為迴歸均方和（Mean Square Due To Regression, MSR），乃是由迴歸平方和（Sum of Squares Due To Regression, SSR）除以自由度構成。迴歸均方和是否為 σ^2 的不偏估計值或高估 σ^2，決定在於迴歸係數是否等於 0；若迴歸係數等於 0，則迴歸均方和為 σ^2 的不偏估計值；若迴歸係數不等於 0，則迴歸均方和高估 σ^2。

迴歸均方和的自由度為自變數的個數，故迴歸均方和的公式為：

$$MSR = \frac{SSR}{k} \tag{12-15}$$

---

[8] 若全部迴歸係數都等於 0，表示找到的自變數全部都不是影響應變數的重要因素，則此條迴歸無用處。若單一自變數的迴歸係數等於 0，表示找到的這個自變數並不是影響應變數的重要因素，則此自變數無用。

因此，檢定統計量 F 值的公式為：

$$F = \frac{MSR}{MSE} \qquad (12\text{-}16)$$

上述 F 檢定之公式亦可做成迴歸的變異數分析表，如表 12-3 所示。

表 **12-3**　簡單迴歸（單一自變數）之變異數分析（ANOVA）表

變異來源	平方和	自由度	均方和	F 值	p 值
迴歸	SSR	1	$MSR = \dfrac{SSR}{1}$	$F = \dfrac{MSR}{MSE}$	$p\left(F \geq \dfrac{MSR}{MSE}\right)$
誤差	SSE	$n\text{-}2$	$MSE = \dfrac{SSE}{n-2}$		
總和	SST	$n\text{-}1$			

以上述舒跑運動運動飲料的例子，迴歸模型只有單一自變數每週電視廣告次數，故檢定此一迴歸模型的所有自變數的虛無與對立假設為：

$H_0 : \beta = 0$

$H_a : \beta \neq 0$

利用（12-16）的 F 統計量進行檢定上述檢定假設。首先，必須求取 SSR。在求取 SSR 之前，必須先了解迴歸分析的理論。迴歸分析是以變異數分析為基礎，迴歸把等號左邊的應變數的 100%總變異（Total Variation）分成等號右邊的迴歸變異（Regression Variation）及誤差變異（Error Variation）。迴歸變異又稱為可被解釋變異（Explained Variation），乃是指應變數 y 可以被自變數 x 解釋的部分，用迴歸平方和 SSR 衡量。而誤差變異又稱為不可被解釋變異（Unexplained Variation），乃是因為誤差造成而無法被自變數解釋的部分，用誤差平方和 SSE 衡量。因此，總變異之公式可為：

$$\text{SST} = \text{SSR} + \text{SSE} \qquad (12\text{-}17)$$

$$\sum(y_i - \overline{y})^2 = \sum(\hat{y}_i - \overline{y})^2 + \sum(y_i - \hat{y}_i)^2 \qquad (12\text{-}18)$$

（12-17）之衡量公式即為（12-18），SST 乃是指應變數的個別觀察值 y_i 與平均數 $\overline{y}$ 距離的平方和，SSR 乃是指應變數的估計值 $\hat{y}_i$ 與平均數 $\overline{y}$ 距離的平方和，SSE 乃是指應變數的個別觀察值 y_i 與應變數的估計值 $\hat{y}_i$ 距離的平方和。如圖 12-20 所示。

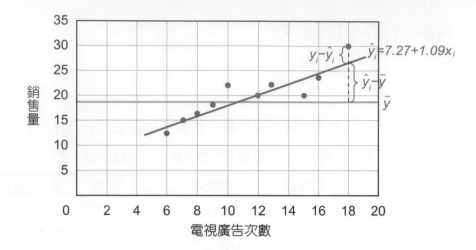

圖 12-20　廣告次數與銷售量關係之迴歸線與迴歸變異組成

我們可利用表 12-4 求取迴歸平方和 SSR。可以得出：

$$SSR = \sum(\hat{y}_i - \overline{y})^2 = 176.3142$$

則可求得 MSR 如下：

$$MSR = \frac{SSR}{k} = \frac{176.3142}{1} = 176.3142$$

另外，可由公式（12-13）及表 12-2 得出 MSE 為：

$$MSE = \frac{SSE}{n-2} = \frac{44.8182}{10-2} = 5.602$$

因此，代入（12-16）公式，可求得檢定統計量 F 值為：

$$F = \frac{MSR}{MSE} = \frac{176.3142}{5.602} = 31.473$$

假設顯著水準為 $a = 0.01$。利用 p 值法進行決策，在右尾檢定下，而分子自由度為 $k = 1$ 及分母自由度為 $n-2 = 8$ 時，p 值即為求取 F 分配的右邊面積為：

p 值 $= p(F \geq 31.473) = 0.0005$

因為 p 值 $= 0.0005 < a = 0.01$，故拒絕 H_0。此結果與 t 檢定完全一樣，顯示電視廣告次數與銷售量有顯著正向線性關係存在。

若以臨界值進行決策，比較檢定統計量與臨界值（附錄 A-26）為：

$F = 31.473 > F_{(0.01\,;\,1,\,8)} = 11.26$

右尾檢定下，上述結果仍拒絕 H_0。

我們可以把上述 F 檢定之檢定過程，利用表 12-3 的簡單迴歸之變異數分析表，編成如表 12-5 的電視廣告次數與銷售量關係的簡單迴歸之變異數分析表，有利於統整結果。

表 12-4　利用廣告次數與銷售量求取迴歸平方和

週次	廣告次數（x_i）	真正銷售量（y_i）	估計銷售量（$\hat{y}_i$）	$\hat{y}_i - y$	$(\hat{y}_i - y)^2$
1	6	12	13.81	-5.89	34.6921
2	10	22	18.17	-1.53	2.3409
3	18	30	26.89	7.19	51.6961
4	9	18	17.08	-2.62	6.8644
5	12	20	20.35	0.65	0.4225
6	7	15	14.9	-4.8	23.04
7	13	21	21.44	1.74	3.0276
8	16	23	24.71	5.01	25.1001
9	15	20	23.62	3.92	15.3664
10	8	16	15.99	-3.71	13.7641
$y = 19.7$			$SSR = \sum(\hat{y}_i - \bar{y})^2 = 176.3142$		

表 12-5　電視廣告次數與銷售量之簡單迴歸之的變異數分析（ANOVA）表

變異來源	平方和	自由度	均方和	F 值	p 值
迴歸	176.3142	1	176.3142	$F = 31.473$	0.0005
誤差	44.8182	8	5.602		
總和	221.1324	9			

12-4　簡單線性迴歸模型有多好？：判定係數（R^2）

迴歸模型設定得好不好，是使用迴歸模型的關鍵。一個迴歸模型若設定不好，則使用此迴歸模型來探討自變數與應變數的關係，可能會產生很大的偏誤，導致錯誤的決策。會因為迴歸模型之使用而產生錯誤決策，則倒不如不使用。迴歸模型有多好，有很多層面的判斷。一般最常用來判定迴歸模型有多好的方法是判定係數（Coefficient of Determination），以 R^2 表示。

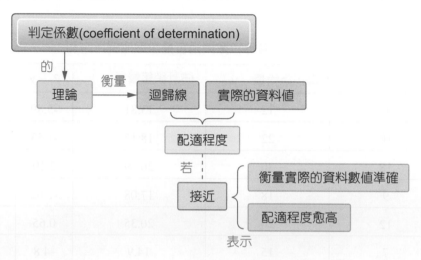

圖 12-21　迴歸分析中判定係數意義說明之概念圖

判定係數的理論乃是在衡量迴歸線（由迴歸方程式畫出）與實際資料值的配適程度。當實際的資料值愈接近迴歸線，則表示用迴歸線來衡量實際的資料值愈準確，亦即配適程度愈高；反之，則愈低。如圖 12-6 及圖 12-20 所示，圖內各點乃是代表 x 與 y 關係的實際資料值，而迴歸線乃是估計出來的一條代表 x 與 y 的線性關係的估計值。若所有各點都位在迴歸線上，表示迴歸線估計這些點是完美的，因為完全能估計到；反之，若各點距離迴歸線愈遠，表示迴歸方程式愈差，因為用來估計真正的 x 與 y 的關係，愈不能估計到（亦即誤差愈大）。藉由此原理，我們由判定係數的衡量，來確定迴歸模型的設定是否良好。

既然判定係數的原理乃是衡量迴歸方程式與實際各別資料值的配適程度，我們可使用變異數分析的理論來衡量判定係數。如同上一節所提到，應變數的變異是由迴歸變異與誤差變異所組成。迴歸變異代表自變數 x 能解釋應變數 y 的程度，而誤差變異則是無法由 x 來解釋 y 的部份。如前一節所提到的公式：

SST = SSR + SSE

其中 *SSE* 乃是誤差平方和，乃是衡量應變數的實際值 y_i 與估計值（即配適值）$\hat{y}_i$ 的差距；若此差距愈大，表示用利用迴歸方程式所得出的配適值愈無法精確衡量到應變數的實際值，則表示此迴歸方程式愈不好。因此，對於迴歸模型而言，我們希望 *SSE* 是愈小愈好。而當 *SSE* 愈小時，在等號左邊的 *SST* 不變下，*SSR* 就會愈大，故當 *SSR* 愈大時，迴歸模型會愈好。因此，判定係數的公式可設為：

$$R^2 = \frac{SSR}{SST} = 1 - \frac{SSE}{SST}$$　　　　　　　　　　　　　（12-19）

因此，判定係數乃是迴歸平方和除以總平方和。當迴歸平方和佔總平方和的比例愈高，表示利用迴歸方程式估計實際資料值的誤差愈小，表示迴歸模型的設定是愈好的。所以，我們希望一條迴歸模型的判定係數愈高愈好。

若以舒跑運動飲料的電視廣告次數與銷售量關係的例子說明，迴歸方程式為：

$$\hat{y} = 7.27 + 1.09x$$

此條迴歸方程式有多好，可利用判定係數來衡量。此條迴歸方程式的判定係數可由表 12-5 變異數分析表中求得的 *SST* = 221.1324 與 *SSR* = 176.3142 代入（12-19）式，即可得出結果。如下所示：

$$R^2 = \frac{SSR}{SST} = \frac{176.3142}{221.1324} = 0.797$$

上述判定係數的結果表示應變數的 100%總變異（或總平方和）中可由估計的迴歸方程式解釋的百分比為 79.7%。以舒跑例子而言，表示利用 $\hat{y} = 7.27 + 1.09x$ 估計迴歸方程式來估計電視廣告次數與銷售量之關係，可以解釋銷售量 79.7%的總變異。亦即利用電視廣告次數來預測銷售量時，每週銷售量的總變異中有 79.7%，可由電視廣告次數與銷售量的線性關係來解釋。若以配適度而言，表示利用迴歸線來估計電視廣告次數與銷售量之線性關係，其配適程度高達 79.7%。

12-5 利用簡單線性迴歸模型進行預測

我們從本章前幾節學到了如何設立母體迴歸模型，在利用樣本資料估計母體迴歸方程式，以瞭解自變數與應變數是否存在著線性關係。當我們得到了以上的結果，會進一步希望能進行未來的預測（Prediction），亦即利用自變數來預測應變數，這是迴歸分析的重要目的之一。很多實務的現象是重視未來的，例如未來舒跑的銷售量為何，是維他露公司想知道的，可是未來還未發生無法知道，我們只能利用過去的經驗數據（譬如大數據分析亦如是），來預測未來的事件。本節我們將學習如何利用估計的迴歸方程式來進行預測。

利用估計的迴歸方程式進行預測，例如利用 12-2 節所得出的 $\hat{y} = 7.27 + 1.09x$ 來進行舒跑銷售量的預測。預測的事項包含個別應變數 y 的點預測（Point Prediction）、區間預測（Interval Prediction）及應變數 y 平均數的區間預測。

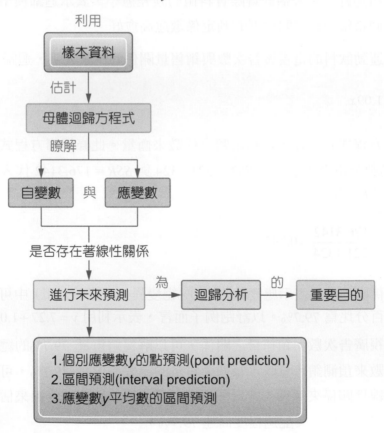

圖 12-22 迴歸分析在預測用途說明之概念圖

一、個別應變數的點預測

我們以舒跑運動飲料的例子，說明如何進行應變數的點預測。自變數為每週電視廣告次數，而應變數為每週銷售量，估計出來的迴歸方程式為：

$$\hat{y} = 7.27 + 1.09x$$

因此，假設我們要預測當有一週的廣告次數為 12 次時，則當週的銷售量可能為多少？我們將自變數廣告次數 $x = 12$ 代入上述估計迴歸方程式，可得出當週的銷售量為：

$$\hat{y} = 7.27 + 1.09 \times 12 = 20.35 \text{ 萬罐}$$

故當有一週電視廣告次數為 12 次時，預測當週的舒跑運動飲料銷售量應為 203,500 罐。要記得，以估計迴歸方程式而言，應變數 y 是平均數 $E(y)$，故預測當週的銷售量應該也是指平均銷售量為 203,500 罐；然而，此估計迴歸方程式也可用來預測個別應變數 y，就看預測的標的為何。例如，假設電視廣告是幾個頻道的電視，則預測的平均銷售量是指在這些頻道打廣告平均的銷售量，若要預測某一個電視頻道的銷售量，也可利用這個估計迴歸方程式進行。例如，上述廣告次數 12 次若是指單一頻道的電視廣告次數，則預測銷售量也是指預測此一頻道的銷售量為 203,500 罐。

在利用估計的迴歸方程式進行預測時，我們需要特別注意一件事，亦即估計迴歸方程式是利用樣本資料得出的線性方程式。若利用此線性迴歸方程式進行預測，必須在樣本資料的區間範圍內（如本例子樣本資料的電視廣告次數介於 6~18 次之間，參考表 12-1），預測的值才不會有太大誤差；若超過此區間範圍，有可能會產生較大的預測誤差，因為在樣本資料範圍外的自變數廣告次數與應變數銷售量的關係，可能並非與在區間範圍內的關係相同。如圖 12-23，在區間範圍外，電視廣告次數與銷售量的關係已經變成非線性關係了，無法由原來估計的線性迴歸方程式進行預測。

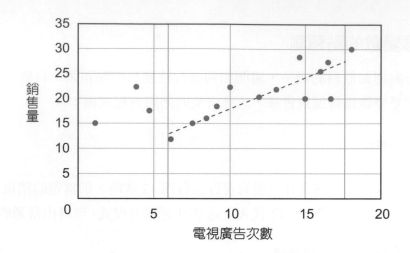

圖 12-23　電視廣告次數與銷售量之關係迴歸線（範圍內符合）

二、應變數平均數的區間預測

　　如同第 8 章之信賴區間觀念，點預測是不容易準確預測到，故進一步進行區間預測，亦即求預測的個別應變數信賴區間（Confidence Interval）。隨著管理目的的不同，我們可能想要預測的是個別的應變數，也可能是想要預測應變數的平均數，以下說明這兩種預測值。此小節說明應變數平均數的預測信賴區間。

　　應變數平均數的預測信賴區間為點預測加減邊際誤差，公式為：

$$\hat{y} \pm t_{(\frac{a}{2}, n-2)} s_{\hat{y}} \tag{12-20}$$

　　其中 $\hat{y}$ 為點預測值，$t_{(\frac{a}{2}, n-2)}$ 為在信賴係數為 $1-a$ 且自由度為 $n\text{-}2$ 的 t 分配之 t 值，$s_{\hat{y}}$ 為估計 $\hat{y}$ 的標準差。

　　在求預測信賴區間時，必須先知道估計應變數 y 的變異數，此變異數與誤差均方有關，如下所示：

$$s_{\hat{y}}^2 = s^2 \left[\frac{1}{n} + \frac{(x - \bar{x})^2}{\sum (x_i - \bar{x})^2} \right], \ i = 1, 2, ..., n \tag{12-21}$$

　　其中 $s_{\hat{y}}^2$ 為估計 $\hat{y}$ 的變異數，s^2 為迴歸誤差均方和，n 為樣本數量，x 為我們要進行預測的特定自變數個別觀察值，$\bar{x}$ 為自變數的平均數。

　　再由（12-21）式開根號，可求出估計 $\hat{y}$ 的標準差為：

$$s_{\hat{y}} = s\sqrt{\frac{1}{n} + \frac{(x-\overline{x})^2}{\sum(x_i - \overline{x})^2}}$$ （12-22）

將（12-22）代入（12-20），可得出在$(1-a)100\%$的信賴水準下，應變數平均數的預測信賴區間公式為：

$$\hat{y} \pm t_{(\frac{a}{2}, n-2)} s\sqrt{\frac{1}{n} + \frac{(x-\overline{x})^2}{\sum(x_i - \overline{x})^2}}$$ （12-23）

再以舒跑運動飲料的例子，在電視廣告次數為 12 次時，可預測在 99%的信賴水準下，應變數平均銷售量的信賴區間為：

$$\hat{y} \pm t_{(\frac{a}{2}, n-2)} s\sqrt{\frac{1}{n} + \frac{(x-\overline{x})^2}{\sum(x_i - \overline{x})^2}} = 20.35 \pm t_{(0.005,8)} \times 2.3669 \times \sqrt{\frac{1}{10} + \frac{(12-11.4)^2}{148.4}}$$
$$= 20.35 \pm 3.355 \times 2.3669 \times 0.32 = (17.81, 22.89)$$

上述計算過程的資料都在前幾節有算過了，請參考前幾節的結果（包含表格內結果）。因此，我們可以結論，在 99%的信賴水準下，當某一週電視廣告次數為 12 次時，預測當週舒跑運動飲料的平均銷售量會介於 178,100 罐到 228,900 罐之間。

三、個別應變數的區間預測

圖 12-24　個別應變數預測信賴區間原理說明之概念圖

上一小節我們求的是應變數平均數的預測信賴區間，本小節進一步求個別應變數的預測信賴區間。個別應變數的預測信賴區間是以應變數平均數的預測信賴區間為基礎的，兩者主要關係為個別應變數的估計 $\hat{y}$ 變異數會比應變數平均數的估計 $\hat{y}$ 變異數還要大，亦即個別應變數估計 $\hat{y}$ 變異數會等於應變數平均數估計 $\hat{y}$ 變異數加上個別應變數本身相對於平均數差異產生的個別變異數（亦即個別的誤差均方和）。

圖 12-25　個別應變數與應變數平均數估計變異數之關係

因此，個別應變數的估計 $\hat{y}$ 變異數為：

$$s_{\hat{y}ind}^2 = s^2 + s_{\hat{y}}^2 = s^2 + s^2\left[\frac{1}{n} + \frac{(x-\bar{x})^2}{\sum(x_i-\bar{x})^2}\right] = s^2\left[1 + \frac{1}{n} + \frac{(x-\bar{x})^2}{\sum(x_i-\bar{x})^2}\right] \qquad（12\text{-}24）$$

其中 $s_{\hat{y}ind}^2$ 為個別應變數的估計 $\hat{y}$ 變異數。

因此，個別應變數的估計 $\hat{y}$ 標準差為：

$$s_{\hat{y}ind} = s\sqrt{1 + \frac{1}{n} + \frac{(x-\bar{x})^2}{\sum(x_i-\bar{x})^2}} \qquad（12\text{-}25）$$

將（12-24）代入（12-20），可求出在 $(1\text{-}a)100\%$ 的信賴水準下，個別應變數的預測信賴區間為：

$$\hat{y} \pm t_{(\frac{a}{2},n-2)}s\sqrt{1 + \frac{1}{n} + \frac{(x-\bar{x})^2}{\sum(x_i-\bar{x})^2}} \qquad（12\text{-}26）$$

若以上述舒跑例子而言，若某一週僅在某一電視頻道打廣告次數為 12 次，則預測此週舒跑運動飲料的銷售量信賴區間為：

$$\hat{y} \pm t_{(\frac{a}{2},n-2)}s\sqrt{1 + \frac{1}{n} + \frac{(x-\bar{x})^2}{\sum(x_i-\bar{x})^2}}$$

$$= 20.35 \pm 3.355 \times 2.3669 \times \sqrt{1 + \frac{1}{10} + \frac{(12-11.4)^2}{148.4}}$$

$$= 20.35 \pm 3.355 \times 2.3669 \times 1.05 = (12.01, 28.69)$$

因此，我們可以結論在 99%的信賴水準下，當某一週僅在某一電視頻道打廣告次數為 12 次時，預測當週舒跑運動飲料的銷售量信賴區間會介於 120,100 罐到 286,900 罐之間。

12-6　Excel 範例

1.　新增「資料分析」工具箱

步驟一

點選檔案-選項-增益集-選取分析工具箱點選「執行」

顯示下圖，點選確定，即可新增資料分析工具箱。

2.　畫散佈圖

步驟二

將表 12-1 資料複製貼上至 Excel

步驟三

將表格反白，點選插入-散佈圖

3. 進行簡單迴歸

步驟一

點選資料-資料分析-迴歸按確定

步驟二

輸入 X 與 Y 範圍

勾選信賴度，並點選輸出於新工作表，

勾選好要顯示的圖（樣本迴歸線圖），最後按確定。

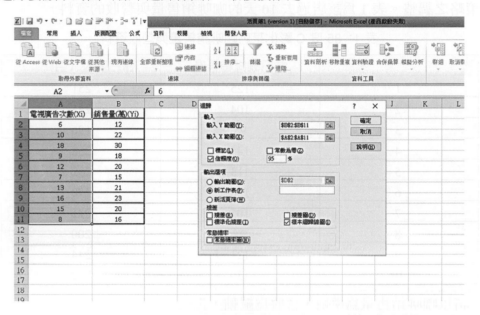

步驟三

切換到新工作表，就會顯示所有迴歸相關資料分析

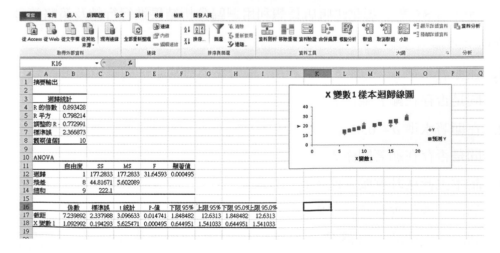

本章習題

一、85 度 C 彰化某店店長想要了解咖啡銷售量與其整體業績是否有關係，以便進行行銷策略之調整。表 1 為該店過去 10 天的咖啡銷售量與營收的資料。

表 1　85 度 C 彰化某店咖啡銷售量與營收資料

	當日咖啡銷售量	當日營收（百元）
1	125	251
2	104	223
3	98	196
4	145	258
5	113	232
6	156	270
7	105	211
8	94	200
9	121	244
10	130	252

1. 請以咖啡銷售量為橫軸，營收為縱軸，畫表 1 的散佈圖。

2. 由 1.得出的散佈圖，大致可判斷咖啡銷售量與營收有何關係？

3. 請以咖啡銷售量為自變數，營收為應變數，利用最小平方法估計迴歸方程式。

4. 請依據 3.的迴歸方程式結果，說明迴歸係數（即斜率）的意義。

二、承上題，若 85 度 C 彰化此店店長想利用迴歸分析結果進行行銷及策略管理，請回答以下問題：

1. 在顯著水準 $a = 0.05$ 下，若利用 t 檢定來進行檢定，咖啡銷售量與當日營收之間是否存在顯著關係？

2. 在顯著水準 $a = 0.05$ 下，若利用 F 檢定來進行檢定，咖啡銷售量與當日營收之間是否存在顯著關係？

3. 請求出此估計迴歸方程式的判定係數，此估計的迴歸方程式是否具有良好的配適度（或可說解釋力）？

4. 請說明上述結果對 85 度 C 彰化此店店長有何管理意涵？

三、承題一，我們知道迴歸分析的用途之一為可進行預測，亦即利用過去的歷史資料來預測未來。請回答以下問題：

1. 當咖啡銷售量平均賣出 130 杯時，求平均營收的點估計值。

2. 當咖啡銷售量平均賣出 130 杯時，求平均營收的 95% 信賴區間。

3. 當某日咖啡銷售量賣出 130 杯時，求某日營收的 95% 的預測區間。

四、軒記臺灣肉乾王在進行日常營運檢討，老闆想要了解每月投入的行銷費用是否有效果，乃調查過去 10 個月每月的行銷費用與營業收入資料，如表 2 所示。

表 2　軒記每月行銷費用與營業收入

	行銷費用（千元）	營業收入（萬元）
1	220	198
2	180	165
3	212	200
4	179	158
5	168	150
6	255	256
7	242	243
8	196	210
9	212	208
10	205	187

1. 請以行銷費用為橫軸，營業收入為縱軸，繪出散佈圖。

2. 由 1. 得出的散佈圖，請初步判斷行銷費用與營業收入是否有關係？

3. 請以行銷費用為自變數，營業收入為應變數，估計迴歸方程式。

五、承上題，軒記老闆一直對投入行銷費用是否該增加或減少，以及行銷策略的調整相當傷腦筋。請問：

1. 在顯著水準 $a = 0.05$ 下，若利用 t 檢定來進行檢定，行銷費用與營業收入之間是否存在顯著關係？

2. 在顯著水準 $a = 0.05$ 下，若利用 F 檢定來進行檢定，行銷費用與營業收入之間是否存在顯著關係？

3. 請求出此估計迴歸方程式的判定係數，此估計的迴歸方程式是否具有良好的配適度（或可說解釋力）？有何涵義。

4. 對於上述結果，我們應該給軒記老闆如何建議？

六、承題四，我們知道迴歸分析的用途之一為可進行預測，包含應變數點預測、應變數平均數信賴區間預測、個別應變數信賴區間預測。請回答以下問題：

    1. 當行銷費用平均為 18 萬時，求平均營業收入的點估計值。

    2. 當行銷費用平均為 18 萬時，求平均營業收入的 95%信賴區間。

    3. 當某月行銷費用為 18 萬時，求某月營業收入的 95%的預測區間。

七、以下議題為探討企業主及高階主管健康狀況與其企業績效的關聯性研究，其中健康狀況分數愈高表示企業主及高階主管的健康狀況愈差、企業績效分數愈高表示企業績效愈好，其簡單迴歸結果如下所示：

模式摘要

模式	R	R 平方	調過後的 R 平方	估計的標準誤
1	.274[a]	.075	.073	4.82507

a.預測變數：（常數），健康狀況

Anova[b]

模式		平方和	df	平均平方和	F	顯著性
1	迴歸	829.604	1	829.604	35.634	.000[a]
	殘差	10197.194	438	23.281		
	總數	11026.798	439			

a.預測變數：（常數），健康狀況
b.依變數：企業績效

係數[a]

模式	未標準化係數		標準化係數	T	顯著性
	B 之估計值	標準誤差	Beta 分配		
1　（常數）	33.300	1.007		33.069	.000
健康狀況	-.111	.019	-.274	-5.969	.000

a. 依變數：企業績效

(1) 請估計上述迴歸式。

(2) 請問此條迴歸式是否有用？（請以 F 統計量說明之，假設 $\alpha = 0.05$ ）

(3) 請問企業主及高階主管的健康狀況是否與其企業績效有顯著關係？（請以統計證據支持，假設 $\alpha = 0.05$ ）

(4) 請問企業主及高階主管的健康狀況對企業績效的解釋力（判定係數）為何？

13 >>>

多元線性
迴歸分析

本章大綱

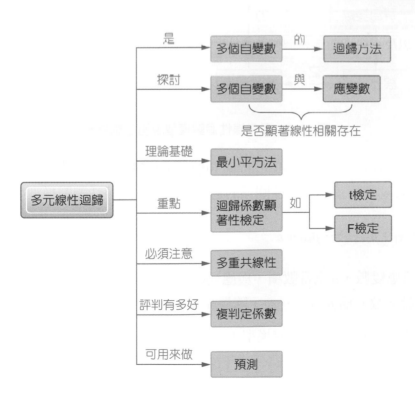

　　第12章我們介紹的簡單線性迴歸模型主要係探討單一自變數與單一應變數是否存在線性關係；然而，在實務應用上，單一自變數的例子較少，大部分實務情況係影響應變數的因素是一群自變數的，亦即單一應變數對應兩個或兩個以上的自變數，此迴歸模型稱為多元（或稱為複）迴歸模型（Multiple Regression model）。因此，在實務應用上，本章的多元線性迴歸模型才是比較常用的迴歸模型。

13-1　多元線性迴歸模型

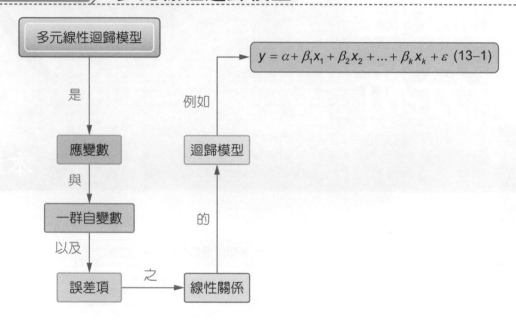

圖 13-1　多元線性迴歸模型說明之概念圖

　　多元線性迴歸模型（Multiple Linear Regression Model）乃是指應變數 y 與一群自變數 $x_1, x_2, \cdots, x_k$ 及誤差項之線性關係的迴歸模型。多元線性迴歸模型如下所示：

$$y = a + \beta_1 x_1 + \beta_2 x_2 + \cdots \beta_k x_k + \varepsilon \tag{13-1}$$

　　其中 y 為應變數，a 為常數項，與應變數有關的自變數有 k 個即 $x_1, x_2, \cdots, x_k$，迴歸係數（母體參數）為 $\beta_1, \beta_2, \cdots \beta_k$，隨機誤差項為 ε。

　　由於（13-1）的多元線性迴歸模型主要在探討應變數 y 與自變數 $x_1, x_2, \cdots, x_k$ 的線性關係，為了怕隨機誤差項 ε 對此關係之干擾，必須對隨機誤差項 ε 進行以下幾點假設：

1. 隨機誤差項 ε 為隨機變數，其期望值（平均數）等於 0，亦即 $E(\varepsilon) = 0$。

2. 對於所有自變數 $x_1, x_2, \cdots, x_k$ 而言，隨機誤差項 ε 的變異數皆為固定值 σ^2。

3. 隨機誤差項 ε 彼此互相獨立。

4. 隨機誤差項 ε 呈常態分配。

由上述的假設 1，我們可以求出多元線性迴歸方程式（Multiple Linear Regression Equation）為：

$$E(y) = a + \beta_1 x_1 + \beta_2 x_2 + \cdots \beta_k x_k \tag{13-2}$$

其中應變數 $E(y)$ 為 y 的平均數。(13-2) 表示 y 的平均數與一群自變數的線性關係。

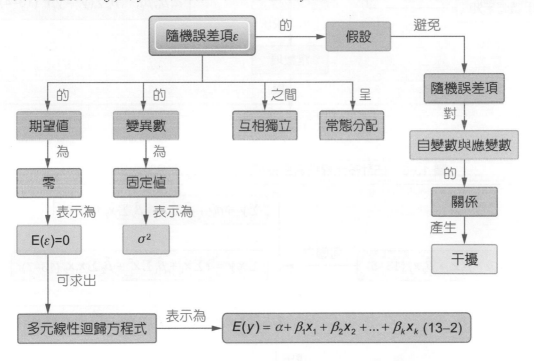

圖 **13-2** 多元線性迴歸模型誤差項之假設說明之概念圖

13-2 估計多元線性迴歸模型：最小平方法

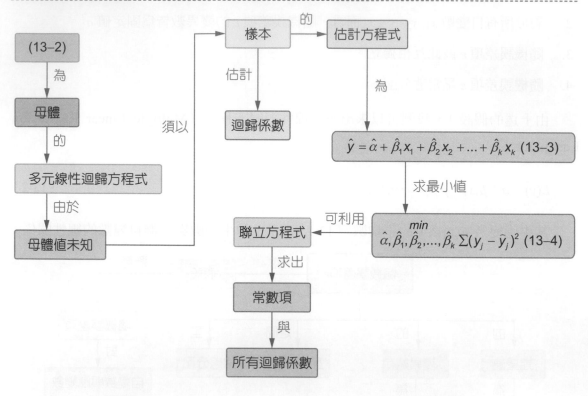

圖 13-3 估計多元線性迴歸模型之最小平方法說明之概念圖

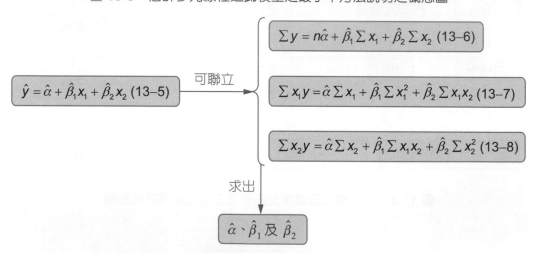

圖 13-4 最小平方法聯立方程式說明之概念圖

　　（13-2）為母體的多元線性迴歸方程式，為了解應變數 y 與一群自變數的關係，我們必須知道所有的迴歸係數 $\beta_1, \beta_2, \cdots \beta_k$ 之值。然而，因為母體資料未知，這些迴歸係數之值並無法知道，故利用從母體中抽出一組樣本，再利用樣本資料來估計這些迴歸係數，假設估計係數值分別為 $\hat{\beta}_1, \hat{\beta}_2, ... \hat{\beta}_k$，這些樣本統計量稱為母體參數 $\beta_1, \beta_2, \cdots \beta_k$ 的點估計量，則利用樣本資料估計的迴歸方程式稱為估計的多元線性迴歸方程式（Estimated Multiple Linear Regression Equation），如下所示：

$$\hat{y} = \hat{a} + \hat{\beta}_1 x_1 + \hat{\beta}_2 x_2 + ... + \hat{\beta}_k x_k \tag{13-3}$$

　　因此，我們的目的在利用樣本資料求取 $\hat{a}, \hat{\beta}_1, \hat{\beta}_2, ..., \hat{\beta}_k$ 等點估計值。與第 12 章之最小平方法之觀念相同，我們希望利用估計的多元線性迴歸方程式估計出的應變數配適值 $\hat{y}$ 與真正值 y 的誤差達到最小。故仍使用以下線性規劃求最小值：

$$\mathop{min}_{\hat{a}, \hat{\beta}_1, \hat{\beta}_2, ..., \hat{\beta}_k} \sum (y_j - \hat{y}_j)^2 \tag{13-4}$$

　　由（13-4）的線性規劃式子，我們可以利用聯立方程式得出常數項與所有迴歸係數之公式。

　　我們以最簡化的兩個自變數舉例說明。國內許多知名電器業者了解廣告行銷對其營收具有關鍵重要性，但廣告需要花費鉅額成本，故業者紛紛利用大數據分析執行精準行銷；東元電器管理階層想要了解網路促銷及電視廣告之效果，以進行行銷策略的檢討，則估計的多元線性迴歸方程式為：

$$\hat{y} = \hat{a} + \hat{\beta}_1 x_1 + \hat{\beta}_2 x_2 \tag{13-5}$$

　　我們將（13-5）的方程式代入（13-4），以求取常數項與係數值，利用線性規劃方法可求出以下聯立方程式：

$$\sum y = n\hat{a} + \hat{\beta}_1 \sum x_1 + \hat{\beta}_2 \sum x_2 \tag{13-6}$$

$$\sum x_1 y = \hat{a} \sum x_1 + \hat{\beta}_1 \sum x_1^2 + \hat{\beta}_2 \sum x_1 x_2 \tag{13-7}$$

$$\sum x_2 y = \hat{a} \sum x_2 + \hat{\beta}_1 \sum x_1 x_2 + \hat{\beta}_2 \sum x_2^2 \tag{13-8}$$

　　聯立上面三個式子就能求出 $\hat{a}$、$\hat{\beta}_1$ 及 $\hat{\beta}_2$，一般電腦統計軟體就能直接得出結果。
我們從東元電器的歷史資料抽出 10 個月的每月資料，得出網路促銷支出、電視廣告支出及月營業收入如表 13-1 所示。

表 13-1　東元電器網路促銷支出、電視廣告支出及餐飲收入（以萬元計）

月次	網路促銷支出（x_1）	電視廣告支出（x_2）	月營業收入（y）
1	10	40	320
2	12	42	400
3	8	35	280
4	15	45	500
5	11	38	420
6	9	35	360
7	10	40	380
8	14	46	450
9	15	50	520
10	10	42	410

　　由表 13-1 之資料，我們可以得出以下資料：

$\Sigma x_1 = 10 + 12 + \cdots + 10 = 114$

$\Sigma x_2 = 40 + 42 + \cdots + 42 = 413$

$\Sigma y = 320 + 400 + \cdots + 410 = 4,040$

$\Sigma x_1^2 = 10^2 + 12^2 + ... + 10^2 = 1,356$

$\Sigma x_2^2 = 40^2 + 42^2 + ... + 42^2 = 17,263$

$\Sigma x_1 x_2 = 10 \times 40 + ... + 10 \times 42 = 4,806$

$\Sigma x_1 y = 10 \times 320 + ... + 10 \times 410 = 47,600$

$\Sigma x_2 y = 40 \times 320 + ... + 42 \times 410 = 169,580$

　　將上述結果代入（13-6）、（13-7）及（13-8），得出以下聯立方程式：

$4,040 = 10\hat{a} + 114\hat{\beta}_1 + 413\hat{\beta}_2$

$47,600 = 114\hat{a} + 1,356\hat{\beta}_1 + 4,806\hat{\beta}_2$

$169,580 = 413\hat{a} + 4,806\hat{\beta}_1 + 17,263\hat{\beta}_2$

解上述聯立方程式可得出估計的多元線性迴歸方程式為[1]：

$$\hat{y} = 62.05 + 24.97x_1 + 1.39x_2$$

東元電器管理階層想要了解的是網路促銷支出及電視廣告支出是否能帶來月營業收入的提高。由於上述估計的迴歸方程式有兩個自變數與應變數的關係，在實務應用解釋上，必須單獨探究個別自變數與應變數的關係才有意義。在一般迴歸應用上，必須先固定其他自變數後，才能探討單一自變數與應變數的關係。因此，上述結果對東元電器管理階層之含意為，在固定電視廣告支出（x_2）下，當每月網路促銷支出（x_1）提高 1 萬元，則當月營業收入會提高 24.97 萬元；而在固定網路促銷支出（x_1）下，當每月電視廣告支出（x_2）提高 1 萬元時，則當月營業收入會提高 1.39 萬元。

13-3 迴歸顯著性檢定

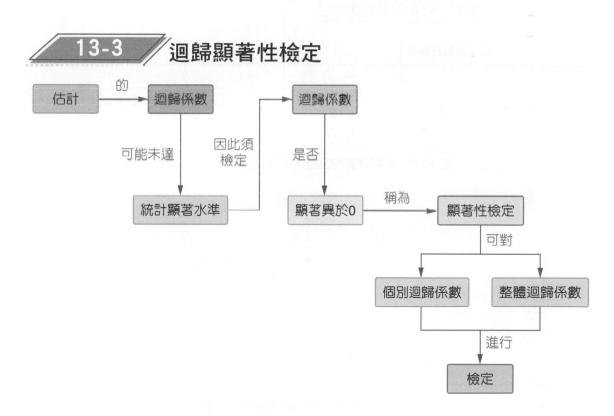

圖 13-5　迴歸係數檢定說明之概念圖

---

[1] 迴歸假設對於迴歸分析結果是否正確是關鍵條件，因此，必須全部符合條件才可進行迴歸分析。如果未能符合某些條件，則必須經過調整或改用其他能符合條件的迴歸方法。至於這些假設是否能符合，仍必須經過統計檢定才能得知。此檢定方式是屬於較高階的統計方法，本書不再探討。

在上一節我們已經利用樣本資料估計出多元迴歸方程式，但在統計的要求上，估計出的迴歸係數可能未達統計顯著水準，亦即自變數與應變數不見得真正有關。因此，我們必須再進一步檢定各個迴歸係數是否顯著異於 0，我們稱為顯著性檢定（Significance Test）。同樣在檢定技術上，我們有興趣想要知道的是個別迴歸係數是否等於 0，以及整體迴歸的所有係數是否全部等於 0。以下針對兩種統計技術進行說明。

一、個別迴歸係數檢定：t 檢定

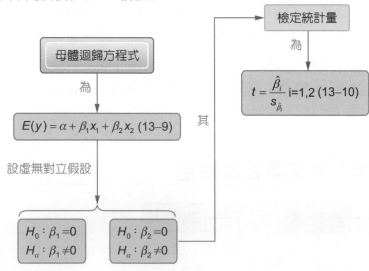

圖 13-6　迴歸係數檢定流程與公式說明之概念圖

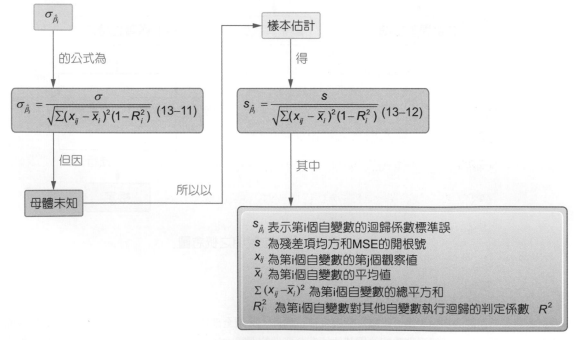

圖 13-7　迴歸係數檢定標準誤公式說明之概念圖

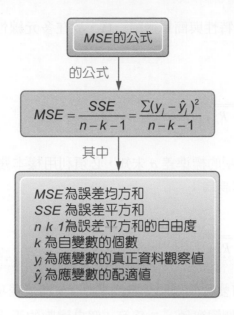

圖 13-8　迴歸模型誤差均方公式說明之概念圖

對於個別迴歸係數是否顯著異於 0 的檢定，我們仍是使用 t 檢定。以上述東元電器探討網路促銷支出（x_1）及電視廣告支出（x_2）與月營業收入（y）之關係為例，其母體迴歸方程式為

$$E(y) = a + \beta_1 x_1 + \beta_2 x_2 \qquad (13\text{-}9)$$

因此，我們要檢定的虛無與對立假設為

$$H_0 : \beta_1 = 0$$
$$H_a : \beta_1 \neq 0$$

及

$$H_0 : \beta_2 = 0$$
$$H_a : \beta_2 \neq 0$$

若結果支持 H_0，表示自變數與應變數無關；反之，若支持 H_a，表示自變數與應變數有顯著相關。檢定統計量為

$$t = \frac{\widehat{\beta_i}}{s_{\widehat{\beta_i}}} \qquad (13\text{-}10)$$

其中 $i = 1, 2$，$\widehat{\beta_i}$ 表示各個不同的估計迴歸係數，$s_{\widehat{\beta_i}}$ 為估計迴歸係數的標準誤。

多元迴歸的抽樣分配特性與簡單迴歸一樣，故在多元線性迴歸方程式中，$\sigma_{\hat{\beta}_i}$ 的公式為

$$\sigma_{\hat{\beta}_i} = \frac{\sigma}{\sqrt{\sum(x_{ij} - \bar{x}_i)^2(1 - R_i^2)}} \qquad (13\text{-}11)$$

然而，由於母體誤差項的標準差 σ 未知，必須利用樣本殘差項的標準差 s 估計之，此時，迴歸係數 $\hat{\beta}_i$ 的標準誤為：

$$s_{\hat{\beta}_i} = \frac{s}{\sqrt{\sum(x_{ij} - \bar{x}_i)^2(1 - R_i^2)}} \qquad (13\text{-}12)$$

其中 $s_{\hat{\beta}_i}$ 表示第 i 個自變數的迴歸係數標準誤，s 為殘差項均方和 MSE 的開根號，x_{ij} 為第 i 個自變數的第 j 個觀察值，$\bar{x}_i$ 為第 i 個自變數的平均數，$\sum(x_{ij} - \bar{x}_i)^2$ 為第 i 個自變數的總平方和，R_i^2 為第 i 個自變數對其他自變數執行迴歸的判定係數 R^2[2]。MSE 的公式為：

$$MSE = \frac{SSE}{n-k-1} = \frac{\sum(y_j - \hat{y}_j)^2}{n-k-1} \qquad (13\text{-}13)$$

其中 MSE 為誤差均方和，SSE 為誤差平方和，$n\text{-}k\text{-}1$ 為誤差平方和的自由度，k 為自變數的個數，y_j 為應變數的真正資料觀察值，$\hat{y}_j$ 為應變數的配適值。

我們先檢定東元電器的網路促銷支出與月營業收入是否有顯著相關存在。此時，

---

[2] 本例子的迴歸自變數有兩個：x_1 及 x_2，若要求 x_1 的迴歸係數標準誤，則將 x_1 對 x_2 執行迴歸，估計的迴歸方程式為

$x_1 = a_0 + a_1 x_2$

利用東元電器例子，利用第 12 章所學的技術，我們可估計出迴歸方程式為

$x_1 = -8.2 + 0.48x_2$

再求出上述迴歸結果的判定係數為

$R_1^2 = \dfrac{SSR}{SST} = 0.82$

此時 $i = 1$。

再利用同樣方法，將 x_2 對 x_1 執行迴歸，可求出其判定係數為

$R_2^2 = \dfrac{SSR}{SST} = 0.82$

此時 $i = 2$。

我們利用表 13-2 之結果先求迴歸標準誤 s 為：

$$s = \sqrt{MSE} = \sqrt{\frac{\sum(y_j - \hat{y}_j)^2}{n-k-1}} = \sqrt{\frac{7701.532}{10-2-1}} = 33.17$$

代入（13-12），可得出網路促銷支出（x_1）估計迴歸係數標準誤為：

$$s_{\hat{\beta}_1} = \frac{s}{\sqrt{\sum(x_{1j}-\bar{x}_1)^2(1-R_1^2)}} = \frac{33.17}{\sqrt{56.4\times(1-0.82)}} = 10.41$$

因此，代入（13-10）我們可求出檢定統計量為：

$$t = \frac{\hat{\beta}_1}{s_{\hat{\beta}_1}} = \frac{24.97}{10.41} = 2.4$$

表 **13-2**　東元電器網路促銷支出與月營業收入之關係

月次	網路促銷支出（x_1）	$(x_{1j}-\bar{x}_1)^2$	電視廣告支出（x_2）	月營業收入（y_j）	$\hat{y}_j$	$(y_j-\hat{y}_j)^2$
1	10	1.96	40	320	367.35[3]	2242.023
2	12	0.36	42	400	420.07	402.8049
3	8	11.56	35	280	310.46	927.8116
4	15	12.96	45	500	499.15	0.7225
5	11	0.16	38	420	389.54	927.8116
6	9	5.76	35	360	335.43	603.6849
7	10	1.96	40	380	367.35	160.0225
8	14	6.76	46	450	475.57	653.8249
9	15	12.96	50	520	506.1	193.21
10	10	1.96	42	410	370.13	1589.617
	$x_1 = 11.4$	$\sum(x_{1j}-\bar{x}_1)^2 = 56.4$				$\sum(y_j-\hat{y}_j)^2 = 7701.532$

假設顯著水準 $a = 0.05$，最後，利用 p 值法進行決策，雙尾檢定下，自由度為 n-k-1 = 10-2-1 = 7 下，檢定統計量的 p 值為：

p 值 $= 2p(t\geq2.4) = 2 \times 0.0237 = 0.047$

---

[3]　$\hat{y} = 62.05 + 24.97x_1 + 1.39x_2 = 62.05 + 24.97 \times 10 + 1.39 \times 40 = 367.35$

由於 p 值 $= 0.047 < a = 0.05$，故拒絕 H_0。因此，我們可結論為東元電器的網路促銷廣告支出與月營業收入有顯著相關，亦即當某一個月網路促銷支出愈高時，當月的營業收入會愈高，顯示網路促銷支出對月營業收入的提升應該會有效果。

利用臨界值法進行決策，雙尾檢定下，在 $a = 0.05$ 及自由度為 7 時，比較檢定統計量與臨界值為

$$t = 2.4 > t_{(0.025,\ 7)} = 2.365$$

檢定統計量大於臨界值，故拒絕 H_0，結果一樣。

我們再檢定東元電器的電視廣告支出與月營業收入是否有顯著相關存在。此時，我們利用表 13-3 之結果與 $s = 33.17$ 代入（13-12），可得出電視廣告支出（x_2）估計迴歸係數標準誤為：

$$s_{\hat{\beta}_2} = \frac{s}{\sqrt{\sum(x_{2j} - \overline{x}_2)^2(1 - R_2^2)}} = \frac{33.17}{\sqrt{206.1 \times (1 - 0.82)}} = 5.446$$

因此，代入（13-10）我們可求出檢定統計量為：

$$t = \frac{\hat{\beta}_2}{s_{\hat{\beta}_2}} = \frac{1.39}{5.446} = 0.255$$

假設顯著水準 $a = 0.05$。最後，利用 p 值法進行決策，雙尾檢定下，自由度為 $n-k-1 = 10-2-1 = 7$ 下，檢定統計量的 p 值為：

$$p\ 值 = 2p(t \geq 0.255) = 2 \times 0.403 = 0.806$$

由於 p 值 $= 0.806 > a = 0.05$，故不拒絕 H_0。因此，我們可結論為東元電器的電視廣告支出與月營業收入無關，顯示電視廣告支出對月營業收入的提升並沒有帶來任何效果。

利用臨界值法進行決策，雙尾檢定下，在 $a = 0.05$ 及自由度為 7 時，比較檢定統計量與臨界值為

$$t = 0.255 < t_{(0.025,\ 7)} = 2.365$$

檢定統計量大於臨界值，故不拒絕 H_0，結果一樣。

表 13-3 東元電器電視廣告支出與月營業收入之關係

週次	網路促銷支出（x_1）	電視廣告支出（x_2）	$(x_{2j} - \bar{x}_2)^2$	月營業收入（y_j）	$\hat{y}_j$	$(y_j - \hat{y}_j)^2$
1	10	40	1.69	320	367.35	2242.023
2	12	42	0.49	400	420.07	402.8049
3	8	35	39.69	280	310.46	927.8116
4	15	45	13.69	500	499.15	0.7225
5	11	38	10.89	420	389.54	927.8116
6	9	35	39.69	360	335.43	603.6849
7	10	40	1.69	380	367.35	160.0225
8	14	46	22.09	450	475.57	653.8249
9	15	50	75.69	520	506.1	193.21
10	10	42	0.49	410	370.13	1589.617
		$\bar{x}_2 = 41.3$	$\sum(x_{2j} - \bar{x}_2)^2 = 206.1$			$\sum(y_j - \hat{y}_j)^2 = 7701.532$

二、整體迴歸係數檢定：F 檢定

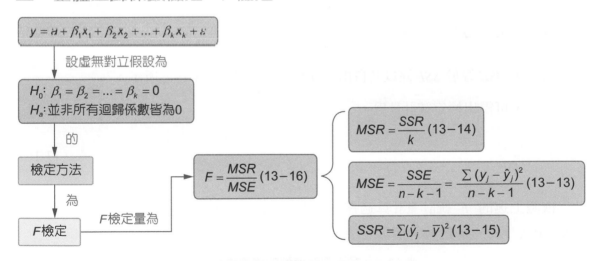

圖 13-9 迴歸模型整體顯著性檢定說明之概念圖

對於迴歸模型而言，整體迴歸係數檢定是必要且是第一個優先需要檢定的，因為若整體迴歸係數檢定不顯著，表示所有估計的迴歸係數都未達顯著水準，此時迴歸模型就沒有用處了。以一般化的迴歸模型為例，如同（13-1）的式子：

$$y = a + \beta_1 x_1 + \beta_2 x_2 + \cdots \beta_k x_k + \varepsilon$$

我們要檢定的是所有迴歸係數是否全都等於 0，若所有迴歸係數都等於 0，則此迴歸模型就沒有用處了，因爲沒有找到任何一個與應變數有關的自變數。因此，我們要先對整體迴歸模型的所有迴歸係數先進行整體檢定，所建立的虛無與對立假設爲：

$H_0：\beta_1 = \beta_2 = \cdots \beta_k = 0$

$H_a：$並非所有迴歸係數皆爲 0

如果檢定結果支持 H_0，表示所有迴歸係數皆等於 0，則此迴歸模型完全無用；反之，若支持 H_a，表示至少有一個迴歸係數不等於 0，則此迴歸模型就有用了。

檢定方法仍然是利用 F 統計量。F 統計量的分子爲迴歸均方和 MSR，而分母爲誤差均方和 MSE。迴歸均方和等於迴歸平方和 SSR 除以其自由度 k（自變數的個數）。如下公式所示：

$$MSR = \frac{SSR}{k} \tag{13-14}$$

而 SSR 的公式爲：

$$SSR = \sum(\hat{y}_j - \overline{y})^2 \tag{13-15}$$

另外，MSE 等於 SSE 除以其自由度 n-k-1。公式如（13-13）所示。

因此，可得出檢定統計量爲：

$$F = \frac{MSR}{MSE} \tag{13-16}$$

依照上述的 F 統計量計算過程，我們仍可編出一個多元迴歸模型的變異數分析（ANOVA）表，如表 13-4 所示。

表 13-4　多元迴歸模型的變異數分析表

變異來源	平方和	自由度	均方和	F 值	p 值
迴歸	SSR	k	$MSR = \dfrac{SSR}{k}$	$F = \dfrac{MSR}{MSE}$	$P\left(F \geq \dfrac{MSR}{MSE}\right)$
誤差	SSE	n-k-1	$MSE = \dfrac{SSE}{n-k-1}$		
總和	SST	n-1			

同樣以東元電器的例子說明，東元電器例子的估計迴歸方程式為：

$$\hat{y} = 62.05 + 24.97x_1 + 1.39x_2$$

整體迴歸係數檢定的虛無與對立假設為：

$H_0 : \beta_1 = \beta_2 = 0$

H_a：並非所有迴歸係數皆為 0

我們先求 SSR，利用表 13-5 的程序得出結果，求得 SSR 為

$$SSR = \sum(\hat{y}_j - \bar{y})^2 = 42352.73$$

再求 MSR 如下：

$$MSR = \frac{SSR}{k} = \frac{42352.73}{2} = 21176.37$$

而利用表 13-2 程序得出 MSE 為

$$MSE = \frac{SSE}{n-k-1} = \frac{\sum(y_j - \hat{y}_j)^2}{n-k-1} = \frac{7701.532}{10-2-1} = 1100.22$$

因此，可得出 F 檢定統計量為

$$F = \frac{MSR}{MSE} = \frac{21176.37}{1100.22} = 19.25$$

假設顯著水準 $a = 0.05$。利用 p 值法進行決策，在 F 分配的右尾檢定下，分子自由度為 $k = 2$，分母自由度為 $n-k-1 = 10-2-1 = 7$，則 p 值為：

p 值 $= p(F \geq 19.25) = 0.001$

由於 p 值 $= 0.001 < 0.05$，故拒絕 H_0。我們可以結論應變數為月營業收入，而自變數為網路促銷支出與電視廣告支出的迴歸模型中，至少有一個自變數的迴歸係數是不等於 0 的，亦即至少有一個自變數是與應變數有相關的。此表示迴歸模型是有用的。

再利用臨界值法進行決策，比較檢定統計量與臨界值為：

$F = 19.25 > F_{(0.05\,;\,2,\,7)} = 4.74$

在右尾檢定下，由於檢定統計量大於臨界值，故拒絕 H_0。

表 13-5　東元電器例子求取 SSR

週次	網路促銷支出（x_1）	電視廣告支出（x_2）	月營業收入（y_j）	$\hat{y}_j$	$(\hat{y}_j - \bar{y})^2$
1	10	40	320	367.35	1343.223
2	12	42	400	420.07	258.2449
3	8	35	280	310.46	8749.732
4	15	45	500	499.15	9053.523
5	11	38	420	389.54	209.0916
6	9	35	360	335.43	4701.845
7	10	40	380	367.35	1343.223
8	14	46	450	475.57	5122.265
9	15	50	520	506.1	10424.41
10	10	42	410	370.13	1147.177
				$\bar{y} = 404$	$\sum(\hat{y}_j - \bar{y})^2 = 42352.73$

由上述求解過程，我們可以利用表 13-4 編出此例題的 ANOVA 表，如表 13-6 所示。

表 13-6　東元電器多元迴歸模型的 ANOVA 表

變異來源	平方和	自由度	均方和	F 值	p 值
迴歸	42352.73	2	21176.37	19.25	0.001
誤差	7701.532	7	1100.22		
總和	50054.262	9			

13-4　多重共線性

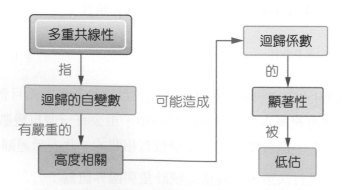

圖 13-10　迴歸模型多重共線性問題說明之概念圖

多重共線性（Multicollinearity）問題或稱為共線性問題是多元線性迴歸模型常碰到的問題。所謂多重共線性乃是指迴歸的自變數之間具有高度相關。一般在估計線性迴歸方程式時，自變數之間都會存在著一些相關性；當自變數之間的相關性過高時，可能就會發生多重共線性問題過於嚴重，此時就會造成迴歸係數的顯著性被低估，在此時必須設法解決共線性嚴重的問題。

以前述東元電器的例子而言，自變數為網路促銷支出與電視廣告支出。對於東元電器的行銷策略而言，為了促銷電器，勢必會在不同媒體同時增加行銷支出，此時當網路促銷支出提高時，電視廣告支出也會提高的現象就很容易發生；在此情況下，兩個自變數可能就會產生高度相關的問題。我們利用表 13-1 的資料求取網路促銷支出與電視廣告支出兩個變數的相關係數，可得出以下結果：

$$r = \frac{cov(x_1, x_2)}{s_{x_1} s_{x_2}} = \frac{\sum(x_{1j} - \overline{x}_1)(x_{2j} - \overline{x}_2)/(n-1)}{\sqrt{\frac{\sum(x_{1j} - \overline{x}_1)^2}{n-1}}\sqrt{\frac{\sum(x_{2j} - \overline{x}_2)^2}{n-1}}} = \frac{97.8/9}{\sqrt{\frac{56.4}{9}} \times \sqrt{\frac{206.1}{9}}}$$

$$= \frac{10.867}{2.503 \times 4.785} = 0.907$$

一般實務應用上，只要兩個自變數的相關係數超過 0.7 以上，可能就會存在著多重共線性較嚴重的問題。由上述結果可知，網路促銷支出與電視廣告支出兩個變數的相關係數高達 0.907，故可能使得兩個自變數的多重共線性嚴重。然而，多重共線性問題是否太嚴重，統計方法有較正式的測試方法，稱為變異數膨脹因子（Variance Inflation Factor, VIF）。每個自變數各自的 *VIF* 是利用此自變數對其他自變數執行迴歸所求出的複判定係數得出的，其公式為：

$$VIF = \frac{1}{1 - R_i^2} \tag{13-17}$$

其中 R_i^2 即為前面敘述的求 *VIF* 的此自變數做為應變數對其他自變數執行迴歸分析所得出的複判定係數值。

若以前述東元電器為例，第一個自變數網路促銷支出對第二個自變數電視廣告支出執行迴歸的判定係數為（參考附註 2）：

$$R_1^2 = 0.82$$

代入（13-17），可得出網路促銷支出的 *VIF* 為

$$VIF = \frac{1}{1-R_1^2} = \frac{1}{1-0.82} = 5.56$$

再求第二個自變數電視廣告支出對第一個自變數網路促銷支出執行迴歸的判定係數為（參考附註 2）：

$$R_2^2 = 0.82$$

代入（13-17），可得出網路促銷支出的 *VIF* 為

$$VIF = \frac{1}{1-R_2^2} = \frac{1}{1-0.82} = 5.56$$

一般在實務上，許多教科書甚至研究之標準，*VIF* 大於 10 被認為是多重共線性較嚴重，必須解決此問題。只要 *VIF* 在 10 以內，就認為是可以接受的標準。然而，一些嚴謹的研究卻認為 *VIF* 只要大於 3，就必須對共線性問題予以處理，因為就可能造成迴歸顯著性估計結果會受到影響。以前述東元電器例子而言，兩個自變數的 *VIF* = 5.56，雖然在 10 以內，但其相關係數卻高達 0.907，顯示可能會因為兩個自變數的相關性過高，導致各自的顯著性 *t* 值被低估，致使較不容易達到顯著的問題發生。電視廣告支出（x_2）的顯著性檢定結果並未達顯著水準，可能就是因為與網路促銷支出（x_1）有較嚴重的多重共線性問題才會導致的。

由此可知，多重共線性是多元線性迴歸分析較常遇到的問題，通常可能會導致自變數的顯著性 *t* 值被低估，而導致可能原來是顯著的變為不顯著。另一個可能產生的現象是，迴歸跑出的結果 *F* 檢定是顯著的或判定係數的值很高，結果個別 *t* 值卻沒有一個顯著；此矛盾的發生，統計人員就必須立刻想到可能是因為自變數之間有嚴重共線性問題。在實務上，解決多重共線性問題的方法，可以有以下方法可參考：

1. 若兩個自變數之間存在嚴重多重共線性，則可刪掉其中一個較不顯著變數，或者刪掉其中一個被刪除後會讓 R^2 降低較少的自變數。然而，此方法可能造成忽略了重要變數而導致其他變數係數估計偏誤的問題發生。

2. 使用中心化（Centralize）的方法，亦即將兩個 *VIF* 較高的自變數，每個自變數的個別觀察值減此自變數的平均數（$x_i - \bar{x}$），做為此自變數新的觀察值，再重新執行迴歸分析。

3. 若是因為抽樣方法而造成多重共線性問題，則可改變抽樣方法重新進行抽樣。

表 13-7　東元電器網路促銷支出與電視廣告支出相關

週次	網路促銷支出（x_1）	電視廣告支出（x_2）	$(x_{1j} - x_1)(x_{2j} - x_2)$
1	10	40	1.82
2	12	42	0.42
3	8	35	21.42
4	15	45	13.32
5	11	38	1.32
6	9	35	15.12
7	10	40	1.82
8	14	46	12.22
9	15	50	31.32
10	10	42	-0.98
	$x_1 = 11.4$	$x_2 = 41.3$	$\sum(x_{1j} - x_1)(x_{2j} - x_2) = 97.8$

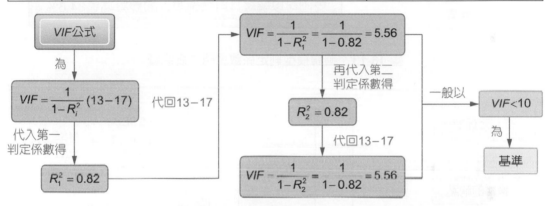

圖 **13-11**　測試多重共線性問題之方法 VIF 說明之概念圖

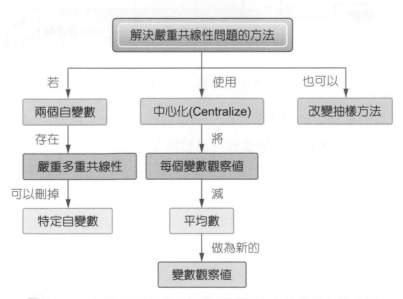

圖 **13-12**　迴歸模型多重共線性問題解決方法說明之概念圖

13-5 多元線性迴歸模型有多好？：複判定係數（ R^2 ）

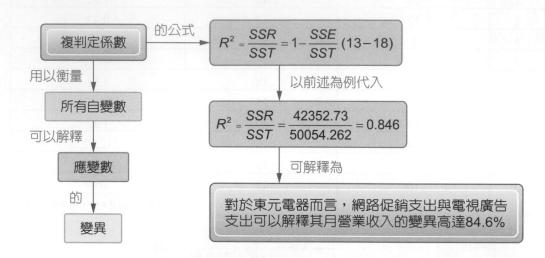

圖 13-13 迴歸模型判定係數說明之概念圖

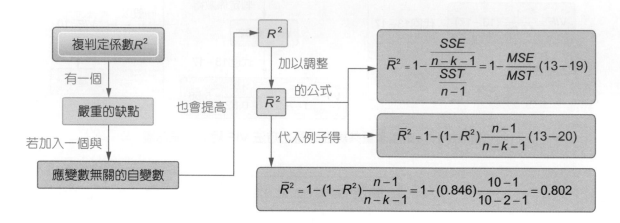

圖 13-14 迴歸模型調整判定係數說明之概念圖

　　從第 12 章我們學到從判定係數判斷一條迴歸模型有無用處及迴歸模型有多好，因為判定係數乃是衡量自變數可衡量或解釋應變數多少百分比的變異。在多元迴歸中，複（或多元）判定係數（Multiple Coefficient of Determination）也是衡量"所有"自變數可以解釋應變數多少百分比的變異；亦即複判定係數是用來衡量迴歸整體的自變數對解釋應變數變異的貢獻程度，而非個別自變數。因此，複判定係數的公式如同第 12 章一樣為：

$$R^2 = \frac{SSR}{SST} = 1 - \frac{SSE}{SST} \tag{13-18}$$

其中 SSR 乃是迴歸平方和，SSE 乃是誤差平方和，SST 乃是總平方和。公式如前一節（13-13）及（13-15）所示。

由於複判定係數 R^2 公式乃是 1 減誤差平方和佔總平方和的比例，當誤差平方和愈低時，則複判定係數愈高。而誤差平方和乃是指應變數的配適值 $\hat{y}$ 與真正值 y 的誤差，當應變數配適值與真正值差距愈小時，表示利用配適值估計真正值愈能估計到，此時表示估計的迴歸方程式愈能準確估計到真正的應變數，我們稱為該估計的迴歸方程式配適度（Goodness of Fit）愈高。因此，複判定係數也是用來衡量迴歸方程式的配適度好不好。多元線性迴歸模型有多好，就是要利用估計的多元線性迴歸方程式是否能準確估計到真正的應變數，故我們可以利用複判定係數有多高來判斷多元線性迴歸模型有多好。

以前述東元電器為例，應變數為月營業收入，自變數為網路促銷支出與電視廣告支出。此估計的迴歸方程式的複判定係數為：

$$R^2 = \frac{SSR}{SST} = \frac{42352.73}{50054.262} = 0.846$$

因此，可解釋為對於東元電器而言，網路促銷支出與電視廣告支出可以解釋其月營業收入的變異高達 84.6%。表示兩個自變數與月營業收入的相關性極高，月營業收入只剩下 15.4% 的變異是由其他未知的因素來解釋。對於東元電器管理階層的管理意涵而言，表示東元電器的月營業收入高低受到網路促銷花費及電視廣告花費的影響很大，故仍要多投入這兩項支出[4]，才能讓月營業收入維持，甚至提高。

然而，複判定係數 R^2 有一個很嚴重的缺點，即是當多元迴歸的自變數增加時，複判定係數 R^2 也一定會提高，不管加入迴歸的自變數對應變數有無真正的影響；亦即當加入一個與應變數無關的自變數，也會讓 R^2 提高。此時就會有一個嚴重問題，即可能產生一條迴歸的 R^2 很高，可是迴歸方程式內卻有一堆對應變數無解釋貢獻的自變數，這樣的迴歸模型設定是有問題的，此時用 R^2 來看迴歸模型好不好就不靠譜了。為了解決此問題，可以將複判定係數 R^2 加以調整，調整後的 R^2 我們稱為調整後複判定係數（Adjusted Multiple Coefficient of Determination），記做 $\bar{R}^2$。$\bar{R}^2$ 乃是利用將 R^2 公式中的平方和改成均方和的方式進行調整，亦即將平方和除以自由度，其公式為：

---

[4] 若本題的電視廣告支出確實沒有達到顯著水準，並非共線性高所造成的結果，則就變成月營業收入只受到網路促銷支出的影響，應該只要投入網路促銷支出。

$$\overline{R}^2 = 1 - \frac{\dfrac{SSE}{n-k-1}}{\dfrac{SST}{n-1}} = 1 - \frac{MSE}{MST} \tag{13-19}$$

上述公式也可改成：

$$\overline{R}^2 = 1 - (1 - R^2)\frac{n-1}{n-k-1} \tag{13-20}$$

由（13-20）式可以瞭解複判定係數 R^2 與調整後複判定係數 $\overline{R}^2$ 之間的關係。調整後複判定係數可以解決當加入一個與應變數無關的自變數，卻會讓複判定係數提高的窘境，主要乃是因為分子及分母各自自由度的加入，使得加入的自變數必須要與應變數有關，才會使調整後複判定係數提高。

若以東元電器為例，調整後複判定係數[5]為：

$$\overline{R}^2 = 1 - (1 - R^2)\frac{n-1}{n-k-1} = 1 - (0.846)\frac{10-1}{10-2-1} = 0.802$$

13-6 利用多元線性迴歸模型進行預測

如同第 12 章所提到的，利用設定的迴歸模型再利用樣本資料估計的迴歸方程式可以進行應變數的預測。本章的多元線性迴歸模型亦有同樣功能，可以利用樣本資料估計出來的多元線性迴歸方程式進行預測。然而，仍須注意的是預測範圍仍是在樣本涵蓋的區間內，超過樣本區間就有可能產生預測誤差會較大的風險。

以本章的東元電器例子說明，應變數為月營業收入，自變數為網路促銷支出與電視廣告支出，所估計的迴歸方程式[6]為：

---

[5] 若僅以月營業收入為應變數，以網路促銷支出為自變數，執行迴歸分析結果為 $\hat{y} = 91.915 + 27.376x_1$，複判定係數 $R^2 = 0.845$，調整後複判定係數 $\overline{R}^2 = 0.825$。與上述包含網路促銷支出與電視廣告支出兩個自變數的迴歸結果比較，正可驗證電視廣告支出是一個與應變數無關的自變數，所以加入此變數後，雖然複判定係數由 0.845 提高到 0.846，但調整後複判定係數卻由 0.825 降低到 0.802。

[6] 用此迴歸方程式做本節的預測，是假設網路促銷支出與電視廣告支出兩個自變數都顯著影響應變數；若是如前面檢定結果，電視廣告支出未達顯著水準，則就只能用網路促銷支出做預測。

$$\hat{y} = 62.05 + 24.97x_1 + 1.39x_2$$

同樣地，我們可以進行點預測、應變數的平均數區間預測及個別應變數區間預測。網路促銷支出的樣本範圍為 8 至 15，電視廣告支出的樣本範圍為 35 至 50，在此範圍內預測應變數會較準確。我們假設某個月的網路促銷支出為 12 萬元（$x_1 = 12$），電視廣告支出為 42 萬元（$x_2 = 42$），則可預測該月營業收入的點預測值為

$$\hat{y} = 62.05 + 24.97 \times 12 + 1.39 \times 42 = 420.07$$

因此，當東元電器在某個月投入的網路促銷支出為 12 萬元，而電視廣告支出為 42 萬元時，可以預測該月的營業收入為 4,200,700 元。

由於點預測可能很難準確預測到母體的月營業收入，故再使用考量預測誤差的區間預測。我們再求上述的月營業收入的平均數，在 95% 的信賴係數下的信賴區間，以及求東元電器各別分店的月營業收入，在 95% 的信賴係數下的信賴區間（一般稱為預測區間）。然而，在多元迴歸下，此信賴區間與預測區間公式較複雜，難用人工算出，故必須使用統計軟體得出結果。我們使用 SPSS 統計軟體得出結果。

東元電器月營業收入的平均數，在 95% 的信賴係數下的信賴區間為

(393.99, 445.91)

東元電器各別分店的月營業收入，在 95% 的信賴係數下的預測區間為

(337.34, 502.57)

因此，當某個月的網路促銷支出為 12 萬元及電視廣告支出為 42 萬元時，在 95% 的信賴水準下，我們可以預測當月東元電器的平均月營業收入介於 3,939,900 至 4,459,100 元之間。另外，在當月東元電器某家分店的某個月的網路促銷支出為 12 萬元及電視廣告支出為 42 萬元時，我們可以預測該家分店的月營業收入介於 3,373,400 元至 5,025,700 元之間。從以上結果，我們可以知道在給定自變數下，比起預測個別應變數，我們可以更精準的預測應變數的平均數（因為信賴區間較窄）。

13-7　Excel 範例

執行多元迴歸分析，求取係數值

步驟一

新增「資料分析」工具箱

點選「檔案-選項-增益集-執行」，顯示下圖，選取「分析工具箱」，點選「確定」，即可新增資料分析。

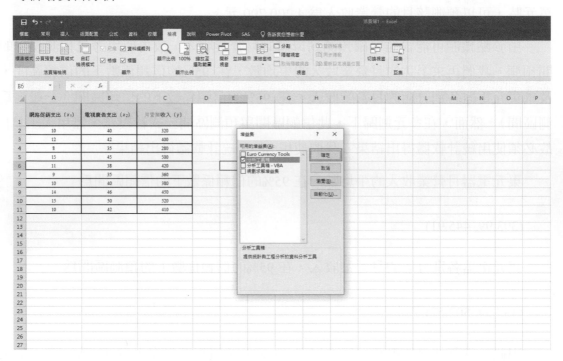

步驟二

點選「資料分析」，選取「迴歸」，按「確定」，出現迴歸分析操作畫面。

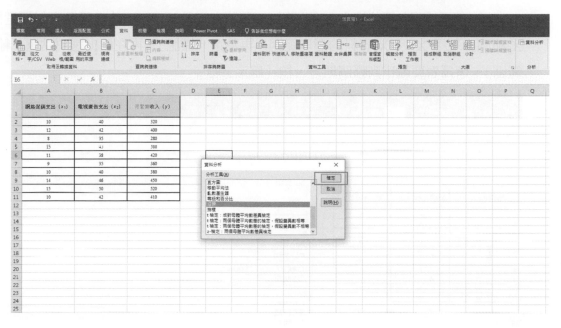

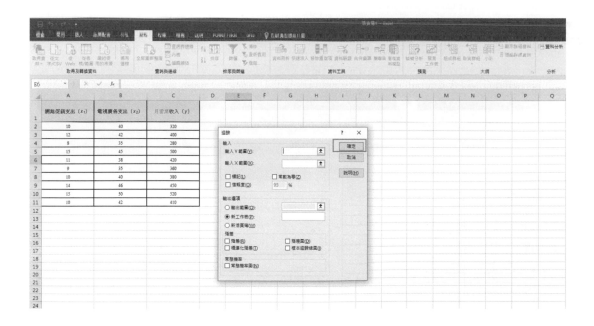

步驟三

在視窗框中的輸入 Y 範圍點一下，將應變數 Y 的名稱及資料框選後，Y 範圍出現了 Y 資料的選取範圍；再將輸入 X 範圍點一下，將自變數 X_1 及 X_2 的名稱及資料框選後，X 範圍出現了 X_1 及 X_2 資料的選取範圍。再點選「標記」，再在輸出選項點選「輸出範圍」，選擇看要輸出到哪個地方，按「確定」。

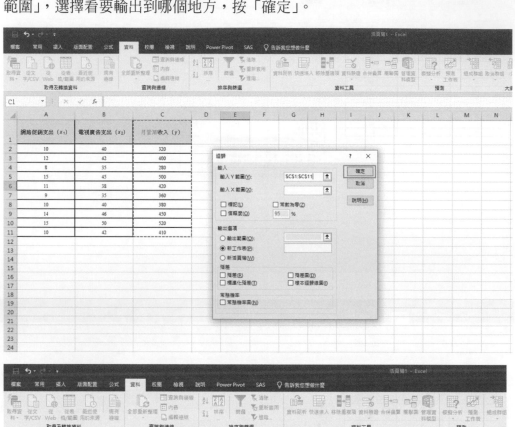

步驟四

可得出最後的迴歸結果 $\hat{y} = 62.05 + 24.97x_1 + 1.39x_2$。

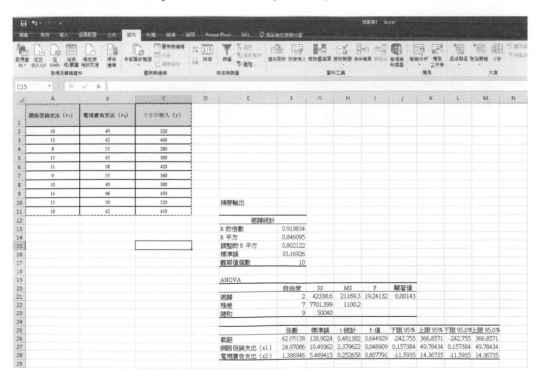

計算檢定統計量 t 值、R^2 及調整後 R^2

由上述迴歸輸出表,可知道迴歸結果直接跑出 t 值、R^2 及調整後 R^2 等結果,其中整條迴歸的解釋力 R^2 = 0.846095,調整後 R^2 = 0.802122。網路促銷支出的檢定統計量 t 值 = 2.379622,p 值 = 0.048909。電視廣告支出的檢定統計量 t 值 = 0.252658,p 值 = 0.807791。

本章習題

一、王品集團為了瞭解其投入之廣告費、裝潢費能否為公司帶來實質經濟效益而蒐集
資料進行進一步分析

年	營業收入（千萬）	廣告費（萬）	裝潢費（百萬）
2009	7687	342	260
2010	6825	328	267
2011	8745	648	348
2012	4622	248	474
2013	9874	821	425
2014	3641	201	578
2015	6223	472	648

1. 試求預測營業收入的方程式，並說明係數之意義（$a = 0.05$）。
2. 求解釋力（配適度）。

二、義大世界遊樂園維修費逐年攀升，其管理階層為探究其原因聘請財會人員對其維
修費進行分析，財會人員詳閱管理階層提供資料整理出下列資料：

年	維修費（千萬）	遊樂設施數	來客數（萬）
2009	3426	12	2460
2010	3755	12	2678
2011	4896	13	3248
2012	5421	16	4724
2013	6057	19	4825
2014	6894	20	5678
2015	7811	20	6487

1. 試求預測維修費的方程式，並說明係數之意義（$a = 0.05$）。
2. 求解釋力（配適度）。

三、星巴克管理階層想知道一台咖啡機的使用年限和它每年保養費用及使用次數是否有任何關係。以下是 10 台咖啡機的樣本資料

咖啡機耐用年限	3	4	6	6	5	7	7	8	9	12
保養費用（千元）	2	3	3	4	6	8	7	12	16	13
使用次數（千）	8	9	10	17	18	16	17	23	26	29

1. 請求出最小平方迴歸直線方程式。

2. 請以 F 檢定說明整條迴歸之有用性及意義（$a = 0.1$）。

3. 請以 t 檢定說明個別係數之有用性及意義（$a = 0.1$）。

4. 請說明本條迴歸之解釋力（配適度）。

5. 請求出各自變數之 VIF，並解釋。

四、無飽春想應徵麥仕佳麵包店的麵包師傅，而麥仕佳的月薪是私下協商而定，無飽春為了確保月薪訂定之合理性，進而對麥仕佳的各個麵包師傅月薪加以研究：

月薪（萬）	年資	獲獎次數
12	9	9
6	1	5
30	30	14
16	12	10
19	16	11
18	15	10
17	10	12
8	6	6
12	8	8
6	10	4
7	11	5

1. 請求出最小平方迴歸直線方程式。

2. 請以 t 檢定說明個別係數之有用性及意義（$a = 0.01$）。

3. 請說明本條迴歸之解釋力（配適度）。

4. 求麥仕佳麵包師傅平均年資 10 年、獲獎次數 12 次的平均月薪信賴區間。

5. 若無飽春年資為 10 年、獲獎次數 12 次，其合理月薪為多少？

6. 若無飽春年資為 10 年、獲獎次數 12 次，其合理月薪的預測區間為何？

五、南海茶道爲了因應物價上漲而對其飲品調高售價，其管理階層擔心因調高售價而
　　減少來客數，在控制競爭者數的影響下，對此項因素進行分析：

年	98	99	100	101	102	103	104
來客數（千人）	8.5	8	7.4	5	6	5.2	4.5
售價（元）	30	35	35	40	45	50	55
附近飲料店數（家）	8	6	2	4	4	6	8

　　1. 請求出最小平方迴歸直線方程式。

　　2. 提高售價是否對南海茶道的來客數造成影響？（$a = 0.05$）

　　3. 附近飲料店數增加是否對南海查到來客數造成影響？（$a = 0.05$）

六、彰化戲院爲了招攬客人，近幾個月頻繁發放折價券，管理階層爲了瞭解此項方案
　　能否增加來客數而進行分析，但因在對面街的競爭對手也採取相同方案以招攬來
　　客數，因此管理階層控制了競爭對手發放折價券的次數此項因素。

月份	來客數（千人）	彰化戲院發放折價券次數	對手戲院發放折價券次數
1	3	5	10
2	4	7	8
3	6	11	8
4	6	13	4
5	5	10	6
6	5	11	5
7	10	15	10
8	12	18	8
9	9	16	6
10	7	9	5

　　1. 請求出最小平方迴歸直線方程式。

　　2. 彰化戲院發放折價券次數是否有效果？

　　3. 求解釋力。

七、近年淘寶因售價低而吸引了大批民眾購買，MIT 服飾因而流失許多顧客，爲了重振營業額，MIT 服飾聘請網路知名的部落客寫業配文以及購買 FB 的廣告。

月份	營業額（萬元）	業配文數量	購買廣告數量
1	200	3	10
2	247	6	14
3	462	12	16
4	678	18	25
5	728	16	30
6	564	12	18
7	588	14	19
8	547	10	16
9	658	19	20
10	676	15	22

1. 請求出最小平方迴歸直線方程式。

2. 在知名部落客寫業配文數量是否對 MIT 服飾營業額有幫助？（$a = 0.05$）

3. 在 FB 購買廣告是否對 MIT 服飾營業額有幫助？（$a = 0.05$）

14 ⟫⟫⟫

無母數方法

本章大綱

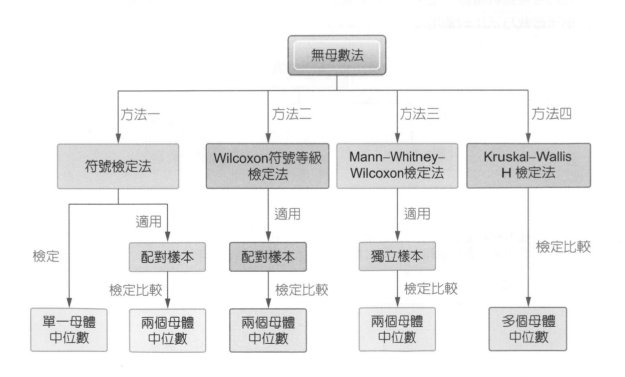

在第 7 章我們有提過統計推論的方法分為有母數方法與無母數方法。此兩種方法目的都是在進行統計推論（估計及檢定），但有母數方法必須假設母體的資料分配型態必須符合常態分配，而無母數方法卻不需要假設母體的分配，故無母數方法有時也稱為自由分配方法（Distribution-free Methods）。有母數與無母數方法之差異除了有母數方法在母體分配之假設較嚴格外，有母數方法也只能適用在量化的資料，而無母數方法可以適用在質性與量化資料皆可。另外，在數據資料所含的資訊利用上，有母數方法用到的資訊也比無母數方法多，如有母數檢定用到平均數，而無母數方法可能只用到中位數。因此，若已知母體服從常態分配或樣本統計量的抽樣分配近似常態分配，無母數檢定相對於有母數檢定的檢定力會較弱，此時應該使用有母數方法；然而，當母體很明顯無法服從常態分配又無法利用中央極限定理時，就應該使用無母數方法，否則會導致更大的推論誤差。

在實務應用上，使用有母數的方法如 t 檢定或 F 檢定等進行檢定，若母體資料無法服從常態分配，會有無母數方法可以替代，如 Mann-Whitney、Kruskal-Wallis 方法。以下我們針對常用的無母數方法進行介紹。

* 當母體資料分配服從常態分配或樣本統計量的抽樣分配近似常態分配時，使用有母數方法可得到較精確的結果；若母體資料明顯非常態分配或無法利用中央極限定理時，則無母數方法比較適用。

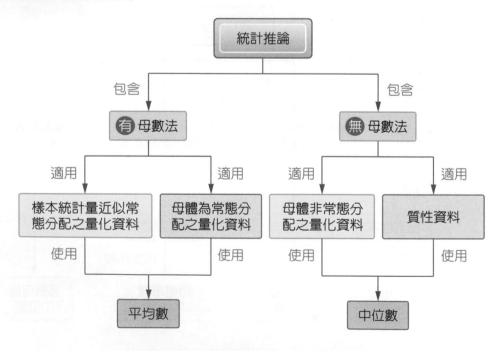

圖 14-1 統計推論方法說明之概念圖

14-1　符號檢定

符號檢定（Sign Test）乃是一個偶而看到的無母數檢定方法，假設母體資料無法符合常態分配時，符號檢定方法的用途有兩種：一為進行母體中位數的假設檢定，一為進行兩個母體差異的配對樣本檢定。

* 符號檢定方法的用途有兩種：一為進行母體中位數的假設檢定，二為進行兩個母體差異的配對樣本檢定。

一、母體中位數假設檢定

在前面有關有母數檢定章節，我們討論的都是平均數檢定，主要係有母數檢定假設母體資料符合常態分配；若母體分配為偏態分配，則從第 3 章的學習中知道中位數會比平均數好，此時即可利用符號檢定法進行中位數之假設檢定。由此可知，符號檢定法是在常態分配假設無法符合下不能使用單一母體 t 檢定法時，可以用來替代單一母體 t 檢定的方法之一。

我們舉一個實例說明此方法之應用。假設星巴克行銷主管想要瞭解各連鎖店每天銷售咖啡數量，以便在咖啡市場競爭中擬定適當的行銷策略。行銷調查人員從星巴克所有連鎖店中隨機抽取 10 家做為調查對象，再根據每家店過去一個月的平均日銷售數量進行統計；然而，根據歷史資料顯示所有連鎖店銷售數量資料具有偏態分配，故調查人員決定使用中位數做為檢定基礎。行銷主管預估所有連鎖店每天咖啡的銷售數量之中位數會高於 200 杯，調查人員欲檢驗行銷主管的預估是否正確，乃設立以下虛無及對立假設：

H_0：中位數 ≤ 200

H_a：中位數 > 200

隨機抽取的 10 家連鎖店資料，如表 14-1 所示。

表 14-1　星巴克 10 家連鎖店過去一個月的咖啡平均日銷售數量

連鎖店	咖啡日銷售數量	連鎖店	咖啡日銷售數量
1	205	6	206
2	188	7	235
3	220	8	211
4	215	9	194
5	198	10	204

　　符號檢定法乃是利用實際資料觀察值與假設的中位數資料值之比較大小，以得出正號或負號為基礎進行檢定。若實際觀察值大於假設的中位數資料值（此例為虛無假設等號成立的 200）則符號為「＋」，若實際觀察值小於假設的中位數資料值則符號為「－」，若實際觀察值等於假設的中位數資料值則此資料應該從樣本中剔除掉。由此標準進行此例子的檢定，得出表 14-2 的各連鎖店的符號。

表 14-2　10 家連鎖店咖啡日銷售數量與假設數量的大小比較符號

連鎖店	咖啡日銷售數量	符號
1	205	＋
2	188	－
3	220	＋
4	215	＋
5	198	－
6	206	＋
7	235	＋
8	211	＋
9	194	－
10	204	＋

　　利用符號檢定法檢定中位數之原理乃是檢定實際資料觀察值與中位數之大小比較，如表 14-2 所示，樣本觀察值中符號為「＋」的有 7 個，符號為「－」的有 3 個，表示樣本觀察值大於中位數的有 7 個，小於中位數的有 3 個。由於中位數為資料的最中間值，亦即一半數量的資料小於中位數，一半數量的資料大於中位數。因此，本例子如果虛無假設成立，表示母體資料會有一半數量小於或等於 200；反之，若對立假設成立，表示母體資料會有一半數量大於 200。以本例抽樣結果來看，樣本觀察值大於 200 就有 7 個，小於 200 只有 3 個，代表著母體中應該會有較多數量的資料大於 200，

使得母體中位數可能大於 200，亦即可能會偏向於支持對立假設。但實際結果仍需要利用客觀的統計檢定後，才能確定。

由上述推論，我們可以知道中位數檢定之符號的正負號數量多寡代表著成功失敗機率的意義，亦即試驗的結果符號為正表示成功，而符號為負表示失敗，故符號檢定法是屬於二項分配機率的應用。我們假設 p 為正號的機率，若母體中位數等於 200，則 $p = 0.5$，表示有 0.5 比例的資料為正號，有 0.5 比例的資料為負號。因此，我們可以將上述虛無及對立假設轉換為以下虛無及對立假設形式：

$H_0：p \leq 0.5$

$H_a：p > 0.5$

上述虛無假設表示母體中位數小於或等於 200 的機率，而對立假設表示母體中位數大於 200 的機率。若結論支持虛無假設，表示 $p \leq 0.5$，則母體中位數應該會小於或等於 200；反之，若支持對立假設，表示 $p > 0.5$，則母體中位數應該會大於 200。

接下來檢定上述假設，我們先設定顯著水準為 0.05。檢定統計量為：

$T -$ 正號的數量 (14-1)

因為虛無假設為 $p \leq 0.5$，表示是右尾檢定，則當檢定統計量 T 愈大，對虛無假設愈不利（原因如前述之推論）。可進一步利用檢定統計量算出 p 值，在右尾檢定下，p 值乃是檢定統計量大於或等於樣本中正號數量的二項機率。利用二項機率需要知道樣本數 n 及母體成功機率 p。在統計檢定中，檢定的母體成功機率 p 乃是虛無假設等號成立時的值，在本例即為 $p = 0.5$。因此，在進行最後決策法則，我們可以先算出 p 值，由於本例樣本正號的數量為 7，故式子如下：

p 值$= p（T \geq 7）$

上述式子係求在樣本量 $n = 10$ 及成功（正號的）機率 $p = 0.5$ 下，成功（正號的）次數 $p（T \geq 7）$ 的二項機率。查二項機率表，我們可以得到在 $T = 7, 8, 9, 10$ 時的機率分別為 0.1172，0.0439，0.0098，0.0010。因此

$p（T \geq 7）= 0.1172 + 0.0439 + 0.0098 + 0.0010 = 0.1719$

因此，p 值為 0.1719 大於顯著水準 0.05，故不拒絕 H_0，顯示我們沒有充分的證據支持所有連鎖店咖啡日銷售數量的中位數大於 200 杯。

上述例子是屬於右尾檢定，若虛無假設為 $p \geq 0.5$，則為左尾檢定，p 值算法相同，只是不等號方向相反而已。若為雙尾檢定，則 p 值是單尾的兩倍。

我們在第 6 章有學到在大樣本時，可以使用常態方配機率值近似二項分配的機率值。因此，在大樣本下（亦即 $np \geq 5$ 及 $n(1-p) \geq 5$），符號檢定法也可利用常態分配來計算 p 值。我們再次以上述連鎖店咖啡日銷售數量為例，但假設此時抽取樣本數為 40 家連鎖店，其中有 21 家符號為正（亦即銷售數量大於中位數），有 18 家符號為負（亦即銷售數量小於中位數），有一家符號為 0（亦即銷售數量等於中位數，此家要從樣本中剔除）。則在將需無及對立假設轉為成功機率後，如前面所敘述的成功機率 $p = 0.5$，我們可測試是否為大樣本：

$$np = 39 \times 0.5 = 19.5 > 5$$
$$n(1-p) = 39 \times 0.5 = 19.5 > 5$$

因此，此題樣本量為大樣本，可利用常態分配之機率值近似二項分配之機率值（如果我們可以用二項分配求解，自然更好，因為可得到更精確結果）。常態分配求解要先算出平均數及標準差，二項分配的平均數與標準差如下：

$$\mu = np = 39 \times 0.5 = 19.5$$
$$\sigma = \sqrt{\sigma^2} = \sqrt{np(1-p)} = \sqrt{39 \times 0.5 \times 0.5} = 3.122$$

最後決策法則仍是在求符號為正的情況下之機率，亦即成功（正號的）次數 $p(T \geq 21)$ 的二項機率。但此時是利用連續型的常態分配機率值近似離散型二項分配的機率值，故必須先進行連續型校正。在二項分配求大於等於 21 的機率值，進行連續型校正，必須往外擴張 0.5，亦即在常態分配求大於 21.5 的機率值，此乃是右尾檢定（因為對立假設為右尾假設）。因此，此問題可變為平均數為 19.5，標準差為 3.122，求隨機變數 $T > 21.5$ 的常態機率值，如下所示：

$$p(T > 21.5) = p\left(z > \frac{21.5 - 19.5}{3.122}\right) = p(z > 0.64) = 0.261$$

單尾檢定，故 $p = 0.261$。由於 $p = 0.261 > \alpha = 0.05$，故不拒絕 H_0，表示沒有充份統計證據支持所有連鎖店咖啡日銷售數量的中位數大於 200 杯。

二、兩個母體差異的配對樣本檢定

在第 10 章我們學過利用配對樣本 t 檢定法來檢定兩個配對樣本的母體平均數差異。假若資料爲質性資料或無法符合常態分配時，必須利用無母數方法進行檢定，此時可利用符號檢定法替代配對樣本 t 檢定法來比較兩個母體。無母數仍有其他方法可取代配對樣本 t 檢定，符號檢定法僅爲其中一種；符號檢定法比較適用在兩個母體差異的分配型態爲明顯偏態分配。

* 符號檢定法比較適用在兩個配對母體差異的分配型態爲明顯的偏態分配。

假設我們想要比較民眾對彰化鹿港的星巴克咖啡與 85℃咖啡口味的偏好是否有差異。假設 p 表示偏好鹿港星巴克咖啡的所有民眾比率，在沒有預設立場下我們假設偏好星巴克咖啡與 85℃的民眾各佔一半，因此設立以下需無與對立假設：

H_0：$p = 0.5$

H_a：$p \neq 0.5$

我們抽取 30 位民眾進行測試，每位民眾都必須喝兩家店的咖啡，喝的順序則是隨機決定，此種方式得出的樣本爲配對樣本。得到如表 14-3 的偏好結果。

表 14-3　民眾對彰化鹿港的星巴克咖啡與 85℃咖啡口味的偏好

個人	偏好	符號	個人	偏好	符號
1	星巴克	+	16	85℃	−
2	星巴克	+	17	星巴克	+
3	85℃	−	18	85℃	−
4	星巴克	+	19	星巴克	+
5	85℃	−	20	85℃	−
6	星巴克	+	21	85℃	−
7	星巴克	+	22	星巴克	+
8	星巴克	+	23	星巴克	+
9	85℃	−	24	無差異	0
10	星巴克	+	25	85 度 C	−
11	星巴克	+	26	85℃	−
12	星巴克	+	27	星巴克	+
13	85℃	−	28	星巴克	+
14	85℃	−	29	星巴克	+
15	星巴克	+	30	85℃	−

假設偏好星巴克咖啡的符號為正，偏好 85℃ 的符號為負，無差異的為 0。由表 14-3 我們求出符號為正的有 17 個，符號為負的有 12 個，無差異的有 1 個。同樣地，上述成功機率的虛無與對立假設檢定係屬於二項分配的機率應用，但若樣本量夠大，可利用常態分配近似求解。條件如下：

$$np = 29 \times 0.5 = 14.5 > 5$$

$$n(1-p) = 29 \times 0.5 = 14.5 > 5$$

因此，可利用常態分配近似二項分配機率求解。常態分配求解要先算出平均數及標準差，二項分配的平均數與標準差如下：

$$\mu = np = 29 \times 0.5 = 14.5$$

$$\sigma = \sqrt{\sigma^2} = \sqrt{np(1-p)} = \sqrt{29 \times 0.5 \times 0.5} = 2.693$$

本例題最後決策法則為求成功（正號）次數 $p(T \geq 17)$ 的二項機率。再轉換成利用常態分配機率求解時，由於本例是雙尾檢定，必須先判斷利用常態分配雙尾的右邊或左邊進行決策，只要樣本成功（正號）次數大於平均數，則利用於雙尾右邊求算機率；反之，則利用左邊求算機率。在二項分配求大於等於 17 的機率值，進行連續型校正，必須往外擴張 0.5，亦即在常態分配求大於 17.5 的機率值。因此，此問題可變為平均數為 14.5，標準差為 2.693，求隨機變數 $T > 17.5$ 的常態機率值，如下所示：

$$p(T > 17.5) = p\left(z > \frac{17.5 - 14.5}{2.693}\right) = p(z > 1.114) = 0.133$$

假設決策者可忍受的顯著水準為 0.05，在雙尾檢定下，故 $p = 2 \times 0.133 = 0.266$。由於 $p = 0.266 > \alpha = 0.05$，故不拒絕 H_0，表示沒有充份統計證據支持民眾對鹿港星巴克咖啡與 85℃ 的咖啡偏好有顯著差異。請注意若在小樣本下使用二項分配求取機率值解時，雙尾檢定機率值也是要將二項分配求取的機率值乘以兩倍才是雙尾檢定下的 p 值。

14-2　Wilcoxon 符號等級檢定

當母體資料為質性資料或為量化資料但明顯非呈常態分配時，配對樣本 t 檢定法就不能再使用，由前一節介紹可使用符號檢定法。另一個可使用的方法為 Wilcoxon 符號等級檢定法。若兩配對母體差的資料雖非常態分配但仍接近對稱分配時，則可使用 Wilcoxon 符號等級檢定法；但兩配對母體差異的分配型態為偏態分配時，則使用符號檢定法較適當。另外，由於符號檢定法僅使用符號進行檢定，並無考慮兩組配對樣本資料值的差異大小，而 Wilcoxon 符號等級檢定法則除了使用符號外，也考慮配對樣本資料值差異大小進行檢定，故其檢定力較高。因此，如果資料型態接近對稱分配或沒有明顯偏態時，建議使用 Wilcoxon 符號等級檢定法。

* 若兩配對母體差的資料雖非常態分配但仍接近對稱分配時，則可使用 Wilcoxon 符號等級檢定法；但兩配對母體差異的分配型態為偏態分配時，則使用符號檢定法較適當。

假設新東陽的肉乾製造商宜秦食品有限公司有一種新的機器可製作肉乾片，宜秦食品要決定是使用原來機器還是新機器。若使用新舊機器製作肉乾片的數量並非呈常態分配，但接近對稱分配，此時適合使用 Wilcoxon 符號等級檢定法。假設使用原機器製作肉乾片每分鐘生產數量的中位數為 Ma，使用新機器製作肉乾片每分鐘生產數量的中位數為 Mb。則虛無與對立假設為：

$H_0：Ma \geq Mb$

$H_a：Ma < Mb$

若結果支持 H_0，表示新機器生產的肉乾數量沒有比原機器多；若支持 H_a，表示新機器生產的肉乾數量比原機器多。

假設抽取員工 15 位來測試，同一位員工分別以隨機順序使用原機器與新機器製作肉乾片。每分鐘製作的肉乾數量，如表 14-4 所示。

表 14-4　原機器與新機器每分鐘製作的肉乾片數量

員工	原機器	新機器	差異	差異絕對值	等級	符號等級 負	符號等級 正
1	21	30	− 9	9	14	− 14	
2	20	28	− 8	8	12.5	− 12.5	
3	19	25	− 6	6	9	− 9	
4	22	29	− 7	7	10.5	− 10.5	
5	18	20	− 2	2	2.5	− 2.5	
6	20	25	− 5	5	7.5	− 7.5	
7	20	18	2	2	2.5		2.5
8	21	24	− 3	3	4.5	− 4.5	
9	24	24	0	0	（無差異）		
10	22	30	− 8	8	12.5	− 12.5	
11	16	19	− 3	3	4.5	− 4.5	
12	18	22	− 4	4	6	− 6	
13	21	26	− 5	5	7.5	− 7.5	
14	20	19	1	1	1		1
15	19	26	− 7	7	10.5	− 10.5	
						$S^- = 101.5$	$S^+ = 3.5$

Wilcoxon 符號等級檢定法之做法步驟如下：

1. 先求取兩組配對樣本的差異。

2. 再將此差異數取絕對值。

3. 再求其等級排名（差異愈小者名次愈小，差異愈大者名次愈大；若兩個或更多個差異數相等時，則名次取中位數；如表 14-4，差異數絕對值爲 2 的有兩個，而排名分別爲 2 與 3，則求其中位數爲 2.5 表示此兩個差異數的排名）。

4. 再將原來差異數的正負號加入等級排名（亦即原來差異數爲負號者，其等級排名要變爲負號）。

5. 再將這些掛上正負號的等級排名各自加總後取絕對值（如表 14-4 最後兩個欄位 S^- 爲負號加總後取絕對值，S^+ 爲正號加總後取絕對值）。

6. 再求取檢定統計量爲 $S^* = \min\,(S^+, S^-)$。

7. 再利用 S^* 求取標準化檢定統計量 $z = \dfrac{S^* - \mu_{S^*}}{\sigma_{S^*}}$ 。

如同符號檢定法，Wilcoxon 符號等級檢定法係檢定中位數，故仍是屬於轉換為成功與失敗機率的虛無對立假設檢定，故此檢定法也是屬於二項分配求機率值的應用。在大樣本下，可利用常態分配求解機率值來近似二項分配的結果。本例子條件如下：

$$np = 14 \times 0.5 = 7 > 5$$

$$n\,(1-p) = 14 \times 0.5 = 7 > 5$$

上述結果顯示符合大樣本條件，故可利用常態分配求解機率值近似二項分配機率值結果。在 Wilcoxon 符號等級檢定法中，檢定統計量為 $S^* = \min\,(S^+, S^-)$，大樣本下此統計量的常態分配平均數與變異數如下公式：

$$\mu_{S^*} = \frac{n'\,(n'+1)}{4} \tag{14-2}$$

$$\sigma_{S^*} = \sqrt{\frac{n'\,(n'+1)\,(2n'+1)}{24} - \frac{\sum_{j=1}^{k}(q_j^3 - q_j)}{48}} \tag{14-3}$$

上述的樣本量 n' 乃是指排除差異為 0 的樣本後的修正後樣本量，k 乃是指等級排名相同的個數，q_j 乃是指各自等級排名相同值的數量。再求最後檢定統計量 z 值：

$$z = \frac{S^* - \mu_{S^*}}{\sigma_{S^*}} \tag{14-4}$$

本例共抽取 15 個樣本，扣除差異為 0 的一個樣本，故使用的樣本量為 $n' = 14$，而等級排名相同的個數有 $k = 5$（分別為 2.5、4.5、7.5、10.5、12.5），各自等級排名相同值的數量分別為 $q_1 = 2$（亦即等級排名 2.5 的有 2 個）、$q_2 = 2$、$q_3 = 2$、$q_4 = 2$、$q_5 = 2$。利用（14-2）求取本例的平均數，利用（14-3）求取本例的標準差：

$$\mu_{S^*} = \frac{n'\,(n'+1)}{4} = \frac{14(14+1)}{4} = 52.5$$

$$\begin{aligned}
\sigma_{S^*} &= \sqrt{\frac{n'\,(n'+1)\,(2n'+1)}{24} - \frac{\sum_{j=1}^{k}(q_j^3 - q_j)}{48}} \\
&= \sqrt{\frac{14(14+1)(2\times14+1)}{24} - \frac{(2^3-2)+(2^3-2)+(2^3-2)+(2^3-2)+(2^3-2)}{48}} \\
&= 15.91
\end{aligned}$$

由表 14-4 可知 $S^* = \min\,(S^+, S^-) = 3.5$。再利用（14-4）公式求取 z 值後，在常態分配下求取 z 值左尾的機率值。如下求法：

$$p(S^* \le 3.5) = p\left(z \le \frac{3.5 - 52.5}{15.91}\right) = p(z \le -3.08) = 0.001$$

若決策者可容忍的顯著水準為 0.05，則在左尾檢定下，因為 p 值 $= p\,(z \le -3.08)$ $= 0.001 < \alpha = 0.05$，故拒絕 H_0，表示有充分的統計證據支持新機器每分鐘生產的肉乾片數量顯著高於原機器每分鐘生產的肉乾片數量。

14-3　Mann-Whitney-Wilcoxon 檢定法

前面兩節中談到兩個配對樣本，在質性資料或量化資料分配型態不為常態分配時的無母數檢定方法。在兩個母體比較情況中，也常運用到兩個獨立樣本抽樣方法來進行檢定程序，在有母數方法中係使用獨立樣本 t 檢定法；然而，當母體資料為質性資料（順序尺度的資料）或量化資料分配不呈常態分配時，此時獨立樣本 t 檢定的使用會產生較大誤差的結果，故應改用無母數方法進行檢定，此檢定方法稱為 Mann-Whitney-Wilcoxon 檢定法。此檢定法包含 Mann-Whitney U 統計量與 Wilcoxon W 統計量。兩種統計量可得到同樣的檢定結果。

* 當母體資料為質性資料（順序尺度的資料）或量化資料分配不呈常態分配時，此時獨立樣本 t 檢定的使用會產生較大誤差的結果，故應改用無母數方法進行檢定，此檢定方法稱為 Mann-Whitney-Wilcoxon 檢定法。此檢定法包含 Mann-Whitney U 統計量與 Wilcoxon W 統計量。

在比較兩個母體是否相同的假設檢定，其虛無及對立假設設法如下：

H_0：兩母體資料相同（或兩母體中位數相同）

H_a：兩母體資料不同（或兩母體中位數不同）

在比較 A 個母體資料是否在 B 母體右邊的假設檢定，其虛無及對立假設設法如下：

H_0：兩母體資料相同（或兩母體中位數相同）[1]

---

[1] 此虛無假設設法的前提條件為已經確定 A 母體資料一定不會在 B 母體資料的左邊，假若並沒有如此確定，則虛無假設還是應設為「H0：兩母體資料相同或 A 母體資料在 B 母體左邊（或兩母體中位數相同或 A 母體中位數小於 B 母體中位數）」。亦即此問題的所有答案應該包含在虛無及對立假設中。

H_a：A 母體資料在 B 母體右邊（或 A 母體中位數大於 B 母體中位數）

在比較 A 個母體資料是否在 B 母體左邊的假設檢定，其虛無及對立假設設法如下：

H_0：兩母體資料相同（或兩母體中位數相同）

H_a：A 母體資料在 B 母體左邊（或 A 母體中位數小於 B 母體中位數）

假設我們有興趣比較第一銀行與彰化銀行在台中各 5 家分行的顧客滿意度。在經過隨機抽樣調查顧客結果，各家分行的滿意度分數（分數範圍為 1-5 分）分別如表 14-5 所示。

表 **14-5**　第一銀行與彰化銀行台中各 5 家分行的平均滿意度分數與等級排名

第一銀行	滿意度分數	等級（Rank）	彰化銀行	滿意度分數	等級（Rank）
1	4.3	8	1	3.9	4
2	4	5	2	4.2	7
3	4.5	10	3	4.1	6
4	3.8	3	4	3.6	2
5	4.4	9	5	3.5	1
		$W_A = 35$			$W_B = 20$

上述例子主要在比較兩母體資料是否相同（亦即兩組樣本是否來自相同一個母體），若兩個母體資料分配型態相同，則可只比較兩個母體中位數是否相同。假設兩個母體資料分配型態相同，則虛無與對立假設如下：

H_0：中位數_第一銀行 ＝ 中位數_彰化銀行

H_0：中位數_第一銀行 ≠ 中位數_彰化銀行

接下來將表 14-5 的兩組樣本資料混和後，依照滿意度分數由小到大排等級名次，然後再求取檢定統計量。首先，Mann-Whitney U 統計量公式為：

$$U_A = n_A n_B + \frac{n_A(n_A+1)}{2} - W_A \tag{14-5}$$

或

$$U_B = n_A n_B + \frac{n_B(n_B+1)}{2} - W_B \tag{14-6}$$

其中為 n_A 從 A 母體抽取的獨立隨機樣本數，n_B 為從 B 母體抽取的獨立隨機樣本數，W_A 為 A 母體抽的樣本等級和，W_B 為 B 母體抽的樣本等級和。再用以下決策法則進行決策：

1. 在雙尾檢定下，再由上述（14-5）及（14-6）公式算出的結果取比較小值即 $U^* = \min$（U_A, U_B）與 U 統計量臨界值表比較，在附錄表中轉成 p 值，亦即利用附錄 U 統計量機率表求 n_A 及 n_B 樣本量下 $p(U \le U^*)$ 的機率值，而在雙尾檢定下 p 值 $= 2^*p(U \le U^*)$。最後若 p 值 $\le \alpha$，則拒絕 H_0。

2. 在右尾檢定下，若支持 H_a，則 A 資料會在 B 資料的右邊，則 W_A 會比較大，U_A 會比較小；若 $U_A \le U_\alpha$，則會拒絕 H_0，故在右尾檢定下，樣本量為 n_A 及 n_B 時，p 值 $= p(U \le U_A)$。最後若 p 值 $\le \alpha$，則拒絕 H_0。

3. 在左尾檢定下，若支持 H_a，則 B 資料會在 A 資料的右邊，則 W_B 會比較大，U_B 會比較小；若 $U_B \le U_\alpha$，則會拒絕 H_0，故在左尾檢定下，樣本量為 n_A 及 n_B 時，p 值 $= p(U \le U_B)$。最後若 p 值 $\le \alpha$，則拒絕 H_0。

然而，上述公式皆適用小樣本情況，亦即兩組樣本量 n_A 及 n_B 皆小於 10。當兩組樣本量 n_A 及 n_B 皆達到 10 個時，則改用大樣本情況，利用 z 檢定方法。

以表 14-5 的資料為例，由於是小樣本，代入（14-5）及（14-6）公式，可得到兩組樣本各自的 U 統計量：

$$U_A = n_A n_B + \frac{n_A(n_A+1)}{2} - W_A = 5 \times 5 + \frac{5(5+1)}{2} - 35 = 5$$

$$U_B = n_A n_B + \frac{n_B(n_B+1)}{2} - W_B = 5 \times 5 + \frac{5(5+1)}{2} - 20 = 20$$

因為是雙尾檢定，故上述兩組取比較小的 $U^* = \min(U_A, U_B) = 5$ 做為檢定統計量。假設顯著水準為 0.05，兩組樣本皆為 5，查附錄 A-36 的 U 統計量機率表，可得到 $p(U \le U^* = 5) = 0.075$，則 p 值 $= 2 \times 0.075 = 0.15$。因為 p 值 $= 0.15 > \alpha = 0.05$，故不拒絕 H_0，表示沒有充份統計證據支持第一銀行與彰化銀行兩家銀行台中的分行顧客滿意度分數之中位數不相等。

另外，此中位數檢定也可利用 Wilcoxon W 檢定法進行檢定，可先取 W 統計量，公式如下：

$$W_A = \sum_{I=1}^{n_A} Rank_i \tag{14-7}$$

或

$$W_B = \sum_{I=1}^{n_B} Rank_i \tag{14-8}$$

　　其中爲 $Rank_i$ 各組樣本資料的由小到大排名等級。（14-7）及（14-8）爲兩組樣本各自的等級和。而檢定的決策法則如下：

1. 在雙尾檢定下，檢定統計量爲 $W^* = \min\,(W_A, W_B)$，若 $W^* < W_L$ 或 $W^* > W_U$，則拒絕 H_0；反之，則接受 H_0。

2. 在右尾檢定下，若對立假設成立，則 A 母體資料會在 B 母體資料的右邊，則 W_A 會大於 W_B，若 W_A 愈大，則愈可能拒絕 H_0。因此，以後面附錄的 Wilcoxon 臨界值爲比較標準，若 $W_A > W_U$，則拒絕 H_0。反之，接受 H_0。

3. 在左尾檢定下，若對立假設成立，則 A 母體資料會在 B 母體資料的左邊，則 W_B 會大於 W_A，若 W_B 愈大，則愈可能拒絕 H_0。因此，若 $W_B > W_U$，則拒絕 H_0。反之，接受 H_0。（或 $W_A < W_L$，則拒絕 H_0；反之，則接受 H_0）。

　　以上述表 14-5 的例子，第一銀行的等級和爲 $W_A = 35$，彰化銀行的等級和爲 $W_B = 20$。由於是雙尾檢定，故取檢定統計量爲 $W^* = \min\,(W_A, W_B) = 20$。若顯著水準爲 0.05，兩組樣本皆爲 5，查後面 A-40 的 Wilcoxon 臨界值表，可得到臨界值爲 $W_L = 18$，$W_U = 37$，由於 $18 < W^* = 20 < 37$，不拒絕 H_0，表示沒有充份統計證據支持第一銀行與彰化銀行兩家銀行台中地區的分行顧客滿意度分數的中位數不相等。

　　上述的例子爲小樣本，但在實務上很多情況可以抽到每組樣本量達 10 個，此時使用 Mann-Whitney U 統計量或 Wilcoxon W 統計量都可利用標準常態分配 z 值進行檢定。在利用標準常態分配 z 值進行檢定，必須先求取平均數與標準差。在中位數檢定的虛無假設爲眞及兩個母體相同的條件下，Mann-Whitney U 統計量大樣本時的抽樣分配之平均數與標準差如下公式：

$$\mu_U = \frac{n_1 n_2}{2} \tag{14-9}$$

$$\sigma_U = \sqrt{\frac{n_1 n_2 (n_1 n_2 + 1)}{12}} \tag{14-10}$$

　　假若有等級排名相同的情況時，等級排名相同者必須求其等級的中位數（如同前一節的例子），此時標準差也必須考慮有多少個等級相同情況進行校正，校正如下：

$$\sigma_{\text{correct}} = \sqrt{\frac{n_1 n_2}{12}\left((n+1) - \sum_{i=1}^{k} \frac{q_i^3 - q_i}{n(n-1)}\right)} \tag{14-11}$$

其中 $n = n_1 + n_2$，k 乃是指等級排名相同的個數，q_j 乃是指各自等級排名相同值的數量。因此，可求取 z 檢定統計量為：

$$z = \frac{U - \mu_U}{\sigma_U} \tag{14-12}$$

其中 U 為兩組樣本算出的統計量較小者。接下來即可利用標準常態檢定程序進行檢定決策了。

同樣地，Wilcoxon W 統計量檢定，在兩組樣本量皆達 10 個時，就能使用常態分配檢定得到良好的近似結果。在中位數檢定的虛無假設為真及兩個母體相同的條件下，W 統計量的抽樣分配有以下平均數與標準差：

$$\mu_W = \frac{n_1(n_1 + n_2 + 1)}{2} \tag{14-13}$$

$$\sigma_W = \sqrt{\frac{n_1 n_2 (n_1 + n_2 + 1)}{12}} \tag{14-14}$$

假若有等級排名相同的情況時，等級排名相同者必須求其等級的中位數（如同前一節的例子），此時標準差也必須考慮有多少個等級相同情況進行校正，校正如下：

$$\sigma_{\text{correct}} = \sqrt{\frac{n_1 n_2}{12}\left((n+1) - \sum_{i=1}^{k} \frac{q_i^3 - q_i}{n(n-1)}\right)} \tag{14-15}$$

其中 $n = n_1 + n_2$，k 乃是指等級排名相同的個數，q_i 乃是指各自等級排名相同值的數量。因此，可求取 z 檢定統計量為：

$$z = \frac{U - \mu_W}{\sigma_W} \tag{14-16}$$

接下來即可利用標準常態檢定程序進行檢定決策了。

假設我們想比較 TOYOA 與 HONDA 汽車在中部地區服務廠的顧客滿意度，抽取 TOYOA 與 HONDA 汽車中部地區的樣本量各 10 家服務廠，如表 14-6 所示。則因樣本量皆達 10 個，故可利用 z 分配進行檢定。

表 **14-6**　TOYOA 與 HONDA 中部各 10 家服務廠的平均滿意度分數與等級排名

TOYOA	滿意度分數	等級（Rank）	HONDA	滿意度分數	等級（Rank）
1	4.3	14.5	1	3.9	7.5
2	4	9.5	2	4.2	12.5
3	4.5	17.5	3	4.1	11
4	3.8	6	4	3.6	3.5
5	4.4	16	5	3.5	2
6	4.8	20	6	4.2	12.5
7	4.5	17.5	7	3.7	5
8	4.3	14.5	8	3.6	3.5
9	4.6	19	9	3.2	1
10	3.9	7.5	10	4	9.5
		$W_A = 142$			$W_B = 68$

使用 Mann-Whitney U 統計量轉換成 z 分配檢定，首先算出兩組樣本各自 U 統計量如下：

$$U_A = n_A n_B + \frac{n_A(n_A+1)}{2} - W_A = 10 \times 10 + \frac{10(10+1)}{2} - 142 = 13$$

$$U_B = n_A n_B + \frac{n_B(n_B+1)}{2} - W_B = 10 \times 10 + \frac{10(10+1)}{2} - 68 = 87$$

再利用（14-9）與（14-11）得到平均數與標準差分別為：

$$\mu_U = \frac{n_1 n_2}{2} = \frac{10 \times 10}{2} = 50$$

$$\sigma_{\text{correct}} = \sqrt{\frac{n_1 n_2}{12}\left((n+1) - \sum_{i=1}^{k} \frac{q_i^3 - q_i}{n(n-1)}\right)}$$

$$= \sqrt{\frac{10 \times 10}{12}[(20+1) - \frac{(2^3-2)+(2^3-2)+(2^3-2)+(2^3-2)+(2^3-2)+(2^3-2)}{20(20-1)}]}$$

$$= 13.199$$

取比較小的 $U = 13$ 後，將上述結果代入（14-12）得到 z 值為：

$$z = \frac{U - \mu_U}{\sigma_U} = \frac{13 - 50}{13.199} = -2.803$$

由於 z 爲負值，爲雙尾的左邊檢定。求 p 值爲：

$$p 值 = 2 \times p（z < -2.803）= 2 \times 0.0025 = 0.005$$

在顯著水準爲 0.05 下，由於 p 值 $= 0.005 < \alpha = 0.05$，故拒絕 H_0，表示有充份統計證據支持 TOYOA 與 HONDA 兩家汽車在中部地區服務廠的顧客滿意度分數的中位數不相等。

若以 Wilcoxon W 統計量方法轉成 z 檢定統計量，首先仍算出兩組樣本的 W 統計量，結果如表 14-6 所列，$W_A = 142$，$W_B = 68$。

再利用（14-13）與（14-15）得到平均數與標準差分別爲：

$$\mu_W = \frac{n_1（n_1 + n_2 + 1）}{2} = \frac{10（20+1）}{2} = 105$$

$$\begin{aligned}
\sigma_{\text{correct}} &= \sqrt{\frac{n_1 n_2}{12}\left((n+1) - \sum_{i=1}^{k} \frac{q_i^3 - q_i}{n(n-1)}\right)} \\
&= \sqrt{\frac{10 \times 10}{12}\left[(20+1) - \frac{(2^3 - 2) + (2^3 - 2) + (2^3 - 2) + (2^3 - 2) + (2^3 - 2) + (2^3 - 2)}{20(20-1)}\right]} \\
&= 13.199
\end{aligned}$$

取比較小的 $W_B = 68$ 後，將上述結果代入（14-16）得到 z 值爲：

$$z = \frac{W - \mu_W}{\sigma_W} = \frac{68 - 105}{13.199} = -2.803$$

由於 z 爲負值，爲雙尾的左邊檢定。求 p 值爲：

$$p 值 = 2 \times p（z < -2.803）= 2 \times 0.0025 = 0.005$$

在顯著水準爲 0.05 下，由於 p 值 $= 0.005 < \alpha = 0.05$，故拒絕 H_0，表示有充份統計證據支持 TOYOA 與 HONDA 兩家汽車在中部地區服務廠的顧客滿意度分數的中位數不相等。

由上述結果可知兩種方法算出的 z 值是完全相同的，結論也相同。因此，使用 Mann-Whitney U 檢定與使用 Wilcoxon W 檢定結果會相同。

14-4　Kruskal-Wallis H 檢定法

前述幾節主要介紹之無母數方法乃是在檢定單一母體或比較兩個母體的中位數，若要比較多個母體的中位數，則必須使用 Kruskal-Wallis H 檢定法。在有母數方法中，比較多個母體的平均數使用的方法為變異數分析法（F 檢定法）；同樣地，若資料為質性資料或母體明顯非常態分配或無法應用中央極限定理，則改用的無母數方法即為本節要討論的 Kruskal-Wallis H 檢定法。

* 在有母數方法中，比較多個母體的平均數使用的方法為變異數分析法（F 檢定法）；但若資料為質性資料或母體明顯非常態分配或無法應用中央極限定理，則改用的無母數方法為 Kruskal-Wallis H 檢定法。

假設要進行 k 個母體的比較，先從每個母體獨立抽出簡單隨機樣本，各組樣本之間獨立，若 $k \geq 3$，資料為質性資料或母體明顯非常態分配或無法應用中央極限定理，則虛無與對立假設可設為：

H_0：所有母體資料相同（或所有母體中位數相等）

H_a：並非所有母體資料相同（或並非所有母體中位數相等）

上述檢定統計量為 Kruskal-Wallis H 統計量，如下：

$$H = \frac{12}{n(n+1)} \sum_{i=1}^{k} \frac{R_i^2}{n_i} - 3(n+1) \tag{14-17}$$

其中 $n = \sum_{i=1}^{k} n_i$ 所有樣本的總觀察值數，k 為要比較的母體之個數，n_i 為第 i 組樣本的觀察值數，R_i 為將樣本混和後第 i 組樣本的等級和。

假若有等級排名相同的情況時，則必須進行以下校正：

$$H' = \frac{H}{1 - \frac{\sum_{j=1}^{m}(q_j^3 - q_j)}{n^3 - n}} \tag{14-18}$$

其中 m 乃是指等級排名相同的個數，q_j 乃是指各自等級排名相同值的數量。

在虛無假設等號為真下，H 統計量的抽樣分配會近似一個自由度為 $k-1$ 的卡方分配（Chi-square Distribution），此近似結果在各組樣本量皆大於或等於 5（$n_i \geq 5$）時會近似得很好。若 H 統計量愈大，愈可能拒絕 H_0，故 Kruskal-Wallis H 檢定一般都是右尾檢定。因此，在顯著水準為 α 下，決策法則為：

$H \geq \chi^2_{\alpha, k-1}$，則拒絕 H_0；反之，不拒絕 H_0。

或求取 p 值 $= p\,(H \geq H)$，

若 p 值 $\leq \alpha$，則拒絕 H_0；反之，不拒絕 H_0。

某主打中醫酵素產品的生技公司，分別有不同團隊進行產品銷售，我們想要比較中部地區的三個團隊過去幾周的銷售業績，蒐集到過去五周的銷售量資料如表 14-7 所示。若所有母體的分配型態皆相同，則此問題之虛無與對立假設為：

H_0：中位數 $_A =$ 中位數 $_B =$ 中位數 $_C$

H_a：並非所有中位數皆相等

表 14-7　過去五周三個團隊各自的銷售量

週	A 團隊銷售量	等級	B 團隊銷售量	等級	C 團隊銷售量	等級
1	150	2	255	15	190	5
2	180	4	221	12	220	11
3	155	3	235	13	200	8
4	136	1	199	7	196	6
5	202	9	242	14	212	10
		$R_A = 19$		$R_B = 61$		$R_C = 40$

首先，我們先求各組混和樣本的等級排名（由小到大），再將各組樣本的等級和求出，如表 14-7 所示。其次，總樣本量為 $n = \sum_{i=1}^{k} n_i = 15$，再將結果代入（14-17）得到 H 統計量如下：

$$H = \frac{12}{n(n+1)} \sum_{i=1}^{k} \frac{R_i^2}{n_i} - 3(n+1)$$

$$= \frac{2}{15(15+1)} \times \left(\frac{19^2}{5} + \frac{16^2}{5} + \frac{40^2}{5} \right) - 3(15+1) = 8.82$$

在顯著水準為 0.05 下，比較 H 統計量與卡分臨界值（查後面附錄表 7）如下：

$$H = 8.82 > \chi^2_{\alpha, k-1} = \chi^2_{0.05, 2} = 5.99$$

因此，拒絕 H_0，表示有充分證據顯示三個團隊的銷售業績中位數並不全相等，亦即至少有兩個團隊的銷售業績中位數會不相等。

若利用 p 值法進行檢定，在自由度為 2 的卡方分配右尾下，$\chi^2_{0.025, 2} = 7.3778$，$\chi^2_{0.01, 2} = 9.2103$，因此 H 統計量的 p 值會介於 0.01 至 0.025 之間，精確為[2]：

$$p \text{ 值} = p\,(H \geq 8.82) = 0.013$$

由於 p 值 $= 0.013 < \alpha = 0.05$，故拒絕 H_0，表示有充分證據顯示三個團隊的銷售業績中位數並不全相等，亦即至少有兩個團隊的銷售業績中位數會不相等。

---

[2] 使用插補法求 $p\,(H \geq 8.82)$，$\dfrac{0.025 - 0.01}{7.3778 - 9.2103} = \dfrac{p - 0.01}{8.82 - 9.2103}$，可得出 $p\,(H \geq 8.82) = 0.013$。

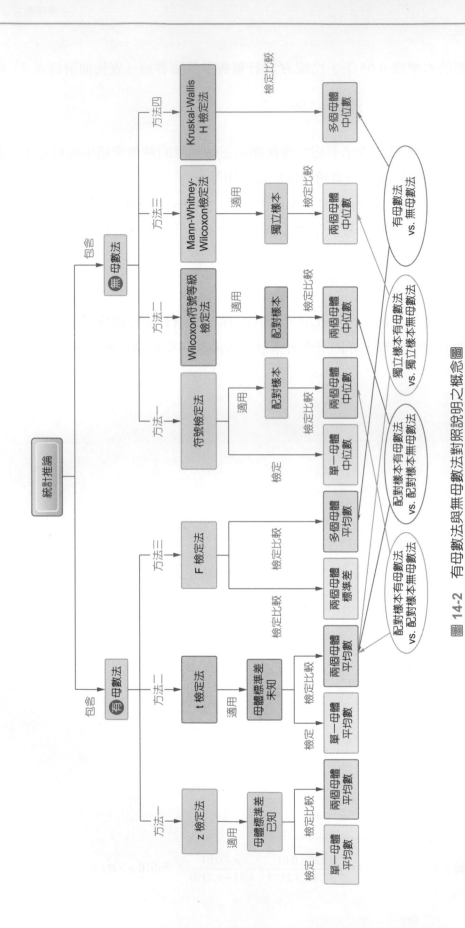

圖 14-2 有母數法與無母數法對照說明之概念圖

本章習題

一、在彰化某家 85 度 C 老闆娘在進修 EMBA 班後，對於利用統計數據管理有了新的想法與做法。老闆娘定期利用滿意度問卷調查員工對工作的滿意度，最近一次調查了 5 位員工的滿意度結果如下表所示（五點李克特量表，從非常不滿意到滿意為 1-5 分）。

員工	滿意度分數
1	4.2
2	3.8
3	4.5
4	4.3
5	4.1

1. 請設立本次調查的虛無與對立假設。

2. 以 5%的顯著水準為標準，請問員工整體滿意度是否高於 4 分（亦即滿意度超過滿意水準）？

二、星巴克在彰化的兩家店面競爭激烈，下表表示過去幾個月兩家店面的業績（十萬元）。若兩家店面的業績母體分配型態非常態分配。

月份\店面	甲店	乙店
1	12	11.3
2	9.5	8.2
3	10	6
4	8	9.3
5	11.5	9
6	7.5	6.5
7	12.5	7.4
8	9.6	7.7
9	11	6.8
10	7	8.3

1. 若要比較兩個店面的業績是否有差異，請設立虛無與對立假設。

2. 在顯著水準為 5%下，請問兩個店面業績是否有差異？

三、長谷精密模座工業最近由彰化師大教授輔導實施一套獎酬制度，希望能提升員工
　　對公司的滿意度。隨機抽取十位員工進行實施獎酬制度前後的滿意度分數調查，
　　如下表所示。假設滿意度分數母體資料非常態分配，但沒有明顯偏態。

員工	實施前滿意度	實施後滿意度
1	3.8	4.5
2	3.5	3.9
3	3.6	3.9
4	3.7	4.3
5	4	4.6
6	4.2	4.4
7	3	3.6
8	3	3.5
9	3.4	4.3
10	3.2	3.3

1. 請設立虛無與對立假設。

2. 在 5%的顯著水準下，請問獎酬制度是否能提升員工滿意度？

資料探勘

本章大綱

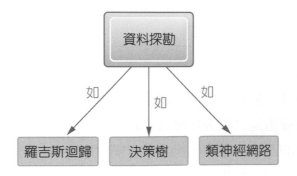

人工智慧（Artificial Intelligence, AI）時代的來臨，各行各業追求利用 AI 技術進行各項決策或行動，最為熟知的如汽車工業 Tesla 的電動車、金融行業的智慧機器人理財、企業導入智慧製造、商業智慧決策軟體…等等。可預見的未來時代是 AI 普遍化應用到工作及生活上的時代。

事實上，AI 技術在很久以前就已經存在，以前 AI 技術之所以不被重視及沒有普遍被應用，最大的原因乃是沒有大數據（Big Data）蒐集的統計概念。因為任何 AI 技術都必須有大量的數據才能發揮效用，亦即利用資料探勘（Data mining）技術進行大量的數據資料探勘，以進行資料的分類及預測，進而應用到工商業上。因此，學習資料探勘技術會是學習與應用 AI 技術的基礎。本章將介紹比較常被使用的資料探勘技術如羅吉斯迴歸（Logistic Regression）、決策樹（Decision Tree）及類神經網路（Neural Network）等，進行理論與實務應用介紹。

資料探勘技術是在進行資料的預測決策。以預測而言，資料探勘與第 12 章所談的迴歸技術觀念是一樣的，亦即用自變數來預測應變數；在資料探勘技術中，即是將一群投入（Input）變數放入資料探勘技術中執行後產生產出（Output）變數，藉此了解投入變數（即自變數）與產出變數（即應變數）之間的關係，以及了解投入變數在預測產出變數有多少能力。

* 資料探勘技術中，即是將一群投入變數放入資料探勘技術中執行後產生產出變數，藉此了解投入變數（即自變數）與產出變數（即應變數）之間的關係，以及了解投入變數在預測產出變數有多少能力。

15-1 羅吉斯迴歸

羅吉斯迴歸仍是迴歸方法的一種，但在用途上有差異。一般線性迴歸方法的應變數是連續型變數，線性迴歸方法是用來利用自變數預測一個連續型的應變數。然而，羅吉斯迴歸方法的應變數是二項分類變數，羅吉斯迴歸是用來利用自變數判斷及預測應變數是成功或失敗的類別。譬如，用一群自變數來預測公司是否發生財務危機，當發生財務危機代表成功，沒發生財務危機代表失敗；透過找到一群自變數來預測公司是否發生財務危機，最後再求算預測的正確率有多高，當預測的正確率很高，表示用這群自變數來分類與預測應變數是很好的；反之，預測正確率低，表示這群自變數不好，應該找更適當的自變數來分類與預測應變數。

* 羅吉斯迴歸方法的應變數是二項分類變數，羅吉斯迴歸是用來利用自變數判斷及預測
應變數是成功或失敗的類別。

　　羅吉斯迴歸既是迴歸方法的一種，其基本的迴歸式與一般的迴歸式一樣，代表一
群自變數與一個應變數的關係，如下表示：

$$y = f(x) = \beta_0 + \beta_1 x_1 + \beta_2 x_2 + ... \beta_k x_k + \varepsilon \tag{15-1}$$

　　其中 y 為二項分類的應變數，$x_1 \cdots x_k$ 為自變數，ε 為誤差項。

　　羅吉斯迴歸的應變數為二項的分類變數，透過自變數預測出來的應變數會是一個
成功或失敗的機率，亦即預測成功的機率有多少？用二項機率式子可表示如下：

$$成功的機率 = p(y = 1 | x_i) ， i = 1 \cdots k$$

$$失敗的機率 = p(y = 0 | x_i) = 1 - p(y = 1 | x_i) ， i = 1 \cdots k$$

　　事實上，上述的機率函數即是教材第六章學的白努力分配的機率密度函數，所以
羅吉斯迴歸的機率函數是白努力分配的機率密度函數的應用。

　　因此，羅吉斯迴歸的目標係利用一群白變數來預測應變數成功或失敗的機率各為
多少？假設 y 為成功或失敗的二項分類的應變數，$p = p(y = 1 | x_i)$ 為成功的機率，1-p 為
失敗的機率，一群白變數為 $x_1 \cdots x_k$，則羅吉斯迴歸的機率函數表示為

$$p = \frac{e^{f(x)}}{1 + e^{f(x)}} = \frac{e^{\beta_0 + \beta_1 x_1 + \beta_2 x_2 + ... \beta_k x_k}}{1 + e^{\beta_0 + \beta_1 x_1 + \beta_2 x_2 + ... \beta_k x_k}} \tag{15-2}$$

$$1 - p = \frac{1}{1 + e^{f(x)}} = \frac{1}{1 + e^{\beta_0 + \beta_1 x_1 + \beta_2 x_2 + ... \beta_k x_k}} \tag{15-3}$$

　　其中 p 的機率值介於 0 與 1 之間，愈接近 1 代表 y 成功的機會愈高，愈接近 0 代
表 y 的成功機會愈低。

　　（15-2）及（15-3）式的成功或失敗的機率函數
皆少了 ε 誤差項，與教材第 12 章的迴歸觀念一樣，
是因為求期望值的結果，亦即（15-2）及（15-3）式
的成功或失敗機率是指成功或失敗的平均機率。因
此，$x_1 \cdots x_k$ 的自變數預測的應變數是成功或失敗的平
均機率。（15-2）式的羅吉斯迴歸機率函數的曲線是
一個類似指數型態的函數，如圖 15-1 所示。

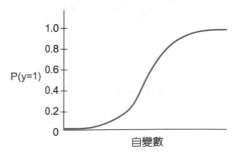

圖 15-1 羅吉斯迴歸曲線

　　若我們要估計（15-1）式的母體羅吉斯迴歸模型，係使用最大概似函數估計法，估計方法較複雜，一般都用電腦軟體進行估計。估計的羅吉斯迴歸方程式可表示如下：

$$\hat{y} = p(y=1|x_i)\text{的估計值} = \frac{e^{b_0+b_1x_1+b_2x_2+...b_kx_k}}{1+e^{b_0+b_1x_1+b_2x_2+...b_kx_k}} \qquad (15\text{-}4)$$

　　其中 $b_1, b_2, \cdots, b_k$ 為 $\beta_1, \beta_2..., \beta_k$ 的參數估計量（估計係數），$\hat{y}$ 為給定 $x_1 \cdots x_k$ 的一群變數下，$y=1$ 的機率估計值。

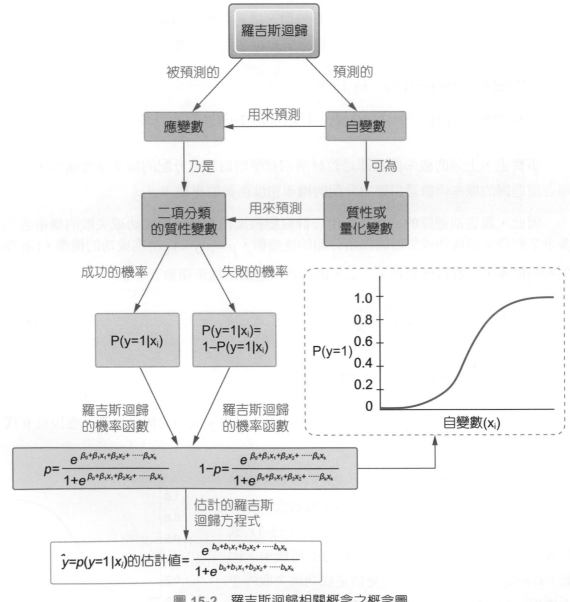

圖 15-2　羅吉斯迴歸相關概念之概念圖

我們想要了解公司經營盈虧的原因，乃以臺灣上市公司為例，並以公司盈虧為應變數（公司有盈餘的設為 0，公司有虧損的設為 1），以二元性（總經理兼任董事長設為 1，總經理非兼任董事長設為 0）、公司規模（公司總資產取自然對數）、研發比例（研發支出占總營收比例*100%）、負債比率（負債除以總資產*100%）等四個變數為自變數。由於應變數為二項分類變數（1 代表成功即本例的公司有虧損，0 代表失敗即本例的公司有盈餘），故使用羅吉斯迴歸模型進行分析。此例的迴歸模型方程式為

$$\hat{y} = \frac{e^{b_0 + b_1 x_1 + b_2 x_2 + b_3 x_3 + b_4 x_4}}{1 + e^{b_0 + b_1 x_1 + b_2 x_2 + b_3 x_3 + b_4 x_4}} \tag{15-5}$$

我們使用 SPSS 統計軟體執行羅吉斯迴歸分析，估計羅吉斯迴歸方程式的係數值，結果如表 15-1 所示。因此，估計的羅吉斯迴歸方程式結果如下：

$$\hat{y} = \frac{e^{-4.59 + 0.297 x_1 + 0.077 x_2 + 0.067 x_3 + 0.055 x_4}}{1 + e^{-4.59 + 0.297 x_1 + 0.077 x_2 + 0.067 x_3 + 0.055 x_4}} \tag{15-6}$$

其中 $\hat{y}$ 表示估計公司發生虧損的機率，x_1 表示二元性，x_2 表示公司規模，x_3 表示研發比例（以百分比計），x_4 表示負債比率（以百分比計）。

由（15-6）式的羅吉斯迴歸方程式結果，我們可以藉由四個自變數估計出應變數發生的機率值。例如，當 $x_1 = 1$（總經理兼任董事長）、$x_2 - 8$（公司總資產金額取自然對數之值）、$x_3 = 2$（研發支出占總營收為 2%）、$x_4 = 40$（負債佔總資產的 40%），代入（15-6）式，可估計出公司發生虧損的機率如下：

$$\hat{y} = \frac{e^{-4.59 + 0.297 x_1 + 0.077 x_2 + 0.067 x_3 + 0.055 x_4}}{1 + e^{-4.59 + 0.297 x_1 + 0.077 x_2 + 0.067 x_3 + 0.055 x_4}}$$

$$= \frac{e^{-4.59 + 0.297*1 + 0.077*8 + 0.067*2 + 0.055*40}}{1 + e^{-4.59 + 0.297*1 + 0.077*8 + 0.067*2 + 0.055*40}} = 0.207$$

因此，在公司具有二元性（總經理兼任董事長）、公司規模為 8，公司研發比例為 2%，公司的負債比率為 40%時，公司發生虧損的機率為 20.70%。

當 $x_1 = 0$（總經理沒有兼任董事長）、$x_2 = 8$（公司總資產金額取自然對數之值）、$x_3 = 2$（研發支出占總營收為 2%）、$x_4 = 40$（負債佔總資產的 40%），代入（15-5）式，可估計出公司發生虧損的機率如下：

$$\hat{y} = \frac{e^{-4.59+0.297x_1+0.077x_2+0.067x_3+0.055x_4}}{1+e^{-4.59+0.297x_1+0.077x_2+0.067x_3+0.055x_4}}$$

$$= \frac{e^{-4.59+0.297*0+0.077*8+0.067*2+0.055*40}}{1+e^{-4.59+0.297*0+0.077*8+0.067*2+0.055*40}} = 0.1625$$

因此，在公司沒有二元性（總經理未兼任董事長）、公司規模爲 8，公司研發比例爲 2%，公司的負債比率爲 40%時，公司發生虧損的機率爲 16.25%。比較上述兩種結果可發現，公司具有二元性（亦即總經理兼任董事長）比沒有二元性（亦即總經理沒有兼任董事長），發生虧損的機率似乎較高，此結果與資本市場研究與實務的認知一致。然而，二元與公司的盈虧是否眞正有關，仍需要利用統計檢定技術觀察是否顯著，才能下結論。

表 15-1　SPSS 羅吉斯迴歸分析結果（應變數爲公司盈虧）

	B 之估計值	S.E.	Wald	df	顯著性	Exp(B)	EXP(B)的 95%信賴區間	
							下界	上界
二元性	.297	.135	4.859	1	.027	1.345	1.033	1.752
公司規模	.077	.041	3.506	1	.061	1.080	.996	1.171
研發支出	.067	.015	20.059	1	.000	1.069	1.038	1.101
負債比率	.055	.004	179.909	1	.000	1.056	1.048	1.065
常數	−4.590	.404	129.351	1	.000	.010		
a. 在步驟 1 中選入的變數：二元性, 公司規模, 研發支出, 負債比率.								

我們進一步利用統計假設檢定技術了解自變數與應變數是否有關。首先，先檢定所有自變數是否與應變數有相關，先建立虛無與對立假設如下：

$H_0 : \beta_1 = \beta_2 = \beta_3 = \beta_4 = 0$

$H_a : $ 至少有一個母體參數不爲0（或並非所有母體參數皆爲0）

其中 $\beta_1, \beta_2, \beta_3, \beta_4$ 各自爲二元性、公司規模、研發比例、負債比例的母體參數（係數）。

同樣地，我們利用 SPSS 統計軟體跑出來的結果，可直接觀察到所有母體參數是否皆爲 0 的檢定結果，如表 15-2 所示。SPSS 軟體執行檢定所有母體參數是否皆爲 0 的檢定方法爲 Omnibus 檢定方法，其統計量服從自由度爲自變數個數的卡方分配。以本例而言，表 15-2 顯示卡方值爲 225.68，自由度爲 4，p 值爲 0.000。因此，假設 $\alpha = 0.05$ 下，p=0.000 < 0.05，拒絕 H_0，顯示本例羅吉斯迴歸的母體參數至少有一個不爲 0，亦即至少有一個自變數與應變數有關，表示此條迴歸有用處。

表 **15-2**　羅吉斯迴歸方程式係數的 Omnibus 檢定

		卡方	Df	顯著性
步驟 1	步驟	225.680	4	.000
	區塊	225.680	4	.000
	模式	225.680	4	.000

　　由上述結果可知道至少有一個自變數與應變數有相關，可再進一步探討哪一個或哪些自變數與應變數有關。因此，再設立以下虛無與對立假設：

$$H_0 : \beta_i = 0$$
$$H_a : \beta_i \neq 0$$

其中 i=1,2,3,4。

　　SPSS 羅吉斯迴歸檢定個別自變數的統計量為 Wald 統計量乃是服從一個漸進 χ^2_{df} 分配，公式為

$$Wald = \left(\frac{b_i}{s_{b_i}} \right)^2 \qquad (15\text{-}7)$$

　　由表 15-1 的 SPSS 執行羅吉斯迴歸分析結果，可觀察到所有自變數的各自估計係數值 b_i 及估計係數標準誤 s_{b_i}，以及檢定的 *Wald* 統計量之 χ^2 值及 p 值結果。

　　以二元性自變數而言，其估計係數值為 0.297，係數標準誤為 0.135，Wald 值為 4.859，p 值為 0.027[1]；因此，假設 $\alpha = 0.05$ 下，p = 0.027 < 0.05，拒絕 H0，顯示二元性與公司盈虧具有顯著正相關（係數值為正）。以公司規模自變數而言，其估計係數值為 0.077，係數標準誤為 0.041，Wald 值為 3.506，p 值為 0.061；因此，假設 $\alpha = 0.05$ 下，p = 0.061 > 0.05，不拒絕 H0，顯示公司規模與公司盈虧並無存在顯著相關。以研發比例自變數而言，其估計係數值為 0.067，係數標準誤為 0.015，Wald 值為 20.059，p 值為 0.000；因此，假設 $\alpha = 0.05$ 下，p = 0.000 < 0.05，拒絕 H0，顯示研發比例與公司盈虧有顯著正相關（係數值為正），亦即當公司當年度研發比例愈高，公司當年度發生虧

---

[1]　由表 15-1 可知 Wald=4.859，自由度 df=1，查附錄 χ^2 表，$\chi^2_{(0.05,1)} = 3.8415 <$ Wald=4.859$< \chi^2_{(0.025,1)} = 5.0239$，使用差補法，$\dfrac{0.025 - 0.05}{5.0239 - 3.8415} = \dfrac{p - 0.05}{4.859 - 3.8415}$，可算出大約的 p 值 = 0.027。

損的機率愈大。以負債比率自變數而言，其估計係數值為 0.055，係數標準誤為 0.004，Wald 值為 179.909，p 值為 0.000；因此，假設 $\alpha = 0.05$ 下，p=0.000 < 0.05，拒絕 H0，顯示負債比率與公司盈虧有顯著正相關，亦即當公司當年度負債比率愈高，公司當年度發生虧損的機率愈大。

若我們要進一步了解自變數與應變數的相關性有多大或自變數變動造成應變數的機率如何變動，在羅吉斯迴歸方法通常使用勝算比（odds ratio）。所謂勝算（odds）乃是指應變數事件發生的勝算，亦即應變數事件發生的機率除以應變數事件不發生的機率。以羅吉斯迴歸方法，勝算的公式，可如下表示：

$$勝算 = odds = \frac{p(y=1|x_i)}{p(y=0|x_i)} = \frac{p(y=1|x_i)}{1-p(y=1|x_i)} \tag{15-8}$$

以本上述例子而言，勝算乃是指公司發生虧損的機率除以公司不發生虧損的機率（亦即公司有盈餘的機率）。

* 勝算是指應變數事件發生的勝算，亦即應變數事件發生的機率除以應變數事件不發生的機率。

要了解自變數與應變數的相關性及自變數變動對應變數的機率造成的影響，需進一步估計勝算比。所謂勝算比乃是指自變數變動一單位對應變數勝算的影響。以數學邏輯而言，乃是自變數增加一單位情況下的勝算除以自變數不變情況下的勝算。當勝算比大於 1，表示自變數的變動對應變數的勝算有正向顯著影響；當勝算比等於 1，表示自變數的變動對應變數的勝算沒有顯著影響；當勝算比小於 1，表示自變數的變動對應變數的勝算有負向顯著影響。公式如下：

$$勝算比 = \frac{odds_1}{odds_0} = e^{b_i} \tag{15-9}$$

其中 $odds_1$ 表示自變數增加一單位情況下的勝算，$odds_0$ 表示自變數不變情況下的勝算。

* 勝算比是指自變數變動一單位對應變數勝算的影響。

* 當勝算比大於 1，表示自變數的變動對應變數的勝算有正向顯著影響；當勝算比等於 1，表示自變數的變動對應變數的勝算沒有顯著影響；當勝算比小於 1，表示自變數的變動對應變數的勝算有負向顯著影響。

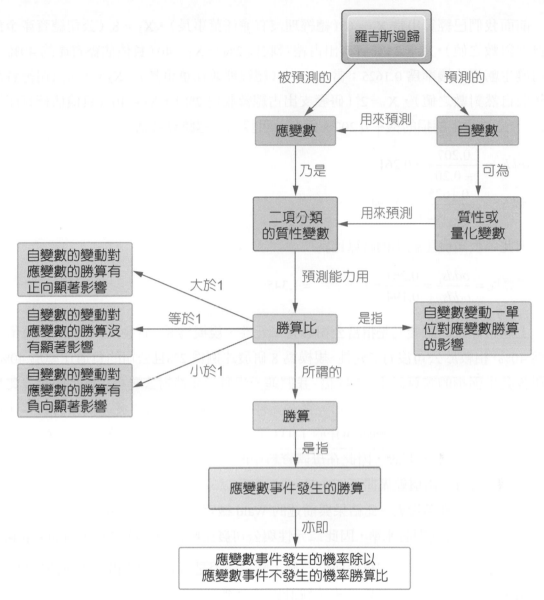

圖 15-3　羅吉斯迴歸勝算比之概念圖

　　以上述例子表 15-1 為例，自變數二元性的勝算比可解釋為當公司具有二元性、規模為 8、研發比例為 2% 且負債比率為 40%，比公司沒有二元性、規模為 8、研發比例為 2% 且負債比率為 40%，兩者比較之公司發生虧損的勝算比。其中

$$odds_1 = \frac{p(y=1|x_1=1, x_2=8, x_3=2, x_4=40)}{1-p(y=1|x_1=1, x_2=8, x_3=2, x_4=40)}$$

$$odds_0 = \frac{p(y=1|x_1=0, x_2=8, x_3=2, x_4=40)}{1-p(y=1|x_1=0, x_2=8, x_3=2, x_4=40)}$$

前面我們已經算出當 $X_1 = 0$（總經理沒有兼任董事長）、$X_2 = 8$（公司總資產金額取自然對數之值），$X_3 = 2$（研發支出占總營收為 2%），$X_4 = 40$（負債佔總資產的 40%），公司發生虧損的機率為 0.1625；當 $X_1 = 1$（總經理兼任董事長）、$X_2 = 8$（公司總資產金額取自然對數之值），$X_3 = 2$（研發支出占總營收為 2%），$X_4 = 40$（負債佔總資產的 40%），公司發生虧損的機率 0.207。因此，可算出上述勝算各為

$$odds_1 = \frac{0.207}{1 - 0.207} = 0.261$$

$$odds_0 = \frac{0.1625}{1 - 0.1625} = 0.194$$

因此，公司發生虧損的勝算比為

$$勝算比 = \frac{odds_1}{odds_0} = \frac{0.261}{0.194} = e^{b_1} = e^{0.297} = 1.345$$

上述勝算比的意義乃是指當公司具有二元性、規模為 8、研發比例為 2%且負債比率為 40%，相較於公司沒有二元性、規模為 8 研發比例為 2%且公司的負債比率為 40%，公司會發生虧損的勝算高出 1.345 倍。我們進一步看二元性對公司發生虧損的勝算比是否有顯著影響，由表 15-1 可得知，在二元性變數變動下，公司發生虧損的勝算比為 Exp(B)，在 $\alpha = 0.05$，其信賴區間介於 1.033 至 1.752 之間，顯示勝算比不包含 1，故拒絕勝算比為 1 的虛無假設，因此在母體資料中的二元性變數變動時，公司發生虧損的勝算比不等於 1（由信賴區間可知大於 1），表示以母體資料為基準，二元性的變動對應變數的勝算有顯著影響。此結果與前述的 Wald 檢定結果會是相同的，自變數二元性的係數值達 5%統計顯著水準，因此二元性與公司發生虧損與否確實有正向顯著相關。

其次，我們要了解公司規模與公司發生虧損與否是否有顯著相關，由前述的 Wald 檢定結果可知公司規模的係數值未達統計顯著水準，表示公司規模與公司發生虧損與否沒有顯著相關。我們進一步利用勝算比來說明。自變數公司規模的勝算比可解釋為當公司沒有二元性、規模為 9、研發比例為 2%且負債比率為 40%，比公司沒有二元性規模為、研發比例為 2%且負債比率為 40%，兩者比較之公司發生虧損的勝算比。其中

$$odds_1 = \frac{p\left(y = 1 | x_1 = 0, x_2 = 9, x_3 = 2, x_4 = 40\right)}{1 - p\left(y = 1 | x_1 = 0, x_2 = 9, x_3 = 2, x_4 = 40\right)}$$

$$odds_0 = \frac{p\left(y = 1 | x_1 = 0, x_2 = 8, x_3 = 2, x_4 = 40\right)}{1 - p\left(y = 1 | x_1 = 0, x_2 = 8, x_3 = 2, x_4 = 40\right)}$$

前面我們已經算出當 $X_1 = 0$（總經理沒有兼任董事長）、$X_2 = 8$（公司總資產金額取自然對數之值）、$X_3 = 2$（研發支出占總營收為 2%）、$X_4 = 40$（負債佔總資產的 40%），公司發生虧損的機率為 0.1625；當 $X_1 = 0$（總經理沒有兼任董事長）、$X_2 = 9$（公司總資產金額取自然對數之值）、$X_3 = 2$（研發支出占總營收為 2%）、$X_4 = 40$（負債佔總資產的 40%），公司發生虧損的機率 0.1732。因此，可算出上述勝算各為

$$odds_1 = \frac{0.1732}{1-0.1732} = 0.2095$$

$$odds_0 = \frac{0.1625}{1-0.1625} = 0.194$$

因此，公司發生虧損的勝算比為

$$勝算比 = \frac{odds_1}{odds_0} = \frac{0.2095}{0.194} = e^{b_2} = e^{0.077} = 1.080$$

且上述勝算比的意義乃是指當公司沒有二元性、規模為 9、研發比例為 2%且負債比率為 40%，相較於公司沒有二元性、規模為 8、研發比例為 2%且負債比率為 40%，公司會發生虧損的勝算高出 1.08 倍。我們進一步看公司規模對公司發生虧損的勝算比是否有顯著影響，由表 15-1 可得知，在公司規模變數變動下，公司會發生虧損的勝算比為 Exp(B)，在 $\alpha = 0.05$ 下，其信賴區間介於 0.996 到 1.171 之間，顯示勝算比包含 1，不能拒絕勝算比為 1 的虛無假設，因此母體資料中的公司規模變動導致公司發生虧損的勝算比等於 1，表示公司規模的變動對應變數的勝算沒有顯著影響。在表 15-1 中利用 Wald 值檢定也可看出，公司規模的係數值未達 5%統計顯著水準，結果仍是顯示公司規模與公司發生虧損與否無顯著相關。

在研發比例與公司發生虧損與否是否有顯著相關方面，由前述的 Wald 檢定結果可知研發比例的係數值達統計顯著水準，表示研發比例與公司發生虧損與否有顯著相關。我們進一步利用勝算比來說明。自變數研發比例的勝算比可解釋為當公司沒有二元性、規模為 8、研發比例為 3%且負債比率為 40%比公司沒有二元性、規模為 8、研發比例為 2%且負債比率為 40%，兩者比較之公司發生虧損的勝算比。其中

$$odds_1 = \frac{p(y=1|x_1=0, x_2=8, x_3=3, x_4=40)}{1-p(y=1|x_1=0, x_2=8, x_3=3, x_4=40)}$$

$$odds_0 = \frac{p(y=1|x_1=0, x_2=8, x_3=2, x_4=40)}{1-p(y=1|x_1=0, x_2=8, x_3=2, x_4=40)}$$

前面我們已經算出當 $X_1 = 0$（總經理沒有兼任董事長）、$X_2 = 8$（公司總資產金額取自然對數之值），$X_3 = 2$（研發支出占總營收為 2%），$X_4 = 40$（負債佔總資產的 40%），公司發生虧損的機率為 0.1625；當 $X_1 = 0$（總經理沒有兼任董事長）、$X_2 = 8$（公司總資產金額取自然對數之值），$X_3 = 3$（研發支出占總營收為 3%），$X_4 = 40$（負債佔總資產的 40%），公司發生虧損的機率 0.1718。因此，可算出上述勝算各為

$$odds_1 = \frac{0.1718}{1 - 0.1718} = 0.2074$$

$$odds_0 = \frac{0.1625}{1 - 0.1625} = 0.194$$

因此，公司發生虧損的勝算比為

$$勝算比 = \frac{odds_1}{odds_0} = \frac{0.2074}{0.194} = e^{b_2} = e^{0.067} = 1.069$$

上述勝算比的意義乃是指當公司沒有二元性、規模為 8、研發比例為 3% 且負債比率為 40%，相較於公司沒有二元性、規模為 8、研發比例為 2% 且負債比率為 40%，公司會發生虧損的勝算高出 1.069 倍。我們進一步看研發比例對公司發生虧損的勝算比是否有顯著影響，由表 15-1 可得知，在研發比例變數變動下，公司會發生虧損的勝算比為 Exp（B），在 $\alpha = 0.05$ 下，其信賴區間介於 1.038 到 1.101 之間，顯示勝算比不包含 1，拒絕勝算比為 1 的虛無假設，因此母體資料中的研發比例變動導致公司發生虧損的勝算比不等於 1（信賴區間顯示大於 1），表示研發比例的變動對公司發生虧損的勝算具有正向顯著影響。在表 15-1 中利用 Wald 值檢定也可看出，研發比例的係數值達 5% 統計顯著水準，結果仍是顯示研發比例與公司發生虧損與否具有正向顯著相關。

在負債比率與公司發生虧損與否是否有顯著相關方面，由前述的 Wald 檢定結果可知負債比率的係數值達統計顯著水準，表示負債比率與公司發生虧損與否有顯著相關。我們進一步利用勝算比來說明。自變數負債比率的勝算比可解釋為當公司沒有二元性、規模為 8、研發比例為 2% 且負債比率為 41%，比公司沒有二元性、規模為 8、研發比例為 2% 且負債比率為 40%，兩者比較之公司發生虧損的勝算比。其中

$$odds_1 = \frac{p\left(y = 1 | x_1 = 0, x_2 = 8, x_3 = 2, x_4 = 41\right)}{1 - p\left(y = 1 | x_1 = 0, x_2 = 8, x_3 = 2, x_4 = 41\right)}$$

$$odds_0 = \frac{p\left(y = 1 | x_1 = 0, x_2 = 8, x_3 = 2, x_4 = 40\right)}{1 - p\left(y = 1 | x_1 = 0, x_2 = 8, x_3 = 2, x_4 = 40\right)}$$

前面我們已經算出當 $X_1 = 0$（總經理沒有兼任董事長）、$X_2 = 8$（公司總資產金額取自然對數之值）、$X_3 = 2$（研發支出占總營收為 2%）、$X_4 = 40$（負債佔總資產的 40%），公司發生虧損的機率為 0.1625；當 $X_1 = 0$（總經理沒有兼任董事長）、$X_2 = 8$（公司總資產金額取自然對數之值）、$X_3 = 2$（研發支出占總營收為 2%）、$X_4 = 41$（負債佔總資產的 41%），公司發生虧損的機率 0.1701。因此，可算出上述勝算各為

$$odds_1 = \frac{0.1701}{1 - 0.1701} = 0.2049$$

$$odds_0 = \frac{0.1625}{1 - 0.1625} = 0.194$$

因此，公司發生虧損的勝算比為

$$勝算比 = \frac{odds_1}{odds_0} = \frac{0.2049}{0.194} = e^{b_2} = e^{0.055} = 1.056$$

上述勝算比的意義乃是指當公司沒有二元性、規模為 8、研發比例為 2% 且負債比率為 41%，相較於公司沒有二元性、規模為 8、研發比例為 2% 且負債比率為 40%，公司會發生虧損的勝算高出 1.056 倍。我們進一步看負債比率對公司發生虧損的勝算比是否有顯著影響，由表 15-1 可得知，在負債比率變數變動下，公司會發生虧損的勝算比為 Exp（B），在 $\alpha = 0.05$ 下，其信賴區間介於 1.048 到 1.065 之間，顯示勝算比不包含 1，拒絕勝算比為 1 的虛無假設，因此母體資料中的負債比率變動導致公司發生虧損的勝算比不等於 1（信賴區間顯示大於 1），表示負債比率的變動對公司發生虧損的勝算具有正向顯著影響。在表 15-1 中利用 Wald 值檢定也可看出，負債比率的係數值達 5% 統計顯著水準，結果仍是顯示負債比率與公司發生虧損與否具有正向顯著相關。

如前所述，羅吉斯迴歸方程式的應變數為二項分類變數（成功或失敗），迴歸自變數係用以分類應變數。使用羅吉斯迴歸方程式估計出來各自變數的係數值後，即可用自變數預測應變數的分類別。以上述公司是否發生虧損的例子為例，表 15-3 是羅吉斯迴歸分析結果的分類表，乃是使用二元性、公司規模、研發比例及負債比率等四個自變數來預測應變數公司是否發生虧損。而羅吉斯迴歸利用自變數預測出來的應變數會是一項機率值，亦即成功的機率為多少。以上述計算為例，當二元性 $X_1 = 0$（總經理沒有兼任董事長）、公司規模 $X_2 = 8$（公司總資產金額取自然對數之值）、研發比例 $X_3 = 2$（研發支出占總營收為 2%）、負債比率 $X_4 = 40$（負債佔總資產的 40%），可算出公司發生虧損（在本例子表示成功）的機率為 0.1625：

$$\hat{y} = \frac{e^{-4.59+0.297x_1+0.077x_2+0.067x_3+0.055x_4}}{1+e^{-4.59+0.297x_1+0.077x_2+0.067x_3+0.055x_4}}$$

$$= \frac{e^{-4.59+0.297*0+0.077*8+0.067*2+0.055*40}}{1+e^{-4.59+0.297*0+0.077*8+0.067*2+0.055*40}} = 0.1625$$

此時預測公司發生虧損的機率爲 0.1625，若以表 15-3 爲分類標準，分割值爲 0.5，亦即若算出來的機率值 0.5 以上表示成功（發生虧損），若算出來的機率值低於 0.5 表示失敗（沒有發生虧損）。因爲算出來的機率值爲 0.1625 小於 0.5，表示沒有發生虧損，亦即當某家公司的總經理沒有兼任董事長、公司總資產金額取自然對數之值爲 8、研發支出占總營收爲 2%、負債佔總資產的 40%時，此家公司發生虧損的機率僅爲 0.1625，在羅吉斯迴歸結果將會被預測爲此家公司不會發生虧損（亦即預測 $\hat{y}=0$）。此時，若此家公司確實沒有發生虧損（原始資料的 y＝0），則表示預測正確（亦即 $\hat{y}$＝y）；反之，若此家公司有發生虧損（原始資料的 y＝1），則表示預測錯誤（亦即 $\hat{y}\neq y$）。表 15-3 即爲 SPSS 跑出來的預測正確與錯誤的次數。其中預測公司無發生虧損（$\hat{y}=0$）而實際也無發生虧損（y＝0）的次數爲 1334 次，預測公司無發生虧損（$\hat{y}=0$）而實際有發生虧損（y＝1）的次數爲 300 次，預測公司有發生虧損（$\hat{y}=1$）而實際無發生虧損（y＝0）的次數爲 27 次，預測公司有發生虧損（$\hat{y}=1$）而實際也有發生虧損（y＝1）的次數爲 86 次。

預測次數是指用此四個自變數的羅吉斯迴歸方程式預測公司是否發生虧損的分類別，結果預測無發生虧損的次數爲 1334＋300 次，預測有發生虧損的次數爲 27＋86 次。再搭配實際的觀察次數，亦即實際公司是否有發生虧損，可發現當公司實際無發生虧損（觀察次數的盈虧爲 0），此四個自變數也預測公司無發生虧損（預測次數的盈虧也爲 0），總共有 1334 次，此表示預測正確；然而，當公司實際無發生虧損，此四個自變數卻預測公司有發生虧損（預測次數的盈虧爲 1），總共次數爲 27 次，這部分表示預測錯誤。因此，此四個自變數在預測公司無發生虧損的正確率爲 98%（1334/（1334+27）），錯誤率爲 2%。

另外，當公司實際有發生虧損（觀察次數的盈虧爲 1），此四個自變數也預測公司有發生虧損（預測次數的盈虧也爲 1），總共有 86 次，此表示預測正確；然而，當公司實際有發生虧損，此四個自變數卻預測公司沒有發生虧損（預測次數的盈虧爲 0），總共次數爲 300 次，這部分表示預測錯誤。因此，此四個自變數在預測公司有發生虧損的正確率爲 22.3%（300/386），錯誤率爲 77.7%。就整體預測績效而言，此四個自變數執行羅吉斯迴歸方程式預測公司是否發生虧損的正確率爲 81.3%，錯誤率爲 18.7%。由上述結果也可知，使用二元性、公司規模、研發比例及負債比率等四個自變數來預測

應變數公司是否發生虧損時，在預測公司無發生虧損的正確率相對很高，但在預測公司有發生虧損的正確率很低。此結果表示此四個自變數用來預測無發生虧損的公司會比較佳，比較不適合用來預測發生虧損的公司。

表 15-3　羅吉斯迴歸分析結果之分類表 [a]

			預測次數		
			盈虧		百分比修正
觀察次數			0	1	
步驟 1	盈虧	0	1334	27	98.0
		1	300	86	22.3
	概要百分比				81.3

a. 分割值為 .500

15-2　決策樹

一、決策樹的理論

　　資料探勘中決策樹是經常用到的一種技術，可用以分類資料，也可用來進行預測。決策樹乃是一種用以探討分類問題的演算法。決策樹是一種語意樹（Semantic Tree），與資料結構中的樹狀結構相仿，皆擁有根、節點及樹葉等結構，每個節點都有一個分類的測試判斷條件，如同 IF-THEN 的資料結構，利用測試判斷結果來決定資料將分類於此節點的哪一個分支，並繼續作為分類的條件與最後的決策[2]。決策樹之命名乃是此演算法技術利用樹狀結構，使用層層的分類來形成最終的分類結果。決策樹的核心方法，乃是以規則性的方法，藉由樹狀結構把範例資料數據分類到各個可能的對應類別，藉以找到影響應變數的主要因素有哪些，例如分類個人特質如年齡、性別、星座，最後對應到選擇的車種顏色，即可分析及預測不同個人特質喜歡哪一種車種顏色。決策樹的每個節點代表數據的不同屬性，樹的分支表示預測新事例的類別所遵循的可能路徑。最後，葉節點（終端節點）根據所討論的分支建立測試事例的類別[3]。

---

[2] 參考丁一賢與陳牧言（2006）。資料探勘。臺中：滄海書局。

[3] 參考 Salas, M. B., Alaminos, D., Fernández, M. A., López-Valverde, F. (2020). A global prediction model for sudden stops of capital flows using decision trees. PLoS ONE, 15(2), e0228387.

* 決策樹乃是一種用以探討分類問題的演算法。

* 決策樹的核心方法，乃是以規則性的方法，藉由樹狀結構把範例資料數據分類到各個可能的對應類別，藉以找到影響應變數的主要因素有哪些，決策樹的每個節點代表數據的不同屬性，樹的分支表示預測新事例的類別所遵循的可能路徑。最後，葉節點（終端節點）根據所討論的分支建立測試事例的類別。

　　決策樹是一種基於 If-Then-Else 規則的監督式學習之機器學習演算法，係採用樹狀結構方式，使用樹的根莖葉邏輯層級之層層結構實現最終的分類目標。決策樹包含三個節點結構元素：根節點、內部節點、葉節點，並以某一規則特徵屬性值進行判斷（此判斷係通過訓練而得，而非人工自行制定），再利用有向邊（類似因果方向箭頭）層層進入下個結點，最終到葉節點，即得到最後分類的結果，如圖 15-4 所示。各節點意義說明如下[4]：

1. 根節點：為樣本空間，沒有任何輸入的方向邊，只有 0 或輸出的方向邊。

2. 內部節點：對應規則特徵屬性之測試判斷，每個節點皆有一個輸入的方向邊，並有一個或多個輸出的方向邊（由規則特徵屬性可分幾個決定）。

3. 葉節點：代表最後分類決策的結果，每個節點都有一個輸入的方向邊，但沒有輸出的方向邊。

* 決策樹是一種基於 If-Then-Else 規則的監督式學習之機器學習演算法，係採用樹狀結構方式，使用樹的根莖葉邏輯層級之層層結構實現最終的分類目標。

* 決策樹包含三個節點結構元素：根節點、內部節點、葉節點。

---

[4] 參考施雅月與賴錦慧譯，Pang-Ning Tan, Michael Steinbach, Vipin Kumar 著（2008）。資料探勘。臺北市：臺灣培生教育。

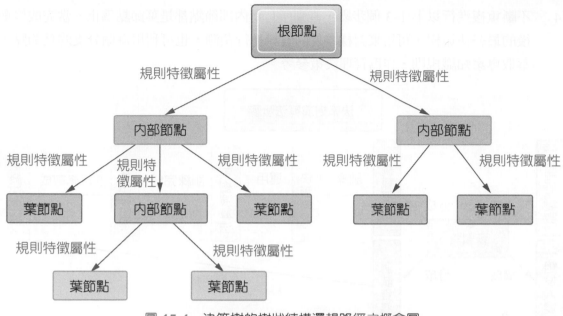

圖 15-4　決策樹的樹狀結構邏輯路徑之概念圖

　　決策樹的主要功能乃是藉由分類已知的事例資料來建立一個樹狀結構，並從中歸納出事例資料裡的某些規則，所產生出來的決策樹，最後可以利用產生的決策樹來做樣本外的預測及進行管理決策。在進行決策樹方法分類時，可依據以下演算法步驟進行[5]：

1. 首先，資料集必須有一個目標變數（即應變數）（如是否可核可企業貸款）及一組投入變數（如有無不動產、有無獲利、其他貸款金額），並先將原始資料分為兩組，一組為訓練資料，一組為測試資料。

2. 其次，生成決策樹，先利用訓練資料建立決策樹。將訓練資料放入決策樹的樹根（根節點），而在每一個內部節點，再利用決策樹演算法來評估選擇哪個規則特徵屬性作為分支的依據，稱為節點分割搜尋；亦即利用決策樹演算法（後續介紹）不斷地根據投入變數（即特徵屬性）及其資料數值進行節點分割搜尋，尋找對目標變數影響最大的投入變數，從影響最大的投入變數依序開始進行節點分割工作，往下長出決策樹分支。透過不斷地進行節點分割搜尋，最後可進入最終分類結果的葉節點，即完成生成完整的決策樹。

3. 利用訓練資料生成的完整決策樹，是最複雜的模型，也是容易造成過度配適的模型。因此，必須再使用測試資料來進行決策樹修剪，修剪到決策樹的每個分類都只有一個節點，獲取最簡約、解釋力與預測能力最高的模型。

---

[5] 參考丁一賢與陳牧言（2006）。資料探勘。臺中：滄海書局。

4. 不斷重複進行以上 1~3 個步驟，直到所有新內部節點都是葉節點為止。當完成修剪後的最終決策樹，可用來對樣本外的資料進行預測，也可利用每個分支的葉節點，萃取專家知識規則，作為管理決策參考。

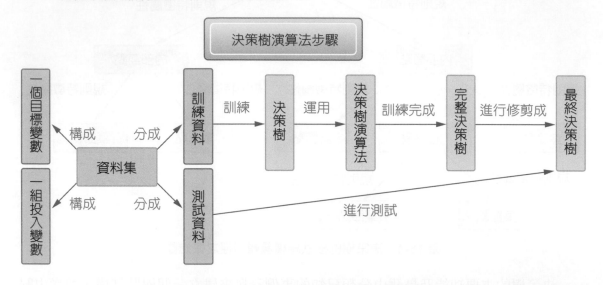

圖 15-5　決策樹演算法步驟示意概念圖

　　圖 15-6 為銀行是否核可企業貸款的決策樹模型。此決策樹模型是要建構銀行是否核可企業貸款的參考模型。決策樹模型的目標變數為是否核可企業貸款，投入變數包含有無不動產、有無獲利、其他貸款金額等。影響是否核可貸款的變數相對重要性依序為有無不動產、有無獲利、其他貸款金額，因此根節點為不動產，內部節點依序為獲利、其他貸款金額，最後葉節點為核可及不核可企業貸款。如圖 15-5 所示，由不動產變數根節點長出決策樹分支，當有不動產時方向邊指向核可企業貸款的葉節點；當無不動產時方向邊指向獲利的內部節點。接下來，以獲利變數為內部節點，當無獲利時方向邊指向不核可企業貸款的葉節點；當有獲利時方向邊指向其他貸款金額的內部節點。再以其他貸款金額為內部節點，當小於一億時方向邊指向核可企業貸款的葉節點，當大於或等於一億時方向邊指向不核可貸款的葉節點。當所有方向邊都指向葉節點後，即完成生成決策樹。

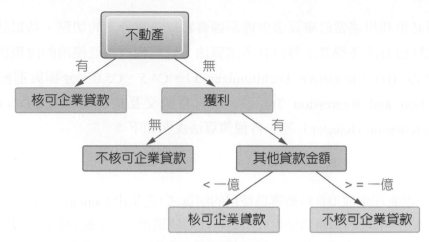

圖 15-6 銀行是否核可企業貸款的決策樹模型

If 不動產 = 有，Then 企業貸款 = 核可

If 不動產 = 無 且 獲利 = 無，Then 企業貸款=不核可

If 不動產 = 無 且 獲利 = 有 且 其他貸款金額<一億，Then 企業貸款=核可

If 不動產 = 無 且 獲利 = 有 且 其他貸款金額>=一億，Then 企業貸款=不核可

二、決策樹演算法

決策樹的演算法乃是用以選取變數，透過不斷地進行變數及其資料數值的搜尋分割方法，以便計算變數的相對重要性（愈重要的會在樹的愈前面節點，最重要的是在樹的根節點）及決定各分支的切點（利用變數的資料值），以此標準進行往下不斷長出樹的分支，最後到達葉節點後即完成決策樹；最後，利用修枝程序進行模型調整，以產生最有效率的最佳決策樹模型。

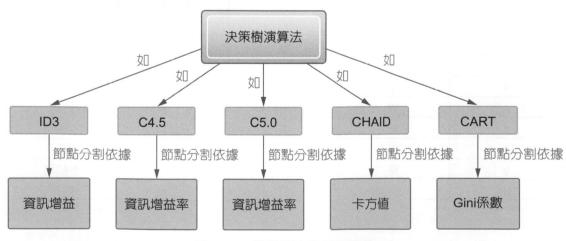

圖 15-7 常見的決策樹演算法

　　決策樹必須利用適當的演算法處理訓練資料以決定分支的切點，藉以建立可靠的決策樹。以往已有許多學者推導出許多演算法。目前較被廣泛使用的決策樹演算法包含交互二分器 ID3（Interative Dichltomizer 3）、C4.5、C5.0、分類與迴歸樹 CART（Classification and Regression Trees）、卡方自動交互檢測器 CHAID（Chi-Square Automatic Interaction Detector）等。各種演算法說明如下：

1. ID3

ID3 是用以處理離散型資料被廣為使用的演算法，乃是由 Quinlan 在 1979 年提出的決策樹演算法。ID3 的邏輯乃是生成所有可能的決策樹，以正確分類訓練集並選擇其中最簡單的，因此此法最大的特色乃是能兼顧高分類正確率及降低決策樹的複雜度。然而，因為 ID3 只能用於處理離散型資料，若資料為連續型資料則必須先轉為離散型型態，亦即將輸入特徵屬性（投入變數）的資料值事先分割成數個範圍區間，再使用 ID3 演算法。例如其他貸款金額為一連續型資料，若使用 ID3 演算法，必須將此資料分割成數個範圍區間。

使用 ID3 演算法構建決策樹時，在每個節點中都會選擇最佳特徵屬性作為節點分割，ID3 是以 Shannon（1949）的資訊理論（Information Theory）為依據，計算各特徵屬性的資訊增益（Information Gain），並以選擇資訊增益最大的屬性為最佳特徵屬性，做為該節點的分割依據。

我們以前述是否核可企業貸款為例說明，目標變數為是否核可企業貸款，投入變數為有無不動產、有無獲利、其他貸款金額，各變數資料如表 15-4 所示。

表 15-4　決策樹釋例的各變數資料值

貸款企業別	不動產	獲利	其他貸款金額	是否核可貸款
1	有	有	1 千萬	核可
2	無	有	5 百萬	核可
3	有	無	3 千萬	不核可
4	有	有	4 千 5 百萬	核可
5	無	無	5 百萬	不核可
6	無	有	8 百萬	核可
7	無	有	1 千 4 百萬	不核可
8	有	無	2 千萬	核可
9	無	無	無	不核可
10	有	有	2 百萬	核可

ID3 演算法只能用於處理離散型資料，而表 15-4 的其他貸款金額為連續型資料，必須先轉為離散型資料，做法為先將連續型資料進行由小而大排序，再將兩兩資料值（稱為特徵取值）取中點做為可能的分割點，再計算資訊增益，取資訊增益最大的作為此特徵屬性（投入變數）的最佳分割點。我們假設其他貸款金額分割點為小於 1 千 2 百萬（以低表示）、大於或等於 1 千 2 百萬（以高表示）。因此，將表 15-4 轉換成表 15-5。

表 15-5　決策樹釋例的各變數轉換成離散型資料值

貸款企業別	不動產	獲利	其他貸款金額	是否核可貸款
1	有	有	低	核可
2	無	有	低	核可
3	有	無	高	不核可
4	有	有	高	核可
5	無	無	低	不核可
6	無	有	低	核可
7	無	有	高	不核可
8	有	無	高	核可
9	無	無	低	不核可
10	有	有	低	核可

ID3[6]使用資訊理論方法，有兩個基本假設。令目標變數 L 包含兩個類別 Y（有 y 個）及 N（有 n 個），則基本假設為：

1. 任何目標變數 L 的正確決策樹都將按照構成 L 類別的所有物件依照比例進行分類。任何一個物件歸屬於類別 Y 的機率為 y/(y + n)，歸屬於 N 的機率為 n/(y + n)。

2. 當決策樹被用於分類物件時，將以類別為基準。因此，決策樹可以被視為訊息「Y」或「N」的來源，生成此訊息所需的期望資訊量或稱為熵值（Entropy）（為還未分割前的整體的熵）由下式產生

$$I(y,n) = -\frac{y}{y+n}log_2(\frac{y}{y+n}) - \frac{n}{y+n}log_2(\frac{n}{y+n}) \qquad (15\text{-}10)$$

如果特徵屬性 A（資料值包含 $A_1, A_2, ..A_k$）被作為決策樹的根節點，並被分割到 B（包含 $B_1, B_2, ...B_k$ 等特徵屬性），其中 B_i 包含 B 中具有 A 資料值 Ai 的那些物件。令 B_i 包含 Y 及 N 等兩個類別，而類別 Y 有 y_i 個物件，類別 N 有 n_i 個物件。令子樹 B_i 的期望資訊量為 I（y_i, n_i）。以 A 為根節點的決策樹的期望資訊量或稱為熵值（可視為資訊量凌亂程度的指標）（分割後的熵），為以下的加權平均值：

---

[6] 參考 Quinlan, J. R. (1986). Induction of decision trees. Machine Learning, 1, 81-106.

$$E(A) = \sum_{i=1}^{k} \frac{y_i + n_i}{y + n} I(y_i, n_i) \tag{15-11}$$

其中第 i 個樹分支的權重為歸屬於 B_i 的特徵屬性 B 的物件比例。A 的分支的資訊增益可為

$$gain(A) = I(y,n) - E(A) \tag{15-12}$$

ID3 乃是以資訊增益最大的作為選擇樹的分支節點之依據。ID3 以具有最大的資訊增益的特徵屬性 A 為根節點，形成決策樹的最上節點後，再以同樣方式進行後續剩下的特徵屬性 $B_1, B_2, \ldots B_k$ 之選擇。

我們再以表 15-5 的例子說明，假設 B 為表 15-5 的所有物件集合。總共有 10 個物件（企業），其中目標變數 L（是否核可企業貸款）有兩個類別：Y（核可）與 N（不核可），而 Y 有 6 個物件（6 家企業核可），N 有 4 個物件（4 家企業不核可）。在原始分割前分類所需要的資訊數量為

$$I(\text{y,n}) = -\frac{6}{6+4} log_2 \left(\frac{6}{6+4} \right) - \frac{4}{6+4} log_2 \left(\frac{4}{6+4} \right) = 0.971$$

考慮不動產變數的特徵屬性包含（有,無）等兩種離散型數值。B 的 10 個物件中，有 5 家企業是第一個數值「有」，其中有 4 家是類別 Y（核可），1 家是類別 N（不核可）。則 $y_1=4$，$n_1=1$，

$$I(y_1, n_1) = -\frac{4}{4+1} log_2 \left(\frac{4}{4+1} \right) - \frac{1}{4+1} log_2 \left(\frac{1}{4+1} \right) = 0.722$$

其次，有 5 家企業是第二個數值「無」，其中有 2 家是類別 Y（核可），3 家是類別 N（不核可）。則 $y_2=2$，$n_2=3$，

$$I(y_2, n_2) = -\frac{2}{2+3} log_2 \left(\frac{2}{2+3} \right) - \frac{3}{2+3} log_2 \left(\frac{3}{2+3} \right) = 0.971$$

因此，不動產變數特徵屬性需要的期望資訊數量為

$$E(\text{不動產}) = \sum_{i=1}^{2} \frac{y_i + n_i}{y + n} I(y_i, n_i) = \frac{5}{10} I(y_1, n_1) + \frac{5}{10} I(y_2, n_2)$$

$$= \frac{5}{10} \times 0.722 + \frac{5}{10} \times 0.971 = 0.847$$

因此，不動產變數特徵屬性的資訊增益為

$$gain(不動產) = I(y,n) - E(不動產) = 0.971 - 0.847 = 0.124$$

另外，獲利變數的特徵屬性包含（有,無）等兩種離散型數值。B 的 10 個物件中，有 6 家企業是第一個數值「有」，其中有 5 家是類別 Y（核可），1 家是類別 N（不核可）。則 $y_1=5$，$n_1=1$，

$$I(y_1,n_1) = -\frac{5}{5+1}log_2\left(\frac{5}{5+1}\right) - \frac{1}{5+1}log_2\left(\frac{1}{5+1}\right) = 0.650$$

其次，有 4 家企業是第二個數值「無」，其中有 3 家是類別 Y（核可），1 家是類別 N（不核可）。則 $y_2=1$，$n_2=3$，

$$I(y_2,n_2) = -\frac{1}{1+3}log_2\left(\frac{1}{1+3}\right) - \frac{3}{1+3}log_2\left(\frac{3}{1+3}\right) = 0.811$$

因此，獲利變數特徵屬性需要的期望資訊數量為

$$E（獲利）= \sum_{i=1}^{2}\frac{y_i+n_i}{y+n}I(y_i,n_i) = \frac{6}{10}I(y_1,n_1) + \frac{4}{10}I(y_2,n_2)$$
$$= \frac{6}{10} \times 0.650 + \frac{4}{10} \times 0.811 = 0.714$$

因此，獲利變數特徵屬性的資訊增益為

$$gain(獲利) = I(y,n) - E(獲利) = 0.971 - 0.714 = 0.257$$

最後，其他貸款金額變數的特徵屬性包含（高,低）等兩種離散型數值。B 的 10 個物件中，有 4 家企業是第一個數值「高」，其中有 2 家是類別 Y（核可），2 家是類別 N（不核可）。則 $y_1=2$，$n_1=2$，

$$I(y_1,n_1) = -\frac{2}{2+2}log_2\left(\frac{2}{2+2}\right) - \frac{2}{2+2}log_2\left(\frac{2}{2+2}\right) = 1$$

其次，有 6 家企業是第二個數值「低」，其中有 4 家是類別 Y（核可），2 家是類別 N（不核可）。則 $y_2=4$，$n_2=2$，

$$I(y_2,n_2) = -\frac{4}{4+2}log_2\left(\frac{4}{4+2}\right) - \frac{2}{4+2}log_2\left(\frac{2}{4+2}\right) = 0.918$$

因此，獲利變數特徵屬性需要的期望資訊數量為

$$E\left(\text{其他貸款金額}\right) = \sum_{i=1}^{2} \frac{y_i + n_i}{y + n} I\left(y_i, n_i\right) = \frac{4}{10} I\left(y_1, n_1\right) + \frac{6}{10} I\left(y_2, n_2\right)$$

$$= \frac{4}{10} \times 1 + \frac{6}{10} \times 0.918 = 0.951$$

因此，其他貸款金額變數特徵屬性的資訊增益為

$$gain\left(\text{其他貸款金額}\right) = I\left(y, n\right) - E\left(\text{其他貸款金額}\right) = 0.971 - 0.951 = 0.02$$

由上述結果可知，各變數的資訊增益依序為獲利、不動產、其他貸款金額。因此，使用 ID3 演算法的決策樹之根節點為獲利變數特徵屬性，內部節點依序為不動產、其他貸款金額。再搭配表 15-5 的實際資料值，我們可以畫出 ID3 的決策樹，如圖 15-8 所示。

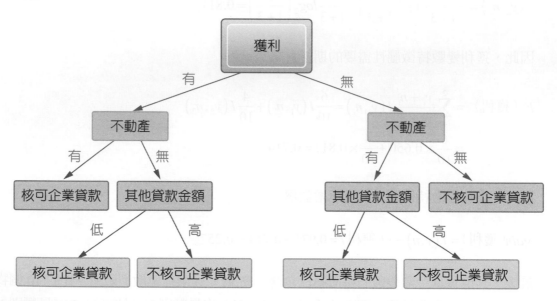

圖 15-8 運用 ID3 演算法得出的銀行是否核可貸款決策樹

If 獲利 ＝ 有 且 不動產 ＝ 有，Then 企業貸款 ＝ 核可

If 獲利 ＝ 有 且 不動產 ＝ 無 且 其他貸款金額 ＝ 低，Then 企業貸款 ＝ 核可

If 獲利 ＝ 有 且 不動產 ＝ 無 且 其他貸款金額 ＝ 高，Then 企業貸款 ＝ 不核可

If 獲利 ＝ 無 且 不動產 ＝ 無，Then 企業貸款 ＝ 不核可

If 獲利 ＝ 無 且 不動產 ＝ 有 且 其他貸款金額 ＝ 低，Then 企業貸款 ＝ 核可

If 獲利 ＝ 無 且 不動產 ＝ 有 且 其他貸款金額 ＝ 高，Then 企業貸款 ＝ 不核可

ID3 經過演算法生成完整的決策樹，可能會遭遇到模型過度配適（Overfitting）問題，此問題來自於對模型的過度訓練，導致模型記住的不是訓練集的一般性，而是局部特性。因此，必須再進行修剪決策樹的動作後，才完成最佳的決策樹。修剪樹枝的規則方法是使用預估錯誤率（Predicted Error Rate）。決策樹剪枝演算法大致說明如下：首先，計算每個節點的資訊熵；其次，遞迴地從樹的葉節點向上測試，如果對應葉節點的預估錯誤率要小於父節點（是指葉的上一層節點）的預估錯誤率，則進行剪枝，即將父節點變為新的葉節點。不斷的遞迴地測試，直至不能繼續剪枝為止，以此便可得到預估錯誤率最小的決策子樹。

2. C4.5

C4.5 演算法也是由 Quinlan 在 1993 年提出，其基本理論是改良及擴展他在 1979 年所提出的 ID3 演算法。C4.5 演算法主要係先建構一棵完整的決策樹，再針對每一個內部節點依使用者定義的預估錯誤率（Predicted Error Rate）來做決策樹修剪動作。C4.5 與 ID3 相同之處乃是選擇資訊增加量最大的屬性作為分割屬性，也同樣是使用資訊熵利用機器學習來建立決策樹，但不同之處則是 C4.5 屬性離散化的動作是在各內部節點動態決定的，所以不同節點的特徵值離散化結果會有不同[7]。C4.5 演算法後來也成為監督式演算法的標竿。

C4.5 乃是在改善 ID3 使用資訊增益的缺點，亦即 ID3 會偏向於選擇有較多屬性取值（小即特徵屬性內不同值的個數愈多）的特徵屬性，因為屬性取值較多的特徵屬性會有較大的資訊增益。因此，C4.5 乃改用資訊增益率（Gain ratio）進行特徵屬性的選擇。我們以上述 ID3 基礎一般化公式說明。假設樣本空間 S 中第 k 類樣本所佔的比例為 p_k，則 S 的整體資訊熵可表示為

$$Entropy(S) = -\sum_{k=1}^{|n|} p_k log_2 p_k \qquad (15\text{-}13)$$

而離散特徵屬性（投入變數）B_i 有 i 個屬性取值（$b_1, b_2, ..., b_M$），在樣本空間 S 中，特徵屬性 B_i 上的屬性取值為 b_M 的樣本集合為 S_M，則特徵屬性 B_i 對樣本空間 S 進行分割後所獲得的資訊增益為

$$Gain(S, B_i) = Entropy(S) - \sum_{m=1}^{M} \frac{|S_M|}{|S|} Entropy(S_M) \qquad (15\text{-}14)$$

---

[7] 參考丁一賢與陳牧言（2006）。資料探勘。臺中：滄海書局。

C4.5 則是把分割資訊（split information）引入 ID3 的資訊增益，用以懲罰屬性取值較多導致資訊增益較大的特徵屬性。分割資訊可用來特徵屬性分割資訊的廣度和均勻性。可表示為

$$split\ information(B_i) = -\sum_{m=1}^{M} \frac{|S_M|}{|S|} log_2 \frac{|S_M|}{|S|} \tag{15-15}$$

資訊增益率則為資訊增益除以分割資訊，公式為

$$GainRatio(S, B_i) = \frac{Gain(S, B_i)}{split\ information(B_i)} \tag{15-16}$$

我們再延續上述企業貸款例子說明，先計算各特徵屬性（投入變數）的分割資訊。在獲利變數方面，其分割資訊為

$$splitinformation(獲利) = -\frac{6}{6+4} log_2 \left(\frac{6}{6+4}\right) - \frac{4}{6+4} log_2 \left(\frac{4}{6+4}\right) = 0.971$$

因此，獲利變數的特徵屬性之資訊增益率為

$$GainRatio(獲利) = \frac{Gain(獲利)}{split\ information(獲利)} = \frac{0.257}{0.971} = 0.265$$

在不動產變數方面，其分割資訊為

$$splitinformation(不動產) = -\frac{5}{5+5} log_2 \left(\frac{5}{5+5}\right) - \frac{5}{5+5} log_2 \left(\frac{5}{5+5}\right) = 1$$

因此，不動產變數的特徵屬性之資訊增益率為

$$GainRatio(不動產) = \frac{Gain(不動產)}{split\ information(不動產)} = \frac{0.124}{1} = 0.124$$

在其他貸款金額變數方面，其分割資訊為

$$splitinformation(其他貸款金額) = -\frac{4}{4+6} log_2 \left(\frac{4}{4+6}\right) - \frac{6}{4+6} log_2 \left(\frac{6}{4+6}\right) = 0.971$$

因此，獲利變數的特徵屬性之資訊增益率為

$$GainRatio(其他貸款金額) = \frac{Gain(其他貸款金額)}{split\ information(其他貸款金額)} = \frac{0.02}{0.971} = 0.021$$

由上述結果發現，本例子的資訊增益率大小排序仍是獲利、不動產、其他貸款金額。因此，決策樹與圖 15-6 一樣。

3. C5.0

C5.0 是經典的決策樹模型演算法之一，乃是 Quinlan 經由 ID3 與 C4.5 的改良測試之後應用於推論系統，適用於處理大資料集，採用 Boosting 方式提高模型準確率，具有演算速度快且準確率高的演算法。與 C4.5 相似，C5.0 改進了 ID3 無法處理連續屬性的問題，C5.0 也對資料遺漏和輸入欄位有很多問題時具有非常穩健的效果，且通常不需要很長的訓練次數即可估計出結果，可生成多分支的決策樹。

C5.0 演算法進行生成決策樹的方法與 C4.5 是一樣的，選擇分支變數特徵屬性的依據乃是以資訊熵的下降速度（以 Gini 係數判定）及最大資訊增益率（Gini ratio）作為確定最佳分支變數特徵屬性和分割值的依據。

與 4.5 差異的地方乃是，C5.0 演算法有一個用以提高其準確率的特殊方法，稱為增強。其方式乃是建立多個模型。第一個模型以一般方式建立。而第二個模型會針對第一個模型分類錯誤的記錄進行建立。第三個模型也是針對第二個模型的分類錯誤記錄進行建立，依序進行下去。最後會對觀察值執行分類，方法是對其套用整個模型集，使用加權投票程序將個別的預測結合至一個整體預測。

4. CHAID

CHAID 是由 Kass 在 1980 年發展出的經典的演算法。CHAID 乃是運用卡方檢定（Chi-Square χ^2 test）檢驗每個投入變數，如可產生最大的類別差異的投入變數，則可成為節點的分割變數。CHAID 演算法也有防止資料被過度套用並讓決策樹停止繼續成長的機制，衡量標準即是利用計算節點中類別的卡方檢定值之 p 值，以卡方檢定值之 p 值是否小於決策者設定的檢定水準 α 值來決定決策樹是否繼續成長。不像 C4.5 或 CART 演算法是在生成決策樹後，再做決策樹修剪的動作（事後修剪 post-pruning），CHAID 是在生成決策樹過程即進行樹枝修剪動作（事前修剪 pre-pruning）。CHAID 也是只能處理離散型資料，若資料為連續型資料仍必須先進行離散化處理程序。

卡方檢定值的公式如下所示：

$$\sqrt{\frac{(y-\overline{y})^2}{\overline{y}}}$$
（15-17）

其中 y 實際值，$\overline{y}$ 為預期值。

以往銀行呆帳最大來源乃是一般民眾的信用卡，預測信用卡倒帳風險對銀行非常重要。以發生信用卡倒帳否為目標變數，以有無其他信用卡、性別、有無工作為投入變數，建立信用卡倒帳風險之決策樹。

表 15-6　信用卡倒帳風險預測變數資料

民眾	有無其他信用卡	性別	有無工作	發生倒帳否
1	有	男	有	否
2	無	女	有	否
3	無	男	無	是
4	有	女	有	是
5	有	女	有	是
6	有	男	有	否
7	無	男	無	是
8	無	男	有	否
9	無	女	有	否
10	無	女	無	是

以「有無其他信用卡」為投入變數，此變數有兩個類別：有及無。目標變數「發生倒帳否」有兩個決策類別：是及否。可由下表計算卡方值：

表 15-7　有無其他信用卡投入變數計算卡方值

有無其他信用卡	是	否	加總	預期值 [1]	「是」的卡方值	「否」的卡方值
有	2	2	4	2	0	0
無	3	3	6	3	0	0

1 期望值為類別加總/類別總個數，「發生倒帳否」的類別總個數為 2 個（是、否），「有」類別加總為 4，故預期值為 4/2＝2，「無」類別加總為 6，故預期值為 6/2＝3。

「有無其他信用卡」的類別為「有」的與「發生倒帳否」的類別為「是」的卡方值如下所計算：

$$\sqrt{\frac{(y-\overline{y})^2}{\overline{y}}} = \sqrt{\frac{(2-2)^2}{2}} = 0$$

「有無其他信用卡」的類別為「有」的與「發生倒帳否」的類別為「否」的卡方值如下所計算：

$$\sqrt{\frac{(y-\overline{y})^2}{\overline{y}}} = \sqrt{\frac{(2-2)^2}{2}} = 0$$

「有無其他信用卡」的類別為「無」的與「發生倒帳否」的類別為「是」的卡方值如下所計算：

$$\sqrt{\frac{(y-\bar{y})^2}{\bar{y}}} = \sqrt{\frac{(3-3)^2}{3}} = 0$$

「有無其他信用卡」的類別為「無」的與「發生倒帳否」的類別為「否」的卡方值如下所計算：

$$\sqrt{\frac{(y-\bar{y})^2}{\bar{y}}} = \sqrt{\frac{(3-3)^2}{3}} = 0$$

因此，「有無其他信用卡」的卡方檢定值即為上述四種情況的加總，如下：

$$0 + 0 + 0 + 0 = 0$$

以「性別」為投入變數，此變數有兩個類別：男及女。目標變數「發生倒帳否」有兩個決策類別：是及否。依照上述同樣算法，可得到下表卡方值：

表 15-8　有無其他信用卡投入變數計算卡方值

性別	是	否	加總	預期值	「是」的卡方值	「否」的卡方值
男	2	3	5	2.5	0.316	0.316
女	3	2	5	2.5	0.316	0.316

因此，「性別」的卡方檢定值即為上述四種情況的加總，如下：

$$0.316 + 0.316 + 0.316 + 0.316 = 1.264$$

以「有無工作」投入變數，此變數有兩個類別：有及無。目標變數「發生倒帳否」有兩個決策類別：是及否。依照上述同樣算法，可得到下表卡方值：

表 15-9　有無其他信用卡投入變數計算卡方值

有無工作	是	否	加總	預期值	「是」的卡方值	「否」的卡方值
有	2	5	7	3.5	0.802	0.802
無	3	0	3	1.5	1.225	1.225

因此，「有無工作」的卡方檢定值即為上述四種情況的加總，如下：

$$0.802 + 0.802 + 1.225 + 1.225 = 4.054$$

CHAID 演算法以卡方檢定值最高者（p 值最小，最顯著）做為根節點，再由大小依序長出分支節點，到最後的葉節點。本例的卡方檢定值高低依序為「有無工作」（4.054）、「性別」（1.264）、「有無其他信用卡」（0）。因此，目標變數為「發生信用卡倒帳否」的決策樹可為圖 15-9 所示。

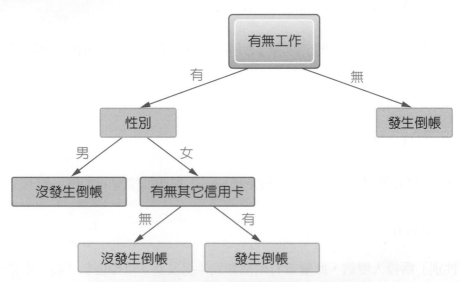

圖 15-9 發生信用卡倒帳否影響因素之決策樹

If 有無工作 ＝ 無，Then 發生倒帳否 ＝ 是

If 有無工作 ＝ 有 且 性別 ＝ 男，Then 發生倒帳否 ＝ 否

If 有無工作 ＝ 有 且 性別 ＝ 女 且 有無其它信用卡 ＝ 有，Then 發生倒帳否 ＝ 是

If 有無工作 ＝ 有 且 性別 ＝ 女 且 有無其它信用卡 ＝ 無，Then 發生倒帳否 ＝ 否

5. CART

CART 乃是由 Breiman、Friedman、Olshen 與 Stone 在 1984 年提出的演算法。CART 也是用來進行分類決策的，不過相較於 ID3 可以做多項分類，CART 只能作二項分類。CART 決策樹的根到每個樹葉節點的分類路徑上，同一個屬性可以被重複檢驗，亦即可以透過不斷分割的方式，來提高分類的準確率，卻也提高決策樹的複雜度及降低規則的可理解性[8]。CART 主要是使用吉尼係數（Gini Ratio）當成選擇屬性的根據，選擇吉尼係數最小之屬性當作分割屬性，並透過二項分類法（亦即取值為「是」或「否」）分割資料。同樣地，仍是基於機器學習訓練數據生成完整的決策樹後，再進行樹枝修剪動作，以完成最佳的決策樹。CART 可用於分類也可用於迴歸。

---

[8] 參考丁一賢與陳牧言（2006）。資料探勘。臺中：滄海書局。

假設樣本空間 S 中第 k 類樣本所佔的比例為 p_k，則 S 的整體 Gini 係數可表示為

$$Gini(p) = \sum_{k=1}^{K} p_k(1 - p_k) = 1 - \sum_{k=1}^{K} p_k^2$$

在樣本空間 S 中，特徵屬性 B 被分割為 D_1 及 D_2 兩部分，則在特徵屬性 B 的條件下，集合 D 的 Gini 係數為

$$Gini(D, B) = \frac{D_1}{D} Gini(D_1) + \frac{D_2}{D} Gini(D_2)$$

上述 Gini 係數表示特徵屬性 A 不同分組的資料集 D 的不確定性。當 Gini 係數愈大，樣本資料集的不確定性就愈大，因此一般會選擇吉尼係數最小之屬性當作分割屬性。

我們以一個消費的例子來說明如何利用 CART 演算法建立決策樹。假設一家在臺北信義區的 iphone 銷售專門店店長想要找尋進店的目標客群進行精準行銷，乃利用留取基本資料方式蒐集進店客人資料，包含性別、婚姻、年收入。目標變數為是否消費，投入變數為性別、婚姻、年收入。為方便計算，取 10 位顧客為例如表 15-10 所示。

表 15-10　iphone 銷售專門店顧客基本資料

顧客	性別	婚姻	年收入（萬元）	消費
1	男	已婚	150	有
2	女	未婚	60	否
3	女	未婚	80	否
4	男	離婚	120	有
5	男	未婚	70	否
6	男	已婚	90	否
7	女	已婚	130	否
8	女	離婚	95	有
9	女	未婚	85	否
10	女	未婚	100	有

首先，我們要找尋成為決策樹最上層根節點的特徵屬性（投入變數），先要求出各個投入變數的 Gini 係數。原始未進行分割前的目標變數消費包含「有」與「否」兩大類，其中「有」共有 4 個，「否」共有 6 個，因此整體的 Gini 係數為

$$Gini(p) = 1 - \sum_{k=1}^{K} p_k^2 = 1 - \left(\frac{4}{10}\right)^2 - \left(\frac{6}{10}\right)^2 = 0.48$$

在以性別為分割特徵屬性時，可分為「男」分支節點與「女」分支節點，各自配合「有」及「否」消費，如表 15-11 所示。

表 **15-11** 以性別為分割特徵屬性配合消費應變數之人數

人數		性別	
		男	女
消費	有	2	2
	否	2	4

因此，性別的 Gini 係數計算如下：

$$Gini（男）= 1 - \sum_{k=1}^{K} p_k^2 = 1 - \left(\frac{2}{2+2}\right)^2 - \left(\frac{2}{2+2}\right)^2 = 0.5$$

$$Gini（男）= 1 - \sum_{k=1}^{K} p_k^2 = 1 - \left(\frac{2}{2+4}\right)^2 - \left(\frac{4}{2+4}\right)^2 = 0.444$$

$$Gini（性別）= \frac{男}{性別}Gini（男）+ \frac{女}{性別}Gini（女）= \frac{4}{10} \times 0.5 + \frac{6}{10} \times 0.444 = 0.466$$

因此，性別此一特徵屬性的 Gini 增益為

$$\Delta Gini（性別）= Gini\left(p\right) - Gini（性別）= 0.48 - 0.466 = 0.014$$

其次，以婚姻為分割特徵屬性時，可分為「已婚」分支節點、「未婚」分支節點與「離婚」分支節點，各自配合「有」及「否」消費，如表 15-12 所示。

表 **15-12** 以婚姻為分割特徵屬性配合消費應變數之人數

人數		婚姻		
		已婚	未婚	離婚
消費	有	1	1	2
	否	2	4	0

因為 CART 只能用二分類法，因此當婚姻二分類為「已婚」及「未婚與離婚」兩個分支節點時，Gini 係數計算如下：

$$Gini（已婚）= 1 - \sum_{k=1}^{K} p_k^2 = 1 - \left(\frac{1}{1+2}\right)^2 - \left(\frac{2}{1+2}\right)^2 = 0.444$$

$$Gini（未婚或離婚）= 1 - \sum_{k=1}^{K} p_k^2 = 1 - \left(\frac{3}{3+4}\right)^2 - \left(\frac{4}{3+4}\right)^2 = 0.49$$

$$Gini（婚姻）= \frac{已婚}{婚姻}Gini（已婚）+ \frac{未婚與離婚}{婚姻}Gini（未婚或離婚）$$

$$= \frac{3}{10} \times 0.444 + \frac{7}{10} \times 0.49 = 0.476$$

因此，婚姻此一特徵屬性的 Gini 增益為

$$\Delta Gini（婚姻）= Gini(p) - Gini（婚姻）= 0.48 - 0.476 = 0.004$$

當婚姻二分類為「未婚」及「已婚與離婚」兩個分支節點時，Gini 係數計算如下：

$$Gini（未婚）= 1 - \sum_{k=1}^{K} p_k^2 = 1 - \left(\frac{1}{1+4}\right)^2 - \left(\frac{4}{1+4}\right)^2 = 0.32$$

$$Gini（未婚或離婚）= 1 - \sum_{k=1}^{K} p_k^2 = 1 - \left(\frac{3}{3+2}\right)^2 - \left(\frac{2}{3+2}\right)^2 = 0.48$$

$$Gini（婚姻）= \frac{未婚}{婚姻}Gini（未婚）+ \frac{已婚與離婚}{婚姻}Gini（已婚與離婚）$$

$$= \frac{5}{10} \times 0.32 + \frac{5}{10} \times 0.48 = 0.4$$

因此，婚姻此一特徵屬性的 Gini 增益為

$$\Delta Gini（婚姻）= Gini(p) - Gini（婚姻）= 0.48 - 0.4 = 0.08$$

當婚姻二分類為「離婚」及「已婚與未婚」兩個分支節點時，Gini 係數計算如下：

$$Gini（離婚）= 1 - \sum_{k=1}^{K} p_k^2 = 1 - \left(\frac{2}{2+0}\right)^2 - \left(\frac{0}{2+0}\right)^2 = 0$$

$$Gini（未婚或離婚）= 1 - \sum_{k=1}^{K} p_k^2 = 1 - \left(\frac{2}{2+6}\right)^2 - \left(\frac{6}{2+6}\right)^2 = 0.375$$

$$Gini（婚姻）= \frac{離婚}{婚姻}Gini（離婚）+ \frac{已婚與未婚}{婚姻}Gini（已婚與未婚）$$

$$= \frac{2}{10} \times 0 + \frac{8}{10} \times 0.375 = 0.3$$

因此，婚姻此一特徵屬性的 Gini 增益為

$$\Delta Gini（婚姻）= Gini(p) - Gini（婚姻）= 0.48 - 0.3 = 0.18$$

取最大 Gini 增益作爲婚姻的 Gini 增益，其值爲 0.18，乃是在以「離婚」及「已婚與未婚」爲兩個分支節點時。

其次，以年收入爲分割特徵屬性時，年收入爲連續變數，必須先進行離散化處理，以兩個連續數值的中點爲分割點，可分爲「小於中點」分支節點與「大於等於中點」分支節點，各自配合「有」及「否」消費。先將年收入由小到大排序後，取兩數值中點，如表 15-13 所示。

表 15-13　連續變數年收入特徵屬性排序後取中點配合消費之 Gini 增益

顧客	年收入（排序後）	中點	消費	Gini 係數	Gini 增益
2	60		否		
5	70	65	否	0.445	0.035
3	80	75	否	0.4	0.08
9	85	82.5	否	0.343	0.137
6	90	87.5	否	0.266	0.214
8	95	92.5	有	0.16	0.32
10	100	97.5	有	0.317	0.163
4	120	110	有	0.418	0.062
7	130	125	否	0.475	0.005
1	150	140	有	0.4	0.08

因此，年收入的 Gini 係數計算，先以 65 爲分割點，「小於 65」爲左分支，「大於等於 65」爲右分支，如下：

表 15-14　以年收入 65 萬元為分割特徵屬性配合消費應變數之人數

人數		年收入（萬元）	
		小於 65	大於等於 65
消費	有	0	4
	否	1	5

$$Gini（小於 65） = 1 - \sum_{k=1}^{K} p_k^2 = 1 - \left(\frac{0}{0+1}\right)^2 - \left(\frac{1}{0+1}\right)^2 = 0$$

$$Gini（大於等於 65） = 1 - \sum_{k=1}^{K} p_k^2 = 1 - \left(\frac{4}{4+5}\right)^2 - \left(\frac{5}{4+5}\right)^2 = 0.494$$

$$Gini（年收入 65） = \frac{小於65}{年收入65} Gini（小於65） + \frac{大於等於65}{年收入65} Gini（大於等於65）$$

$$= \frac{1}{10} \times 0 + \frac{9}{10} \times 0.494 = 0.445$$

因此，年收入此一特徵屬性以 65 萬為分割點的 Gini 增益為

$$\Delta Gini\,(年收入65) = Gini\,(p) - Gini\,(年收入65) = 0.48 - 0.445 = 0.035$$

依同樣算法，我們可得到表 15-13 最右邊欄位的所有各分割點的 Gini 係數增益。取最大的 Gini 增益作為年收入的 Gini 增益，其值為 0.32，乃是在以年收入 92.5 萬為分割點時。

CART 係依照 Gini 增益（資料值不純度或不確定性最低）高低排列節點優先順序，本題結果 Gini 增益高低排列依序為年收入（0.32）、婚姻（0.18）、性別（0.014）。因此，依據 CART 演算法生成的決策樹如下圖 15-10 所示。

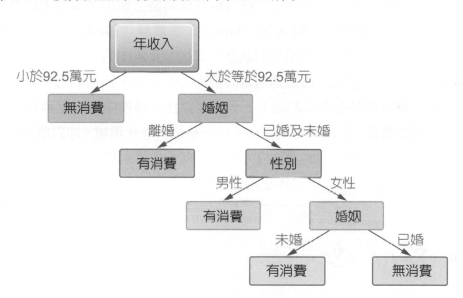

圖 15-10　CART 演算法生成的決策樹

If 年收入 <92.5 萬元，Then 消費 = 否

If 年收入>=92.5 萬元 且 婚姻 = 離婚，Then 消費 = 有

If 年收入>=92.5 萬元 且 婚姻 = 已婚及未婚 且 性別 = 男，Then 消費=有

If 年收入>=92.5 萬元 且 婚姻 = 已婚及未婚 且 性別 = 女 且 婚姻=未婚，Then 消費=有

If 年收入>=92.5 萬元 且 婚姻 = 已婚及未婚 且 性別 = 女 且 婚姻=已婚，Then 消費=否

與 ID3 及 C4.5、C5.0 一樣，CART 經過演算法生成完整的決策樹，可能會遭遇到模型過度配適（Overfitting）問題，此問題來自於對模型的過度訓練，導致模型記住的不是訓練集的一般性，而是局部特性。因此，必須再進行修剪決策樹的動作後，才完成最佳的決策樹。修剪樹枝的規則方法是使用整體錯誤率（Entire Error Rate）。

15-3 類神經網路

　　類神經網路是一種非線性的統計資料建模工具，係利用電腦運算系統使用大量高度連結的人工神經元模擬人類腦神經細胞網路思考，透過人工神經元從外界或其他神經元取得資訊（Input），並對外部的輸入以網路動態處理（經系統的轉換函數運算）（Hidden layer），再將結果輸出到外部環境或其他神經元（Output）。類神經網路適用無非線性建模，且不需要對資料做任何分配假設[9]。單個隱藏層前饋神經網絡（Single Hidden Layer Feed-Forward Neural Networks）是用於金融預測的最廣泛使用的形式，因為它可以正確地分類和預測相關變量[10]。倒傳遞（Back-Propagation）是迄今為止最流行的神經網絡訓練演算法，該演算法已在前饋神經網絡上使用了學習方法[11]。典型的倒傳遞神經網絡由三層組成：輸入層（Input）、隱藏層（Hidden Layer）和輸出層（Output）。輸入層乃是接受外在環境的訊息，即樣本資料中的不同特徵屬性（投入變數），輸入的單元（投入變數）再透過適當的權重（Weights）連結到隱藏層；隱藏層乃是類神經網路主要處理外在資訊的地方，利用非線性的轉換函數處理神經元間的交互作用與複雜的問題結構；輸出層乃是輸出訊息與結果給外在環境，即對應到目標變數。類神經即是利用不斷地訓練學習調整投入變數的權重程序以達到模型學習之目的。類神經網路若有多層的隱藏層，即是所謂的深度學習（Deep Learning）。它可以表示為迴歸項[12]：

$$y_t = \alpha_0 + \sum_{j=1}^{m} \beta_j f\left(\beta_{0j} + \sum_{i=1}^{n} \beta_{ij} x_{it}\right) + \varepsilon_t$$

[9] Eakins, S. G., Stansell, S. R., & Buck, J. F. (1998). Analyzing the nature of institutional demand for commons tocks. Quarterly Journal of Business and Economics, 37, 33–48.

[10] Thawornwong, S., Enke, D. (2004). The adaptive selection of financial and economic variables for use with artificial neural networks. Neurocomputing, 56, 205-232.

Zhang, G. P. (2003). Time series forecasting using a hybrid ARIMA and neural network model. Neurocomputing,50, 159-175.

[11] Thawornwong, S., Enke, D. (2004). The adaptive selection of financial and economic variables for use with artificial neural networks. Neurocomputing, 56, 205-232.

Zhang, G. P. (2003). Time series forecasting using a hybrid ARIMA and neural network model. Neurocomputing,50, 159-175.

[12] Zhang, G. P. (2003). Time series forecasting using a hybrid ARIMA and neural network model. Neurocomputing,50, 159-175.

　　其中是 y_t 應變數（目標變數），是 x_{it} 一串自變數（投入變數），並通過一系列隱藏層傳遞函數重新調整了權重比例。圖 15-11 顯示了典型的單層隱藏層前饋神經網絡，該輸出到單一產出應變數。

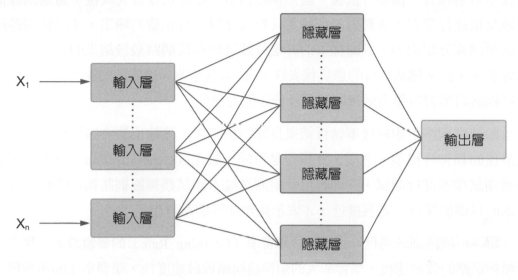

圖 15-11　三層前饋神經網絡

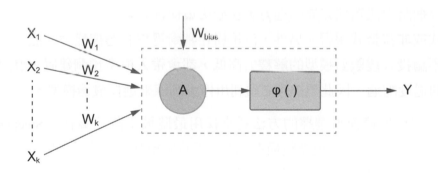

圖 15-12　類神經模型基本結構

　　圖 15-12 為典型的類神經模型基本結構。$X_1, X_2, ..., X_k$ 為一組神經元的輸入（投入變數）。$W_1, W_2, ..., W_k$ 為各投入變數的權重，代表一種加權效果，若某一神經元（投入變數）的權重愈大，該神經元（投入變數）愈容易被激發，對類神經網路的影響愈大；反之，若神經元權重愈小，代表對類神經網路影響愈小；若神經元權重過小，表示對類神經網路沒有影響，即會被刪除。W_{bias} 為偏權值（Bias），有偏移的效果。A 為組合函數，代表將每一個投入變數與其權重相乘後之加總動作。$\varphi(\ )$ 為活化函數（Activation Function），通常為非線性函數，有幾種不同的轉換型式，目的是將 A 的組合函數值進行映射，以得到所需要的輸出結果。Y 為神經元的輸出，亦即我們需要的結果。

資料探勘技術通常都需要至少兩種樣本，一種為訓練樣本（Training Samples），一種為測試樣本（Testing Samples）。在類神經網路中，訓練樣本目的乃是使類神經網路模型在學習過程有一個參考依據，讓類神經網路初始環境建置完成後，透過訓練樣本不斷地反覆進行學習，直到對每個輸入（投入變數）有正確的輸出，才能使類神經有正確的預測或分類能力。訓練樣本的好壞攸關著類神經網路最後結果的品質，在訓練樣本愈正確（對某個訓練目的愈具代表性）、樣本量愈多、樣本間的差異性愈大，通常類神經網路的學習效果與最後的預測及分類能力愈佳。

當類神經網路由訓練樣本執行結束良好的訓練後，其輸出值會與目標值接近，此時是最佳的類神經模型。然而，此模型是否能一般化（Generalization）還未知，必須再透過測試樣本進行測試，亦即再用一組測試樣本測試類神經網路執行的輸出值是否與要求的目標值接近，若很接近，才表示此類神經網路可用。

在類神經網路訓練過程，必須進行學習率（Learning Rate）的參數設定。學習率會影響類神網路的收斂速度，學習率大的類神經網路收斂速度快，學習率小的類神經網路收斂速度慢，太大或太小的學習率都不好；一般經驗值，學習率通常設定在 0.5 或 0.1 至 1 之間。

類神經網路與決策樹差異的地方，在於決策樹都是監督式學習，而類神經網路則可是監督式或非監督式學習。另外，決策樹在判斷過程有選擇變數的能力，而類神經網路則是不論投入變數對模型的解釋力高低，都會帶入模型預測建置，導致可更容易產生模型的過度配適，因此類神經必須利用停止訓練來選擇最適模型。

類神經網路最適模型選擇的方法通常採用最陡坡下降演算法（Steepest Descent Algorithm），乃是利用不斷地調整權重，讓實際值與預測值的誤差函數最小化，來達到類神經網路學習到最適模型。最陡坡下降演算法同時執行訓練樣本與測試樣本，利用選取評估的統計量（如利潤/損失 Profit/Loss、錯誤分類率 Misclassification、ASE 平均平方誤差 Average Square Error）進行最佳迭代次數的選擇，在測試樣本（或驗證樣本 Validating Samples）的誤差函數最小，且訓練樣本誤差值仍為向下遞減，兩種樣本結果沒有發散的情況，即停止訓練獲得最適的類神經網路模型。如圖 15-13 為兩種樣本發散的情況，圖 15-14 為在迭代次數為 10 次時為最適的類神經網路模型。

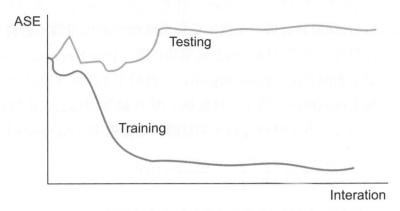

圖 15-13　訓練樣本與測試樣本發散的類神經網路模型

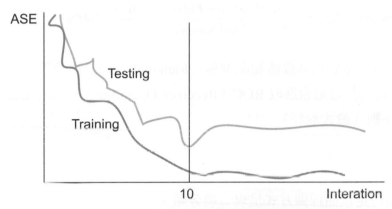

圖 15-14　迭代次數為 10 次的最適類神經網路模型

　　就資料探勘而言，模型的正確建置是最重要的，建置好的模型才能讓探勘結果準確，因此跨模型比較何者是最佳模型是必要的。要進行最佳模型的比較，就必須有評估模型的標準統計量。若被預測的目標變數為二項類別型態（Decision），如核可貸款／不核可貸款、發生倒帳/沒發生倒帳、發生財務危機／沒發生財務危機等，評估的統計量適合選取錯誤分類率（Misclassification Rate）（愈小愈好）、平均獲利／損失（Average Profit / Loss）（獲利愈大愈好／損失愈小愈好）、Kolmogorov-Smirnov Statistic（愈大愈好）[13]。

　　模型的錯誤分類率的錯誤意義如同第 9 章所提的型 I 及型 II 錯誤。譬如預測公司是否財務危機，利用建立的預測模型進行財務危機發生的機率，並設立一個截斷機率值（如以預測機率為 0~1 時，一般的截斷點機率為 0.5）。當某公司預測財務危機發生機率高於截斷機率值則視為會發生財務危機，若此公司確實也發生財務危機，則表示預測正確（True Positive），若此公司沒有發生財務危機，則表示預測錯誤（False

---

[13] 李淑娟（2015）。資料採礦運用。臺北市：SAS 公司。

Positive）；當某公司預測財務危機發生機率低於截斷機率值則視爲不會發生財務危機，若此公司確實也沒有發生財務危機，則表示預測正確（True Negative），若此公司有發生財務危機，則表示預測錯誤（False Negative）。此時型 I 錯誤即爲公司實際上沒有發生財務危機，但模型卻判斷爲有發生財務危機；型 II 錯誤即爲公司確實有發生財務危機，但模型卻判斷爲沒有發生財務危機。則整體模型正確率（Accuracy Rate）：

$$Accuracy\ Rate = \frac{True\ Positive + True\ Negative}{Total\ Samples} \times 100\%$$

模型的錯誤分類率（Misclassification Rate）：

$$Misclassification\ Rate = \frac{False\ Positive + False\ Negative}{Total\ Samples} \times 100\%$$

若被預測的目標變數爲數值範圍型態（Ranking），如信用評等分數、資訊透明度分數等，評估的統計量適合選取 ROC（Receiver Operating Characteristic）指標（愈大愈好）、Gini 係數（愈大愈好）。其中

$$Gini\ 係數 = 2 \times (ROC指標 - 0.5)$$

ROC 指標乃是以曲線圖方式呈現二項分類事件在不同的區別閾值（Discrimination Threshold）下表現的圖形，用以比較不同模型的預測能力。ROC 曲線圖的縱軸爲眞陽性率（True Positive Rate, TPR），又稱爲靈敏度（Sensitivity）；橫軸爲僞陽性率（False Positive Rate, FPR），以 1–特異度（Specificity）表示。靈敏度乃是將結果正確判斷爲陽性的機率（如有發生財務危機的公司被判爲陽性（有發生）的機率、有病的看診者被判爲陽性（有病）的機率），特異度乃是將結果正確判斷爲陰性的機率（如沒有發生財務危機的公司被判爲陰性（沒有發生）的機率、無病的看診者被判爲陰性（無病）的機率）。在進行判斷陽性或陰性時，必須先有一個標準指標進行判斷，此一標準指標稱爲截斷點（cut-point）（一般常用來尋找截斷點的方法爲 Youden index，即將每一個切點的靈敏度與特異度相加，並取最大值，即爲最佳截斷點），此截斷點會影響到診斷工具的靈敏度及特異度。靈敏度與特異度的公式如下：

$$靈敏度或眞陽性率\ Sensitivity = \frac{True\ Positive}{True\ Positive + False\ Negative}$$
$$= 1 - Type\ II\ error = Power$$

$$僞陰性率\ 1 - Sensitivity = \frac{False\ Negative}{True\ Positive + False\ Negative} = Type\ II\ error$$

$$特異度或真陰性率\ Specificity\ = \frac{True\ Negative}{False\ Positive + True\ Negative}$$

$$= 1 - Type\ I\ error$$

$$偽陽性率\ 1\text{-}Specificity = \frac{False\ Positive}{False\ Positive + True\ Negative} = Type\ I\ error$$

事實上，ROC 指標評估模型好壞的標準與以統計檢定優劣的評估標準是一樣的。靈敏度如同統計檢定的檢定力（Testing Power），檢定力愈高愈好，亦即目標變數為有發生財務危機的公司被判為陽性（有發生）的機率；特異度如同控制型 I 錯誤（Type I Error），型 I 錯誤愈低愈好，因此特異度愈高愈好，亦即目標變數沒有發生財務危機的公司被判為陰性（沒有發生）的機率。

ROC 曲線下的面積（Area Under Curve, AUC）即為 ROC 指標值，介於 0 與 1 之間。ROC 值（AUC）愈高，代表模型準確性愈高。一般經驗上，ROC 值高於 0.9 表示模型準確性很高（高鑑別力），0.8~0.9 表示模型準確性高（優良的鑑別力），0.7~0.8 表時模型準確性中等（可接受的鑑別力）、0.5~0.7 表示模型準確性較低（低鑑別力），0.5 表示模型準確性差（不具鑑別力），0.5 以下表示模型準確性很差不需考慮。以圖 15-15 的 ROC 曲線為例，有 A 及 B 兩個不同預測模型的比較，其中 A 模型的 AUC（ROC 曲線下面積）比 B 模型的 AUC 還要大，故 A 模型比 B 模型好。再以靈敏度及特異度說明，在 0.2 同樣的偽陽性率（1-特異度）下，A 模型的靈敏度為 0.5，但 B 模型的靈敏度只有 0.35；亦即在同樣 0.2 的型 I 錯誤（Type I Error）下，A 模型的預測力（Power）比 B 模型高，表示 A 模型整體鑑別力比 B 模型好。因此，當 ROC 曲線與往左上方，模型的鑑別力愈好。

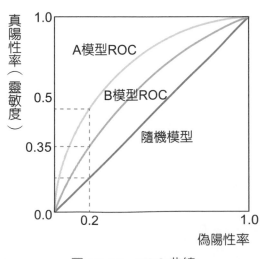

圖 15-15　ROC 曲線

　　若被預測的目標變數為機率型態（Estimate），評估的統計量適合選取平均平方誤差（Average Square Error）（愈小愈好）、Schwarz's Bayesian Criterion（愈小愈好）。

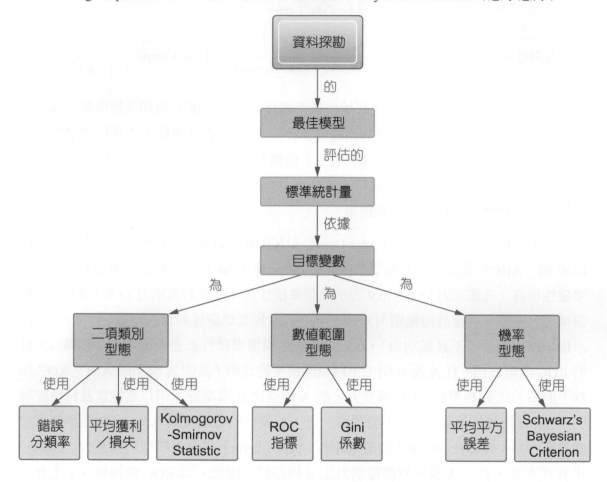

圖 15-16　資料探勘最佳模型判斷之示意概念圖

本章習題

壹、選擇題

1. 下列何者有誤？ (A)SPSS 軟體的羅吉斯迴歸檢定個別自變數的統計量為 Wald 統計量 (B)Wald 統計量乃是服從一個漸進 χ^2_{df} 分配 (C)Wald 統計量的公式乃是自變數的估計係數值除以估計係數標準誤 (D)要檢視自變數變動造成應變數的機率如何變動，在羅吉斯迴歸方法通常使用勝算比。

2. 下列有關勝算比的觀念，何者有誤？
   (A)勝算比乃是指自變數變動一單位對應變數勝算的影響
   (B)勝算比乃是指自變數增加一單位情況下的勝算除以自變數不變情況下的勝算
   (C)當勝算比大於 1，表示自變數的變動對應變數的勝算有正向顯著影響
   (D)當勝算比等於 0，表示自變數的變動對應變數的勝算沒有顯著影響。

3. 羅吉斯迴歸分析用自變數來預測二項的應變數，當預測應變數失敗而實際也是失敗的次數為 334 次，預測應變數失敗而實際卻是成功的次數為 30 次，預測應變數成功而實際也是成功的次數為 270 次，預測應變數成功而實際卻是失敗的次數為 26 次。則此模型的整體預測正確率為 (A)91.5% (B)55.2% (C)91.8% (D)91.2%。

4. 下列有關 ID3，何者錯誤？
   (A)ID3 的邏輯乃是生成所有可能的決策樹，以正確分類訓練集並選擇其中最簡單的
   (B)ID3 能兼顧高分類正確率及降低決策樹的複雜度
   (C)ID3 只能用於處理離散型資料
   (D)ID3 以選擇資訊增益率最大的屬性為最佳特徵屬性，做為該節點的分割依據。

5. 下列何者有誤？
   (A)C4.5 是把分割資訊引入 ID3 的資訊增益，用以懲罰屬性取值較多導致資訊增益較大的特徵屬性
   (B)分割資訊可用來特徵屬性分割資訊的廣度和均勻性
   (C)C5.0 適用於處理大資料集，採用 Boosting 方式提高模型準確率
   (D)C5.0 選擇分支變數特徵屬性的依據乃是以資訊熵的上升速度（以 Gini 係數判定）及最大資訊增益率作為確定最佳分支變數特徵屬性和分割值的依據。

6. 下列有關 CHAID，何者錯誤？ (A)是由 Kass 在 1980 年發展出的經典的演算法 (B)CHAID 是在生成決策樹後，再做決策樹修剪的動作（事後修剪 Post-Pruning） (C)CHAID 乃是運用卡方檢定檢驗每個投入變數，如可產生最大的類別差異的投入變數，則可成為節點的分割變數 (D)CHAID 只能處理離散型資料。

7. 下列有關類神經網路的訓練，何者錯誤？ (A)類神經網路模型很容易產生不足配適，必須利用停止訓練來選擇最適模型 (B)類神經網路最適模型選擇的方法通常採用最陡坡下降演算法 (C)最陡坡下降演算法係利用不斷地調整權重，讓實際值與預測值的誤差函數最小化，來達到類神經網路學習到最適模型 (D)在測試樣本的誤差函數最小，且訓練樣本誤差值仍為向下遞減，兩種樣本結果沒有發散的情況，即停止訓練獲得最適的類神經網路模型。

貳、問答題

一、某百貨公司的 COACH 專櫃經理想要了解進來專櫃逛的消費者是否會進行消費，乃進行一段長時間的消費者基本資料建立，以探求能否由消費者的基本特性預測此消費者進來裝櫃會消費的機率。經過長時間的資料庫建立，建立包含性別（1 為女性，0 為男性）、年齡、國籍（1 為臺灣人，0 為非臺灣人）、所得（單位為千元）等資料。利用資料庫的變數觀察值執行羅吉斯迴歸分析，結果如表 1 至表 3 所示。假設 $\alpha = 0.05$。

表 1　SPSS 羅吉斯迴歸分析結果（應變數為消費者有否消費）

	B 之估計值	S.E.	Wald	df	顯著性	Exp(B)	EXP(B)的 95%信賴區間	
							下界	上界
性別	2.261	.511	19.586	1	.000	9.591	3.524	26.102
年齡	.009	.020	.196	1	.658	1.009	.970	1.050
國籍	−.239	.536	.199	1	.655	.787	.275	2.251
所得	.025	.011	4.804	1	.028	1.025	1.003	1.048
常數	−2.713	1.054	6.623	1	.010	.066		
a. 在步驟 1 中選入的變數：性別, 年齡, 國籍, 所得.								

表 2　羅吉斯迴歸方程式係數的 Omnibus 檢定

		卡方	Df	顯著性
步驟 1	步驟	29.406	4	.000
	區塊	29.406	4	.000
	模式	29.406	4	.000

表 3　羅吉斯迴歸分析結果之分類表 [a]

觀察次數			預測次數		
			有否消費		百分比修正
			0	1	
步驟 1	有否消費	0	53	9	85.5
		1	14	24	63.2
	概要百分比				77.0

a. 分割值為 .500

1. 請寫出估計的羅吉斯迴歸方程式。

2. 請解釋整條羅吉斯迴歸是否有用。

3. 請問哪些變數對預測消費者是否會消費有幫助？請從統計結果解釋原因。

4. 請解釋各變數勝算比之意義。請由各變數的勝算比信賴區間解釋各變數對消費者是否會消費有何影響。

5. 請問估計羅吉斯迴歸用以預測消費者會消費的正確率為何？用以預測消費者不會消費的正確率為何？整體的正確率為何？

二、模具產業是工業之母，模座則是模具關鍵上游產業。長谷精密是中部有名的模座加工廠商，模座為模具的軀殼本體，它的構造是由一塊塊的鋼板及零件所組合而成。模座加工訂單都是客戶將 2D 或 3D 圖檔寄給長谷，再由長谷解析圖檔判斷加工所需材料及加工費，藉以進行報價；當訂單確認後，長谷再由製圖人員將圖檔製作 CAM 後，再由現場人員進行加工。然而，判圖及轉 CAM 檔及與現場人員溝通問題，導致現場加工不良率非常高，而且加工出錯的原因無外乎放錯刀片等等幾項。至今現場改善不良情況仍是遲遲停滯，造成公司每月蒙受相當的損失。老闆因此委託昌輝顧問公司協助找出不良關鍵原因，並協助藉此設計績效獎酬評估工具，希望能藉有績效獎酬連結精準改善不良率，讓長谷改善長期面臨高不良率的問題。昌輝顧問公司首先統整過去長谷長期紀錄的不良原因表，並利用決策樹

分析產生不良產品的真正原因，再藉由這些原因來精準改善長谷現場的不良率問題。依據過去統計的紀錄表發現客戶圖檔錯誤問題、製圖 CAM 程式錯誤問題、刀具人員拿錯問題、加工人員加工出錯問題等四項問題最多，因此以客戶問題、製圖人員問題、刀具人員問題、加工人員問題為四項投入變數，以加工是否不良為目標變數，進行決策樹分析。以下為近期蒐集到的各變數與目標變數之資料。

客戶別	客戶問題	製圖人員問題	刀具人員問題	加工人員問題	加工是否不良
1	否	否	否	是	是
2	否	否	否	是	是
3	否	否	是	否	是
4	是	否	否	否	否
5	否	否	是	否	是
6	否	否	否	否	否
7	否	否	否	是	是
8	否	否	否	否	否
9	否	是	否	否	是
10	否	否	否	是	是

1. 請計算 ID3 的還未分割前的整體的熵值。
2. 請計算 ID3 的利用四種特徵屬性分割後的各自熵值。
3. 請計算 ID3 的四種特徵屬性的各自資訊增益。
4. 請畫出 ID3 的決策樹。

三、延續第二題題目，請回答以下問題：

1. 請計算 C4.5 的各特徵屬性（投入變數）的分割資訊。
2. 請計算 C4.5 的各特徵屬性之資訊增益率。
3. 請畫出 C4.5 的決策樹。

四、延續第二題題目，請回答以下問題：

1. 請計算 CHAID 的各特徵屬性的卡方值。
2. 請畫出 CHAID 的決策樹。

五、延續第二題題目，請回答以下問題：

1. 請計算 CART 的整體的 Gini 係數。
2. 請計算 CART 的各特徵屬性的 Gini 係數。
3. 請計算 CART 的各特徵屬性的 Gini 增益。
4. 請畫出 CART 的決策樹。

六、我們想要以民眾的所得等級（月收入等級：1.30,000 元以下、2.30,000~100,000 元、3.100,000~150,000 元 4.150,000~200,000 元 5.200,000 元以上）及性別（性別：1.男性、2.女性）來預測是否買進口車（1.買、2.不買），隨機抽取 100 位民眾爲對象，執行羅吉斯迴歸結果如下：

模式係數的 Omnibus 檢定

	卡方	df	顯著性
步驟	45.973	2	.000
區塊	45.973	2	.000
模式	45.973	2	.000

變數在方程式中

	B 之估計值	標準誤	Wald	df	顯著性	Exp(B)	EXP(B)的 95%信賴區間 下界	上界
性別(1)	-.227	.611	.138	1	.710	.797	.241	2.639
所得等級	1.827	.353	26.797	1	.000	6.214	3.112	12.410
常數	-6.871	1.385	24.616	1	.000	.001		

a. 在步驟 1 中選入的變數：性別，所得等級。

			預測次數		
			是否買進口車		百分比修正
觀察次數			.00	1.00	
步驟 1	是否買進口車	.00	27	13	67.5
		1.00	4	55	93.2
	概要百分比				82.8

a. 分割值爲 .500

請回答以下問題：

(1) 請寫出估計的羅吉斯迴歸方程式。

(2) 請解釋整條羅吉斯迴歸是否有用。$\alpha = 0.05$

(3) 請問所得等級及性別等自變數與是否買進口車有關嗎？請從統計結果解釋原因 $\alpha = 0.05$。

(4) 請解釋各變數勝算比之意義。請由各變數的勝算比信賴區間解釋各變數對是否買進口車有何影響。

(5) 請問估計羅吉斯迴歸用以預測消費者會消費的正確率爲何？用以預測消費指不會消費的正確率爲何？整體的正確率爲何？

NOTE

附錄

Statistics

附錄一　附表統整

表 1　二項分配的機率

n	x	p								
		0.01	0.02	0.03	0.04	0.05	0.06	0.07	0.08	0.09
2	0	0.9801	0.9604	0.9409	0.9216	0.9025	0.8836	0.8649	0.8464	0.8281
2	1	0.0198	0.0392	0.0582	0.0768	0.0950	0.1128	0.1302	0.1472	0.1638
2	2	0.0001	0.0004	0.0009	0.0016	0.0025	0.0036	0.0049	0.0064	0.0081
3	0	0.9703	0.9412	0.9127	0.8847	0.8574	0.8306	0.8044	0.7787	0.7536
3	1	0.0294	0.0576	0.0847	0.1106	0.1354	0.1590	0.1816	0.2031	0.2236
3	2	0.0003	0.0012	0.0026	0.0046	0.0071	0.0102	0.0137	0.0177	0.0221
3	3	0.0000	0.0000	0.0000	0.0001	0.0001	0.0002	0.0003	0.0005	0.0007
4	0	0.9606	0.9224	0.8853	0.8493	0.8145	0.7807	0.7481	0.7164	0.6857
4	1	0.0388	0.0753	0.1095	0.1416	0.1715	0.1993	0.2252	0.2492	0.2713
4	2	0.0006	0.0023	0.0051	0.0088	0.0135	0.0191	0.0254	0.0325	0.0402
4	3	0.0000	0.0000	0.0001	0.0002	0.0005	0.0008	0.0013	0.0019	0.0027
4	4	0.0000	0.0000	0.0000	0.0000	0.0000	0.0000	0.0000	0.0000	0.0001
5	0	0.9510	0.9039	0.8587	0.8154	0.7738	0.7339	0.6957	0.6591	0.6240
5	1	0.0480	0.0922	0.1328	0.1699	0.2036	0.2342	0.2618	0.2866	0.3086
5	2	0.0010	0.0038	0.0082	0.0142	0.0214	0.0299	0.0394	0.0498	0.0610
5	3	0.0000	0.0001	0.0003	0.0006	0.0011	0.0019	0.0030	0.0043	0.0060
5	4	0.0000	0.0000	0.0000	0.0000	0.0000	0.0001	0.0001	0.0002	0.0003
5	5	0.0000	0.0000	0.0000	0.0000	0.0000	0.0000	0.0000	0.0000	0.0000
6	0	0.9415	0.8858	0.8330	0.7828	0.7351	0.6899	0.6470	0.6064	0.5679
6	1	0.0571	0.1085	0.1546	0.1957	0.2321	0.2642	0.2922	0.3164	0.3370
6	2	0.0014	0.0055	0.0120	0.0204	0.0305	0.0422	0.0550	0.0688	0.0833
6	3	0.0000	0.0002	0.0005	0.0011	0.0021	0.0036	0.0055	0.0080	0.0110
6	4	0.0000	0.0000	0.0000	0.0000	0.0001	0.0002	0.0003	0.0005	0.0008
6	5	0.0000	0.0000	0.0000	0.0000	0.0000	0.0000	0.0000	0.0000	0.0000
6	6	0.0000	0.0000	0.0000	0.0000	0.0000	0.0000	0.0000	0.0000	0.0000
7	0	0.9321	0.8681	0.8080	0.7514	0.6983	0.6485	0.6017	0.5578	0.5168
7	1	0.0659	0.1240	0.1749	0.2192	0.2573	0.2897	0.3170	0.3396	0.3578
7	2	0.0020	0.0076	0.0162	0.0274	0.0406	0.0555	0.0716	0.0886	0.1061
7	3	0.0000	0.0003	0.0008	0.0019	0.0036	0.0059	0.0090	0.0128	0.0175
7	4	0.0000	0.0000	0.0000	0.0001	0.0002	0.0004	0.0007	0.0011	0.0017
7	5	0.0000	0.0000	0.0000	0.0000	0.0000	0.0000	0.0000	0.0001	0.0001
7	6	0.0000	0.0000	0.0000	0.0000	0.0000	0.0000	0.0000	0.0000	0.0000
7	7	0.0000	0.0000	0.0000	0.0000	0.0000	0.0000	0.0000	0.0000	0.0000
8	0	0.9227	0.8508	0.7837	0.7214	0.6634	0.6096	0.5596	0.5132	0.4703
8	1	0.0746	0.1389	0.1939	0.2405	0.2793	0.3113	0.3370	0.3570	0.3721
8	2	0.0026	0.0099	0.0210	0.0351	0.0515	0.0695	0.0888	0.1087	0.1288
8	3	0.0001	0.0004	0.0013	0.0029	0.0054	0.0089	0.0134	0.0189	0.0255
8	4	0.0000	0.0000	0.0001	0.0002	0.0004	0.0007	0.0013	0.0021	0.0031
8	5	0.0000	0.0000	0.0000	0.0000	0.0000	0.0000	0.0001	0.0001	0.0002
8	6	0.0000	0.0000	0.0000	0.0000	0.0000	0.0000	0.0000	0.0000	0.0000
8	7	0.0000	0.0000	0.0000	0.0000	0.0000	0.0000	0.0000	0.0000	0.0000
8	8	0.0000	0.0000	0.0000	0.0000	0.0000	0.0000	0.0000	0.0000	0.0000

表 1　二項分配的機率(接續上頁)

n	x	p 0.01	0.02	0.03	0.04	0.05	0.06	0.07	0.08	0.09
9	0	0.9135	0.8337	0.7602	0.6925	0.6302	0.5730	0.5204	0.4722	0.4279
9	1	0.0830	0.1531	0.2116	0.2597	0.2985	0.3292	0.3525	0.3695	0.3809
9	2	0.0034	0.0125	0.0262	0.0433	0.0629	0.0840	0.1061	0.1285	0.1507
9	3	0.0001	0.0006	0.0019	0.0042	0.0077	0.0125	0.0186	0.0261	0.0348
9	4	0.0000	0.0000	0.0001	0.0003	0.0006	0.0012	0.0021	0.0034	0.0052
9	5	0.0000	0.0000	0.0000	0.0000	0.0000	0.0001	0.0002	0.0003	0.0005
9	6	0.0000	0.0000	0.0000	0.0000	0.0000	0.0000	0.0000	0.0000	0.0000
9	7	0.0000	0.0000	0.0000	0.0000	0.0000	0.0000	0.0000	0.0000	0.0000
9	8	0.0000	0.0000	0.0000	0.0000	0.0000	0.0000	0.0000	0.0000	0.0000
9	9	0.0000	0.0000	0.0000	0.0000	0.0000	0.0000	0.0000	0.0000	0.0000
10	0	0.9044	0.8171	0.7374	0.6648	0.5987	0.5386	0.4840	0.4344	0.3894
10	1	0.0914	0.1667	0.2281	0.2770	0.3151	0.3438	0.3643	0.3777	0.3851
10	2	0.0042	0.0153	0.0317	0.0519	0.0746	0.0988	0.1234	0.1478	0.1714
10	3	0.0001	0.0008	0.0026	0.0058	0.0105	0.0168	0.0248	0.0343	0.0452
10	4	0.0000	0.0000	0.0001	0.0004	0.0010	0.0019	0.0033	0.0052	0.0078
10	5	0.0000	0.0000	0.0000	0.0000	0.0001	0.0001	0.0003	0.0005	0.0009
10	6	0.0000	0.0000	0.0000	0.0000	0.0000	0.0000	0.0000	0.0000	0.0001
10	7	0.0000	0.0000	0.0000	0.0000	0.0000	0.0000	0.0000	0.0000	0.0000
10	8	0.0000	0.0000	0.0000	0.0000	0.0000	0.0000	0.0000	0.0000	0.0000
10	9	0.0000	0.0000	0.0000	0.0000	0.0000	0.0000	0.0000	0.0000	0.0000
10	10	0.0000	0.0000	0.0000	0.0000	0.0000	0.0000	0.0000	0.0000	0.0000
12	0	0.8864	0.7847	0.6938	0.6127	0.5404	0.4759	0.4186	0.3677	0.3225
12	1	0.1074	0.1922	0.2575	0.3064	0.3413	0.3645	0.3781	0.3837	0.3827
12	2	0.0060	0.0216	0.0438	0.0702	0.0988	0.1280	0.1565	0.1835	0.2082
12	3	0.0002	0.0015	0.0045	0.0098	0.0173	0.0272	0.0393	0.0532	0.0686
12	4	0.0000	0.0001	0.0003	0.0009	0.0021	0.0039	0.0067	0.0104	0.0153
12	5	0.0000	0.0000	0.0000	0.0001	0.0002	0.0004	0.0008	0.0014	0.0024
12	6	0.0000	0.0000	0.0000	0.0000	0.0000	0.0000	0.0001	0.0001	0.0003
12	7	0.0000	0.0000	0.0000	0.0000	0.0000	0.0000	0.0000	0.0000	0.0000
12	8	0.0000	0.0000	0.0000	0.0000	0.0000	0.0000	0.0000	0.0000	0.0000
12	9	0.0000	0.0000	0.0000	0.0000	0.0000	0.0000	0.0000	0.0000	0.0000
12	10	0.0000	0.0000	0.0000	0.0000	0.0000	0.0000	0.0000	0.0000	0.0000
12	11	0.0000	0.0000	0.0000	0.0000	0.0000	0.0000	0.0000	0.0000	0.0000
12	12	0.0000	0.0000	0.0000	0.0000	0.0000	0.0000	0.0000	0.0000	0.0000
15	0	0.8601	0.7386	0.6333	0.5421	0.4633	0.3953	0.3367	0.2863	0.2430
15	1	0.1303	0.2261	0.2938	0.3388	0.3658	0.3785	0.3801	0.3734	0.3605
15	2	0.0092	0.0323	0.0636	0.0988	0.1348	0.1691	0.2003	0.2273	0.2496
15	3	0.0004	0.0029	0.0085	0.0178	0.0307	0.0468	0.0653	0.0857	0.1070
15	4	0.0000	0.0002	0.0008	0.0022	0.0049	0.0090	0.0148	0.0223	0.0317
15	5	0.0000	0.0000	0.0001	0.0002	0.0006	0.0013	0.0024	0.0043	0.0069
15	6	0.0000	0.0000	0.0000	0.0000	0.0000	0.0001	0.0003	0.0006	0.0011
15	7	0.0000	0.0000	0.0000	0.0000	0.0000	0.0000	0.0000	0.0001	0.0001
15	8	0.0000	0.0000	0.0000	0.0000	0.0000	0.0000	0.0000	0.0000	0.0000
15	9	0.0000	0.0000	0.0000	0.0000	0.0000	0.0000	0.0000	0.0000	0.0000
15	10	0.0000	0.0000	0.0000	0.0000	0.0000	0.0000	0.0000	0.0000	0.0000
15	11	0.0000	0.0000	0.0000	0.0000	0.0000	0.0000	0.0000	0.0000	0.0000
15	12	0.0000	0.0000	0.0000	0.0000	0.0000	0.0000	0.0000	0.0000	0.0000
15	13	0.0000	0.0000	0.0000	0.0000	0.0000	0.0000	0.0000	0.0000	0.0000
15	14	0.0000	0.0000	0.0000	0.0000	0.0000	0.0000	0.0000	0.0000	0.0000
15	15	0.0000	0.0000	0.0000	0.0000	0.0000	0.0000	0.0000	0.0000	0.0000

表 1　二項分配的機率(接續上頁)

n	x	0.01	0.02	0.03	0.04	0.05	0.06	0.07	0.08	0.09
						p				
18	0	0.8345	0.6951	0.5780	0.4796	0.3972	0.3283	0.2708	0.2229	0.1831
18	1	0.1517	0.2554	0.3217	0.3597	0.3763	0.3772	0.3669	0.3489	0.3260
18	2	0.0130	0.0443	0.0846	0.1274	0.1683	0.2047	0.2348	0.2579	0.2741
18	3	0.0007	0.0048	0.0140	0.0283	0.0473	0.0697	0.0942	0.1196	0.1446
18	4	0.0000	0.0004	0.0016	0.0044	0.0093	0.0167	0.0266	0.0390	0.0536
18	5	0.0000	0.0000	0.0001	0.0005	0.0014	0.0030	0.0056	0.0095	0.0148
18	6	0.0000	0.0000	0.0000	0.0000	0.0002	0.0004	0.0009	0.0018	0.0032
18	7	0.0000	0.0000	0.0000	0.0000	0.0000	0.0000	0.0001	0.0003	0.0005
18	8	0.0000	0.0000	0.0000	0.0000	0.0000	0.0000	0.0000	0.0000	0.0001
18	9	0.0000	0.0000	0.0000	0.0000	0.0000	0.0000	0.0000	0.0000	0.0000
18	10	0.0000	0.0000	0.0000	0.0000	0.0000	0.0000	0.0000	0.0000	0.0000
18	11	0.0000	0.0000	0.0000	0.0000	0.0000	0.0000	0.0000	0.0000	0.0000
18	12	0.0000	0.0000	0.0000	0.0000	0.0000	0.0000	0.0000	0.0000	0.0000
18	13	0.0000	0.0000	0.0000	0.0000	0.0000	0.0000	0.0000	0.0000	0.0000
18	14	0.0000	0.0000	0.0000	0.0000	0.0000	0.0000	0.0000	0.0000	0.0000
18	15	0.0000	0.0000	0.0000	0.0000	0.0000	0.0000	0.0000	0.0000	0.0000
18	16	0.0000	0.0000	0.0000	0.0000	0.0000	0.0000	0.0000	0.0000	0.0000
18	17	0.0000	0.0000	0.0000	0.0000	0.0000	0.0000	0.0000	0.0000	0.0000
18	18	0.0000	0.0000	0.0000	0.0000	0.0000	0.0000	0.0000	0.0000	0.0000
20	0	0.8179	0.6676	0.5438	0.4420	0.3585	0.2901	0.2342	0.1887	0.1516
20	1	0.1652	0.2725	0.3364	0.3683	0.3774	0.3703	0.3526	0.3282	0.3000
20	2	0.0159	0.0528	0.0988	0.1458	0.1887	0.2246	0.2521	0.2711	0.2818
20	3	0.0010	0.0065	0.0183	0.0364	0.0596	0.0860	0.1139	0.1414	0.1672
20	4	0.0000	0.0006	0.0024	0.0065	0.0133	0.0233	0.0364	0.0523	0.0703
20	5	0.0000	0.0000	0.0002	0.0009	0.0022	0.0048	0.0088	0.0145	0.0222
20	6	0.0000	0.0000	0.0000	0.0001	0.0003	0.0008	0.0017	0.0032	0.0055
20	7	0.0000	0.0000	0.0000	0.0000	0.0000	0.0001	0.0002	0.0005	0.0011
20	8	0.0000	0.0000	0.0000	0.0000	0.0000	0.0000	0.0000	0.0001	0.0002
20	9	0.0000	0.0000	0.0000	0.0000	0.0000	0.0000	0.0000	0.0000	0.0000
20	10	0.0000	0.0000	0.0000	0.0000	0.0000	0.0000	0.0000	0.0000	0.0000
20	11	0.0000	0.0000	0.0000	0.0000	0.0000	0.0000	0.0000	0.0000	0.0000
20	12	0.0000	0.0000	0.0000	0.0000	0.0000	0.0000	0.0000	0.0000	0.0000
20	13	0.0000	0.0000	0.0000	0.0000	0.0000	0.0000	0.0000	0.0000	0.0000
20	14	0.0000	0.0000	0.0000	0.0000	0.0000	0.0000	0.0000	0.0000	0.0000
20	15	0.0000	0.0000	0.0000	0.0000	0.0000	0.0000	0.0000	0.0000	0.0000
20	16	0.0000	0.0000	0.0000	0.0000	0.0000	0.0000	0.0000	0.0000	0.0000
20	17	0.0000	0.0000	0.0000	0.0000	0.0000	0.0000	0.0000	0.0000	0.0000
20	18	0.0000	0.0000	0.0000	0.0000	0.0000	0.0000	0.0000	0.0000	0.0000
20	19	0.0000	0.0000	0.0000	0.0000	0.0000	0.0000	0.0000	0.0000	0.0000
20	20	0.0000	0.0000	0.0000	0.0000	0.0000	0.0000	0.0000	0.0000	0.0000

表 1 二項分配的機率(接續上頁)

n	x	p								
		0.1	0.15	0.2	0.25	0.3	0.35	0.4	0.45	0.5
2	0	0.8100	0.7225	0.6400	0.5625	0.4900	0.4225	0.3600	0.3025	0.2500
2	1	0.1800	0.2550	0.3200	0.3750	0.4200	0.4550	0.4800	0.4950	0.5000
2	2	0.0100	0.0225	0.0400	0.0625	0.0900	0.1225	0.1600	0.2025	0.2500
3	0	0.7290	0.6141	0.5120	0.4219	0.3430	0.2746	0.2160	0.1664	0.1250
3	1	0.2430	0.3251	0.3840	0.4219	0.4410	0.4436	0.4320	0.4084	0.3750
3	2	0.0270	0.0574	0.0960	0.1406	0.1890	0.2389	0.2880	0.3341	0.3750
3	3	0.0010	0.0034	0.0080	0.0156	0.0270	0.0429	0.0640	0.0911	0.1250
4	0	0.6561	0.5220	0.4096	0.3164	0.2401	0.1785	0.1296	0.0915	0.0625
4	1	0.2916	0.3685	0.4096	0.4219	0.4116	0.3845	0.3456	0.2995	0.2500
4	2	0.0486	0.0975	0.1536	0.2109	0.2646	0.3105	0.3456	0.3675	0.3750
4	3	0.0036	0.0115	0.0256	0.0469	0.0756	0.1115	0.1536	0.2005	0.2500
4	4	0.0001	0.0005	0.0016	0.0039	0.0081	0.0150	0.0256	0.0410	0.0625
5	0	0.5905	0.4437	0.3277	0.2373	0.1681	0.1160	0.0778	0.0503	0.0313
5	1	0.3281	0.3915	0.4096	0.3955	0.3602	0.3124	0.2592	0.2059	0.1563
5	2	0.0729	0.1382	0.2048	0.2637	0.3087	0.3364	0.3456	0.3369	0.3125
5	3	0.0081	0.0244	0.0512	0.0879	0.1323	0.1811	0.2304	0.2757	0.3125
5	4	0.0005	0.0022	0.0064	0.0146	0.0284	0.0488	0.0768	0.1128	0.1563
5	5	0.0000	0.0001	0.0003	0.0010	0.0024	0.0053	0.0102	0.0185	0.0313
6	0	0.5314	0.3771	0.2621	0.1780	0.1176	0.0754	0.0467	0.0277	0.0156
6	1	0.3543	0.3993	0.3932	0.3560	0.3025	0.2437	0.1866	0.1359	0.0938
6	2	0.0984	0.1762	0.2458	0.2966	0.3241	0.3280	0.3110	0.2780	0.2344
6	3	0.0146	0.0415	0.0819	0.1318	0.1852	0.2355	0.2765	0.3032	0.3125
6	4	0.0012	0.0055	0.0154	0.0330	0.0595	0.0951	0.1382	0.1861	0.2344
6	5	0.0001	0.0004	0.0015	0.0044	0.0102	0.0205	0.0369	0.0609	0.0938
6	6	0.0000	0.0000	0.0001	0.0002	0.0007	0.0018	0.0041	0.0083	0.0156
7	0	0.4783	0.3206	0.2097	0.1335	0.0824	0.0490	0.0280	0.0152	0.0078
7	1	0.3720	0.3960	0.3670	0.3115	0.2471	0.1848	0.1306	0.0872	0.0547
7	2	0.1240	0.2097	0.2753	0.3115	0.3177	0.2985	0.2613	0.2140	0.1641
7	3	0.0230	0.0617	0.1147	0.1730	0.2269	0.2679	0.2903	0.2918	0.2734
7	4	0.0026	0.0109	0.0287	0.0577	0.0972	0.1442	0.1935	0.2388	0.2734
7	5	0.0002	0.0012	0.0043	0.0115	0.0250	0.0466	0.0774	0.1172	0.1641
7	6	0.0000	0.0001	0.0004	0.0013	0.0036	0.0084	0.0172	0.0320	0.0547
7	7	0.0000	0.0000	0.0000	0.0001	0.0002	0.0006	0.0016	0.0037	0.0078
8	0	0.4305	0.2725	0.1678	0.1001	0.0576	0.0319	0.0168	0.0084	0.0039
8	1	0.3826	0.3847	0.3355	0.2670	0.1977	0.1373	0.0896	0.0548	0.0313
8	2	0.1488	0.2376	0.2936	0.3115	0.2965	0.2587	0.2090	0.1569	0.1094
8	3	0.0331	0.0839	0.1468	0.2076	0.2541	0.2786	0.2787	0.2568	0.2188
8	4	0.0046	0.0185	0.0459	0.0865	0.1361	0.1875	0.2322	0.2627	0.2734
8	5	0.0004	0.0026	0.0092	0.0231	0.0467	0.0808	0.1239	0.1719	0.2188
8	6	0.0000	0.0002	0.0011	0.0038	0.0100	0.0217	0.0413	0.0703	0.1094
8	7	0.0000	0.0000	0.0001	0.0004	0.0012	0.0033	0.0079	0.0164	0.0313
8	8	0.0000	0.0000	0.0000	0.0000	0.0001	0.0002	0.0007	0.0017	0.0039

表 1　二項分配的機率(接續上頁)

n	x	0.1	0.15	0.2	0.25	0.3	0.35	0.4	0.45	0.5
9	0	0.3874	0.2316	0.1342	0.0751	0.0404	0.0207	0.0101	0.0046	0.0020
9	1	0.3874	0.3679	0.3020	0.2253	0.1556	0.1004	0.0605	0.0339	0.0176
9	2	0.1722	0.2597	0.3020	0.3003	0.2668	0.2162	0.1612	0.1110	0.0703
9	3	0.0446	0.1069	0.1762	0.2336	0.2668	0.2716	0.2508	0.2119	0.1641
9	4	0.0074	0.0283	0.0661	0.1168	0.1715	0.2194	0.2508	0.2600	0.2461
9	5	0.0008	0.0050	0.0165	0.0389	0.0735	0.1181	0.1672	0.2128	0.2461
9	6	0.0001	0.0006	0.0028	0.0087	0.0210	0.0424	0.0743	0.1160	0.1641
9	7	0.0000	0.0000	0.0003	0.0012	0.0039	0.0098	0.0212	0.0407	0.0703
9	8	0.0000	0.0000	0.0000	0.0001	0.0004	0.0013	0.0035	0.0083	0.0176
9	9	0.0000	0.0000	0.0000	0.0000	0.0000	0.0001	0.0003	0.0008	0.0020
10	0	0.3487	0.1969	0.1074	0.0563	0.0282	0.0135	0.0060	0.0025	0.0010
10	1	0.3874	0.3474	0.2684	0.1877	0.1211	0.0725	0.0403	0.0207	0.0098
10	2	0.1937	0.2759	0.3020	0.2816	0.2335	0.1757	0.1209	0.0763	0.0439
10	3	0.0574	0.1298	0.2013	0.2503	0.2668	0.2522	0.2150	0.1665	0.1172
10	4	0.0112	0.0401	0.0881	0.1460	0.2001	0.2377	0.2508	0.2384	0.2051
10	5	0.0015	0.0085	0.0264	0.0584	0.1029	0.1536	0.2007	0.2340	0.2461
10	6	0.0001	0.0012	0.0055	0.0162	0.0368	0.0689	0.1115	0.1596	0.2051
10	7	0.0000	0.0001	0.0008	0.0031	0.0090	0.0212	0.0425	0.0746	0.1172
10	8	0.0000	0.0000	0.0001	0.0004	0.0014	0.0043	0.0106	0.0229	0.0439
10	9	0.0000	0.0000	0.0000	0.0000	0.0001	0.0005	0.0016	0.0042	0.0098
10	10	0.0000	0.0000	0.0000	0.0000	0.0000	0.0000	0.0001	0.0003	0.0010
12	0	0.2824	0.1422	0.0687	0.0317	0.0138	0.0057	0.0022	0.0008	0.0002
12	1	0.3766	0.3012	0.2062	0.1267	0.0712	0.0368	0.0174	0.0075	0.0029
12	2	0.2301	0.2924	0.2835	0.2323	0.1678	0.1088	0.0639	0.0339	0.0161
12	3	0.0852	0.1720	0.2362	0.2581	0.2397	0.1954	0.1419	0.0923	0.0537
12	4	0.0213	0.0683	0.1329	0.1936	0.2311	0.2367	0.2128	0.1700	0.1208
12	5	0.0038	0.0193	0.0532	0.1032	0.1585	0.2039	0.2270	0.2225	0.1934
12	6	0.0005	0.0040	0.0155	0.0401	0.0792	0.1281	0.1766	0.2124	0.2256
12	7	0.0000	0.0006	0.0033	0.0115	0.0291	0.0591	0.1009	0.1489	0.1934
12	8	0.0000	0.0001	0.0005	0.0024	0.0078	0.0199	0.0420	0.0762	0.1208
12	9	0.0000	0.0000	0.0001	0.0004	0.0015	0.0048	0.0125	0.0277	0.0537
12	10	0.0000	0.0000	0.0000	0.0000	0.0002	0.0008	0.0025	0.0068	0.0161
12	11	0.0000	0.0000	0.0000	0.0000	0.0000	0.0001	0.0003	0.0010	0.0029
12	12	0.0000	0.0000	0.0000	0.0000	0.0000	0.0000	0.0000	0.0001	0.0002
15	0	0.2059	0.0874	0.0352	0.0134	0.0047	0.0016	0.0005	0.0001	0.0000
15	1	0.3432	0.2312	0.1319	0.0668	0.0305	0.0126	0.0047	0.0016	0.0005
15	2	0.2669	0.2856	0.2309	0.1559	0.0916	0.0476	0.0219	0.0090	0.0032
15	3	0.1285	0.2184	0.2501	0.2252	0.1700	0.1110	0.0634	0.0318	0.0139
15	4	0.0428	0.1156	0.1876	0.2252	0.2186	0.1792	0.1268	0.0780	0.0417
15	5	0.0105	0.0449	0.1032	0.1651	0.2061	0.2123	0.1859	0.1404	0.0916
15	6	0.0019	0.0132	0.0430	0.0917	0.1472	0.1906	0.2066	0.1914	0.1527
15	7	0.0003	0.0030	0.0138	0.0393	0.0811	0.1319	0.1771	0.2013	0.1964
15	8	0.0000	0.0005	0.0035	0.0131	0.0348	0.0710	0.1181	0.1647	0.1964
15	9	0.0000	0.0001	0.0007	0.0034	0.0116	0.0298	0.0612	0.1048	0.1527
15	10	0.0000	0.0000	0.0001	0.0007	0.0030	0.0096	0.0245	0.0515	0.0916
15	11	0.0000	0.0000	0.0000	0.0001	0.0006	0.0024	0.0074	0.0191	0.0417
15	12	0.0000	0.0000	0.0000	0.0000	0.0001	0.0004	0.0016	0.0052	0.0139
15	13	0.0000	0.0000	0.0000	0.0000	0.0000	0.0001	0.0003	0.0010	0.0032
15	14	0.0000	0.0000	0.0000	0.0000	0.0000	0.0000	0.0000	0.0001	0.0005
15	15	0.0000	0.0000	0.0000	0.0000	0.0000	0.0000	0.0000	0.0000	0.0000

表 1 二項分配的機率(接續上頁)

n	x	p								
		0.1	0.15	0.2	0.25	0.3	0.35	0.4	0.45	0.5
18	0	0.1501	0.0536	0.0180	0.0056	0.0016	0.0004	0.0001	0.0000	0.0000
18	1	0.3002	0.1704	0.0811	0.0338	0.0126	0.0042	0.0012	0.0003	0.0001
18	2	0.2835	0.2556	0.1723	0.0958	0.0458	0.0190	0.0069	0.0022	0.0006
18	3	0.1680	0.2406	0.2297	0.1704	0.1046	0.0547	0.0246	0.0095	0.0031
18	4	0.0700	0.1592	0.2153	0.2130	0.1681	0.1104	0.0614	0.0291	0.0117
18	5	0.0218	0.0787	0.1507	0.1988	0.2017	0.1664	0.1146	0.0666	0.0327
18	6	0.0052	0.0301	0.0816	0.1436	0.1873	0.1941	0.1655	0.1181	0.0708
18	7	0.0010	0.0091	0.0350	0.0820	0.1376	0.1792	0.1892	0.1657	0.1214
18	8	0.0002	0.0022	0.0120	0.0376	0.0811	0.1327	0.1734	0.1864	0.1669
18	9	0.0000	0.0004	0.0033	0.0139	0.0386	0.0794	0.1284	0.1694	0.1855
18	10	0.0000	0.0001	0.0008	0.0042	0.0149	0.0385	0.0771	0.1248	0.1669
18	11	0.0000	0.0000	0.0001	0.0010	0.0046	0.0151	0.0374	0.0742	0.1214
18	12	0.0000	0.0000	0.0000	0.0002	0.0012	0.0047	0.0145	0.0354	0.0708
18	13	0.0000	0.0000	0.0000	0.0000	0.0002	0.0012	0.0045	0.0134	0.0327
18	14	0.0000	0.0000	0.0000	0.0000	0.0000	0.0002	0.0011	0.0039	0.0117
18	15	0.0000	0.0000	0.0000	0.0000	0.0000	0.0000	0.0002	0.0009	0.0031
18	16	0.0000	0.0000	0.0000	0.0000	0.0000	0.0000	0.0000	0.0001	0.0006
18	17	0.0000	0.0000	0.0000	0.0000	0.0000	0.0000	0.0000	0.0000	0.0001
18	18	0.0000	0.0000	0.0000	0.0000	0.0000	0.0000	0.0000	0.0000	0.0000
20	0	0.1216	0.0388	0.0115	0.0032	0.0008	0.0002	0.0000	0.0000	0.0000
20	1	0.2702	0.1368	0.0576	0.0211	0.0068	0.0020	0.0005	0.0001	0.0000
20	2	0.2852	0.2293	0.1369	0.0669	0.0278	0.0100	0.0031	0.0008	0.0002
20	3	0.1901	0.2428	0.2054	0.1339	0.0716	0.0323	0.0123	0.0040	0.0011
20	4	0.0898	0.1821	0.2182	0.1897	0.1304	0.0738	0.0350	0.0139	0.0046
20	5	0.0319	0.1028	0.1746	0.2023	0.1789	0.1272	0.0746	0.0365	0.0148
20	6	0.0089	0.0454	0.1091	0.1686	0.1916	0.1712	0.1244	0.0746	0.0370
20	7	0.0020	0.0160	0.0545	0.1124	0.1643	0.1844	0.1659	0.1221	0.0739
20	8	0.0004	0.0046	0.0222	0.0609	0.1144	0.1614	0.1797	0.1623	0.1201
20	9	0.0001	0.0011	0.0074	0.0271	0.0654	0.1158	0.1597	0.1771	0.1602
20	10	0.0000	0.0002	0.0020	0.0099	0.0308	0.0686	0.1171	0.1593	0.1762
20	11	0.0000	0.0000	0.0005	0.0030	0.0120	0.0336	0.0710	0.1185	0.1602
20	12	0.0000	0.0000	0.0001	0.0008	0.0039	0.0136	0.0355	0.0727	0.1201
20	13	0.0000	0.0000	0.0000	0.0002	0.0010	0.0045	0.0146	0.0366	0.0739
20	14	0.0000	0.0000	0.0000	0.0000	0.0002	0.0012	0.0049	0.0150	0.0370
20	15	0.0000	0.0000	0.0000	0.0000	0.0000	0.0003	0.0013	0.0049	0.0148
20	16	0.0000	0.0000	0.0000	0.0000	0.0000	0.0000	0.0003	0.0013	0.0046
20	17	0.0000	0.0000	0.0000	0.0000	0.0000	0.0000	0.0000	0.0002	0.0011
20	18	0.0000	0.0000	0.0000	0.0000	0.0000	0.0000	0.0000	0.0000	0.0002
20	19	0.0000	0.0000	0.0000	0.0000	0.0000	0.0000	0.0000	0.0000	0.0000
20	20	0.0000	0.0000	0.0000	0.0000	0.0000	0.0000	0.0000	0.0000	0.0000

表 1　二項分配的機率(接續上頁)

n	x	p								
		0.55	0.6	0.65	0.7	0.75	0.8	0.85	0.9	0.95
2	0	0.2025	0.1600	0.1225	0.0900	0.0625	0.0400	0.0225	0.0100	0.0025
2	1	0.4950	0.4800	0.4550	0.4200	0.3750	0.3200	0.2550	0.1800	0.0950
2	2	0.3025	0.3600	0.4225	0.4900	0.5625	0.6400	0.7225	0.8100	0.9025
3	0	0.0911	0.0640	0.0429	0.0270	0.0156	0.0080	0.0034	0.0010	0.0001
3	1	0.3341	0.2880	0.2389	0.1890	0.1406	0.0960	0.0574	0.0270	0.0071
3	2	0.4084	0.4320	0.4436	0.4410	0.4219	0.3840	0.3251	0.2430	0.1354
3	3	0.1664	0.2160	0.2746	0.3430	0.4219	0.5120	0.6141	0.7290	0.8574
4	0	0.0410	0.0256	0.0150	0.0081	0.0039	0.0016	0.0005	0.0001	0.0000
4	1	0.2005	0.1536	0.1115	0.0756	0.0469	0.0256	0.0115	0.0036	0.0005
4	2	0.3675	0.3456	0.3105	0.2646	0.2109	0.1536	0.0975	0.0486	0.0135
4	3	0.2995	0.3456	0.3845	0.4116	0.4219	0.4096	0.3685	0.2916	0.1715
4	4	0.0915	0.1296	0.1785	0.2401	0.3164	0.4096	0.5220	0.6561	0.8145
5	0	0.0185	0.0102	0.0053	0.0024	0.0010	0.0003	0.0001	0.0000	0.0000
5	1	0.1128	0.0768	0.0488	0.0284	0.0146	0.0064	0.0022	0.0005	0.0000
5	2	0.2757	0.2304	0.1811	0.1323	0.0879	0.0512	0.0244	0.0081	0.0011
5	3	0.3369	0.3456	0.3364	0.3087	0.2637	0.2048	0.1382	0.0729	0.0214
5	4	0.2059	0.2592	0.3124	0.3602	0.3955	0.4096	0.3915	0.3281	0.2036
5	5	0.0503	0.0778	0.1160	0.1681	0.2373	0.3277	0.4437	0.5905	0.7738
6	0	0.0083	0.0041	0.0018	0.0007	0.0002	0.0001	0.0000	0.0000	0.0000
6	1	0.0609	0.0369	0.0205	0.0102	0.0044	0.0015	0.0004	0.0001	0.0000
6	2	0.1861	0.1382	0.0951	0.0595	0.0330	0.0154	0.0055	0.0012	0.0001
6	3	0.3032	0.2765	0.2355	0.1852	0.1318	0.0819	0.0415	0.0146	0.0021
6	4	0.2780	0.3110	0.3280	0.3241	0.2966	0.2458	0.1762	0.0984	0.0305
6	5	0.1359	0.1866	0.2437	0.3025	0.3560	0.3932	0.3993	0.3543	0.2321
6	6	0.0277	0.0467	0.0754	0.1176	0.1780	0.2621	0.3771	0.5314	0.7351
7	0	0.0037	0.0016	0.0006	0.0002	0.0001	0.0000	0.0000	0.0000	0.0000
7	1	0.0320	0.0172	0.0084	0.0036	0.0013	0.0004	0.0001	0.0000	0.0000
7	2	0.1172	0.0774	0.0466	0.0250	0.0115	0.0043	0.0012	0.0002	0.0000
7	3	0.2388	0.1935	0.1442	0.0972	0.0577	0.0287	0.0109	0.0026	0.0002
7	4	0.2918	0.2903	0.2679	0.2269	0.1730	0.1147	0.0617	0.0230	0.0036
7	5	0.2140	0.2613	0.2985	0.3177	0.3115	0.2753	0.2097	0.1240	0.0406
7	6	0.0872	0.1306	0.1848	0.2471	0.3115	0.3670	0.3960	0.3720	0.2573
7	7	0.0152	0.0280	0.0490	0.0824	0.1335	0.2097	0.3206	0.4783	0.6983
8	0	0.0017	0.0007	0.0002	0.0001	0.0000	0.0000	0.0000	0.0000	0.0000
8	1	0.0164	0.0079	0.0033	0.0012	0.0004	0.0001	0.0000	0.0000	0.0000
8	2	0.0703	0.0413	0.0217	0.0100	0.0038	0.0011	0.0002	0.0000	0.0000
8	3	0.1719	0.1239	0.0808	0.0467	0.0231	0.0092	0.0026	0.0004	0.0000
8	4	0.2627	0.2322	0.1875	0.1361	0.0865	0.0459	0.0185	0.0046	0.0004
8	5	0.2568	0.2787	0.2786	0.2541	0.2076	0.1468	0.0839	0.0331	0.0054
8	6	0.1569	0.2090	0.2587	0.2965	0.3115	0.2936	0.2376	0.1488	0.0515
8	7	0.0548	0.0896	0.1373	0.1977	0.2670	0.3355	0.3847	0.3826	0.2793
8	8	0.0084	0.0168	0.0319	0.0576	0.1001	0.1678	0.2725	0.4305	0.6634

表 1　二項分配的機率(接續上頁)

n	x	p 0.55	0.6	0.65	0.7	0.75	0.8	0.85	0.9	0.95
9	0	0.0008	0.0003	0.0001	0.0000	0.0000	0.0000	0.0000	0.0000	0.0000
9	1	0.0083	0.0035	0.0013	0.0004	0.0001	0.0000	0.0000	0.0000	0.0000
9	2	0.0407	0.0212	0.0098	0.0039	0.0012	0.0003	0.0000	0.0000	0.0000
9	3	0.1160	0.0743	0.0424	0.0210	0.0087	0.0028	0.0006	0.0001	0.0000
9	4	0.2128	0.1672	0.1181	0.0735	0.0389	0.0165	0.0050	0.0008	0.0000
9	5	0.2600	0.2508	0.2194	0.1715	0.1168	0.0661	0.0283	0.0074	0.0006
9	6	0.2119	0.2508	0.2716	0.2668	0.2336	0.1762	0.1069	0.0446	0.0077
9	7	0.1110	0.1612	0.2162	0.2668	0.3003	0.3020	0.2597	0.1722	0.0629
9	8	0.0339	0.0605	0.1004	0.1556	0.2253	0.3020	0.3679	0.3874	0.2985
9	9	0.0046	0.0101	0.0207	0.0404	0.0751	0.1342	0.2316	0.3874	0.6302
10	0	0.0003	0.0001	0.0000	0.0000	0.0000	0.0000	0.0000	0.0000	0.0000
10	1	0.0042	0.0016	0.0005	0.0001	0.0000	0.0000	0.0000	0.0000	0.0000
10	2	0.0229	0.0106	0.0043	0.0014	0.0004	0.0001	0.0000	0.0000	0.0000
10	3	0.0746	0.0425	0.0212	0.0090	0.0031	0.0008	0.0001	0.0000	0.0000
10	4	0.1596	0.1115	0.0689	0.0368	0.0162	0.0055	0.0012	0.0001	0.0000
10	5	0.2340	0.2007	0.1536	0.1029	0.0584	0.0264	0.0085	0.0015	0.0001
10	6	0.2384	0.2508	0.2377	0.2001	0.1460	0.0881	0.0401	0.0112	0.0010
10	7	0.1665	0.2150	0.2522	0.2668	0.2503	0.2013	0.1298	0.0574	0.0105
10	8	0.0763	0.1209	0.1757	0.2335	0.2816	0.3020	0.2759	0.1937	0.0746
10	9	0.0207	0.0403	0.0725	0.1211	0.1877	0.2684	0.3474	0.3874	0.3151
10	10	0.0025	0.0060	0.0135	0.0282	0.0563	0.1074	0.1969	0.3487	0.5987
12	0	0.0001	0.0000	0.0000	0.0000	0.0000	0.0000	0.0000	0.0000	0.0000
12	1	0.0010	0.0003	0.0001	0.0000	0.0000	0.0000	0.0000	0.0000	0.0000
12	2	0.0068	0.0025	0.0008	0.0002	0.0000	0.0000	0.0000	0.0000	0.0000
12	3	0.0277	0.0125	0.0048	0.0015	0.0004	0.0001	0.0000	0.0000	0.0000
12	4	0.0762	0.0420	0.0199	0.0078	0.0024	0.0005	0.0001	0.0000	0.0000
12	5	0.1489	0.1009	0.0591	0.0291	0.0115	0.0033	0.0006	0.0000	0.0000
12	6	0.2124	0.1766	0.1281	0.0792	0.0401	0.0155	0.0040	0.0005	0.0000
12	7	0.2225	0.2270	0.2039	0.1585	0.1032	0.0532	0.0193	0.0038	0.0002
12	8	0.1700	0.2128	0.2367	0.2311	0.1936	0.1329	0.0683	0.0213	0.0021
12	9	0.0923	0.1419	0.1954	0.2397	0.2581	0.2362	0.1720	0.0852	0.0173
12	10	0.0339	0.0639	0.1088	0.1678	0.2323	0.2835	0.2924	0.2301	0.0988
12	11	0.0075	0.0174	0.0368	0.0712	0.1267	0.2062	0.3012	0.3766	0.3413
12	12	0.0008	0.0022	0.0057	0.0138	0.0317	0.0687	0.1422	0.2824	0.5404
15	0	0.0000	0.0000	0.0000	0.0000	0.0000	0.0000	0.0000	0.0000	0.0000
15	1	0.0001	0.0000	0.0000	0.0000	0.0000	0.0000	0.0000	0.0000	0.0000
15	2	0.0010	0.0003	0.0001	0.0000	0.0000	0.0000	0.0000	0.0000	0.0000
15	3	0.0052	0.0016	0.0004	0.0001	0.0000	0.0000	0.0000	0.0000	0.0000
15	4	0.0191	0.0074	0.0024	0.0006	0.0001	0.0000	0.0000	0.0000	0.0000
15	5	0.0515	0.0245	0.0096	0.0030	0.0007	0.0001	0.0000	0.0000	0.0000
15	6	0.1048	0.0612	0.0298	0.0116	0.0034	0.0007	0.0001	0.0000	0.0000
15	7	0.1647	0.1181	0.0710	0.0348	0.0131	0.0035	0.0005	0.0000	0.0000
15	8	0.2013	0.1771	0.1319	0.0811	0.0393	0.0138	0.0030	0.0003	0.0000
15	9	0.1914	0.2066	0.1906	0.1472	0.0917	0.0430	0.0132	0.0019	0.0000
15	10	0.1404	0.1859	0.2123	0.2061	0.1651	0.1032	0.0449	0.0105	0.0006
15	11	0.0780	0.1268	0.1792	0.2186	0.2252	0.1876	0.1156	0.0428	0.0049
15	12	0.0318	0.0634	0.1110	0.1700	0.2252	0.2501	0.2184	0.1285	0.0307
15	13	0.0090	0.0219	0.0476	0.0916	0.1559	0.2309	0.2856	0.2669	0.1348
15	14	0.0016	0.0047	0.0126	0.0305	0.0668	0.1319	0.2312	0.3432	0.3658
15	15	0.0001	0.0005	0.0016	0.0047	0.0134	0.0352	0.0874	0.2059	0.4633

表 1　二項分配的機率(接續上頁)

n	x	p								
		0.55	0.6	0.65	0.7	0.75	0.8	0.85	0.9	0.95
18	0	0.0000	0.0000	0.0000	0.0000	0.0000	0.0000	0.0000	0.0000	0.0000
18	1	0.0000	0.0000	0.0000	0.0000	0.0000	0.0000	0.0000	0.0000	0.0000
18	2	0.0001	0.0000	0.0000	0.0000	0.0000	0.0000	0.0000	0.0000	0.0000
18	3	0.0009	0.0002	0.0000	0.0000	0.0000	0.0000	0.0000	0.0000	0.0000
18	4	0.0039	0.0011	0.0002	0.0000	0.0000	0.0000	0.0000	0.0000	0.0000
18	5	0.0134	0.0045	0.0012	0.0002	0.0000	0.0000	0.0000	0.0000	0.0000
18	6	0.0354	0.0145	0.0047	0.0012	0.0002	0.0000	0.0000	0.0000	0.0000
18	7	0.0742	0.0374	0.0151	0.0046	0.0010	0.0001	0.0000	0.0000	0.0000
18	8	0.1248	0.0771	0.0385	0.0149	0.0042	0.0008	0.0001	0.0000	0.0000
18	9	0.1694	0.1284	0.0794	0.0386	0.0139	0.0033	0.0004	0.0000	0.0000
18	10	0.1864	0.1734	0.1327	0.0811	0.0376	0.0120	0.0022	0.0002	0.0000
18	11	0.1657	0.1892	0.1792	0.1376	0.0820	0.0350	0.0091	0.0010	0.0000
18	12	0.1181	0.1655	0.1941	0.1873	0.1436	0.0816	0.0301	0.0052	0.0002
18	13	0.0666	0.1146	0.1664	0.2017	0.1988	0.1507	0.0787	0.0218	0.0014
18	14	0.0291	0.0614	0.1104	0.1681	0.2130	0.2153	0.1592	0.0700	0.0093
18	15	0.0095	0.0246	0.0547	0.1046	0.1704	0.2297	0.2406	0.1680	0.0473
18	16	0.0022	0.0069	0.0190	0.0458	0.0958	0.1723	0.2556	0.2835	0.1683
18	17	0.0003	0.0012	0.0042	0.0126	0.0338	0.0811	0.1704	0.3002	0.3763
18	18	0.0000	0.0001	0.0004	0.0016	0.0056	0.0180	0.0536	0.1501	0.3972
20	0	0.0000	0.0000	0.0000	0.0000	0.0000	0.0000	0.0000	0.0000	0.0000
20	1	0.0000	0.0000	0.0000	0.0000	0.0000	0.0000	0.0000	0.0000	0.0000
20	2	0.0000	0.0000	0.0000	0.0000	0.0000	0.0000	0.0000	0.0000	0.0000
20	3	0.0002	0.0000	0.0000	0.0000	0.0000	0.0000	0.0000	0.0000	0.0000
20	4	0.0013	0.0003	0.0000	0.0000	0.0000	0.0000	0.0000	0.0000	0.0000
20	5	0.0049	0.0013	0.0003	0.0000	0.0000	0.0000	0.0000	0.0000	0.0000
20	6	0.0150	0.0049	0.0012	0.0002	0.0000	0.0000	0.0000	0.0000	0.0000
20	7	0.0366	0.0146	0.0045	0.0010	0.0002	0.0000	0.0000	0.0000	0.0000
20	8	0.0727	0.0355	0.0136	0.0039	0.0008	0.0001	0.0000	0.0000	0.0000
20	9	0.1185	0.0710	0.0336	0.0120	0.0030	0.0005	0.0000	0.0000	0.0000
20	10	0.1593	0.1171	0.0686	0.0308	0.0099	0.0020	0.0002	0.0000	0.0000
20	11	0.1771	0.1597	0.1158	0.0654	0.0271	0.0074	0.0011	0.0001	0.0000
20	12	0.1623	0.1797	0.1614	0.1144	0.0609	0.0222	0.0046	0.0004	0.0000
20	13	0.1221	0.1659	0.1844	0.1643	0.1124	0.0545	0.0160	0.0020	0.0000
20	14	0.0746	0.1244	0.1712	0.1916	0.1686	0.1091	0.0454	0.0089	0.0003
20	15	0.0365	0.0746	0.1272	0.1789	0.2023	0.1746	0.1028	0.0319	0.0022
20	16	0.0139	0.0350	0.0738	0.1304	0.1897	0.2182	0.1821	0.0898	0.0133
20	17	0.0040	0.0123	0.0323	0.0716	0.1339	0.2054	0.2428	0.1901	0.0596
20	18	0.0008	0.0031	0.0100	0.0278	0.0669	0.1369	0.2293	0.2852	0.1887
20	19	0.0001	0.0005	0.0020	0.0068	0.0211	0.0576	0.1368	0.2702	0.3774
20	20	0.0000	0.0000	0.0002	0.0008	0.0032	0.0115	0.0388	0.1216	0.3585

表 2　負指數($e^{-\mu}$)

μ	$e^{-\mu}$	μ	$e^{-\mu}$	μ	$e^{-\mu}$
0.00	1.0000	2.00	0.1353	4.00	0.0183
0.05	0.9512	2.05	0.1287	4.05	0.0174
0.10	0.9048	2.10	0.1225	4.10	0.0166
0.15	0.8607	2.15	0.1165	4.15	0.0158
0.20	0.8187	2.20	0.1108	4.20	0.0150
0.25	0.7788	2.25	0.1054	4.25	0.0143
0.30	0.7408	2.30	0.1003	4.30	0.0136
0.35	0.7047	2.35	0.0954	4.35	0.0129
0.40	0.6703	2.40	0.0907	4.40	0.0123
0.45	0.6376	2.45	0.0863	4.45	0.0117
0.50	0.6065	2.50	0.0821	4.50	0.0111
0.55	0.5769	2.55	0.0781	4.55	0.0106
0.60	0.5488	2.60	0.0743	4.60	0.0101
0.65	0.5220	2.65	0.0707	4.65	0.0096
0.70	0.4966	2.70	0.0672	4.70	0.0091
0.75	0.4724	2.75	0.0639	4.75	0.0087
0.80	0.4493	2.80	0.0608	4.80	0.0082
0.85	0.4274	2.85	0.0578	4.85	0.0078
0.90	0.4066	2.90	0.0550	4.90	0.0074
0.95	0.3867	2.95	0.0523	5.00	0.0067
1.00	0.3679	3.00	0.0498	5.10	0.0061
1.05	0.3499	3.05	0.0474	5.20	0.0055
1.10	0.3329	3.10	0.0450	5.30	0.0050
1.15	0.3166	3.15	0.0429	5.40	0.0045
1.20	0.3012	3.20	0.0408	5.50	0.0041
1.25	0.2865	3.25	0.0388	5.60	0.0037
1.30	0.2725	3.30	0.0369	5.70	0.0034
1.35	0.2592	3.35	0.0351	5.80	0.0030
1.40	0.2466	3.40	0.0334	5.90	0.0027
1.45	0.2346	3.45	0.0317	6.00	0.0025
1.50	0.2231	3.50	0.0302	6.50	0.0015
1.55	0.2122	3.55	0.0287	7.00	0.0009
1.60	0.2019	3.60	0.0273	7.50	0.0006
1.65	0.1920	3.65	0.0260	8.00	0.0003
1.70	0.1827	3.70	0.0247	9.00	0.0001
1.75	0.1738	3.75	0.0235	10.00	0.0000
1.80	0.1653	3.80	0.0224		
1.85	0.1572	3.85	0.0213		
1.90	0.1496	3.90	0.0202		
1.95	0.1423	3.95	0.0193		

表 3　卜瓦松分配的機率

$$f(x) = \frac{\mu^x e^{-\mu}}{x} \text{ 的機率值}$$

x	u									
	0.005	0.01	0.02	0.03	0.04	0.05	0.06	0.07	0.08	0.09
0	0.9950	0.9900	0.9802	0.9704	0.9608	0.9512	0.9418	0.9324	0.9231	0.9139
1	0.0050	0.0099	0.0192	0.0291	0.0384	0.0476	0.0565	0.0653	0.0738	0.0823
2	0.0000	0.0000	0.0002	0.0004	0.0008	0.0012	0.0017	0.0230	0.0030	0.0037
3	0.0000	0.0000	0.0000	0.0000	0.0000	0.0000	0.0000	0.0001	0.0001	0.0001

X	μ									
	0.1	0.2	0.3	0.4	0.5	0.6	0.7	0.8	0.9	1.0
0	0.9048	0.8187	0.7408	0.6703	0.6065	0.5488	0.4966	0.4493	0.4066	0.3679
1	0.0905	0.1637	0.2222	0.2681	0.3033	0.3293	0.3476	0.3595	0.3659	0.3679
2	0.0045	0.0164	0.0333	0.0536	0.0758	0.0988	0.1217	0.1438	0.1647	0.1839
3	0.0002	0.0011	0.0033	0.0072	0.0126	0.0198	0.0284	0.0383	0.0494	0.0316
4	0.0000	0.0001	0.0002	0.0007	0.0016	0.0030	0.0050	0.0077	0.0111	0.0153
5	0.0000	0.0000	0.0000	0.0001	0.0002	0.0004	0.0007	0.0012	0.0020	0.0031
6	0.0000	0.0000	0.0000	0.0000	0.0000	0.0000	0.0001	0.0002	0.0003	0.0005
7	0.0000	0.0000	0.0000	0.0000	0.0000	0.0000	0.0000	0.0000	0.0000	0.0001

X	μ									
	1.1	1.2	1.3	1.4	1.5	1.6	1.7	1.8	1.9	2.0
0	0.3329	0.3012	0.2725	0.2466	0.2231	0.2019	0.1827	0.1653	0.1496	0.1353
1	0.3662	0.3614	0.3543	0.3452	0.3347	0.3230	0.3106	0.2975	0.2842	0.2707
2	0.2014	0.2169	0.2303	0.2417	0.2510	0.2584	0.2640	0.2678	0.2700	0.2707
3	0.0738	0.0867	0.0998	0.1128	0.1255	0.1378	0.1496	0.1607	0.1710	0.1804
4	0.0203	0.0260	0.0324	0.0395	0.0471	0.0551	0.0636	0.0723	0.0812	0.0902
5	0.0045	0.0062	0.0084	0.0111	0.0141	0.0176	0.0216	0.0260	0.0309	0.0361
6	0.0008	0.0012	0.0018	0.0026	0.0035	0.0047	0.0061	0.0078	0.0098	0.0120
7	0.0001	0.0002	0.0003	0.0005	0.0008	0.0011	0.0015	0.0020	0.0027	0.0034
8	0.0000	0.0000	0.0001	0.0001	0.0001	0.0002	0.0003	0.0005	0.0006	0.0009
9	0.0000	0.0000	0.0000	0.0000	0.0000	0.0000	0.0001	0.0001	0.0001	0.0002

μ										
x	2.1	2.2	2.3	2.4	2.5	2.6	2.7	2.8	2.9	3.0
0	0.1225	0.1108	0.1003	0.0907	0.0821	0.0743	0.0672	0.0608	0.0550	0.0498
1	0.2572	0.2438	0.2306	0.2177	0.2052	0.1931	0.1815	0.1703	0.1596	0.1494
2	0.2700	0.2681	0.2652	0.2613	0.2565	0.2510	0.2450	0.2384	0.2314	0.2240
3	0.1890	0.1966	0.2033	0.2090	0.2138	0.2176	0.2205	0.2225	0.2237	0.2240
4	0.0992	0.1082	0.1169	0.1254	0.1336	0.1414	0.1488	0.1557	0.1622	0.1680
5	0.0417	0.0476	0.0538	0.0602	0.0668	0.0735	0.0804	0.0872	0.0940	0.1008
6	0.0146	0.0174	0.0206	0.0241	0.0278	0.0319	0.0362	0.0407	0.0455	0.0504
7	0.0044	0.0055	0.0068	0.0083	0.0099	0.0118	0.0139	0.0163	0.0188	0.0216
8	0.0011	0.0015	0.0019	0.0025	0.0031	0.0038	0.0047	0.0057	0.0068	0.0081
9	0.0003	0.0004	0.0005	0.0007	0.0009	0.0011	0.0014	0.0018	0.0022	0.0027
10	0.0001	0.0001	0.0001	0.0002	0.0002	0.0003	0.0004	0.0005	0.0006	0.0008
11	0.0000	0.0000	0.0000	0.0000	0.0000	0.0001	0.0001	0.0001	0.0002	0.0002
12	0.0000	0.0000	0.0000	0.0000	0.0000	0.0000	0.0000	0.0000	0.0000	0.0001

μ										
X	3.1	3.2	3.3	3.4	3.5	3.6	3.7	3.8	3.9	4.0
0	0.0450	0.0408	0.0369	0.0344	0.0302	0.0273	0.0247	0.0224	0.0202	0.0183
1	0.1397	0.1304	0.1217	0.1135	0.1057	0.0984	0.0915	0.0850	0.0789	0.0733
2	0.2165	0.2087	0.2008	0.1929	0.1850	0.1771	0.1692	0.1615	0.1539	0.1465
3	0.2237	0.2226	0.2209	0.2186	0.2158	0.2125	0.2087	0.2046	0.2001	0.1954
4	0.1734	0.1781	0.1823	0.1858	0.1888	0.1912	0.1931	0.1944	0.1951	0.1954
5	0.1075	0.1140	0.1203	0.1264	0.1322	0.1377	0.1429	0.1477	0.1522	0.1563
6	0.0555	0.0608	0.0662	0.0716	0.0771	0.0826	0.0881	0.0936	0.0989	0.1042
7	0.0246	0.0278	0.0312	0.0348	0.0385	0.0425	0.0466	0.0508	0.0551	0.0595
8	0.0095	0.0111	0.0129	0.0148	0.0169	0.0191	0.0215	0.0241	0.0269	0.0298
9	0.0033	0.0040	0.0047	0.0056	0.0066	0.0076	0.0089	0.0102	0.0116	0.0132
10	0.0010	0.0012	0.0016	0.0019	0.0023	0.0028	0.0033	0.0039	0.0045	0.0053
11	0.0003	0.0004	0.0005	0.0006	0.0007	0.0009	0.0011	0.0013	0.0016	0.0019
12	0.0001	0.0001	0.0001	0.0002	0.0002	0.0003	0.0003	0.0004	0.0005	0.0006
13	0.0000	0.0000	0.0000	0.0000	0.0001	0.0001	0.0001	0.0001	0.0002	0.0002
14	0.0000	0.0000	0.0000	0.0000	0.0000	0.0000	0.0000	0.0000	0.0000	0.0001

	μ									
X	4.1	4.2	4.3	4.4	4.5	4.6	4.7	4.8	4.9	5.0
0	0.0166	0.0150	0.0136	0.0123	0.0111	0.0101	0.0091	0.0082	0.0074	0.0067
1	0.0679	0.0630	0.0583	0.0540	0.0500	0.0462	0.0427	0.0395	0.0365	0.0337
2	0.1393	0.1323	0.1254	0.1188	0.1125	0.1063	0.1005	0.0948	0.0894	0.0842
3	0.1904	0.1852	0.1798	0.1743	0.1687	0.1631	0.1574	0.1517	0.1460	0.1404
4	0.1951	0.1944	0.1933	0.1917	0.1898	0.1875	0.1849	0.1820	0.1789	0.1755
5	0.1600	0.1633	0.1662	0.1687	0.1708	0.1725	0.1738	0.1747	0.1753	0.1755
6	0.1093	0.1143	0.1191	0.1237	0.1281	0.1323	0.1362	0.1398	0.1432	0.1462
7	0.0640	0.0686	0.0732	0.0778	0.0824	0.0869	0.0914	0.0959	0.1002	0.1044
8	0.0328	0.0360	0.0393	0.0428	0.0463	0.0500	0.0537	0.0575	0.0614	0.0653
9	0.0150	0.0168	0.0188	0.0209	0.0232	0.0255	0.0280	0.0307	0.0334	0.0363
10	0.0061	0.0071	0.0081	0.0092	0.0104	0.0118	0.0132	0.0147	0.0164	0.0181
11	0.0023	0.0027	0.0032	0.0037	0.0043	0.0049	0.0056	0.0064	0.0073	0.0082
12	0.0008	0.0009	0.0011	0.0014	0.0016	0.0019	0.0022	0.0026	0.0030	0.0034
13	0.0002	0.0003	0.0004	0.0005	0.0006	0.0007	0.0008	0.0009	0.0011	0.0013
14	0.0001	0.0001	0.0001	0.0001	0.0002	0.0002	0.0003	0.0003	0.0004	0.0005
15	0.0000	0.0000	0.0000	0.0000	0.0001	0.0001	0.0001	0.0001	0.0001	0.0002

	μ									
X	5.1	5.2	5.3	5.4	5.5	5.6	5.7	5.8	5.9	6.0
0	0.0061	0.0055	0.0050	0.0045	0.0041	0.0037	0.0033	0.0030	0.0027	0.0025
1	0.0311	0.0287	0.0265	0.0244	0.0225	0.0207	0.0191	0.0176	0.0162	0.0149
2	0.0793	0.0746	0.0701	0.0659	0.0618	0.0580	0.0544	0.0509	0.0477	0.0446
3	0.1348	0.1293	0.1239	0.1185	0.1133	0.1082	0.1033	0.0985	0.0938	0.0892
4	0.1719	0.1681	0.1681	0.1600	0.1558	0.1515	0.1472	0.1428	0.1383	0.1339
5	0.1753	0.1748	0.1740	0.1728	0.1714	0.1697	0.1678	0.1656	0.1632	0.1606
6	0.1490	0.1515	0.1537	0.1555	0.1571	0.1587	0.1594	0.1601	0.1605	0.1606
7	0.1086	0.1125	0.1163	0.1200	0.1234	0.1267	0.1298	0.1326	0.1353	0.1377
8	0.0692	0.0731	0.0771	0.0810	0.0849	0.0887	0.0925	0.0962	0.0998	0.1033
9	0.0392	0.0423	0.0454	0.0486	0.0519	0.0552	0.0586	0.0620	0.0654	0.0688
10	0.0200	0.0220	0.0241	0.0262	0.0285	0.0309	0.0334	0.0359	0.0386	0.0413
11	0.0093	0.0104	0.0116	0.0129	0.0143	0.0157	0.0173	0.0190	0.0207	0.0225
12	0.0039	0.0045	0.0051	0.0058	0.0065	0.0073	0.0082	0.0092	0.0102	0.0113
13	0.0015	0.0018	0.0021	0.0024	0.0028	0.0032	0.0036	0.0041	0.0046	0.0052
14	0.0006	0.0007	0.0008	0.0009	0.0011	0.0013	0.0015	0.0017	0.0019	0.0022
15	0.0002	0.0002	0.0003	0.0003	0.0004	0.0005	0.0006	0.0007	0.0008	0.0009
16	0.0001	0.0001	0.0001	0.0001	0.0001	0.0002	0.0002	0.0002	0.0003	0.0003
17	0.0000	0.0000	0.0000	0.0000	0.0000	0.0001	0.0001	0.0001	0.0001	0.0001

μ									
X	6.1	6.2	6.3	6.4	6.5	6.6	6.7	6.8	6.9	7.0
0	0.0022	0.0020	0.0018	0.0017	0.0015	0.0014	0.0012	0.0011	0.0010	0.0009
1	0.0137	0.0126	0.0116	0.0106	0.0098	0.0090	0.0082	0.0076	0.0070	0.0064
2	0.0417	0.0390	0.0364	0.0340	0.0318	0.0296	0.0276	0.0258	0.0240	0.0223
3	0.0848	0.0806	0.0765	0.0726	0.0688	0.0652	0.0617	0.0584	0.0552	0.0521
4	0.1294	0.1249	0.1205	0.1162	0.1118	0.1076	0.1034	0.0992	0.0952	0.0912
5	0.1579	0.1549	0.1519	0.4787	0.1454	0.1420	0.1385	0.1349	0.1314	0.1277
6	0.1605	0.1601	0.1595	0.1586	0.1575	0.1562	0.1546	0.1529	0.1511	0.1490
7	0.1399	0.1418	0.1435	0.1450	0.1462	0.1472	0.1480	0.1486	0.1489	0.1490
8	0.1066	0.1099	0.1130	0.1160	0.1188	0.1215	0.1240	0.1263	0.1284	0.1304
9	0.0723	0.0757	0.0791	0.0825	0.0858	0.0891	0.0923	0.0954	0.0985	0.1014
10	0.0441	0.0469	0.0498	0.0528	0.0558	0.0588	0.0618	0.0649	0.0679	0.0710
11	0.0245	0.0265	0.0285	0.0307	0.0330	0.0353	0.0377	0.0401	0.0426	0.0452
12	0.0124	0.0137	0.0150	0.0164	0.0179	0.0194	0.0210	0.0227	0.0245	0.0264
13	0.0058	0.0065	0.0073	0.0081	0.0089	0.0098	0.0108	0.0119	0.0130	0.0142
14	0.0025	0.0029	0.0033	0.0037	0.0041	0.0046	0.0052	0.0058	0.0064	0.0071
15	0.0010	0.0012	0.0014	0.0016	0.0018	0.0020	0.0023	0.0026	0.0029	0.0033
16	0.0004	0.0005	0.0005	0.0006	0.0007	0.0008	0.0010	0.0011	0.0013	0.0014
17	0.0001	0.0002	0.0002	0.0002	0.0003	0.0003	0.0004	0.0004	0.0005	0.0006
18	0.0000	0.0001	0.0001	0.0001	0.0001	0.0001	0.0001	0.0002	0.0002	0.0002
19	0.0000	0.0000	0.0000	0.0000	0.0000	0.0000	0.0000	0.0001	0.0001	0.0001

μ									
X	7.1	7.2	7.3	7.4	7.5	7.6	7.7	7.8	7.9	8.0
0	0.0008	0.0007	0.0007	0.0006	0.0006	0.0005	0.0005	0.0004	0.0004	0.0003
1	0.0059	0.0054	0.0049	0.0045	0.0041	0.0038	0.0035	0.0032	0.0029	0.0027
2	0.0208	0.0194	0.0180	0.0167	0.0156	0.0145	0.0134	0.0125	0.0116	0.0107
3	0.0492	0.0464	0.0438	0.0413	0.0389	0.0366	0.0345	0.0324	0.0305	0.0286
4	0.0874	0.0836	0.0799	0.0764	0.0729	0.0696	0.0663	0.0632	0.0602	0.0573
5	0.1241	0.1204	0.1167	0.1130	0.1094	0.1057	0.1021	0.0986	0.0951	0.0916
6	0.1468	0.1445	0.1420	0.1394	0.1367	0.1339	0.1311	0.1282	0.1252	0.1221
7	0.1489	0.1486	0.1481	0.1474	0.1464	0.1454	0.1442	0.1428	0.1413	0.1396
8	0.1321	0.1337	0.1351	0.1363	0.1373	0.1382	0.1388	0.1392	0.1395	0.1396
9	0.1042	0.1070	0.1096	0.1121	0.1144	0.1167	0.1187	0.1207	0.1224	0.1241
10	0.0740	0.0770	0.0800	0.0829	0.0858	0.0887	0.0914	0.0941	0.0967	0.0993
11	0.0478	0.0504	0.0531	0.0558	0.0585	0.0613	0.0640	0.0667	0.0695	0.0722
12	0.0283	0.0303	0.0323	0.0344	0.0366	0.0388	0.0411	0.0434	0.0457	0.0481
13	0.0154	0.0168	0.0181	0.0196	0.0211	0.0227	0.0243	0.0260	0.0278	0.0296
14	0.0078	0.0086	0.0095	0.0104	0.0113	0.0123	0.0134	0.0145	0.0157	0.0169
15	0.0037	0.0041	0.0046	0.0051	0.0057	0.0062	0.0069	0.0075	0.0083	0.0090
16	0.0016	0.0019	0.0021	0.0024	0.0026	0.0030	0.0033	0.0037	0.0041	0.0045
17	0.0007	0.0008	0.0009	0.0010	0.0012	0.0013	0.0015	0.0017	0.0019	0.0021
18	0.0003	0.0003	0.0004	0.0004	0.0005	0.0006	0.0006	0.0007	0.0008	0.0009
19	0.0001	0.0001	0.0001	0.0002	0.0002	0.0002	0.0003	0.0003	0.0003	0.0004
20	0.0000	0.0000	0.0001	0.0001	0.0001	0.0001	0.0001	0.0001	0.0001	0.0002
21	0.0000	0.0000	0.0000	0.0000	0.0000	0.0000	0.0000	0.0000	0.0001	0.0001

X					μ					
	8.1	8.2	8.3	8.4	8.5	8.6	8.7	8.8	8.9	9.0
0	0.0003	0.0003	0.0002	0.0002	0.0002	0.0002	0.0002	0.0002	0.0001	0.0001
1	0.0025	0.0023	0.0021	0.0019	0.0017	0.0016	0.0014	0.0013	0.0012	0.0011
2	0.0100	0.0092	0.0086	0.0079	0.0074	0.0068	0.0063	0.0058	0.0054	0.0050
3	0.0269	0.0252	0.0237	0.0222	0.0208	0.0195	0.0183	0.0171	0.0160	0.0150
4	0.0544	0.0517	0.0491	0.0466	0.0443	0.0420	0.0398	0.0377	0.0357	0.0337
5	0.0882	0.0849	0.0816	0.0784	0.0752	0.0722	0.0692	0.0663	0.0635	0.0607
6	0.1191	0.1160	0.1128	0.1097	0.1066	0.1034	0.1003	0.0972	0.0941	0.0911
7	0.1378	0.1358	0.1338	0.1317	0.1294	0.1271	0.1247	0.1222	0.1197	0.1171
8	0.1395	0.1392	0.1388	0.1382	0.1375	0.1366	0.1356	0.1344	0.1332	0.1318
9	0.1256	0.1269	0.1280	0.1290	0.1299	0.1306	0.1311	0.1315	0.1317	0.1318
10	0.1017	0.1040	0.1063	0.1084	0.1104	0.1123	0.1140	0.1157	0.1172	0.1186
11	0.0749	0.0776	0.0802	0.0828	0.0853	0.0878	0.0902	0.0925	0.0948	0.0970
12	0.0505	0.0530	0.0555	0.0579	0.0604	0.0629	0.0654	0.0679	0.0703	0.0728
13	0.0315	0.0334	0.0354	0.0374	0.0395	0.0416	0.0438	0.0459	0.0481	0.0504
14	0.0182	0.0196	0.0210	0.0225	0.0240	0.0256	0.0272	0.0289	0.0306	0.0324
15	0.0098	0.0107	0.0116	0.0126	0.0136	0.0147	0.0158	0.0169	0.0182	0.1094
16	0.0050	0.0055	0.0060	0.0066	0.0072	0.0079	0.0086	0.0093	0.0101	0.0109
17	0.0024	0.0026	0.0029	0.0033	0.0036	0.0040	0.0044	0.0048	0.0053	0.0058
18	0.0011	0.0012	0.0014	0.0015	0.0017	0.0019	0.0021	0.0024	0.0026	0.0029
19	0.0005	0.0005	0.0006	0.0007	0.0008	0.0009	0.0010	0.0011	0.0012	0.0014
20	0.0002	0.0002	0.0002	0.0003	0.0003	0.0004	0.0004	0.0005	0.0005	0.0006
21	0.0001	0.0001	0.0001	0.0001	0.0001	0.0002	0.0002	0.0002	0.0002	0.0003
22	0.0000	0.0000	0.0000	0.0000	0.0001	0.0001	0.0001	0.0001	0.0001	0.0001

	μ									
X	9.1	9.2	9.3	9.4	9.5	9.6	9.7	9.8	9.9	10
0	0.0001	0.0001	0.0001	0.0001	0.0001	0.0001	0.0001	0.0001	0.0001	0.0000
1	0.0010	0.0009	0.0009	0.0008	0.0007	0.0007	0.0006	0.0005	0.0005	0.0005
2	0.0046	0.0043	0.0040	0.0037	0.0034	0.0031	0.0029	0.0027	0.0025	0.0023
3	0.0140	0.0131	0.0123	0.0115	0.0107	0.0100	0.0093	0.0087	0.0081	0.0076
4	0.0319	0.0302	0.0285	0.0269	0.0254	0.0240	0.0226	0.0213	0.0201	0.0189
5	0.0581	0.0555	0.0530	0.0506	0.0483	0.0460	0.0439	0.0418	0.0398	0.0378
6	0.0881	0.0851	0.0822	0.0793	0.0764	0.0736	0.0709	0.0682	0.0656	0.0631
7	0.1145	0.1118	0.1091	0.1064	0.1037	0.1010	0.0982	0.0955	0.0928	0.0901
8	0.1302	0.1286	0.1269	0.1251	0.1232	0.1212	0.1191	0.1170	0.1148	0.1126
9	0.1317	0.1315	0.1311	0.1306	0.1300	0.1293	0.1284	0.1274	0.1263	0.1251
10	0.1198	0.1210	0.1219	0.1228	0.1235	0.1241	0.1245	0.1249	0.1250	0.1251
11	0.0991	0.1012	0.1031	0.1049	0.1067	0.1083	0.1098	0.1112	0.1128	0.1137
12	0.0752	0.0776	0.0799	0.0822	0.0844	0.0866	0.0888	0.0908	0.0928	0.0948
13	0.0526	0.0549	0.0572	0.0594	0.0617	0.0640	0.0662	0.0685	0.0707	0.0729
14	0.0342	0.0361	0.0380	0.0399	0.0419	0.0439	0.0459	0.0479	0.0500	0.0521
15	0.0208	0.0221	0.0235	0.0250	0.0265	0.0281	0.0297	0.0313	0.0330	0.0347
16	0.0118	0.0127	0.0137	0.0147	0.0157	0.0168	0.0180	0.0192	0.0204	0.0217
17	0.0063	0.0069	0.0075	0.0081	0.0088	0.0095	0.0103	0.0111	0.0119	0.0128
18	0.0032	0.0035	0.0039	0.0042	0.0046	0.0051	0.0055	0.0060	0.0065	0.0071
19	0.0015	0.0017	0.0019	0.0021	0.0023	0.0026	0.0028	0.0031	0.0034	0.0037
20	0.0007	0.0008	0.0009	0.0010	0.0011	0.0012	0.0014	0.0015	0.0017	0.0019
21	0.0003	0.0003	0.0004	0.0004	0.0005	0.0006	0.0006	0.0007	0.0008	0.0009
22	0.0001	0.0001	0.0002	0.0002	0.0002	0.0002	0.0003	0.0003	0.0004	0.0004
23	0.0000	0.0001	0.0001	0.0001	0.0001	0.0001	0.0001	0.0001	0.0002	0.0002
24	0.0000	0.0000	0.0000	0.0000	0.0000	0.0000	0.0000	0.0001	0.0001	0.0001

	μ									
X	11	12	13	14	15	16	17	18	19	20
0	0.0000	0.0000	0.0000	0.0000	0.0000	0.0000	0.0000	0.0000	0.0000	0.0000
1	0.0002	0.0001	0.0000	0.0000	0.0000	0.0000	0.0000	0.0000	0.0000	0.0000
2	0.0010	0.0004	0.0002	0.0001	0.0000	0.0000	0.0000	0.0000	0.0000	0.0000
3	0.0037	0.0018	0.0008	0.0004	0.0002	0.0001	0.0000	0.0000	0.0000	0.0000
4	0.0102	0.0053	0.0027	0.0013	0.0006	0.0003	0.0001	0.0001	0.0000	0.0000
5	0.0224	0.0127	0.0070	0.0037	0.0019	0.0010	0.0005	0.0002	0.0001	0.0001
6	0.0411	0.0255	0.0152	0.0087	0.0048	0.0026	0.0014	0.0007	0.0004	0.0002
7	0.0646	0.0437	0.0281	0.0174	0.0104	0.0060	0.0034	0.0018	0.0010	0.0005
8	0.0888	0.0655	0.0457	0.0304	0.0194	0.0120	0.0072	0.0042	0.0024	0.0013
9	0.1085	0.0874	0.0661	0.0473	0.0324	0.0213	0.0135	0.0083	0.0050	0.0029
10	0.1194	0.1048	0.0859	0.0663	0.0486	0.0341	0.0230	0.0150	0.0095	0.0058
11	0.1194	0.1144	0.1015	0.0844	0.0663	0.0496	0.0355	0.0245	0.0164	0.0106
12	0.1094	0.1144	0.1099	0.0984	0.0829	0.0661	0.0504	0.0368	0.0259	0.0176
13	0.0926	0.1056	0.1099	0.1060	0.0956	0.0814	0.0658	0.0509	0.0378	0.0271
14	0.0728	0.0905	0.1021	0.1060	0.1024	0.0930	0.0800	0.0655	0.0514	0.0387
15	0.0534	0.0724	0.0885	0.0989	0.1024	0.0992	0.0906	0.0786	0.0650	0.0516
16	0.0367	0.0543	0.0719	0.0866	0.0960	0.0992	0.0963	0.0884	0.0772	0.0646
17	0.0237	0.0383	0.0550	0.0713	0.0847	0.0934	0.0963	0.0936	0.0863	0.0760
18	0.0145	0.0256	0.0397	0.0554	0.0706	0.0830	0.0909	0.0936	0.0911	0.0844
19	0.0084	0.0161	0.0272	0.0409	0.0557	0.0699	0.0814	0.0887	0.0911	0.0888
20	0.0046	0.0097	0.0177	0.0286	0.0418	0.0559	0.0692	0.0798	0.0866	0.0888
21	0.0024	0.0055	0.0109	0.0191	0.0299	0.0426	0.0560	0.0684	0.0783	0.0846
22	0.0012	0.0030	0.0065	0.0121	0.0204	0.0310	0.0433	0.0560	0.0676	0.0769
23	0.0006	0.0016	0.0037	0.0074	0.0133	0.0216	0.0320	0.0438	0.0559	0.0669
24	0.0003	0.0008	0.0020	0.0043	0.0083	0.0144	0.0226	0.0328	0.0442	0.0557
25	0.0001	0.0004	0.0010	0.0024	0.0050	0.0092	0.0154	0.0237	0.0336	0.0446
26	0.0000	0.0002	0.0005	0.0013	0.0029	0.0057	0.0101	0.0164	0.0246	0.0343
27	0.0000	0.0001	0.0002	0.0007	0.0016	0.0034	0.0063	0.0109	0.0173	0.0254
28	0.0000	0.0000	0.0001	0.0003	0.0009	0.0019	0.0038	0.0070	0.0117	0.0181
29	0.0000	0.0000	0.0001	0.0002	0.0004	0.0011	0.0023	0.0044	0.0077	0.0125
30	0.0000	0.0000	0.0000	0.0001	0.0002	0.0006	0.0013	0.0026	0.0049	0.0083
31	0.0000	0.0000	0.0000	0.0000	0.0001	0.0003	0.0007	0.0015	0.0030	0.0054
32	0.0000	0.0000	0.0000	0.0000	0.0001	0.0001	0.0004	0.0009	0.0018	0.0034
33	0.0000	0.0000	0.0000	0.0000	0.0000	0.0001	0.0002	0.0005	0.0010	0.0020
34	0.0000	0.0000	0.0000	0.0000	0.0000	0.0000	0.0001	0.0002	0.0006	0.0012
35	0.0000	0.0000	0.0000	0.0000	0.0000	0.0000	0.0000	0.0001	0.0003	0.0007
36	0.0000	0.0000	0.0000	0.0000	0.0000	0.0000	0.0000	0.0001	0.0002	0.0004
37	0.0000	0.0000	0.0000	0.0000	0.0000	0.0000	0.0000	0.0000	0.0001	0.0002
38	0.0000	0.0000	0.0000	0.0000	0.0000	0.0000	0.0000	0.0000	0.0000	0.0001
39	0.0000	0.0000	0.0000	0.0000	0.0000	0.0000	0.0000	0.0000	0.0000	0.0001

表4　標準常態分配的左邊累積面積($z \leq 0$)

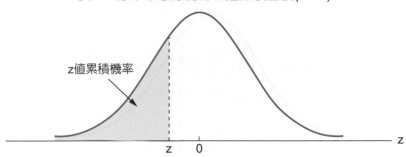

z值累積機率

z	0.00	0.01	0.02	0.03	0.04	0.05	0.06	0.07	0.08	0.09
-0.0	0.5000	0.4960	0.4920	0.4880	0.4840	0.4801	0.4761	0.4721	0.4681	0.4641
-0.1	0.4602	0.4562	0.4522	0.4483	0.4443	0.4404	0.4364	0.4325	0.4286	0.4247
-0.2	0.4207	0.4168	0.4129	0.4090	0.4052	0.4013	0.3974	0.3936	0.3897	0.3859
-0.3	0.3821	0.3783	0.3745	0.3707	0.3669	0.3632	0.3594	0.3557	0.3520	0.3483
-0.4	0.3446	0.3409	0.3372	0.3336	0.3300	0.3264	0.3228	0.3192	0.3156	0.3121
-0.5	0.3085	0.3050	0.3015	0.2981	0.2946	0.2912	0.2877	0.2843	0.2810	0.2776
-0.6	0.2743	0.2709	0.2676	0.2643	0.2611	0.2578	0.2546	0.2514	0.2483	0.2451
-0.7	0.2420	0.2389	0.2358	0.2327	0.2296	0.2266	0.2236	0.2206	0.2177	0.2148
-0.8	0.2119	0.2090	0.2061	0.2033	0.2005	0.1977	0.1949	0.1922	0.1894	0.1867
-0.9	0.1841	0.1814	0.1788	0.1762	0.1736	0.1711	0.1685	0.1660	0.1635	0.1611
-1.0	0.1587	0.1562	0.1539	0.1515	0.1492	0.1469	0.1446	0.1423	0.1401	0.1379
-1.1	0.1357	0.1335	0.1314	0.1292	0.1271	0.1251	0.1230	0.1210	0.1190	0.1180
-1.2	0.1151	0.1131	0.1112	0.1093	0.1075	0.1056	0.1038	0.1020	0.1003	0.0985
-1.3	0.0968	0.0951	0.0934	0.0918	0.0901	0.0885	0.0869	0.0853	0.0838	0.0823
-1.4	0.0808	0.0793	0.0778	0.0764	0.0749	0.0735	0.0721	0.0708	0.0694	0.0681
-1.5	0.0668	0.0655	0.0643	0.0630	0.0618	0.0606	0.0574	0.0582	0.0571	0.0599
-1.6	0.0548	0.0537	0.0526	0.0516	0.0505	0.0495	0.0485	0.0475	0.0465	0.0455
-1.7	0.0446	0.0436	0.0427	0.0418	0.0409	0.0401	0.0392	0.0384	0.0375	0.0367
-1.8	0.0359	0.0351	0.0344	0.0336	0.0329	0.0322	0.0314	0.0307	0.0301	0.0294
-1.9	0.0287	0.0281	0.0274	0.0268	0.0262	0.0256	0.0250	0.0244	0.0239	0.0233
-2.0	0.0228	0.0222	0.0217	0.0212	0.0207	0.0202	0.0197	0.0192	0.0188	0.0183
-2.1	0.0179	0.0174	0.0170	0.0166	0.0162	0.0158	0.0154	0.0150	0.0146	0.0143
-2.2	0.0139	0.0136	0.0132	0.0129	0.0125	0.0122	0.0119	0.0116	0.0113	0.0110
-2.3	0.0107	0.0104	0.0102	0.0099	0.0096	0.0094	0.0091	0.0089	0.0087	0.0084
-2.4	0.0082	0.0080	0.0078	0.0075	0.0073	0.0071	0.0069	0.0068	0.0066	0.0064
-2.5	0.0062	0.0060	0.0059	0.0057	0.0055	0.0054	0.0052	0.0051	0.0049	0.0048
-2.6	0.0047	0.0045	0.0044	0.0043	0.0041	0.0040	0.0039	0.0038	0.0037	0.0036
-2.7	0.0035	0.0034	0.0033	0.0032	0.0031	0.0030	0.0029	0.0028	0.0027	0.0026
-2.8	0.0026	0.0025	0.0024	0.0023	0.0023	0.0022	0.0021	0.0021	0.0020	0.0019
-2.9	0.0019	0.0018	0.0018	0.0017	0.0016	0.0016	0.0015	0.0015	0.0014	0.0014
-3.0	0.0013	0.0013	0.0013	0.0012	0.0012	0.0011	0.0011	0.0011	0.0010	0.0010
-3.1	0.0010	0.0009	0.0009	0.0009	0.0008	0.0008	0.0008	0.0008	0.0007	0.0007
-3.2	0.0007	0.0007	0.0006	0.0006	0.0006	0.0006	0.0006	0.0005	0.0005	0.0005
-3.3	0.0005	0.0005	0.0005	0.0004	0.0004	0.0004	0.0004	0.0004	0.0004	0.0003
-3.4	0.0003	0.0003	0.0003	0.0003	0.0003	0.0003	0.0003	0.0003	0.0003	0.0002
-3.5	0.0002									
-4.0	0.00003									
-4.5	0.000003									
-5.0	0.0000003									
-6.0	0.00000001									

表 5　標準常態分配的左邊累積機率($z > 0$)

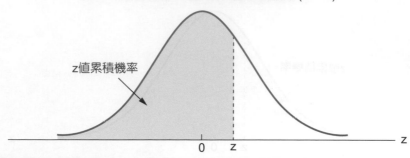

z值累積機率

z	0.00	0.01	0.02	0.03	0.04	0.05	0.06	0.07	0.08	0.09
0.0	0.5000	0.5040	0.5080	0.5120	0.5160	0.5199	0.5239	0.5279	0.5319	0.5359
0.1	0.5398	0.5438	0.5478	0.5517	0.5557	0.5593	0.5636	0.5675	0.5714	0.5753
0.2	0.5793	0.5832	0.5871	0.5910	0.5948	0.5987	0.6026	0.6064	0.6103	0.6141
0.3	0.6179	0.6217	0.6255	0.6293	0.6331	0.6368	0.6406	0.6443	0.6480	0.6517
0.4	0.6554	0.6591	0.6628	0.6664	0.6700	0.6736	0.6772	0.6808	0.6844	0.6879
0.5	0.6915	0.6950	0.6985	0.7019	0.7054	0.7088	0.7123	0.7157	0.7190	0.7224
0.6	0.7257	0.7291	0.7324	0.7357	0.7389	0.7422	0.7454	0.7486	0.7517	0.7549
0.7	0.7580	0.7611	0.7642	0.7673	0.7704	0.7734	0.7764	0.7794	0.7823	0.7852
0.8	0.7881	0.7910	0.7939	0.7967	0.7995	0.8023	0.8051	0.8078	0.8106	0.8133
0.9	0.8159	0.8186	0.8212	0.8238	0.8264	0.8289	0.8315	0.8340	0.8365	0.8389
1.0	0.8413	0.8438	0.8461	0.8485	0.8508	0.8531	0.8554	0.8577	0.8599	0.8621
1.1	0.8643	0.8665	0.8686	0.8708	0.8729	0.8749	0.8770	0.8790.	0.8810	0.8830
1.2	0.8849	0.8869	0.8888	0.8907	0.8925	0.8944	0.8962	0.8980	0.8997	09015
1.3	0.9032	0.9049	0.9066	0.9082	0.9099	0.9115	0.9131	0.9147	0.9162	0.9177
1.4	0.9192	0.8207	0.9222	0.9236	0.9251	0.9265	0.9279	0.9292	0.9306	0.9319
1.5	0.9332	0.9345	0.9357	0.9370	0.9382	0.9394	0.9406	0.9418	0.9429	0.9441
1.6	0.9452	0.9463	0.9474	0.9484	0.9495	0.9505	0.9515	0.9525	0.9535	0.9545
1.7	0.9554	0.9564	0.9573	0.9582	0.9591	0.9599	0.9608	0.9616	0.9625	0.9633
1.8	0.9641	0.9649	0.9656	0.9664	0.9671	0.9678	0.9686	0.9693	0.9699	0.9706
1.9	0.9713	0.9719	0.9726	0.9732	0.9738	0.9744	0.9750	0.9756	0.9761	0.9767
2.0	0.9772	0.9778	0.9783	0.9788	0.9793	0.9798	0.9803	0.9808	0.9812	0.9817
2.1	0.9821	0.9826	0.9830	0.9834	0.9838	0.9842	0.9846	0.9850.	0.9854	0.9857
2.2	0.9861	0.9864	0.9868	0.9871	0.9875	0.9878	0.9881	0.9884	0.9887	0.9890
2.3	0.9893	0.9896	0.9898	0.9901	0.9904	0.9906	0.9909	0.9911	0.9913	0.9913
2.4	0.9918	0.9920	0.9922	0.9925	0.9927	0.9929	0.9931	0.9932	0.9934	0.9936
2.5	0.9938	0.9940	0.9941	0.9943	0.9945	0.9946	0.9948	0.9949	0.9951	0.9952
2.6	0.9953	0.9955	0.9956	0.9957	0.9959	0.9960.	0.9961	0.9962	0.9963	0.9964
2.7	0.9965	0.9966	0.9967	0.9968	0.9969	0.9970	0.9971	0.9972	0.9973	0.9974
2.8	0.9974	0.9975	0.9976	0.9977	0.9977	0.9978	0.9979	0.9978	0.9980	0.9981
2.9	0.9981	0.9982	0.9982	0.9983	0.9984	0.9984	0.9985	0.9985	0.9986	0.9986
3.0	0.9986	0.9987	0.9987	0.9988	0.9988	0.9989	0.9989	0.9989	0.9990	0.9990
3.1	0.9990.	0.9991	0.9991	0.9991	0.9992	0.9992	0.9992	0.9992	0.9993	0.9993
3.2	0.9993	0.9993	0.9994	0.9994	0.9994	0.9994	0.9994	0.9995	0.9995	0.9995
3.3	0.9995	0.9995	0.9995	0.9996	0.9996	0.9996	0.9996	0.9996	0.9996	0.9997
3.4	0.9997	0.9997	0.9997	0.9997	0.9997	0.9997	0.9997	0.9997	0.9997	0.9998
3.5	0.9998									
4.0	0.99997									
4.5	0.999997									
5.0	0.9999997									
6.0	0.99999999									

表 6　t 分配的臨界值

t值右邊面積或機率

自由度	$t_{0.10}$	$t_{0.05}$	$t_{0.025}$	$t_{0.01}$	$t_{0.005}$
1	3.078	6.314	12.706	31.821	63.656
2	1.886	2.920	4.303	6.965	9.925
3	1.638	2.353	3.182	4.541	5.841
4	1.533	2.132	2.776	3.747	4.604
5	1.476	2.015	2.571	3.365	4.032
6	1.440	1.943	2.447	3.143	3.707
7	1.415	1.895	2.365	2.998	3.499
8	1.397	1.860	2.306	2.896	3.355
9	1.383	1.833	2.262	2.821	3.250
10	1.372	1.812	2.228	2.764	3.169
11	1.363	1.796	2.201	2.718	3.106
12	1.356	1.782	2.179	2.681	3.055
13	1.350	1.771	2.160	2.650	3.012
14	1.345	1.761	2.145	2.624	2.977
15	1.341	1.753	2.131	2.602	2.947
16	1.337	1.746	2.120	2.583	2.921
17	1.333	1.740	2.110	2.567	2.898
18	1.330	1.734	2.101	2.552	2.878
19	1.328	1.729	2.093	2.539	2.861
20	1.325	1.725	2.086	2.528	2.845
21	1.323	1.721	2.080	2.518	2.831
22	1.321	1.717	2.074	2.508	2.819
23	1.319	1.714	2.069	2.500	2.807
24	1.318	1.711	2.064	2.492	2.797
25	1.316	1.708	2.060	2.485	2.787
26	1.315	1.706	2.056	2.479	2.779
27	1.314	1.703	2.052	2.473	2.771
28	1.313	1.701	2.048	2.467	2.763
29	1.311	1.699	2.045	2.462	2.756
30	1.310	1.697	2.042	2.457	2.750
31	1.309	1.696	2.040	2.453	2.744
32	1.309	1.694	2.037	2.449	2.738
33	1.380	1.692	2.035	2.445	2.733
34	1.307	1.691	2.032	2.441	2.728
35	1.306	1.690	2.030	2.438	2.724
36	1.306	1.688	2.028	2.434	2.719
37	1.305	1.687	2.026	2.431	2.715
38	1.304	1.686	2.024	2.429	2.712
39	1.304	1.685	2.023	2.426	2.708
40	1.303	1.684	2.021	2.423	2.704
41	1.303	1.683	2.020	2.421	2.701
42	1.302	1.682	2.018	2.418	2.598
43	1.302	1.681	2.017	2.416	2.695
44	1.301	1.680	2.015	2.414	2.692
45	1.301	1.679	2.014	2.412	2.690

表6　t 分配的臨界值(接續上頁)

自由度	$t_{0.1}$	$t_{0.05}$	$t_{0.025}$	$t_{0.01}$	$t_{0.005}$
46	1.300	1.679	2.013	2.410	2.687
47	1.300	1.678	2.012	2.408	2.685
48	1.299	1.677	2.011	2.407	2.682
49	1.299	1.677	2.010	2.405	2.680
50	1.299	1.676	2.009	2.403	2.678
51	1.298	1.675	2.008	2.402	2.676
52	1.298	1.675	2.007	2.400	2.674
53	1.298	1.674	2.006	2.399	2.672
54	1.297	1.674	2.005	2.397	2.670
55	1.297	1.673	2.004	2.396	2.668
56	1.297	1.673	2.003	2.395	2.667
57	1.297	1.672	2.002	2.394	2.665
58	1.296	1.672	2.002	2.392	2.663
59	1.296	1.671	2.001	2.391	2.662
60	1.296	1.671	2.000	2.390	2.660
61	1.296	1.670	2.000	2.389	2.659
62	1.295	1.670	1.999	2.388	2.657
63	1.295	1.669	1.998	2.387	2.656
64	1.295	1.669	1.998	2.386	2.655
65	1.295	1.669	1.997	2.385	2.654
66	1.295	1.668	1.997	2.384	2.652
67	1.294	1.668	1.996	2.383	2.651
68	1.294	1.668	1.995	2.382	2.650
69	1.294	1.667	1.995	2.382	2.649
70	1.294	1.667	1.994	2.381	2.648
71	1.294	1.667	1.994	2.380	2.647
72	1.293	1.666	1.993	2.379	2.646
73	1.293	1.666	1.993	2.279	2.645
74	1.293	1.666	1.993	2.378	2.644
75	1.293	1.665	1.992	2.377	2.643
76	1.293	1.665	1.992	2.376	2.642
77	1.293	1.665	1.991	2.376	2.641
78	1.292	1.665	1.991	2.375	2.640
79	1.292	1.664	1.990	2.374	2.639
80	1.292	1.664	1.990	2.374	2.639
81	1.292	1.664	1.990	2.373	2.638
82	1.292	1.664	1.989	2.373	2.637
83	1.292	1.663	1.989	2.372	2.636
84	1.292	1.663	1.989	2.372	2.636
85	1.292	1.663	1.988	2.371	2.635
90	1.291	1.662	1.987	2.368	2.632
100	1.290	1.660	1.984	2.364	2.626
120	1.289	1.658	1.980	2.358	2.617
∞	1.282	1.645	1.960	2.326	2.576

表 7　卡方分配的臨界值

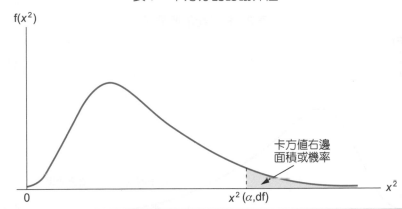

自由度	$\chi^2_{0.995}$	$\chi^2_{0.99}$	$\chi^2_{0.975}$	$\chi^2_{0.95}$	$\chi^2_{0.9}$	$\chi^2_{0.1}$	$\chi^2_{0.05}$	$\chi^2_{0.025}$	$\chi^2_{0.01}$	$\chi^2_{0.005}$
1	0.00004	0.0002	0.0010	0.0039	0.0158	2.7055	3.8415	5.0239	6.6349	7.8794
2	0.0100	0.0201	0.0506	0.1026	0.2107	4.6052	5.9915	7.3778	9.2103	10.5966
3	0.0717	0.1148	0.2158	0.3519	0.5844	6.2514	7.8147	9.3484	11.3449	12.8381
4	0.2070	0.2971	0.4844	0.7107	1.0636	7.7794	9.4877	11.1433	13.2767	14.8602
5	0.4117	0.5543	0.8312	1.1455	1.6103	9.2364	11.0705	12.8325	15.0863	16.7496
6	0.6757	0.8721	1.2374	1.6354	2.2041	10.6446	12.5916	14.4494	16.8119	18.5476
7	0.9893	1.2390	1.6899	2.1674	2.8331	12.0170	14.0671	16.0128	18.4753	20.2777
8	1.3444	1.6465	2.1797	2.7326	3.4895	13.3616	15.5073	17.5346	20.0902	21.9550
9	1.7349	2.0879	2.7004	3.3251	4.1682	14.6837	16.9190	19.0228	21.6660	23.5893
10	2.1559	2.5582	3.2470	3.9403	4.8652	15.9871	18.3070	20.4831	23.2093	25.1882
11	2.6032	3.0535	3.8158	4.5748	5.5778	17.2750	19.6751	21.9200	24.7250	26.7569
12	3.0738	3.5706	4.4038	5.2260	6.3038	18.5494	21.0261	23.3367	26.2170	28.2995
13	3.5650	4.1069	5.0087	5.8919	7.0415	19.8119	22.3621	24.7356	27.6883	29.8194
14	4.0747	4.6604	5.6287	6.5706	7.7895	21.0642	23.6848	26.1190	29.1413	31.3193
15	4.6009	5.2294	6.2621	7.2609	8.5468	22.3072	24.9958	27.4884	30.5779	32.8013
16	5.1422	5.8122	6.9077	7.9616	9.3122	23.5418	26.2962	28.8454	31.9999	34.2672
17	5.6972	6.4078	7.5642	8.6718	10.0852	24.7690	27.5871	30.1910	33.4087	35.7185
18	6.2648	7.0149	8.2308	9.3905	10.8649	25.9894	28.8693	31.5264	34.8053	37.1564
19	6.8440	7.6327	8.9066	10.1170	11.6509	27.2036	30.1435	32.8523	36.1908	38.5822
20	7.4339	8.2604	9.5908	10.8508	12.4426	28.4120	31.4104	34.1696	37.5662	39.9968
21	8.0337	8.8972	10.2829	11.5913	13.2396	59.6151	32.6705	35.4789	38.9321	41.4010
22	8.6427	9.5425	10.9823	12.3380	14.0415	30.8133	33.9244	36.7807	40.2894	42.7956
23	9.2604	10.1957	11.6885	13.0905	14.8479	32.0069	35.1425	38.0757	41.6384	44.1813
24	9.8862	10.8564	12.4011	13.8484	15.6587	33.1963	36.4151	39.3641	42.9798	45.5585
25	10.5197	11.5240	13.1197	14.6114	16.4734	34.3816	37.6525	40.6465	44.3141	46.9278
26	11.1603	12.1981	13.8439	15.3791	17.2919	35.5631	38.8852	41.9232	45.6417	48.2899
27	11.8076	12.8786	14.5733	16.1513	18.1138	36.7412	40.1133	43.1944	46.9630	49.6449.
28	12.4613	13.5648	15.3079	16.9279	18.9392	37.9159	41.3372	44.4607	48.2782	50.9933
29	13.1211	14.2565	16.0471	17.7083	19.7677	39.0875	42.5569	45.7222	49.5879	52.3356
30	13.7867	14.9535	16.7908	18.4926	20.5992	40.2560	43.7729	46.9792	50.8922	53.6720
35	17.1918	18.5089	20.5694	22.4650	24.7967	46.0588	49.8019	53.2034	57.3421	60.2748
40	20.7065	22.1643	24.4331	26.5093	29.0505	51.8050	55.7585	59.3417	63.6907	66.7659
45	24.3110	25.9013	28.3662	30.6123	33.3504	57.5053	61.6562	65.4102	69.9569	73.1661
50	27.9907	29.7067	32.3574	34.7642	37.6886	63.1671	67.5048	71.4202	76.1539	79.4900
55	31.7348	33.5705	36.3981	38.9580	42.0596	68.7962	73.3115	77.3805	82.2921	85.7490
60	35.5346	37.4848	40.4817	43.1879	46.4589	74.3970	79.0819	83.2976	88.3794	91.9517
65	39.3831	41.4436	44.6030	47.4496	50.8829	79.9730	84.8206	89.1772	94.4221	98.1052
70	43.2752	45.4417	48.7576	51.7393	55.3289	85.5270	90.5312	95.0232	100.4252	104.2149
75	47.2061	49.4750	52.9419	56.0541	59.7946	91.0615	96.2167	100.8393	106.3929	110.2856
80	51.1719	53.5401	57.1532	60.3915	64.2778	96.5782	101.8795	106.6286	112.3288	116.3211
85	55.1696	57.6339	61.3888	64.7494	68.7772	102.0789	107.5217	112.9394	118.2358	122.3246
90	59.1963	61.7541	65.6466	69.1260	73.2911	107.5650	113.1453	118.1359	124.1163	128.2990.
95	63.2497	65.8984	69.9249	73.5198	77.8184	113.0377	118.7516	123.8580	129.9727	134.2466
100	67.3276	70.0649	74.2219	77.9295	82.3581	118.4980	124.3421	129.5612	135.8067	140.1695

表 8　F 分配的臨界值

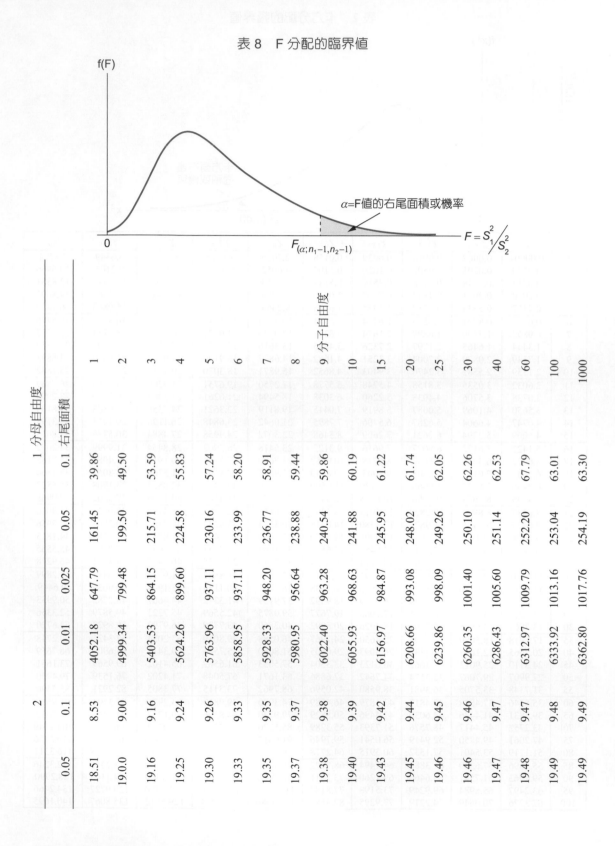

$\alpha = F$值的右尾面積或機率

$F = S_1^2 \big/ S_2^2$

$F_{(\alpha;\, n_1-1,\, n_2-1)}$

分母自由度	右尾面積	1	2	3	4	5	6	7	8	9	10	15	20	25	30	40	60	100	1000
1	0.1	39.86	49.50	53.59	55.83	57.24	58.20	58.91	59.44	59.86	60.19	61.22	61.74	62.05	62.26	62.53	67.79	63.01	63.30
	0.05	161.45	199.50	215.71	224.58	230.16	233.99	236.77	238.88	240.54	241.88	245.95	248.02	249.26	250.10	251.14	252.20	253.04	254.19
	0.025	647.79	799.48	864.15	899.60	937.11	937.11	948.20	956.64	963.28	968.63	984.87	993.08	998.09	1001.40	1005.60	1009.79	1013.16	1017.76
	0.01	4052.18	4999.34	5403.53	5624.26	5763.96	5858.95	5928.33	5980.95	6022.40	6055.93	6156.97	6208.66	6239.86	6260.35	6286.43	6312.97	6333.92	6362.80
2	0.1	8.53	9.00	9.16	9.24	9.26	9.33	9.35	9.37	9.38	9.39	9.42	9.44	9.45	9.46	9.47	9.47	9.48	9.49
	0.05	18.51	19.0.0	19.16	19.25	19.30	19.33	19.35	19.37	19.38	19.40	19.43	19.45	19.46	19.46	19.47	19.48	19.49	19.49

分子自由度

分母自由度 ・ 右尾面積 ・ 分子自由度

分子自由度	2		3				4				5		
右尾面積	0.025	0.01	0.1	0.05	0.025	0.01	0.1	0.05	0.025	0.01	0.1	0.05	0.025
1	38.51	98.50	5.54	10.13	17.44	34.12	4.54	7.71	12.22	21.20	4.06	6.61	10.01
2	39.00	99.00	5.46	9.55	16.04	30.82	4.32	6.94	10.65	18.00	3.78	5.79	8.43
3	39.17	99.16	5.39	9.28	15.44	29.46	4.19	6.59	9.98	16.69	3.62	5.41	7.76
4	39.25	99.25	5.34	9.12	15.10	28.71	4.11	6.39	9.60	15.98	3.52	5.19	7.39
5	39.30	99.30	5.31	9.01	14.88	28.24	4.05	6.26	9.36	15.52	3.45	5.05	7.15
6	39.33	99.33	5.28	8.94	14.73	27.91	4.01	6.16	9.20	15.21	3.40	4.95	6.98
7	39.36	99.36	5.27	8.89	14.62	27.67	3.98	6.09	9.07	14.98	3.37	4.88	6.85
8	39.37	99.38	5.25	8.85	14.54	27.49	3.95	6.04	8.97	14.80	3.34	4.82	6.76
9	39.39	99.39	5.24	8.81	14.47	27.34	3.94	6.00	8.90	14.66	3.32	4.77	6.68
10	39.40	99.40	5.23	8.79	14.42	27.23	3.92	5.96	8.84	14.55	3.30	4.74	6.62
15	39.43	99.43	5.20	8.70	14.25	26.87	3.87	5.86	8.66	14.20	3.24	4.62	6.43
20	39.45	99.45	5.18	8.66	14.17	26.69	3.84	5.80	8.56	14.02	3.21	4.56	6.33
25	39.46	99.46	5.17	8.63	14.12	26.58	3.83	5.77	8.50	13.91	3.19	4.52	6.27
30	39.46	99.47	5.17	8.62	14.08	26.50	3.82	5.75	8.46	13.84	3.17	4.50	6.23
40	39.47	99.48	5.16	8.59	14.04	26.41	3.80	5.72	8.41	13.75	3.16	4.46	6.18
60	39.48	99.48	5.15	8.57	13.99	26.32	3.79	5.69	8.36	13.65	3.14	4.43	6.12
100	39.49	99.49	5.14	8.55	13.96	26.24	3.78	5.66	8.32	13.58	3.13	4.41	6.08
1000	39.50	99.50	5.13	8.53	13.91	26.14	3.76	5.63	8.26	13.47	3.11	4.37	6.02

分母自由度 ／ **右尾面積** ／ **分子自由度**

分子自由度		6				7				8			
右尾面積	0.01	0.1	0.05	0.025	0.01	0.1	0.05	0.025	0.01	0.1	0.05	0.025	0.01
1	16.26	3.78	5.97	8.81	13.75	3.59	5.59	8.07	12.25	3.46	5.32	7.57	11.26
2	13.27	3.46	5.14	7.26	10.92	3.26	4.74	6.54	9.55	3.11	4.46	6.06	8.65
3	12.06	3.29	4.76	6.60	9.78	3.07	4.35	5.89	8.45	2.92	4.07	5.42	7.59
4	11.39	3.18	4.53	6.23	9.15	2.96	4.12	5.52	7.85	2.81	3.84	5.05	7.01
5	10.97	3.11	4.39	5.99	8.75	2.88	3.97	5.29	7.46	2.73	3.69	4.82	6.63
6	10.67	3.05	4.28	5.82	8.47	2.83	3.87	5.12	7.19	2.67	3.58	4.65	6.37
7	10.46	3.01	4.21	5.70	8.26	2.78	3.79	4.99	6.99	2.62	3.50	4.53	6.18
8	10.29	2.98	4.15	5.60	8.10	2.75	3.73	4.90	6.84	2.59	3.44	4.43	6.03
9	10.16	2.96	4.10	5.52	7.98	2.72	3.68	4.82	6.72	2.56	3.39	4.36	5.91
10	10.05	2.94	4.06	5.46	7.87	2.70	3.64	4.76	6.62	2.54	3.35	4.30	5.81
15	9.72	2.87	3.94	5.27	7.56	2.63	3.51	4.57	6.31	2.46	3.22	4.10	5.52
20	9.55	2.84	3.87	5.17	7.40	2.59	3.44	4.47	6.16	2.42	3.15	4.00	5.36
25	9.45	2.81	3.83	5.11	7.30	2.57	3.40	4.40	6.06	2.40	3.11	3.94	5.26
30	9.38	2.80	3.81	5.07	7.23	5.56	3.38	4.36	5.99	2.38	3.08	3.89	5.20
40	9.29	2.78	3.77	5.01	7.14	2.54	3.34	4.31	5.91	2.36	3.04	3.84	5.12
60	9.20	2.76	3.74	4.96	7.06	2.51	3.30	4.25	5.82	2.34	3.01	3.78	5.03
100	9.13	2.75	3.71	4.92	6.99	2.50	3.27	4.21	5.75	2.32	2.97	3.74	4.96
1000	9.03	2.72	3.67	4.86	6.89	2.47	3.23	4.15	5.66	2.30	2.93	3.68	4.87

分母自由度	9				10				11				12
右尾面積 / 分子自由度	0.1	0.05	0.025	0.01	0.1	0.05	0.025	0.01	0.1	0.05	0.025	0.01	0.1
1	3.36	5.12	7.21	10.56	3.29	4.96	6.94	10.04	3.23	4.84	6.72	9.65	3.18
2	3.01	4.26	5.71	8.02	2.92	4.10	5.46	7.56	2.86	3.98	5.26	7.21	2.81
3	2.81	3.86	5.08	6.99	2.73	3.71	4.83	6.55	2.66	3.59	4.63	6.22	2.61
4	2.69	3.63	4.72	6.42	2.61	3.48	4.47	5.99	2.54	3.36	4.28	5.67	2.48
5	2.61	3.48	4.48	6.06	2.52	3.33	4.24	5.64	2.45	3.20	4.04	5.32	2.39
6	2.55	3.37	4.32	5.80	2.46	3.22	4.07	5.39	2.39	3.09	3.88	5.07	2.33
7	2.51	3.29	4.20	5.61	2.41	3.14	3.95	5.20	2.34	3.01	3.76	4.89	2.28
8	2.47	3.23	4.10	5.47	2.38	3.07	3.85	5.06	2.30	2.95	3.66	4.74	2.24
9	2.44	3.18	4.03	5.35	2.35	3.02	3.78	4.94	2.27	2.90	3.59	4.63	2.21
10	2.42	3.14	3.96	5.26	2.32	2.98	3.72	4.85	2.25	2.85	3.53	4.54	2.19
15	2.34	3.01	3.77	4.96	2.24	2.85	3.52	4.56	2.17	2.72	3.33	4.25	2.10
20	2.30	2.94	3.67	4.81	2.20	2.77	3.42	4.41	2.12	2.65	3.23	4.10	2.06
25	2.27	2.89	3.60	4.71	2.17	2.73	3.35	4.31	2.10	2.60	3.16	4.01	2.03
30	2.25	2.86	3.56	4.65	2.16	2.70	3.31	4.25	2.08	2.57	3.12	3.94	2.01
40	2.23	2.83	3.51	4.57	2.13	2.66	3.26	4.17	2.05	2.53	3.06	3.86	1.99
60	2.21	2.79	3.45	4.48	2.11	2.62	3.20	4.08	2.03	2.49	3.00	3.78	1.96
100	2.19	2.76	3.40	4.41	2.09	2.59	3.15	4.01	2.01	2.46	2.96	3.71	1.94
1000	2.16	2.71	3.34	4.32	2.06	2.54	3.09	3.92	1.98	2.41	2.89	3.61	1.91

分子自由度	分母自由度			13				14				15	
右尾面積	0.05	0.025	0.01	0.1	0.05	0.025	0.01	0.1	0.05	0.025	0.01	0.1	0.05
1	4.75	6.55	9.33	3.14	4.67	6.41	9.07	3.10	4.60	6.30	8.86	3.07	4.54
2	3.89	5.10	6.93	2.76	3.81	4.97	6.70	2.73	3.74	4.86	6.51	2.70	3.68
3	3.49	4.47	5.95	2.56	3.41	4.35	5.74	2.52	36.34	4.24	5.56	2.49	3.29
4	3.26	4.12	5.41	2.43	3.18	4.00	5.21	2.39	3.11	3.89	5.04	2.36	3.06
5	3.11	3.89	5.06	2.35	3.03	3.77	4.86	2.31	2.96	3.66	4.69	2.27	2.90
6	3.00	3.73	4.82	2.28	2.92	3.60	4.62	2.24	2.85	3.50	4.46	2.21	2.79
7	2.91	3.61	4.64	2.23	2.83	3.48	4.44	2.19	2.76	3.38	4.28	2.16	2.71
8	2.85	3.51	4.50	2.20	2.77	3.39	4.30	2.15	2.70	3.29	4.14	2.12	2.64
9	2.80	3.44	4.39	2.16	2.71	3.31	4.19	2.12	2.65	3.21	4.03	2.09	2.59
10	2.75	3.37	4.30	2.14	2.67	3.25	4.10	2.10	2.60	3.15	3.94	2.06	2.54
15	2.62	3.18	4.01	2.05	2.53	3.05	3.82	2.01	2.46	2.95	3.66	1.97	2.40
20	2.54	3.07	3.86	2.01	2.46	2.95	3.66	1.96	2.39	2.84	3.51	1.92	2.33
25	2.50	3.01	3.76	1.98	2.41	2.88	3.57	1.93	2.34	2.78	3.41	1.89	2.28
30	2.47	2.96	3.70	1.96	2.38	2.84	3.51	1.99	2.31	2.73	3.35	1.87	2.25
40	2.43	2.91	3.62	1.93	2.34	2.78	3.43	1.89	2.27	2.67	3.27	1.85	2.20
60	2.38	2.85	3.54	1.90	2.30	2.72	3.34	1.86	2.22	2.61	3.18	1.82	2.16
100	2.35	2.80	3.47	1.88	2.26	2.67	3.27	1.83	2.19	2.56	3.11	1.79	2.12
1000	2.30	2.73	3.37	1.85	2.21	2.60	3.18	1.80	2.14	2.50	3.02	1.76	2.07

分母自由度			16				17				18		
右尾面積 → 分子自由度 ↓	0.025	0.01	0.1	0.05	0.025	0.01	0.1	0.05	0.025	0.01	0.1	0.05	0.025
1	6.20	8.68	3.05	4.49	6.12	8.53	3.03	4.45	6.04	8.40	3.01	4.41	5.98
2	4.77	6.36	2.67	3.63	4.69	6.23	2.64	3.59	4.62	6.11	2.92	3.55	4.56
3	4.15	5.42	2.46	3.24	4.08	5.29	2.44	3.20	4.01	5.19	2.42	3.16	3.95
4	3.80	4.89	2.33	3.01	3.73	4.77	2.31	2.96	3.66	4.67	2.29	2.93	3.61
5	3.58	4.56	2.24	2.85	3.50	4.44	2.22	2.81	3.44	4.34	2.20	2.77	3.38
6	3.41	4.32	2.18	2.74	3.34	4.20	2.15	2.70	3.28	4.10	2.13	2.66	3.22
7	3.29	4.14	2.13	2.66	3.22	4.03	2.10	2.61	3.16	3.93	2.08	2.58	3.10
8	3.20	4.00	2.09	2.59	3.12	3.89	2.06	2.55	3.06	3.79	2.04	2.51	3.01
9	3.12	3.80	2.06	2.54	3.05	3.78	2.03	2.49	2.98	3.68	2.00	2.46	2.93
10	3.06	3.80	2.03	2.49	2.99	3.69	2.00	2.45	2.92	3.59	1.98	2.41	2.87
15	2.86	3.52	1.94	2.35	2.79	3.41	1.91	2.31	2.72	3.31	1.89	2.27	2.67
20	2.76	3.37	1.89	2.28	2.68	3.26	1.86	2.23	2.62	3.16	1.84	2.19	2.56
25	2.69	3.28	1.86	2.23	2.61	3.16	1.83	2.18	2.55	3.07	1.80	2.14	2.49
30	2.64	3.21	1.84	2.19	2.57	3.10	1.81	2.15	2.50	3.00	1.78	2.11	2.44
40	2.59	3.13	1.81	2.15	2.51	3.02	1.78	2.10	2.44	2.92	1.75	2.06	2.38
60	2.52	3.05	1.78	2.11	2.45	2.93	1.75	2.06	2.38	2.83	1.72	2.02	2.32
100	2.47	2.98	1.76	2.07	2.40	2.86	1.73	2.02	2.33	2.76	1.70	1.98	2.27
1000	2.40	2.88	1.72	2.02	2.32	2.76	1.69	1.97	2.26	2.66	1.66	1.92	2.20

分子自由度 \ 分母自由度	19 右尾面積 0.01	19 0.1	19 0.05	19 0.025	20 0.01	20 0.1	20 0.05	20 0.025	21 0.01	21 0.1	21 0.05	21 0.025	0.01
1	8.29	2.99	4.38	5.92	8.18	2.97	4.35	5.87	8.10	2.96	4.32	5.83	8.02
2	6.01	2.61	3.52	4.51	5.93	2.59	3.49	4.46	5.85	2.57	3.47	4.42	5.78
3	5.09	2.40	3.13	3.90	5.01	2.38	3.10	3.86	4.94	2.36	3.07	3.82	4.87
4	4.58	2.27	2.90	3.56	4.00	2.25	2.87	3.51	4.43	2.23	2.84	3.48	4.37
5	4.25	0.18	3.74	3.33	4.17	2.16	2.71	3.29	4.10	2.14	2.68	3.25	4.04
6	4.01	2.11	2.63	3.17	3.94	2.09	2.60	3.13	3.87	2.08	2.57	3.09	3.81
7	3.84	2.06	2.54	3.05	3.77	2.04	2.51	3.01	3.70	2.02	2.49	2.97	3.64
8	3.71	2.02	2.48	2.96	3.63	2.00	2.45	2.91	3.56	1.98	2.42	2.87	3.51
9	3.60	1.98	2.42	2.88	3.52	1.96	2.39	2.84	3.46	1.95	2.37	2.80	3.40
10	3.51	1.96	2.38	2.82	3.43	1.94	2.35	2.77	3.37	1.92	2.32	2.73	3.31
15	3.23	1.86	2.23	2.62	3.15	1.84	2.20	2.57	3.09	1.83	2.18	2.53	3.03
20	3.08	1.81	2.16	2.51	3.00	1.79	2.12	2.46	2.94	1.78	2.10	2.42	2.88
25	2.98	1.78	2.11	2.44	2.91	1.76	2.07	2.40	2.84	1.74	2.05	2.36	2.79
30	2.92	1.76	2.07	2.39	2.84	1.74	2.04	2.35	2.78	1.72	2.01	2.31	2.72
40	2.84	1.73	2.03	2.33	2.76	1.71	1.99	2.99	2.69	1.69	1.96	2.25	2.64
60	2.75	1.70	1.98	2.27	2.67	1.68	1.95	2.22	2.61	1.66	1.92	2.18	2.55
100	2.68	1.67	1.94	2.22	2.60	1.65	1.91	2.17	2.54	1.63	1.88	2.13	2.48
1000	2.58	1.64	1.88	2.14	2.50	1.61	1.85	2.09	2.43	1.59	1.82	2.05	2.37

分母自由度	22				23				24				25
右尾面積 / 分子自由度	0.1	0.05	0.025	0.01	0.1	0.05	0.025	0.01	0.1	0.05	0.025	0.01	0.1
1	2.95	4.30	5.79	7.95	2.94	4.28	5.75	7.88	2.93	4.26	5.72	7.82	2.92
2	2.56	3.44	4.38	5.72	2.55	3.42	4.35	5.66	2.54	3.40	4.32	5.61	2.53
3	2.35	3.05	3.78	4.82	2.34	3.03	3.75	4.76	2.33	3.01	3.72	4.72	2.32
4	0.22	2.82	3.44	4.31	2.21	2.80	3.41	4.26	2.19	2.78	3.38	4.22	2.18
5	2.13	2.66	3.22	3.99	2.11	2.64	3.18	3.94	2.10	2.62	3.15	3.90	2.09
6	2.06	2.55	3.05	3.76	2.05	2.53	5.02	3.71	2.04	2.51	2.99	3.67	2.02
7	2.01	2.46	2.93	3.59	1.99	2.44	2.90	3.54	1.98	2.42	2.87	3.50	1.97
8	1.97	2.40	2.84	3.45	1.95	2.37	2.81	3.41	1.94	2.36	2.78	3.36	1.93
9	1.93	2.34	2.76	3.35	1.92	2.32	2.73	3.30	1.91	2.30	2.70	3.26	1.89
10	1.90	2.30	2.70	3.26	1.89	2.27	2.67	3.21	1.88	2.25	2.64	3.17	1.87
15	1.81	2.15	2.50	2.98	1.80	2.13	2.47	2.93	1.78	2.11	2.44	2.89	1.77
20	1.76	2.07	2.39	2.83	1.74	2.05	2.36	2.78	1.73	2.03	2.33	2.74	1.72
25	1.73	2.02	2.32	2.73	1.71	2.00	2.29	2.69	1.70	1.97	2.26	2.64	1.68
30	1.70	1.98	2.27	2.67	1.69	1.96	2.24	2.62	1.67	1.94	2.21	2.58	1.66
40	1.67	1.94	2.21	2.58	1.66	1.91	2.18	2.54	1.64	1.89	2.15	2.49	1.63
60	1.64	1.89	2.14	2.50	1.62	1.86	2.11	2.45	1.61	1.84	2.08	2.40	1.59
100	1.61	1.85	2.09	2.42	1.59	1.82	2.06	2.37	1.58	1.80	2.02	2.33	1.56
1000	1.57	1.79	2.01	2.32	1.55	1.76	1.93	2.27	1.54	1.74	1.94	2.22	1.52

分子自由度

分母自由度　右尾面積

分母自由度	26				27				28				
分子自由度 ＼ 右尾面積	0.05	0.025	0.01	0.1	0.05	0.025	0.01	0.1	0.05	0.025	0.01	0.1	0.05
1	4.24	5.69	7.77	2.91	4.23	5.66	7.72	2.90	4.21	5.63	7.68	2.89	4.20
2	3.39	4.29	5.57	2.52	3.37	4.27	5.53	2.51	3.35	4.24	5.49	2.50	3.34
3	2.99	3.69	4.68	2.31	2.98	3.67	4.64	2.30	2.96	3.65	4.60	2.29	2.95
4	2.76	3.35	4.18	2.17	2.74	3.33	4.14	2.17	2.73	3.31	4.11	2.16	2.71
5	2.60	3.13	3.85	2.09	2.59	3.10	3.82	2.07	2.57	3.08	3.78	2.06	2.56
6	2.49	2.97	3.63	2.01	2.47	2.94	3.59	2.00	2.46	2.92	3.56	2.00	2.45
7	2.40	2.85	3.46	1.96	2.39	2.82	3.42	1.95	2.37	2.80	3.39	1.94	2.36
8	2.34	2.75	3.32	1.92	2.32	2.73	3.29	1.91	2.31	2.71	3.26	1.90	2.29
9	2.28	2.68	3.22	1.88	2.27	2.65	3.18	1.87	2.25	2.63	3.15	1.87	2.24
10	2.24	2.61	3.13	1.86	2.22	2.59	3.09	1.85	2.20	2.57	3.06	1.84	2.19
15	2.09	2.41	2.85	1.76	2.07	2.39	2.81	1.75	2.06	2.36	2.78	1.74	2.04
20	2.01	2.30	2.70	1.71	1.99	2.28	2.66	1.70	1.97	2.25	2.63	1.69	1.96
25	1.96	2.23	2.60	1.67	1.94	2.21	2.57	1.66	1.92	2.18	2.54	1.65	1.91
30	1.92	2.18	2.54	1.65	1.90	2.16	2.50	1.64	1.88	2.13	2.47	1.63	1.87
40	1.87	2.12	2.45	1.61	1.85	2.09	2.42	1.60	1.84	2.07	2.38	1.59	1.82
60	1.82	2.05	2.36	1.58	1.80	2.03	2.33	1.57	1.79	2.00	2.29	1.56	1.77
100	1.78	2.00	2.29	1.55	1.76	1.97	2.25	1.54	1.74	1.94	2.22	1.53	1.73
1000	1.72	1.91	2.18	1.51	1.70	1.89	2.14	1.50	1.68	1.86	2.11	1.48	1.66

分母自由度　右尾面積　分子自由度

分子自由度	29 0.025	29 0.01	29 0.1	29 0.05	30 0.025	30 0.01	30 0.1	30 0.05	40 0.025	40 0.01	40 0.1	40 0.05	0.025
1	5.61	7.54	2.89	4.18	5.59	7.60	2.88	4.17	5.57	7.56	2.84	4.08	5.42
2	4.22	5.45	2.50	3.33	4.20	5.42	2.79	3.32	4.18	5.39	2.44	3.23	4.05
3	3.63	4.57	2.28	2.93	3.61	4.54	2.28	2.92	3.59	4.51	2.23	2.84	3.46
4	3.29	4.07	2.15	2.70	3.27	4.04	2.14	2.69	3.25	4.02	2.09	2.36	3.13
5	3.06	3.75	2.06	2.55	3.04	3.73	2.05	2.53	3.03	3.70	2.00	2.45	2.90
6	2.90	3.53	1.99	2.43	2.88	3.50	1.98	2.42	2.87	3.47	1.93	2.34	2.74
7	2.78	3.36	1.93	2.35	2.76	3.33	1.93	2.33	2.75	3.30	1.87	2.25	2.62
8	2.69	3.23	1.89	2.28	2.67	3.20	1.88	2.27	2.65	3.17	1.83	2.18	2.53
9	2.61	3.12	1.86	2.22	2.59	3.09	1.85	2.21	2.57	3.07	1.79	2.12	2.45
10	2.55	3.03	1.83	2.18	2.53	3.00	1.82	2.16	2.51	2.98	1.76	2.08	2.39
15	2.34	2.75	1.73	2.03	2.32	2.73	1.72	2.01	2.31	2.70	1.66	1.92	2.18
20	2.23	2.60	1.68	1.94	2.21	2.57	1.67	2.96	2.20	2.55	1.61	1.84	2.17
25	2.16	2.51	1.64	1.89	2.14	2.48	1.63	1.88	2.12	2.45	1.57	1.78	1.99
30	2.11	2.44	1.62	1.85	2.09	2.41	1.61	1.84	2.07	2.39	1.54	1.74	1.94
40	2.05	2.35	1.58	1.81	2.03	2.33	1.57	1.79	2.01	2.30	1.51	1.69	1.88
60	1.98	2.26	1.55	1.75	1.96	2.23	1.54	1.74	1.94	2.21	1.47	1.64	1.80
100	1.92	2.19	1.52	1.71	1.90	2.16	1.51	1.70	1.88	2.13	1.43	1.59	1.74
1000	1.84	2.08	1.47	1.65	1.82	2.05	1.46	4.63	1.80	2.02	1.38	1.52	4.65

分子自由度

分母自由度		60				100				1000			
右尾面積 / 分子自由度	0.01	0.1	0.05	0.025	0.01	0.1	0.05	0.025	0.01	0.1	0.05	0.025	0.01
1	7.31	2.79	4.00	5.29	7.08	2.76	3.94	5.18	6.90	2.71	3.85	5.04	6.66
2	5.18	2.39	3.15	3.93	4.98	2.36	3.09	3.83	4.82	2.09	2.61	3.13	3.80
3	4.31	2.18	2.76	3.34	4.13	2.14	2.70	3.25	3.98	2.09	2.61	3.13	3.80
4	3.83	2.04	2.53	3.01	6.65	2.00	2.46	2.92	3.51	1.95	2.38	2.80	3.34
5	3.51	1.95	2.37	2.79	3.34	1.91	2.31	2.70	3.21	1.85	2.22	2.58	3.04
6	3.29	1.87	2.25	2.63	3.12	1.83	2.19	2.54	2.99	1.78	2.11	2.42	2.82
7	3.12	1.82	2.17	2.51	2.95	1.78	2.10	2.42	2.82	1.72	2.02	2.30	2.66
8	2.99	1.77	2.10	2.41	2.82	1.73	2.03	2.32	2.69	1.68	1.95	2.20	2.53
9	2.89	1.74	2.04	2.33	2.72	1.69	1.97	2.24	2.59	1.64	1.89	2.13	2.43
10	2.80	1.71	1.99	2.27	2.63	1.66	1.93	2.18	2.50	1.61	1.84	2.06	2.34
15	2.52	1.60	1.84	2.06	2.35	1.56	1.77	1.97	2.22	1.49	1.68	1.85	2.06
20	2.37	1.54	1.75	1.94	2.20	1.49	1.68	1.85	2.07	1.43	1.58	1.72	1.90
25	2.27	1.50	1.69	1.87	2.10	1.45	1.62	1.77	1.97	1.38	1.52	1.64	1.79
30	2.20	1.48	1.65	1.82	2.03	1.42	1.57	1.71	1.89	1.35	1.47	1.58	1.72
40	2.11	1.44	1.59	1.74	1.94	1.38	1.52	1.64	1.80	1.30	1.41	1.50	1.61
60	2.02	1.40	1.53	1.67	1.84	1.34	1.45	1.56	1.69	1.25	1.33	1.41	1.50
100	1.94	1.36	1.48	1.60	1.75	1.29	1.39	1.48	1.60	1.20	1.26	1.32	1.38
1000	1.82	1.30	1.40	1.49	1.62	1.22	1.30	1.36	1.45	1.08	1.11	1.13	1.16

表 9 Mann-Whitney U 統計量機率值 p ($U < U^*$)

$n_A = 1$

U^*	$n_B=3$	4	5	6	7	8	9	10
0	0.250	0.200	0.167	0.143	0.125	0.111	0.100	0.091
1	0.500	0.400	0.333	0.286	0.250	0.222	0.200	0.182
2		0.600	0.500	0.429	0.375	0.333	0.300	0.273
3				0.571	0.500	0.444	0.400	0.364
4						0.556	0.500	0.455
5								0.546
6								
7								
8								
9								
10								
11								
12								
13								
14								
15								

$n_A = 2$

U^*	$n_B=3$	4	5	6	7	8	9	10
0	0.100	0.067	0.047	0.036	0.028	0.022	0.018	0.015
1	0.200	0.133	0.095	0.071	0.056	0.044	0.036	0.030
2	0.400	0.267	0.190	0.143	0.111	0.089	0.073	0.061
3	0.600	0.400	0.286	0.214	0.167	0.133	0.109	0.091
4		0.600	0.429	0.321	0.250	0.200	0.164	0.136
5			0.571	0.429	0.333	0.267	0.218	0.182
6				0.571	0.444	0.356	0.291	0.242
7					0.556	0.444	0.364	0.303
8						0.556	0.455	0.379
9							0.546	0.455
10								0.546
11								
12								
13								
14								
15								

表 9　Mann-Whitney U 統計量機率值 $p\,(U < U^*)$（續）

U^*	$n_A=3$								$n_A=4$							$n_A=5$	
$n_B \rightarrow$	3	4	5	6	7	8	9	10	4	5	6	7	8	9	10	5	6
0	0.050	0.028	0.018	0.012	0.008	0.006	0.005	0.004	0.014	0.008	0.005	0.003	0.002	0.001	0.001	0.004	0.002
1	0.100	0.057	0.036	0.024	0.017	0.012	0.009	0.007	0.029	0.016	0.010	0.006	0.004	0.003	0.002	0.008	0.004
2	0.200	0.114	0.071	0.048	0.033	0.024	0.018	0.014	0.057	0.032	0.019	0.012	0.008	0.006	0.004	0.016	0.009
3	0.350	0.200	0.125	0.083	0.058	0.042	0.032	0.025	0.100	0.056	0.033	0.021	0.014	0.010	0.007	0.028	0.015
4	0.500	0.314	0.196	0.131	0.092	0.067	0.050	0.039	0.171	0.095	0.057	0.036	0.024	0.017	0.012	0.048	0.026
5	0.650	0.429	0.286	0.190	0.133	0.097	0.073	0.056	0.243	0.143	0.086	0.055	0.036	0.025	0.018	0.075	0.041
6		0.571	0.393	0.274	0.192	0.139	0.105	0.080	0.343	0.206	0.129	0.082	0.055	0.038	0.027	0.111	0.063
7			0.500	0.357	0.258	0.188	0.141	0.108	0.443	0.278	0.176	0.115	0.077	0.053	0.038	0.155	0.089
8				0.452	0.333	0.249	0.186	0.143	0.557	0.365	0.238	0.158	0.107	0.074	0.053	0.210	0.123
9				0.548	0.417	0.315	0.241	0.185		0.452	0.305	0.206	0.141	0.099	0.071	0.274	0.165
10					0.500	0.388	0.300	0.234		0.548	0.381	0.264	0.184	0.130	0.094	0.345	0.214
11						0.461	0.364	0.287			0.457	0.324	0.230	0.165	0.120	0.421	0.268
12						0.539	0.432	0.346			0.543	0.394	0.285	0.207	0.152	0.500	0.331
13							0.500	0.406				0.464	0.341	0.252	0.187	0.579	0.396
14								0.469				0.536	0.404	0.302	0.227		0.465
15								0.532					0.467	0.355	0.270		0.535
16													0.533	0.413	0.318		
17														0.470	0.367		
18														0.530	0.420		
19															0.473		
20															0.528		

表 9 Mann-Whitney U 統計量機率值 $p\,(U < U^*)$ （續）

U^*	$n_A=5$				$n_A=6$					$n_A=7$				$n_A=8$			$n_A=9$
n_B	7	8	9	10	6	7	8	9	10	7	8	9	10	8	9	10	9
0	0.001	0.001	0.001	0.000	0.001	0.001	0.000	0.000	0.000	0.000	0.000	0.000	0.000	0.000	0.000	0.000	0.000
1	0.003	0.002	0.001	0.001	0.002	0.001	0.001	0.000	0.000	0.001	0.000	0.000	0.000	0.000	0.000	0.000	0.000
2	0.005	0.003	0.002	0.001	0.004	0.002	0.001	0.001	0.001	0.001	0.001	0.000	0.000	0.000	0.000	0.000	0.000
3	0.009	0.005	0.004	0.002	0.008	0.004	0.002	0.002	0.001	0.002	0.001	0.001	0.000	0.001	0.000	0.000	0.000
4	0.015	0.009	0.006	0.004	0.013	0.007	0.004	0.004	0.002	0.003	0.002	0.001	0.001	0.001	0.001	0.000	0.000
5	0.024	0.015	0.010	0.006	0.021	0.011	0.006	0.006	0.002	0.006	0.003	0.002	0.001	0.002	0.001	0.000	0.000
6	0.037	0.023	0.015	0.010	0.032	0.017	0.010	0.009	0.004	0.009	0.005	0.003	0.002	0.002	0.001	0.001	0.001
7	0.053	0.033	0.021	0.014	0.047	0.026	0.015	0.013	0.006	0.013	0.007	0.004	0.002	0.004	0.002	0.001	0.001
8	0.074	0.047	0.030	0.020	0.066	0.037	0.021	0.018	0.008	0.019	0.010	0.006	0.003	0.005	0.003	0.002	0.001
9	0.101	0.064	0.042	0.028	0.090	0.051	0.030	0.025	0.011	0.027	0.015	0.008	0.005	0.007	0.004	0.002	0.002
10	0.134	0.085	0.056	0.038	0.120	0.069	0.041	0.033	0.016	0.036	0.020	0.012	0.007	0.010	0.006	0.003	0.003
11	0.172	0.111	0.073	0.050	0.155	0.090	0.054	0.044	0.021	0.049	0.027	0.016	0.009	0.014	0.008	0.004	0.004
12	0.216	0.142	0.095	0.065	0.197	0.117	0.071	0.057	0.028	0.064	0.036	0.021	0.013	0.019	0.010	0.006	0.005
13	0.265	0.177	0.120	0.082	0.242	0.147	0.091	0.072	0.036	0.082	0.047	0.027	0.017	0.025	0.014	0.008	0.007
14	0.319	0.218	0.149	0.103	0.294	0.183	0.114	0.091	0.047	0.104	0.060	0.036	0.022	0.033	0.018	0.010	0.009
15	0.378	0.262	0.182	0.127	0.350	0.223	0.141	0.112	0.059	0.130	0.076	0.045	0.028	0.042	0.023	0.013	0.012
16	0.438	0.311	0.219	0.155	0.410	0.267	0.173	0.136	0.074	0.159	0.095	0.057	0.035	0.052	0.030	0.017	0.016
17	0.500	0.362	0.259	0.186	0.469	0.314	0.207	0.164	0.090	0.191	0.116	0.071	0.044	0.065	0037	0.022	0.020
18		0.417	0.303	0.220	0.531	0.365	0.245	0.194	0.110	0.228	0.141	0.087	0.054	0.080	0.046	0.027	0.025

表 9　Mann-Whitney U 統計量機率值 p $(U < U^*)$　（續）

n_A	5				6					7				8			9
n_B	7	8	9	10	6	7	8	9	10	7	8	9	10	8	9	10	9
U^*																	
19		0.472	0.350	0.257		0.418	0.286	0.228	0.132	0.267	0.168	0.105	0.067	0.097	0.057	0.034	0.031
20		0.528	0.399	0.297		0.473	0.331	0.264	0.157	0.310	0.198	0.126	0.081	0.117	0.069	0.042	0.039
21			0.449	0.339		0.527	0.377	0.304	0.184	0.355	0.232	0.150	0.097	0.139	0.084	0.051	0.047
22			0.500	0.384			0.426	0.345	0.214	0.402	0.268	0.176	0.115	0.164	0.100	0.061	0.057
23				0.430			0.475	0.388	0.246	0.451	0.306	0.204	0.135	0.191	0.118	0.073	0.068
24				0.477			0.525	0.432	0.281	0.500	0.347	0.235	0.157	0.221	0.138	0.086	0.081
25				0.524				0.477	0.318		0.389	0.268	0.182	0.253	0.161	0.102	0.095
26								0.523	0.356		0.433	0.303	0.209	0.287	0.185	0.119	0.111
27									0.396		0.478	0.340	0.237	0.323	0.212	0.137	0.129
28									0.437		0.523	0.379	0.268	0.361	0.240	0.158	0.149
29									0.279			0.419	0.300	0.399	0.271	0.180	0.170
30									0.521			0.459	0.335	0.439	0.303	0.204	0.193
31												0.500	0.370	0.480	0.337	0.230	0.218
32													0.406	0.520	0.372	0.257	0.245
33													0.443		0.407	0.286	0.273
34													0.481		0.444	0.317	0.302
35													0.519		0.481	0.348	0.333
36															0.519	0.414	0.365
37																0.448	0.398

表 9 Marn-Whitney U 統計量機率值 $p\ (U < U^*)$ （續）

U^*	$n_A=9,\ n_B=10$	$n_A=10,\ n_B=10$
0	0.000	0.000
1	0.000	0.000
2	0.000	0.000
3	0.000	0.000
4	0.000	0.000
5	0.000	0.000
6	0.000	0.000
7	0.001	0.000
8	0.001	0.000
9	0.001	0.001
10	0.002	0.001
11	0.002	0.001
12	0.003	0.001
13	0.004	0.002
14	0.005	0.003
15	0.007	0.003
16	0.009	0.005
17	0.011	0.006
18	0.014	0.007

U^*	$n_A=9,\ n_B=10$	$n_A=10,\ n_B=10$
19	0.018	0.009
20	0.022	0.012
21	0.027	0.014
22	0.033	0.018
23	0.039	0.022
24	0.047	0.026
25	0.056	0.032
26	0.067	0.038
27	0.078	0.045
28	0.091	0.053
29	0.106	0.062
30	0.121	0.072
31	0.139	0.083
32	0.158	0.095
33	0.178	0.109
34	0.200	0.124
35	0.224	0.140
36	0.248	0.158
37	0.275	0.176

U^*	$n_A=9,\ n_B=9$	$n_A=9,\ n_B=10$	$n_A=10,\ n_B=10$
38	0.432	0.302	0.197
39	0.466	0.330	0.218
40	0.500	0.360	0.241
41		0.390	0.264
42		0.421	0.289
43		0.452	0.315
44		0.484	0.342
45		0.516	0.370
46			0.398
47			0.427
48			0.460
49			0.485
50			0.515

Computed by Pagano, M. Dept. of Statistics, University of Florida.

表 10　Wilcoxon 等級和檢定臨界值表

在雙尾檢定 $\alpha = 0.05$ 及單尾檢定 $\alpha/2 = 0.025$ 的情況

n_B → / n_A ↓	3		4		5		6		7		8		9		10	
	W_L	W_U	W_L	W_U	W_L	W_U	W_L	W_U	W_L	W_U	W_L	W_U	W_L	W_U	W_L	W_U
3	5	16	6	18	6	21	7	23	7	26	8	28	8	31	9	33
4	6	18	11	25	12	28	12	32	13	35	14	38	15	41	16	44
5	6	21	12	28	18	37	19	41	20	45	21	49	22	53	24	56
6	7	23	12	32	19	41	26	52	28	56	29	61	31	65	32	70
7	7	26	13	35	20	45	28	56	37	68	39	73	41	78	43	83
8	8	28	14	38	21	49	29	61	39	73	49	87	51	93	54	98
9	8	31	15	41	22	53	31	65	41	78	51	93	63	108	66	114
10	9	33	16	44	24	56	32	70	43	83	54	98	66	114	79	131

在雙尾檢定 $\alpha = 0.10$ 及單尾檢定 $\alpha/2 = 0.05$ 的情況

n_B → / n_A ↓	3		4		5		6		7		8		9		10	
	W_L	W_U	W_L	W_U	W_L	W_U	W_L	W_U	W_L	W_U	W_L	W_U	W_L	W_U	W_L	W_U
3	6	15	7	17	7	20	8	22	9	24	9	27	10	29	11	31
4	7	17	12	24	13	27	14	30	15	33	16	36	17	39	18	42
5	7	20	13	27	19	36	20	40	22	43	24	46	25	50	26	54
6	8	22	14	30	20	40	28	50	30	54	32	58	33	63	35	67
7	9	24	15	33	22	43	30	54	39	66	41	71	43	76	46	80
8	9	27	16	36	24	46	32	58	41	71	52	84	54	90	57	95
9	10	29	17	39	25	50	33	63	43	76	54	90	66	105	69	111
10	11	31	18	42	26	54	35	67	46	80	57	95	69	111	83	127

Source: Wilcoxon, F. & Wilcox, R. A. (1964). Some rapid approximate statistical procedures. 20-23. Courtesy of Lederle Laboratories Division of American Cyanamid Company, Madison, NJ.

附錄二　CH2 表附資料

填答者	顧客滿意度總分	顧客忠誠度總分
1	21	31
2	16	23
3	21	29
4	21	28
5	28	32
6	28	32
7	22	27
8	19	28
9	19	24
10	27	29
11	35	40
12	23	33
13	18	22
14	23	26
15	24	29
16	21	26
17	20	24
18	26	31
19	21	24
20	24	25
21	24	30
22	26	32
23	20	26
24	19	24
25	20	24
26	17	30

27	25	32
28	28	32
29	21	27
30	21	32
31	28	32
32	21	32
33	21	31
34	19	25
35	21	29
36	28	32
37	27	31
38	22	31
39	21	28
40	22	26
41	25	30
42	24	19
43	19	27
44	20	32
45	19	31
46	17	23
47	21	23
48	25	29
49	21	26
50	26	30
51	24	30
52	28	32
53	28	32
54	15	23
55	21	24
56	19	26

57	22	28
58	26	34
59	25	31
60	23	32
61	21	26
62	21	31
63	27	32
64	17	12
65	21	32
66	10	30
67	28	30
68	28	30
69	28	32
70	24	24
71	21	27
72	25	32
73	22	28
74	28	32
75	21	23
76	21	24
77	35	40
78	35	40
79	35	40
80	34	40
81	33	40
82	22	36
83	7	24
84	21	32
85	28	24
86	27	32

87	21	27
88	14	32
89	28	24
90	24	28
91	28	32
92	28	32
93	28	32
94	21	24
95	33	40
96	26	32
97	28	32
98	33	40
99	18	32
100	24	32

NOTE

國家圖書館出版品預行編目資料

應用統計學 / 邱垂昌　編著.
--二版. -- 新北市：全華圖書，2022.05
　面　；　公分
ISBN 978-626-328-133-2
1.CST: 應用統計學
518　　　　　　　　　　　111004333

應用統計學（第二版）

作者 / 邱垂昌

發行人 / 陳本源

執行編輯 / 楊軒竺、呂昱潔

封面設計 / 盧怡瑄

出版者 / 全華圖書股份有限公司

郵政帳號 / 0100836-1 號

印刷者 / 宏懋打字印刷股份有限公司

圖書編號 / 0824102

二版二刷 / 2023 年 8 月

定價 / 新台幣 760 元

ISBN / 978-626-328-133-2

全華圖書 / www.chwa.com.tw

全華網路書店 Open Tech / www.opentech.com.tw

若您對本書有任何問題，歡迎來信指導 book@chwa.com.tw

臺北總公司(北區營業處)
地址：23671 新北市土城區忠義路 21 號
電話：(02) 2262-5666
傳真：(02) 6637-3695、6637-3696

南區營業處
地址：80769 高雄市三民區應安街 12 號
電話：(07) 381-1377
傳真：(07) 862-5562

中區營業處
地址：40256 臺中市南區樹義一巷 26 號
電話：(04) 2261-8485
傳真：(04) 3600-9806(高中職)
　　　(04) 3601-8600(大專)

歡迎加入 **全華會員**

● 會員獨享
會員享購書折扣、紅利積點、生日禮金、不定期優惠活動…等。

● 如何加入會員
掃 QRcode 或填妥讀者回函卡直接傳真 (02) 2262-0900 或寄回，將由專人協助登入會員資料，待收到 E-MAIL 通知後即可成為會員。

如何購買 **全華書籍**

1. 網路購書
全華網路書店「http://www.opentech.com.tw」，加入會員購書更便利，並享有紅利積點回饋等各式優惠。

2. 實體門市
歡迎至全華門市（新北市土城區忠義路 21 號）或各大書局選購。

3. 來電訂購
(1) 訂購專線：(02) 2262-5666 轉 321-324
(2) 傳真專線：(02) 6637-3696
(3) 郵局劃撥（帳號：0100836-1　戶名：全華圖書股份有限公司）
※ 購書未滿 990 元者，酌收運費 80 元。

OpenTech.com.tw 全華網路書店

全華網路書店 www.opentech.com.tw
E-mail: service@chwa.com.tw

※ 本會員制如有變更則以最新修訂制度為準，造成不便請見諒。

得　分

應用統計學
CH01 統計學導論

班級：＿＿＿＿＿＿＿＿

學號：＿＿＿＿＿＿＿＿

姓名：＿＿＿＿＿＿＿＿

一、選擇題

(　　) 1. 用來衡量資料的種類或型態，資料只能用來區別或分類，屬於哪種尺度：
(A)比例尺度　(B)區間尺度　(C)順序尺度　(D)名目尺度。

(　　) 2. 內部效度較好，而外部效度較差的資料取得方法為：　(A)觀察法　(B)調查
法　(C)實驗法　(D)次級資料法。

(　　) 3. 調查者對資料蒐集的基本實體或對象，稱為：　(A)元素　(B)資料　(C)變數
(D)樣本。

(　　) 4. 下列何者非次級資料？　(A)百科全書　(B)電話訪談　(C)股東會議記錄
(D)查核報告。

(　　) 5. 前幾天又發生地震，中央氣象局公布震央在南投竹山及古坑一帶，約為4.1
級。此獲得的資料是屬於哪一個尺度的資料？　(A)名目尺度　(B)順序尺度
(C)區間尺度　(D)比率尺度。

(　　) 6. 下列調查結果何者屬於敘述統計：　(A)油災問題讓全台人心惶惶！經濟部
預估今年台灣食品業國內外市場營業額將減少124億　(B)由於兩岸政治僵
化，交通部觀光局調查這兩年來台陸客以每年10%速度持續下降，預估明年
仍會降低10%　(C)大陸的中國社會科學院今天發布報告，預計2014中國大陸
經濟成長7.3%左右　(D)以上皆非。

(　　) 7. 衡量調查工具是否可以調查到研究者想要調查的問題，稱為：　(A)信度
(B)效度　(C)內部一致性　(D)內在效度。

(　　) 8. 下列何者有誤？　(A)質性資料僅包含非數值型資料　(B)量化資料僅包含數
值型資料　(C)區間尺度的資料具有名目及順序尺度資料的特性　(D)時間序
列資料是指不同時期的資料。

（請沿虛線撕下）

(　　) 9. 下列何者不是實驗法的缺點？　(A)樣本量過少　(B)內部效度較差　(C)比較容易牽涉到人類倫理問題　(D)外部效度較差。

(　　) 10. 下列何者有誤？　(A)統計推論是指利用樣本特徵值去推論（估計與檢定）母體特徵值　(B)統計推論的無母數方法使用的前提必須假設母體資料為常態分配　(C)母體的平均數及標準差等特徵值，統稱為母體參數　(D)調查法的優點乃是外部效度較高。

得 分

應用統計學

CH02 敘述統計－表格與圖形法

班級：＿＿＿＿＿＿＿＿＿

學號：＿＿＿＿＿＿＿＿＿

姓名：＿＿＿＿＿＿＿＿＿

一、選擇題

( ) 1. 一種以一群分開的長條柱表示各類質性資料的次數、相對次數或百分比次數的統計圖形，稱為： (A)長條圖 (B)直方圖 (C)圓餅圖 (D)莖葉圖。

( ) 2. 實務及統計上最常被使用且是繪製常態分配的圖形敘述統計法為： (A)直方圖 (C)長條圖 (C)莖葉圖 (D)盒形圖。

( ) 3. 下列何者有誤？ (A)交叉表格是衡量兩個變數相關性的表格方法 (B)散佈圖乃是可以衡量兩個質性變數相關性的圖形方法 (C)盒形圖可用以偵測極端值 (D)折線圖乃是連結各組的組中點，以呈現各組次數的統計圖形。

( ) 4. 一種可用來呈現分配型態，又能保留原始資料數值的圖形，一般用在做更深入的探究性研究，是哪種一種圖形敘述統計法？ (A)長條圖 (B)直方圖 (C)圓餅圖 (D)莖葉圖。

( ) 5. 下列哪一種敘述統計的圖形法是呈現質性資料的圖形方法？ (A)莖葉圖 (B)直方圖 (C)圓餅圖 (D)多邊形圖。

( ) 6. 用來呈現兩個變數之間關係的敘述統計表格法稱為： (A)次數分配表 (B)相對次數分配表 (C)交叉表格 (D)百分比次數分配表。

( ) 7. 用來呈現兩個變數關係的敘述統計圖形法為： (A)散佈圖 (B)圓餅圖 (C)直方圖 (D)長條圖。

( ) 8. 下列哪一項是直方圖的最大優點？ (A)可以了解資料分配的型態 (B)可以了解各組的次數為何 (C)可以知道原始資料為何 (D)可以了解兩個變數之間的關係為何。

( ) 9. 下列哪一項不是莖葉圖的功能特性？ (A)可以呈現排序後的原始資料 (B)可以看出資料的分配型態 (C)可以呈現兩個變數的關聯性 (D)可以進行深入的資料探究性分析。

( ) 10.下列何者有誤？ (A)用以呈現兩個變數關係的表格法稱為交叉表格 (B)用以呈現兩個變數關係的圖形法稱為散佈圖 (C)散佈圖內為了能更清楚表達兩個變數關係而畫出最接近兩變數原始數值點的一條線稱為趨勢線 (D)直方圖可以用來進行探究性分析。

二、簡答題

1. 西堤牛排提供六種主餐供顧客選擇，分別為：牛排、豬排、烤雞、鴨胸、嫩煎魚排和海陸雙拼。某個晚上西堤共銷售了32份餐點，其銷售餐點整理如表1。西堤擬分析銷售餐點的優先順序，以為後續進貨之參考，試製作次數、相對次數及百分比次數分配表進行分析，並繪出長條圖。

表1 西堤六種主餐銷售情況

牛排	鴨胸	鴨胸	牛排	豬排
牛排	烤雞	牛排	鴨胸	海陸雙拼
豬排	豬排	烤雞	牛排	牛排
海陸雙拼	嫩煎魚排	烤雞	鴨胸	烤雞
牛排	鴨胸	鴨胸	牛排	烤雞
嫩煎魚排	鴨胸	牛排	嫩煎魚排	嫩煎魚排
海陸雙拼	牛排			

2. 要將累計次數用圖表示，下列何種圖形最為恰當？

(a) 長條圖

(b) 直方圖

(c) 多邊形圖

(d) 肩形圖

得　分

應用統計學
CH03 敘述統計－數值法

班級：_____
學號：_____
姓名：_____

一、選擇題

(　　)1. 平均數相對於中位數，變異數相對於其他離散程度的衡量方法，之所以常被使用，乃是因為其具有哪個良好的統計特性？　(A)不偏性　(B)有效性　(C)一致性　(D)充分性。

(　　)2. 下列哪一項不是衡量中央位置的數值方法？　(A)平均數　(B)四分位數　(C)中位數　(D)標準差。

(　　)3. 將觀察值乘以各自的權重，再予以加總後，再除以權重加總得出的平均數，稱為　(A)算術平均數　(B)加權平均數　(C)幾何平均數　(D)分組平均數。

(　　)4. 下列何者為平均數的最大缺點？　(A)用到的資訊過少　(B)容易受極端值影響　(C)充分應用到每個樣本觀察值　(D)以上皆非。

(　　)5. 下列何者有誤？　(A)當資料個數為奇數時，中位數為此資料數據的最中間值　(B)中位數不會受到極端值的影響　(C)一群資料的眾數只能有一個　(D)四分位數是將資料由小到大排列分成四個等份。

(　　)6. 下面哪一個離散程度的衡量方法是品質管理或製程管理最重視的？　(A)全距　(B)四分位數距　(C)變異數　(D)變異係數。

(　　)7. 所謂的左偏乃是指資料大部分集中在資料集的右邊，此時偏度的值為：(A)偏度大於1　(B)偏度小於0　(C)偏度大於0　(D)偏度小於-1。

(　　)8. 根據經驗法則，下列哪一項為正確？　(A)大約有75%的觀察值會落在距離平均數一個標準差以內　(B)大約有99%的觀察值會落在距離平均數二個標準差以內　(C)大約有99.9%的觀察值會落在距離平均數三個標準差以內　(D)不需要對資料集的分配型態做任何假設。

( ) 9. 在偵測一群資料集是否有極端值時，有很多方法；其中當資料呈對稱分配時，可使用Z分數來偵測，下列哪個Z分數值下的資料是屬於極端值？ (A) Z = 3 (B) Z = - 2 (C) Z = 0 (D) Z = 4。

( ) 10. 下列何者有誤？ (A)Z分數又稱為標準化值 (B)極端值的Z分數為大於3或小於-3 (C)盒形圖中盒子的左緣為中位數 (D)盒形圖可用來偵測極端值。

二、簡答題

1. 樣本數n = 50的某班統計考試成績，其平均值和變異數分別為68及49，試用經驗法則來說明觀察值落在2個及3個標準差的比例。

2. 以下為五十嵐暢銷飲品的一日購買次數統計

表8 五十嵐暢銷飲品的一日購買次數統計

品名	購買次數
四季春茶	134
黃金烏龍	98
8冰綠	72
多多綠	116
冰淇淋紅茶	85
芒果青茶	73
紅茶拿鐵	49

試求其全距、中位數、平均數、變異數及標準差。

得　分

全華圖書（版權所有，翻印必究）

應用統計學
CH04 機率

班級：＿＿＿＿＿＿＿＿
學號：＿＿＿＿＿＿＿＿
姓名：＿＿＿＿＿＿＿＿

一、選擇題

（　　）1. 兩個（或多個）事件發生的共同部分，亦即兩個（或多個）事件共同有的部分的樣本點，稱為　(A)聯集事件　(B)交集事件　(C)互斥事件　(D)獨立事件。

（　　）2. 在決策過程，利用事前機率及新資訊，以求出事後機率的一項決策分析工具，稱為　(A)中央極限定理　(B)貝氏定理　(C)常態工具　(D)機率定理。

（　　）3. 下列何者有誤？　(A)A與B為兩個互斥事件，則$P(A \cap B)=0$　(B)A為B的餘事件，則$P(A)=1-p(B)$　(C)A與B為獨立事件，則$P(A \mid B)=P(A)$　(D)互斥事件是獨立事件的一種。

（　　）4. 下列何者有誤？　(A)古典法應用的場合在於一個隨機實驗各實驗結果出現的機會皆相同　(B)相對次數法應用的場合在於一個重複很多次的實驗　(C)古典法普遍應用在利用過去類似事件發生的機率來預測未來相似事件發生的機率　(D)事件乃是某些特定樣本點所成的集合。

（　　）5. 下列何者有誤？　(A)機率乃是指事件在未來發生的可能性使用數值來衡量　(B)樣本空間是指所有實驗結果組成的集合　(C)樹狀圖可以讓清楚了解組合實驗的所有實驗結果　(D)機率值必定介於0與1之間。

（　　）6. 下列何者有誤？　(A)餘事件乃是指某事件發生以外的其他所有樣本點所成的集合　(B)事件機率乃是指某個事件發生的機率，亦即此事件內各樣本點出現機率的加總　(C)互斥事件乃是指兩個事件互相排斥而沒有交集　(D)互斥事件是獨立事件的特例。

（　　）7. 二個獨立事件A、B，機率分別是0.5、0.6，則$P(A \cup B) = ?$　(A) 0.9　(B) 0.8　(C) 0.7　(D) 0.6。

( ) 8. 下列何者不是機率的基本要求條件？ (A)機率值可為大於0的任何值 (B)機率值介於0與1之間 (C)樣本空間發生的機率值加總為1 (D)機率值最大值為1。

( ) 9. 下列何者有誤？ (A)主觀法應用的場合為無法使用古典法及相對次數法，僅能憑個人直覺或經驗判斷機率時 (B)互斥事件是一種相依事件 (C)若兩個事件為獨立事件，其交集的機率為0 (D)貝氏定理乃是利用事前機率及新資訊求取事後機率的一種決策工具。

( ) 10.關於貝氏定理，何者有誤？ (A)乃是利用事前機率求事後機率的決策工具 (B)通常是公司用來作生產管理相關決策用的 (C)乃是利用聯合機率除以邊際機率求取事後機率的決策工具 (D)以上皆對。

二、簡答題

1. 誠一、誠二、誠三等三個親兄弟各自進行不同行業的微型創業，根據微型創業行業別成功率統計，誠一、誠二、誠三創業成功率分別為0.5、0.6、0.3，若每人創業的事件為獨立事件，試求：
   (1) 三兄弟中有兩人創業成功的機率為何？
   (2) 三兄弟都創業成功的機率為何？
   (3) 在三兄弟有兩人創業成功的條件下，求誠一未創業成功的機率？

2. 一行人至王品牛排用餐，餐後填寫服務滿意度問卷，其中10人為正面評價，2人為負面評價，今隨機抽出兩張問卷，請問：
   (1) 其中一張為正面評價一張為負面評價之機率？
   (2) 兩張皆為負面評價之機率？

得　分

應用統計學
CH05 隨機變數與機率分配

班級：＿＿＿＿＿＿＿＿
學號：＿＿＿＿＿＿＿＿
姓名：＿＿＿＿＿＿＿＿

一、選擇題

(　　) 1. 描述隨機變數出現的所有可能數值的機率分布狀況，稱為　(A)變數　(B)隨機變數　(C)機率分配　(D)機率函數。

(　　) 2. 下列哪一項非離散型隨機變數　(A)顧客人數　(B)等候時間　(C)客房間數　(D)營業金額。

(　　) 3. 同時考慮二個以上隨機變數的機率分配，稱為　(A)二元機率分配　(B)聯合機率分配　(C)二項機率分配　(D)幾何機率分配。

(　　) 4. 用來求出離散型隨機變數每個出現數值的機率之函數，稱為　(A)機率分配　(B)隨機變數　(C)機率函數　(D)機率密度函數。

(　　) 5. 下列何者非離散型與連續型隨機變數之差異？　(A)離散型隨機變數的函數稱機率函數，連續型隨機變數的函數稱機率密度函數　(B)離散型隨機變數的函數值即為機率值　(C)連續型隨機變數的函數值非機率值　(D)連續型隨機變數可求取單一數值的機率。

(　　) 6. 用以描述一連續型隨機變數x的機率分配，可用以求取x數值在特定區間下的機率，稱為　(A)機率分配　(B)隨機變數　(C)機率函數　(D)機率密度函數。

(　　) 7. 下列何者正確？　(A)離散型隨機變數的函數稱為機率密度函數且其函數值即為機率　(B)連續型隨機變數的函數稱為機率密度函數且其函數值即為機率　(C)隨機變數的數值是無限的且可計數的，亦即數值是連續測量的，數值與數值之間可無限細分，稱為連續型隨機變數　(D)連續型隨機變數只能求取特定區間數值的機率。

(　　) 8. 下列何者有誤？　(A)二元機率分配乃是同時考慮兩個隨機變數的機率分配　(B)建設工程一周完成的百分比是屬於離散型隨機變數　(C)丟擲一個骰子一次，其機率函數為1/6　(D)離散型隨機變數的期望值為隨機變數值乘以發生機率加總。

(　) 9. 下列何者正確？ (A)隨機變數的可能數值個數是有限的，或雖無限但是不可以計數的，數值之間無法再無限細分，稱為離散型隨機變數 (B)離散型隨機變數的函數稱為機率密度函數且其函數值即為機率 (C)連續型隨機變數只能求取特定區間數值的機率 (D)連續型隨機變數的函數稱為機率密度函數且其函數值即為機率。

(　) 10. 下列何者有誤？ (A)二元機率分配乃是同時考慮兩個隨機變數的機率分配 (B)銀行辦理存放款的顧客人數是屬於離散型隨機變數 (C)丟擲一個硬幣一次，其機率函數為1/2 (D)離散型隨機變數的變異數為隨機變數值乘以發生機率加總。

二、簡答題

1.

表1 不同總體經濟景氣下，股票與貨幣型基金的投資報酬率

總體經濟景氣	二元f(x,y)機率	股票報酬率x	貨幣型基金報酬率y
衰退	0.3	–30%	2%
復甦	0.4	40%	4%
繁榮	0.3	30%	3%

依據表1的資料，我們想了解投資股票及貨幣型基金的個別平均報酬率及風險（以標準差衡量）為何？

2. 如表1，如果我們想利用兩種投資標的形成投資組合，將資金各50%投資兩種投資標的，則平均報酬率及風險又為何？請與題目九之結果合併討論投資組合之效果為何。

得　分

應用統計學

CH06 機率分配之應用

班級：_____

學號：_____

姓名：_____

一、選擇題

(　) 1. 下列何者不是卜瓦松實驗的特性：　 (A)在特定時間或空間中，某事件發生的平均數皆相同且為已知　 (B)任意兩個等長的時間或空間中，事件發生的機率皆相同　 (C)各時間或空間中，事件只有發生與不發生兩種情況　 (D)各個不同的時間或空間，事件的發生與不發生彼此不獨立。

(　) 2. 下列何者是二項實驗的特性？　 (A)各數值出現的機會均等　 (B)成功的機率會隨試驗而改變　 (C)失敗的機率不會隨試驗改變　 (D)試驗之間不獨立。

(　) 3. 下列何者不是超幾何實驗的特性？　 (A)重複多次相同的試驗　 (B)每次試驗只有兩種結果　 (C)成功的機率會隨試驗而改變　 (D)試驗之間獨立。

(　) 4. 下列何者有誤？　 (A)卜瓦松機率分配為離散型分配，指數機率分配為連續型分配　 (B)卜瓦松機率分配的平均數等於標準差　 (C)指數型機率分配的平均數等於標準差　 (D)指數實驗探討某兩次事件發生的間隔時間或間隔距離。

(　) 5. 達到s次成功後即停止試驗，探討s次成功發生的機率之實驗稱為　 (A)二項實驗　 (B)負二項實驗　 (C)幾何實驗　 (D)超幾何實驗。

(　) 6. 下列何者不是常態分配的特性？　 (A)常態分配以平均數為對稱中心點，此中心點也是中位數及眾數　 (B)常態分配的平均數可以是正值、負值或零　 (C)常態分配的平均數影響分配的形狀，而標準差影響分配的位置　 (D)常態分配下的面積等於1。

(　) 7. 下列何者為非？　 (A)幾何機率分配是負二項機率分配的特例　 (B)達到1次成功即停止試驗，為幾何機率分配　 (C)幾何機率分配適用於超幾何機率實驗　 (D)幾何機率分配的期望值為。

( ) 8. 超幾何機率分配與二項機率分配之間的差異，下列何者有誤？ (A)實務上品管抽取零件檢驗，應是屬超幾何實驗 (B)實驗內容皆是從n顆球中抽出x顆球，其中隨機變數為x (C)二項機率分配的球抽出後會再放回 (D)兩者成功的機率皆不會隨著實驗過程而改變。

( ) 9. 下列有關常態機率分配的常態曲線之敘述，何者是正確？ (A)常態曲線兩邊的尾巴最終會與水平軸相交 (B)標準差愈大的資料愈集中，常態曲線也會愈窄或陡峭 (C)平均數加減兩個標準差會得常態曲線的反曲點 (D)常態曲線以平均數為中心點，距離平均數三個標準差內的觀察值約佔所有觀察值的99.7%。

( ) 10. 下列有關指數機率分配敘述，何者有誤？ (A)指數實驗的目的為了解，某特定事件發生的間隔時間之機率 (B)為一離散型機率分配 (C)其指數分配為負指數曲線 (D)平均數為卜瓦松分配平均數的倒數。

二、簡答題

1. 110年1至6月工業及服務業受僱員工全年總薪資（含經常性與加班費等非經常性薪資）平均每月59,000元，假設薪資呈常態分配，且標準差為8,000元。試問：
   (1) 一位員工的薪資在50,000到60,000元之間的機率為何？
   (2) 一位員工薪資少於35,000元的機率為何？
   (3) 一位員工薪資超過65,000元的機率為何？
   (4) 一位高科技產業的主管的月薪位於全台前1%的高所得，其薪資是多少？

2. 過年期間ATM使用頻率大幅提高，假設在過年期間彰化市某郵局的ATM平均等候時間為5分鐘，且等候時間為一指數分配。請問
   (1) 昌哥在過年期間去領錢，需要等候超過5分鐘的機率為何？
   (2) 昌哥在過年期間去領錢，等候時間低於2分鐘的機率為何？
   (3) 等候時間的標準差為多少？

得　分

應用統計學
CH07 抽樣、抽樣分配與點估計

班級：＿＿＿＿＿＿＿＿＿
學號：＿＿＿＿＿＿＿＿＿
姓名：＿＿＿＿＿＿＿＿＿

一、選擇題

（　）1. 下列有關便利抽樣的敘述何者錯誤？　(A)母體各元素被抽出的機會相同 (B)蒐集樣本容易　(C)統計推論結果可能會有較大誤差　(D)成本較低。

（　）2. 估計樣本平均數的標準差，有限母體與無限母體之差異何者正確？　(A)公式差異為 $\sqrt{\dfrac{N-1}{N-n}}$　(B)稱為無限母體校正因子　(C)母體數量夠大，雖然還是有限母體，依然可以使用無限母體的公式來近似　(D)樣本數量大於或等於母體數量1%時，校正因子會趨近於1。

（　）3. 下列敘述何者錯誤？　(A)抽取的隨機樣本數量愈多時，樣本平均數的抽樣分配愈會趨近於常態分配　(B)當母體具有高度偏態分配，需要50個以上的樣本，才能讓樣本平均數的抽樣分配趨近於常態分配　(C)當母體資料具有一些極端值，需要50個以上的樣本，才能讓樣本平均數的抽樣分配趨近於常態分配　(D)當母體為對稱分配，需要50個以上的樣本，才能讓樣本平均數的抽樣分配近似常態分配。

（　）4. 樣本統計量的有效性，是要看資料的　(A)平均數　(B)中位數　(C)眾數 (D)標準差。

（　）5. 當抽取的樣本量愈多，則樣本統計量愈能夠符合哪一個良好的特性？　(A)不偏性(B)有效性　(C)一致性　(D)充分性。

（　）6. 下列何者正確？　(A)一般無限母體簡單隨機抽樣大多使用亂數法進行　(B)放回抽樣乃是指隨機抽取同一個號碼兩次，此號碼只能算一個樣本 (C)實務上，有限母體的抽樣，大多會使用放回抽樣的方法　(D)無限母體的特性之一為每一個樣本都是被獨立抽出的。

（請沿虛線撕下）

( ) 7. 下列何者錯誤？ (A)分層隨機抽樣係在各層內進行簡單隨機抽樣 (B)群集抽樣係在各群集內進行簡單隨機抽樣 (C)系統抽樣乃是先在第一個間隔內利用簡單隨機樣本抽取一個樣本，再每隔一個固定間隔抽取一個樣本 (D)無限母體的簡單隨樣本具有每一個樣本被抽出的機會都是相同的特性。

( ) 8. 有關樣本統計量的抽樣分配，下列何者有誤？ (A)乃是在母體以相同方式進行重複的抽樣，得到的樣本統計量的所有可能值形成的機率分配 (B)在母體中進行簡單隨機抽樣抽出樣本，若樣本的數量夠大時，樣本平均數的抽樣分配將會近似常態分配 (C)樣本變異數的抽樣分配，是一個無母數的分配型態 (D)卡方分配的變異數等於自由度。

( ) 9. 下列何者有誤？ (A)充分性乃是指利用利用樣本統計量估計母體參數，必須充分應用所有的資訊 (B)在實務應用上，一致性相對於不偏性比較不容易達到 (C)有效性是指樣本統計量估計效率，要看各次試驗的樣本統計量之值的標準差大小 (D)一致性與抽取的樣本量有關。

( ) 10. 有關樣本變異數的抽樣分配，下列何者有誤？ (A)樣本變異數的抽樣分配服從卡方分配 (B)卡方分配為一個右偏的分配 (C)卡方分配的期望值等於自由度 (D)當自由度增加時，卡方分配的偏度會降低。

二、簡答題

1. 社頭某工廠所生產的小型咖啡烘焙機，其重量為一常態分配，母體平均數為1.2公斤，母體標準差為0.1公斤，現抽出25台小型咖啡烘焙機，其中$\overline{X}$和S^2代表此組樣本的平均重量及其重量的變異數，則：

   (1) 請問此題樣本變異數的分配為何？

   (2) 此組樣本的變異數大於0.015公斤的機率為何？

   (3) $P(0.0045 \leq S^2 \leq 0.01791) = ?$

2. 朝順農場生產頂級高山高麗菜，質好味道棒，假設其重量為一常態分配，平均數為3公斤，標準差為0.5公斤，試求下列各小題：

   (1) 隨機抽取一顆高麗菜秤重，其重量大於3.5公斤的機率為何？

   (2) 隨機抽取25顆高麗菜，其平均重量大於3.2公斤的機率為何？

得　分

應用統計學
CH08 信賴區間

班級：＿＿＿＿＿＿＿＿

學號：＿＿＿＿＿＿＿＿

姓名：＿＿＿＿＿＿＿＿

一、選擇題

(　　) 1. 在進行估計時，我們必須考慮抽樣過程可能產生的誤差，此誤差稱為：(A)信賴誤差　(B)信賴區間　(C)邊際誤差　(D)信賴係數。

(　　) 2. 樣本量愈多，則邊際誤差　(A)愈大　(B)愈小　(C)不變　(D)以上皆非。

(　　) 3. 信賴水準愈高，表示決策準確率、信賴區間會　(A)愈高、愈窄　(B)愈高、愈寬　(C)愈低、愈寬　(D)愈低、愈窄。

(　　) 4. 若欲利用樣本平均數估計母體平均數，假設能抽的樣本量只有15個，則必須對母體資料做何種假設？　(A)不需要對母體資料做任何假設　(B)對母體資料必須假設為矩形分配　(C)對母體資料必須假設為常態分配　(D)對母體資料必須假設為偏態。

(　　) 5. 下列何者有誤？　(A)估計某個樣本統計量時，所需要用到的資訊數量，稱為自由度　(B)標準差公式的分母稱為自由度　(C)信賴係數愈高，則信賴區間愈寬　(D)信賴水準愈高，則邊際誤差愈小。

(　　) 6. 樣本比例的抽樣分配要近似常態分配，必須符合幾個條件，以下哪個非條件之一（n為樣本量，p為成功機率，1-p為失敗機率）　(A) $np >= 5$　(B) $n(1-p) >= 5$　(C) n要夠大　(D)以上皆為需要的條件。

(　　) 7. 以下何者有誤？　(A) t分配是一個家族，此家族是由一群類似的機率分配所組成，每一個t分配都有其特定的參數，此參數稱為母體參數　(B)若利用樣本標準差估計母體標準差，則樣本平均數區間估計所服從的分配是一個t分配　(C) t分配的平均數為0　(D)當自由度愈大時，t分配會漸漸趨近於標準常態分配。

(　　) 8. 下列何者正確？　(A)單一母體信賴區間的估計，當母體標準差未知時，使用的是t分配，且其自由度為n　(B)當母體標準差已知時，單一母體信賴區間的估計，其服從的分配為t分配　(C)母體比率的區間估計，在小樣本下，樣本比率的抽樣分配近似常態分配　(D)最適樣本量決定於決策者要求的邊際誤差。

（請沿虛線撕下）

（　　）9. 當要估計樣本比率時，在求最適樣本量時，以下哪一個非母體比率的推估方法　(A)使用過去相同或類似的調查所得到的樣本標準差來推測　(B)可進行一個較小規模的前測求出樣本標準差來推估　(C)先推估母體的最大值及最小值做為上下界，再將上下界的差（即全距）除以4　(D)設定母體比率為0.5。

（　　）10.單一母體變異數的區間估計，所使用的分配為　(A)標準常態Z分配　(B)卡方分配　(C)t分配　(D)二項分配。

二、簡答題

1. 學生兼差有優點也有缺點，兼差能夠增加學生實務工作經驗，但也可能影響學生的正常課業學習，因此必須學校必須適當管理學生的兼差。中部一所大學正調查學生在課餘時間兼差之比例，今隨機抽樣100位學生，其中45位學生有兼差。請問
   (1) 此調查是否符合大樣本條件，為甚麼？
   (2) 此所大學學生兼差比例95%的信賴區間為何？

2. 台積電近年來獲利大幅成長，號稱臺灣護國神山。其員工福利也煞羨國人，以年終獎金為例，2020年的年終獎金總共發放695億臺幣。換算平均每人年終獎金為139萬元。然而卻有內部基層員工抱怨那是表面的，不是所有員工的年終獎金都很高，有員工反映自己在台積電十年了，2020年才領不到9萬元的年終獎金。現從台積電五萬名員工隨機抽取51個人進行調查，發現此51人年終獎金的樣本變異數為15（萬元）。請問：
   (1) 台積電五萬名員工的年終獎金的母體變異數 σ^2 的95%信賴區間為何？
   (2) 台積電五萬名員工的年終獎金的母體標準差 σ 的90%信賴區間為何？

得　分

應用統計學

CH09 假設檢定

班級：＿＿＿＿＿＿＿＿

學號：＿＿＿＿＿＿＿＿

姓名：＿＿＿＿＿＿＿＿

一、選擇題

(　　) 1. 下列何者有誤？ (A)虛無假設一定包含等號 (B)對立假設可以有等號 (C)對立假設乃是會進一步採取行動的假設 (D)對立假設是研究者想要支持的假設。

(　　) 2. 當虛無假設為假，結論卻支持虛無假設，稱為 (A)型I錯誤 (B)型II錯誤 (C)型III錯誤 (D)以上皆非。

(　　) 3. 一般在統計決策過程中，我們無法同時控制兩種決策錯誤，會選擇控制型I錯誤的原因為何？ (A)型I錯誤比較容易發生 (B)為降低型I錯誤需要比較少樣本量 (C)犯型I錯誤成本比較高 (D)型II錯誤難控制。

(　　) 4. 在統計檢定過程中，當虛無假設中的等式關係為真時，犯型I錯誤的最大機率，我們稱為 (A)統計錯誤 (B)抽樣錯誤 (C)顯著水準 (D)錯誤機率。

(　　) 5. 在母體標準差未知下，單一母體平均數的假設檢定係使用 (A) z檢定 (B) t檢定 (C)有母數檢定 (D)卡方檢定。

(　　) 6. 在進行假設檢定時，決策者應該如何設立顯著水準？ (A)當型I錯誤成本高，應該設立較低的顯著水準 (B)當型II錯誤成本高，應該設立較低的顯著水準 (C)當型I與型I錯誤成本高，應該設立更低的顯著水準 (D)以上皆是對的。

(　　) 7. 以下何者有誤？ (A)在虛無假設等式為真下，用樣本資料得出拒絕需無假設的證據之機率，稱為p值 (B) p值愈大，愈可能拒絕H0 (C) p值是由檢定統計量算出的機率 (D)假設檢定的決策法則可使用臨界值法與p值法。

(　　) 8. 在進行單一母體變異數的假設檢定時，檢定統計量是使用 (A) z檢定 (B) t檢定 (C) F檢定 (D)卡方檢定。

（請沿虛線撕下）

( ) 9. 假設檢定的效力決定在於哪類型錯誤的高低？ (A)型I錯誤 (B)型II錯誤 (C)型III錯誤 (D)以上皆是。

( ) 10. 下列何者錯誤？ (A)在假設檢定時，可以同時管控型I與型II錯誤，但必須先預測真正的母體參數值 (B)要同時管控型I與型II錯誤，可以從最適樣本量著手 (C)在型I錯誤固定下，要降低型II錯誤，可以利用降低樣本量達到 (D)在樣本量固定下，型I與型II錯誤是呈反向關係的。

二、簡答題

1. 華豐輪胎最近新研發出一款耐磨的汽車輪胎，以往輪胎在正常行駛下磨損到1.6mm需要換胎標準的平均時間為24個月，研發人員在測試此新研發的汽車輪胎是否研發成功時，請問該如何設立統計虛無與對立假設？

2. 雄獅旅遊在其網站聲稱，每月出團量高達6,000團，平均每日200團，為市場第一名，消費者欲檢測此平均每日出團數量是否達到聲稱標準應如何設立統計虛無與對立假設？

得　分

應用統計學
CH10 兩個母體參數之統計推論

班級：＿＿＿＿＿＿＿
學號：＿＿＿＿＿＿＿
姓名：＿＿＿＿＿＿＿

一、選擇題

(　　) 1. 下列何者有誤？ (A)當兩個母體變異數為已知時，在進行兩個母體平均數差異比較時，我們使用的檢定統計量為z統計量 (B)兩個母體資料均呈常態分配，則兩個樣本平均數的抽樣分配相加也會是呈常態分配 (C)當兩個母體標準差未知且不相等時，要比較兩母體平均數時，檢定統計量的自由度為兩組樣本數相加再減2 (D)當兩個母體變異數為未知時，在進行兩個母體平均數差異比較時，我們使用的檢定統計量為t統計量。

(　　) 2. 兩母體平均數比較時，獨立樣本檢定與配對樣本檢定何者應優先使用？ (A)獨立樣本檢定 (B)配對樣本檢定 (C)兩者皆可 (D)上述皆非。

(　　) 3. 在兩個母體標準差未知下，使用t值求取兩個母體平均數差之信賴區間時，若自由度算出來非整數，則小數點以下的值要無條件捨棄，下列何者非原因 (A)為使估計結果更保守可靠 (B)為使估計結果更能估計到母體參數 (C)為使信賴區間愈寬 (D)因自由度愈小，信賴區間邊際誤差愈小。

(　　) 4. 比較一個母體的變異數是否大於另一個母體的變異數，應該使用哪個統計量檢定？ (A)z統計量 (B)t統計量 (C)F統計量 (D)卡方統計量。

(　　) 5. 下列何者有誤？ (A)在比較兩個母體平均數時，配對樣本的使用會優先於獨立樣本，乃是因為計算較為簡單 (B)我們要比較銀行被併入金控前後之業績差異，應該使用配對樣本檢定 (C)在比較兩個母體比率是否有差異時，在估計標準誤時必須使用利用兩個樣本比率估計量估計的母體比率的混合估計量 (D)F分配為一個右偏的分配。

(　　) 6. 下列哪個不是兩個母體比率差檢定的大樣本條件？ (A)樣本量乘以成功機率大於或等於5 (B)樣本量乘以失敗機率大於或等於5 (C)樣本量必須夠大 (D)以上皆是條件。

(　　) 7. 關於F分配，下列何者有誤？ (A)是兩個除以各自自由度後的卡方分配的比率形成的分配 (B)是用以比較兩個母體變異數是否有差異的檢定工具 (C)兩個樣本變異數相除所服從的分配為F分配的條件為兩個母體變異數必須不相等 (D)兩個樣本變異數相除所服從的分配為F分配的條件為兩個母體皆為常態分配。

( ) 8. 用F分配進行比較兩個母體的變異數是否相等的檢定時，當分子放的樣本變異數大於分母放的樣本變異數，檢定是屬於雙尾的 (A)右尾邊的檢定 (B)左尾邊的檢定 (C)兩尾邊檢定皆可 (D)以上皆非。

( ) 9. 在進行兩母體平均數比較的檢定時，自由度為兩組隨機抽取的樣本量相加再減2，以下何者非前提條件？ (A)兩個母體的變異數未知 (B)兩組樣本分別為各自從兩個母體抽出的獨立簡單隨機樣本 (C)兩個母體的變異數不相等 (D)兩個母體標準差相等。

( ) 10. 下列何者有誤？ (A)F的左尾檢定臨界值為右尾檢定臨界值的分子與分母自由度調換後之值的倒數 (B)在進行兩個母體平均數比較之配對樣本t檢定前，必須先測試兩個母體的標準差是否相同 (C)兩個母體標準差是否相同，可利用F統計量進行檢定 (D)兩個母體標準差是否相同，會影響母體平均數比較的t檢定公式不同。

二、簡答題

1. 創業是年輕人的夢。然而，由於教育制度及國家政策的問題，使得大部分學校畢業的年輕人仍是以工作為優先，比起其他國家，臺灣年輕人真正創業的風氣仍較差。一項針對大陸與臺灣年輕人各進行隨機抽取200位樣本調查發現有考慮過創業的分別為145位及138位，但真正付諸過行動創業，大陸有48位，而臺灣僅有32位。則

(1) 求大陸與臺灣有考慮過創業的比率差異的點估計。

(2) 求大陸與臺灣真正有創業的比率差異的點估計。

(3) 在95%的信賴水準下，求大陸與臺灣有考慮過創業的比率差異的信賴區間。

(4) 在95%的信賴水準下，求大陸與臺灣真正有創業的比率差異的信賴區間。

2. 承上題，若要了解是否真的臺灣年輕人真正創業風氣較差。請問

(1) 在5%的顯著水準下，大陸與臺灣有考慮過創業的比率是否有顯著差異？

(2) 在5%的顯著水準下，大陸真正有創業的年輕人比率是否顯著高於台灣？

得　分

全華圖書 (版權所有，翻印必究)

應用統計學

CH11 變異數分析

班級：_____

學號：_____

姓名：_____

一、選擇題

(　) 1. 下列何者有誤？ (A)單一母體平均數檢定，在母體標準差未知下，使用單一樣本t檢定 (B)兩個母體平均數差異性比較檢定，在母體標準差未知下，使用兩個獨立樣本t檢定 (C)三個母體平均數差異比較檢定，在母體標準差未知下，使用三個獨立樣本t檢定 (D)兩個母體平均數差異性比較檢定，在母體標準差已知下，使用z檢定。

(　) 2. 在變異數分析中，若我們想要了解國人對日月潭、阿里山及墾丁等三個旅遊地點之喜好是否有差異，則在此變異數分析中「旅遊地點」稱為？ (A)反應變數 (B)水準 (C)因子 (D)處理。

(　) 3. 在變異數分析中，若我們想要了解國人對日月潭、阿里山及墾丁等三個旅遊地點之喜好是否有差異，則在此變異數分析中這些旅遊地點「每一個旅遊地點」各自稱為一個'？ (A)反應變數 (B)實驗單元 (C)因子 (D)處理。

(　) 4. 下列哪一項不是變異數分析必要的假設？ (A)各組樣本必須為獨立隨機樣本 (B)各母體反應變數都必須呈常態分配 (C)各母體反應變數的變異數都必須相等 (D)各母體反應變數的變異數不能相等。

(　) 5. 在各種實驗設計中，會利用隨機指派方式將不同的實驗處理指派給不同的實驗單位，此方法稱為？ (A)完全隨機實驗設計 (B)完全處理實驗設計 (C)隨機集區實驗設計 (D)因子實驗設計。

(　) 6. 下列何者有誤？ (A)變異數分析係用以檢定多個母體平均數是否有差異 (B)完全隨機實驗設計類似獨立樣本設計，隨機集區實驗設計類似配對樣本設計 (C)在變異數分析中，母體變異數的處理內估計值必定是母體變異數的不偏估計值 (D)以上皆對。

(　) 7. 下列何者有誤？ (A)母體變異數的處理內估計值必定是母體變異數的不偏估計值 (B)母體變異數的處理間估計值必定是母體變異數的不偏估計值 (C)母體變異數的處理間估計值可能高估母體變異數 (D)F統計量為處理間估計值除以處理內估計值。

( ) 8. 下列何者有誤？ (A)在單因子變異數分析中，處理間平方和的自由度等於處理個數減1 (B)在二因子變異數分析中，誤差平方和的自由度等於總樣本個數減處理個數 (C)在隨機集區設計的變異數分析中，誤差平方和的自由度等於處理個數減1與集區個數減1後相乘 (D)在單因子變異數分析的多重比較程序中，兩兩母體平均數比較時的t檢定自由度為總樣本量減處理個數。

( ) 9. 在進行變異數分析的多重比較程序時，若犯型I錯誤的代價比較低，但要求檢定力要高，則比較適合使用下列哪一種檢定方法？ (A) Fisher LSD法 (B) Bonferroni調整法 (C) Tukey法 (D)以上皆可。

( ) 10.若我們想要了解不同品牌及不同性別是否對顧客滿意度有影響，則必須使用哪一種統計分析方法？ (A)單因子變異數分析 (B)二因子變異數分析 (C)隨機集區實驗設計 (D)以上皆非。

二、簡答題

王品集團針對西堤、陶板屋及品田牧場的顧客滿意度進行調查，想要比較三種品牌店面的顧客滿意度是否有差異。然而，高階主管也想了解不同區域（北、中、南）的顧客滿意度是否會有不同。因此，本例是二因子變異數分析，兩個因子為品牌及區域，應變數為顧客滿意度。假設調查者以隨機方式各在北、中、南抽取三種品牌各兩家店面進行顧客滿意度調查（分數為1～10分，分數由小到大滿意度逐漸提高），每家店面的平均顧客滿意度分數如表所示。請問兩個因子是否會造成顧客滿意有所差異？兩個因子是否會有交互作用？（假設顯著水準為0.05。）

表1　王品集團各品牌顧客滿意度比較

品牌／區域	西堤	陶板屋	品田牧場
北	9 8	7 8	6 7
中	9 9	9 8	8 6
南	8 8	8 7	6 6

得 分

應用統計學

CH12 簡單線性迴歸分析

班級：＿＿＿＿＿＿＿＿＿

學號：＿＿＿＿＿＿＿＿＿

姓名：＿＿＿＿＿＿＿＿＿

一、選擇題

( ) 1. 下列何者有誤？ (A)簡單迴歸分析乃是探討一個自變數與一個應變數的關係 (B)多元迴歸分析乃是探討多個自變數與一個應變數的關係 (C)誤差項乃是無法由自變數衡量的其他會影響應變數的所有因素 (D)以上皆正確。

( ) 2. 下列哪一項不是簡單線性迴歸模型的誤差項之假設？ (A)為具有期望值（即平均數）為0的隨機變數 (B)對於所有的自變數x而言，誤差項 ε 的變異數 σ^2皆相同 (C)誤差項 ε 彼此相關 (D)誤差項是來自常態分配的隨機變數。

( ) 3. 下列何者有誤？ (A)線性迴歸分析乃是探討自變數與應變數的線性關係 (B)迴歸分析的自變數與應變數的關係乃是說明應變數的變異中有多少百分比可由自變數解釋 (C)迴歸分析的誤差項代表應變數的變異中無法由自變數所解釋的部分 (D)以上皆對。

( ) 4. 下列何者有誤？ (A)最小平方法之原理乃是讓迴歸估計的誤差達到最小 (B)殘差項乃是指應變數真正值與配適值的差異 (C)在求迴歸係數估計量時，我們要求必須符合最佳線性不偏估計量 (D)所謂最佳線性不偏估計量的最佳乃是指讓迴歸係數估計得到最大值。

( ) 5. 迴歸分析中各個迴歸係數是否顯著之檢定方法為 (A) t檢定 (B) z檢定 (C) F檢定 (D)卡方檢定。

( ) 6. 判斷整條迴歸模型是否有用的檢定方法為 (A) t檢定 (B) z檢定 (C) F檢定 (D)卡方檢定。

( ) 7. 下列哪一項不是迴歸係數抽樣分配的特性？ (A)樣本估計的迴歸係數期望值等於母體迴歸係數 (B)樣本估計的迴歸係數標準差具有最佳效率 (C)樣本估計的迴歸係數的抽樣分配服從卡方分配 (D)以上皆對。

( )8. 在何種情況下，F檢定的結果（或功能）與t檢定一樣？ (A)單一自變數 (B)兩個自變數 (C)三個自變數 (D)四個自變數。

( )9. 判斷迴歸模型有多好，可用哪一種方法？ (A) F檢定 (B) t檢定 (C)判定係數 (D)迴歸係數。

( )10.判定係數乃是指 (A)衡量迴歸線與實際的資料值的配適程度 (B)迴歸平方和除以總平方和 (C)1減誤差平方和除以總平方和 (D)以上皆是。

二、簡答題

以下表格為臺灣新住民取得證照的數量與其月所得（以千元計）的資料。

取得證照數量(x_i)	月所得(y_i)
2	25
4	28
5	30
6	35
7	41
1	23
3	25
4	28
7	45
6	32

假若我們要探討新住民取得證照的數量是否與其月所得有關係，以取得證照的數量為自變數，以月所得為應變數。請回答以下問題：

1. 請估計上述迴歸式。

2. 請問新住民取得證照數量是否與其月所得有顯著關係？（請以統計證據支持，假設）

3. 請問新住民取得證照數量對月所得的解釋力（判定係數）為何？

4. 假設某位新住民取得5張證照，請預測其月所得為多少？

得 分

應用統計學

CH13 多元線性迴歸分析

班級：＿＿＿＿＿＿＿＿

學號：＿＿＿＿＿＿＿＿

姓名：＿＿＿＿＿＿＿＿

一、選擇題

(　　) 1. 有關多元線性迴歸分析，下列何者有誤？　(A)多元線性迴歸模型是指有多個自變數的迴歸模型　(B)估計多元線性迴歸方程式係利用最小平方法，亦即希望估計的應變數配適值與真正值的誤差達到最小　(C)多元線性迴歸方程式估計的係數值是母體參數的點估計量　(D)多元線性迴歸模型的隨機誤差項彼此相關。

(　　) 2. 下列有關多元線性迴歸模型的誤差項，何者有誤？　(A)誤差項為固定變數　(B)誤差項的期望值等於0　(C)對於所有自變數而言，誤差項的變異數皆為固定值　(D)誤差項呈常態分配。

(　　) 3. 要檢驗一條迴歸是否有用，最直接的方法為　(A)看單一個迴歸係數是否等於0　(B)看迴歸係數t檢定是否顯著　(C)看F檢定是否顯著　(D)以上皆是。

(　　) 4. 有關多元迴歸的迴歸係數t檢定，何者有誤？　(A)係檢定個別迴歸係數是否不等於0　(B)當迴歸係數的標準誤愈大，則t檢定值愈小，愈不容易達到顯著　(C)當自變數之間的相關性愈高，則愈容易達到顯著　(D)t檢定的自由度即為殘差項均方和的自由度。

(　　) 5. 下列有關多重共線性問題的觀念，何者有誤？　(A)多重共線性乃是指多元迴歸方程式的自變數之間具有高度相關　(B)一般實務上，會使用變異膨脹因子VIF檢視多重共線性問題是否嚴重　(C)一般實務上，VIF只要小於10，被認為多重共線性問題不嚴重　(D)多重共線性問題會導致t值被高估，顯著性被高估。

(　　) 6. 以下乃一個不是解決多元迴歸的嚴重多重共線性問題之參考方法？　(A)可刪掉造成多重共線性問題的某一個或幾個自變數　(B)可使用中心化的方法，亦即將VIF高的自變數，每個自變數的個別觀察值減此自變數的平均數，作為此自變數新的觀察值　(C)若是因為抽樣方法造成的，可改變抽樣方法重新進行抽樣　(D)以上皆是可參考的方法。

(　　) 7. 以下有關複判定係數，何者有誤？　(A)多元迴歸的複判定係數乃是衡量一個自變數可以解釋應變數多少百分比的變異　(B)複判定係數乃是迴歸平方和除以誤差平方和　(C)當自變數愈多時，複判定係數會愈高　(D)真正用來判斷多元線性迴歸模型有多好，應該用調整後複判定係數。

( )8. 下列何者有誤？ (A)複判定係數有一個嚴重的缺點，即當自變數愈多時，其值會愈高，不管自變數是否真正有影響應變數 (B)若要用迴歸方程式來進行預測，預測範圍要在樣本資料區間，才能有較佳的預測結果 (C)當自變數的相關性愈高，則VIF愈低 (D)當自變數的相關性愈高，則多重共線性問題愈嚴重。

( )9. 下列何者有誤？ (A)當多元線性迴歸方程式跑出的結果F檢定是顯著，但個別係數的t檢定卻都不顯著，多半是因為多重共線性問題嚴重造成 (B)當多元線性迴歸方程式跑出的結果判定係數的值很高，但個別係數的t檢定卻都不顯著，多半是因為多重共線性問題嚴重造成 (C)調整後判定係數係將判定係數公式的均方和改成平方和的方式進行調整 (D)調整後判定係數係將判定係數的分子與分母各自除以其自由度進行調整。

( )10.下列何者有誤？ (A)變異數分析ANOVA的F檢定是右尾檢定 (B)迴歸分析的F檢定是雙尾檢定 (C)迴歸平方和的自由度為自變數個數 (D)誤差平方和的自由度為總樣本量減自變數個數，再減1。

二、簡答題

母親節將近，大遠百為了提高來客數進行促銷活動及延後關店時間。

日期	來客數（千）	促銷活動（次）	營業時數（小時）
1	6	5	8
2	7	8	9
3	5	10	10
4	8	12	12
5	10	15	13
6	7	10	10
7	12	11	11
8	10	8	10
9	8	7	8
10	6	7	9

1. 請求出最小平方迴歸直線方程式。

2. 舉辦促銷活動或延長營業時間是否能提高來客數？（$a = 0.05$）

得 分

應用統計學
CH14 無母數方法

班級:＿＿＿＿＿＿＿＿
學號:＿＿＿＿＿＿＿＿
姓名:＿＿＿＿＿＿＿＿

一、選擇題

( ) 1. 要比較兩個母體時,若樣本為配對樣本,使用有母數方法為t檢定法,若使用無母數方法為何種方法? (A) Z檢定法 (B)符號檢定法 (C) Mann-whitney檢定法 (D) H檢定法。

( ) 2. 要比較兩個母體時,若樣本為獨立樣本,使用有母數方法為t檢定法,若使用無母數方法為何種方法? (A) Z檢定法 (B)符號檢定法 (C) Mann-whitney檢定法 (D) H檢定法。

( ) 3. 要檢定單一母體時,有母數方法是使用Z檢定或t檢定法,無母數方法適用何種方法? (A)卡方檢定法 (B)符號檢定法 (C) Mann-whitney檢定法 (D) H檢定法。

( ) 4. 要比較多個母體時,有母數方法是使用F檢定法比較母體平均數,無母數方法適用何種方法比較母體中位數? (A) Wilcoxon符號等級檢定法 (B)符號檢定法 (C) Mann-whitney檢定法 (D) Kruskal-Wallis H檢定法。

( ) 5. 在比較兩母體中位數時,若兩配對母體差的資料非常態分配但仍接近對稱分配時,適用何種檢定法? (A) Wilcoxon符號等級檢定法 (B)符號檢定法 (C) Mann-whitney檢定法 (D) Kruskal-Wallis H檢定法。

( ) 6. 下列有關有母數與無母數方法,何者有誤? (A)有母數方法的母體資料分配型態必須符合常態分配 (B)無母數方法的母體資料分配型態不需要符合常態分配 (C)無母數方法可適用在質性與量化資料 (D)無母數方法是在檢定平均數。

( ) 7. 下列何者有誤? (A)符號檢定法比較適用在兩個配對母體差異的分配型態為明顯的偏態分配 (B) Wilcoxon符號等級檢定法是屬於二項分配求機率值的應用 (C)在應用符號檢定法進行兩母體中位數比較時,若符號為0的觀察值,應該剔除 (D)在應用Wilcoxon符號等級檢定法時,檢定統計量應該取等級排名加總取絕對值後較大者當檢定統計量。

（請沿虛線撕下）

( ) 8. 下列何者有誤？ (A)比較兩組母體時，若母體資料為順序尺度的資料，可使用Mann-Whitney-Wilcoxon檢定法 (B)使用Mann-Whitney-Wilcoxon檢定法時，若兩組抽取的樣本量皆達到10個時，即可使用標準常態分配Z檢定法 (C)使用Mann-Whitney-Wilcoxon檢定法時，若有等級排名相同的情況時，平均數必須進行校正 (D)使用Mann-Whitney-Wilcoxon檢定法時，Mann-Whitney U統計量與Wilcoxon W統計量所算出的Z值會完全相同。

( ) 9. Kruskal-Wallis H檢定法的H統計量的抽樣分配，在虛無假設等號為真下，會服從以下哪一種分配？ (A)卡方分配 (B) Z分配 (C) t分配 (D) F分配。

( ) 10.以下何者有誤？ (A) Kruskal-Wallis H檢定一般都是右尾檢定 (B)符號檢定法可為雙尾或單尾檢定 (C) Mann-Whitney U檢定一般都是右尾檢定 (D) Wilcoxon W檢定可為雙尾或單尾檢定。

二、簡答題

福華飯店高階主管想要了解位於臺北、臺中與高雄三大城市的飯店業績是否有差異，進而想了解造成業績差異的特性，以做為往後制定行銷策略的參考。下表示過去幾個月三家飯店的業績（百萬）。假設月營業額資料非呈常態分配。

臺北飯店	月營業額	臺中飯店	月營業額	高雄飯店	月營業額
1	2.3	1	1.6	1	1.1
2	2.5	2	1.3	2	1.5
3	2.8	3	2	3	2.1
4	2.2	4	1.9	4	1.7
5	3.1	5	1.8	5	1.2
6	2.4	6	1.7	6	1.4

1. 請設立虛無與對立假設。

2. 在5%的顯著水準下，請問三家飯店的月營業額是否有顯著差異？

得　分

應用統計學

CH15 資料探勘

班級：＿＿＿＿＿＿＿＿

學號：＿＿＿＿＿＿＿＿

姓名：＿＿＿＿＿＿＿＿

一、選擇題

(　　) 1. 下列對資料探勘技術之觀念，何者有誤？　(A)資料探勘技術即是將一群投入變數放入資料探勘技術中執行後產生產出變數　(B)資料探勘技術在了解了解投入變數與產出變數之間的關係　(C)資料探勘技術在了解投入變數在預測產出變數有多少能力　(D)以上皆對。

(　　) 2. 以下有關決策樹觀念，何者有誤？　(A)決策樹是一種資料探勘技術　(B)決策樹只能用於分類資料　(C)決策樹是一種用以探討分類問題的演算法　(D)決策樹是一種語意樹。

(　　) 3. 下列有關CART，何者錯誤？　(A)CART是選擇吉尼係數最大之屬性當作分割屬性　(B) CART係透過二項分類法（亦即取值為「是」或「否」）分割資料　(C) CART可用於分類也可用於迴歸　(D) CART是基於機器學習訓練數據生成完整的決策樹後，再進行樹枝修剪動作。

(　　) 4. 下列有關類神經網路，何者錯誤？　(A)類神經網路是一種線性的統計資料建模工具　(B)倒傳遞（back-propagation）是迄今為止最流行的神經網絡訓練演算法　(C)典型的倒傳遞神經網絡由三層組成：輸入層、隱藏層和輸出層　(D)類神經網路不需要對資料做任何分配假設。

(　　) 5. 最陡坡下降演算法同時執行訓練樣本與測試樣本，利用選取評估的統計量進行最佳迭代次數的選擇，下列哪一個不是選取評估的統計量？　(A)利潤／損失　(B)錯誤分類率　(C)平均平方誤差　(D)以上皆是。

(　　) 6. 下列有關資料探勘技術當被預測的目標變數為二項類別型態，評估模型好壞的統計量標準，何者正確？　(A)錯誤分類率愈大愈好　(B)平均獲利愈小愈好　(C)平均損失愈大愈好　(D) Kolmogorov-Smirnov Statistic愈大愈好。

(　　) 7. 下列有關ROC曲線，何者有誤？　(A)靈敏度乃是將結果正確判斷為陽性的機率　(B)特異度乃是將結果正確判斷為陰性的機率　(C)靈敏度如同統計檢定的檢定力，靈敏度愈高愈好　(D)特異度如同型I錯誤（Type I Error），特異度愈低愈好。

( ) 8. 下列有關ROC值，何者有誤？　(A) ROC值高於0.9表示模型準確性很高（高鑑別力）　(B) 0.8~0.9表示模型準確性高（優良的鑑別力）　(C) 0.7~0.8表時模型準確性中等（可接受的鑑別力）　(D) 0.7以下表示模型準確性很差不需考慮。

( ) 9. 有關資料探勘要進行最佳模型比較時，若被預測的目標變數為二項類別型態，則選取較佳的模型之標準，下列何者有誤？　(A)錯誤分類率愈小愈好　(B)平均獲利愈大愈好　(C)平均損失愈小愈好　(D) Kolmogorov-Smirnov Statistic愈小愈好

( ) 10. 下列哪一個決策樹演算法是在生成決策樹過程即進行樹枝修剪動作？　(A) C4.5　(B) C5.0　(C) CART　(D) CHAID

二、簡答題

以下為企業有無虧損、有無負債及是否發生財務危機的資料。

表1　決策樹釋例的各變數資料值

企業	有無虧損	有無負債	是否發生財務危機
1	有	有	是
2	無	有	否
3	有	無	否
4	有	有	是
5	無	無	否
6	無	有	是
7	無	有	否
8	有	無	是
9	無	無	否
10	有	有	否

請回答以下問題：

1. 請運用ID3演算法計算企業有無虧損及有無負債等自變數對企業是否發生財務危機之影響的資訊增益各為多少。

2. 請運用C4.5演算法計算企業有無虧損及有無負債等自變數對企業是否發生財務危機之影響的資訊增益率各為多少。